政治哲学史

总主编　张志伟　韩东晖　干春松

刘玮　主编

西方政治哲学史

第一卷　从古希腊到宗教改革

国家出版基金项目
NATIONAL PUBLICATION FOUNDATION

中国人民大学出版社
·北京·

本成果获得中国人民大学科学研究基金
暨中央高校基本科研业务费专项资金（批准号：11XNL007）的支持

作者简介

晏绍祥 首都师范大学历史学院教授，博士生导师，中国世界古代中世纪史研究会古代史专业委员会会长，中国世界古代中世纪史研究会副会长、秘书长。主要研究方向为古希腊罗马史和西方古典传统，著有《世界上古史》《古典历史研究发展史》《荷马社会研究》和《古典民主与共和传统》等，译有《早期希腊》《罗马共和国政制》《审判雅典：西方思想中的反民主传统》《古代世界的政治》《论古代与近代的历史学》《剑桥希腊罗马政治思想史》等。

张新刚 北京大学西方古典学中心、历史学系助理教授，英国牛津大学访问学者。研究领域为西方政治思想史，特别是古希腊和现代早期政治思想、古希腊史、政治哲学。发表有《柏拉图政治思想的问题意识研究》《希腊“自由”观念的历史考察》等多篇论文，译有《柏拉图的次优城邦：〈礼法〉导论　三联剧：〈苏格拉底之后〉》《柏拉图的政治理论：以及施特劳斯与沃格林的阐释》等著作。

刘　玮 中国人民大学哲学院副教授，美国加州大学伯克利分校、德国慕尼黑大学访问学者，主要从事古希腊哲学、西方伦理和政治思想史的研究。著有《马基雅维利与现代性——施特劳斯、政治现实主义与基督教》，发表多篇有关古希腊哲学，尤其是亚里士多德伦理学与政治哲学的中英文论文，翻译和编校多部古希腊哲学专著和论文集。

章雪富 浙江大学人文学院哲学系教授，博士生导师。主要从事希腊化哲学和早期基督教研究，曾任香港浸会大学、美国罗耀拉大学和英国牛津大学等学校的访问学者。出版的著作有《基督教的柏拉图主义——亚历山大里亚学派的逻各斯基督论》、《希腊哲学的Being和早期基督教的上帝观》、《斯多亚主义》（两卷）和《希腊哲学史》（第四卷，合著）等，主编“两希文明哲学经典译丛”和“历史与思想研究译丛”等。

吴　飞 北京大学哲学系、宗教学系教授，博士生导师。主要研究领域包括基督教思想、宗教人类学、西方政治哲学、中西思想比较等。著有《浮生取义：对华北某县自杀现象的文化解读》《自杀作为中国问题》《心灵秩序与世界历史：奥古斯丁对西方古典文明的终结》《现代生活的古代资源》等，译有柏拉图的《苏格拉底的申辩》、奥古斯丁的《上帝之城：驳异教徒》等。

周伟驰 中国社会科学院世界宗教研究所研究员、博士生导师，曾在加拿大维真神学院、美国耶鲁大学等校学习和访问。主要研究西方基督教思想史、中国基督教思想史、当代西方宗教哲学等。著有《记忆与光照——奥古斯丁神哲学研究》《奥古斯丁的基督教思想》《彼此内外：宗教哲学的新齐物论》《太平天国与启示录》等，译有奥古斯丁《论三位一体》、奥古斯丁《论原罪与恩典》、莫尔特曼《三一与上帝国：论上帝的教义》等。

韩　潮 同济大学人文学院哲学系教授，博士生导师。主要研究政治思想史、文艺复兴政治哲学、现象学、古希腊哲学。著有《海德格尔与伦理学问题》《政体原论》；主编文集《谁是马基雅维利》；译有《哲学与治术：1572—1651》；另有《博丹对混合政体学说的批评》等相关论文若干。

何　涛 中国政法大学政治学理论博士，美国得州大学奥斯汀分校访问学者，中国青年政治学院公共管理系讲师。长期从事西方政治思想史、政治哲学史专业研究，主攻宗教改革与早期现代政治哲学。

总　序

呈现在读者面前的这套“政治哲学史”丛书，包括《西方政治哲学史》（三卷）、《中国政治哲学史》（三卷）和《马克思主义政治哲学史》（一卷）。

哲学中的政治哲学理论历史悠久，但是在19世纪以后沉寂多时，为政治学或政治科学所取代，直到20世纪70年代罗尔斯《正义论》的出版，政治哲学才得以复兴，并且形成了一个专门学科。因其与社会现实在实践性指向上具有密切关系，当代政治哲学俨然成为哲学中最为活跃的研究领域。伴随着中国改革开放的步伐，尤其是20世纪90年代以来，受政治体制改革和新的经济社会形态的影响，政治哲学逐渐成为汉语哲学界的显学，国内的政治哲学研究在基本史料的积累、经典著作的译述、基本概念的厘清以及最新学术前沿问题的追踪等方面，都有了一定的积累与进步。迈过新世纪门槛之后，全球知识界已越来越清晰地认识到人类正处在一个前所未有的十字路口，启蒙动力日渐衰微，现代性一再遭受质疑，新自由主义面临危机，当代中国现代化建设处在探索之中……如此种种，给政治哲学提出了一系列的问题，在此理论困境和现实问题的双重促逼下，越发凸显出中西政治哲学研究的重要性和紧迫性。

然而，与社会现实的迫切需要相比，我们的政治哲学研究毕竟刚刚起步，尤其是基础建设相当薄弱，极大地制约了中国政治哲学学科的健康发展。一方面，掌握当代西方政治哲学的发展趋势，了解哲学家们对于全球化时代的政治哲学问题的立场、观点和方法，以之为中国政治哲学的重要理论资源和主要参照系，乃是中国政治哲学学科建设的当务之急。另一方面，鉴于中国的高速发展引发的一系列问题，如何总结出中国政治哲学的独特意涵，发掘传统资源对于中国的现代化之路的积极作用，深入关注中国现实，回应中国社会的重大理论问题和现实问题，从而为中国的发展提供思想资源，亦是摆在我们面前亟待开展的工作。有鉴于此，我们向中国人民大学申请了“政治哲学史（中西政治哲学研究·第一期·七卷本）”这一“重大基础研究计划”，希望立足国际学科前沿，体现国内外最新的研究成果，凝聚各高校的优势，培育新兴的政治哲学学科，集中中国哲学、西方哲学和马克思主义哲学等各学科中相关的学术力量，借助对这些领域内政治哲学的深入研究，为该学科在中国的发展做一些基础性的准备工作，进一步激发哲学对于当代社会的“批判性”作用。摆在读者面前的这套“政治哲学史”就是该项目的结项成果。

关于这套“政治哲学史”的编写工作，有必要向读者做一些解释和说明。

第一，我们这套“政治哲学史”虽然名为“政治哲学史”，但就目前的研究成果而言，距离全面、系统、详尽的政治哲学史还有相当的差距。中国的政治哲学研究虽然近些年受到人们的普遍关注，但是毕竟基础比较薄弱，梳理基于中国传统的政治哲学基本范畴也处于起步阶段，因而现在编纂一部全面、系统、详尽的政治哲学史还不具备充分的条件。据此，我们这套七卷本“政治哲学史”主要按照历史的顺序，突出那些在政治哲学史上具有重要影响的哲学家、思想家。与此同时，强化学术研究的深度，以某个问题或主题为研究的核心，以此叙述策略来架构政治哲学史的大框架，意在为将来编纂更加全面、系统、详尽的政治哲学史做一些基础性的准备工作。

第二，与此相关，这套“政治哲学史”的编写模式是，基本上每一章研究一位哲学家或一个流派，并且强调突出相关的主题而不要求全面系统地介绍哲学家或流派的政治哲学思想，因而几乎每一章都可以看作一篇围绕一个人物或流派而展开的论文。尽管我们并没有在政治哲学史的整体性线索上多做文章，但是由于问题意识的自觉、思想谱系的传承和社会历史背景的衬托，实际上各章内容之间自有其紧密的相关性。当作者们围绕各自的主题深入论述时，历史背景、问题演变和发展线索已然隐含于其中。

第三，我们这套“政治哲学史”是集体合作的结晶，编写者包括全国多所高校和研究机构的学者，他们都是相关研究领域的专家，基本上实现了项目启动之初就确立的“最合适的人写最合适的章节”的编写原则。也正是因为如此，对个别重要人物思想的介绍和阐述由于没有合适的写作人选，暂时付诸阙如，以待将来再做补充。

第四，虽然政治哲学历史悠久，但是作为专门的学科领域，政治哲学的历史并不长，其基本研究范式以欧美学术界为主导。不过，作为对各种政治概念、问题和方法的研究，各种政治哲学思想蔚为大观，古今中外概莫能外。因此，一方面，当代的政治哲学研究所面临的思想资源、现实难题和研究方法均有共同和共通的地方，另一方面，不同的理论背景和价值取向，也使西方政治哲学史、中国政治哲学史和马克思主义政治哲学史的编纂具有各自的风格和特色。我们这套“政治哲学史”的尝试，是以各自的学科取向为基础的。相对来说，西方政治哲学的研究范式比较成熟，问题、方法与理论的线索比较清晰，而中国政治哲学则是一块有待开垦的处女地。由于中西在语言、文化、社会历史等方面的差异，中国政治哲学与西方政治哲学在许多方面存在着差异，以至于学术界关于什么是中国的政治哲学等基本问题迄今尚未达成共识，因此三卷《中国政治哲学史》具有很强的探索性。与此类似，学术界在马克思主义是否具有一种政治哲学乃至如何构成一种政治哲学等问题上亦存在着争论。由于各方面条件的限制，我们这套“政治哲学史”中马克思主义政治哲学史部分主要讨论马克思、恩格斯和列宁的政治哲学思想，至于现当代西方马克思主义以及其他丰富内容则有待来日补充。我们希望随着研究的逐步深入，我国政治哲学界在学习、借鉴、吸收的基础上，面对历史和现实中的大变局，推出富有原创性的理论和方法，深化政治哲学与政治哲学史的研究。

总而言之，由中国学者编写的这套“政治哲学史”包括《中国政治哲学史》《西方政治哲学史》和《马克思主义政治哲学史》，在学界尚属首次。我们在此抛砖引玉，希望学界同仁不吝赐教，共同努力，推进当代中国的政治哲学研究进一步健康发展。

最后，我们要向本套“政治哲学史”的各卷主编和参编的专家学者表示深切的谢意。感谢国家出版基金为本套“政治哲学史”提供出版资助，感谢中国人民大学出版社的潘宇女士和编辑们为本套“政治哲学史”的出版所做的辛勤工作。这套“政治哲学史”得到了中国人民大学科学研究基金暨中央高校基本科研业务费专项资金（批准号：11XNL007）的资助，在此表示衷心的感谢。

张志伟　韩东晖　干春松

2017 年 1 月 1 日

前言

这是全新的三卷本《西方政治哲学史》的第一卷，包括了从古希腊到宗教改革的政治哲学。既然强调的是“政治哲学”，而非“政治思想”或“政治理论”，我们在编辑的过程中也就很自然地更多强调“哲学家”对这部历史的贡献，而非“历史”本身，或者体现在一个时代之中的更具有普遍色彩的“思想”（当然，我们也绝非否认，哲学思想要在恰当的历史语境中才能得到充分的理解）。

如果说用一个关键词概括从古希腊到文艺复兴和宗教改革的政治哲学，“政体”（*politeia*，constitution，regime）无疑是最恰当的。*politeia* 最初的含义是“公民权”“公民的条件”，之后逐渐扩大到组织公民生活的一套法律和制度，以及公民的生活方式，从而有了“政体”或政治体制的含义，并且衍生出一种特定的文学体裁——“政体文学”，比如：希罗多德《历史》第 3 卷中关于不同政体的论辩；色诺芬撰写了《斯巴达政体》；老寡头或伪色诺芬撰写了《雅典政体》；修昔底德对雅典和斯巴达政体进行了比较研究；柏拉图的《理想国》其实就叫“政体”或“政制”（*Politeia*），而他称自己最后一部著作《礼法》探讨的是“次佳政体”；亚里士多德从事了关于 158 个希腊城邦政体的历史和经验研究，在《政治学》中以政体为核心展开了自己的理论探索；斯多亚学派的创始人芝诺（*Zeno of Citium*）也创作了一部与柏拉图作品同名的《政制》（*Politeia*）；伊壁鸠鲁学派的政治理论则将传统的政治理论应用在更小的朋友之间的共同体上；西塞罗的《国家篇》和《法律篇》是对柏拉图《理想国》和《礼法》的模仿，他在罗马的语境下应用希腊的政体理论，并且发展出独特的混合政体理论。

这种政治性的对政体的理解在奥古斯丁那里似乎有所断裂，但其实他是在用另一种方式接续柏拉图的政体理论。因为柏拉图曾经说“政体”不仅关乎政治组织方式，还关乎人的灵魂——“个人之中的政体”（*tēn en hautōi polite-*

ian，《理想国》IX.591e）才是更重要的。奥古斯丁在探讨“上帝之城”与“地上之城”的二分时，更多继承了柏拉图对于精神性政体的关切，同时用这种方式理解实际政治的价值。而当亚里士多德主义在中世纪得以复兴之后，更加政治性的政体理论也就再次成为政治哲学的关注焦点，这在阿奎那的《论君主政制》中体现得最为明显。而宗教改革家路德和加尔文在某种意义上分别继承了奥古斯丁对现实政治的不关心态度，以及阿奎那对现实政体的关注。

对政体的关注到了文艺复兴时期在“公民人文主义”思潮中得以延续，意大利的公民人文主义大体上用亚里士多德—西塞罗式的共和主义思想来对抗当时在政治上更加居于主导地位的绝对君主制，而这种对抗在马基雅维利的《君主论》和《李维史论》两部著作看起来存在的张力之中达到了顶峰，并且朝着不再关注“政体问题”本身，转而关注政治的现实运作或“国家理性”的方向发展。

政体问题也同样给了我们一条主线去阅读本卷的各个章节。

晏绍祥撰写的第一章“早期希腊政治思想：城邦与公民”从希腊历史与思想史的角度审视了希腊城邦政治对政治思想发展所起到的推动作用。在荷马和赫西俄德的世界里，一个统帅或者若干贵族王公的统治似乎是天经地义的政体，而法律制度的建立以及民主制的勃兴，让平等观念深入人心，尤其是雅典民主制的迅猛发展，以及这种政治制度与周围其他制度的交流与冲突，为希腊人开始反思政体问题提供了现实的基础和理论的准备。从政治思想的角度讲，本章着重讨论了荷马和赫西俄德笔下近乎截然相反的正义观；雅典悲喜剧作家笔下的城邦生活和正义观念，特别是他们对雅典民主制度的深刻反思；以及公元前5世纪希腊世界由智者掀起的一场在自然（*physis*）与礼法（*nomos*）之间的巨大争论。智者运动以及作为这场运动核心问题的自然与礼法之争，也为之后柏拉图和亚里士多德更加严格意义上的“政治哲学”提供了重要的思想背景。

柏拉图是严格意义上的“政治哲学”的奠基者。在政治哲学领域，西方政治哲学也可以被看作是对柏拉图的一连串“注脚”，政治的本质和起源问题、（最佳）政体问题、公民问题、教育问题、神学与政治的关系问题、哲学在政治生活中的地位问题等等，都在柏拉图丰富的作品中得到了生动的呈现和深入的探讨。张新刚撰写的第二章“柏拉图论统一城邦”从苏格拉底和柏拉图面对的自然与礼法之争入手，紧抓柏拉图政治哲学中的一个核心难题——《理想国》与《礼法》之中的学说是否一致——展开讨论。本章呈现了柏拉图以克服内乱、建立统一城邦为目标的政治哲学学说，从而将他不同时期的政治哲学汇成了一个虽然存在差别，但大体前后一致的融贯体系，同时细致讨论了柏拉图从《理想国》中由哲人王统治的“最佳政体”到《礼法》中依靠法律统治的“次佳政体”的思想变化。

亚里士多德无疑最好地继承和发展了柏拉图对政体，尤其是最佳政体的关注。刘玮撰写的第三章“亚里士多德论最佳政体”系统讨论了亚里士多德政治哲学中的最佳政体学说。本章从亚里士多德伦理学和政治学一而二、二而一的关系入手，引出了亚里士多德对于政治哲学研究任务的界定和对政治哲学研究步骤的说明，随后沿着亚里士多德给出的方法论指引讨论了他对前人最佳政体理论和实践的反思（尤其是针对柏拉图《理想国》中最佳政体的批评）、自己对雅典政制的经验性研究和从中得出的规范性理论，以及对“最佳政体”问题从五个不同角度所做的研究。本章尤其强调亚里士多德心目中的“最佳政体”并不仅仅是某一种简单的制度安排，而是要因时因地选择最适合一个城邦的政治制度；而亚里士多德心目中最完美的政治制度——完全王制，其实与柏拉图在《理想国》中主张的哲人王并没有很大的差别。亚里士多德的政治哲学将现实主义和理想主义要素完美地熔于一炉，为后世的政治哲学开辟了不同的面向。

在亚里士多德身后，希腊化时代开启了大幕，古典希腊时代的城邦政治被彻底颠覆，帝国成为那个时代的主旋律，这种帝国理念在罗马那里达到了顶峰。章雪富撰写的第四章“西塞罗与法权国家”首先梳理了希腊化时代剧烈变化的时代背景，之后讨论了为适应这种新的时代背景出现的与此前不同的“自然法”“社群”和“世界公民”观念。本章着重讨论了西塞罗对古典和希腊化思想的综合，以及由这个综合发展起来的法权国家观念和共和政体理论。西塞罗独特的政治家和哲学家的双重身份，也让他最好地继承了亚里士多德政治哲学中现实主义和理想主义的双重维度，但作为罗马政治家的身份让他颠倒了柏拉图和亚里士多德在哲学与政治之间的基本排序，让哲学从属和服务于政治。西塞罗继承了斯多亚学派的自然法和世界共同体的观念，认为自然法不限于任何具体的政治共同体，而具体的政治共同体正是由于自然法权的延伸才获得了合法性，这种自然法权的延伸在很大程度上表现为人民主权的观念，因为正是人们的自然社群性构造了国家，他们符合自然的意愿构成了国家的合法性，并且与自然法的要求一致。而人民主权就要求国家采取“混合”的政体形式（这种理论在很大程度上也基于罗马共和国的现实）。柏拉图和亚里士多德都在自己的政治哲学中提到了“混合政体”，但是都没有将它当作“最佳政体”看待，而在西塞罗看来，混合政体结合了不同政体的优点，同时避免了各种单纯政体的缺陷，不管从理论上还是实践上都是最佳的政体形式。

罗马共和国的辉煌在西塞罗的政治哲学中得到了集中的体现，而罗马帝国的衰败则成为奥古斯丁开启政治哲学思考的动力，罗马城被蛮族攻陷，让奥古斯丁放弃了对现实政治的幻想，转而完全依赖“上帝之城”来寻求拯救。吴飞撰写的第五章“奥古斯丁的政治哲学与世界历史”从奥古斯丁关于人类本性的悲观探讨开始。人的原罪导致了堕落和分裂，也导致了地上政治共同体变得必不可少，但是由于地上政治共同体的罪性，它们不可能实现让人类和合为一的理想，那个理想只能在上帝之城中才能实现。于是尘世政治的价值也就成了奥古斯丁思想中争论颇多的问题，吴飞细致分析了奥古斯丁所用的撒拉和夏甲的比喻，论证了奥古斯丁从理论或者理想的层面上讲已经准备好了否定一切尘世政治的意义，但是在现实中还是肯定了地上之城带来的和平、道德和幸福，并通过“利用”和“安享”的区分弱化了这两者之间的张力。在这方面，奥古斯丁也直接回应了西塞罗的共和理念，认为罗马从未实现真正的共和，因为罗马的制度作为“霸欲”的产物，建立在不义的基础之上，也没有帮助人们摆脱魔鬼的统治。与他对尘世政治的看法一致，奥古斯丁对现实中的政体也毫无兴趣，他虽然对基督徒皇帝进言献策，但是核心却是教导他们不要关心尘世的功业，而要让心灵朝向上帝之城。奥古斯丁关于地上之城和上帝之城关系的讨论，以及对奥古斯丁的不同阐释，也为中世纪政治思想中最核心的政教关系问题打开了大门，并且在很大程度上直接通达了马丁·路德的宗教改革运动。

如果说奥古斯丁的政治哲学力图颠覆古典传统，将尘世政治的价值最小化，阿奎那则试图通过基督教与亚里士多德的联姻，重新赋予尘世政治更加正面的价值。周伟驰撰写的第六章“阿奎那论自然法与政体”就从自然法和政体这两个视角审视了阿奎那用基督教改造亚里士多德的尝试。阿奎那对政治的理解与西塞罗相似，也是从“法律”，特别是“自然法”的观念而来。法律被阿奎那界定为“为了公共的善，由照管共同体的人所立并予以公布的理性的法令”；而人的“自然倾向”，尤其是理性能力，正是认识自然法的基础。在这个方面他改变了奥古斯丁主义对人性的悲观看法，“力图在亚里士多德的纯粹本性和奥古斯丁的恩典至上之间维持一种平衡”。但是如何具体理解阿奎那的自然法理论，这个理论在今天是否依然有指导意义，却是学者们争论的焦点，本章以三位当代阿奎那自然法理论的阐释者——马里旦、尼尔森和波尔克——为代表展示了这一争论在当代学界的表现。而阿奎那的政体理论以亚里士多德的基本政体分类为基础，因为有了上帝这个唯一神的范本，阿奎那更加赞赏君主制；但是在现实中，他则更加欣赏西塞罗式的混合政体。总体而言，即便世俗政治具有积极意义，尽管基督徒有服从世俗统治者的义务，阿奎那依然坚信人的至福不可能通过尘世政治实现，因此最终世俗权力还是要服从教会的宗教权力。

文艺复兴和宗教改革是从古典政治哲学向现代政治哲学过渡的关键阶段。韩潮撰写的第七章“马基雅维利与文艺复兴政治思想的流变”一方面展现了文艺复兴极为丰富的政治思想，另一方面以马基雅维利为论述的中枢，勾勒了一场“由文艺复兴政治思想向早期现代政治的远征”。这场远征首先体现在所谓的“公民人文主义”运动之中。韩潮讨论了由汉斯·巴隆开启的这场对文艺复兴政治思想解释的范式转移，主要讨论了以萨卢塔蒂和布鲁尼为代表的共和主义思想。这场运动中的异数，谜一般的马基雅维利无疑是文艺复兴政治哲学最有代表性的人物，他在《君主论》和《李维史论》中都发出了革命性的宣言，宣称要颠覆之前只关注“想象”的政治哲学传统，转而探究“实际真相”，从而为政治提供“新方法与新秩序”。要理解马基雅维利的政治哲学，就不得不再次面对“政体”这个核心问题，因为马基雅维利在《君主论》和《李维史论》中似乎推荐了截然不同的政治构架，一个是君主制，另一个是共和制；而且在两部著作中都提出了与传统不同的对君主政体和共和政体的分类方式。本章通过细致的分析，认为马基雅维利对政体的关注服从于他对现实主义或“实际真相”的探求，或者用现实主义改造传统的政体理论，从而开启了不再将政体本身作为关注核心的政治哲学分析模式。马基雅维利的现实主义也直接刺激了文艺复兴晚期塔西佗主义和“国家理性”学说的流行，并逐渐发展出以博丹为代表的高度现代性的“主权”学说。

何涛撰写的第八章“宗教改革时代的‘神学—政治’：路德与加尔文”试图回到两位宗教改革家的神学背景去探讨他们的政治理论，并着重强调两人的差别。路德直接接续奥古斯丁对世俗政治的批判，瓦解了教会精神权力的理论基础，打击了政教关系中教会的至上权力。但是同样像奥古斯丁一样，路德并没有提出系统的政治学说去规范世俗政治。在路德改革基础上发展起来的再洗礼派则试图激进地取消政治生活。与路德对尘世政治的漠不关心相比，加尔文则更富创造性地利用了神学个人主义的思想，为尘世政府提供了更加正面的角色——维持秩序与促进信徒成圣。在政体问题上，加尔文也继承了亚里士多德开创的政体分类学说，主张贵族制或贵族制与民主制的混合政体，甚至为这种混合政体找到了《圣经》中的神学依据。文艺复兴与宗教改革的政治思想，尤其是公民人文主义者对“自由”的强调、“国家理性”学说对国家自主性的强调，以及宗教改革开创的神学个人主义和对基督徒自由的强调，也都为《西方政治哲学史》第二、三卷中更加严格意义上的近现代政治哲学打下了坚实的理论基础。

本书作为一部突出研究性的政治哲学史，并不希求对每一位政治哲学家做出没有遗漏的全面总结，也不希求对他们的思想给出毫无争议的平淡概括，而是希望各位作者直面国际学界争论的核心问题，给出自己的回应，从一个或几个核心问题出发，以点带面地呈现每一位政治哲学家的思想图景。本书整体的撰写原则是尽量让这些哲学家自己说话，也就是用精心选择的一手文本支持作者的立场，尽量避免过多的概括；这种做法也更有利于避免过度的“先见”或某种特定研究方法造成的“门户之见”。虽然各位作者都对特定问题给出了自己的回答或回应，但是这些回应都严格做到了言之成理、言之有据。我们也希望这些带有研究性、探索性的章节，能够更好地促进汉语学界对西方政治哲学展开新的、更深入的讨论。

当然，不管是在古希腊、中世纪还是在文艺复兴，都有比本书章节讨论到的更加丰富的政治哲学，但是限于篇幅，我们也只能做出一些近乎粗暴的拣选，以最重要的政治哲学家为核心，兼及其他人物。希望在不远的将来，我们可以在修订这部著作时对它加以扩充，让斯多亚学派、伊壁鸠鲁学派、罗马史家、奥卡姆的威廉、帕多瓦的马西利乌斯、圭恰尔蒂尼、苏亚雷兹、博丹等人的政治哲学也能够单独成章。

刘　玮

目　录

第一章
早期希腊政治思想：城邦与公民

古代希腊文明的历史始自公元前3千纪的克里特文明和稍后的迈锡尼文明，中经荷马（Homer）时代与古风时期，至公元前6世纪末城邦基本形成，到古典时代达于鼎盛。就政治思考言之，它与城邦时代相伴而生，萌芽于荷马社会，兴盛于古典时代，到公元前4世纪的柏拉图和亚里士多德那里，达到成熟的形态。本章的目标，一为追溯希腊政治思考产生的历史与社会基础，一为探究希腊人政治思考的起源和初步发展，总体上限于柏拉图以前的时期。

然而，早期希腊留下的系统文献寡少：诗人们的诗歌大多只有残篇；多数政治家忙于改革城邦的社会与制度，少有对施政的哲学论证；哲学家们只是在讨论世界的构成时，零星涉及政治思想。因此之故，现存文献不允许我们对某一位甚至某一派的政治思想做系统的阐释。同样重要的是，自荷马时代以来，城邦政治经历了从萌芽、成长到成熟的过程，相较于柏拉图和亚里士多德系统的讨论，早期希腊政治思考的侧重点与兴趣点经历着不断的变化：城邦形成时期，人们关注正义得到实践的前提与方式；古典时代的智者面对民主政治和雅典帝国的冲击，更多地深入到对自然与政制以及礼法性质的探讨中，政治哲学开始显露轮廓，但全面探讨政治哲学的著述，仍付阙如。因此本章的叙述，更多地偏重政治思想而非系统的政治哲学。

第一节　城邦与希腊政治思考的开端

古代希腊最初的国家诞生于公元前 3 千纪的克里特。然而青铜时代以宫廷为中心的国家，可能没有给政治思考留下足够的空间，至少没有相应的文献流传。希腊人的政治思考，是随着城邦在公元前 8 世纪的萌芽开始的。这种以公民为中心且缺乏必要强制手段的国家形态，既是希腊式政治产生的前提，也决定了希腊人政治思考的一般取向。

一、公民的城邦

希腊最初的国家类型，即克里特—迈锡尼时代的国家，是一种以宫廷为中心的国家形态。公元前 2 千纪末，随着东部地中海地区历史的变动，宫廷国家瓦解。在铁器时代新生产力与东部地中海地区历史的共同作用下，到公元前 6 世纪末，城邦终成为希腊国家的主要形式。虽然它的外在形态与迈锡尼的宫廷国家有相似之处，但具有自己的特征。

首先，希腊城邦遍布地中海地区，大小千余个。从领土面积和人口看，城邦之间差别较大。最大者约 8 500 平方千米，最小者不过 22 平方千米。与当今世界上的民族国家面积不可同日而语。[①] 至于这些城邦的人口，因缺乏可靠的统计资料，没有精确的数字，但各国能够出动的军队有助于说明问题。公元前 479 年，希腊各城邦和波斯在普拉提亚决战。出现在希罗多德（Herodotus）笔下的共有 20 个城邦，其中重装步兵人数超过 3 000 人的仅有 5 个，1 000 人以下的有 12 个，甚至有不足 200 人者。所以，希腊的城邦不仅空间狭小，人口也相对较少。与现代国家比较，小国寡民是它的基本特征。

希腊城邦的小国寡民，使它能够实行主权在民的直接民主制度。公民既是城邦的主人，更是城邦本身。离开了公民，城邦将无以立足。因此，当雅典人为避波斯锋芒而退出阿提卡、科林斯将领阿德曼图斯（Adeimantus）宣称雅典人已丧失其祖国时，地米斯托克利（Themistocles）义正词严地回答：“但我们

---

① See Victor Ehrenberg, *The Greek State*, New York: W. W. Norton, 1964, pp. 29 – 30.

还有一个城邦，希腊最大的城邦：我们的200艘战船。如果……你们第二次离开，并出卖我们，那么许多希腊人马上就会知道雅典人已经为自己赢得了一个自由的城邦，赢得了一块领土，比他们抛弃的那块领土好得多。”① 地米斯托克利的意思是，只要雅典公民队伍仍在，凭借他们的强大舰队，他们随时可以在希腊世界的其他地区建立城邦。事实上，早在希波战争之前，希腊人已经有过举国大搬家的举动。这些人迁移到新地区后，有些仍以旧名相称，过着和以前一样的生活；有些虽有了新名称，但无论是政治制度，还是经济体制，甚至崇拜的神灵，都没有变化，继续保持城邦体制。当然，不同的城邦，甚至同一个城邦的不同时期，所采用的具体政治制度会有所不同。但无论政治制度如何，城邦最高治权一定寄托于公民集体，公民集体就是城邦制度。

正因为城邦的最高治权寄托于公民集体，希腊城邦才发展出一套直接民主制度。所谓直接民主，就是公民直接参与国家管理。它的直接表现就是公民大会是国家最高权力机关，从原则上说，所有公民都有资格出席公民大会，对国家事务发表自己的意见。由于城邦之间的差异，有些城邦公民大会的权力相当大，所讨论的问题涵盖城邦事务的各个方面；有些城邦公民大会的权力较小，甚至若有若无。但即使是寡头政治的典型斯巴达，其公民大会仍拥有相当的权力。② 至于民主政治的典范雅典，其公民大会决定着雅典的方针和大政，而且直接就许多具体问题通过决议，牢牢把握着雅典国家的前进方向。③

直接民主的基本要求，是让尽可能多的公民参与城邦的管理。城邦几乎所有的官职都是集体职务。以雅典为例，它的执政官有9人，议事会议员有500人，市场监督有10人，港口监督有10人，最需要统一指挥的军队，则由10名将军指挥。至于陪审法庭，全员更达6 000之众。④ 在不那么民主的斯巴达，其国王由两人担任，而且权力平等；长老会和监察官也都由多人出任。其他城邦的有限资料也显示，从原则上说，官职都有任期限制，职务都是集体制，少有一人专任或独裁现象发生。

与集体职务并行的，是官职任期的短暂。一般来说，官职任期为一年，而

---

① 转引自［古希腊］普鲁塔克：《希腊罗马名人传》，上册，陆永庭等译，247～248页，北京，商务印书馆，1990。

② 参见David. M. Lewis，*Sparta and Persia*，Leiden：Brill，1977，pp. 37－49；晏绍祥：《古典斯巴达政治制度中的民主因素》，载《世界历史》，2008（1）。

③ 参见晏绍祥：《演说家与希腊城邦政治》，载《历史研究》，2006（6）。

④ 参见［古希腊］亚里士多德：《雅典政制》，日知、力野译，46～70页，北京，商务印书馆，1999。译文略有改动。

且不能连选连任（只有将军和财政官等极少数需要专业知识的官职例外）。为保证如此大量的公民能够参与政治，实行津贴制是题中应有之义。雅典是其中最典型的例子。大约从公元前 5 世纪中期起，从执政官到陪审员，几乎都有数量不等的津贴。公元前 4 世纪初，出席公民大会者也获得津贴资助。值得注意的是，政治津贴并不仅仅是雅典的现象。其他一些城邦，为支持公民的政治参与，也不同程度地实行了政治津贴制度。①

直接民主的另一个基本原则，就是公民之间的平等。无论是柏拉图，还是亚里士多德，都把平等作为城邦施政的基本前提。所不同者，他们更愿意实行所谓的几何或者说才能面前的平等，而不是数量平等。为促进公民平等，产生了一系列在今人看来费解的制度，如雅典的抽签选举制。与抽签选举平行的，是对官员资格的严厉审查与监督。任何没有得到公民大会支持的官员，都可能立刻被赶下台、审判、罚款乃至被处死。对于那些影响特别大的政治人物，还施行陶片放逐法，将其短期放逐到国外，以保证政治的稳定和制度的正常运转。轮番为治和平等所要求的必然是法治。法律成为所有公民处理国家和个人事务的基本准则。

作为国家的主人，公民享有许多重要权利。从经济上看，几乎所有希腊城邦都不对公民征收直接税。国家的收入，或来自公共的矿山与财产，或来自关税。这些收入，有些直接分发给公民，有些通过举办公共工程返还给公民。在城邦的经济政策中，一个重要的方面是富人承担着所谓公益捐献的义务（*leitourgia*）。而享受这些捐献的，往往是全体公民。它的根本目的，是国家通过政治手段，调节公民之间财富的分布，以保证公民队伍的稳定。与此相适应，只有公民能够占有土地和不动产。从政治上看，公民享有担任公职、出席公民大会、参与国家政策的制定、执行司法等权利。

城邦公民性质在军事上的表现，就是公民兵制度。军队的主力是由公民充任的重装兵。平时他们是生产者，战时自备武装和给养，在将军的指挥下参加战斗。所以，军队属业余性质。在伯罗奔尼撒战争以前，战争一般在每年夏初即农活相对清闲时进行，时间相对短暂，往往一战定胜负。所得的战利品，除奉献给神灵的份额外，或者由参战士兵分配，或者归于城邦，城邦再以各种形式返还公民。这样的军队，其对内镇压的职能相对次要，主要的任务乃是对外扩张，或者防范其他城邦的扩张。

---

① See G. E. M. de Ste. Croix, *The Class Struggle in the Ancient Greek World*, London: Duckworth, 1983, pp. 289 - 290.

二、多样化的政体与希腊政治思考之发端

在希腊城邦的体制下，要维持城邦的稳定，理想的状况，是所有公民在经济地位、政治智慧与文化修养上完全平等，而且享有最为充分一致的利益。然而，正如希腊人自己意识到的，城邦的居民从来就不可能彻底平等。从荷马时代开始，城邦内部就已经被划分为平民与贵族。古风时代的政治和社会变革虽然赋予了中产阶级以上的本邦自由居民以政治权利，但经济上的不平等并未被消除。在希腊人的殖民地中，虽然最初的土地分配大体平等，但经过数代人的发展后，最初的定居者之间也会出现程度不等的分化。有些殖民地为壮大自己的实力，进一步吸引外来移民加入，在最初的定居者之外，又产生了新老移民之间的矛盾。在希腊本土的那些城邦，财富的分布本来就不够平均，在多里安人国家中，还存在着多里安人征服者与非多里安人集团之间的不平等。如果再加上被排除在城邦之外的妇女和奴隶，那么城邦简直就是一个不同社会集团相互矛盾的集合体。

正如前文指出的，城邦是公民的城邦，以公民直接参与国家管理为特征，因此城邦内部的强制机构并不发达。军队由公民组成，一般无法用于解决城邦内部的冲突，警察等治安力量在希腊城邦中尚未产生，法庭的法官或陪审员基本由公民组成。在这样的城邦中，不同阶层之间的利益纠纷与冲突，很大程度上需要依靠说服的手段解决，即把问题提交给公众，由公众裁决。为了争取公众的支持，需要有效利用话语的力量。当话语力量无效时，一些财雄势大的家族，或者某些群体，就有可能诉诸武力，从而导致城邦内部冲突的发生。卡特里奇据此断言："古代希腊式的民主政治，是一种基于冲突而非一致达成多数人决定的体制。用我们的话说，民主政治是一种零和游戏，用他们的话说，是一种竞争（*agōn*）。在他们那样一个透明的、面对面的体制中，每次重大决策的投票，都会面临冲突爆发的危险。"① 一般情况下，这些潜在的冲突为城邦机制所化解，但也有许多时候，冲突变成了实际，甚至引发了城邦的内战。

希腊城邦内部不同阶层间的矛盾、公民对政治的直接参与、城邦公共强制机构的缺失及其所引发的不断的冲突，导致城邦政体的多样化。那些在冲突中掌握权力的阶级，往往根据本阶级的要求，建立适合本阶级需要的政体。政体

① Kurt A. Raaflaub, Josiah Ober and Robert W. Wallace, with chapters by Paul Cartledge and Cynthia Farrar, *Origins of Democracy in Ancient Greece*, Berkeley: University of California Press, 2007, p. 166.

的形态，也随着掌权阶级的不同，或为君主政体，或为僭主政体，最为常见的，则是寡头政体和民主政体。[①] 早在古风时代，希腊人就已经见识了君主制、僭主制、贵族制和寡头制。到古风时代后期，以平等为原则的民主政体先后在开俄斯、雅典等城邦兴起。及至古典时代，因为雅典与斯巴达两大城邦政治制度的差异和对霸权的争夺，在原来的多种政体之外，雅典式的民主政体（*demokratia*）一度流行，社会下层开始掌握国家政权，并且对国家政策产生本质性的影响。因此，为表达这些根据不同阶级利益建立的政体，到公元前 5 世纪，希腊人已经创立了一系列政治术语。今天政治学中最流行的基本概念，如君主制、僭主制、寡头制、贵族制（贤人制）、民主制等，都流行开来。

希腊城邦政体的多样性，以及不同政体的施政倾向，不能不刺激人们对政治的思考。如果说荷马史诗关心的是社会上层的兴趣，贵族和王宫（巴赛列斯，*basileus*）的统治被视为当然的存在，那么到赫西俄德（Hesiod）的时代，情形已经有所变化。对于那些王公做出的歪曲判决及其可能给城邦带来的祸害，赫西俄德已经有所预示。公元前 6 世纪的梭伦（Solon）和麦加拉的特奥格尼斯（Theognis），或者对城邦内乱发表见解，呼吁建立以等级为基础的"优良秩序"（*eunomia*），或者对社会下层进入城邦政治发出抱怨。公元前 5 世纪，随着希腊城邦政治的成熟和雅典、斯巴达矛盾的发展，民主政治与寡头政治和君主政治的对立，逐渐成为政治思考的中心，悲剧作家、历史学家、智者派和老寡头等，都分别通过自己的作品，表达国家应当如何治理的观念。对现实政治绝望的柏拉图，开始构建自己的理想政体。正是希腊城邦政体的多样性，以及不同阶级进入政治生活的实际，刺激希腊人思考城邦的治理及其与公民的关系。希腊人的政治哲学，确实是城邦制度的产儿。

第二节　正义、优良秩序与平等

希腊城邦从荷马时代开始萌芽，历经古风时代两百多年的发展，到公元前 500 年左右最终定型。希腊人的政治思考，也伴随着城邦的兴起和发展，经历

① 参见［英］芬利：《古代世界的政治》，晏绍祥、黄洋译，3～31 页，北京，商务印书馆，2013。

了从萌芽到逐渐成熟的过程。它最初表现为荷马和赫西俄德笔下贵族与平民高下有别的等级化正义，到莱库古（Lycurgus）时代的斯巴达和梭伦时代的雅典，演变为全体公民都拥有某种权利的“优良秩序”，最终在克莱斯提尼（Cleisthenes）那里，达到了所有公民共享国家主权的“平等”。

一、荷马、赫西俄德与正义

荷马时代的国家已经具备了后世希腊城邦的基本特征，其政治运作方式，外表上也有一些城邦时代的影子，其典型表现是荷马时代的领袖们缺乏强制手段，地位的维持有赖于自己的魅力和实力，并需要在公开场合以话语说服民众。因此对荷马时代的政治领袖们而言，最为重要的是两种基本素质：会做事情和会发议论。不过，处于初级阶段的城邦，尚未给予普通公民在城邦中的分量以充分的承认，公民大会还缺乏管理国家需要的权威和资源。领袖们也认为他们的地位高人一等，在相互之间的辩论中，几乎从来不向普通公民发出呼吁。

荷马时代城邦的这种原始状态，直接决定了荷马史诗对城邦政治的思考。一是对所谓正义（*dikē*）的追求，一是对习惯和法律（*themis*）的尊重，而且两者被紧密联系起来。“正义（*dikē*）是作为既成惯例或习惯法（*themis*）的法的绝对基础与原则；而习惯法则是永恒正义的一种具体化，是永恒正义在人们的相互关系中，甚至在众神自身的相互关系中的存在、表现和实施。”① 由于当时的希腊尚未使用文字，更无系统的成文法，史诗也未全面阐述有关政治的思考，而且荷马关心的，主要是英雄们的行为，他笔下的所谓正义，也主要是英雄们心目中的正义，不免片面。尽管如此，英雄们对正义的理解及与之相关的行为，仍透露了某些当时人对于正义与法律原则的思考。

《伊利亚特》一开篇，就是阿基里斯（Achilles）和阿加门农（Agamemnon）之间的争吵，这场争吵涉及对正义的理解以及如何在日常行为中实现正义。当时阿加门农不顾阿凯亚人反对，拒绝特洛伊方面的阿波罗祭司赎取自己的女儿，导致阿波罗给阿凯亚人降下瘟疫。阿基里斯为查明原因，召开了阿凯亚人的大会，并通过大会的压力，迫使阿加门农同意祭司赎取女儿。阿加门农觉得自己的尊严受到侵犯，强抢阿基里斯的女俘以为补偿。阿基里斯则认为那是阿凯亚人分配给他的战利品，且无法为此损失寻求集体的赔偿，因此同样认

---

① ［苏］涅尔谢相茨：《古希腊政治学说》，蔡拓译，董果良、赵振福校，10页，北京，商务印书馆，1991。

为自己的尊严受到了莫大侮辱。于是在全体阿凯亚人大会上，他对阿加门农展开反击：

你这个无耻的人，你这个狡诈之徒，
阿凯亚人中今后还有谁会热心地
听你的命令去出行或是同敌人作战？……
你竟然威胁我，要抢走我的荣誉礼物，
那是我辛苦夺获，阿凯亚人敬献。
每当阿凯亚人掠夺特洛伊人城市，
我得到的荣誉礼物和你的不相等；
是我这双手承担大部分激烈战斗，
分配战利品时你得到的却要多得多。(《伊利亚特》1.149－165)①

这里的意思很明确，既然阿基里斯是希腊人阵营中最为优秀的战士，承担着绝大部分战斗，那么在分配战利品时，正义的做法是阿基里斯得到战利品的大部分。然而在阿基里斯看来，实际情况是作为统帅的阿加门农得到了战利品的大部分，而他作为最优秀的战士，只能得到“一点小东西”，而且现在就连这“一点小东西”，居然也要被身为统帅的阿加门农强抢而去。这样的做法，也难怪阿基里斯愤怒不已。他一度打算手刃对手，打道回府。虽然在女神雅典娜的干预下，阿基里斯并未立刻离开特洛伊返回希腊，但为了对抗阿加门农这种侵犯流行习惯的做法，他采取了罢战的形式，并要求自己的母亲出面请求宙斯让希腊人遭受失败，以找回面子，寻回他心目中的正义。

作为一名统帅，阿加门农的做法，特别是掠取大部分战利品以为己有的做法，显然有违荷马式的正义。同样在《伊利亚特》中，诗人如此描绘统治者与他的追随者之间的关系，不过这次是出自特洛伊人的盟友萨尔培东（Sarpedon）和格劳科斯（Glaucus）之口：

格劳科斯啊，为什么吕凯亚人那样
用荣誉席位、头等肉肴和满斟的美酒
敬重我们？为什么人们视我们如神明？
我们在克珊托斯河畔还拥有那么大片的
密布的果园、盛产小麦的肥沃土地。

① ［古希腊］荷马：《伊利亚特》，罗念生、王焕生译，北京，人民文学出版社，1995。译文略有改动。

我们现在理应站在吕凯亚人的最前列，
坚定地投身于激烈的战斗毫不畏惧，
好让披甲的吕凯亚人这样评论我们：
“虽然我们的首领享用肥腴的羊肉，
咂饮上乘甜酒，但他们不无荣耀地
统治着吕凯亚国家：他们作战勇敢，
战斗时冲杀在吕凯亚人最前列。”（《伊利亚特》12.310－321）

这里透露出的正义观念，表现出比较强烈的双向性质：普通公民给予统治者以必要的尊敬和各种物质上的利益，但统治者在关键时刻，需要冲锋在前，勇敢地保卫国家。以此标准衡量，阿加门农显然不够合格。不合格的后果，就是属下的叛离或者不合作。对阿加门农而言，他的贪婪和不义，不仅直接导致阿基里斯及其统率的米尔米东人退出战斗，而且严重影响了阿凯亚人的斗志。《伊利亚特》第2卷中，当阿加门农宣布他打算撤军回国时，本意为试探的举动，却造成了阿凯亚人士兵的溃逃。虽然奥德修斯（Odysseus）等人整肃军纪，但并未从根本上扭转士气。在随后的战斗中，阿凯亚人节节败退，几乎让特洛伊人打到海岸边并烧毁船只。这个过程所透露的信息表明，虽然阿加门农是阿凯亚人军队中最为强大者，统率着最多的军队，但一旦他行事不公，那么即使普通士兵不能真正罢免他，他也终归要为此付出代价。就《伊利亚特》而言，就是阿凯亚人在战场上的惨重失败。好在荷马让阿基里斯的好友帕特洛克罗斯（Patroclus）“及时”阵亡，为阿基里斯同意重新出战创造了条件。阿加门农也及时醒悟，公开向阿基里斯道歉，阿凯亚人终于得以扭转战场上的形势，重新取得主动。

在《奥德赛》中，荷马通过奥德修斯的形象，进一步阐述了统治者的正义与共同体之间的关系。史诗中着力表现的，是奥德修斯的正义。《奥德赛》一开篇，就是求婚人到奥德修斯家胡闹。如同史诗后来不断指出的，求婚人的做法无疑破坏了习惯。然而当奥德修斯之子特勒马科（Telemachus）向伊塔卡人求援，期望借助国人集体的力量将求婚人从自己家里赶走时，遭遇了挫败。一方面是求婚人人数众多，咄咄逼人，另一方面，在奥德修斯的朋友门托尔（Mentor）看来，是伊塔卡人“全都默默地安坐，一言不发，人数虽多，却不想劝阻少数求婚人”。伊塔卡人的这种做法，按照前文萨尔培东的说法，显然违背了统治者与普通人之间关系的法则，不够正义，因为奥德修斯执掌王权期间，“仁慈、亲切、和蔼，让正义常驻自己的心灵里”，“他曾经统治他们，待他们亲爱如慈父”，如今面对“强横又暴戾，心地狡诈不纯良”[①] 的求婚人无端消耗奥德修斯的家产，人民却不采取行动，有违正义（《奥德赛》2.230－240）。奥德修斯自己也不止一次提及他的正义，体现在战利品分配上，是“每个人不缺相等的一份”。虽然有些时候他作为首领，可能战利品比他人略多，但似乎尚在合理范围之内，“总共12条船跟随我，每条船抓阄分得9头羊，我为自己那条船挑选了10头”（《奥德赛》9.41－42，2.159－160）。在这个意义上，奥德修斯最后诛杀求婚人，也就是对正义的追求了。

《奥德赛》同时点出了统治者正义的好处——给共同体带来繁荣，“如同一位无瑕的国王，敬畏神明，统治无法胜计的豪强勇敢的人们，执法公允，黝黑的土地为他奉献小麦和大麦，树木垂挂累累硕果，健壮的羊群不断繁衍，大海育鱼群，人民在他的治理下兴旺昌盛享安宁”（《奥德赛》19.109－114）。这里的“执法公允”在希腊语中就是 *eudikias*，意思是法律良好，或者非常正义。因为国王的正义，整个国家获得了繁荣。统治者正义与否，在这里被与国家和共同体是否兴盛联系了起来，反过来说，国家的繁盛，证明了统治者的正义。与之相对，阿加门农的行为，则招致了宙斯的惩罚，在战场上连吃败仗。

荷马正义的另一个特征，是等级性，即对普通平民和统治者来说，正义的内容和规范均不同。习惯或者法律对于所有人似乎都是共同的，每个人，甚至神灵，都不例外，必须遵守所谓的法律行事，否则将招致报复。当宙斯看见自己的儿子萨尔培东即将被杀，有意将他从战场上救出时，赫拉加以阻止，因为萨尔培东是“一个早就注定要死的凡人，你却想要让他免除悲惨的死亡”（《伊利亚特》16.440－457）。如果宙斯这么干，那其他神明就会效尤，而且宙斯本人也会遭遇众神的怨恨。宙斯被迫放弃自己的打算，在自己的儿子被杀后才把他送回吕凯亚。犹如神明和凡人之间实行的规则不同一样，在凡人的贵族和普通人之间，规则也不一致。《伊利亚特》第2卷中阿凯亚人的全体大会就生动地表现了这一点。当时阿凯亚人打算乘船回国，奥德修斯受雅典娜之命，将士兵们赶回公民大会会场。在此过程中，对于首领和平民，奥德修斯采取了截然不同的态度：

> 他遇见一个国王或一个显赫的人物，
> 他就站在身边，用温和的话语阻止他：

① ［古希腊］荷马：《奥德赛》，王焕生译，北京，人民文学出版社，1997。译文略有改动。

“我的好人，我不该把你当懦夫吓唬你……”
但是他看见一个普通士兵在叫嚷，
他就用权杖打他，拿凶恶的话责骂：
“我的好人，你安静地坐下，听那些比你
强大的人说话；你没有战斗精神，
没有力量，战斗和议事你都没分量。”（《伊利亚特》2.218－233）

荷马显然认可奥德修斯的区别对待政策。对不听指令的特尔西特斯（Thersites）的惩罚，是这种等级化正义的自然结果，因为特尔西特斯作为一个普通士兵，居然在公民大会上批评阿加门农等一应军事统帅，强调普通士兵在战场上的作用，显然违背了荷马心目中上下有别的等级秩序，理当遭受惩罚，并让这种惩罚得到全体阿凯亚人的认可。在奥德修斯笞打特尔西特斯后，“阿凯亚人感到苦恼，却在欢笑”，因为那是奥德修斯“在阿尔哥斯人中做得最好的事情，他已经使这个鲁莽的诽谤者停止发言，这个傲慢的心灵一定不会再次使用责骂的言语同国王拌嘴争吵”（《伊利亚特》2.188－277）。也就是说，对荷马而言，当统治者表现不够正义时，普通人虽然可以用脚和行动投票，却不宜公开挑战统治者的权威。

到赫西俄德那里，正义仍然是核心，而且是整个社会和城邦能够存续与发展的关键。不过与荷马时代比较，赫西俄德的正义已经具有了某些新的内容。这可能与时代的变迁有关。因为在荷马那里，英雄们更加重视个人荣誉，偶尔竟敢置集体利益于不顾；而在赫西俄德这里，城邦作为一个整体，受到更多的关注。如果统治者们正义，则全体城邦随之受益。如果统治者横行无道，不守法纪，做出歪曲的判决，则大神宙斯和正义女神的惩罚，会及于城邦全体。因此，赫西俄德对那种“天性残忍，挑起罪恶的战争和争斗”① 的不和女神敬而远之，而主张通过公平的竞争，以勤劳致富，以此保证城邦内部的和平。不过与时代变迁比较，赫西俄德所取的角度也许更加重要。如果说荷马主要站在上层阶级，即巴赛列斯的立场，对普通人抱着鄙视态度，赫西俄德则更多地从普通人的角度，对那些掌握权力、负责裁决的巴赛列斯们提出中肯的建议，要求他们正义行事，保证国家的和谐和繁荣。《工作与时日》给我们描绘了统治者是否正义造成的根本区别：

① ［古希腊］赫西俄德：《工作与时日　神谱》，张竹明、蒋平译，1～2页，北京，商务印书馆，1991。译文略有改动。

人们如果对任何外来人和本城邦人都予以公正审判，丝毫不背离正义，他们的城市就繁荣，人民就富庶，他们的城邦就会呈现出一派爱护儿童、安居乐业的和平景象。无所不见的宙斯也从不唆使对他们发动残酷的战争。饥荒从不侵袭审判公正的人，厄运也是如此。他们快乐地做自己想干的活计，土地为他们出产丰足的食物。山上橡树的枝头长出橡实，蜜蜂盘旋于橡树之中；绵羊身上长出厚厚的绒毛；妇女生养很多外貌酷似父母的婴儿。他们源源不断地拥有许多好东西，他们不需要驾船出海，因为丰产的土地为他们出产果实。

但是，无论谁强暴行凶，克洛诺斯之子、千里眼宙斯都将予以惩罚。往往有甚至因一个坏人作恶和犯罪而使整个城邦遭受惩罚的，克洛诺斯之子把巨大的苦恼——饥荒和瘟疫一同带给他们。因此，他们渐渐灭绝，妻子不生育孩子，房屋被奥林波斯山上的宙斯毁坏而变少。宙斯接着又消灭他们的庞大军队，毁坏他们的城墙，沉没他们海上的船舰。①

因此，对赫西俄德来说，公正和正义，是一个城邦走向繁荣和兴盛的基本前提，也是普通人和统治者生活延续的基本保证。赫西俄德为人们描绘的理想化社会生活，带有他那个时代最为典型的一般农民的期望：免遭饥荒和外来侵犯，通过诚实的劳动，城邦一代代延续下去。相反的情况，是城邦遭遇外来侵犯，饥荒频发外加人丁灭绝。只是对于赫西俄德来说，正义主要体现为巴赛列斯的公正审判。对于那些不能执行正义的巴赛列斯，赫西俄德似乎并无可靠的制度和法律手段，只能警告他们，正义女神监督着人世间所有的审判和邪恶行为，一旦正义受到亵渎，则正义女神“即坐到克洛诺斯之子、其父宙斯的身旁，数说这些人的邪恶灵魂，直至人们为其王爷（巴赛列斯）存心不善、歪曲正义做出了愚蠢错误的判决而遭到报应为止”。因此，赫西俄德最后警告说：“害人者害己，被设计出的不幸，最受伤害的是设计者本人。”②

赫西俄德不但把正义作为城邦生存和繁衍的基本法则，而且把它与人类结合起来，是生活在黑铁时代的悲惨境遇中的人类从宙斯那里获得的唯一希望。他告诫兄弟佩尔塞斯（Perses）：“倾听正义，完全忘记暴力。因为克洛诺斯之子已将此法则交给了人类。由于鱼、兽和有翅膀的鸟类之间没有正义，因此它们互相吞食。但是，宙斯已把正义这个最好的礼品送给了人类。因为任何人只

① ［古希腊］赫西俄德：《工作与时日　神谱》，8页。

② ［古希腊］赫西俄德：《工作与时日　神谱》，9页。

要知道正义并且讲正义，无所不见的宙斯就会给他幸福。但是，任何人如果企图在作证时说假话、设伪誓伤害正义，或犯下不可饶恕的罪行，那么他这一代人此后会渐趋微贱。如果他设誓说真话，他这一代人此后便兴旺昌盛。”[①]

所以，对赫西俄德来说，他心目中的正义，不仅应当成为城邦的行事原则，也应成为个人为人处世的基本规则。它既是统治者应当遵行的法律，也是普通平民一般的规范。尽管对于统治者的要求是判决公正，而对普通人来说，是不设伪誓，内容上存在根本的区别，体现了城邦内部贵族与平民对自己地位的界定，暗示了赫西俄德从未想到要挑战精英阶级统治的权威，但只有双方共同遵守宙斯唯一的准则正义，城邦才能在健康竞争的基础上达成和谐，并且走向繁荣，为统治者和普通人都带来福利。赫西俄德公开批评统治阶级的贪婪，并且用统一的正义要求双方，同时强调普通农民不要依赖所谓巴赛列斯的保护，而应自己独立致富，实现自给，这多少体现了古风时代希腊城邦不同阶层之间日渐走向平等的趋势。[②]

二、莱库古、梭伦与优良秩序

尽管有赫西俄德的警告，但缺乏制度制约的贵族阶级，在剥削平民方面并未有所收敛，反而利用自己手中掌握的权力和资源，对平民进行不同程度和形式的剥削。因此，到公元前 7 世纪左右，希腊城邦内部不但未能走向和谐，反而爆发了更加激烈的政治和社会冲突。在这场冲突中，一方面，贵族虽然掌握着较多的财富和政权，并且努力强调自己的特权地位，但毕竟缺乏强有力的强制机关和力量，无力彻底打垮平民，另一方面，平民借助他们在军队中作为重装步兵的身份，向贵族提出了政治和军事上的要求，逼迫贵族做出不同程度的让步。经过古风时代平民与贵族的冲突，贵族和平民之间达成了某种程度的平衡，形成了希腊人心目中的所谓优良秩序（*eunomia*）。

关于“优良秩序”一词的起源，学术界争议颇多。该词是一个合成词，前缀的含义比较明确，为“好”“良好”，词根来自 *nomos*，在古典时代的希腊城邦表示法律，但在很长时间里，它所表达的主要是风俗和习惯，少有法律的含义在内。现代学者遵从古典时代的习惯，用它来表示某个城邦享有良好的风俗或者状态，以及因为良好的法律形成的良好秩序，有时译成“优良法制”。但

① ［古希腊］赫西俄德：《工作与时日　神谱》，9 页。

② See Raaflaub, Ober and Wallace, *Origins of Democracy in Ancient Greece*, pp. 33－34.

对早期希腊而言，更准确的做法也许是将它翻译成“优良秩序”。[①] 在现存希腊语文献中，它首次出现在荷马的《奥德赛》中。不过因为仅此一次，而且出现在奥德修斯装扮成乞丐，探访自己家庭的过程中，话语也比较笼统，从上下文看，它更多地可能用于谴责那些求婚人违背风俗，向帕涅罗帕（Penelope）求婚，消耗奥德修斯家的财富，而不是每人拿出聘礼争取女方好感，所以很难说有后世那么强烈的政治意味，仅仅是表示遵守某些习惯（《奥德赛》17.487）。虽然荷马时代的希腊尚无成文法，法律很大程度上表现为某些固定的习俗，但习俗与后世比较专门的法律之间毕竟不能等同。尽管如此，它确实含有谴责求婚人违背某些做法的含义，而且将其与神明联系起来，具有神圣的意味。

在赫西俄德那里，优良秩序已经被与习俗、正义和平等联系在一起，并且同样被视为神定秩序。“第二个，宙斯娶了容光照人的忒弥斯为妻，生下了荷赖（时序三女神），即优诺米亚、狄克和繁盛的厄瑞涅。”[②] 这里的优诺米亚（Eunomia）即优良秩序，狄克（Dikē）是正义，厄瑞涅（Eirēnē）则是和平。她们的母亲身份特殊，是忒弥斯（Themis），即习俗。她们合在一起，代表着世界的秩序和状态。由于她们的名字大多在荷马史诗中出现过，不应当是赫西俄德本人的发明，但将正义、和平与优良秩序结合在一起，则可能是赫西俄德的创造。正如我们前文指出的，对赫西俄德而言，正义代表着上下各安其位，但更多地表达着弱者和被压迫者相对于掌握司法裁判权的巴赛列斯们的权利，与统治者的强力和傲慢相对。只有统治者节制他们的傲慢和强力，尊重正义，共同体才能走向和平与优良秩序，而和平是共同体维持存在并走向兴盛的前提。用埃伦伯尔格的话说：“人们的工作和生活，以及更一般地说，他总体的繁盛，依赖于共同体和平且安全的生活，如同他将三姊妹合为一体所描述的那样。”[③] 这样，赫西俄德给优良秩序注入了强烈的政治含义：优良秩序是贵族与平民在城邦中的和平共处，是城邦拥有良好秩序和健康的传统，并因此走向稳定和繁荣的前提和表现。只是对赫西俄德而言，优良秩序在他心目中的地位，仍在正义之下。它因正义产生，而正义仍具有某种等级特征。对这种等级化正

① See Victor Ehrenberg, *Aspects of the Ancient World: Essays and Reviews*, Oxford: Basil Blackwell, 1946, pp. 74-77; A. Andrews, "Eunomia," *Classical Quarterly*, vol. 32, 1938, pp. 89-90; M. Ostwald, *Nomos and the Beginning of Athenian Democracy*, Oxford: Clarendon Press, 1969, pp. 62-82.

② ［古希腊］赫西俄德：《工作与时日　神谱》，52 页。

③ Ehrenberg, *Aspects of the Ancient World*, p. 72.

义的突破，出现在早期斯巴达。

早期斯巴达历史很大程度上被笼罩在迷雾之中。然而，斯巴达政体很早就获得了优良秩序（或政体）的名声，并且对后世的政治思考产生了重大影响。对斯巴达的发展来说，最为重要的事件之一，莫过于它对邻邦美塞尼亚的征服以及把当地的居民变成受斯巴达人奴役的黑劳士（helots）。这场战争的胜利，固然使斯巴达人可以不通过殖民就解决本邦公民的生计，把公民变成不事生产的专职战士，让斯巴达长期充当希腊城邦的领袖，但也让斯巴达人背上了沉重的包袱。为了镇压人数远远超过自己的黑劳士，斯巴达人不得不终身作为士兵生活在军营里，并由此衍生出与之相适应的生活方式与习惯。古典时代，斯巴达人一般将他们的制度归于一位名为莱库古的改革家。

据希罗多德，莱库古之前，斯巴达“在几乎全部希腊人当中都是治理得最坏的国家”。莱库古执政时，“立刻就改变了现行的全部法制，并注意使所有的人都遵守他制定的新制度。在这之后，他又安排了一些事情，如建立埃诺莫提亚、托里阿卡斯和共餐制（叙希提亚）等等。此外，莱库古又设置了监察官和长老会。由于这样的改革，他们就成了一个享有良好法制（即优良秩序）的民族”[①]。修昔底德（Thucydides）同样认为斯巴达早期曾经有过一段政治相当混乱的时期，经过莱库古改革后，斯巴达人拥有了优良秩序，而且这种政体保持稳定，维持了大约400年没有变化。[②] 虽然修昔底德强调的是斯巴达人从未遭受僭主统治，并且帮助推翻了其他城邦的僭主政治，但他确定无疑地给斯巴达政体安上了“优良秩序”的名称。那么，斯巴达人的优良秩序体现着怎样的政治思考？

据说公元前7世纪的斯巴达诗人提尔泰（Tyrtaeus）曾写过一首名为《优良秩序》的诗歌，可惜这首诗已经失传。[③] 另一位诗人阿克曼（Alcman）透露了斯巴达人心目中优良秩序的若干内容。阿克曼将优良秩序与说服（*peithos*）和命运（*tychē*）以及远见（*promatheia*）结合在一起，将它们都视为远见的女儿。[④] 优良秩序与说服相伴，让人想起希腊城邦公民大会以演说说服为手段，

① ［古希腊］希罗多德：《历史》，上册，王以铸译，31页，北京，商务印书馆，2005。译文略有改动。

② See Thucydides, *History of the Peloponnesian War*, vol. 1, Charles Forster Smith, trans., Cambridge: Harvard University Press, 1928, pp. 31－33.

③ 参见［古希腊］亚里士多德：《政治学》，吴寿彭译，260～261页，北京，商务印书馆，1983。

④ See David A. Campbell, ed. and trans., *Greek Lyric*, vol. II, Cambridge: Harvard University Press, 1988, pp. 438－439.

促使公民大会通过决议的做法。可是，优良秩序与命运以及远见结合，不仅与此前的赫西俄德明显不同，与稍后雅典的梭伦的观念差别更加明显（详见下文），需要我们略加探讨。

斯巴达基本的社会秩序与其政治和社会结构密切相关。作为城邦的公民，斯巴达人享有出席公民大会、担任官职、充任士兵、参加共餐等非常具体而且实在的权利。但是，面对着数量远超自己的非公民，斯巴达公民不可能作为个人脱离国家保护，自由自在地生活，而如普鲁塔克（Plutarch）或色诺芬（Xenophon）等人所说，公民个人只能作为斯巴达国家的一分子，犹如斯巴达这架机器上的螺丝钉，以服从为天职。[①] 现存提尔泰诗歌的主要内容，就是要求公民们团结一致，共同对敌。[②] 而据学者们考证，希腊语中的"说服"一词恰恰具有此种含义："斯巴达仰赖于它的公民的服从，随服从而来的是命令，绝非说服。"[③] 它所体现的是公民对国家的绝对服从。其所以与命运和远见相伴，则是因为斯巴达国家的命运，很大程度上系于斯巴达政策的远见：预防黑劳士和边民暴动。因此，斯巴达公民从儿童时代开始接受系统的军事训练，是为将来镇压黑劳士积累经验；给予公民一定数量的土地，是保证公民队伍延续和存在的基本前提，为斯巴达国家的根本；建立伯罗奔尼撒同盟，则是将周边国家变成斯巴达盟友，以防止黑劳士获得外部援助而暴动。因此，"'优良秩序'作为'说服'的姊妹、'远见'的女儿，既在个人也在国家身上，尤其在它们之间的关系上占据了优势。如果像后来一样，当时是'万物之主风俗（*nomos*）'统治着斯巴达，则'优良秩序'就是顺从和服从这个风俗，其中体现的是国家的意志。""'风俗'代表的是在斯巴达特别强大的传统的力量，它可能包含法律，但它表达的并不仅仅是守法，它涵盖着生活和国家的各个方面。"[④] 阿克曼将远见、说服和优良秩序合为一体，所表达的正是这种含义。

斯巴达这种全民一致服从于国家的风俗，体现了平民对贵族某种程度的胜利。它可能是希腊世界第一个授予全体重装步兵公民权的城邦，是平民某种程

① 普鲁塔克在描述了斯巴达人的生活方式后说："莱库古将自己的同胞训练成既没有独立生活的愿望，也缺乏独立生活能力的人，倒像是一群蜜蜂，孜孜不倦地使自己成为整个社会不可缺少的一部分，聚集在首领的周围，怀着近乎忘我的热情和雄心壮志，使自身的一切皆隶属于国家。"参见［古希腊］普鲁塔克：《希腊罗马名人传》，上册，117页。

② 现存提尔泰的多篇诗歌都属于战歌，带有明显的劝诫色彩，其中的多数又是要求战士们奋勇杀敌，不要吝惜生命，如《战歌》《劝诫诗》等。参见水建馥编译：《古希腊抒情诗选》，39～46页，北京，人民文学出版社，1988。

③ Ehrenberg, *Aspects of the Ancient World*, p. 78.

④ Ehrenberg, *Aspects of the Ancient World*, p. 79.

度的胜利。体现在制度上，是在斯巴达的体系中，国王被降格成为30名长老中的两个，并且可能受到审判或被废黜；监察官取得了监督国王的权力；公民大会取得了对长老会决议某种程度的否决权，以及对国王一定程度的处置权。体现在社会生活中，则是斯巴达所有公民都过着大体相同的生活，那些富有者，也不能不与普通公民共餐，遵守相同的法律。斯巴达所谓的优良秩序，尽管在面对黑劳士等被压迫者时民主因素遭遇压制，但毕竟仍在相当程度上表达着公民团体的意志。斯巴达政体多年的稳定，体现了公民群体对政治制度某种程度的认同。①

与斯巴达比较，雅典的优良秩序体现出完全不同的风格。它固然与雅典城邦的发展有着密切关系，因为雅典并无黑劳士可供剥削，但公元前6世纪初雅典进行的梭伦改革，还是通过界定土地所有权和政治权利，把全体雅典人变成了国家的公民。梭伦期望在雅典建立的，是他心目中的优良秩序。作为希腊历史上第一位我们了解相对充分的政治家和历史人物，梭伦诗歌的不少残篇流传下来，让我们得以一窥他在雅典创立的优良秩序。

梭伦有关优良秩序的观念，主要体现在他流传下来的多篇诗歌中。这些诗歌部分创作于他从事改革之前，部分明显属于改革完成后梭伦遭遇批评时为自己进行的辩护。其中最能表现其优良秩序观念的，是他的《致城邦》：

> 我们的国家不会因为宙斯的旨意或受福佑的不朽神灵的意图被毁灭，因为心胸强大的保护人帕拉斯雅典娜——她出自其强大的父亲，伸出双手保护着它。
>
> 但公民们自己因为愚蠢或者拜金，会毁灭一个伟大的城邦，人民领袖的想法，也不正义。由于他们巨大的傲慢，他们注定要遭受大量痛苦，因为他们不知道如何遏制过分，以有序与和平的方式，庆祝他们举行的宴会……他们变得富有起来，屈从于不正义的行为……既不放过公共财产，也不放过私人产业，他们贪婪地偷窃，有些人从这里，有些人从那里，对正义的高贵基础毫不在意。
>
> 而正义是现在和过去无言的证人，它最终肯定会索取果报。如今它作为无可避免的伤害，正降临到整个城邦头上，城邦将很快落入悲惨的被奴役的境地，奴役激起公民间的纷争和让人昏晕的战争，结果是许多可爱的

---

① 参见晏绍祥：《古典斯巴达政治制度中的民主因素》，载《世界历史》，2008 (1)；［英］奥斯温·默里：《早期希腊》，2版，晏绍祥译，151～171页，上海，上海人民出版社，2008；W. G. Forrest, *A History of Sparta 950 -192 B.C.*, London: Huntchinson University Press, 1968, pp. 41-55。

> 青年丧生。备受热爱的城邦落入敌手，很快将被阴谋销蚀，那正是不义之人的最爱。人民中此类罪恶盛行，许多穷人将流亡他国，被耻辱的锁链捆绑后出卖……公共的灾难侵入所有人的家庭，庭院大门无力阻止，它会越过高高的院墙，即使藏身于房中最隐秘的角落，也会被它揪出。
>
> 我的心要求我教导雅典人的，有如下述：恶俗（*dusnomia*）给城邦带来无数罪恶，而良序（*eunomia*）表明一切都有序且恰如其分，且常给不公戴上镣铐。它让粗糙光滑，终止过分，让傲慢眼盲，让不公之花凋谢，把歪曲的判决纠正，把傲慢行为软化，制止派别之争和痛苦斗争造成的愤怒；在它治下，人类的行为全都合宜而明智。①

作者关注的核心是城邦。整篇诗歌不曾提到任何具体的人，听众或者读者对象始终是全体雅典人民，末段开头的那句“我的心要求我教导雅典人的”，点明了梭伦希望劝诫的对象。他给我们描绘的，也以整个城邦为基础，即风俗恶劣的城邦将要遭受的惩罚与秩序良好的城邦将要享受的好处。梭伦的诗歌无可置疑地表明，到公元前6世纪，雅典城邦已然成为雅典人事实上和精神上的家园。

与荷马和赫西俄德不同，梭伦认为，神灵不会刻意让某个城邦毁灭，因为雅典娜一直保护着雅典。既然神灵不会有意让某个城邦灭亡，那么城邦的命运，只能寄托于公民。无论是在《伊利亚特》还是在《奥德赛》中，人们都习惯于将自己的错误归于神灵的误导（《伊利亚特》19.85－90；《奥德赛》1.34）。而当梭伦发现雅典人支持庇西斯特拉图斯（Pisistratus），后者有可能成为僭主时，他警告说：“风雪的力量来自云层，雷霆的力量来自闪电，城邦毁于豪强。由于民众的无知，他们落入僭主的奴役之中。如果他们把一个人捧到如此高位，以后要限制他就不容易。”② 所以，城邦治理的优劣，僭主政治是否产生，都完全取决于公民。梭伦的这一重要改造，把城邦的命运从天上的神灵手中转给了公民，同样，责任也一起被托付给了公民。由此进入第二个层次，即城邦的不幸，源自公民的不正义行为。赫西俄德曾经谴责那些吞噬礼物、做出歪曲判决的巴赛列斯的不正义以及他们可能给城邦带来的灾难。梭伦则既将城邦出现混乱的原因归于富人，批评他们不知道如何恰当行事、遏制自己的傲慢，同时也没有放过穷人和他们的领袖，因为他们的想法也不正义：

---

① Douglas E. Gerber, ed. and trans., *Greek Elegiac Poetry*, Cambridge: Harvard University Press, 1999, pp. 113－117.

② Gerber, ed. and trans., *Greek Elegiac Poetry*, p. 125.

“他们为劫夺而来，欲望无有止境，每一个都想望获得无穷的财富。”[①] 由此推断，则梭伦在第二段中所指责的那些贪婪地、对公私财产不加区别地偷窃的人，很可能就是平民和他们的领袖，也就是那些在他完成改革后，因“幻想狂妄而终于落空；于是对我激起怒火，瞪着眼睛看我，视我如仇”[②] 的普通人。不管梭伦如此判断公元前6世纪初雅典的社会危机是否正确，他将城邦的兴亡寄托于全体公民正义行事的主张，预示了古典时代希腊城邦的集体主义。

第三段重点讨论公民对正义的侵犯所引起的后果。在梭伦的笔下，公民群体的不正义会造成恶劣的风俗（*dusnomia*），而不良秩序伤害的将是城邦本身。不仅许多人会受到奴役，戴着锁链被卖往国外，更严重的是，它会引发内战，除了许多青年丧命之外，城邦作为一个整体，将遭遇正义之神的惩罚。这里梭伦显然借用了自荷马和赫西俄德以来神灵的惩罚将及于整个城邦，城邦将因此毁灭的传统，甚至不排除从斯巴达那里得到了某些启发。[③] 梭伦所强调的，则是一旦神灵的惩罚降临，则所有公民，无论贫富，都将遭受奴役，该段末尾所描绘的“公共的灾难侵入所有人的家庭，庭院大门无力阻止”的情景，无疑是公民群体悲惨处境的写照。

最后一段是梭伦对良好秩序得到实现后美好前景的描绘。这里需要注意的，一是梭伦仍把整个城邦作为呼吁对象，不涉及个人。那是公民各个集团遵守良好的法律所带来的，体现的仍是城邦的集体主义。二是梭伦所描绘的良好秩序图景建基于社会正义的基础之上。它既是对赫西俄德等希腊传统思想的发展，也有他自己的创造：“对梭伦来说，优良秩序的善与恶都是人性的：神灵和自然在那里不存在，因为兴旺或者遭殃的是公民社会。”[④]

梭伦在希腊政治思想发展中最大的贡献，是把城邦的命运寄托于公民的作为和命运，并由此出发，进一步认为，城邦的灾难源自个体的傲慢对其他人造成的不幸：个体的不幸会在城邦内部引起纷争和冲突，纷争和冲突则会把城邦引入混乱，那时，城邦将陷入无尽的灾难，毫无例外地影响到所有公民。“对城邦任何成员的伤害，间接地，但同样确定地伤害了城邦所有的成员，因为尽管最初的不公仅仅及于一人或者少数人，但对共同幸福的最终果报将损害所有

① ［古希腊］亚里士多德：《雅典政制》，14页。
② ［古希腊］亚里士多德：《雅典政制》，14页。
③ 参见［英］奥斯温·默里：《早期希腊》，177页。
④ ［英］奥斯温·默里：《早期希腊》，178页。

人的幸福，因此，任何人的冤屈，都是所有人的事情。”[①] 基于这种基本思想，梭伦对赫西俄德传统做出了重大改造。在赫西俄德那里，他对自己兄弟佩尔塞斯（Perses）的重要劝告之一，是不要和那些主管诉讼、好收贿赂的巴赛列斯们来往，而应专注于自己的事务。也就是说，赫西俄德采取的是疏离城邦政治的立场。但对梭伦而言，事情正好相反。既然对个人的伤害会影响到城邦所有的公民，则“正义这种公共的需要，就是所有人的事情”[②]。城邦与公民是彻底的、无法分割的整体，城邦就是公民，公民就是城邦。由此我们不难看到，梭伦在改革中的某些做法，正体现了公民作为城邦主体的性质。在城邦发生内部斗争时，作为一个公民，他必须参与一方，否则将丧失公民权。言下之意，既然公民不关心城邦的福利，则他已经自动丧失作为城邦一员的权利。

任何人都有代他人提起诉讼的权利，任何人都有对官员裁决不满提起上诉的权利，应当出自梭伦同样的思想：对个人所受伤害应当救治，而救治的主体，应当是城邦的所有公民。梭伦取消债务，禁止任何对公民个人的奴役，目标是期望借此消除引起城邦内部斗争的原因，因为对平民的奴役，像对个人的伤害一样，将损害整个国家，使城邦濒临内战的威胁。因此，与斯巴达等城邦要求公民绝对服从于国家不同，在梭伦体制之下，城邦通过授予公民必要的权利，鼓励他们积极参与政治，来确保城邦正义的实现。耶格尔曾经认为，梭伦的改革，创造了雅典的政治文化。[③] 而梭伦的政治文化是，公民个体的命运将影响到所有人，因此所有人都需要享有某些权利，以帮助受到不公待遇的他人。具体的做法，则是鼓励公民参与国家治理，以公民全体为依托，保护个人不受伤害，进而通过公民大会、议事会和司法上诉权等渠道，把雅典公民变成雅典城邦和公民个人命运的掌握者。[④]

梭伦的立法，将雅典引上了自由发展的轨道，是雅典在后世得以强大的重要基础；他努力调解平民与贵族的冲突，希望为雅典带来和平与优良秩序。尽管如此，梭伦心目中的优良秩序仍然带有明显的等级化特征。梭伦确实谴责过富人。不过，他对平民的同情是有限度的，人民只要赢得自由，重新拿回自己的土地所有权，并且在他创立的新体制下，享有出席公民大会、参与陪审法庭

---

① Gregory Vlastos, “Solonian Justice,” *Classical Philology*, vol. 41, 1946, p. 69.

② Vlastos, “Solonian Justice,” p. 72.

③ See Werner Jaeger, *Paideia*: *The Ideal of Greek Culture*, vol. 1, Gilbert Highet, trans., Oxford: Basil Blackwell, 1965, pp. 136 - 149.

④ 弗拉斯托斯对梭伦正义观和自由观的分析，正以此为出发点，参见 Vlastos, “Solonian Justice,” pp. 65 - 75。

的权利，就应当感到满足。他创立的雅典公民的等级制以及据此分配政治权利的体制，最多是个拥有某种民主因素的政体。对梭伦来说，那是雅典人民能够接受的最好的法律[①]，他最为得意的，是他的立法“给予人民的适可而止，他们的荣誉不减损，也不加多；即使是那些有势有财之人，也一样，我不使他们遭受不当的损失；我拿着一只大盾，保护两方，不让任何一方不公正地占据优势”。他不侵犯富人固有的权威，以便“所有伟大而有权势的人都会赞美我，把我当作朋友”。对平民最恰当的态度是“自由不可太多，强迫也不应过分”，“这样，人民就会好好追随领袖”[②] ——一副高高在上、悲天悯人的贤人情怀。如此创立的优良秩序，是以正义之名，确认了城邦中贫富公民不平等的地位，与古风时代以来城邦中的平等趋向存在着难以调和的矛盾。考虑到梭伦本人的登台是在雅典社会矛盾异常尖锐之时，而他本人之所以能够当选执政官，很大程度上源自平民的支持，则他此种作为，不免与平民的期望甚远。公元前 6 世纪平民力量的发展，让梭伦以财富为基础、为富人保留国家基本权力、只给予平民必要的保护自己不受侵犯的权利的体制，注定难以长久。[③] 庇西斯特拉图斯的迅速崛起，至少表明梭伦的优良秩序并未将当时雅典社会变革的因素充分考虑进来，也显示了优良秩序本身作为一种政治理想在雅典城邦存在的局限。

三、平等与民主政治

虽然梭伦已经认识到城邦是公民的城邦，并鼓励公民参与国家政治，但在梭伦等级化的“优良秩序”下，富人仍然把持着雅典国家的主要权力。在整个公元前 6 世纪，在政治舞台上扮演主角的，仍然是那些世家大族，平民很大程度上不过是贵族的追随者。公民大会的权威，此时也许不过是选举官员、通过决议。[④] 然而，这种等级式的优良秩序，也许符合梭伦本人的认识，却不适应当时雅典社会和政治发展的需要。贵族之间争权夺利的斗争，不能不仰赖平民的支持，并对平民做出不同程度的让步，由此将平民引入政治，逐渐激发出了平民自身的政治意识。[⑤] 庇西斯特拉图斯家族的僭主政治，某种程度上解决了平民基本的生计，为平民参与政治创造了经济前提。到公元前 6 世纪末，当

---

① 参见［古希腊］普鲁塔克：《希腊罗马名人传》，上册，181 页。

② ［古希腊］亚里士多德：《雅典政制》，15～16 页。

③ See Vlastos, “Solonian Justice,” p. 82.

④ 参见［古希腊］希罗多德：《历史》，上册，27～30 页。

⑤ 参见陈莹：《与民众结盟——阿尔克迈翁家族与雅典民主的诞生》，载《世界历史》，2012（1）。

僭主政治垮台时，梭伦式的优良秩序被抛弃，取而代之的，是更能表现平民意愿的“平等”（*isonomia*），雅典的政体也经过克莱斯提尼的改革，成为民主政治。

学者们公认，“平等”一词最初出现于公元前 6 世纪末的雅典，克莱斯提尼可能把它作为政治口号，用来赢得公民的支持。[①] 它基本的含义是法律面前的平等和所有公民共同享有的权利。虽然现存文献中该词最初出现于公元前 6 世纪末僭主被推翻后的雅典，表达的可能是贵族的感受，后来被以克莱斯提尼为首的民主派接过作为口号，以描述改革后雅典建立的民主政体，但作为一个原生形态而非输入的观念，政治实践很可能早于表达它的术语。从希腊历史看，它可能首次出现于公元前 522 年。当年萨摩斯僭主波利克拉特斯（Polycrates）被波斯总督处死，他的继承人迈安德利乌斯（Maeandrius）打算放弃权力，恢复萨摩斯人的自由。他首先为自由之神宙斯修建了一座祭坛，然后召集了萨摩斯人全体公民的大会。他在会上宣布，他很不喜欢之前波利克拉特斯君临一切的作风，而希望“你们分享所有权威，并且宣布平等”。这里所说的“平等”，就是 *isonomia*。[②] 从上下文看，它确实表示所有公民平等享有进行统治的权利。不过，这次试验以失败告终。经过一系列动荡后，该岛最终被波斯征服。希罗多德言及此处，特别评论了一句：“看来，他们（萨摩斯人）并不是希望自由的。”[③]

尽管如此，权利平等仍是公元前 6 世纪末希腊城邦政治发展的基本趋势。可能在萨摩斯之前，北非的希腊人殖民城邦库列涅就发生过一次改革。当时库列涅因王位继承问题，不同集团的居民之间发生冲突，门丁尼亚的戴摩纳凯斯（Demonax）应邀调处。他将原来国王享有的权威大部分剥夺后交给公民，并根据库列涅的情况，将它的居民重新划分为三个部落，让公民大会掌握了主要权力，亚里士多德因此将那时的库列涅政体视为与克莱斯提尼在雅典建立的民主政治类似的政体。只是因为国王仍保留某些特权，难称平等。[④]

---

① See Ehrenberg, *Aspects of the Ancient World*, pp. 89 – 91; Gregory Vlastos, “Isonomia,” *American Journal of Philology*, vol. 74, No. 4, 1953, pp. 339 – 341. 如果从年代上推算，“平等”一词本出现于波斯 7 个贵族讨论波斯应当采用何种政体之时。但讨论中使用的话语，表明那只能是公元前 5 世纪雅典或者希腊其他城邦的情景。

② See Herodotus, *The Persian Wars*, vol. II, A. D. Godley, trans., Cambridge: Harvard University Press, 1938, pp. 176 – 177.

③ ［古希腊］希罗多德：《历史》，上册，258 页。

④ 参见［古希腊］希罗多德：《历史》，上册，329 页；［古希腊］亚里士多德：《政治学》，322 页。

同样在该世纪末，波斯统治下的小亚细亚希腊人城邦中出现了类似的趋势。公元前513年，随波斯远征西徐亚人的小亚细亚希腊人僭主讨论是否接受西徐亚人的建议，放弃他们为波斯人守卫的多瑙河上的浮桥，自行返回自己的城邦。雅典人米尔提亚德斯（Miltiades）发言认可，但米利都僭主希斯提埃乌斯（Histiaeus）表示反对，理由就是“他们今日之所以各自成为自己城邦的僭主，正是由于大流士的力量。如果大流士的权势被推翻的话……那时所有城邦都会选择民主政治，不会选择僭主政治了”[①]。希罗多德在这里直接使用了民主政治（*dēmokrate*）一词[②]，很可能是误用了公元前5世纪的术语，更准确的说法也许应当是平等，因为在第5卷中，当希罗多德提到希斯提埃乌斯为争取米利都人支持反叛波斯的起义时，说的是后者“故意放弃了他的僭主地位并使米利都的人们获致平等的权利”，这里所使用的“平等的权利”，还是*isonomia*。[③]

上述史实表明，公元前6世纪末的希腊确实出现了一股公民追求政治平等的趋势。然而如前所述，这样的趋势在其他地方或者未能完全实现，或者勉强实现，却不免打了折扣，且延续时间不长。只有在雅典，权利平等不但得到实现，而且在公元前5世纪得到巩固，进而发展成古典时代希腊最为典型的民主政治。因此，我们需要对该术语在雅典产生的背景以及它与克莱斯提尼改革的关系略做辨析。

“平等”（*isonomia*）一词首次出现于雅典，应当是在雅典僭主被推翻后贵族们在酒会上吟唱的诗歌中。“我会像哈摩尔狄乌斯（Harmodius）和阿里斯托格通（Aristogeiton）一样，头戴桃金娘冠，身负长剑。当时他们杀死了僭主，让雅典获得了平等。”不过因为这句歌词到底出现于何时存在争议，其含义也不免随定年有所变化。人们争议的主要是它到底是首先出现在僭主垮台后的雅典贵族中间，表达贵族的意识形态，即僭主垮台后贵族取得了平等争夺权力的机会，还是出现于克莱斯提尼改革之后，表达新政体的精神。[④] 但无论它表达的是贵族还是平民的理想，它最初肯定是贵族们创作的，后来被克莱斯提尼接受，成为他争取支持的手段。克莱斯提尼据此击败了政敌伊萨哥拉斯（Isago-

---

① ［古希腊］希罗多德：《历史》，上册，318页。

② See Herodotus, *The Persian Wars*, vol. II, p. 338.

③ See Herodotus, *The Persian Wars*, vol. III, p. 40.

④ See Vlastos, "Isonomia," pp. 340–344; Ehrenberg, *Aspects of the Ancient World*, pp. 89–91.

ras)，在雅典完成了奠定民主政治基础的改革。希罗多德明显认为，平等是克莱斯提尼政体的基本精神，并且因此做了他非常著名的评论："权利的平等，不是在一个例子，而是在许多例子上证明本身是一件绝好的事情。因为当雅典人在僭主的统治下的时候，雅典人在战争中并不比他们的任何邻人高明，可是一旦他们摆脱了僭主的桎梏，他们就远远超越了他们的邻人。因而这一点便表明，当他们受着压迫的时候，就好像是为主人做工的人们一样，他们是宁肯做个怯懦鬼的，但是当他们被解放的时候，每一个人就都尽心竭力地为自己做事情了。"①

这里值得注意的现象有两个。第一，希罗多德将平等与僭主统治对举，显然意在比较克莱斯提尼新近在雅典建立的政体和此前庇西斯特拉图斯家族的僭主政治。事实上希罗多德曾给予雅典僭主高度评价，认为他在雅典进行统治时，"毫不弄乱先前已有的各种官职，也不改变任何法律。他根据既定的制度治理城邦，他的措施是贤明和巧妙的"②。不过他仍然认为，在僭主政治下，雅典人觉得自己与奴隶无异，是为主人工作，一旦赢得自由，则自己成为主人，表现在战场上，就是之前犹如怯懦鬼的雅典人，突然为了保卫民主政治，不惧强敌，一天之内分别击败了忒拜人和卡尔西斯人两支军队的入侵。希罗多德认为，那只能用雅典人享有自由来解释。第二，希罗多德把权利的平等和自由联系起来，暗示雅典人在僭主统治之下缺乏自由，而在权利平等的政体下，享有了自由，成了自己的主人。因此我们不禁要问，公元前 6 世纪的雅典到底发生了什么，让公元前 6 世纪初仍能够接受梭伦等级式优良秩序的雅典人，到公元前 6 世纪末主动接受平等的口号，把国家权力掌握在自己手中？

僭主政治本身的垮台，是贵族争夺权力的结果。虽然修昔底德明确提到，希庇亚斯（Hippias）"行使权力的方式使人民易于忍受，被他统治而无怨言。事实上这些特别的僭主们长期以来的政策表明他们有高度的原则和智慧"③，然而，到公元前 6 世纪末，他们的统治仍遇到了问题。问题的根源是，僭主政治期间，普通公民地位上升和经济状况改善，要求更多地分享权力，然而如修昔底德所说，在雅典有限的公职中，最为重要的一个职位经常被僭主家族垄断。同时，僭主打压贵族的传统，尽管在希庇亚斯统治初期可能有所松动，但贵族

---

① ［古希腊］希罗多德：《历史》，下册，379 页。

② ［古希腊］希罗多德：《历史》，上册，27 页。

③ ［古希腊］修昔底德：《伯罗奔尼撒战争史》，下册，谢德风译，518 页，北京，商务印书馆，2004。译文略有改动。

仍有理由不满，迹象之一是雅典重要的菲拉伊德家族的一个重要人物曾被暗杀，曾出任执政官的米尔提亚德斯则选择前往色雷斯殖民。[①] 从僭主方面来说，长期掌握权力带来的特殊地位，也让他们的行事缺乏节制。希帕库斯（Hipparchus）对阿里斯托格通和哈摩尔狄乌斯的侵犯是爱情事件，但引发的后果是政治性的，因为在刺杀发生之后，希庇亚斯立刻解除了公民的武装，一些贵族选择流亡国外，更有一些贵族试图借助忒拜和德尔斐的支持，武装返回雅典，推翻僭主政治。[②] 僭主政治最后确实是被斯巴达推翻的，但僭主政治垮台的根源，则在雅典城邦内。

据希罗多德，僭主政治垮台后，雅典最有势力的是两个人，一位是伊萨哥拉斯（Isagoras），另一位是克莱斯提尼。克莱斯提尼“既然在斗争中处于劣势，便和民众结合到一起去了”，并且赢得了胜利，随后便进行了历史上著名的改革。在希罗多德看来，克莱斯提尼改革最为重要的内容，是废止阿提卡原来4个旧部落，而以10个新部落取代。随后，伊萨哥拉斯向斯巴达求助，斯巴达人先发出通牒，要求雅典人流放包括克莱斯提尼在内的700家族，随后国王克列奥美涅斯（Cleomenes）亲率军队到达雅典，意图解散议事会，建立以伊萨哥拉斯为首的300人政权。但雅典人奋起反抗，议事会拒绝解散，雅典人民则将斯巴达军队和伊萨哥拉斯围困在卫城中两天。在第三天斯巴达人以非常丢人的条件离开后，雅典人处死了伊萨哥拉斯派的部分成员，请回克莱斯提尼，随后再度击败斯巴达组织的三路进攻，并引出了希罗多德那段热情洋溢的评论。

这里我们看到一个有意思的现象，就是僭主政治垮台初年的政治斗争模式，与公元前6世纪雅典政治斗争的一般状况无二：最有势力的家族，在他们的领袖的率领下，与同样有政治欲望的家族争夺权力。民众最初显然并未完全被包括在内。只是在斗争失败之后，克莱斯提尼才“和民众结合到一起”，并且赢得了胜利，随后在民众的支持下进行了部落改革。克莱斯提尼转向民众求助，反映了雅典长期政治斗争对民众政治意识的唤起，而克莱斯提尼敏锐地意识到了民众如今在政治中的作用。[③] 但奥斯瓦尔德正确地提出：是什么让普通

① 参见［古希腊］希罗多德：《历史》，下册，416～417、444～445页。

② 参见［古希腊］希罗多德：《历史》，下册，371页；［古希腊］修昔底德：《伯罗奔尼撒战争史》，下册，519～522页。

③ 参见陈莹：《与民众结盟：阿尔克迈翁家族与雅典民主的诞生》，载《世界历史》，2012（1）。

民众支持克莱斯提尼？[①] 更重要的问题是：克莱斯提尼改革实际给予了民众什么利益，以至于他们敢于在克莱斯提尼缺席、斯巴达大军压境的情况下，公开发起暴动，将斯巴达人驱逐并将反对派处死？以至于奥伯认为，当时雅典发生了一场由人民自主发动的革命，直接后果是确立了民主政治。[②]

这个神奇的东西，可能就是在萨摩斯和爱奥尼亚未能得到实现的平等，虽然希罗多德没有给我们提供相关证据，证明克莱斯提尼确实借用了这个口号，并因此赢得了雅典民众的信任与拥戴。亚里士多德的记载似乎更加明确："僭主政治推翻之后，进入一段党争的时期，一方领袖是忒珊得耳之子伊萨哥拉斯，……另一方是克莱斯提尼，他属于阿尔克迈翁尼代家族。克莱斯提尼在政治集团中失败之后，就提议将政府交给群众，以争取人民的援助。"[③] 两人都非常明确，克莱斯提尼最初按照传统模式，利用小集团（*hetairoi*）争夺政权，在失败之后才转向民众。在我们看来，他能够赢得民众支持，更主要的原因是他把政权交给了人民。不过亚里士多德似乎认为，克莱斯提尼改革的具体实施，是在雅典人击败斯巴达干涉军并召回克莱斯提尼及其他流亡者之后。亚里士多德接着补充说，"现在人民已经控制政事，克莱斯提尼是他们的领导人和人民领袖"[④]。克莱斯提尼改革的核心原则，是随着新部落制度创立而产生的平等。

克莱斯提尼的新部落彻底打破了阿提卡原有的部落格局，它由阿提卡三个大区即城区、海岸和山地各一个三一区组成，三一区的基础是阿提卡原有的德莫（*dēmos*）。据说这些三一区是根据抽签被随意指定给相关部落的，同一个部落的三个三一区可能相距甚远，但各个部落的中心应当都是雅典城。亚里士多德说，通过这样的组合，不同部落的成员混合起来。无论大家是来自山地和海岸，还是来自城区，最终都是雅典人，在同一个部落团队中战斗，在议事会同一个主席团中任职，可能还会举行相关选举。此举意在削弱地方贵族的影响，增强雅典的统一性，但亚里士多德提到，克莱斯提尼如此设计的目的，是"让更多数的人可以参加到政府来"[⑤]。这句话令人费解，它既可能指新入籍的公民有资格借此参与雅典政治，也可能指原有公民有更多机会参与国家管理，

---

① See Ostwald, *Nomos and the Beginning of the Athenian Democracy*, pp. 147 - 149.

② See Raaflaub, Ober and Wallace, *Origins of Democracy in Ancient Greece*, pp. 83 - 104.

③ ［古希腊］亚里士多德：《雅典政制》，24 页。

④ ［古希腊］亚里士多德：《雅典政制》，24 页。

⑤ ［古希腊］亚里士多德：《雅典政制》，25 页。

即参与公民大会和议事会。从后来的历史发展来说，后者更为可能。因为通过新部落的设计，以及部落与议事会、公民大会的关联，此后无论是阿提卡哪个地区的公民，都能够参与到对国家的管理之中，因此让雅典政治具有了平等意蕴。就此而论，部落确实让民众对政府的参与更加平等。此外，部落三一区的基础是德莫，它设德莫长，主要责任是登记公民，选举基层官员和处理本德莫的相关事务，从而取代了雅典原由贵族控制的胞族登记公民的职责。议事会议员的选举等，可能也以德莫为单位进行。经过克莱斯提尼改革，雅典民众对政治的参与，即公民获得的“政治在场性”，不仅在地域意义上，而且在阶层意义上都更加广泛。“他们既可以通过公民大会直接参与政治，也能经由议事会间接享有政治权利，非但如此，由于广大公民可以对政治事务加以关注，并使自己的意愿在其中得以体现，因此他们也通过委托而享有了权利。”① 以德莫为基层单位、以三一区和部落为基础组成的新的雅典国家，让“所有公民，无论新老，都在他新的德莫和部落中站在同一条起跑线上”。克莱斯提尼的平等对雅典“最重大的贡献”，正在这里。② 用平等来形容克莱斯提尼新的政体，恰如其分。

克莱斯提尼的平等，还体现在随着10个新部落创立产生的一系列制度上。议事会从梭伦时代的400人扩大到500人，让更多的公民能够直接参与国家管理。毕竟议事会承担着为公民大会准备议案、主持公民大会、处理国家日常事务与监督官员等诸多重要责任，是雅典民主政治下最为重要的机构之一。公元前5世纪初雅典公民不过3万人左右，如果10年轮换下来，则雅典公民中有近20%的人参与过国家机密事宜。随后，10名权力平等的将军组成的委员会，成为雅典主要的军事将领。陶片放逐法则在雅典国家缺少近代官僚体系的情况下，把有关国家政策走向的最终决定权交给了公民。因此，在经过克莱斯提尼改革后的雅典政体下，普通公民真正开始在政治中发挥作用。雅典人不仅在法律上赢得了平等的权利，而且有渠道和机会行使他们的权利。正是在这个意义上，亚里士多德声称，经过克莱斯提尼改革后的雅典政体“比梭伦政体要民主得多”③，不过这种政体当时并不叫民主，而叫平等。“与‘优良秩序’相反，现在存在的是‘平等的秩序’。”④

---

① ［德］梅耶：《古希腊政治的起源》，王师译，116、125页，上海，华东师范大学出版社，2013。

② See D. M. Lewis, “Cleisthenes and Attica,” *Historia*, vol. 12, 1963, p. 39.

③ ［古希腊］亚里士多德：《雅典政制》，26页。

④ ［英］奥斯温·默里：《早期希腊》，269页。

与梭伦等人的优良秩序比较，平等的秩序不仅抛开了等级制，“通过平等分配政治权力，维护着法律的统治和责任政府”，而且设计了一系列制度，以确保平等的实现，不再像根本没有意识到制度不公正的梭伦和赫西俄德那样，把优良秩序的维持单纯寄托于道德。此前希腊人担心的贵族、僭主等统治者傲慢和过分的问题，只有“在遭遇同胞们平等权利遏制的情形下，让其置于法律的判决之下，才能在合法统治的公正限度内，被平等地遏制”，“正是在这个意义上，平等，即政治权力的平等分配，才能确保一个负责的，同时也是守法的政府”，寡头政府、僭主政治等所以傲慢、不守法度，也正是因为它们那里的民众缺乏平等的权利。[①] 因此，平等让希腊人在历史上第一次明确地把政府是否守法与民众是否拥有平等权利联系起来，而且通过克莱斯提尼改革，从制度上确保了这种平等的实现。在希腊政治思想的发展中，平等的权利和制度的保障从此被直接联系在一起。在此后希腊乃至西方政治思想中，权利、制度设计与国家治理优劣之间的关系，成为讨论中最为重要的议题。

从平等到民主政治，不过一步的距离。按照希腊语的定义，民主政治（*dēmokratia*）的本意，正是“人民的统治或主权”。这个词大概首次出现于公元前5世纪中前期，希罗多德对它已经相当熟悉，而且有时把平等与民主政治互换使用。[②] 不少学者将该词的出现与公元前5世纪中期埃菲阿尔特斯（Ephialtes）改革或公元前5世纪雅典海军的强大联系起来，认为平民阶级成为雅典军队的主力，造就了雅典平民在公元前5世纪的强势，通过阶级斗争和改革，直接掌握了国家权力，并用更加强势的“民主政治”一词，取代了行之已久的“平等的秩序”。[③] 民主政治执行的政策，也体现了相对贫困的公民阶层对富有者的胜利，并在公元前5世纪后期引起雅典精英阶级的反击。[④] 然而，过分强调穷人尤其是第四等级公民的作用，不免有模糊雅典民主本为雅典整个公民阶层的民主的危险。从根本上说，公元前5—公元前4世纪雅典国家的主要政策，

① See Vlastos, “Isonomia,” pp. 358 - 360.

② See Victor Ehrenberg, *Polis und Imperium*, Zurich: Artemis Verlage, 1965, pp. 264 - 297.

③ 参见［美］威廉·弗格森：《希腊帝国主义》，晏绍祥译，21～42页，上海，上海三联书店，2005；［英］奥斯温·默里：《早期希腊》，269页；Raaflaub, Ober and Wallace, *Origins of Democracy in Ancient Greece*, pp. 105 - 154。另参见 Robin Osborne, “When was the Athenian Democratic Revolution?” in Simon Goldhill and Robin Osborne, eds., *Rethinking Revolutions through Ancient Greece*, Cambridge: Cambridge University Press, pp. 10 - 28。

④ 参见［英］芬利：《古代世界的政治》，3～31页；黄洋：《“雅典革命论”与古典雅典政制的建构》，载《历史研究》，2012（5）。

是得到大多数公民认同的结果。而从雅典政策中得益的，也不只是雅典的穷人。[①] 在希腊语中，*dēmos* 一词本身就有代表全体公民的意思。更准确的表述也许应当是，在民主政治下，相对贫穷的公民的权利，较之在平等政体或者有某些民主成分的政体之下，得到了更多发挥作用的空间，穷人的利益相应得到了更多的保护，但并不必然意味着它一定会侵犯富人的利益。

第三节　戏剧与政治思考

雅典民主政治为戏剧思考政治提供了自由和空间，作家们也充分利用了这份自由，把城邦政治的基本原则搬上舞台进行拷问。埃斯库罗斯（Aeschylus）注意到城邦在面对重大问题时可能爆发激烈的冲突，呼吁公民宽容和团结，索福克勒斯（Sophocles）和欧里庇得斯（Euripides）则借用远古的神话题材，直接触及城邦的法制与不同政体的优劣。看似搞笑的阿里斯托芬（Aristophanes）则以丰富的想象，揭开了不同阶层利益上的矛盾与冲突。

一、雅典政治语境中的悲剧

公元前 5 世纪是雅典悲剧最为繁荣的时代。雅典国家的戏剧表演制度和它赋予悲剧的职能，让悲剧成为公元前 5 世纪雅典文学最重要的表现形式之一。尽管可以肯定，在古代希腊，悲剧创作绝不仅限于雅典，但现存的希腊悲剧中，完整保存下来的，只有雅典三大悲剧作家埃斯库罗斯、索福克勒斯和欧里庇得斯的 32 部悲剧。其他悲剧要么完全失传，要么仅有篇名，或者内容过少，无法对其进行可能的分析。所以，对悲剧政治思想的分析，只能限于雅典。

当我们把戏剧作为政治思想的材料加以研究时，不免遇到一个根本的问题：首先，尽管悲剧中不乏涉及现实的题材和剧本，但必须承认，绝大多数悲剧的背景都被置于神话中遥远的过去，既非雅典，甚至也不够希腊。其次，悲剧毕竟是文学创作，而且以远古的神话传说为背景，其主要人物不是国王，就是英雄，与当时雅典实际的政治生活相去甚远。最后，文学作品有自己的创作

---

① 芬利已经意识到，雅典富人从雅典帝国的统治中获得了更大收益，参见 M. I. Finley，*Economy and Society in Ancient Greece*，London：Chatto and Windus，1981，pp. 41 - 61。

规律，神话故事虽然可以改造，但毕竟基本情节已在民间广为流传，剧作家们进行创作之时，能否在其中灌注自己的政治理论，不无疑问。学术界有关这个问题的争论，恰当地反映了悲剧作为政治思想材料的困境。①

就我们的立场而论，戏剧作为政治思想的史料固然需要我们慎重对待，但相关的研究已经证明，至少就雅典的某些悲剧而言，其主题和内容都与公元前5世纪雅典的政治息息相关。三大悲剧作家中，埃斯库罗斯亲自参加过马拉松战役，可能还参加过公元前480年的萨拉米斯战役或次年的普拉提亚战役。索福克勒斯曾出任雅典将军，后来还参加了雅典的立法委员会，深深卷入了当时的雅典政治。欧里庇得斯尽管政治上不太得意，但雅典从创立帝国、走向强盛到最终在伯罗奔尼撒战争中陷入被动的经历，要说对他的创作毫无影响，不太现实，至少他的悲剧《伊翁》等与公元前5世纪雅典政治联系密切。事实上，正是在悲剧中，雅典人首次表达了他们有关君主政治、僭主政治和民主政治的基本观念，就城邦内部的冲突、战争与和平等等重大问题发表了看法。②

悲剧创作和上演的环境，表明它具有浓厚的政治色彩。悲剧的政治特性，首先表现在悲剧上演的场合。悲剧一般在城邦酒神节上演。它本身就是城邦组织的一种官方活动，在卫城下的酒神剧场上演，与公民大会会场、议事会大厅、雅典广场等相距不远，是雅典政治的中心区域。节日的组织，官方色彩更加浓厚。悲剧作者由执政官挑选，负责资助悲剧表演的人也由执政官选定。表演开始前，十将军上前向神奠酒献祭，然后是展示提洛同盟盟员缴纳的贡金，宣布给予那些为城邦做出贡献者以奖励，最后是年满18岁的雅典阵亡者孤儿的武装游行。仪式的政治含义，表现为城邦酒神节本质上是民主城邦的一种节日活动，观众为民主政治下的公民；对贡金的展示显示了城邦的强大；对个人的奖励，则是为公民树立榜样，以鼓励公民更好地为城邦服务；至于孤儿的游行，显示了城邦对阵亡者的优渥，表现了城邦的延续，希望后代们像父辈一样会为城邦献身。③

---

① See Neil Croally, "Tragedy's Teaching," in Justina Gregory, ed., *A Companion to Greek Tragedy*, Malden: Blackwell, 2005, pp. 55 - 69.

② See Paula Debna, "Fifth-Century Athenian History and Tragedy," in Gregory, ed., *A Companion to Greek Tragedy*, pp. 10 - 21; John Gibert, "Greek Drama and Political Thought," in Ryan K. Balot, ed., *A Companion to Greek and Roman Political Thought*, Malden: Blackwell, 2009, pp. 440 - 454.

③ See D. M. Carter, *The Politics of Greek Tragedy*, Bristol: Bristol Phoenix Press, 2007, pp. 35 - 49; Croally, "Tragedy's Teaching," pp. 61 - 62.

其次，在可能不少于17 000人的观众中，虽然有不少非公民成分，例如外侨、外邦使节，甚至可能有妇女、儿童或者奴隶，但主要是雅典公民，数量可能有6 000～7 000人。考虑到雅典陶片放逐法投票的最低标准为6 000票，陪审法庭有6 000名陪审员，则6 000人似乎足以代表雅典的公民群体。为了补偿公民因观看悲剧造成的经济损失，国家可能还给予适当的补贴。对悲剧表演进行评价的，是议事会指定的裁判，他们以十部落为单位选出，而部落，正是克莱斯提尼创立的民主政治的核心。克罗利正确地指出，雅典的悲剧表演，是“城邦把自身搬上了舞台，而将城邦置于那样的位置，从中受益的，是听众”。它与雅典的公民大会、陪审法庭和议事会一道，构成了行动中的城邦。①

最后，也是最为关键的，悲剧的内容与政治联系密切。我们不应忘记，雅典人“发明了民主政治，却缺乏正式的公共教育，以及我们视为普遍的国家机构，他们需要获得尽可能多的帮助”，悲剧剧场“被视为雅典公民主要的教育者之一……对这些普通公民而言，在他们作为民众集会和自治政府中平等者公开论辩的积极参与者时，悲剧剧场是一个重要的部分”。古代作家大都认为，诗人是知识的传播者和公民的教育者。② 柏拉图之所以希望将诗歌赶出他的理想城邦，正因为他认识到它们对公民有巨大的影响，希望他的哲学能够取代诗歌实现教育公民的功能。③

悲剧剧情的发展方式也与当时的政治运作相似。在雅典人的公民大会上，主席团首先将需要讨论的问题提出，然后是不同意见之间的交锋，最后是对新决议案进行表决，并宣布其成为法律。在悲剧中，推动剧情发展的，主要是演员与歌队之间的对话。一方提出某个观点或者问题，双方就此进行争论，得出真相。索福克勒斯的《俄狄浦斯王》是其最典型的表现，整个剧情围绕着俄狄浦斯的罪行展开，代表忒拜人的长老、先知特瑞西阿斯（Tiresias）和俄狄浦斯等参与对话，最后获得真相，俄狄浦斯受到惩罚（自我惩罚）。其整个事件的进程，与雅典公民大会的议事程序如出一辙。

二、埃斯库罗斯论雅典政治

在现存埃斯库罗斯的第一部悲剧《乞援女》中，民主政治的运作程序就得

① See Croally, “Tragedy's Teaching,” pp. 63 - 64.

② See Croally, “Tragedy's Teaching,” pp. 56 - 60.

③ 参见张巍：《诗歌与哲学的古老纷争——柏拉图“哲学”（philosophia）的思想史研究》，载《历史研究》，2008（1）。

到了描绘。故事的背景被置于希腊遥远的古代，达那奥斯（Danaus）的50个女儿为逃避与埃格普提乌斯（Aegyputius）的儿子们的婚姻，逃亡到希腊的阿尔哥斯寻求庇护。虽然作者根据希腊的传说，给那时的阿尔哥斯国家安排了一个国王，代表阿尔哥斯发言的也是其国王佩拉斯戈斯（Pelasgus），但其政治运作却不是君主式的，而是民主的。其中的对话，显示了民主政治和君主政治之间的对立：

【国王】你们虽来到这里，却并非坐在
我家的灶边。若城邦会陷入危难，
那就该让人民共商解救的对策。
我不能预先给你们做任何允诺，
在未与全体邦民商量此事之前。
【歌队】你就是城邦，你就是人民，
你是不受约束的君王。
你掌管祭坛，掌管国家社坛，
一切都按照你的愿望和意志，
你一人独掌权杖，独踞王位，
履行全部职责；请别遭诅咒。
…………
决断此事不容易，勿让我做判官。
我业已说过，我不会无人民应允，
便做出决定；我不会这样用权，
以免遭遇损失时人民这样说：
“他帮助外邦亡命人，损害了城邦。”（《乞援女》365－401）①

如埃伦伯尔格指出的，皮拉斯吉人和他们的王权以及城邦，都属神话传说，可是该剧一开场，气氛就具有浓重的城邦政治与宗教色彩。剧作家努力使人们相信，那里的政治是按照与君主制相反的民主方式运作的②：在君主制下，君主主导一切，不用向任何人负责。在埃斯库罗斯笔下，尽管乞援人是阿尔哥斯人的亲戚，而且宗教上有宙斯的保护，给予保护乃阿尔哥斯人的职责，但国

① 埃斯库罗斯的悲剧，参见 Alan H. Sommerstein, ed. and trans., *Aeschylus*, 3 vols., Cambridge: Harvard University Press, 2008；中译本参见《古希腊悲剧喜剧全集》，第1卷，张竹明、王焕生译，南京，译林出版社，2007，译文略有改动。

② See Ehrenberg, *Polis und Imperium*, pp. 267－268.

王并不能独断专行，他必须与人民协商，否则他将遭到人民的谴责。当然，在神话和悲剧中，国王都成功地说服了人民，让他们同意庇护那些乞援女。达那奥斯这样说明做出决定的程序以及决定的力量：

阿尔哥斯人完全一致地做出决定，
使我这老人心情振奋，甚至变年轻。
全体人民一致举起吉利的右手，
空中回荡着首领们宣布决议的声音：
我们可以自由地生活在这块土地上，
不会被强行带走，不受他人侵犯，
无论本地居民还是外邦人都不得违反。
如果有人施用暴力，当地农人中
却有人不愿闻讯前来帮助我们，
那他便会丧失名誉，遭到放逐。
当时佩拉斯戈斯人的国王就我们的事情
这样发表演说，警告城邦应避免
日后遭乞援人的保护神宙斯的强烈愤怒，
认为城邦那时将会承担双重的罪过，
既是外邦来客，又是本国亲属，
祈求援助，成为城邦不幸的根源。
阿尔哥斯人听他讲演，未待传令官
发出指示便把手举起，通过了决议。
佩拉斯戈斯人听取并服从了
演说家，宙斯使事情得以实现。（《乞援女》605－623）

这里所表达的，显然是公民意志高于一切，公民大会的法律乃最高权威的主张。其具体的运作，则是演说家在公民大会上阐述政策和形势，由公民以举手的方式决定。当埃格普提乌斯的使者来到阿尔哥斯，公然威胁发动战争时，国王的回答清楚地体现了主权在民的原则：

这个城邦的人民已一致做出决议：
绝不强行交出这些女子。
关于她们的决定有如钉子
穿过板体铆住，坚定不移。

这一决议没有刻在书板上，
也没有录于纸莎草叶片的书册，
你可以听见自由的语言发出的
明确声音：赶快离开这里！（《乞援女》942－949）

剧作家在这里进一步点明，国家的法律，要勒石公布，或者写成文字保存。有意思的是，对于违反公民大会命令者的处罚是流放，那是雅典对其著名政治家最经常使用的政治惩罚手段。而民众的声音，是崇尚自由。因此，一部《乞援女》，虽然背景属于在希腊人看来遥远的古代，但其所表达的，实际是民主政治的基本原则。

在公元前472年上演的《波斯人》中，君主制与民主制的对立再度得到了表现。埃斯库罗斯借波斯太后阿托莎（Atossa）之口，说她的儿子、波斯国王薛西斯（Xerxes）“若得胜，那他会受人称羡；他若失败，也无须承担责任（*hypeuthynos polei*）；他若能平安归来，仍然是国君”（《波斯人》211－214）。这里，剧作家显然是把君主制下国君的无限权力与民主政治下的任期责任制进行对比，以强调专制君主制的特点。

需要注意的是，在《波斯人》第一合唱歌的第三曲中，剧作家对比了君主政治垮台前后人民的不同状况：

生活在亚细亚大地的人民啊，
不再会听从波斯统治，
也不再会迫不得已地
向残忍的暴君交纳贡赋，
不再会恭顺地匍匐地面，
惊恐地向国王表虔敬，
因为王权已崩倾。
人们不会让自己的舌头
再受羁绊，人民从此会
自由地发表种种议论，
既然暴力的枷轭已解除。（《波斯人》584－594）

历史事实是虽然波斯入侵希腊失败，但对波斯帝国的命运并无根本性影响。然而对于剧作家埃斯库罗斯来说，他的目标本来也不是准确地陈述历史事实，而是要对比君主政治下与民主政治下人民生活的状况：在前者那里，人民犹如奴隶，需要向国王纳税，觐见国王时需要匍匐在地。对希腊人而言，由于他们只崇拜神灵，一般拒绝向统治者下跪。而在他心目中，在希腊人的自由政体之下，人民最为典型的权利，是可以“自由地发表种种议论”，免受暴力威胁，也不用缴纳赋税。[①] 君主政治下民众的被奴役与民主政治下公民的自由，不言自明。

《七雄攻忒拜》涉及城邦政治中另一个重要的方面：城邦内部的斗争及其后果。民众对国家政治的直接参与及其利益分歧，导致古典时代的希腊城邦时常发生冲突。那些在斗争中失败的一方，有时会召请外来援助以恢复自己的地位，或夺回自己的权力，进而引起城邦公民队伍的分裂。埃斯库罗斯在这个问题上似乎颇为纠结。毫无疑问，城邦理应受到尊重：公民的命运完全系于城邦的命运。城邦一旦被攻破，会遭到敌人的洗劫，男子遭屠杀，妇女和儿童被奴役。因此，对那个为保卫忒拜献身的埃特奥克勒斯（Eteocles），尽管他是争斗的一方，而且可能不无错误，但忒拜人仍“决定依礼埋葬他于自己的国土。他抗击敌人的侵犯，战死在城门前，为保卫城邦的祭坛，神圣地死去，如同青年们应该献身的那样”（《七雄攻忒拜》1014－1017）。对波吕涅克斯（Polynices）的处置则完全是另一种情景：“尽管他已经死去，但仍对城邦神犯下了严重罪孽，他亵渎神明，招来外邦军队进攻城邦。让他不被礼遇地埋葬，只能从翱翔的鸟类那里享受葬礼”（《七雄攻忒拜》1023－1027）。即使是他的亲属也不得收埋他的尸骨。然而传令官与安提戈涅（Antigone）之间的对话预示了埃斯库罗斯在这个问题上的犹疑。他似乎认为，虽然波吕涅克斯确有错误，但他本人此前曾遭遇错误的对待，而且已经以死付出了代价，理当得到死者应有的葬礼。对于忒拜禁止埋葬波吕涅克斯的命令，他一定程度上持保留意见。尤其在结尾部分，代表忒拜少女的歌队竟然在这个问题上陷入了分裂：左半歌队追随安提戈涅，为波吕涅克斯举行葬礼；右半歌队却随着伊斯墨涅（Ismene），根据忒拜议事会的决定，伴送埃特奥克勒斯的遗体，并且唱出了她们的理由，“因为他与神明和宙斯一起，拯救了卡德摩斯人的城邦，使它免遭外邦军队的狂涛巨浪的猛烈冲击，倾覆而毁灭”（《七雄攻忒拜》1080－1084）。对比在索福克勒斯的悲剧中安提戈涅单枪匹马埋葬波吕涅克斯以及为此付出的生命的代价，埃斯库罗斯这里的处理更加耐人寻味。结局的不确定（该剧并未明确交代安提戈涅此后的命运），也许是他希望以此昭示城邦

---

① 古典时代的希腊城邦一般情况下并不直接向公民征税。参见［英］芬利：《古代世界的政治》，43页。

内部斗争可能带来的悲惨后果，呼吁公民之间的团结，让“不友好的纷争，失去理智的争吵”，以及它引起的兄弟相争、入侵和死亡远离城邦（《七雄攻忒拜》933－944）。

《阿加门农》《奠酒人》和《降福女神》是现存希腊悲剧中唯一的三联剧，也是学者们公认的埃斯库罗斯悲剧中最具政治理论色彩的几部，只是对作者希望表达的具体主张，学界争议不少。或认为埃斯库罗斯意在为公元前462年的改革辩护，或认为其是旧贵族秩序的支持者，或强调作者意在呼吁雅典不同派别消除分歧，走向团结。[①] 如果我们把三部剧本结合起来观察，并且把它与《七雄攻忒拜》结合起来讨论，最后一种看法或许最具说服力。

三部剧本的背景都在希腊神话中遥远的过去。埃斯库罗斯首先强调了正义的原则，以及违背正义可能带来的后果。特洛伊人因为帕里斯（Paris）的傲慢（*hybris*），遭遇正义的报应，其国家被摧毁。然而摧毁了特洛伊的阿加门农，自己也犯了傲慢的错误，而且他的傲慢是祖上遗传。三部曲的前两部基本是复仇剧：因为祖上的恩怨和正义的要求，仇杀代代相传，但最后的谋杀者奥瑞斯提斯（Orestes）因为谋杀了自己的母亲，遭遇复仇女神的追赶，被迫逃亡。在尊重希腊神话传统的同时，埃斯库罗斯对传统做了改造，并在其中灌注了自己的理想。

《阿加门农》秉承《七雄攻忒拜》的传统，从一个女性的角度，描述了特洛伊被攻陷后的悲惨处境（《阿加门农》320－350）。虽然希腊人一直把战争视为日常生活的一部分，但并不代表希腊人对战争的破坏毫无认识。埃斯库罗斯对特洛伊的描述，不过是希腊人之间相互征战最为严酷状态下的真实写照。对于战争发生的原因，埃斯库罗斯固然认为那是神灵的旨意，但像梭伦一样，他更倾向于有人为的因素，具体地说，是特洛伊王子帕里斯的傲慢与过分。在第二场第六合唱歌中，埃斯库罗斯长篇大论地讨论了傲慢以及因此招致的正义的惩罚。它为前面有关帕里斯破坏希腊人关于适度的规范，拐走热情招待他的斯巴达国王的妻子，进而遭遇神灵惩罚，为自己的城邦带来深重灾难的陈述，做了理论的注脚。

然而，在埃斯库罗斯看来，阿加门农为了执行对特洛伊的正义的惩罚，自身也犯了傲慢的错误。为了远征军能够顺利启程，他居然祭献了自己的女儿，让作为母亲的克吕泰涅斯特拉（Clymtemnestra）非常愤怒，决心报复。从特

---

① 参见 D. M. Carter，*The Politics of Greek Tragedy*，pp. 85－86；John Gibert，“Greek Drama and Political Thought，” pp. 445－448；［德］梅耶：《古希腊政治的起源》，133～236页。

洛伊返回时，阿加门农居然将卡珊德拉（Cassandra）作为情妇带回，还要求合法的妻子好好对待她。对于谋杀的另外一位参与者埃吉斯托斯（Aegisthus）而言，阿加门农的被谋杀，则是为提埃斯特斯（Thyestes）和他本人的遭遇复仇。因为阿特柔斯曾经谋杀了提埃斯特斯的两个儿子，即埃吉斯托斯的兄长，并且把襁褓中的埃吉斯托斯放逐。

可是，如此相互仇杀，在埃斯库罗斯看来，只会让复仇之神和战神阿瑞斯满意，是“黑色的阿瑞斯迫使亲人们相互杀戮，血流不断”，城邦却因此遭受灾难。长老们组成的歌队显然认为，作为国王的阿加门农是合格的，因为阿加门农统治城邦的基本做法，是希腊城邦的常态：“有关城邦和神明的其他事宜，我们将召开大会共同会商。我们应认真考虑，让那些良好的政制长久保留，若是有什么地方需要治疗，我们就不妨认真地医治或切除，拔除疾病可能造成的危害”（《阿加门农》844－850）。在阿加门农被谋杀后建立的政体，则是非法的僭主政治。歌队对埃吉斯托斯统治的否定，为奥瑞斯提斯的复仇提供了政治上的依据。

《奠酒人》最主要的意图是说明奥瑞斯提斯复仇的正当性。这个正当性体现为子报父仇，哪怕仇人是自己的母亲。用埃斯库罗斯本人的话说：“一切都按宙斯的意愿，遵循正义的路线，对于恶言用恶言回报，这样做理所当然，好行动的胜利女神在大声呼喊，对凶杀回报以凶杀，谁的行为谁忍受”（《奠酒人》307－313）。然而与之前的复仇不同，奥瑞斯提斯毕竟是要谋杀自己的母亲，因此在复仇之前，奥瑞斯提斯不能不有所迟疑。谋杀亲人者会遭遇复仇女神的追袭，杀人者会“惊恐不安，被赶出城邦，作为杀人者，受青铜长杆的驱逐”（《奠酒人》289－290）。所以，在谋杀了埃吉斯托斯和自己的母亲后，尽管奥瑞斯提斯和歌队都信誓旦旦地宣称，复仇是神灵的旨意，杀死埃吉斯托斯，不过是杀死了一个奸夫，而杀死母亲，不过是杀死了一个“精通于勾引情人”和“欺骗族人的骗子，图财害命的强盗”，而且从政治上予以证明，声称“宫廷摆脱了沉重的枷锁”，振兴有望（《奠酒人》973－1043）。但是，他终归不能摆脱谋杀犯的罪名，马上被负罪的念头控制，遭遇复仇女神的追赶，他也只能“作为放逐者离乡漂泊”。因此在该剧的末尾，埃斯库罗斯对这种冤冤相报的复仇提出了怀疑：

第三次风暴终于袭来，
袭击了这王家宫闱，
风暴硕果累累。

提埃斯特斯可悲的飨宴，
首先开始了不幸的困难；
然后是为王者遭遇不幸，
阿凯亚人的军队统帅
被杀害于浴间；
今天是第三次拯救的风暴，
或者是灾难的结束？
带来灾难的狂怒变平静，
它将去何处？在哪里终结？（《奠酒人》1065－1076）

埃斯库罗斯对代代仇杀的不满，成为他在《降福女神》（又译《复仇神》）中为仇杀的终结寻求出路的基本动力和主线。该剧前半部分的主角并非奥瑞斯提斯，而是阿波罗和复仇女神。阿波罗为奥瑞斯提斯洗净了沾满鲜血的双手，并指点后者逃亡雅典："我们在那里会找到本案的法官、安抚的话语和解救你的办法，使你永远摆脱现今这苦难"（《降福女神》81－83）。阿波罗显然希望仇杀到奥瑞斯提斯这里能够通过雅典的司法手段终止。然而，在克吕泰涅斯特拉亡灵的刺激下，复仇女神们继续要求复仇。阿波罗谴责她们只注意到奥瑞斯提斯犯有弑母大罪，却忽视克吕泰涅斯特拉杀夫在先，奥瑞斯提斯只是代表阿波罗对克吕泰涅斯特拉的罪行进行惩治。"我看你对一些事情非常重视，对另一些行为却明显地疏忽。"后者无可辩驳，只能用"不是血缘凶杀"作为遁词。然而，对于城邦来说，无论杀人者和被杀者之间是否存在血缘关系，只要有人被杀，城邦就会受到污染。只有举行必要的洁净仪式，再经过城邦适当的审判，才能让城邦重回正轨。阿波罗虽然洗净了奥瑞斯提斯的双手，但他毕竟是煽动谋杀的一方，尽管他有足够的能力庇护奥瑞斯提斯，仍大度地做出让步，答应让第三方（女神雅典娜）主持这个案件的判决，即通过司法判决来终结这场家族仇杀。而这种方式，不免让我们想起雅典最为经典的处理谋杀案的路径。

复仇女神无意接受阿波罗的让步，因为她们的使命就是掌管凡人中的杀戮，一旦杀戮发生，她们就会追踪杀人者，直到杀人者再被杀。第二场第一合唱歌典型地表现了复仇女神的特征："我们会毁灭家族，若家族争吵结怨仇，友谊被代之以仇视，我们会迅速前去，不管他如何强大，新的杀戮会把他玷污"（《降福女神》354－359）。易言之，貌似正义的复仇女神是希望仇杀代代相沿，永无终止。对于城邦而言，这肯定是灾难。所以，城邦需要宽容，需要合法的制度与审判来终结仇杀。

雅典娜受托审理案件的过程比较有趣。在发现奥瑞斯提斯后，她首先询问原告到达她的庙宇的理由。在了解原告的要求后，她并未马上做出判决，而是告诉复仇女神，“争讼双方各有一半发言权”，并且希望通过调查而非发誓来解决双方的纠纷。这不免再度让人想起雅典陪审法庭中的审判模式。接着雅典娜询问奥瑞斯提斯何以被复仇女神追杀，后者坦言“杀死了我的母亲”。他要求雅典娜“判断我的行为是否正确，我甘愿接受你的任何判处”（《降福女神》468-469）。

雅典娜在基本了解双方的要求和原因后，做出了一个出人意料的决定：“事情太严重，任何凡人对它都难做判决，我也无权判决在强烈愤怒中发生的人命案”（《降福女神》470-472）。由于奥瑞斯提斯已经按照习俗净罪，复仇女神的情绪又特别强烈，诉讼又发生在她的庙宇中，她不能一推了事，于是她决定“组成一个永久的法庭，让一些陪审员起誓，审理凶杀案。你们需召请证人，搜集证据，为公正地审判提供有力的帮助。我去从我的邦民中挑选最优秀者，带来这里，公正地审理这案件，要他们牢记誓言，不违背法律”（《降福女神》483-489）。

雅典娜的做法引人注目。作为神灵，人类命运的操控者，她完全有能力帮助奥瑞斯提斯击退复仇女神。须知在荷马史诗中，她曾经多次帮助过奥德修斯、狄奥麦德斯（Diomedes）等英雄们，甚至能够帮助凡人刺伤神灵。然而，时光转到公元前5世纪，雅典娜突然从荷马时代那个无所不能、为所欲为的女神，变得“畏缩”起来，不愿或者说不敢就凡人之间的纠纷做出判决，转而选择相信凡人会根据凡人制定的法律，做出公正的审判。

这里发生变化的恐怕不是神灵，而是神灵的创作者。对荷马时代的英雄们而言，快意恩仇是他们的基本权利，为了自己一时的情绪，可以置共同体的利益于不顾。但到公元前5世纪，城邦作为集体，已经压倒了个人的傲慢。为了维护城邦的利益，对内部的冲突，需要通过合法的审判化解，从而终结一代代的血腥冲突。“血债血还的正义已经显得不再充分，它已经为新的观念——法律的公正——所取代。法律的公正意味着，通过法律程序而获得正义，它是神圣榜样的人类化身。同时，那种永无止境的世仇，注定将被法律的公正取代，相对于前者，后者更为仁慈。”[①] 所以雅典娜特别点明，双方要寻找证人，搜集证据，以利于审判。至于阿尔哥斯的凶杀案拿到雅典而不是阿尔哥斯审判，只

---

① 伯德莱克：《〈奥瑞斯忒亚〉的情节和政治意蕴探幽》，蒋鹏译，见刘小枫、陈少明主编：《埃斯库罗斯的神义论》，58页，北京，华夏出版社，2008。

能说是公元前5世纪雅典作为提洛同盟盟国法官的现实，无意中流诸雅典公民埃斯库罗斯笔下的结果。

随后的审判过程是雅典陪审法庭运作的具体体现。雅典娜召集陪审员入庭就座，传令官要求人们安静，雅典娜作为法庭主持人，阿波罗作为证人出庭，复仇女神陈述理由，与被告奥瑞斯提斯质证。双方在法庭上展开论辩，复仇女神指责奥瑞斯提斯谋杀母亲，奥瑞斯提斯旧话重提：一是阿波罗要求他那样做，二是他母亲犯下双重罪行。接着是阿波罗作为证人出庭，与复仇女神之间唇枪舌剑地展开论战。双方都不约而同地讨好陪审员和主持人，极力陈述对自己有利的证据和理由。论战完毕后，雅典娜作为主持人，要求陪审员根据正义的原则，在敬畏神灵的前提下庄严地做出投票和判决。当计票员宣布双方票数相等时，雅典娜宣布被告无罪开释。

如果说整个审判过程是雅典司法体系在舞台上的再现，显示了埃斯库罗斯心目中雅典法制的公正和陪审员的虔敬，判决发生后的情景，则可能更多地体现了剧作家个人的愿望。一方面，他让奥瑞斯提斯因无罪开释、能够平安返回城邦而欢欣鼓舞；另一方面，他并没有让失败的一方复仇女神失望而归，而是通过主持人雅典娜婉言说服留在雅典，让她们享受雅典人给予的祭祀和尊敬，并保佑雅典国家繁荣昌盛。梅耶（Christian Meier）特别指出，在劝服复仇女神时，雅典娜两次使用了 *peitho*（说服）一词，把城邦政治机构变成了原告与被告进行沟通的平台，并最终促成了和平的均衡。“随着双方的这番妥协，那极具毁灭力的失败者不但找到了和平的出路，同时也保证了雅典城长期的福祉。通过新的职务，复仇女神成为城邦内在秩序的捍卫者，因此她们也摇身变成了‘降福女神’。”妥协的达成，表面上看是旧秩序的失败，但新秩序通过让步，“让失败者体面地加入自己的阵营”，所以，“新秩序之所以能扩大影响力并持续下去，恰恰在于它不但对旧秩序给予了尊重，而且能以中庸之道行事”。具体到现实政治，则是埃菲阿尔特斯的改革剥夺了战神山议事会所代表的旧秩序的权力，但新秩序也付出了血的代价：埃菲阿尔特斯被暗杀。剧作家通过复仇女神被接纳入新秩序，希望借此表明，“现实中的贵族议会也（重新）成为民主制的一部分”①。结合三部曲的前两部以及《七雄攻忒拜》的剧情，我们或许可以得出这样的结论：剧作家希望雅典人通过合法的途径，消除冲突，让新旧秩序相互融合，实现和谐，共同为雅典城邦的强盛努力。雅典娜劝说复仇女

---

① ［德］梅耶：《古希腊政治的起源》，185、191页。

神接受新使命的台词，也许是埃斯库罗斯思想最为明显的体现：

请你不要降灾于我的国土，
挑起血腥杀戮，损害年轻人的
美好心灵，酣醉般愤怒疯狂；
不要使人们犹如斗鸡，
在他们的心中注入阿瑞斯般的戾气，
使他们相互热衷于内部争斗。
让战争完全发生在国门之外，
任何人都可以在其中竞求荣誉，
但我不需要任何家内争吵。（《降福女神》858－866）

在接受了雅典娜赋予她们的新使命后，降福女神们再度表达了希望城邦不再有相互仇杀、永远和谐的愿望：

我祈求那内乱纷争
不要再在这城邦出现，
它对灾难永不会餍足。
大地尘埃常常吮吸
公民们流出的黑血，
满足强烈的处罚欲望，
愿你不要再希望城邦
互生仇怨产生新杀戮。
昔日敌视争斗，
而今和睦亲近，
心怀共同的憎恶情感，
人们驱除苦难的良计。（《降福女神》76－98）

考虑到公元前5世纪中期雅典政治上的剧烈变革及其引起的内部斗争，以及雅典正在与斯巴达发生冲突（所谓的第一次伯罗奔尼撒战争）的实际，埃斯库罗斯的悲剧可能并非完全无的放矢。幸运的是，雅典人后来的作为，某种程度上印证了剧作家的期望。尽管贵族对雅典政治的不断民主化持续地表达着不满，但在大多数时间里，他们接受并容忍了新秩序的胜利。而雅典公民也继续选择伯里克利（Pericles）、尼西阿斯（Nicias）等贵族为他们的领袖。虽然战争的失败一度让民主政治被推翻，但经历了公元前5世纪末的两次寡头政变后，当雅典民主政治成为多数雅典人唯一可以接受的政体时，民主派并未对失败者穷追猛打，而是选择了和解，颁布了大赦令。雅典的民主政治，也在法制的基础上，在公元前 4 世纪获得了新的稳定和发展。

三、索福克勒斯与欧里庇得斯

与埃斯库罗斯不同，索福克勒斯现存七部悲剧的背景全部被置于希腊远古的传说时代，少有直接以现实政治为题材者。但作为一个生活在民主政治下的作家，特别是经历了公元前 5 世纪中后期雅典政治制度的急剧变革、遭遇挑战乃至倾覆的索福克勒斯，其悲剧不可避免地涉及雅典现实，并间接表达着他的某种政治理想。

像埃斯库罗斯一样，索福克勒斯也十分关心城邦秩序的稳定和公民的幸福。对索福克勒斯来说，城邦秩序的稳定有赖于正义的维持，而正义的维持，端赖各人行事合宜不过分。一旦发生冲突，要善于妥协，从而让城邦能够达成新的平衡和团结。关于傲慢对城邦正义的危害，剧作家在《俄狄浦斯王》中已经所有阐述：

> 傲慢养育暴君，
> 傲慢如果有过多的财富，
> 于它是有害的。
> 当它上升到顶点时，
> 就会坠入无底的深渊，
> 永远爬不上来。
> …………
> 如果有谁言行傲慢不逊，
> 不畏正义，不敬神像，
> 愿厄运捉住他，
> 为了他不祥的傲慢。
> 如果他不正当地得到利益，
> 不规避亵渎行为，
> 用肮脏的手玷污圣物。
> 做了这种事情，谁敢夸说

他能避过天神的箭？（《俄狄浦斯王》873－892）[1]

该剧的核心，实际上就是忒拜统治者的傲慢及其所遭遇的惩罚。其最初的根源，是前王拉伊俄斯（Laius）傲慢。当神谕告知他儿子将弑父娶母时，他依然生育了俄狄浦斯，却自作聪明地想避免神谕应验，将婴儿交给牧人处死。却不想牧人将孩子丢弃在奇泰隆山后，为科林斯国王的牧人所救。俄狄浦斯为逃避神谕，逃离科林斯，途遇自己的父亲拉伊俄斯。这里剧作家虽然没有明说，但言语之间表示的，是两个人都犯了傲慢的毛病：父亲强横地要求让道，并且意图棒打儿子，儿子奋起反击，失手打死父亲。后来的故事众所周知，俄狄浦斯猜中了斯芬克斯的谜语，成为忒拜国王。当忒拜城因为拉伊俄斯的死亡而受到神灵惩罚爆发瘟疫时，俄狄浦斯固然体现了自己作为领袖敢于担当的性格，但过于自信，以至于最终证明自己是凶手时，他只能选择自残。他勇于承担责任的行为，让瘟疫从忒拜消退，城邦秩序暂时恢复了正常。从某种意义上说，《俄狄浦斯王》的主线，就是国王拉伊俄斯的傲慢，造成了城邦秩序的被破坏（儿子弑父娶母和瘟疫），它的结局，则是随着正义的重申（俄狄浦斯受到惩罚），城邦再度恢复秩序。

其他剧本某种程度上也都可以从城邦秩序因傲慢而遭遇威胁，因妥协和调解而重新恢复秩序来解释。《埃阿斯》的主线，是奥德修斯和埃阿斯为争夺阿基里斯的盔甲发生冲突。埃阿斯（Aias）无法接受失败，在疯狂中准备杀死奥德修斯和阿加门农等人。这显然是对城邦既有秩序的严重威胁，因为做出判决的，是全体阿凯亚人。所幸女神雅典娜及时出面干预，让埃阿斯把牲口作为发泄对象。埃阿斯清醒后发现了自己干的蠢事，决心自杀。一个重要人物的自杀，势必在城邦中引起骚动，再度威胁到城邦的秩序。果然，麦涅拉俄斯（Menelaus）和阿加门农拒绝承认埃阿斯曾经做出的重要贡献，并且不允许死者弟弟透克罗斯（Teuceros）埋葬埃阿斯。这种做法严重侵犯了希腊城邦固有的传统，双方一度有公开冲突的可能。但奥德修斯及时出面，帮助透克罗斯在论辩中击败了阿加门农等人的挑衅，让阿凯亚人重归于好，成功避免了可能的冲突。[2] 奥德修斯的做法，让人想起《降福女神》中的雅典娜：对手已经遭遇

---

① 索福克勒斯的悲剧，参见 Hugh Lloy-dJones，ed.，*Sophocles*，3 vols.，Cambridge：Harvard University Press，1997－1998；中译本参见《古希腊悲剧喜剧全集》，第 2 卷，张竹明、王焕生译，南京，译林出版社，2007，译文略有改动。

② 剧中奥德修斯的做法，不仅表示自己谦卑，而且是超越派系，从城邦大局出发。他的努力让冲突得以平息，而且采用的是言语说服的政治手段，尽管辩论的逻辑可能不是那么令人信服。参见马伊尔：《索福克勒斯的政治诗艺》，卢白羽译，见刘小枫、陈少明主编：《索福克勒斯与雅典启蒙》，37～39 页，北京，华夏出版社，2007。

失败，胜利者就不必穷追猛打，而应当表现大度，将失败者纳入胜利者的秩序之中。准此而论，索福克勒斯与埃斯库罗斯在他们共同关心的问题上，认识惊人的一致。

城邦秩序的维护，还在于对部分一度脱离城邦的公民的政策。处置适当，城邦将重新归于统一。处置失当，则可能造成城邦新的分裂，甚至把公民变成敌人。《菲罗克忒忒斯》和《俄狄浦斯在科洛诺斯》提供了正反两个方面的例证。菲罗克忒忒斯（Philoctetes）因为被蛇咬伤，丧失战斗力，被希腊人抛弃在勒姆诺斯岛上10年。然而，当战争进行到第10年时，希腊人发现需要那个被他们抛弃的战士的弓箭取胜。他们深知自己过去抛弃菲罗克忒忒斯不公，需要一定的技巧将他重新引入自己的阵营。此时奥德修斯完全扮演了一个反面角色。他说服阿基里斯的儿子涅奥普托勒摩斯（Neoptolemus）用欺骗手段取得了弓箭，在说服无效时打算强行取走武器，再度抛弃武器的主人。然而涅奥普托勒摩斯及时醒悟，不顾奥德修斯的反对交回了弓箭，以补救自己的错误，并且力劝菲罗克忒忒斯回归阿凯亚人阵营。在遭到拒绝后，涅奥普托勒摩斯仍打算带上菲罗克忒忒斯。所幸赫拉克勒斯及时出现，指出只有在阿凯亚人阵营中，菲罗克忒忒斯才能消除自己的痛苦，并且赢回自己的尊严，涅奥普托勒摩斯也只有与菲罗克忒忒斯合作，才能建功立业，最终成功说服菲罗克忒忒斯回归希腊人军队中。在这里，剧作家无意中论及，作为公民，只有在城邦中才能体现自己的价值；而胜利者与曾经的敌人和解时必须真诚，否则将招致报复。奥德修斯与涅奥普托勒摩斯的形象，分别代表了处理过去错误的两种不同的态度。无论是剧作家还是观众，无疑都会认同涅奥普托勒摩斯和赫拉克勒斯。

与之相反的是忒拜人对俄狄浦斯的态度。作为一个敢于担当的国君，当发现自己是忒拜一切罪恶的根源时，他请求判处自己流放。但出于我们不知道的原因，忒拜并未流放他。俄狄浦斯大概也认为，他会继续留在忒拜。但当他的两个儿子掌握权力后，他又被流放，身边只有两个女儿陪伴。多年在外流浪的艰辛和两个儿子的不孝，让俄狄浦斯异常失望。更让他愤怒的是，为争夺权力，小儿子埃特奥克勒斯为了自己的私利，打算把父亲控制在忒拜附近却不让他返回祖国。在言语说服和威胁无效时，忒拜使者居然打算用强，首先绑走了俄狄浦斯的两个女儿，接着准备强行把他本人绑回。此时雅典国王提修斯（Theseus）出面保护了俄狄浦斯。另外一个儿子虽然不曾使用暴力，但只希望自己的争权企图得到俄狄浦斯的支持。两个儿子的行为让俄狄浦斯决心与忒拜为敌，宁愿死在雅典人的领土上，帮助雅典人在以后的战争中对抗忒拜。在索福克勒斯看来，忒拜人政策的失当，是他们最终未能成功迎回过去的国王、实现和解最为重要的因素。如果我们相信神话，最终的结果，则是两个儿子都在战争中阵亡，忒拜损失惨重。

索福克勒斯还论及统治者的命令与城邦法律的关系，以及统治者行使权力的限度及其与城邦命运的关系。对索福克勒斯来说，城邦和谐与秩序恢复最为重要的保证，是平民理当遵守统治者颁布的命令，但统治者的命令必须符合法律。统治者在行使自己的权力时，虚心接受各方意见，必要时还应做出让步，否则又将陷入傲慢，遭遇报复，并引起城邦内部的不安。《安提戈涅》是此类剧本中最为经典的例证。该剧虽然以安提戈涅为名，但真正的主角应当是克瑞翁（Creon）。作为忒拜国王，他在埃特奥克勒斯阵亡后率兵击败入侵者，本来有大功于城邦。但他自以为是地发布了一道命令，禁止埋葬波吕涅克斯的尸体。这无疑是严重的渎神行为，遭遇反对也在情理之中。安提戈涅首先提出异议，希望和妹妹伊斯麦涅共同完成埋葬尸体的任务。伊斯麦涅的反应可能是希腊女性典型的态度：国王的命令和权力不得违抗。安提戈涅决定自己单独履行她心目中神规定的义务，直接挑战国王的权威。

安提戈涅挑战国王权威的行动，被大多数学者视为国家法律与家庭义务（道德）之间的冲突。然而细读该剧，我们也许可以认为，索福克勒斯似乎另有深意。克瑞翁不准埋葬波吕涅克斯的尸体，是因为后者公然率领一支外国军队进攻自己的祖国，作为忒拜的统治者，“我绝不会把国家的敌人当作自己的朋友，我知道，只有在城邦之船安全航行的时候，我们才有可能构筑友谊……这个人我已向全城邦宣布，不许埋葬或哀悼她”（《安提戈涅》188－204）。

可是，剧作家开头就已经暗示，克瑞翁的命令必然会遭遇挑战，而且是遭遇城邦全体的挑战。当克瑞翁颁布禁令时，他诚然召集了代表忒拜人的长老会。但在这次会议上，克瑞翁并未与长老们进行任何讨论，而是直接向长老会宣布了他的决定，即不准埋葬波吕涅克斯的尸体，初步显示了他作为专制统治者的权力和霸道。他宣布这道命令的理由，是“政从我出，永远不会让恶人受到敬重，比正义者神气。相反，任何心爱城邦的人，死后会和生前一样，受到我的尊敬”（《安提戈涅》207－210）。这看起来冠冕堂皇，但克瑞翁所颁布的命令，从法律上说实际上是非法的。安提戈涅强调，真正的法律来自神、人类的理性和共同体的同意，可是，克瑞翁不准埋葬波吕涅克斯尸体的规定，只是他作为国家的官员发布的命令，不曾经过共同体的同意，因此并非真正的法律。克瑞翁本人也认为，不准埋葬波吕涅克斯尸体的做法所以具有法律效力，是因为在他看来，凡是统治者颁布的命令，都应被视为有效的法律。而在安提戈涅眼中，法律的地位优先于统治者的命令。①

对于这道说不上合法，也没有经过长老会同意的命令，克瑞翁还不愿意加以纠正。当看守人报告尸体已经被埋葬时，克瑞翁已经意识到他的命令可能不妥："这城邦里一开始就有人不能接受这禁令，对我口出怨言，私下里摇头，不接受我的节制，不服从我的权力"（《安提戈涅》289－292）。可是，碍于自己的权力和面子，他决心不顾反对继续执行。在他与安提戈涅的对答中，他要维护自己权力的意图有所暴露："如果她胜利了，不受惩罚，她就是个男子汉了，我倒不是"（《安提戈涅》484－485）。与安提戈涅对抗的不是忒拜，而是克瑞翁个人，斗争的结果，也仅仅涉及克瑞翁个人的面子。不仅如此，克瑞翁还打算伤及无辜，将安提戈涅的妹妹一同处死。

在安提戈涅被拘押后，克瑞翁的儿子海蒙（Haemon）登场。作为安提戈涅的未婚夫，同时作为国王的儿子，他与父亲的对话更加开诚布公，也更能体现克瑞翁命令的性质。海蒙首先指出，作为统治者，克瑞翁颁布命令和执行命令上的偏执，并不被忒拜人认可，安提戈涅倒是赢得了普遍的同情。海蒙提醒克瑞翁：

> 【海蒙】一个人即使智慧，多多学习，
> 及时修正己见，并不羞耻。
> …………
> 【歌队长】国王啊，如果他的话有合理的成分，你应该听他的；
> …………
> 【克瑞翁】真的要让他们这么大年纪的人，来教
> 我们这么大年纪的人怎样变聪明点吗？
> 【海蒙】我说的话没有什么不正当。虽然我年轻，
> 但请多注意点我的行为，别只注意我的年龄。
> 【克瑞翁】敬重犯法的人是正当的行为吗？
> 【海蒙】我不是要敬重坏人。
> 【克瑞翁】她不是沾染了那毛病吗？
> 【海蒙】忒拜全体人民都说"不"。

① See Edward M. Harris, *Democracy and the Rule of Law in Classical Athens*, Cambridge: Cambridge University Press, 2006, pp. 62－77.

【克瑞翁】要忒拜平民规定我如何执政吗？

…………

我必须按别人的意思统治这国土吗？

【海蒙】只属于一个人的城邦不是城邦。

【克瑞翁】城邦不被认为是统治者的城邦吗？

【海蒙】你可以在没人的土地独自好好统治。（《安提戈涅》723－739）

两人的对话清楚地表明，克瑞翁的命令，既不为神灵所赞同，也不为忒拜的全体人民所赞成。克瑞翁公然将忒拜视为他个人的城邦，并由此认为他的命令具有法律效力，把自己的僭主面目暴露无遗。他颁布了错误的命令，却不愿予以纠正，以致最后无法与人交流。这段话同时表明："希腊人关于公民城邦的想法是理所当然的，他（即海蒙）这才一步步揭露出一个专制君主的反面形象来：专制君主的统治权只能施行在一个无人的国度。与此相反，在一座城邦里，不仅要有谈论、执行、服从，也必须有倾听、学习、顾虑，统治一座城邦就不能与城邦公民对着干。"① 在这个方面，索福克勒斯和埃斯库罗斯一脉相承。安提戈涅挑战克瑞翁命令的做法，并不是在挑战真正的法律，而是在代表城邦与专制的统治者斗争，是让城邦走向和解的必要步骤。长老们代表的忒拜人民和海蒙等对安提戈涅的支持，在某种意义上成为公民反抗暴政的正义行为。安提戈涅的死、海蒙的自杀以及所引起的连锁反应，把专制统治的弊端清晰地暴露在观众面前。

欧里庇得斯虽然也关心城邦的统治方式，但更加关心城邦中非公民群体的命运。他的《美狄亚》和《安德洛玛赫》多次强调了妇女地位的卑下及其不合理；《赫卡柏》则借这位特洛伊老王后的复仇，展示了妇女在非常状态下的地位与心态。不过他最愿意做的事情，是为民主政治辩护。在《请愿妇女》中，他为我们保存了一篇有关民主政治的理论阐述。虽然该剧的背景同样是青铜时代，但我们可以相信，它所表达的，乃是公元前 5 世纪的观念。在该剧中，提修斯答应了阿尔哥斯妇女求取庇护、取回阵亡者遗体的请求，并决定在说服不成功时诉诸武力。但在出兵之前，提修斯说他必须取得城邦公民的同意：

我就去要回死人，用言语说服，

① 马伊尔：《索福克勒斯的政治诗艺》，见刘小枫、陈少明主编：《索福克勒斯与雅典启蒙》，51 页。

说服不成再用武力强迫，
这样做不会引起神的嫉妒。
但这里我还需要全城邦的赞同。
我想做什么虽然会得到赞同，但是，
申述了理由我就能得到人民更大的支持。
须知，我统一了这国土，使它成了
自由的城邦，有平等的投票权。（《请愿妇女》346－353）[①]

这里固然有提修斯自大的成分，认为雅典人民之成为统治者，并享有自由，源自他个人的恩赐，但是，他明确地承认，公民是城邦的主人，具体表现就是“平等的投票权”。统治者在行使权力时，需要得到公民的赞同。当雅典军队集合起来准备出发时，忒拜使者来到了雅典，要求提修斯不要收留那些祈求帮助的妇女，更不要出兵夺回战败者的遗体，否则必受忒拜攻打，提修斯则利用这个机会，宣示雅典民主政治的基本原则：

你一开口第一句话就错了，客人啊，
在这里寻找僭主；因为，我们的城邦
是一个自由的城邦，不是被一个人
统治着。人民每年里轮流执政，
不给富人优越，穷人有同等的权利。（《请愿妇女》403－407）

人民轮流统治、穷人与富人享有同等的权利，只能是公元前5世纪的政治，无意中“窜入”了欧里庇得斯的剧作中。不过他们关于民主政治的辩论并没有到此结束，使者接着抨击了民主政治的恶劣，认为那里只有自私的人民、用舌头蒙蔽人民的坏蛋，以及全无教养的农夫，在发动战争时，人民认为自己并不必面对死亡，会轻易投票赞成战争，给希腊带来灾难；并鼓吹君主政治的好处。提修斯针锋相对，驳斥了使者的谬论：

对城邦没有什么比僭主更有害的了，
城邦有僭主，首先就没有公共的
法律，他一个人统治着，把法律掌握在
自己的手里，于是平等不复存在。

---

① 欧里庇得斯的《请愿妇女》，参见 David Kovacs, ed. and trans., *Euripides, Suppliant Women, Electra, Heracles*, Cambridge: Harvard University Press, 1998；中译本参见《古希腊悲剧喜剧全集》，第4卷，张竹明、王焕生译，南京，译林出版社，2007，译文略有改动。

法律订成条文后，穷人
和富人便有了同等的权利，
弱者如果受到富人的辱骂，
就可以用同样的辱骂回敬他。
弱小者有理可以胜过强大者。
从这句话里你也可以看到自由：“谁有
对城邦有利的主张要向公众提出的?”
想要说法的人都可以出名，不想说话的
都可以不做声。城邦里有什么比这更平等的?

此外，在人民当家作主的城邦，
人们喜欢年轻的市民多，而在一个
为王的国家这都被认为是可恨的；
国王担心失去独裁的权力，把他认为
有头脑的优秀人物都给杀了。
试问，城邦怎能变得强盛?
如果有人排除勇敢者摘去年轻人，
像摘掉春天原野上的花朵那样，
人们怎能挣钱养活子女呢，
如果他们的辛苦只落得增加僭主的财富?
人们又怎能在家中教养女儿谨守贞洁，
如果只是为了满足僭主享乐的欲望，
为了给父母带来悲哭?我宁愿死了，
如果我的女儿要在暴力下出嫁。(《请愿妇女》429－455)

欧里庇得斯借提修斯之口发表的宏论与其说发生在青铜时代，毋宁说是公元前5世纪末雅典人对他们的民主政治所做的辩护。因此，提修斯时时处处都把君主制和民主制对照起来论述。对提修斯来说，君主制意味着一个人高高在上，人民不仅无平等可言，而且连自己、子女的生命和财产都得不到保障，城邦的繁荣、强大，都因为君主个人的嫉妒以及制度的缺点而无法实现。而在民主制度下，法律保证了穷人和富人同样的权利；一切依法行事；人人享有自由，尽情发挥自己的才华；国家的繁荣、城邦的富强、公民的繁衍，都得到保障。两者之间的区别在于，一个是人民有一个独一无二的主人，另一个是人民成为唯一的主人。[①] 城邦的命运也正好相反，一个走向衰败和破落，一个走向繁荣与强大。提修斯，准确地说是欧里庇得斯以及公元前 5 世纪的雅典民主派在捍卫民主制度时，不仅从一般人性的角度，而且从制度和社会的层面进行了论证。民主、自由、法治和平等，在欧里庇得斯笔下被联系在了一起。[②]

四、民主的代价：阿里斯托芬与现实政治

阿里斯托芬的喜剧与悲剧的风格截然不同。喜剧的背景直接被置于当时的雅典社会，有关的人物大多在雅典有其原型，有些人物如伯里克利、克里昂（Cleon）和苏格拉底（Socrates）等，本身就是雅典的知名人物。雅典国家的政策以及制度，在喜剧中也多有出现。但喜剧夸张的手法以及阿里斯托芬超乎常人的想象力，让喜剧作为资料的性质大打折扣。[③]

尽管如此，我们仍然认为，喜剧多少反映了阿里斯托芬本人对雅典民主政治的看法。喜剧诚然需要夸张、讽刺，甚至谩骂，可是，阿里斯托芬对雅典制度和政治家的态度一以贯之。在他的笔下，雅典政治家都是恶棍。伯里克利因为自己情妇的奴隶被拐而发动了伯罗奔尼撒战争，置雅典人民和麦加拉人的痛苦于不顾；许佩波罗斯（Hyperbolus）、克里昂等人，都是些只知道在公民大会上摇唇鼓舌、只关心自己荷包的坏蛋；雅典社会中的智者如苏格拉底等人，则把年轻人教育得只会颠倒黑白、殴打父母；陪审员都是些有诉讼强迫症的老人，总是倾向于判决被告有罪[④]；雅典人民好像一群年老昏聩的傻瓜，一任自己的奴才糊弄；雅典政府腐败不堪，贿赂公行；雅典的将军，不是战争狂人，就是受气的小媳妇，或者是懦夫，会在战争中丢弃自己的盾牌逃亡。[⑤] 总之，在当时的雅典，就没有几个人是正常的。重要的是，阿里斯托芬明确表示，他并不完全是向壁虚构，而是真诚地希望通过剧本传达自己的政治见解。也就是

---

① See D. M. Carter, *The Politics of Greek Tragedy*, p. 123.

② 参见［美］罗伯兹：《审判雅典：西方思想中的反民主传统》，晏绍祥等译，50～51 页，长春，吉林人民出版社，2011。

③ 关于阿里斯托芬对政治的影响，参见 T. A. Dorey, "Aristophanes and Cleon," *Greece and Rome*, 2nd ser., vol. 3, 1956, pp. 132 – 140; A. W. Gomme, "Aristophanes and Politics," *Classical Review*, vol. 52, 1938, pp. 97 – 109; H. Lloyd Stow, "Aristophanes' Influence upon Public Opinion," *Classical Journal*, vol. 38, 1942, pp. 83 – 92。

④ See David Konstan, "Politics of Aristophanes' *Wasps*," *Transactions of the American Philological Association*, vol. 115, 1985, pp. 27 – 46.

⑤ See H. F. Hose, "Aristophanes' Personalities," *Greece and Rome*, vol. 9, 1940, pp. 91 – 92; LaRue Van Hook, "Crimes and Criminals in the Plays of Aristophanes," *Classical Journal*, vol. 23, 1928, pp. 285 – 295.

说，他非常严肃地对待自己剧本的政治倾向。《阿卡奈人》的开头，就已经表明了作家的作品与其政治立场之间的关系："我，一个穷鬼，写喜剧，想对雅典人谈谈国家大事。因为喜剧也懂得正义。我的话会骇人听闻，但却正义。这次克里昂再不能诬告说我当着外邦人的面诋毁城邦"（《阿卡奈人》498－503）[①]。这让不少现代学者感到尴尬：一个生活在民主政治下的剧作家，本身就是雅典的产儿，居然对雅典政治如此不屑。为了给阿里斯托芬反对民主政治的倾向开脱，一些人转而认为剧作家并不反对民主政治，而是反对公元前 5 世纪末已经腐败的民主政治。然而如今的研究，早已证明公元前 5 世纪末乃至公元前 4 世纪的雅典民主，较之公元前 5 世纪前期并无本质性的不同，所谓腐败，很大程度上是神话。事实上，民主政治下产生的思想家不赞同民主政治，从古代到现代都不新鲜。即使我们承认阿里斯托芬反对过民主政治，也并不影响他本人作为思想家与剧作家的地位。

如埃伦伯尔格指出的，要真正理解阿里斯托芬对民主政治的立场，必须充分考虑当时的背景。[②] 剧作家活跃的时代，正是从伯罗奔尼撒战争开始到公元前 4 世纪前期。此时雅典民主已经进入鼎盛时代，但伯罗奔尼撒战争造成的问题，特别是斯巴达不断入侵雅典，以及后来驻防狄凯里亚所造成的破坏，对雅典农民的生产和生活造成了严重影响。伯罗奔尼撒战争后期，尤其是西西里远征失败后，雅典在战场上的形势日渐被动，战争末年波斯的介入，让斯巴达最终取得了那场大战的胜利。雅典不仅丧失了帝国，而且连独立都几乎不保。虽然重建后的雅典民主政治迅速实现了国家和解，并且努力恢复自己在希腊世界的强国地位，但无奈时运不济，经常心有余而力不足。作为一个听闻过希波战争时代希腊联合抗敌，并且经历和目睹过雅典强盛的公民，对于自己家乡在伯罗奔尼撒战争中遭遇多次蹂躏和破坏，以及为进行希腊人自相残杀却毫无结果的内战而乞怜于波斯，其心中的愤懑之情可以想见。阿里斯托芬不断在自己的剧本中谴责雅典那些主战派的政治家，正是他们的战争政策，让阿提卡的农民不断离乡背井，走上战场送命，而且长期无法返回自己的地产，不得不在非常不熟悉的城市中谋生。现存剧本中的第一部《阿卡奈人》中，主人公狄凯奥波

---

① 阿里斯托芬的喜剧，参见 Jeffrey Henderson, ed. and trans., *Aristophanes*, 5 vols., Cambridge: Harvard University Press, 1998－2008；中译本参见《古希腊悲剧喜剧全集》，张竹明、王焕生译，第 5～6 卷，南京，译林出版社，2007。

② See Victor Ehrenberg, *The People of Aristophanes*, 2nd ed., Oxford: Basil Blackwell, 1951, pp. 297－299.

利斯（Dikaiopolis）毫不隐讳地表示，他是一个合格的公民，每次开会都是第一个到场，但是，他“想念田野，向往和平，我厌恶城市，想念我的村社”（《阿卡奈人》32－33）。可是，他的愿望，从公元前425年第一部喜剧上演开始，到阿里斯托芬最后一部喜剧结束，似乎从来没能在现实的世界中完全实现。

阿里斯托芬站在阿提卡农民的立场[①]，不断在自己的剧本中呼吁终止希腊人之间血腥的内战。然而，希腊人之间的内战，并没有因为阿里斯托芬的呼吁而有任何缓解，于是阿里斯托芬只好转向过去和虚构。转向过去，是不断向希腊人指出，当年雅典曾与斯巴达等众多城邦联合作战，击败波斯。他几部与战争有关的喜剧，如《阿卡奈人》《和平》《吕西斯特拉特》等，无不对当年希腊人联合抗击波斯大唱赞歌。当吕西斯特拉特劝告雅典人主动议和时，如此描写历史上雅典与斯巴达的关系：

你们本是血脉相连，
在奥林匹亚，在皮托，在温泉关，
还有其他许多地方，你们并肩作战；
对着神坛敬酒盟誓，
你们用的是同一只碗。
而现在，你们却当着蛮族的面相互仇杀，
把希腊推向毁灭的深渊。（《吕西斯特拉特》1128－1135）

为了说服斯巴达人接受停战，阿里斯托芬不惜篡改历史：

拉哥尼亚人，我也想对你们进一言。
你们已经忘记，珀利克里德斯当年
是如何来到这里，双臂拥抱我们的神坛，
身上已然披着紫红色大氅，
脸色惨白地恳求雅典人支援：
…………
你们从雅典得到了这样的援助，
现在却在践踏支援者的国土。（《吕西斯特拉特》1138－1146）

如果说前一段引文忽略了雅典和斯巴达希波战争期间的矛盾，但多少还符

---

① 《和平》一剧最典型地反映了阿里斯托芬的农民立场。

合历史事实，后一段则完全歪曲了历史。斯巴达确实在公元前465年发生了地震，爆发了黑劳士起义；斯巴达人也确实一度绝望，遣使向雅典求援。但历史的真相是，当客蒙（Cimon）率领雅典军队到达斯巴达时，后者却怀疑当时的雅典人有革命倾向，没有提供任何理由就把雅典军队打发回国。雅典人因此改变了他们的对外政策，与斯巴达及其盟国爆发了正面冲突。不过阿里斯托芬篡改历史的理由不难找到：斯巴达与雅典的战争，除了让希腊人自相残杀外，唯一得益的只有波斯。因此，他呼吁希腊人联合起来，既有作为阿提卡农民的私心，更有泛希腊的关怀。[①]

阿里斯托芬之呼吁和平，是因为他认为，和平具有无可比拟的优势。《阿卡奈人》的最后一场，就是主人公狄凯奥波利斯与热衷战争的拉马库斯（Lamachus）之间生活状态与命运的对比。狄凯奥波利斯单独与斯巴达人签订了条约，开辟了和平市场，与麦加拉人、比奥提亚人进行贸易，购买了大量生活必需品。当拉马库斯忙于为出征做准备时，狄凯奥波利斯则正在准备乡村酒神节。在该剧的末尾，狄凯奥波利斯酒醉饭饱，在仆人的簇拥下回家。而拉马库斯先是在战场上越过壕沟时崴了脚，接着被长矛刺中大腿，忙着回家治伤。两方的对比，确定无疑地表达着阿里斯托芬对和平的向往和对战争的厌恶。只是在这部剧本中，和平还仅限于主人公一人享受。而到了《和平》中，阿里斯托芬的和平具有了泛希腊性质。参与拯救和平女神的固然只有雅典人，但受惠的不仅仅是雅典人，而是“所有的农夫、商人、手工业者，啊，所有的工匠、侨民和外邦人，还有你们岛民”（《和平》296－298）。在描绘和平女神与人类结亲后的美妙图景中，剧作家再次强调了和平女神的泛希腊特征：“我们将欢呼您为‘息争女神’。让我们的猜疑终止吧，让那些四处散布的相互指责的流言蜚语终止吧；用古老的真实的爱的万应灵药重新把希腊人紧紧地凝聚在一起，用彼此更加和蔼与友善的想法来调和相互的关系吧”（《和平》992－998）。一旦关系和睦，则各地的物产都将推上市场，生活重回正轨。在该剧的末尾，剧作家再度给我们描绘了和平来临后的幸福情景：

> 首先让我们向众神祈祷，
> 求他们给希腊人财富，
> 使我们仓库里堆满大麦，

① 参见涅维格：《阿里斯托芬喜剧中的战争与和平》，杜佳译，见刘小枫、陈少明主编：《雅典民主的谐剧》，46页，北京，华夏出版社，2008。

家家酒缸里装满葡萄美酒，
都有充足的无花果吃，
妻子给我们生健壮的孩子，
让战争使我们失去的一切
美好的东西加倍地回到我们身边，
永远地忘了那发亮的刀枪。（《和平》1320－1328）

同时，作为剧作家，阿里斯托芬显然也意识到城邦内部不同阶层的不同诉求。希腊战争的特性，必然让农民受到的打击最为沉重。他们的土地无法耕作，庄稼遭到破坏，生产和生活受到严重影响，妇女也因此受到影响。因此，拯救和平女神最为积极的是农民，而强烈要求全希腊实现和平、让男人回家的，则是妇女。至少在《和平》一剧中，手工业者与部分政治家对战争并不反感，有些还有某种程度的热衷。阿里斯托芬的立场，在某种程度上表达了阿提卡农民对战争的态度，尽管这种态度，因为喜剧剧情的需要，经过了这样那样的歪曲。如果说悲剧作家致力于描绘城邦从纷争走向和解的好处，阿里斯托芬则毫不留情地揭示了城邦内部不同集团和希腊本土城邦之间的利益纠纷。前者表达的，是城邦鼎盛时期希腊人对城邦的自信；后者描绘的，则是希腊人面对城邦遭遇的问题时的无奈与困惑。

第四节　智者的探索

如果戏剧对政治的思考可能被淹没在神话和故事情节中，公元前5世纪中后期的智者们则从哲学家的立场，在雅典帝国与伯罗奔尼撒战争撕裂斯巴达与雅典、国家与个人、礼法与人性的背景下，更直接而深刻地揭示出城邦政治的性质和原则及其可能包含的冲突。他们所提出的诸多问题，成为柏拉图和亚里士多德系统化政治思考的重要资源和基础。

一、公元前5世纪的政治与智者

如果说希波战争让希腊人通过波斯界定自身，强化了希腊人自由、波斯人皆受奴役的意识，则公元前5世纪中后期希腊历史的变化，对政治思想的发展产生了更加明显的影响。随着希腊人视野的进一步扩大，自认为文明的希腊人，发现两河流域和埃及存在着更加古老的文明，同时在西部地中海周边和黑海地区，希腊人与相对后进的蛮族发生了联系，这让他们对自己和世界的认识都发生了重要变化，开始思考文明与国家的产生，以及不同文明的特征及其相互关系问题。公元前5世纪中期以后希腊人开始思考文明与政治的起源，并为此创造各种理论，与此有直接关系。

对公元前5世纪政治思想发展影响更加直接的，是雅典帝国的兴起与民主政治的发展。随着民主政治的确立和希波战争后雅典水师力量的强大，它迅速成为希腊世界的一流强国。它利用小亚细亚和爱琴海中希腊人需要保护以对抗波斯的机会，积极扩展势力，控制盟友，建立霸权，从公元前5世纪中期起开始向斯巴达在希腊大陆的霸权挑战。斯巴达为了对抗，则在伯罗奔尼撒半岛的城邦中培植贵族权威，支持寡头政治。公元前460年左右开始的冲突，到公元前445年以签订三十年和约告终。雅典虽然被迫放弃了自己在希腊大陆上的部分势力范围，但迫使斯巴达承认了它作为希腊两强之一的地位；并且继续加紧对盟邦的控制，后世所称的“雅典帝国”，不过是提洛同盟的加强版本。除少数盟友外，大多数盟友成为向雅典交纳贡金的城邦，雅典因此成为希腊世界最繁荣的国家。

雅典帝国的发展，对希腊人传统的城邦观念产生了重大冲击。在希腊人的理想中，城邦理应独立自主，有自己特定的领土、自主的政体和军队，内政与外交完全独立。但是，雅典对盟邦严厉的控制，不能不侵犯盟邦的独立性。斯巴达为对抗雅典，趁机打出解放希腊的旗号。可是，雅典无意放弃自己作为霸主的地位，反而宣称人间的正常原则，是弱者需要服从强者，否则将遭遇强者的惩罚，而弱者只能忍受命运的无情。[①] 希腊邦际关系的这种变化，让希腊人开始思考城邦自身的地位及其与霸主的关系，并因此产生了所谓不顾道德而一味强调强权即公理的思潮。

雅典民主政治在公元前5世纪的发展，对政治思想发展的影响较之雅典帝国可能犹有过之。公元前488/前487年，雅典执政官由选举改为抽签；公元前462年，埃菲阿尔特斯剥夺战神山议事会的权力，公民大会和陪审法庭制度完善，津贴制引入，雅典民主政治进入它历史上最为辉煌的时期。如芬利指出的：“在将

---

① 最能体现雅典人这种心态的是米洛斯对话。在那里，雅典人公开抛弃了所谓正义与荣誉原则，宣扬赤裸裸的帝国主义论调，并且据此为自己灭亡米洛斯的行动辩护。参见［古希腊］修昔底德：《伯罗奔尼撒战争史》，下册，464～474页；James V. Morrison, “Historical Lessons in the Melian Episode,” *Transactions of the American Philological Association*, vol. 130, 2000, pp. 119－148; W. Liebeschuetz, “The Structure and Function of the Melian Dialogue,” *The Journal of Hellenic Studies*, vol. 88, 1968, pp. 73－77。

近200年的时间里，雅典是希腊世界最繁荣、最强大、最稳定、内部最为和平、文化上最有成就的国家。就关于政体的有效判断来说，这种制度是成功的。”①

然而，这种成功的政治体制，恰恰引起了希腊思想界巨大的争论。它在历史上首次让雅典全体公民拥有了对国家大事的直接发言和管理权，尤其是相对贫穷的第四等级公民，凭借其人数上的优势和在水师中的分量，取得了对国家政治相当程度的发言权。一向被视为低能的贫穷公民介入政治，不能不对希腊人传统的观念，特别是精英阶层的观念产生强烈冲击。在他们眼里，有资格管理国家的，只能是精英阶层的人士，普通人因为缺乏教养和能力，无力也不应当参与国家管理。雅典民主政治对相对贫穷阶层公民的照顾（如官职津贴等的实行）、伯罗奔尼撒战争开始后雅典遭遇的困境、某些政治家的做法（如克里昂的演说风格），以及部分政治家遭到的制裁，都有理由让精英阶层的人士感到不满。他们抨击民主政治是穷人压迫富人的暴政，是霸主对盟邦的专制，使非精英阶层出身的人取得了较贵族阶层更大的影响力和权威，进而把雅典政治拖入混乱，导致雅典在伯罗奔尼撒战争中失败。民主政治的强势和精英阶层思想家的批评，刺激了对于应当如何治理国家，如何处理官民关系、法律与公民的关系等一系列重要问题的思考，成为政治思想进一步发展的动力。

此外，雅典民主政治的发展，对公民参与政治的能力提出了更高的要求。到公元前5世纪，雅典不仅管理着自己的领土，还管理着由提洛同盟演变来的庞大帝国。雅典与盟邦的关系、与斯巴达及其盟友的关系、边疆、陆海军管理、财政收支、内外政策等各个方面，都需要具有专业知识的人了解和掌管。②而雅典缺乏官僚机构，有关的资料又严重缺乏，公民大会作为主要的讨论和决策机构，对于许多重大问题都必须在一天之内提出和通过决议，因此，对雅典政治家而言，政治必然意味着全职活动。他需要在面对相关问题时，能够根据自己掌握的资料，立刻提出相应的对策，并说服公民大会通过自己提出的建议，有时可能还需要亲自执行。同时，雅典公民对政治家的严格监督，既需要政治家与公民之间的良性互动，也需要政治家具有相当的能力，能够在问题来临时，有效地为自己辩护，以保持自己在公民大会中的影响。③ 虽然从荷马时

---

① M. I. Finley, *Democracy Ancient and Modern*, London: Chatto and Windus, 1973, p. 23.

② 参见［古希腊］色诺芬：《回忆苏格拉底》，吴永泉译，105～110页，北京，商务印书馆，1984。

③ 参见［英］芬利：《古代世界的政治》，97～108页；M. I. Finley, “Athenian Demagogues,” in M. I. Finley, ed., *Studies in Ancient Society*, London: Routledge, 1974, pp. 1-18。

代以来，希腊的精英阶层已经接受了一般能力的训练，但公元前5世纪雅典国家各个方面的需求，都对政治家提出了较之过去更高的要求。仅仅依靠一般的家庭教育和自己在实践中的学习，很多时候难以应付。

在这种情况下，公元前5世纪中后期的雅典出现了一批职业教师。他们的主要目标是教授雅典那些有政治志向的年轻人学习治理国家、说服他人的技艺。这些人一般被称为“智者”，即具有某种知识的人。他们大多并非雅典人，也不常驻雅典，但都会在雅典停留较长时间。他们收费授徒，而且价格不菲，因此只有雅典那些家资相对丰厚的人才有可能支付学费。当时雅典是希腊世界的经济中心和提洛同盟的盟主，积累了大量财富，不少有产阶级家底殷实，能够支付相关费用。从政治观点和哲学上看，智者的看法并不一致，相互之间可能没有直接交往，或许还会为了争夺学生相互竞争。为了教育学生，他们对当时的许多问题，特别是政治和宗教问题发表过见解，有些看法在当时的雅典人看来不免离经叛道，部分人可能遭受过审判。他们在雅典的活动，在教育雅典年轻人成为政治家的同时，也开阔了雅典人的眼界，让他们对传统的政治和宗教概念进行质疑和批判，掀起了一场启蒙运动。

第一个自称智者的可能是普罗塔戈拉（Protagoras）。他曾经宣称，在他之前已经有很多智者，只是他们为避免引起太多注意，而以各种专业名称掩护。有人自称诗人，有人自称音乐家，有人以体育伪装。“我承认自己是一名智者，教育他人，我认为承认这一点是一种比隐匿或否认更好的做法。我也认真考虑过其他因素，以避免因承认自己是一名智者而可能在有生之年遭遇的任何伤害。然而，我从事这种职业多年，就年龄而论，虽然不是你们全部，但与你们多数人的父辈相当。”（《普罗塔戈拉》317b）[①] 同样根据普罗塔戈拉本人的定义，智者的根本目标，是受教育者每天都会有所收获：“你和我在一起待一天，回家时就会变得比来的时候要好，第二天也同样。你每天都能取得进步，会变得越来越好。”（《普罗塔戈拉》318a－b）不过他们的相对主义立场，使当时的一些雅典人认为这些人是非不分，解构了雅典国家的政治与宗教基础，他们因此遭到部分雅典人的敌视，后来更得名诡辩派，声名狼藉。从西方思想的发展历程看，智者对雅典文化和思想的发展，曾发挥过重要作用。政治思想史上的

① Plato, *Protagoras*, in Plato, *Laches*, *Protagoras*, *Meno*, *Euthydemus*, Cambridge: Harvard University Press, 2006；中译本参见《柏拉图全集》，王晓朝译，北京，人民出版社，2002，译文略有改动。

许多问题，大多由他们提出。[①]

二、礼法、自然与正义

自走向地中海，希腊人越来越多地认识到，在这个世界上，并不只有希腊人是文明的，也不只有希腊人才有法律和制度。荷马似乎尚无法律和制度多样性的意识，他笔下的希腊人与特洛伊人几乎没有区别，两军之间的交流和沟通也没有任何问题。到古风时代，希腊人与吕底亚人发生了接触。及至波斯兴起，希腊人再次认识到东方历史的古老和颇为不同的政治体制。希波战争后，希腊人对外族的描写大量增加。[②] 希罗多德是最显著的例子。他在东方和希腊世界的广泛游历，以及他对希腊人历史发展的追溯，无不揭示着当时希腊人所知世界的丰富和多彩。他还在自己的书中，多次对埃及人、波斯人的风俗与希腊人风俗之间的差异进行过比较。对他来说，每个国家和文明的制度和风俗各有自己的特点，他援引品达的诗歌宣称，风俗是万物之主。希罗多德还特意提到，如果召开一个世界风俗博览会，则每个国家在把自己的风俗与他国的比较以后，都会认为自己的风俗最好。[③]

与此同时，自古风时代已经形成的希腊人之间的联系，因为公元前 5 世纪雅典帝国的建立以及智者的大批到达雅典，也大为增强。如学者们已经指出的，智者大多并非雅典人，而他们教授的内容，又大多与政治、法律和宗教等有关，这使他们非常关注不同国家的法律和制度，进而发现这些城邦的法律和制度并不完全一致。到公元前 5 世纪后期，城邦之间制度上的差异，因为雅典和斯巴达两大强国对霸权的争夺和在各自盟国中推行对自己有利的制度，更刺激了人们对不同政治制度特征的思考。此外，在同一城邦内部的不同时期，政治和法律制度也会有所不同，每次变革都伴随着对政治制度和法律的改造。同样重要的是，公元前 5 世纪雅典民主政治相对宽容的社会与政治氛围，为智者的活动提供了舞台，也为不同文化、制度之间的对话提供了平台。如果说早期希腊哲学以对自然的探索为中心，那么到公元前 5 世纪后期，希腊哲学出现了一个重要的转向：从天上走到了人间。

刺激希腊人思考自然与礼法之间关系的另一重要因素是伯罗奔尼撒战争。

---

① 关于智者的一般论述，参见汪子嵩等：《希腊哲学史》，第 2 卷，59～292 页，北京，人民出版社，1993。

② 参见［德］策勒尔：《古希腊哲学史纲》，翁绍军译，82 页，济南，山东人民出版社，1996。

③ 参见［古希腊］希罗多德：《历史》，上册，211 页。

这场延续了27年的大战异乎寻常的残酷，引起了一系列后遗症（如雅典的瘟疫、科西拉的内战等），严重恶化了城邦之间和城邦内部不同阶层之间的关系，人性中黑暗和丑恶的一面被充分释放出来，习俗和法律越来越多地被蔑视：雅典的瘟疫，毒化了雅典人的社会道德，让奢靡放纵一度流行；科西拉内战中，斗争双方竞相招募外援，对对手采取疯狂屠杀政策；斯巴达将普拉提亚守城者全部屠杀；雅典屠杀和奴役了米洛斯的全体居民；叙拉古则将雅典俘虏投入采石矿矿坑。诸如此类侵犯希腊人一直尊崇的传统的做法，迫使思想家们更多地思考人类的自然（本性）与传统风俗之间的关系，并注意到两者之间的不和谐，开始强调自然高于风俗，进而关注自然与风俗之间的冲突。[①] 自然与风俗和法律之间的关系，从此成为西方政治思想中一个非常重要的主题。

对希腊人来说，自然（*physis*）一般是“依靠自己的力量而成长的东西”，即天生的、自然长成的，与人工创造的事物相对。礼法在希腊语中一般为 *nomos*。这个词在希腊语中含义颇多，包含“风俗习惯，传统惯例，成文法律，各种协议、条约、契约和章程。它同 *physis* 的区别是：第一，*nomos* 是人们自己约定的，不是自然本性形成的，因而它仅对协议各方有效，而不像 *physis* 那样普遍适用。第二，它是由外在的主——人指定的，不是自然本身派生的内在的规定。第三，它本身不会生长变化，需要通过人做出变更，例如修改法律、制定新法规等”[②]。这里着重强调了 *nomos* 即风俗、法律的人为性质以及它与自然之间的区别，已经包含了智者本身对 *nomos* 的改造。但在早期希腊人那里，法律被视为神灵意志和正义的体现，理当符合自然，而且因为大多数城邦并未公布成文法，根本不会留意到不同城邦之间法律的区别，更不会考虑到法律与正义、自然的对立或区别。[③] 古风时代末期，不少城邦公布了成文法，希腊人开始注意到不同城邦之间的法律实际上存在区别，周边文明如埃及和波斯等，与希腊城邦在法律和制度上的差别更加明显，并且各自都认为自己的法律最为公正合理。据此，希腊人逐渐意识到，既然不同国家、不同时代的法律颇为不同，那是否意味着，这些法律和制度可能并非天然生成，或者说并非人类本性的自然表现，而是人为制定的结果？如果它们是人为制定的结果，那它们符合

① See Ryan A. Balot, *Greek Political Thought*, Oxford: Blackwell Publishing, 2006, pp. 99 - 102.

② 汪子嵩等：《希腊哲学史》，第2卷，205页。

③ 参见汪子嵩等：《希腊哲学史》，第2卷，203页；Ryan A. Balot, *Greek Political Thought*, p. 99。

人类的天性，进而与自然符合吗？或者说，在众多不同的法律背后，“是否有什么唯一的基础或 *physis*”①？

第一个试图讨论礼法与自然关系的可能是哲学家德谟克利特（Democritus），他把国家与社会的形成描述为一个符合人类自然发展的过程。在他的笔下，人类最初野蛮而且相互不能理解。随着人类意识到相互帮助于自己有益，他们走到一起形成社会，并创造语言，给各种动植物命名。由于这类共同体是在世界不同地区兴起，因此语言、动植物的名称也有所不同。人类学会用火以后，发明了包括法律在内的其他技艺。② 所以，法律、语言等虽然不同，是人为的发明，但它们像原子构成世界万物一样，都是人类自然的表现，值得我们尊重。既然城邦和法律的产生符合人性和自然，德谟克利特于是赋予城邦以非常重要的地位，强调最为重要的事情是城邦管理良好，富人应当帮助穷人，穷人则应当服从法律和智者的统治，以保证城邦内部的和谐。他非常担心城邦内部发生冲突，因为一旦冲突，则无论胜利者还是失败者，都会受到伤害，所以，“国家的利益应该放在超乎一切之上的地位上，以使国家能治理得很好。不应该让冲突过度以致失去正义，也不应该让暴力损害公共的善。因为一个治理得好的城邦是最可靠的庇护所，其中有着一切。如果它安全，就一切都安全；而如果它被毁坏，就一切都被毁坏了”。就法律而言，“法律意在使人们生活得更好。这只有人们自己有成为幸福的人的愿望才能达到。因为人民自己希望得到好处；这表现于那些服从法律并以之作为自己特有的美德的人”。那些遵守法律的人，“不论白天黑夜都是轻松愉快、勇往直前并且无忧无虑的。但对那些蔑视正义并且不尽自己义务的人来说，当他想起某种错处来时，这一切都只会使他烦恼。他总是在忧虑，并且自己折磨自己”。德谟克利特虽然认为“根据自然，强者统治是合理的”，但他同时告诫人们，人的自然并非一成不变，会随着教育而改变，“天性和教育紧密相关，因为教育变革着人类，由于教育，他的天性被重造”③。总体上看，在德谟克利特这里，自然和法律、习俗

---

① ［英］厄奈斯特·巴克：《希腊政治理论：柏拉图及其前人》，卢华萍译，78 页，长春，吉林人民出版社，2003。

② See Michael Gagarin and Paul Woodruff, eds. and trans., *Early Greek Political Thought from Homer to the Sophists*, Cambridge: Cambridge University Press, 1995, pp. 156 - 157；［苏］涅尔谢相茨：《古希腊政治学说》，66～67 页。

③ Gagarin and Woodruff, *Early Greek Political Thought from Homer to the Sophists*, pp. 157 - 163；北京大学哲学系外国哲学史教研室编译：《古希腊罗马哲学》，107～122 页，北京，商务印书馆，1961。

之间并无根本冲突，法律和习俗是自然不同的表现形态。人的本性，则会随着教育被改造。[①]

当普罗塔戈拉用人类社会起源来证明民主政治的合理性时，他似乎也仍承认自然与礼法之间的协调。人类出自神的创造，拥有神的技艺，分享了一份神性。考虑到人类缺乏政治技艺，无法和平相处，面临彻底毁灭的危险，宙斯派遣赫尔墨斯把羞耻和正义送给人类，在人类中创造了一条团结和友谊的纽带。普罗塔戈拉的创造性在于，他借用这个神话，强调人类都分有同等的政治智慧：

> 赫尔墨斯问宙斯他应当以什么样的方式在人们中间馈赠这些礼物："我是否应该像过去分配技艺那样馈赠这些礼物，也就是说，只送给少数人，让一个人成为训练有素的医生，而让他去为许多人服务？我在分配正义和羞耻的时候也应当用这种方式，还是应当把正义和羞耻分配给所有人？"宙斯说："分给所有人。让他们每人都有一份。如果只有少数人分享它们，就像分享技艺那样，那么城邦就绝不能存在。"（《普罗塔戈拉》322c－d）

在普罗塔戈拉看来，虽然人类因为分工而各有专长，但政治智慧的分配是个例外。所有人都得到了神灵的赠礼，具备最基本的正义和道德，而政治智慧又总是遵循正义和节制的原则。接下来的推论也就非常自然：在国家事务中，应当听取所有人的意见，否则的话城邦就不能存在。在这个意义上，城邦应当实行民主政治，让所有人政治权利平等。尽管如此，人类天性中有善恶，所以需要通过教育，培养那些好的品质，以让他们成为优秀的公民。这里的天性，实际上就是 *physis*，即自然。从这一点看，普罗塔戈拉的"天性"与德谟克利特的有相似之处：它们内在于人性之中，需要通过教育加以培养。

巴罗特认为，最初强调自然与礼法对立的人物大多属于反对民主政治的寡头派。他们中的第一人就是公元前 5 世纪末通常被称为"老寡头"的《雅典政制》的作者。[②] 与伯里克利极力强调的民主政治有益于全体公民，让所有公民展示自己才能、参与国家政治的主张相反，老寡头认为，人们根据自己的社会经济和阶级属性，天然划分成不同的等级，相应具有他们各自阶级的本性（自

---

① See C. C. W. Taylor, "Democritus," in Christopher Rowe and Malcolm Schofield, eds., *The Cambridge History of Greek and Roman Political Thought*, Cambridge: Cambridge University Press, 2000, p. 127.

② See Ryan A. Balot, *Greek Political Thought*, pp. 98－100.

然），并据此制定国家政策。对他来说，“城邦本质上是一个战场”，一个不同阶级争夺对国家的控制权、进而掌握资源分配权力的场所。他同时指出，既然雅典民主政治让人们口中比较贫穷的阶级掌握了权力，执行帮助穷人打压富人的政策，倒是符合民主政治的本性：

> 我的看法是，雅典人民知道哪些公民好，哪些公民恶。可是，尽管他们了解这一点，但他们培育那些对他们自己友好和有用之人，哪怕那些人是坏蛋。他们倾向于憎恨好人，因为他们认为，好人并不天然具有美德，做对人民有益之事，而会伤害人民。另一方面，有些人天然并非民主派，只是他们事实上站在人民一边。我原谅那些支持了民主政治的人，因为人们只能谅解那些照顾他自己的利益的人。但无论何人，只要他不是民主派，可是又希望生活在一个民主而非寡头制的城邦中，那就需要准备做坏事，并且已经意识到，一个罪犯在一个民主的城邦中，较之在一个寡头制城邦中更容易逃脱。①

老寡头的意思是，城邦的性质由掌握权力的阶级决定。因为雅典的掌权者是贫穷的大众，其法律自然偏向穷人。所以，在抨击了雅典民主政治因为穷人掌权造成的一系列“问题”后，他做出了丝毫不让人意外的结论：“至于雅典人的政体，我不会赞扬它的形式。”但他随后补充的一句，无意中透露了民主政治的成功：“既然他们已经决定拥有民主，他们通过我已经表明的方式，很好地维护了它。”② 在老寡头这里，自然被区分开来，穷人的自然倾向于民主政治，富人的自然倾向于寡头政治。在德谟克利特和普罗塔戈拉那里比较统一的人性，到这里被根据阶级立场做出了截然对立的区分。

在阐述自然与礼法关系的进程中，智者安提丰（Antiphon）发挥过重要作用。现在流传下来的有关安提丰的几篇残篇，分别揭示了安提丰有关自然与礼法关系的看法的几个方面。首先，他对希腊人有关蛮族与希腊人两分的传统提出了挑战：

> ……我们了解和尊重（邻近共同体的法律），但对那些离我们遥远的共同体的法律，我们既不了解，也不尊重。因此，我们相互之间就成了蛮

---

① ［Xenophon］，*The Constitution of the Athenians*，in Xenophon，*Scripta Minora*，E. C. Machant，trans.，Cambridge：Harvard University Press，2000，pp. 496－499.

② ［Xenophon］，*The Costitution of the Athenians*，pp. 498－499. 关于雅典民主的阶级特性，参见黄洋：《“雅典革命论”与古典雅典政制的建构》，164～175 页。

> 族。根据天性，当我们出生时，在各个方面同样既可能是蛮族，也可能是希腊人。我们能够考察那些天然具有的特性，它们必然表现在所有人身上，而且所有人得到的都相等。在这些方面，我们中谁也不会被专门挑选出来作为蛮族或者希腊人，因为我们都通过我们的嘴巴和鼻孔呼吸；当我们感到快乐时，我们会笑；当我们痛苦时，我们会哭；我们靠我们的听觉接受声音；利用视线的光来观察；用双手工作；用双脚行走……①

安提丰的态度表明，到公元前5世纪，随着希腊人与不同文明的接触，他们已经意识到礼法与自然之间存在重要的区别。从法律上说，希腊人明确将人区分为希腊人与蛮族、自由人与奴隶。然而从自然规律来看，人类就是人类，存在着众多的相似性，有着同样的外貌、感情和功能。相对于法律的规定而言，自然显然处在更高一级。在有关法律的讨论中，他进一步说明法律的规定可能与自然之间存在冲突：

> 正义当然是不违背城邦所确定的法律。只有在城邦中，人们才能过着公民的生活，可以很好地支配自己，使自己的行为符合正义。倘若有证人在场就遵从法律，不然就按自然行事。因为法律条文是人为制定的，而依据自然确定的条例则是应该如此的，不是人为的。法律的条文是经过协议达成的，并不是自然而然地形成的，然而自然的律令却不是人们约定的。
>
> 无视法典的人如果逃脱了人们一致协议的律令，他也就逃脱了一场耻辱和惩罚，否则不然。但是如果一个人违抗植根于自然的律令，他不会因逃脱众人耳目而减少危害，也不会因众目睽睽而增加危害，因为他所造成的危害不是因意见而成立的，而是千真万确的。一般说来人们考虑这些事情的理由是：法律所确认的许多正义行动是违背自然的……
>
> 法律所确认的利益是自然的桎梏，自然所确定的利益却是自由的……
>
> 根据法律，只有遭受侵害因而奋起自卫，而不是首先发动攻击，才是正义的；即使父母虐待自己，自己也要好好款待父母；即使他人背弃誓言，自己也不可食言。所有这些规定，人们可以发现许多都是同自然对立的，它们可能导致如下后果：受害者比害人者遭受更多的不幸……
>
> 因此，这些事情显然不是小错，不管是对受害者还是施害者来说，都如此，因为如果这些事情是正义的，而既不伤害他人，也不伤害自己的规

① Daniel W. Graham, ed. and trans., *The Texts of Early Greek Philosophy*, vol. 2, Cambridge: Cambridge University Press, 2010, pp. 814 - 815.

> 则也是正义的，系不可能之事。相反，它们中必然只有一个正义，要不就是两个都不正义。此外，无论结果如何，司法过程、判决、仲裁程序显然都不正义，因为它帮助了某个人而伤害了其他人。在此过程中，那个得到帮助的人不曾受到伤害，而那些被伤害的人受到了损害。①

上引各段非常准确地抓住了自然与礼法之间的矛盾，解构了城邦法律的基础。希腊城邦之所以能够成为人类社会的基础，是因为它遵行正义，体现城邦正义的是法律，法律要依靠公民参与才能维系。然而根据安提丰的看法，城邦虽然是人类社会的基础，但城邦的法律却不一定正义，或者符合自然，它是人为约定的结果，因为法律的许多规定，与自然正义原则相背离。而遵守法律，也未必就能给自己带来好处，反倒可能给自己造成伤害，因为法律规定不能主动攻击别人，这就意味着只能在自己受到攻击时才能采取自卫行动，而那可能造成自己首先受到损害，结果又是与保护自己利益的原则相悖。此外，如果缺乏公民的维护，城邦的法律将无法得到执行，而执行法律需要得到证据，证据需要公民作为证人提出。可是，根据安提丰的看法，这种在梭伦那里被视为正义的行为，反而对自己有害：由于他的作证，他伤害了那个本来不曾对自己造成过直接损害的人，并且间接给自己树立了一个敌人，损害了自身的利益。正是在这个意义上，安提丰提出了他著名的结论：法律是自然的桎梏。

安提丰已经注意到，人们在公开场合和私下里对法律的态度不一致。在公开场合人们会遵守法律，但从个人本性来说，不遵守法律反而更容易让自己受益，因此人们私下里很可能不会遵守法律。这个问题在后来成为雅典三十僭主之一的克里提阿斯（Critias）那里得到强调，在可能属于他的一个残篇里，他借希腊人传说中的罪犯西西弗斯（Sisyphus）宣布：法律甚至神灵可能是为了某些人的利益而被特别发明出来的。

> 过去曾有这样一个时代，人类生活毫无秩序，他们像动物一样，受到强力的统治。对于善良，人们不给予奖赏，对于恶行，也无惩罚。我认为，然后，人类为进行惩罚颁布了法律（*nomoi*），以使正义（*dikē*）成为统治者，而傲慢（*hubris*）成为它的奴隶。无论是谁做了错事，都要受到惩罚。接着，由于法律阻止人们公开诉诸暴力，但人们仍秘密作恶，因此我认为，某个精明和睿智的人（*sophos*）为凡人发明了恐惧神

① Gagarin and Woodruff, *Early Greek Political Thought from Homer to the Sophists*, pp. 244-247；中译文部分引自汪子嵩等：《希腊哲学史》，第 2 卷，222～223 页。

> 灵的把戏。这样，即使他们的行为、言论或者思想是秘密的，他们仍有所畏惧。他就这样引入了神圣的观念，宣称有一种神灵，强大而且长生不死，它用自己的心听取、监督、思考和注意所有与它的神性有关的东西。它将听取凡人所说的一切，而且能够看到他们所做的一切。即使你悄悄地计划恶行，也逃不过神灵的注意，因为他们了解我们的思想。就是利用这些故事，他引入了最有益的教训，用虚假的叙述隐瞒了真相。他还宣称，神灵住在一个让人感到特别恐怖的地方，因为他知道，凡人正是对那些地方感到畏惧，同时也从那里为他们悲惨的生活获得收益……他就用这些恐惧把人类包围起来，以法律手段（*nomoi*）遏止了无法无天（*anomia*）……因此，我认为，有人第一个说服凡人相信，世界上有一个神的种族。①

法律是人类为了惩治罪犯颁布的，当然属于人们的约定。不过克里提阿斯发现，人类可能不过是表面上遵守，但私下里可能不会如此。于是某个聪明人为了恐吓人类，让遵守法律变成自觉行动，发明了神灵。温顿认为西西弗斯这里利用神话创造了一个道德乌托邦，希望把遵守法律变成人们的自觉行动。②但如果这篇文献真的出自克里提阿斯，则毋宁说这个残篇暴露了他对法律和宗教彻底的玩世不恭态度，借自然之手，将宗教和法律的权威彻底打倒在地。

由法律与风俗乃人为约定，系人们为自己的利益而制定这一前提进一步推论，就是法律都不过是人们根据自己利益的需要制定的规定。只是在这个问题上，有些人认为法律表达的是强者的利益，另一些人则认为，法律是弱者发明出来对付强者的工具。前者可以特拉叙马库斯（Thrasymachus）为代表，后者可以卡里克勒斯（Callicles）为代表。他们都强调礼法与自然的对立。

根据特拉叙马库斯的看法，在现实社会中，正义的人，也就是那些遵守法律、诚实行事的人，往往让自己的利益受损，而那些不择手段、不守法度的人，不仅在日常生活中获得更多的好处，有些人还成为窃国大盗，掌握权力，制定对自己有利的法律，为自己谋取最大的利益。以此类推，则所有的法律和政府，都只是为了统治者的利益，即所谓强者的利益：

> 难道不是谁强谁统治吗？每一种统治者都制定对自己有利的法律，平

① Gagarin and Woodruff, *Early Greek Political Thought from Homer to the Sophists*, pp. 260 – 262.

② See Richard Winton, "Herodotus, Thucydides and the Sophists," in Rowe and Schofield, *The Cambridge History of Greek and Roman Political Thought*, p. 90.

> 民政府制定民主法律，独裁政府制定独裁法律，依此类推。他们制定了法律明告大家：凡是对政府有利的对百姓就是正义的；谁不遵守，他就有违法之罪，又有不正义之名。因此，我的意思是，在任何国家里，所谓正义就是当时政府的利益。政府当然有权，所以唯一合理的结论应该说：不管在什么地方，正义就是强者的利益。（《理想国》338e－339a）

这番话是否真的出自特拉叙马库斯之口，我们不得而知。结合修昔底德记载的有关雅典帝国的辩论，当时也许存在这种强权即公理的言论。如果我们寻根究底，就会发现这种观点并不新鲜。老寡头已经指出，雅典的民主政体依靠穷人，所制定的政策以穷人的利益为依归。特拉叙马库斯则从人性为自己谋取利益出发，把这种主张进一步推广，认为所有政府都如此。在这种情况下，那些遵守法律、按照政府的正义标准行事的人，自然就是愚蠢而且懦弱的。要维护自己的利益，则只有挑战法律，或者尽可能地逃避法律。应当说，这种看法敏锐地发现了政府本身的阶级性质及其政策的出发点，突出了政府作为阶级利益分配者的“偏颇”角色，但它完全忽视了希腊城邦作为公民团体的性质，将城邦内部的利益冲突无限放大，与民主政治的和谐理想相去甚远。对此苏格拉底稍做分析，指出政府也可能制定错误的法律，从而损害政府自身即所谓强者的利益，点明政府进行正义统治反而于自己更有利，这就迫使特拉叙马库斯自认失败（《理想国》352b－d）。

卡里克勒斯的看法表面上看与特拉叙马库斯相反，而与《理想国》中的格劳孔（Glaucon）更为接近。格劳孔认为，人性本质上是人不为己天诛地灭，所以，任何人只要有可能，都不可能实行正义，而会尽量利用自己的权力做不正义之事。他借用吕底亚牧人巨吉斯（Gyges）的故事宣称，所谓的正义，不过是“既不要得不正义之惠，也不要吃不正义之亏”，考虑到无法无天带来的恶果，人们“中间才开始订法律契约。他们把守法践约叫合法的、正义的”。所以，“正义的本质就是最好与最坏的折中——所谓最好，就是干了坏事而不受罚，所谓最坏，就是受了罪而没法报复。人们说，既然正义是两者之折中，它之为大家所接受和赞成，就不是因为它本身真正善，而是因为这些人没有力量去干不正义，任何一个真正有力量作恶的人绝不会愿意和别人订什么契约，答应既不害人也不受害——除非他疯了”（《理想国》358e－361d）。所以，所谓法律、正义等，既不是神的规定，也与人天然自私、希望为所欲为的本性不合。在这种情况下，弱者为了保护自己的利益，要求大家订立契约。

像安提丰一样，卡里克勒斯把自然与礼法（本性与习俗）完全对立起来，批评苏格拉底在讨论正义时偷换概念："如果某人的讲话以习俗为基础，你就狡猾地依据本性向他提问；如果他追随本性，你就追随习俗。"他认为人性本愿意为恶，尤其是那些强者。因此——

> 我猜想法律的制定者是弱者一类的人，而且是数量更多的人，因此，制定法律、分配荣誉与耻辱之时，法律的意图都是为了他们自己和他们自身的利益，以恐吓那些能够获得优势的强者，阻止他们获得对自己的优势，于是他们告诉强者，这类扩张是恶劣而且不正义的，做坏事恰恰就是侵犯自己邻人的行为。因此，我以为他们全部满足于自己与他人平等，是因为他们自己如此卑下。这就是为什么根据习俗，获得对多数人的优势被称为不正义，而且他们将其称为恶的原因。但在我看来，根据本性，它已经宣布了这样一个事实：强者应当对弱者处于优势，而比较能干的人，应当优于那些较差的人。在很多情况下，事实显然就是这样，不仅在动物界如此，整体上看，在人类的国家和种族中，也是如此：权利已经规定，强者应当统治弱者。(《高尔吉亚》483b－d)①

为了证明自己的看法，卡里克勒斯在提出这段结论之前，举奴隶遭受虐待为例，指出作为一个人，根本不愿遭受虐待，以证明法律是弱者为保护自己的利益，逼迫强者承认自己与弱者平等。在提出这个结论后，他又以薛西斯入侵希腊和西徐亚人为例，证明强者的作为不关乎正义，本性上希望为所欲为。卡里克勒斯从他所谓的强者理当统治弱者出发，不仅宣布了民主政治下平等原则的无效，而且国家和法律的权威，也因为与自然原则违背，对强者不义，失去了存在的前提。据此推论，强者将永远成为统治者，而弱者毫无权利，只能接受统治和被虐待，人间的法律，因为对强者不义，理当被推翻。所以，虽然他的理论看似与法律乃强者利益相反，实则出发点完全相同：法律和习俗与人性相违背，不遵守法律，是符合人类本性的天然行为。然而，他随后描绘的自然正义取得胜利的情景，似乎是完全反社会的。按照他的原则，城邦和人类社会都会被消灭：

> 我们塑造我们中的最优秀者和最强者，犹如对待小狮子那样，从他们孩提时起就夺走他们，并且用咒语和巫术彻底迷惑他们，告诉他们，他们只能得到平等的一份，而且那就是正义。但我想，当某个人具有足够天然

---

① Plato, *Lysis*, *Symposium*, *Gorgias*, W. R. M. Lamb, trans., Cambridge: Harvard University Press, 2001, pp. 384－385.

的力量时，他就会摆脱我们教给他的一切，冲破束缚和锁链。他会把我们的法典和锁链、我们的咒语和“法律”全都踩在脚下，因为它们全部是违反自然的。我们的奴隶会暴动，证明他们自己是主人，那时自然正义的曙光就来临了。（《高尔吉亚》483e－484a）

如此的自然正义，更像伯罗奔尼撒战争开始后希腊城邦内战恶性爆发时的情景①，与希腊城邦真正的历史相去甚远。尽管如此，公元前5世纪后期智者有关自然与礼法关系的探讨，在政治思想史上仍具有重要地位。当时雅典思想的诸多领域，诸如历史、文学、哲学等，都受到了这场争论的影响。它还让人们注意到成文法与不成文法、法律与统治阶级意志、法律与道德、法律与自然规律以及人类本性之间的关系等众多的方面，促使希腊人更多地思考法律与正义、城邦统治之间的关系。柏拉图、亚里士多德等人在阐述他们关于城邦政治的理论时，或多或少地吸收了智者的看法。自然法、人定法的区分在后世继续发展，成为左右西方政治思想发展的一个重要因素。②

三、民主政治的优劣

公元前5世纪雅典民主政治的发展及其崛起为希腊世界强国，不能不引起思想界的注意和辩论。对主要出自有产阶级的思想家而言，寡头政治或者精英阶层掌权的政体具有不言自明的合理性，但雅典那样一个国家居然让大批最为贫穷的公民享有了政治权利，对主要由精英阶层出身的领袖们通过陶片放逐法和公民信任投票加以严厉限制，对他们在任职期间的行为加以严密监督，而且在近一个世纪的时间里取得了巨大成功，就不能不引起思想家们的争论。虽然希腊的史学家和政治家一般不被归为智者，但他们中的不少人，尤其是修昔底德，显然受到了智者的启发和影响，因此放在这里一并讨论。对此首先发言的是历史学家希罗多德。虽然他并不是一个深刻的思想家，但他有关雅典历史的记载，仍然让他毫不犹豫地宣布，自由和平等是雅典国家走向强大的基本原因。他借波斯贵族之口，表达了当时雅典人有关政治的思考。

波斯贵族之间有关政治制度辩论的背景，是波斯在经历了冈比西斯（Cambyses）的暴政和篡位的玛哥斯的统治之后，大流士（Darius）等人成功夺回了统治权。为了确定最高权力的归属，大流士等七人就波斯应当采用的政治体制进行了

① 参见［古希腊］修昔底德：《伯罗奔尼撒战争史》，上册，267～270页。

② 参见汪子嵩等：《希腊哲学史》，第2卷，232～245页。

讨论。欧塔涅斯（Otanes）率先发言，批评了君主政治的弊端，同时谈到了民主政治的优点。他认为，君主无限制的权力会败坏一个好人的品质，无限制的权力又会让君主为所欲为，任意改变法律，对人民不加审判肆意屠杀。需要注意的是，欧塔涅斯在抨击君主制度的不义时，注意到了制度设计的作用，认为正是君主大权在握的制度，让他时刻担心自己的权力被劫夺，产生嫉妒心理并信任那些奸佞之臣，从而对臣下和民众痛下杀手。而在民主制度下，“人民统治的优点首先在于它的最美好的声名，那就是，在法律面前人人平等。其次，那样也便不会产生一个国王所易犯的任何错误。一切职位都由抽签决定，任职的人对他们任上所做的一切负责，而一切意见均交公民大会裁决”。值得我们注意的是，欧塔涅斯在论证民主政治的优点时，同样是从制度设计入手，即法律面前人人平等、公民大会握有最高权力、抽签担任官职和任期责任制，都确保民众的自由和避免暴政，由此使国家强大。在他之后发言的是美加比佐斯（Megabyzus），他首先批评了民主政治，指责在民主政治下，“没有比不好对付的群众更愚蠢和横暴无礼的了……不管暴君做什么事情，他还是明明知道这件事才做的，但是人民大众连这一点都做不到，完全是盲目的。你想民众既然不知道、他们自己也不能看到什么是最好的和最妥当的，而是直向前冲，像一条泛滥的河流那样盲目奔流，那他们怎能懂得他们所做的是什么呢?”[①] 美加比佐斯批评民主政治的地方，是人民根本没有资格统治，他们不知道什么是自己的利益。这些人除了把国家的事情弄得一团糟之外，不可能做出任何有价值的事情。不过论辩者似乎说不出贵族政治的具体优点，只好宣布参与辩论的几个人都是最为优秀的人物，可以做出最为高明的决定。到大流士发言时，他首先批评民主政治和寡头政治，重点强调心理方面的因素，但也考虑到制度的影响：在民主政治下容易产生恶意，恶意导致坏人结盟，致使人民利益受损，直到有一个人起来制服这些坏人。这个人受到人民的崇拜，成为独裁的君主。至于贵族政治，他批评的则是贵族间的相互竞争导致分裂，分裂产生派系，派系产生流血，流血的结果是独裁。大流士也是从制度设计入手，强调两者都产生派系，派系导致人民的利益受损。既然两种制度最后的结局都是走向君主制，那不如从一开始就采用效率相对较高的君主政体。[②]

希罗多德的记载表明，当时的雅典人已经认识到制度设计本身的重要性，

---

① ［古希腊］希罗多德：《历史》，上册，231～233页。希罗多德在这里虽然没有明确使用“贵族政治”一词，但从美加比佐斯的言论看，他支持的并不是少数富人执政、只关心自己利益的寡头政治，而是贵族政治。

② 参见［古希腊］希罗多德：《历史》，上册，233～234页。

而不再重点关注统治者个人的道德与素质，体现了政治思想的重大进步。

对民主政治的特征阐述最为充分的，是伯里克利在雅典阵亡将士葬礼上的演说。虽然修昔底德记载的演说内容作为史料未必可靠，但考虑到伯里克利演说之时，修昔底德本人应当在场，而且不少雅典人亲自听到过这篇演说，因此就其主旨来说，应当与当时的历史相去不远。作为当时雅典最有影响的政治家，伯里克利从雅典与斯巴达冲突的角度，全面肯定了民主政治。

首先，“我们的制度之所以被称为民主政治，是因为政权是在多数公民手中，而不是在少数人手中”。虽然在解决私人纠纷时，我们承认人有贫富、地位有高低，但所有人在法律面前都是平等的。因此，“让一个人优先于他人担任公职时，所考虑的不是某一个特殊阶级的成员，而是他们的真正才能。任何人，只要他能够对国家有所贡献，就绝对不会因为贫穷而在政治上默默无闻”。在伯里克利看来，民主政治最突出的特征，显然是多数人执政和平等原则。可是，平等并不是无政府状态，更不是多数人的暴政。恰恰相反，民主政治最为宽容和尊重法律。“当我们的邻人为所欲为时，我们不致因此而生气……在我们的私人生活中，我们是自由和宽恕的；但是在公家的事务中，我们遵守法律……”①

其次，民主政治下的公民乐于而且善于享受生活。“我们提供了劳作之外的许多娱乐活动，一年四季，我们举办各种赛会，定期奉献牺牲；我们家庭的装饰品位高雅；我们在这些东西上每天所得到的乐趣，赶走了哀伤；我们的城邦这样伟大，它把全世界各地一切好的东西都充分地带给我们，使我们享受外国的东西，正好像是我们本地的出产品一样。”“但这并不意味着我们因为自由和富裕的生活而变得软弱。”“我们是美的热爱者，但不会陷入奢侈，是智慧的热爱者，但不会软弱。我们运用财富时，是把它作为行动的机会，而不是吹嘘的资本；在我们这里，承认贫穷并不是丑事，但不尽自己最大的努力去避免它，才是耻辱。”“我们虽然不像斯巴达人那样从小就培养勇敢和进行艰苦训练，但无论是在国内还是国外的战场上，无论面对敌人的全军还是分遣队，我们都依靠自己的勇敢和忠诚打败了他们。”② 斯巴达人勇敢是因为他们无知，雅典人的勇敢则建立在深思熟虑的基础上，是高层次的勇敢。

再次，民主政治下的公民具有强烈的爱国热情。每个人在忙于自己的事务的同时，也关心公共事务。“一个不关心政治的人，我们不说他是一个注意自己事务的人，而认为他一无所是。”公民为城邦慷慨赴战，他们“只要想到丧

① ［古希腊］修昔底德：《伯罗奔尼撒战争史》，上册，147～148页。

② ［古希腊］修昔底德：《伯罗奔尼撒战争史》，上册，148～149页。

失了这个城邦，就不寒而栗”①。所以，每个公民都会忍受一切痛苦为它服务。

最后，正因为民主政治具有上述优点，公民们温文尔雅和多才多艺，具有非凡的创造力，国家才变得格外强大。“我们的城市是希腊人的学校。”“在我们所知道的国家中，只有雅典在遇到考验的时候，被证明比一般人所想象的更为伟大。在雅典的情况下，也只有在雅典的情况下，入侵的敌人不以战败为耻辱，受它统治的属民不因统治者不够格而抱怨。”“我们将成为今天和后世的奇迹，我们不需要荷马或任何其他诗人吟唱赞歌，因为他们的诗句可能娱人耳目于一时，却无法充分展示事实的真相。”②

伯里克利的上述演讲阐述了民主政治的基本原则：民主政治是多数人执政，但会给全体公民提供平等的机会；民主政治服从领袖，尊崇法律，并不是不守法制的群众暴政；民主政治创造了公民的爱国热情，造成了国家的强大。但强大的民主国家总是对自己的朋友仁慈，给敌人制造痛苦。如部分学者意识到的，伯里克利论及民主政治时，尤其注意民主政治对雅典公民性格的塑造，并且处处与斯巴达人做对比，在比较中彰显民主政治的优势，因此不免带有辩护的味道。③ 他针对的，也许正是当时批评雅典的那些寡头或者贵族，因为他们总是认为，对贫富一视同仁本身就不公平，真正的平等应当是比例平等。④他们还强调，自由就是无政府状态；用大量的时间去辩论是浪费时间，影响效率；对艺术的热爱，则会导致男人的女性化。

伯里克利的演说已经让我们接触到修昔底德。但就对民主政治的态度来说，修昔底德与他膜拜的政治家之间差别甚巨。他曾经出任雅典将军，因失去安菲波利斯而被流放，但一直关注着战争的进程。他是一个坚定的爱国主义者。雅典的失败，对他的历史写作产生了相当大的影响。其中的某些内容，特别是对雅典在战争中失败原因的分析，对一些重大事件、重要人物的判断和评价，可能也随着战争形势的变化有所修正。就历史写作来说，这些都是正常的。但作为雅典人的修昔底德，由于看到了战争的最终结果，对民主政治丧失了信心。也许在修昔底德看来，雅典毕竟在战争中犯了大量严重错误，终于惨遭败北，失去了舰队、帝国和长城，被迫加入了伯罗奔尼撒同盟。而所有这一

---

① ［古希腊］修昔底德：《伯罗奔尼撒战争史》，上册，149～150 页。

② ［古希腊］修昔底德：《伯罗奔尼撒战争史》，上册，150～151 页。

③ 参见［美］罗伯兹：《审判雅典：西方思想中的反民主传统》，57 页；A. B. Bosworth, “The Historical Context of Thucydides' Funeral Oration,” *Journal of Hellenic Studies*, 120, 2000, pp. 1 - 16。

④ 参见［古希腊］亚里士多德：《政治学》，136～137 页。

切，修昔底德都归咎于民主政治的错误。

修昔底德无疑深受雅典当时启蒙思潮的影响，对当时自然与礼法关系的讨论，显然也相当熟悉。对于雅典那种追求平等的民主政治，他也许并不喜欢。他尤其看不起普通人，抱怨说“普通人常常容易不用批判的方式去接受所有古代的故事——就是对于那些和他们本国有关的故事，他们也是如此”。“其他希腊人也同样地不但对于记忆模糊的过去，而且对于当代的历史，也有许多不正确的猜想。”“事实上，大多数人不愿意找麻烦去寻求真理，而很容易听到一个故事就相信它了。”[①] 他由此更进一步，认为普通民众缺少政治智慧和判断力，只能接受拥有智慧的精英人物的领导。雅典之所以失败，就是因为伯里克利死后，后继的政治家们只知道讨好民众，使民众越来越粗鲁、放肆和无法无天，导致了战争的失败。[②]

由于对普通人民管理国家的能力持批判态度，修昔底德对指导战争的雅典人民和公民大会颇有微词。在修昔底德笔下，他们容易受人蛊惑、煽动，性情多变，政策缺乏连续性。对米提列奈的处置是最显著的例子。[③] 修昔底德对伯里克利最后一年命运的描绘，也体现了雅典人民政策多变、公私不分的特征：

> 关于国家的政策，他们（雅典人民）接受了他（伯里克利）的论点，没有再派使团到斯巴达去了，同时表现对战争的进行增加了力量。但是在私人事务上，他们还是感受到深重的灾难……事实上，对伯里克利的恶感还是普遍存在，直到他们判处伯里克利一笔罚款，才心满意足。但是不久之后，如大众总是做的那样，他们又选举他为将军，把他们的一切事务都交给他处理……以国家的公共需要而论，他们认为伯里克利是他们所有人中间最有才能的人。[④]

有关派罗斯战役和西西里远征的争议同样表现出了公民大会容易受愚弄的一面。派罗斯战役久拖不决，克里昂对指挥战争的尼西阿斯大加挞伐，声称如果自己指挥，可以很快结束战斗。尼西阿斯将计就计，同意将指挥权转交给克里昂。克里昂本来只是说说大话，无亲自指挥战斗的打算，极力推辞。“雅典人的态度是群众经常的态度。克里昂越推让躬赴派罗斯的任务，越想收回他自

---

① ［古希腊］修昔底德：《伯罗奔尼撒战争史》，上册，18页。

② 参见［古希腊］修昔底德：《伯罗奔尼撒战争史》，上册，169～170页。

③ 参见［古希腊］修昔底德：《伯罗奔尼撒战争史》，上册，230～243页。

④ ［古希腊］修昔底德：《伯罗奔尼撒战争史》，上册，169页。

己所说的话，群众就越鼓励尼西阿斯移交军权。他们都大声叫唤，要克里昂出发。”① 克里昂作茧自缚，被迫率军到了派罗斯。在修昔底德看来，纯粹因为运气，雅典人取得了胜利。西西里远征则完全是另外一种情景。修昔底德声称，雅典人之所以发动远征，一是因为无知，受了埃格斯塔人的糊弄，二是受了阿尔喀比亚德（Alcibiades）的煽动。结果又因为雅典人制度上的问题（对将军们过于苛刻和严厉），使尼西阿斯贻误了撤退时机，导致全军覆没。

对于雅典人的性格，修昔底德是不喜欢的。他借科林斯人之口评论道：

> 一个雅典人总是一个革新者，他敏于下定决心，也敏于把这个决心实现……其次，雅典人的勇敢常常超出他们人力和物力的范围，他们常常违反他们的良好判断而去冒险；在危难之中，他们还能坚持自己的信念……如果他们胜利的话，他们马上穷追到底；如果他们战败的话，他们绝不退缩。至于他们的身体，他们认为是给他们的城邦使用的，好像不是他们自己的一样，但是每个人培养他自己的智慧，其目的也是为着要给他的城邦做一点显著的事业。如果他们做一点什么事情而没有成功的话，就会认为他们所有的一切都完全被剥夺了；但是如果他们的事业成功了的话，他们就认为这种成功和他们所将要再做的事业比较起来，也算不得什么。他们马上把希望放在另一个方面，以弥补这个损失。只有对于他们，我们可以说，如果他们开始想要一件东西，他们就马上取得了那件东西，他们的行动是这样迅速地和他们的决心相伴随。所以他们一生的时间都是继续不断地在艰苦危险的工作中度过的，很少享受他们的财产。他们把度过假期只看作是履行一种义务而已；他们宁愿艰苦而活动，不愿和平而安宁。一言以蔽之，他们是天生不能自己享受安宁的生活，也不让别人享受安宁的生活的。②

乍一看，科林斯人对雅典人颇为推崇。雅典人勇于创新、实践和行动，因此能够创建伟大的帝国，可是，我们不要忘记，这是科林斯人在促使斯巴达人向雅典宣战的大会上的发言，其最后一句话道破了他们发言的动机：雅典人是天生的扩张主义者，只有立刻向他们发动战争，彻底打败他们，才能制止他们的扩张，否则整个希腊世界将永无宁日。

对于在民主政治下依靠演说来议决政治事务的做法，修昔底德的批判更加

① ［古希腊］修昔底德：《伯罗奔尼撒战争史》，上册，320 页。

② ［古希腊］修昔底德：《伯罗奔尼撒战争史》，上册，56～57 页。

严厉，他借克里昂之口抨击道：

> 很明显地，说这种话的人……一定是受了贿赂，把一些煞费苦心地想出来的言辞凑合起来，想利用这种言辞来引诱你们走到错误的道路上去。但是在这种竞赛中，国家把报酬给别人，而它本身负担一切危险。这是你们的过失，因为你们愚笨地规定这种竞赛的表演。你们经常是言辞的欣赏者；至于行动，你们只是从人家的叙述中听来的；如果将来需要做什么事情的话，你们就只根据听到关于这个问题的一篇好的演说词来估计可能性；至于过去的事情，你们不根据你们亲眼看到的事实，而根据你们所听到的关于这些事实的言辞巧妙的评论，一个新奇的建议马上就能骗得你们的信任；但是被证实了的意见，你们反而不愿意采纳；凡是平常的东西，你们都带着怀疑的态度来看待；遇到似是而非的理论，你们就变为俘虏……你们总是时时刻刻在寻找普通经验范围以外的东西，但是即使是你们眼前的生活事实，你们也不能直接地考虑。你们是悦耳言辞的俘虏；你们像是坐在职业演说家脚下的听众，而不像是一个讨论国家事务的集体。①

在这样一种以欣赏言辞为准绳、不顾事实真相的公民大会上，战争政策不断出现错误也就不奇怪了。在修昔底德的著作中，我们不断看到雅典政策上的错误，发动西西里远征，不过是其中最明显的例证而已。所以，他十分推崇伯里克利的领导才能和战略战术以及施政风格："他的贤明和他有名的廉洁，能够尊重人民的自由，同时又能够控制他们。是他领导他们，而不是他们领导他……所以虽然雅典在名义上是民主政治，但实际上权力正逐渐落入第一公民手中。"也就是说，雅典之所以在伯里克利时期进入全盛时代，恰恰是因为政治还不是充分的民主，是因为伯里克利这个大人物的指导。伯里克利死后，雅典政治迅速败坏，"他的继承人，彼此都是平等的，而每个人都想要居于首要的地位，所以他们采取笼络群众的手段，结果他们丧失了对公众事务的领导权"②。因此，对修昔底德来说，雅典在伯罗奔尼撒战争中的失败，主要源自他们制度上的弊病。"他对善变的雅典人民的不断控诉，在塑造后世思想家们的意见中将发挥重大作用，而修昔底德也是下述观念的第一资料来源：伯里克利死后，雅典一直在衰落；后伯里克利时代的领袖都不是好东西；随着战争压力

---

① ［古希腊］修昔底德：《伯罗奔尼撒战争史》，上册，232～233页。

② ［古希腊］修昔底德：《伯罗奔尼撒战争史》，上册，169～170页。

的增加，人民本身也越来越粗鲁和无情。”① 修昔底德有关雅典民主的评论，给后人提供了大量史实方面的炮弹。

结 语

自荷马时代城邦萌芽以来，希腊人就不断围绕着城邦的治理进行着思考。荷马热衷于等级化的正义，强调领袖们的权威与能力，以及领袖与大众的关系。赫西俄德转换了角度，更加重视普通人的感受、统治者的正义及其与城邦维持和谐、繁荣之间的关系。及至古风时代，立法、改革和僭主政治的发生，让缺少内部强制力量的希腊城邦更重视不同等级的和谐在城邦中的重要地位。斯巴达和雅典等城邦的改革，首先产生了表达城邦稳定的优良秩序理念，随后出现了更能表达民众理念的平等主张。进入古典时代以后，民主政治在雅典的繁荣，让礼法与自然的关系、民众的统治与正义的理念，占据了希腊人思考的中心。但无论希腊人如何转换他们看待问题的角度，基本的主题似乎只有一个：如何保证公民的利益以及城邦内部的和谐与稳定。因为公民的幸福、国家的强大，都有赖于城邦自身的和平。城邦的存续，始终是希腊人最为关心的核心问题。当修昔底德认为伯罗奔尼撒战争是希腊历史上最大的一场骚动，特别值得记录时，他心目中希望提供的，至少包含如何维护城邦内部和谐的因子在内。此后的苏格拉底、柏拉图和亚里士多德等人，也仍然在这个问题上转圈子。所不同者，他们的理论更加系统，也更具哲学意味。

然而，对希腊和西方政治思想发展来说，早期希腊的政治家、思想家和诗人、剧作家们，已经不同程度地提出了后世希腊政治思想中几乎所有重要的问题。城邦内部统治者与被统治者的关系，自荷马时代以来一直是所有政治思考的中心问题。如何维护城邦的稳定，让城邦免于内部冲突，也是从荷马到智者一直关注的议题，他们为此提出了诸多不同设想。国家与阶级的关系、不同阶层的地位与政治制度的关系、自然与人性及其与人类法律的一致和冲突，至少在公元前 5 世纪有关民主政治和自然与礼法的关系的讨论中，都有所阐述。人类文明的起源，不同政治制度的特征、性质与分类依据，在智者和历史学家

① ［美］罗伯兹：《审判雅典：西方思想中的反民主传统》，78 页。

中，都有所论述。战争与政治制度之间的关系和对人性的影响，成为修昔底德关注的中心问题。在某种程度上我们可以说，尽管早期希腊政治思想不免天真而朴素，但城邦制度的基本背景，使他们提出了柏拉图和亚里士多德等政治思想大师们思考的基本问题，奠定了古典时代系统化的政治哲学的理论基础，并为后来的大师们更深入的讨论提供了必要的资源和前提。

晏绍祥

参考文献

原典：

古希腊悲剧喜剧全集：第1～7卷．张竹明，王焕生，等，译．南京：译林出版社，2007.

柏拉图．柏拉图全集．王晓朝，译．北京：人民出版社，2002.

柏拉图．理想国．郭斌和，张竹明，译．北京：商务印书馆，1986.

北京大学哲学系外国哲学史教研室，编译．古希腊罗马哲学．北京：商务印书馆，1961.

荷马．伊利亚特．罗念生，王焕生，译．北京：人民文学出版社，1995.

荷马．奥德赛．王焕生，译．北京：人民文学出版社，1997.

普鲁塔克．希腊罗马名人传：上册．黄宏煦，等，译．北京：商务印书馆，1999.

色诺芬．回忆苏格拉底．吴永泉，译．北京：商务印书馆，1984.

水建馥，编译．古希腊抒情诗选．北京：人民文学出版社，1988.

希罗多德．历史．王以铸，译．北京：商务印书馆，2005.

修昔底德．伯罗奔尼撒战争史．谢德风，译．北京：商务印书馆，2004.

亚里士多德．雅典政制．日知，力野，译．北京：商务印书馆，1999.

亚里士多德．政治学．吴寿彭，译．北京：商务印书馆，1983.

Aeschylus：3 vols. A. H. Sommerstein，ed. and trans. Cambridge：Harvard University Press，2008.

Aristophanes：5 vols. J. Henderson，ed. and trans. Cambridge：Harvard University Press，1998－2008.

Aristotle. Athenian Constitution，Eudemian Ethics，Virtues and Vices. H. Rackham，trans. Cambridge：Harvard University Press，1996.

Campbell，D. A.，ed. and trans. Greek Lyric：vol. II. Cambridge：Harvard University Press，1988.

Graham，D. W.，ed. and trans. The Texts of Early Greek Philosophy：vol. 2. Cambridge：Cambridge University Press，2010.

Herodotus. The Persian Wars. A. D. Godley, trans. Cambridge: Harvard University Press, 1920－1925.

Hesiod. Theogony, Works and Days, Testimonia. Glenn W. Most, ed. and trans. Cambridge: Harvard University Press, 2006.

Homer. Iliad. A. T. Murray, trans. W. F. Wyatt, rev. Cambridge: Harvard University Press, 2003.

Homer. Odyssey. A. T. Murray, trans. George Dimock, rev. Cambridge: Harvard University Press, 1998.

Plato. Lysis, Symposium, Gorgias. W. R. M. Lamb, trans. Cambridge: Harvard University Press, 2001.

Plato. Laches, Protagoras, Meno, Euthydemus. W. R. M. Lamb, trans. Cambridge: Harvard University Press, 2006.

Sophocles: 3 vols. Hugh Lloyd－Jones, trans. Cambridge: Harvard University Press, 1997－1998.

Thucydides. History of the Peloponnesian War. C. F. Smith, trans. Cambridge: Harvard University Press, 1928.

[Xenophon]. The Constitution of the Athenians//Xenophon. Scripta Minora. E. C. Machant, trans. Cambridge: Harvard University Press, 2000.

重要研究文献：

巴克. 希腊政治理论：柏拉图及其前人. 卢华萍，译，长春：吉林人民出版社，2003.

策勒尔. 古希腊哲学史纲. 翁绍军，译. 济南：山东人民出版社，1996.

芬利. 古代世界的政治. 晏绍祥，黄洋，译. 北京：商务印书馆，2013.

弗格森. 希腊帝国主义. 晏绍祥，译. 上海：上海三联书店，2005.

罗伯兹. 审判雅典：西方思想中的反民主传统. 晏绍祥，等，译. 长春：吉林人民出版社，2009.

梅耶. 古希腊政治的起源. 王师，译. 上海：华东师范大学出版社，2013.

默里. 早期希腊. 晏绍祥，译. 上海：上海人民出版社，2008.

赫西俄德. 工作与时日　神谱. 张竹明，蒋平，译. 北京：商务印书馆，1991.

涅尔谢相茨. 古希腊政治学说. 蔡拓，译. 董果良，赵振福，校. 北京：商务印书馆，1991.

汪子嵩，等. 希腊哲学史：第 2 卷. 北京：人民出版社，1993.

Asheri, D. A. Commentary on Herodotus: I－IV. Oxford: Oxford University Press, 2007.

Balot, R. K. Greek Political Thought. Oxford: Blackwell, 2006.

Balot, R. K., ed. A Companion to Greek and Roman Political Thought. Oxford: Blackwell Publishing Ltd.，2009.

Carter，D. M. The Politics of Greek Tragedy. Bristol：Bristol Phoenix Press，2007.

Cartledge，P. Sparta and Lakonia：A Regional History. 2nd ed. London：Routledge，2002.

Gregory，J.，ed. A Companion to Greek Tragedy. Oxford：Blackwell，2005.

Ehrenberg，V. Aspects of the Ancient World：Essays and Reviews. Oxford：Basil Blackwell，1946.

Ehrenberg，V. Polis und Imperium. Zurich：Artemis Verlage，1965.

Ehrenberg，V. The Greek State. New York：W. W. Norton，1964.

Ehrenberg，V. The People of Aristophanes. 2nd ed. Oxford：Basil Blackwell，1951.

Finley，M. I. Studies in Ancient Society. London：Routledge，1974.

Finley，M. I. Democracy Ancient and Modern. London：Chatto and Windus，1973.

Finley，M. I. Economy and Society in Ancient Greece. London：Chatto and Windus，1981.

Forrest，W. G. A History of Sparta 950 – 192 B. C. London：Hutchinson University Press，1968.

Goldhill，S. and R. Osborne，eds. Rethinking Revolutions through Ancient Greece. Cambridge：Cambridge University Press，2010.

Harris，E. M. Democracy and the Rule of Law in Classical Athens. Cambridge：Cambridge University Press，2006.

Jaeger，W. Paideia：The Ideal of Greek Culture：vol. 1. Gilbert Highet，trans. Oxford：Basil Blackwell，1965.

Lewis，D. M. Sparta and Persia. Leiden：Brill，1977.

Ostwald，M. Nomos and the Beginning of Athenian Democracy. Oxford：Clarendon Press，1969.

Raaflaub，K. A.，J. Ober，and R. W. Wallace. Origins of Democracy in Ancient Greece. Berkeley：University of California Press，2007.

Ste. Croix，G. E. M de. The Class Struggle in the Ancient Greek World. London：Duckworth，1983.

Rowe，C. and M. Schofield，eds. The Cambridge History of Greek and Roman Political Thought. Cambridge：Cambridge University Press，2000.

第二章
柏拉图论统一城邦

我们能够在今天讨论政治应该首先归功于古希腊人，正是他们通过城邦共同生活的安排为人类贡献了“政治性”的组织和生活方式；而我们能够在《政治哲学史》这样的书中探讨政治理论则在很大程度上要归功于柏拉图，在苏格拉底将哲学拉回到人间之后，柏拉图（Plato）为西方文明传统树立了政治思考的典范。

面对柏拉图的文本和政治思想，我们首先要回答的第一个问题便是：柏拉图所要解决的政治难题是什么？如果仔细分析柏拉图写作的历史与理论语境，以及他最重要的政治哲学著作，就会发现他所要解决的首要政治问题是城邦内乱（*stasis*）。将内乱作为柏拉图政治思考的起点是基于历史与理论的双重原因。在历史方面，柏拉图在青年时期亲身经历了雅典城邦非常残暴的一次内乱，即雅典战败于斯巴达后在城邦内部形成的三十僭主与民主派的战争。在柏拉图的文本中，他将内乱视为城邦最大的疾患所在，是城邦最大的恶。在理论方面，柏拉图最大的敌人是内乱背后的理论基础，即自然（*physis*）与礼法（*nomos*）分离所导致的强力正义理论。

内乱意味着城邦的分裂和永无休止的权力斗争，所以在严格的意义上，这样的城邦很难称为“一个城邦”，因为它总是陷入派系斗争，永远是多个城邦。为了克服内乱以及支撑内乱的强力理论，柏拉图政治哲学的建构围绕着统一共同体展开。统一共同体不仅仅是与内乱相对的政治概念，其内涵远远超出了字面意义。统一共同体的达成需要正义和友爱的安排，后者则是古希腊政治哲学的核心思考所在，即政体（*politeia*）与礼法的设置，而统一共同体最终是要看顾好人的灵魂，使城邦公民能够过上美好的生活。正是通过内乱—统一共同体这一线索，我们能够将柏拉图总体的政治思考与核心的政治概念串联起来，并对其政治思考的内在逻辑和形态有相对明晰的把握。

第一节　苏格拉底与城邦

在进入柏拉图的政治思想之前，我们首先必须面对另一位哲学家，这就是对柏拉图的一生产生关键影响的苏格拉底。众所周知，苏格拉底从未留下任何成文的东西让后人来学习和研究，我们只能通过柏拉图、色诺芬、阿里斯托芬、第欧根尼·拉尔修（Diogenes Laertius）等古代作家的文字来接近他，这一事实也决定了我们无法复原本真的苏格拉底。尽管如此，在现代的读者眼中，苏格拉底的形象又是非常确定的：他是一个令人敬佩的哲学家和公民，以自己的生活和生命践行哲学，并且不惧强权，捍卫正义，宁愿牺牲生命也要遵守城邦法律，孜孜不倦地如牛虻般提醒雅典公民“未经省察的生活是不值得过的”。在以上对苏格拉底的诸多描述中，苏格拉底与城邦的关系特别值得注意和重视，我们就从这里来窥探苏格拉底在希腊政治思想史中所扮演的独特角色。[①]

一、《申辩》：“不热心政事的人”

在《申辩》中，苏格拉底向雅典的陪审官们说：“这从我小时候就开始了，就出现了某种声音，每当它出现时，它总是阻止我要做的事，却从不鼓励我做什么。就是它反对我参与政事，而且我认为反对得漂亮。而你们要清楚地知道，雅典的人们，如果我很早以前就试图参与政事，我早就死了，那么我对你们和我自己都会毫无益处。”（《申辩》31d-e）[②] 同样，在《高尔吉亚》中，苏格拉底对波鲁斯（Polus）说，“我并不是个政治家”，且并不知道政事如何具体操作（《高尔吉亚》473e）。

对于希腊城邦中的公民来说，苏格拉底的这一自我定位和声张是颇不合时

---

① 本节将讨论的范围限定于在柏拉图早期对话中出现的苏格拉底，特别是《申辩》和《克力同》中的苏格拉底形象。

② 《申辩》的引文出自［古希腊］柏拉图：《苏格拉底的申辩》，吴飞译疏，北京，华夏出版社，2007。其他柏拉图的引文，除特别标注之外，皆依据 J. M. Cooper, ed., *Plato: Complete Works*, Indianapolis: Hackett, 1997 翻译。

宜的，因为对于希腊人而言，能够积极参与城邦公共事务是荣誉和公民身份之所在。比如，伯里克利曾在著名的雅典阵亡将士葬礼上说，“［我们相信］一个人应像关心个人事务一样关心公共事务，因为我们认为一个不关心政治的人不但是无趣的，也是没用的”（《伯罗奔尼撒战争史》II. 40）。① 在这一背景下审视苏格拉底的自我申辩的话，其政治严重性便凸显了出来，苏格拉底并非伯里克利意义上的好公民，甚至不能被称为公民。苏格拉底对自己不热心政事给出的直接理由是希望活得更久，这样似乎才对自己和城邦更好。但是，紧接着，苏格拉底便澄清自己并没有在政事临头时因为怕死而违背正义。当雅典要集体审判十将军时，唯独苏格拉底挺身而出投出反对票，认为该审判是不义的。此外，在伯罗奔尼撒战争结束后，雅典三十僭主让苏格拉底参与处死正直的赖翁（Lyon）时，苏格拉底又以行动表示自己宁愿死也不愿做这等不义和不虔敬之事。通过这两个例子，我们可以看到，苏格拉底在几次少有的直接参政过程中并没有贪生怕死，而是将自己心中的正义标准作为自己行动的唯一准则，不为强权所逼迫。苏格拉底所要躲避的是掺和不义的政治事务，因为他自己清楚地知道，“如果我以公事为业，做一个好人应该做的事，扶助正义，公事公办地把这当作最重要的事来做，你们认为我还能活这么大岁数吗？根本不能，雅典的人们。别的任何人也不能。而在我的整个一生中，我若是从事公共事务，就总会这样，在私下的活动中，也是如此：我从不屈服于任何违背正义的人，不论是诬蔑我的人称为我的学生的那些人，还是别的人”（《申辩》32e-33a）。

苏格拉底上述的两次政治实践分别发生在民主制下和寡头制下的雅典，每一次他都认为城邦掌权者做出了不义的决定。从这个角度来看，他之所以不热心政事并非出于某种既定的政体偏好，而是因为在他看来，现实政事不义的可能性是很大的。所以，一旦苏格拉底自己坚持正义的主张，就很有可能会因为自己的立场而遭受陷害，如同自己最终被雅典人指控并判死刑一样。而现实中的雅典城邦之所以会做出很多不义的决定，在苏格拉底看来，一个重要原因是雅典人所热心的公共事务本身出了问题：

> 最好的人，你是雅典人，这个最伟大、最以智慧和力量著称的城邦的人，你只想着聚敛尽可能多的钱财，追求名声和荣誉，却不关心，也不求知智慧和真理，以及怎样使灵魂变成最好的，你不为这些事而羞愧吗？如果你们中有人反驳，说他关心，我不会很快放他走，自己也不走，而是询

① 修昔底德的引文出自《伯罗奔尼撒战争史》，谢德风译，北京，商务印书馆，2004。

问他，省察他，羞辱他——如果我发现他并没有德性，反而说自己有——责备他把最大价值的当成最不重要的，把更微小的当成更大的。（《申辩》29d-30a）

苏格拉底在这里将雅典城邦的特性以及追求的目标清晰地表达了出来，只不过雅典所闻名于希腊世界的智慧和力量在他看来是迷途。按照雅典人对于智慧的理解，钱财、名声和荣誉是更好生活的标准，而获得这幸福生活则必须依靠城邦强大的力量。苏格拉底认为，雅典和雅典公民们完全没有意识到真正应该追求的是智慧与真理，对好的生活而言，灵魂是照看的首要对象。苏格拉底对此看法颇为自信，因为首先德尔菲神谕告诉他，他是全雅典最智慧的人，同时为了理解这一神谕和证明这一点，苏格拉底花费大量时间来与城邦中所谓有"智慧"的人交谈。根据苏格拉底的自述，他找到政治家、诗人、匠人，去进行省察和审视，结果发现所有这些被城邦认为拥有智慧的人实际上并不智慧。苏格拉底和这些人最大的区别便在于，他知道自己"不知道美好和善好，但是那个人认为自己知道他不知道的事"（《申辩》21d）。在这个意义上，无知之知使得苏格拉底成为雅典最智慧的人，而大多数人自以为是的智慧则实际上驱使着城邦追寻错误的目标。

面对城邦的困境，苏格拉底并没有试图采取通常政治性的方式来将雅典这艘航船调头。他不做公众演说，不做当权者，也不参加任何城邦党派，而是私下里与每个人交谈，试图劝说每个人"不要先关心'自己的'，而要先关心自己，让自己尽可能地变得最好和最智慧，不要关心'城邦的'，而要关心城邦自身"（《申辩》36c），还有"不要这么关心身体或金钱……德性不来自金钱，而是，金钱和人类所有别的好处，无论个体的还是城邦的，之所以好，都是因为德性"（《申辩》30b）。至此，我们可以看到，苏格拉底并非一个传统意义上热心政事的人，但也不是伯里克利口中只关心自己事务的无用之人。苏格拉底将其政治改革方案落在了个体灵魂的自我完善上面，他力图通过自己的对话和行动让每个人认识到，"未经省察的生活是不值得过的"，以及与之相应的爱真理和智慧的生活是最好的生活，在这个意义上，我们也可以说，苏格拉底开启了一种新的政治做事方式。

二、《克力同》与苏格拉底的服从

苏格拉底被判死刑后，在最终行刑前一两天，他的老朋友克力同来到监狱劝说他逃跑。苏格拉底对此的回答是，"只听从道理，凡是经过研究见到无可非议的道理就拳拳服膺"（《克力同》46b）。苏格拉底论证的开端是，他在任何情况下都不能容许故意做不正当的事，即便别人施不义于自己，那也不能以恶报恶。在这个大前提下，苏格拉底借城邦法律之名劝服克力同，他是没有正当的理由逃离监狱和城邦法律的决断的。

紧接着，苏格拉底在对话中为法律努力找寻根据以及他自己不能违法的劝服理由。一个大前提是城邦与在其内的成员有协议，这一协议决定了城邦与成员的特殊关系。首先，城邦使人得以出生；其次，城邦法律规定了对儿童的抚养和教育；最后，城邦为每一个雅典人提供自由，如果他对城邦不满意，可以携带自己的财物离开，而如果无意离开，便是与城邦达成协议，服从法律规定。所以，在与城邦达成协议后，雅典公民不服从城邦法律便是在三重意义上犯了法：不服从那让他出生的法律；不服从那使他成长的法律；在同意服从法律后既不服从又不对城邦法律进行说服，指出法律有什么地方不好。苏格拉底作为在城邦里生活了七十年的老公民，无疑是与城邦之间达成了协议的，并且在最后的审判时拒绝了流放的惩罚。在这种情形下，苏格拉底逃离监狱便不仅是违背了城邦的法律，而且更重要的是动摇了公民与城邦间默许的协议，撼动了法律及其服从的根基。最后，城邦法律劝说苏格拉底：

> 苏格拉底啊，听从我这教养你的法律吧，不要老想着儿子、生命等等事情，把它看得高于道义，这样你到了阴间才可以有道理为自己申辩。因为很明显，像你现在这样做，对你自己来说既没有好处，也不正当，也不神圣，对你的任何亲友也是这样，而且对你生前死后都不好。你现在死去，是遭到不义的待遇而死，但这并非法律不义，而是人不义。如果你越狱潜逃，无耻地以不义报不义，以恶报恶，撕毁你跟我法律的协议，损害一群不该损害的人，你自己、你的朋友、我们的祖国和法律，那我这个法律在你在世的时候就不会对你不生气，而且我的兄弟阴间的法律也绝不会善待你，因为它知道你在竭尽全力毁灭我们。(《克力同》54b-c)

从这段话可以看出，苏格拉底为自己服从城邦不义的判决找到了足够的理由。值得注意的是，这难得的政治理论式表述并非以哲学式的探究表达出来，而是借雅典法律之口道出。故而，我们很难认定这番道理就是苏格拉底自己的真实主张，将之看成为劝说克力同这样的雅典公民而发或许更为合适。[①] 在苏

① 学界关于这一问题的讨论很丰富，可参见 R. Kraut, *Socrates and the States*, Princeton: Princeton University Press, 1984; R. Weiss, *Socrates Dissatisfied*: *An Analysis of Plato's Crito*, New York: Oxford University Press, 1998; V. Harte, "Conflicting Values in Plato's *Crito*," *Archiv Für Geschichte der Philosophie*, vol. 81, 1999, pp. 117–147。

格拉底看来，对于非哲人来说，信守与城邦的协议，服从城邦的法律，而非用自己的判断随意毁坏法律更为重要。苏格拉底的服从实际上是在用行动来防范普通人对于城邦基石的挑战，正如引文中所言，他所遭受的不义并非法律不义，而是人不义。作为法官的公民们的灵魂因为没有真正被苏格拉底激发，走上真正的爱智之路，所以无法真正理解苏格拉底，也无法做出正义的判决。苏格拉底认为政治性的礼法力量并不应被追究，他再一次将原因投向了人灵魂的不义。

综合《申辩》和《克力同》来看，面对必然不义的城邦，苏格拉底选择秉持和坚守正义，并且最大限度地屏蔽公共事务。苏格拉底审慎地选择和创造了一种完全不同的生活方式。他不是通过参与政治来改变政治，也不是如某些哲学家那样只关心天上的事而忽视城邦中的事，而是选择用教育来改造雅典公民的灵魂，尽自己最大的努力把雅典人的灵魂关切引向真正的德性。正是在这个意义上，苏格拉底与“智者”有着本质的区别，后者靠教授修辞和演说来培养年轻人的政治技艺，并且确信自己掌握着关于政治的锦囊妙计，在苏格拉底看来，他们拥有的不过是信念或意见，并非真正的知识。苏格拉底拒绝成为“老师”，因为他并没有确定的教条可以教授，他不过是推动人们灵魂转向的原生力，在转向之后，人们还需依靠自己的理性去追寻智慧。

虽然苏格拉底最终并没有成功，但是他的审判和赴死却成了一个政治事件和思想史事件，苏格拉底也成为完美的公民形象。作为一个哲学家和真正的爱智者，一方面，他对城邦的不义毫不妥协，化身牛虻不停叮咬着雅典这匹误入歧途的高头大马，用自己的言谈来劝说雅典人关心自己的灵魂与德性；另一方面，他并没有因为哲学而离开城邦，也没有在被判死刑后逃避城邦的处罚，他选择了服从法律，以自己的行动示范了哲学家如何与城邦保持充满矛盾的关系。在苏格拉底之后，任何严肃思考政治事务的人都离不开他所开启的视野：政治对灵魂的关照以及哲学在政治中的作用。而这也正是柏拉图政治思想的核心关切。

第二节　柏拉图的政治困境

相比起自己的老师苏格拉底，柏拉图在现代人心目中的形象要复杂得多，这一情况在20世纪尤为明显。学者莱恩（Lane）就曾这样总结20世纪柏拉图的解释状况："柏拉图被作为二十世纪哲学的首恶之人，而亚里士多德则是以英雄的面目出现，苏格拉底相对难以判断；柏拉图被视作有害的理想主义者和僭政的施行者，亚里士多德被当作清醒的务实家和共同体的捍卫者，而苏格拉底则是自由个体（但可能在政治上是有害的）的典范。"[①] 柏拉图在20世纪的这一形象很大程度上要归因于卡尔·波普尔[②]等人的攻击。对柏拉图与极权主义关系的阐释同20世纪特殊的历史语境有密切关系，在当时也产生了广泛的影响，但是这种勾连方式也在随后受到广泛的批评和指责。[③] 与这一解释倾向相反，我们还看到沃格林、施特劳斯等人将柏拉图式政治哲学视为古典政治哲学的典范，认为它有助于今人重新理解西方政治哲学传统、探索解决现代政治哲学核心困难之道。[④] 在回到柏拉图著作之前，我们就已经陷入了层层迷雾之中，柏拉图的思想似乎既是良药也是毒药，那究竟应该如何面对柏拉图的政治思考本身呢？

本章试图做一些努力来澄清柏拉图政治思想的性质，而要完成这一任务，就有必要先回到他政治思考的基本处境。幸运的是，柏拉图在其《第七封信》中曾非常清楚地表达过自己的政治困境：

> 我越是反思发生的所有这一切，反思积极参与政治的人以及我们的法律和习俗，当我年纪越来越大的时候，我越意识到要正确安排城邦事务是件多么困难的事。我看到，没有可靠的朋友和支持者，什么事情也办不成，而这样的人很难找到，因为我们的城邦已经不依照传统的习俗和实践行事了，而要建立一种新的又极为困难。此外，我们的成文法和习俗正在以惊人的速度败坏着，结果是，我虽然曾经满腔热忱地希望参加政治生

---

① Melissa Lane, *Plato's Progeny: How Plato and Socrates Still Captivate the Modern Mind*, London: Duckworth, 2001, p. 8.

② See Karl Popper, *The Open Society and Its Enemies*, Princeton: Princeton University Press, 1963.

③ 比如 G. Vlastos, "The Theory of Social Justice in the Polis in Plato's *Republic*," in Vlastos, *Studies in Greek Philosophy*, Vol. II, *Socrates, Plato and their Tradition*, Princeton: Princeton University Press, 1995；另参见 C. C. W. Taylor, "Plato's Totalitarianism," in Gail Fine, ed., *Plato 2: Ethics, Politics, Religion, and the Soul*, New York: Oxford University Press, 1999。

④ 埃里克·沃格林说，我们处在"柏拉图式的位置上"（Platonic position），"只有在我们这个时代，亚里士多德（柏拉图—亚里士多德式）政治科学的全貌得以再现，因为在我们自身危机的压力之下，我们重新对那些问题得以经验上的理解"。参见 Eric Voegelin, *Order and History III, Plato and Aristotle*, Columbia: University of Missouri Press, 2000, pp. 91, 411－412。

> 活，但当我看到这些变化和万物之不稳定后，这些混乱的状况却使我晕头转向。尽管我并没有停止思考如何改进我们的礼法与政制，但我的行动推迟了，以等候有利的时机。最后我终于得出结论：所有现存的城邦无一例外都治理得不好，它们的法律制度除非有巨大的变革并伴随好运气，否则是难以好转的。因此我不得不说，只有真正的哲学才能看清在公共和私人生活中正义究竟为何物。除非真正的哲学家获得政治权力，或者出于某种神意，政治家成了真正的哲学家，否则人类就不会有好日子过。（《第七封信》325c－326b）

柏拉图描绘了一个礼崩乐坏的时代，这也是他构建政治乌托邦的基本语境。在他看来，所有现存的城邦都不可避免地陷入败坏之中，并且是很难扭转和改善的。那现存的所有城邦究竟是如何无可救治的呢？在《理想国》第8、9卷中，他为我们提供了详细的分析，这里可以简要概览一番。[①] 在美丽城（*kallipolis*）建成之后，因为一切生成的东西都是要毁灭的（《理想国》546a），所以政体开始走上衰落之路，首先是斯巴达式的荣誉政体，继而是寡头制、民主制，最后是僭主制。与美丽城相比，这些政体都体现了不同形式的恶（《理想国》445c）。在讨论各种衰变政体时，柏拉图最为关注的是两个部分：各政体的统治集团和不同政体的目标。

政体衰变的第一步是斯巴达式的荣誉政体，这一政体在多数希腊作家看来是政体的典范，但是在柏拉图看来，该政体的统治者将智慧之人排除在外，并且以荣誉为至高追求。在寡头政体中，进行统治的是富有的公民，其追求的是财富。在民主制中，统治集团由所有自由公民组成，其标志性的特征是自由，即做自己想做的事情（《理想国》557b）。最后一种是僭主制，在这一最糟糕的政体中，僭主一人统治，不顾及法律和习俗，僭主完全为爱欲所掌控。与政体的衰变相对应，柏拉图还讨论了不同类型政体里面人的生活方式，并且随着政体的衰变，人的生活方式也不断衰退，具体表现在人的欲望对象上面。在荣誉政体中，典型的人是爱荣誉胜过其他的，换言之，荣誉对他来说是最大的好。在寡头政体中，典型的人则是爱财富的，他们并不满足于自足，反而要追求一些不必要的欲望。在民主政体中，人们的生活方式是多种多样的，他们平等地对待所有欲望，不断在各种欲望间打转。而僭主的灵魂则被激烈的情欲盘踞着，臣服于激烈而狂暴的欲

① 在严格意义上，《理想国》第8、9卷的分析并非严格的历史分析，而是带有很强的理论分类特点，但是基本上对希腊世界主要的政体类型和人的生活方式都进行了讨论。

望，最终成为一个极端不义的人。

与后来的波利比乌斯（Polybius）的循环政体观不同的是，柏拉图给出的政体衰变图景要黯淡得多，一旦离开美丽城，所有其他政体都不可避免地坠向深渊。柏拉图通过描述政体衰变的过程，指出了衰变的两个非常重要的原因，即统治集团的内乱与欲望。在柏拉图看来，“一切政体的变化都是出于那个掌握政权的集团本身，如果在这个集团本身之中产生了分歧和内乱的话；而如果内部的意见是一致的，那就不论它怎样只是一个很小的集团，它也是不可动摇的”（《理想国》545d）①。而美丽城以外的其他衰变政体因为真理层面的缺失，其欲求的目标也从荣誉到钱财最终到不守法纪而不断降级。根据柏拉图的诊断，理性的缺失与欲望的膨胀构成政体不稳定的主要原因，而统治集团内部对权力和财富等的角逐也构成了城邦内乱的根源。在柏拉图眼中，不断的内乱纷争与无限的欲望追求导致了现存的所有城邦都无一例外地处于败坏状态。这是柏拉图政治困境的实质，对他来说，想要改变现状，必须重新开端，即通过哲学力量与政治力量的结合来再造城邦的良好政制。下面我们先从历史和理论的角度来考察古希腊城邦内乱及其背后的理论主张是如何具体塑造柏拉图的政治困境的。

一、古代城邦与内乱

古代史家莫米里阿诺（Momigliano）曾对古希腊的历史世界和政治思想做过这样的观察，即虽然希腊城邦世界中战争无处不在，甚至“希腊人将战争作为像生死一样自然的事实，人对其无能为力”，但是“希腊的政治思想更倾向于关注城邦的内部变化和内部问题。战争的原因和对外冲突是边缘性的而非核心问题”②。回顾古典时期的希腊世界，我们会发现希波战争和伯罗奔尼撒战争决定性地塑造了希腊世界的政治形态，战争的塑造性一方面体现在希腊世界的内外关系上，另一方面，也更为重要的是体现为不断形塑着希腊诸城邦的政体结构。修昔底德就曾明确提出，在伯罗奔尼撒战争中，雅典和斯巴达两个对抗阵营的领袖，会分别扶植各自联盟中的民主派和寡头派，帮助其建立民主政体和寡头政体，而这一活动本身就会引致其他小城邦的激烈内乱（*stasis*），希腊

---

① 《理想国》的引文皆出自［古希腊］柏拉图：《理想国》，顾寿观译，吴天岳校注，长沙，岳麓书社，2010。译文有少量改动。

② A. D. Momigliano, “Some Observation on Causes of War in Ancient Historiography,” in Momigliano, *Studies in Historiography*, New York: Harper Torchbooks, 1966, p. 120.

世界内部的战争则更加剧了城邦内部斗争的严峻局势。修昔底德甚至宣称，只要人性不变，这种情况就不会改变（《伯罗奔尼撒战争史》3.82）。

无论修昔底德对内乱的判断是否准确，我们必须接受城邦内乱是古希腊政治实践与政治思想的核心议题。对于内乱在思想史上的重要性仍有待进一步探析，而思考内乱及其相关的政治逻辑对我们理解柏拉图政治思想则具有基础性的意义。

对城邦内乱最为具体而鲜活的记载来自修昔底德的记述，但是内乱在希腊的历史则要早得多。在梭伦、特奥格尼斯、埃斯库罗斯等人的诗歌中，我们都能看到作为内乱形态的 *stasis* 对于城邦的毁灭性破坏。梭伦在其著名的诗歌中阐述了自己如何通过立法来终止城邦中敌对双方的争斗："我制订法律，无贵无贱，一视同仁，直道而行，人人各得其所。果是别的人代我执着鞭策，他，这不智与贪婪，又哪能抑制人民！因为如果我有时让敌对的两党之一得意，而有时又令另一党欢欣，这个城市就会有许多人遭受损失。所以我卫护两方，进退维谷，有如孤狼在一群猎狗之中！"① 在梭伦以及其他古代作家对内乱的记述中，有三点特别值得注意。第一，在希腊作家看来，内乱直接破坏了城邦旧有的好秩序，是城邦秩序的变态。与罗马城邦在平民和贵族的斗争中逐渐成长为强大的共和国/帝国不同，希腊城邦并没有像罗马那样幸运，希腊作家基本没有将内乱视为城邦前进的重要推动力。而正是在这一意义上，希腊作家们一直将内乱（*stasis*）与疾患（*nosos*）一词连用。② 第二，内乱是与城邦这种独特的政治形态紧密结合在一起的，具体来说，内乱是随着城邦的崛起，由城邦内部贫富阶层分化等因素所导致的政治冲突。这与现代政治或现代国家中的革命或叛乱有本质的区别。在城邦世界，并没有主权者这样一个最终权威来处理内乱，也没有作为整体的人民能够恢复政治秩序。所以对于希腊人来说，内乱的克服首先要从政体安排入手，这也是古典政治思想中最佳政体思考的直接来源。第三，内乱是围绕城邦统治权力展开的，而其原因往往被归溯到人性（或人的自然）层面。在梭伦和修昔底德等人看来，是人们品性的堕落和无休止的统治欲造成了内乱，在内乱中，暴力和强力成了通行法则。

---

① ［古希腊］亚里士多德：《雅典政制》，15～16 页。

② 像埃斯库罗斯的《波斯人》中，大流士听到灾难之后，问道："怎么发生的？是瘟疫还是内乱？"（《波斯人》714-715）更明显的例证是欧里庇德斯在《疯狂的赫拉克勒斯》中，曾几次将 *stasis* 与 *nosos* 连用，比如在第 37 行，欧里庇德斯使用 *stasei nosousan* 来形容忒拜发生的城邦疾患，即城邦权力因克利翁被谋杀而被非法篡夺。在第 273 行，合唱队警告说，"受内乱疾患的城邦不能正确思考"。

内乱的现实与对内乱的这些理解构成了古典希腊政治思想的大背景。而对于柏拉图的政治思考来说，内乱有着更为切身而具体的影响。公元前 404 年 4 月，随着雅典的投降，持续 27 年的伯罗奔尼撒战争结束了，雅典帝国正式完结，斯巴达霸权开始主导希腊世界。战争结束后，雅典很快就陷入了一场非常严重的内乱之中。雅典选出了三十人来拟定古法（*patrioi nomoi*），但是此举失败之后，这三十人则任命新的议事会和行政官员，实际上控制着雅典城邦。三十寡头上台之后，最初统治还比较温和，但是随着统治地位的逐渐稳固，他们便开始了残暴的僭主统治，并招来斯巴达驻军帮助。三十僭主登记了三千公民参与政府[①]，解除了其他公民的武装，并通过颁布新法令处死了反对自己统治的特拉门尼斯（Theramenes）。在这之后，有斯巴达军队的支持，三十僭主更加肆无忌惮地铲除异己，剥夺三千人之外其他人的财产，将自己置于法律之上，在雅典实行僭政。在不到一年的时间内，超过 5%的雅典公民被杀害。三十僭主的暴行也引致了民主派的反抗，公元前 403 年冬天，流亡在外的色拉叙布鲁斯（Thrasybulus）便开始了推翻三十僭主的努力。他首先击败了三十僭主派来的征讨军队，之后又击败了斯巴达的援军，最后在比雷埃夫斯击败了寡头派的军队以及斯巴达的援军，三十僭主正式落败。此役过后，雅典城内三千人废黜了三十僭主，另选出十人统治雅典。这十人上台之后，对流亡在外的这些叛乱者采取了更为严厉的措施，以试图消除城内的反对者。同时这十人也取得了斯巴达的援助，吕桑德（Lysander）还亲率军队前来助战。起初，斯巴达对比雷埃夫斯实施围困，并取得了初步的胜利，但随后鲍桑尼亚斯（Pausanias）赶到，改变了策略，开启谈判，来实现两派之间的和解。

战后三十僭主与民主的复归是对柏拉图一代影响最为深远的政治事件，这场内乱对柏拉图的政治活动和政治思考都产生了重要的影响。在《第七封信》中谈到自己的政治经历时，柏拉图特别讨论了自己目睹并参与的内乱事件，从最初的积极参与到抽身离开。他看到自己城邦的祖宗之法以惊人的速度消失着，并深感良好地治理城邦的艰难（《第七封信》324b－326b）。不仅如此，在《梅尼克齐努士》中，柏拉图借伯里克利情妇阿斯帕西娅（Aspasia）之口说，雅典是不会被外敌击败的：

> 实际上，只是由于我们内部的纷争，而不是出于别人之手，才弄到我

① 这只是雅典公民 1/10 左右的人数，按照学者们的研究，雅典公民应介于 2 万至 3 万人之间，参见 Josiah Ober，*Mass and Elite in Democratic Athens*：*Rhetoric*，*Ideology*，*and the Power of the People*，Princeton：Princeton University Press，1991，pp. 127－129。

们失去光彩；在别人手下，我们直到今天还是不曾失败过，我们乃是自己打败自己、自己被自己打败的。

上述这些事件之后，当时我们正同其他城邦和睦相处，我们国内却发生了内战。战争是这样打的，——倘使人们注定要进行内乱的话，那就没有一个不希望他自己的国家都能像我们一样有缺点。比雷埃夫斯来的公民和雅典本城的公民以十分亲切友好的态度彼此和解了，并且——出乎一般人的期望之外——也同其他的希腊人和解了；在他们解决对埃莱夫西斯人的战争时，也采取了这样的温和态度。这一举动的根源不在别的地方，乃是在于纯正的亲缘关系，它为人们提供了不仅在言语方面，而且也在行动方面所拥有的基于血亲关系的牢固友爱。(《梅尼克齐努士》243d-244a)[①]

柏拉图对于雅典城邦内乱的反思与理解显示了这一事件对其政治生涯和政治思想的影响。但是，对于柏拉图来说，内乱绝非仅仅意味着政治语境，而是构成了其政治哲学的核心问题意识。在他的《理想国》和《礼法》[②] 这两部最为重要的政治哲学著作中，内乱都构成其政治思考的重要对象。在《理想国》中，内乱被视为城邦最大的恶（《理想国》462a-b），而只有哲人王统治的城邦才能最大限度地避免内乱（《理想国》520d）。而《礼法》就始于对城邦立法应该着眼于对外战争还是防止内乱的讨论，并在此基础上展开整个《礼法》关于政体和立法的讨论。在这个意义上，柏拉图作为西方政治哲学开端处的重要奠基人，其政治思考一开始就与内乱问题交织在一起，并构成其基本的问题意识。但是，柏拉图对内乱的思考绝没有停留在前述更早的古典作家的反思层面，而是将其作为政治哲学的严肃思考对象进行剖析，并在此基础上构建起自己的政治哲学体系。

二、内乱的理论根源：礼法与自然

在柏拉图看来，内乱这一希腊城邦世界的疾患背后有特殊的理论支撑：

他们断言最伟大和最好的事物是由自然和机运（*physin kai tychēn*）制造的，不重要的是由技艺制造的，技艺从自然这最伟大和最初的事物的起源中派生，塑造和构建出所有次要的事物，我们将之称为人造的（*tech-*

① ［古希腊］柏拉图：《柏拉图〈对话〉七篇》，戴子钦译，143页，沈阳，辽宁教育出版社，1998。译文有少量改动。

② 《礼法》（又译《法篇》或《法律篇》）的引文皆为笔者翻译，参照英译本 Plato，*The Laws of Plato*，Thomas L. Pangle，trans.，Chicago：The University of Chicago Press，1988。

> nikos)。
>
> …………
>
> 这些人宣称，诸神是首先由技艺创造出来的——并非出于自然，而是由特定的法律习俗（*nomois*）所规定，并且这些（诸神或法律习俗）在不同的地方各异，依赖于各个群体在制定自身的法律时是如何约定的。他们宣称依自然而为高贵的事情与依习俗而为高贵的事情是不一样的，而正义的事情则绝不是根据自然而说的，但是人们不断地彼此争论，并经常改变观点（关于什么是正义），无论他们做出什么改变，在一定时间内都是当时具有权威性的，这些都是出于技艺和法律习俗，而肯定不是出于自然的。
>
> 朋友们，所有这些说法都是由年轻人所认为的智慧之人——作家和诗人们——提出来的，他们解释说最正义的是使得人能用强力取胜的东西。这是影响年轻人不虔敬的根源，年轻人则认为诸神并非法律所规定他们所应该认为的那样。经由这些事情，内乱就出现了，因为有人导引人们过"依据自然正确的生活"，即实际上过依据法律主宰别人而不成为别人奴隶的生活。(《礼法》X. 889a-890a)

柏拉图认为城邦内乱最根本的原因是自然和技艺、自然和礼法的分离，这种观点认为凡是依据自然和机运产生的事物都是更伟大、更好的，而由技艺产生的事物则是次等的。政治技艺基本上是人为的产物，立法等政治事务也就是由技艺而非自然产生的了。自然和礼法分离的一个直接后果就是由二者派生出的标准和原则是不一样的。更进一步，由于礼法本身是出于人的约定，因此各种礼法规定背后没有唯一的标准。失去了自然根据的正义也必将陷入相对主义的争论之中，并不断发生着变化。在这一情况下，人应该如何选择自己的生活方式呢？很显然，抛开各城邦的习俗正义规定而向自然学习成了人们的首选。依据自然，强力是通行的规则，将这一规则引入人伦秩序中来，则必将造成对统治权力的争夺，而这就是城邦内乱的直接表现形态。

柏拉图的这段话将公元前 5 世纪希腊世界关于"礼法—自然"（*nomos-physis*）的关系与城邦内乱关联在一起。而对于"礼法—自然"[1] 关系的最直

[1] 关于礼法与自然的关系的整体研究可参见 Felix Heinimann，*Nomos und Physis：Herkunft und Bedeutung einer Antithese im Griechischen Denken des 5. Jahrhunderts*，Basel：Verlag Friedrich Reinhardt，1945；W. K. C. Guthrie，*A History of Greek Philosophy*，vol. 3，Cambridge：Cambridge University Press，1956，chap. 4。

接表达还是来自《高尔吉亚》中的卡里克勒斯和《理想国》中特拉叙马库斯与格劳孔的挑战。这三个人所阐述的立场存在些许差异，但基本上形成了柏拉图政治哲学所要处理的核心议题。柏拉图也正是在剖析和替换这一主张的基本逻辑的基础上，构建起了自己的美丽城。

（一）卡里克勒斯

《高尔吉亚》中，卡里克勒斯主张自然与礼法是对立的，他认为存在着依照自然的正义和依照礼法的正义。两种正义观的对立在于，制定礼法的人都是弱小的人，是因为害怕更有力量的人多得而制定法律，将夺取超出自己份额的人称为“不义的”，而这恰恰与依照自然的正义相反。自然揭示的正义是“较强的统治较弱的，并拥有比后者更多的份额”，人应该依据自然之法则而非按照人所立的法律做事（《高尔吉亚》482e-483e）。泰勒曾敏锐地指出，卡里克勒斯在这里既不是非道德论者（amoralist），即拒绝使用所有的道德语言，也不是反道德主义者（immoralist），即认为应该做道德上错误的事情；卡里克勒斯在这里是倒置的道德论者（inverted moralist），即认为传统或习俗认为正当的事情实际上是错的。[①] 卡里克勒斯仍主张存在着正当的标准，这标准是从自然而来，是人和动物皆分有的自然法则，即强者主宰弱者。而习俗正义都是人为的产物，特别是弱者的产物，这一表达后来在《理想国》中被格劳孔再次阐明。这样，礼法规定的正义是欺骗弱者的，由自然而来的正义要比礼法规定的正义更真实，自然也就成为比礼法更本原的道德规范来源。

在《高尔吉亚》中，苏格拉底反驳了这种观点，反驳的要点集中于卡里克勒斯对人性的界定和对自然的理解上面。在卡里克勒斯看来，人性都是想要更多，想超过别人（*pleonexia*）。苏格拉底认为这种对人之自然的观察是因为观察者忽略了几何学（《高尔吉亚》508a），从而导致对自然的理解不正确，智慧的人认为“协作和友爱、秩序、自制和正义将天和地、诸神与人聚在一起，这就是为什么他们称宇宙为世界秩序而非混沌无序的原因”（《高尔吉亚》507e-508a）。也就是说，苏格拉底或柏拉图同意卡里克勒斯从自然那里寻找安顿人伦秩序的原则，但是关键的分歧在于应该如何理解自然，由此也引出对于人的本性/自然和灵魂的不同理解。而这正是柏拉图在《理想国》中所要着力进行的工作。

---

① See C. C. W. Taylor, “*Nomos* and *Phusis* in Democritus and Plato,” *Social Philosophy and Policy*, vol. 24 (2), 2007, pp. 1 - 20.

（二）特拉叙马库斯[①]

《理想国》中特拉叙马库斯所持的立场与卡里克勒斯并不完全相同，特拉叙马库斯没有使用自然概念来讨论正义，也非持一种反向的正义理解。但是，二人对正义内涵的理解是一脉相承的，即强者为自身利益进行统治。

在《理想国》第1卷，特拉叙马库斯提出了两种对正义的看法：正义是强者的利益和正义是他人的利益。学者们对特拉叙马库斯正义观的实质以及前后两种观点是否一贯有着诸多争论，但如果仔细辨析，我们会发现两个定义的一致逻辑。[②]

我们先来看特拉叙马库斯对正义的第一次界定：

> 我说，正义不是别的什么，而是更强者/更好者的利益（*to dikaion ouk allo ti ē to tou kreittonos sumpheron*）。（《理想国》338c）

需要特别指出的是 *kreitton* 一词的双重含义，该词既是 *kratos*（力量）一词也是 *agathos*（善好）一词的比较级。可能随后特拉叙马库斯便将该词的含义定位在前者而使得学者们直接将其等同为“强者”，但是在目前这一表达中，“力量”与“好”的含义并不明确。而这种含混性对于理解特拉叙马库斯的立场是非常有帮助的，它一方面提出了不同于传统习俗的正义观，另一方面，它显示出特拉叙马库斯的话语体系又深深植根于习俗正义观。这一双重面相在特拉叙马库斯接下来的解释中得到了更加明确的澄清。更为重要的是，苏格拉底在《理想国》后面对特拉叙马库斯的反驳恰恰是紧紧围绕这两个词的关系展开的。

特拉叙马库斯对强者的解释是通过城邦来言说的，在每个城邦中都有统治团体，而统治者（*to archon*）是强者（*kratei*），无论在民主制、寡头制还是僭主制中，统治者都是为了自己的利益制定法律（*nomoi*），“他们宣称他们所制定的——符合他们自己的好处——对被统治者是正义的……这就是我说的正

---

① 本节讨论的柏拉图对话中出现的智者等人的观点皆限于柏拉图的文本，如无特殊说明不涉及其作为真实历史人物的思想。

② 关于特拉叙马库斯正义观的理解一直是学界争论的问题，参见 T. D. J. Chappell，“The virtues of Thrasymachus，” *Phronesis*，vol. 38，1993，pp. 1－17。认为特拉叙马库斯正义观是不连贯的重要讨论参见 J. Annas，*An Introduction to Plato's Republic*，Oxford：Oxford University Press，1981；S. Everson，“The Incoherence of Thrasymachus，” *Oxford Studies in Ancient Philosophy*，vol. 16，1998，pp. 99－131。持一致论的学者参见 G. B. Kerferd，“The Doctrine of Thrasymachus in Plato's *Republic*，” *Durham University Journal*，vol. 9，1947，pp. 19－27；C. D. C. Reeve，“Glaucon's Challenge and Thrasymacheanism，” *Oxford Studies in Ancient Philosophy*，vol. 34，2008，pp. 69－103。

义，在所有的城邦中都一样，即现政体的好处”（《理想国》338e-339a）。特拉叙马库斯的解释由两部分构成，一方面是似乎非常习俗化的表达，即正义是遵从法律的规定。[①] 但是另一方面，特拉叙马库斯这一界定的核心是围绕强者—统治者的利益展开的，也就是说他为习俗和法律赋予了一个外在的目的指向，即礼法只是统治者满足自己利益的工具，这是与传统正义观不同的。[②] 在这一主张中，统治者和被统治者在正义问题上有着明确区分，即通常的正义和不义都体现在被统治者是否遵守城邦法律上面，而统治者本身是正义还是不义这一问题被悬置起来。

苏格拉底针对这一界定，特别是统治者的性质提出了质疑。他提出，如果一个统治者犯错的话，就会制定出违背自己利益的法律。针对这一质疑，特拉叙马库斯对统治者进行了非常严格的规定，即“统治者，就他是在统治着而言，是不出差错的，而只要他不出差错，他就把对他自己最有利的事物定为法律，而后者是被统治者所必须去实行的”（《理想国》341a1-2）。这样，特拉叙马库斯意义上的统治者就变成了一个哲人王式的统治者，唯一的差别是二者所持有的目的不同，特拉叙马库斯的僭主统治是为了满足私利，而哲人王如《理想国》所呈现的那样是为了城邦整体的统一和善好。僭主和哲人王的区分的要害则在于正确理解统治技艺本身与通过技艺获取利益二者是相分离的，这也是苏格拉底进一步反驳的要害。

苏格拉底接下来引入了技艺类比，将特拉叙马库斯的正义主张推进到第二步。苏格拉底对技艺的性质进行了规定，即医术作为一门技艺，考虑的是技艺对象身体的利益，而非医术本身的利益。按照这一分析，医生通过医术治愈病人这一过程就变成了医生考虑和安排的不是自己的利益而是病人的利益。由此得到的结论就是“不论什么知识，它都既不是去考虑，也不是去安排那属于强者的利益，而是去考虑和安排那弱于它的、在它自身的力量影响之下的被统治者的利益”（《理想国》342c-d）。将医术与统治术类比的话，那统治术作为技艺自身就是为了被统治者，也就是弱者的利益，基于统治者对正义的规定也就变成了特拉叙马库斯最初定义的反面。特拉叙马库斯看出苏格拉底的反驳逻辑，指出牧羊人所操心的并不是羊群的好处，他将羊群育肥，最后是为了满足自己

---

① 有学者们就此认为特拉叙马库斯秉持一种习俗主义（conventionalism）的正义观。

② 艾弗森正是在这一点上详加阐述，试图证明特拉叙马库斯的不连贯性，但是特拉叙马库斯的这两个方面决定了其观点并非简单的习俗主义观点（Everson，“The Incoherence of Thrasymachus”）。对艾弗森的批评参见里夫的文章（Reeve，“Glaucon's Challenge and Thrasymacheanism”）。

的利益；而城邦统治者也是秉持着同样的逻辑来实施统治的。特拉叙马库斯的反驳一方面认同了苏格拉底对技艺和通过技艺获取利益之间所做的区分，另一方面更加直接地将统治技艺附加在了统治者的利益上面。由此，特拉叙马库斯提出了新的正义定义：

> （你不知道）那所谓正义和正义的事实际上乃是他人的好处，是属于那强者和统治者的利益，而对于为臣民的人和服劳役者，则是他的固有的、应得的不幸和损失。而不正义，则是恰恰相反——它统治着那些真正的名副其实的“好样的傻子”，亦即，那些正义的人；而他们，作为被统治者，就去为着那旁人的利益而服务，因为后者是强者，他们侍候他，为他服役，使他快乐幸福，而自己则一无所有。（《理想国》343c2-d1）

特拉叙马库斯将正义定义为他人的利益，这里的“他人”并不是随意的指代，而是特指强者和统治者。不仅如此，特拉叙马库斯还进一步说明强者是幸福的和不义的，而正义的人则是弱者，过着服侍强者的悲惨生活。表面上看，特拉叙马库斯改变了自己关于正义的定义，用习俗认定的正义与不义来形容统治者和被统治者，这也是学者们争论不休的直接文本根据。但是，如果从强者这一角度来理解的话，我们就会发现，特拉叙马库斯的立场是非常融贯一致的。而表面的不一致可以通过下面这一区分看清楚，“正义是强者的利益”这一界定更多的是从强者—统治者的角度来考虑的，而“正义是他人的利益”则是从弱者—被统治者的角度来言说的。特拉叙马库斯后来对这一界定的又一次阐明“正义是强者的利益，而不义是其自己的（*heautōi*）利益和好处”（《理想国》344c7-9）更加证明了这一解读的合理性。这样我们就会发现，虽然特拉叙马库斯在改变“正义”与“不义”两个词的使用方式，但不变的是对强者利益的关注。特拉叙马库斯的立场实质上并没有发生改变，但第二个定义并不是对第一个定义的简单重复，而是增加了新的内容。首先，在“正义是强者的利益”中没有处理的统治者是否正义的问题得到了回答，特拉叙马库斯认为统治者为了自身利益统治是不义的，但是不义比正义更有利。其次，特拉叙马库斯的新定义也将正义扩展到日常层面，即“正义的人和不正义的人相处，在任何场合下总是正义的人居于劣势”（《理想国》343d）。需要特别指出的是，这一内涵的扩充并不能被视为特拉叙马库斯观点不连贯的证据，因为此处的“他人的利益”要被理解为“比自己更强的他人的利益”。在特拉叙马库斯的第二个定义中，极端的例子就是僭主，他行不义之事而成为最幸福的人，不肯行不义之事的人则成为最可悲的人（《理想国》344a3）。通过这一阐述，特拉叙马库斯将不义与强者（力量）和利益联系为一个整体，而将正义与弱者和不幸关联起来。

特拉叙马库斯通过两次诠释正义，将基于力量之上的统治逻辑揭示了出来：

（1）力量上的强者是城邦的统治者。

（2）统治者统治是为了获取自己的利益和好处。

（3）统治本身是通过立法等活动实现的，正义源自立法的规定。

（4）这种统治逻辑本身是不义的。

针对特拉叙马库斯的挑战，苏格拉底紧接着在《理想国》第1卷中进行了五步反驳，其中最为核心的是围绕力量与善的关系展开的，这一关系也构成了苏格拉底批驳与重建正义观念的要害。限于篇幅，这里不再详述苏格拉底的反驳过程，但特拉叙马库斯的挑战已经将苏格拉底所要面对的主要困难揭示了出来。

（三）格劳孔

如果说特拉叙马库斯是一个反道德主义者（immoralist），那么在《理想国》第2卷一开始，格劳孔在挑战中所展示出来的立场就更接近于《高尔吉亚》中的卡里克勒斯。格劳孔用三步将正义的讨论推向了极致。

格劳孔首先用社会契约①的方式描绘了正义的起源，即行不义天生是好事，而受不义则为坏事，但是被施加不义的坏处超过了对别人施以不义的好处，两相权衡，人们相互订立契约，既不加人以不义，也不承受别人施加的不义。由这一契约规定的法律和正义并非本身就是好的，而是不得不采取的措施，它是介于施加不义而不被惩罚与受人不义而无力报复之间的一种状况（《理想国》359a-b）。对正义这种社会契约论的解释背后存在着一个分裂，即现有的正义观是城邦的习俗约定，这一约定按照自然并不是好的，真正自然的善好应该是行不义。这一界定比特拉叙马库斯的定义更强地将自然和礼法对立起来。按照这一说法，每个人依其自然都有追求胜过别人的欲望，这是自然之好，而“只是因为法律与公约的强制才迫使他带着尊敬地去对待公平”（《理想国》359c）。如果说特拉叙马库斯认为获得幸福就要剔除习俗正义的约束，将不义定义为善和德性的话，那格劳孔这一阐述则是说人要受习俗的束缚，这一束缚是人经过理性计算后不得不接受的结果，但这一结果并不会去除或消解人的本性/自然

① 关于希腊当时社会契约论的主张，参见 Charles H. Kahn, “The Origins of Social Contract Theory,” in G. B. Kerferd, ed., *The Sophists and Their Legacy*, Wiesbaden: Franz Steiner Verlag, 1981, pp. 92–108。

所赋予人的总是追求胜过别人的欲望。

接着，格劳孔用巨吉斯指环的例子形象地点明，只要人能够避免惩罚，逃脱礼法的约束，他就会去追求自然之好，追逐自己的欲望和胜过别人。不仅如此，格劳孔比特拉叙马库斯更进一步，将礼法所赋予正义的好名声也安放在不义之上。即最为不义的人不仅有能力行最大的不义之事，而且能享有正义的名声。用格劳孔的话说就是“顶峰的、极致的不正义实际上不是，但是看起来却是正义”（《理想国》361a）。而正义之人则要背负起不义的恶名，终生被人视为不义，受尽苦难。这样，极端的不义和正义之人的生活就形成了鲜明的对比：不义之人在城邦中占尽一切好处，服侍诸神，献祭丰厚；而正义之人则饱受责难，至死方休。

在巨吉斯用自己的魔戒杀死国王夺取王位之后，格劳孔讲述的巨吉斯和特拉叙马库斯所说的僭主已经没有差异了，两者的逻辑分享对人性的共同认识，即按照自然，人是要不断地追求欲望，胜过其他的人。区别只在于，特拉叙马库斯口中的僭主可以行足够大范围的恶，将不义和正义颠倒过来，说不义为好，正义为坏；而巨吉斯是可以行礼法规定的恶之不义，但可以免除惩罚，并进一步以正义之名来行不义之实。特拉叙马库斯和格劳孔的挑战构成《理想国》整部对话的起手式，在陈述完自己的挑战之后，格劳孔和阿德曼图斯一致要求苏格拉底阐明：“正义与不义自身，各自在那具有它的人的灵魂中，当它既不为诸神也不为众人所知的时候，它的力量（*dunamei*）是什么……要就其自身来说，即一个坏，一个好，而把两者的名声与外表（*doxas*）都一起剔除掉”（《理想国》366e-367b）。正是在此要求之下，苏格拉底开始在言语中构建城邦，来从灵魂层面找寻正义。下面我们会看到，苏格拉底通过给出新的可欲的生活方式，为政治权力提供了一个新的联姻伙伴。

第三节　统一共同体：《理想国》

特拉叙马库斯对于正义的理解并非原创，格劳孔和阿德曼图斯在第2卷重新将其主张推进的时候说这是大部分人的想法（《理想国》358a4-d2）[①]，而这

① 本节讨论中如无特殊说明，括号中的页码均指《理想国》的页码。

其实反映了智者的普遍思路。在谈及智者对哲学家天性的败坏时，苏格拉底说智者们教授的并不是真正的智慧，而是大众在一起时所具有的意见，“他们并不真正知道，在所有这些意见与欲望中，什么是美的或是丑的，善的或是恶的，正义的或是不正义的”（493c）。这些智者蛊惑年轻人，给城邦带来巨大伤害。与智者这种“怪诞的”教育家相对的就是哲学家，只有真正的哲学家才知道什么是真正的善。在苏格拉底看来，哲学家和智者的区别根本上在于知识和意见两种不同性质的能力上。而这也是《理想国》整个政治计划，以及哲人王这个看似最为极端的解决方案的认识论基础。

一、能力与善：柏拉图的方案

知识和意见之所以是两种不同的东西，是因为二者拥有的能力是不同的（477b）。那什么是能力或力量呢？能力（*dumameis*）被界定为“事物中的一个类（*genos*），凭借它们，我们有能力做我们所能做的事，而其他一切也有能力做它们所能做的一切”（477c）。能力在这里首先被理解为效力，如同视觉和听觉就是这样的能力。但如何区分不同的能力呢？苏格拉底紧接着给出了关于能力的进一步阐述：

> 关于能力，我们既看不到它的色泽，也看不到它的体态，也看不到任何类似这样的东西，就像，例如，很多其他东西，我只要一眼看到其中的一些，心里就能分辨得出这些是什么，那些又是什么；可是关于能力，我就只能去注意它是和什么有关（*eph' hōi te esti*）以及它所产生的效果是什么（或它的指向是什么）（*ho apergazetai*），并且正是以这样的方式，我把它们之中的每一种称为一个能力，并且凡是针对（*epi*）同一的东西并产生同一的效果的，我们称它是同一的能力，相反，凡是针对（*epi*）另一个东西并且产生（*apergazomai*）另一效果的，我们称它是另一个能力。（477c-d）

能力的界定包括三个方面：效能、对象和结果。其中，能力作为效能是最容易理解的，即作为中立性的能力；能力的后面两个内涵使得能力具有了方向和规定性。不同性质的能力不仅在于效能大小的程度差异，更在于其对象和最终实现的结果有着质的差异。但实际上问题要更复杂，并且集中体现在对能力所涉及对象的理解上面。苏格拉底在这里试图指出区分不同能力的困难，即它本身是不可见的，只能通过它表现出来的与什么相关（*eph' hōi*）和最终的结果来判断。也就是说，当我们区分不同能力时，首先要关注的是它呈现出来的样子。接着，苏格拉底说只要是关于（*epi*）同一东西并产生同一效果的就是同一能力。苏格拉底用 *epi* 替代了 *eph' hōi*[①]，这一替代的实质是界定不同性质的能力要看能力的对象，也就是能力与其对象的本质相关性，而非仅仅是人可以观察到的能力所呈现出来的与某物的相关性。

在能力界定的基础上，知识和意见的能力得以认识。知识是针对“存在”，认识存在如其所是（478a），并且知识也是所有能力中最为强大的（477d）。在确定完知识的能力之后，比较困难的是确定意见的能力。意见的对象既不可能是“存在”，也不会是“非存在”，因为与二者相配的是知识和无知。意见最终被确定为介于知识和无知之间的能力，其对象是处于绝对的存在和完全的非存在之间的东西，这样的意见比知识更黯淡，比无知更明亮（478c-d）。与上述区分相伴的是知识和意见所能实现的不同效果。拥有知识的人，也就是哲学家有能力接近美本身并且能够直接就美自身来观看美（476b）。而与哲学家相对的是那些爱听唱歌和爱看戏的人，他们喜爱美丽的声音、色泽和形体，但是他们的心灵没有能力看到并且喜爱美的自然本身（476b），他们不承认有美本身，也不承认有永远同一而不变化的美的理念（*idean*）（479a）。后者就像在睡梦中，而拥有知识的哲学家则是真正清醒的人。

由此，我们对知识和意见，以及拥有知识的哲学家与爱意见的智者就有了更为深入的把握。知识的能力（*dunamis*）使得哲学家通过认识活动（*gnonai*）针对“存在”（*to on*）制作出/得到真正的知识。意见的能力使得智者通过相信（*doxazein*）针对“存在与非存在之间的东西”制作出/得到信念。基于存在的优越性，知识的能力较之于意见的能力也更大，而这知识的能力又是源自何处的呢？这就要转向《理想国》的顶峰：善的理念（*he tou agathou idea*）。在苏格拉底看来，正是这善的理念[②]构成了能力的源泉：“那给予被认知的东西以真理而给予认识者以认识能力的，就是善的理念；你可以把它理解为知识和真理的起因，是被认识所认知的东西”（508e）。“对于那些被认识的事物来说，不

---

① See G. Fine, “Knowledge and Belief in *Republic* 5 - 7,” in S. Everson, ed., *Cambridge Companions to Ancient Thought I*: *Epistemology*, Cambridge: Cambridge University Press, 1990, pp. 85 - 115; F. J. Gonzalez, “Propositions or Objects? A Critique of Gail Fine on Knowledge and Belief in *Republic* V,” *Phronesis*, vol. 41, 1996, pp. 245 - 275.

② “我们又说有一个美本身，有一个善本身，以及同样，关于一切我们在此前把它们当作是众多的东西来看的。现在，反过来，我们都把它们置于和它们每一个相应的单一的理念（*kat' idean mian*）之下，因为这理念是单一的，我们说它们每一个是其所是（*ho estin*）”（507b）。

但它们之所以被认识是从善那里得来的，并且它们的存在（*to einai te kai ten ousian*）[①] 也是由于善而为它们所具有的，善并非存在，而是在尊严上和能力上都更加超越于存在之上”（509b）。这段对善的理念与存在和能力关系的话非常难以理解和解释[②]，但是可以明确的是，超越存在的善的理念是存在同时也是存在得以被认识的源泉，也就是知识的能力的根源。苏格拉底通过将知识的能力奠基于善的理念之上，从根本上反驳了特拉叙马库斯将强者和更好的人等同的主张，从而确立了知识的能力是更强的，并且是善的。

二、“哲人王”

确立了善的理念作为存在以及存在能被认识的哲学基础之后，哲学家的性质就看得更加清楚了：

> ［哲学家］真正扑在存在上……他注视的是那井然有序的、永恒不变的事物，并且当他看到，它们如何既不互相为不义也不互相受不义之害，它们是和谐美好、秩序井然、合乎理性的，他就会努力去模拟、效仿它们，并且尽量地使自己和它们相像并融为一体。
>
> …………
>
> 当他们工作的时候，他们就将要频繁地向两边张望，一边是向着那凭它的本性就是正义，就是高尚美好，就是明智适度以及诸如此类的事物，另一边是向着那个他们努力要在人间使它出现的事物，他们从人们的各种行为和追求中进行挑选和综合，调配出那种真正的人的肤色和模态来，用那样的一个标准来判断它，后来，当它在人间出现的时候，正巧荷马也曾称其是与神同格、与神同调的。（500b-501b）

拥有这种能力的哲学家自然最适合统治城邦，这也是《理想国》最为著名的政治表达：除非哲学家在城邦中当王，或者我们现在称之为王或掌权者的人真正而充分地从事哲学思考，也就是说，除非政治力量和哲学完全协和一致，否则城邦的弊端是不会有尽头的，人类的命运也不会好转（473d，501e）。在澄清了哲学和知识能力之后，我们可以理解，一方面，哲学家得以洞察真正的

---

① 关于这里 *einai* 与 *ousia* 的理解，可参见吴天岳校注版《理想国》第 314 页校注［1］。此处将之一并翻译为“存在”，并不区别处理。

② 在《理想国》这段话中，苏格拉底并没有对善的理念超越存在进行过多解释，而似乎是将之作为很自然的结论，其具体含义应该如何理解有待进一步探究，但是这并不影响我们将善的理念作为最终的哲学基础，并在此基础上构建良好的政治秩序。

正义和美，从而有可能按照最好的范型来塑造现实。另一方面，哲学或者知识能力本身的性质赋予哲学家以哲学的生活方式，这一生活通过确立真正的善好而超越了政治生活。而许许多多的城邦之所以不断陷入内乱纷争，原因就在于人们将统治视为真正的善，希望通过争权来夺利，殊不知，他们只是在为一些影子互相斗争（520c-d，521a）；而“城邦中本来要统治的人们最不热衷于进行统治，那这个城邦必然能最大限度地摆脱内乱”（520d）。哲学家拥有的生活方式，或者说对真理的爱和对真正的善的理解使他从根本上区别于特拉叙马库斯脑中的僭主，他不是在金钱上富有，而是在“一个幸福的人所应该富有的事物上富有，即善好明智的生活”（521a）。这样，哲学家对于治理城邦有最明智的理解，并且拥有比政治生活更值得选择的生活，柏拉图从这两个角度重置了城邦基础，并彻底消除了城邦内乱的威胁。

在柏拉图看来，哲人王统治是美丽城得以实现的关键条件，但是哲人—王这一组合在解决了城邦内部秩序问题的同时，自身也存在巨大的困难和悖论。第一，政治的力量和哲学的力量是两种性质不同的力量，二者的结合需要极大的运气才能完成。第二，哲人王要求城邦的统治者是最不想要统治的，这一方面保证了统治者不会为通常人所秉持的私利而进行统治，克服了特拉叙马库斯的难题，但另一方面对统治者的统治动机提出了新的挑战，即哲学家在看到了永恒不变的存在之后，是否还愿意将正义的样式实现出来。换言之，走出洞穴的哲学家为何还愿意回到洞穴中来呢？第三，如果按照正义城邦的要求，城邦中是一人一事的，特别是做好自己的事情，那哲人王为何要费力统治城邦，来关心别人的事而不是在洞穴外的世界静观沉思呢？以上这些问题实质上是柏拉图《理想国》整个努力所最终指向的困难，美丽城得以成立必须通过哲人王，而《理想国》从第 5 卷到第 7 卷的“离题”实际上说明了良好的政治秩序很难在政治的视野内解决，而必须上升到哲学层面，但是哲学生活与政治生活二者是有着巨大张力的，具体地表现为在哲学的视野下，政治生活有可能完全沦为洞穴生活，而从根本上失去了合理性。

在《理想国》中，苏格拉底对哲人王这一难题给出的合理解释是，哲人因为某种必然性被迫进行统治，如在第 1 卷中苏格拉底提出，统治者害怕被不如自己的人统治，从而不得不自己出来进行统治。如果我们接受这一解释，便可以更具体地讨论政治权力与哲学的结合。前面提到，政治力量与哲学力量是两种性质不同的力量。哲学或知识的力量再强大，也不能摆脱政治力量的帮助或者取代政治力量。政治力量的作用最为重要地体现在两个方面。第一，哲学家在看到存在之后，需要将范本实现在现实世界中，将知识转化为人们的习性（500d），这必须依赖政治力量。[①] 第二，哲学家的培养或者哲学生活方式的养成反过来需要特定的政体安排和教育步骤。[②] 这两点恰恰是最佳政体及其生活方式塑造的两个方面，下面必须把目光转向柏拉图在《理想国》中构建的美丽城。

三、城邦生成的逻辑：自足与"活得好"

亚里士多德在其《政治学》中批评《理想国》时敏锐地指出，苏格拉底预设了最好的城邦是尽可能统一的城邦（II. 1. 1261a13ff）。虽然亚里士多德并不同意这一预设，但是他对《理想国》构建统一城邦的努力的把握可谓抓住了要害，而要实现城邦的统一，我们必须首先考察城邦生成的过程以及动力。

《理想国》对城邦的讨论始于苏格拉底要回应格劳孔和阿德曼图斯（Adeimantus）的挑战，寻找正义是什么，而为了寻找灵魂中的正义，苏格拉底提出要先在较大的城邦中寻找，因为在城邦中，正义容易看得更清楚，在看清城邦正义后，个人正义也就显明了。[③] 在这一原则的主导下，苏格拉底开始构建言语中的城邦（369c9-10）。从城邦生成的角度，苏格拉底依次讨论了健康的城邦和发烧的城邦。

城邦的起源在于每个人都不是自足的。匮乏和需要，是城邦生成和扩大的动力与原则（369b）。满足人的欲求确立了城邦生成的动力，这在第一个城邦中体现得尤为明显。为了食物、住所等生活必需条件，每个人按照其各自的自然本性（*kata physin*）来从事不同的行业，并且通过相互分享各自工作的产品，人们确立了共同生活的原则并构成了一个城邦（371b）。这样一个城邦，

---

① 这里有两个问题需要区分。首先是哲学家是否有能力处理感官事物。因为在上文中笔者明确区分了知识的对象和意见的对象，那哲学家的知识能否用到感官事物上就是一个问题。对此的解释是哲学家能观看存在，知道理念，并且知道具体的感官事物是某理念的影像，而对同一事物有真意见的人只是碰巧知道，他们实际上是"走在正路上的瞎子"（506c）。知识的对象使得哲学家能够知道理念以及现实事物和理念的关系，但是知识可以和感官事物相关，并且有助于更好地理解感官事物，而非将感官事物作为对象。第二个问题是在承认哲学家有能力这么做的前提下，要想在城邦内将其实践出来，必须依靠政治的力量。

② 特别是在人还没有理性能力直接把握或观看存在之前，需要借助意见的力量来培养人良好的德性，这基本上是通过早年的习惯和训练完成的。

③ 关于城邦与灵魂的关系，学界有大量的讨论，特别是针对所谓的"城邦与灵魂的类比"，但是需要指出的是，二者的关系并不是现代意义上的类比关系，而更多的是比照关系，即二者根本上是等同一致的。这方面的文献参见 Bernard Williams，"The Analogy of City and Soul in Plato's *Republic*，" in E. N. Lee，et al.，eds.，*Exegesis and Argument*（*Phronesis* suppl. vol. 1），p. 197；对威廉斯的反驳可参见 Jonathan Lear，"Inside and Outside the *Republic*，" *Phronesis*，vol. 37，1992，pp. 184 – 215；G. R. F. Ferrari，*City and Soul in Plato's Republic*，Chicago：University of Chicago Press，2005。

只能满足最低限度的生存需要，人与人的关系也是在此基础之上的产品交换关系。人们过着悠然自得的生活，保持着城邦人数和财力上的限度和规模，也不会陷入贫穷和战争。这一城邦被苏格拉底称为健康的城邦，因为人们会满足于最低限度的生活，没有欲求更多和胜过别人的想法，是一个极简形式的真正城邦。

格劳孔嘲笑这一城邦为猪的城邦，因为它太过朴素，不能满足人奢侈的需要，而实际情况是，除了生活必需品，人们总是要追求更多的东西。换言之，人的欲望，特别是无休止的欲望自然会使得城邦扩张，超越朴素城邦的层面，而必然推进到发烧的奢侈城邦。从需求到欲望的转换使得扩张一方面为城邦生长提供了内在动力，另一方面也为城邦带来了威胁。因为欲求的增长使得原来足够的土地变得小了，城邦就必然会寻求扩张，侵占邻邦的土地，同时，邻邦同样受制于物欲的驱使，也会来侵略本城邦，从而战争就出现了。战争起源于“那同样的欲望，这些欲望要为城邦和个人中出现的邪恶事情负责”（373e）。

在对城邦起源及其生长的描述中，需求和欲望构成最核心的逻辑，城邦起源于实现人物质层面的自足，即满足人的各种需求。但是在格劳孔看来，人并不就想安于自足的生活，而是要过得更“好”一些，这里的“好”直接体现为维持生计之外的其他需求。而“活得好”的动力促使城邦膨胀，却给城邦的生存带来了威胁。威胁表现在内外两个方面，即外敌侵入和内部纷争，这恰恰给城邦带来了严格意义上的政治事件。在原初的简单城邦里，人与人的关系最主要体现为需求关系，很难发现正义。[①] 而在发炎肿胀的城邦（372e-373a）里则不同，脱离物质需求关系的城邦内外关系出现了，而要非常明智地处理城邦事务，就必须为城邦构想出一套稳定的政治秩序。进而言之，发炎肿胀的城邦通过护卫者的教育净化与特殊安排转化为了正义城邦。

四、美丽城与统一共同体

（一）城邦结构

在《理想国》中，通过城邦与灵魂的比照关系，苏格拉底为我们构建了美丽城的框架。美丽城中共有三部分公民群体：哲人王担任城邦统治者，战士阶

---

① 在简单城邦中，正义并不容易找到，苏格拉底在简单城邦长成后问阿德曼图斯：“那么试问，正义与不正义将可能处于这个城邦的哪一个部分呢？在我们上面所考察的各种成分中，它是和哪一个成分一起产生的呢？”“亲爱的苏格拉底，”他说，“我不知道，除非，也许它是在我们上面说的这些成分之间某种相需的关系中？”（371e-372a）

层辅助统治者进行统治，从事农、工、商等领域的生产阶层为城邦提供物质供给。

苏格拉底提出，他们在言语中建立的城邦是至美至好的城邦（*teleos agathen*），那这个城邦就必然具备四主德（智慧、节制、勇敢、正义）。城邦的三个阶层，即统治者、辅助者和农工阶层分别要有不同的德性。统治者也就是最完善的护卫者们拥有知识，这知识并不是通常意义上的知识，即不是关于城邦中某项具体事务，而是关于城邦本身，能够知道如何处理与自身以及与外邦的关系（428d）。城邦因为这一小部分人而被称为智慧的城邦。而一个城邦之所以被称为是勇敢的，是因为这个城邦中辅助统治者的护卫者们是勇敢的，他们能在任何情形下都保持并维护对何为可怖事物的信念（*doxan*）。护卫者这种勇敢德性的获得主要通过前述的挑选与特殊的教育来实现。勇敢与智慧各存于城邦某一部分人之中，但是节制这种德性却要贯穿整个城邦，它是统治者与被统治者之间关于谁应该统治所达成的一致意见（*doxa*），是“在较次者和较优者之间的一种依据自然的和谐一致，以决定在一个城邦里或是在个人中，应该是哪一个部分统治另一个部分”（432a）。在节制的德性里，被统治者首次参与进来，他们一方面要接受自己就自然来讲是稍逊一等的，另一方面还知道应该由最好的护卫者统治自己。只有这样，才能说城邦“比自己更强”。最后，正义与节制一样，也是涉及城邦中每一部分的，它在于“每个单个的个人应该只照管城邦事务中（*peri ten polin*）单一的一件事，对于这一件事，这个人的自然是最为适宜的”（433a）。每人做自己的事在这里特指和城邦相关的事务，即和统治与被统治相关的事务。苏格拉底进一步说明，不同手艺人之间相互混淆不会给城邦带来什么大的伤害，但是在统治和被统治方面越俎代庖对城邦来说就是毁灭性的伤害。

在柏拉图看来，如此精心设计的城邦以及在其中找到的正义能够避免特拉叙马库斯和格劳孔的挑战，也就是消除城邦的内乱。这一威胁在构建城邦的过程中就被屡次提到，在苏格拉底看来，现实中存在的大多数城邦在严格意义上并不能称为一个城邦，因为：

> 应该用更大的名称来说那些其他的城邦，因为它们之中的每一个，其实都是很多聚合在一起的城邦，而并不是一个城邦……至少，不论怎么说，是有两个城邦互相敌对的，一个是穷人的，一个是富人的；而且，在每一个城邦之中又有很多这样的城邦……只要你能够明智地把城邦建设成我们前面所规定的那样，那它就将是一个伟大的城邦，不论在希腊人还是

在野蛮人之中，你都很难找到了，尽管表面上看来，有很多的，并且有很多数倍于它这样大的城邦。(422e-423a)

我们前面已经分析了内乱的原因，即每个人都想过得更好，他们理解的好首先是物质财富等，而统治和政治权力是他们获得更好生活的途径。这一逻辑是僭主能够成为特拉叙马库斯眼中的典范的原因，而据格劳孔说，特拉叙马库斯其实说出了大部分人的心声。但是很不幸的是，驱使城邦扩张的欲望不但会给城邦带来外在的敌人，还必将使城邦被撕裂为多个城邦。而这样一来，城邦就会遭遇到内外两方面的威胁。一方面，城邦内部会陷入无休止的纷争和内乱；另一方面，城邦很难抵抗外敌的侵犯，因为没有统一的城邦，便不会有城邦共同的认同感，城邦彻底成为获取利益的工具，一旦有外敌侵犯，就会很容易将本来分裂的城邦彻底摧毁。[1] 这在苏格拉底看来是城邦最大的恶："我们能看到什么对于城邦来说比那能够使它分裂，从而把它从一个纯一的城邦变成一个杂多的城邦的更大的恶?"而最大的善好就是"使城邦紧密结合，并进而使它成为一体"(462b)。而要实现城邦的统一，除了作为统治者的哲人王之外，护卫者阶层就是最为重要的，他们生活的安排和团结方式将直接影响城邦的安危。

(二) 护卫者阶层的统一

在柏拉图看来，除了城邦的贫富分化容易导致城邦分裂外，城邦统治集团的分歧和内乱是导致政体变化的最主要原因，因为"如果统治集团内部意见一致，那无论它怎样只是一个很小的集团，它也是不可动摇的"(545d)。贫富分化和统治集团的分歧构成了城邦内乱最直接的导火索，所以要在政体安排上防止内乱发生，首先要防范的就是城邦统治阶层，即广义上的护卫者阶层的动乱。苏格拉底对护卫者阶层的讨论不但构成《理想国》篇幅最长的部分，也是该书最富争议的部分。[2]

首先我们需要了解护卫者对于城邦的职责和作用。护卫者要保证城邦的安

---

① 这也是这段引文讨论问题的初衷，即苏格拉底所建立的不贪图金钱的城邦如何能战胜巨大而富有的城邦，苏格拉底说那些城邦其实并不是一个城邦，因而很容易就分裂而失去战斗能力。

② 通览《理想国》文本，与护卫者有关的讨论占据了相当大的篇幅，第2、3卷讨论护卫者的习俗乐教和体教，第4、5卷用很大篇幅讨论护卫者的生活状况，第6、7卷讨论如何对护卫者进行更高的教育，以及如何在护卫者中遴选哲人统治群体。《理想国》第5卷中对护卫者共妻共子生活的描述受到了从亚里士多德到20世纪诸多学者的批判。而柏拉图因为主张女性可以和男性一样接受护卫者教育，也被20世纪一些学者视为女性主义的朋友。本节并不想讨论当代学者在一些当代热门议题上与柏拉图的关联，而是希望首先澄清柏拉图撰写《理想国》的一些原发性思考。

全，捍卫城邦的财富。具体来说，要能够分辨敌友，对敌人凶狠，而善待城邦亲友。用苏格拉底的话说，“法律和城邦的护卫者，如果他们是有名无实的，他们将会从根本上彻底地毁坏一个城邦；而同时，一个城邦的治理和昌盛（*eudaimonein*），它的关键正是掌握在他们手里”（421a）。由于护卫者担任城邦最重要的职责，同时也是城邦中力量最强大的一个团体，因此必须保证护卫者阶层的稳定，尽一切努力来使得护卫者阶层成为城邦稳定的中坚力量，最充分意义上的护卫者必须能“使外敌不能够，使内部亲友不愿意为非作歹”（414b）。反过来说，一定不能使护卫者阶层成为内乱的发源地，必须防止他们“由于纪律不严，或由于饥饿，或由于其他不良状况，来粗暴对待公民，防止他们因力量的强大而成为僭主”（416a-b），护卫者作为城邦中的强者，为了城邦整体的安全和幸福，必须远离欲望和利益的诉求。而要实现这一点，就必须对护卫者进行良好的教育和培养。①

其次的问题是护卫者由什么人组成。在苏格拉底看来，对于护卫者的天性/自然要有所选择，即要挑选那些天性具备“明哲、热爱智慧、意气轩昂、疾速敏捷、强劲有力”的人。在此天性基础上，要从体教和乐教两个方面来对护卫者进行培养，体教针对的是身体训练，乐教针对的是灵魂训练，但是体教的最终目的也指向灵魂。具体来说，乐教是要通过诗歌和音乐来培养人的灵魂，主要分为两个环节：第一是在人还没有能力把握理性的时候，通过良好的风俗习惯，即节奏和和谐音调来触动灵魂，为灵魂养成良好的品性；第二则是在这基础之上，在能力充足的时候把握和迎接理性（401d 以下）。乐教的终极就在于对美好事物的喜爱。而对于体教来说，表面上是培养人的体魄，但是其最终目的是为了培养人灵魂中的意气（*thumos*）（410b）。这样经过乐教和体教的训练，灵魂就可以同时具备克制和刚毅，并且灵魂爱智慧和意气部分都得到了培养，二者之间能达成和谐一致。

对于当时的希腊人来说，所有的这些安排都被默认只涉及男性，而苏格拉底在第 5 卷中提出女性也可以成为护卫者。② 苏格拉底认为妇女和男人应该接受同样的教育，并且妇女也具有护卫城邦的本性，只是在程度上与男护卫者有

① 正是这一意义上我们才能理解柏拉图为何花了整整两卷（第 2、3 卷）的篇幅来讨论护卫者的教育问题。

② 参见阿里斯托芬的《女性公民大会》，有学者认为柏拉图在《理想国》中的主张与阿里斯托芬有关联，如 M F. Burnyeat，“Utopia and Fantasy: The Practicability of Plato's Ideally Just City,” in *Psychoanalysis, Mind, and Art*, J. Hopkins and A. Savile, eds., Oxford: Blackwell, 1992, pp. 175–187。

差别而已，但这并不妨碍妇女也从事护卫城邦的工作。苏格拉底在第5卷中遇到的第一个浪潮将护卫者阶层的组成确立下来，即拥有同样护卫者自然/天性的男人或女人。

最后，护卫者的生活方式必须受到城邦的严格规制。在美丽城中，护卫者们没有私人财产，过着公共的集体生活，在娶妻、婚礼、生育等事情上尽量为“朋友们所共有”（424a）。护卫者阶层的安排也是柏拉图将美丽城打造为统一共同体的关键环节，护卫者与统一共同体的关系最重要地表现在两个层面：护卫者阶层私有制的摒除保证了城邦最为强大的团体的稳固性，保证了城邦不会发生内乱纷争和陷落；并且，护卫者阶层的安排还实现了城邦整体感情上的统一，使城邦获得较高的善。下面，我们具体来分析护卫者阶层与统一共同体的关联。

在《理想国》第5卷的第二个浪潮中，苏格拉底详细阐述了护卫者阶层共妻共子的细节安排。当护卫者到了生育年龄后，城邦安排最优秀的男女护卫者同房，生产后代。由这些优秀的父母所生产出的婴儿则要交给城邦负责保育的官员，由他们来负责孩子的抚育。官员们尽一切办法不让任何父母认出自己的孩子。同一时间段出生的孩子，将是相应众多父母的孩子。在这样一个城邦中，“任何人，凡是他碰上的，他都将认为是碰上了或者他的兄弟，或者他的姐妹，或者他的父亲，或者他的母亲，或者他的儿子，或者他的女儿，或者是他碰上了所有这些人的子孙或是他们的祖辈”（463c）。护卫者妻儿的共有制从根本上避免了将某些护卫者看作自家人，属于自己，而把某些护卫者看成别家的人，不属于自己。这样也就消除了护卫者阶层内部分裂的所有可能。苏格拉底通过护卫者阶层的安排消灭了内乱的两个最重要诱因——贫富分化和统治集团内部斗争，而“如果在他们之间没有龃龉、斗争，那就不用惧怕城邦的其他部分会或者对他们，或者在相互之间有什么对立和冲突”（465b）。

护卫者阶层保证了这一阶层力量上的优胜，从而确保了城邦的稳定。但护卫者的统一共同体除了防御威胁外，还实现了更高意义的统一之善。护卫者阶层彼此之间的关系用苏格拉底的话说就是“朋友之间一切共有”（424a，449c）。[①] 那在《理想国》中，对“朋友”应当做何理解呢？苏格拉底希望能把家庭中紧密的父子、兄弟关系扩充到整个护卫者阶层，从而在这一阶层共享最大限度的亲密关系。亚里士多德对苏格拉底这种安排有一个著名的批评，即妇

---

① 这一原则在后来的《礼法》和亚里士多德的《政治学》中也都被承认，但是对这句话的具体理解和实现措施却有不同主张。

孺为公的安排不但不会增强人们的友爱，反而会使友爱像水一样淡泊，就如同一勺甜酒混入一缸清水（《政治学》II. 4. 1262b14ff）。因为如果每个公民有一千个儿子，父子之间的爱就只是真正父子之爱的千分之一，结果只能是父亲不得爱护儿子，儿子也不得孝顺父亲，兄弟之间也没有了相敬相爱。我们在这里无法详细展开对亚里士多德批评的讨论[①]，但是只需强调一点，即亚里士多德非常正确地点出，苏格拉底所构建的高度统一性是建基于家庭关系上的。但这是苏格拉底逻辑中非常悖谬的地方，即一方面护卫者阶层要消解家庭，但是其高度统一性依赖的却是家庭关系的城邦化。亚里士多德质疑的是家庭关系城邦化后会稀释而非加强原本家庭中的父子、兄弟间的友爱，但是苏格拉底这一逻辑更为根本的困难在于，如果家庭不在了，基于私人家庭构建的亲密关系也就消解了，美丽城里的父母、儿女以及兄弟是无法体验到家庭所能带来的亲密关系的，这样一来，当护卫者们彼此相遇的时候，除了"父母""儿女""兄弟"的口头称谓之外，他们还能共享什么性质的关系呢？在《理想国》中，苏格拉底给出的解答是，这种准家亲关系是通过礼法规定获得的（463d），在很大程度上要依靠教育实现。总体来看，苏格拉底并不认为这是一个问题，而是将其直接作为统一共同体构建的典范形式。

（三）统一城邦

在柏拉图看来，护卫者阶层的独特安排不仅能够保证这一阶层的统一，还能将统一推广到整个城邦。由此而来的问题是，护卫者阶层能够建立类似家庭中的兄弟、父子情谊，但这种友爱如何能够推广至生产者阶层呢？在回答这一问题之前，我们先来看柏拉图对于统一城邦的设想是怎样的。

柏拉图认为，护卫者阶层的独特安排不仅保证了这一城邦的中流砥柱不会分裂，而且还实现了最大限度上感情的统一，而这是城邦最大的善（464b）。在此基础上，整个城邦也成了有机的统一体：

> 这不就是城邦最近乎一个人的状态吗？比如，当我们中的哪个人一根手指受伤了，处于统治者单一命令之下的、从身体到灵魂的整个机体都会意识到这一点，并且会同那个受伤的部分一起整个感受到痛，这就是我们说一个人的手指痛的含义。对于人的其他部分也是同样的，不论是某个部分感受到痛还是快乐。（462b－d）

---

① 关于这个问题的具体讨论，参见本书第三章。

好城邦就像有机体一样拥有统一感情，该城邦的公民们“最能在同一事物上共同一致，这个事物他们将称之为‘我的’；而既在这一点上共同一致，从而，他们也就将是最能在喜怒哀乐上保持共同一致的”（464a）。苏格拉底将城邦的这种统一性归功于护卫者阶层的妇孺为公。护卫者们没有任何私人的东西，这保证了护卫者阶层能够在“什么是自己的”这一问题上达成共识，并全体一起为这一目标而努力。作为城邦统治的中坚力量，他们能够将这一目标传递到整个城邦，让全体公民也遵循护卫者的判断，持有与护卫者阶层同样的快乐与痛苦。

由此，苏格拉底所构建的言语中的城邦就不仅是基于正确统治关系的功能共同体，而且是有机的整体。除了统治和被统治关系外，城邦所有公民间还有通过共同感情联结的纽带，这一纽带使得言语中的城邦区别于其他城邦：

> 正像在其他城邦里存在统治者和人民群众，在这个城邦也一样？
>
> 是，也是如此。
>
> 那么，所有这些人都将互相称呼为公民？
>
> 不能不是这样。
>
> 可是，除了公民这个称呼以外，在别的城邦里的人民群众是怎样称呼他们的统治者们的呢？
>
> 在大多数城邦中，称为“主人”，在民主政体下，还是这个同一的称呼，“统治者”。
>
> 而在我们这个城邦里的人民群众呢？除了公民这个称呼以外，他们是怎样称呼他们的统治者的呢？
>
> 救助者和卫士。他说。
>
> 而这些人称人民群众为——
>
> 为雇主和养育者。
>
> 而那些在其他城邦中的统治者又如何称呼他们的人民群众呢？
>
> 奴隶。他说。
>
> 而那些统治者们怎样互相自称呢？
>
> 同僚统治者。他说。
>
> 而我们的统治者呢？
>
> 同僚护卫者（*Xumphulakas*）。（463a-b）

从这段引文可以看出，美丽城与其他城邦有着本质的区别。在其他城邦中，公民间的关系体现为统治与被统治的关系，统治者甚至被视为主人，被统治者则被视为奴隶。而在美丽城中，公民间的关系首先不是统治与被统治的关系，更像是协和一致的朋友关系。城邦中不同阶层的公民们非常清楚自己在城邦中的位置和功能，也并不首先以统治和被统治自居，而彼此以护卫和供给关系相待。在这统一的共同体中，“凡是每一个人所能贡献给集体的东西都被作为益处提供给大家分享”（519e）。

在这个统一的共同体中，任何一个阶层都离不了其他阶层，通过功能划分与协助，城邦凝和为一。这样一种城邦图景在一些学者看来，与城邦—灵魂类比的逻辑并不完全一致。比如鲍勃尼奇就认为，基于城邦与灵魂的类比关系，因为人的灵魂由三部分组成，城邦也是同样，所以按照灵魂的三个部分可以推出城邦中哲人、战士和生产者的不同生活方式，即他们分别被爱智慧、爱胜利和爱利益控制。[①] 由此他得出，在《理想国》中，由后两个阶层构成的非哲人群体与哲人的生活有着本质的区别，后两个阶层分别受意气和欲望的主导，永远无法获得哲人的幸福生活。如果按照这一解释，《理想国》所构建的城邦图景则是统治者要求战士与自己一并统治，甚至压制第三阶层的膨胀。很明显，这一图景与引文中所阐述的城邦大相径庭。这其中最重要的原因是，基于城邦—灵魂类比而得出的结论在一个关键点上出了问题，即在柏拉图的美丽城和德性序列中，不同阶层和不同德性之间的关系是统领性的而非并列性的关系。也就是说，在美丽城中，战士和生产者阶层的生活也并不受错误意见和信念的支配，而是至少秉持着与统治者的智慧相一致的真意见和信念。否则，城邦三个阶层之间就是相互冲突的关系，根本无法实现和平和统一。

柏拉图在介绍城邦德性的时候，将这一观点表达得最为明晰。在《理想国》第 4 卷对正义城邦四种德性的讨论中，勇敢被界定为保持和维护何为可怖事物的信念，这一信念是在礼法的影响下由教育获得的（429c）。勇敢德性的基础在于其之上的智慧德性对于可怖事物性质的规定，也就是说，离开了智慧，勇敢自身并不能成为独立的德性。战士作为承担这一德性的群体，能够接受统治者所确立的礼法和教育的规定，这些规定是符合智慧的真意见，而战士能够接受这些真意见，还是因为他们能够遵守自己灵魂中理性的规定。按照这一理解，美丽城中的战士阶层并非只是追逐胜利和荣誉的战争机器，罔顾理性部分的命令，而是能够接受最优秀的哲人王的指引，并协助哲人王捍卫城邦良好的秩序。同样，节制德性和生产者阶层的情况也类似。生产者也具有节制德

---

① 有学者认为《理想国》580d-581c 就是这一推论的直接文本证据，参见 Christoph Bobonich, *Plato's Utopia Recast*, Oxford: Oxford University Press, 2002。

性，这就意味着他们知道城邦应该由理性来统治，并且知道自己应该安于被统治。很难想象如果生产者的灵魂受欲望主宰和支配，他们如何拥有节制的德性。由此，我们可以推论认为，虽然战士和生产者阶层并不具备完善意义上的智慧，但是他们能够经由礼法、习惯和教育等正确的意见获得自身的理性，进而理解和接受城邦的统治结构和自己在城邦中的位置。而如果离开了美丽城，没有了最高的哲人王和智慧的统领，城邦和灵魂将是完全不同的一番景象。

在了解了统一城邦的性质之后，我们可以回到本节开始时提出的问题，即护卫者阶层的友爱关系如何能够推延至包括生产者在内的城邦整体呢？从上文的分析中我们得知，护卫者阶层之间基本上由带有很强家庭关系色彩的朋友关系构成，而城邦作为一个整体的内部纽带则是由政治性的功能协助关系构成的。很显然，这两种关系并不完全相同，甚至可以说，二者有着根本的区别。那从护卫者到城邦全体公民的联系纽带是如何建立起来的呢？柏拉图在《理想国》中对此着墨并不多，除了讨论节制德性时提到城邦整体的同心一致（*homonoia*）（432a）外，我们认为一个可能的解答是由腓尼基神话给出的，这一神话也被称为“高贵的谎言”。在这一神话中，所有公民间的关系被描述为从大地母亲而来的兄弟关系：

> 我是想要首先说服统治者本人和战士们，其次是其他公民，就像情形是这样：我们给予他们的培养和教育，所有这一切，他们是在想象中，就像是在梦里一样，以为他们接收到了并且真有其事，而实际上，那个时候他们是在地底下，在大地的里面被塑造和培养着，他们自己是这样，他们的武器和其他装备也在那里制造和配备着；而等到他们已经充分地完成了以后，大地，作为母亲，就把他们送出来。而现在，他们应当关心他们所居住和所在的大地，就像是关心他们的母亲和保姆一样，并且保卫她不受来自任何人的攻击，关心其他的公民——因为他们都是大地母亲的孩子——就像关心自己的兄弟一样。（414d-e）

以上引文是腓尼基神话的前半部分，妮科尔·洛侯曾富有洞见地指出，《理想国》第 3 卷中高贵的谎言是一个意识形态时刻，为第 5 卷中城邦作为一个大家庭做了铺垫，使所有公民确信他们有着共同的起源，彼此都是兄弟。[1] 洛侯在表述这一观点的时候，主要讨论的就是这前半部分的神话。但是，高贵

① See Nicole Loraux, *The Divided City: On Memory and Forgetting in Ancient Athens*, New York: Zone Books, 2002, p. 198.

的谎言还有另外一半内容，那就是对于城邦不同阶层以金银铜铁来划分。正是后半部分神话为统一城邦带来了困难，城邦正义安排所要求的各安其事的基础是人从大地中出生时的“自然”差别，而核心的问题在于，不同阶层间的功能和生活方式差别在多大程度上影响或阻碍了城邦统一的纽带。换言之，腓尼基神话的第二部分关于城邦阶层区分的叙述在多大程度上影响了第一部分关于所有公民都是兄弟的界定。柏拉图在《理想国》中并没有给出非常明确的答案，但是从一些表述中，我们可以推定他会认为城邦中所有的公民都有自然的亲缘性，虽然后来不同的人被混入了不同的金属，产生了不同的阶层，但是并没有冲击或影响城邦这一大家庭。苏格拉底曾表示这个神话即使暂时不能被相信，“它也已经有利于他们（公民们）更多地关心城邦和他人”（415d）。这样，美丽城之为统一共同体的性质就基本明确了：不同公民按照自己的自然（本性）做好自己的事务，并以此参与到城邦中来，这主要是正义的功能；正义并不能够必然保证城邦的协和一致，柏拉图通过将城邦变成一个大家庭来将不同阶层的公民凝聚为统一的情感共同体。

（四）统一的生活方式？

在城邦构建过程中，有一个问题始终困扰着阿德曼图斯，那就是这样一个城邦能够实现怎样的幸福生活。对他来说，统一城邦中的安排很难称得上是幸福生活的保障。对此，柏拉图在《理想国》中多次表示“立法的本意不在于使城邦某一个单一阶层生活得与众不同地好，而是要通过劝说或强迫公民们，以及让他们分享每一阶层能够贡献给城邦的好处，来让公民们彼此和谐，从而将幸福扩展到整个城邦”[①]。按照这一思路，城邦不同阶层的公民只是城邦统一体的功能配件，也就是为了城邦的统一，各个公民首先要完成自己所担负的政治或生产性职能。对于柏拉图来说，所有现实的城邦都不可避免地处于分裂之中，称不上严格意义上的一个城邦，而只有塑造了统一城邦，才有条件讨论城邦的幸福问题。那在这统一城邦中，不同阶层的生活方式又是怎样的呢？他们是否共享同一种幸福生活呢？

美丽城的公民由统治者、辅助者[②]和生产阶层三大部分组成，虽然三部分

---

① 参见420b-c，465e-466a，519e-520a，此处引文出自最后一段。

② 《理想国》中，柏拉图对辅助者阶层有多种称呼，如辅助者（*epikouros*）、武士（*polemikos*）和战士（*stratiotēs*）等。柏拉图同时用护卫者（*phulakes*）称呼护卫城邦的群体，其中包括一小部分哲人王/统治者和战士群体。

公民能够整合为统一城邦，但是仔细考察便会发现，三个阶层的公民们并不共享同一种生活方式。其中最核心的问题在于哲人的生活方式与非哲人的生活方式的区别，为此有学者基于城邦与灵魂的类比主张，认为在《理想国》中，只有统治者才是完全正义的人，战士和生产阶层则不幸得多，他们根本不能分享哲人的生活方式。[①] 下面将通过阐述三个阶层的生活方式来论证美丽城的生活方式在广义的护卫者阶层（统治者和辅助者）是有可能被共享的，在统治者和辅助者之间不能做彻底的划分，而生产阶层则基本上从事适度的生产活动，无法分享真正良善的生活。

首先需要考察的是统治者的生活。城邦的统治者是从广义的护卫者阶层遴选出来的，由护卫者中最优秀的人担任，美丽城最理想的统治者就是哲人王。苏格拉底认为，要想让护卫者过上真正良善的生活，首先需要其灵魂转向，然后在此基础上进行更为高级的教育，哲人王的首要工作也就成了教化城邦。在苏格拉底看来，每个人的灵魂中都内在地存在着某种能力（*dunamin*），以及用来进行认识活动的思维，思维必须和灵魂一道从变动不居的事物（*gignomenou*）转向存在（*to on*）。但是，从洞穴中观看影子到走出洞穴观看存在并非易事，护卫者要想实现这一点，就必须接受不同于《理想国》第 2、3 卷所详述的音乐和体育教育的教育。那些教育是“用习惯来熏陶和教育护卫者，通过和声灌输一种精神上的和谐，但并不是知识；并且，它通过节奏灌输一种平衡和优美，通过故事提供种种和这种习性相关的其他习性，这些故事或者近乎神话，或者更加切近真实情况。但是至于说到你现在所追求的那种善，能够起促进作用的学问，这在它之中却是不存在的”（522a-b）。苏格拉底提醒我们注意，要培养未来的哲人王，就必须进行新的哲学教育，这是最重大的学习（*megista mathēmata*）。新的学习项目包括算术、几何学、天文学、和声和辩证法等。[②] 随着学习科目的进阶，能够最终经受各种遴选和训练的人在五十岁左右的时候：

---

① 如鲍勃尼奇在 *Plato's Utopia Recast* 一书中以哲人和非哲人的区分为主线来重新诠释柏拉图的政治思想。他认为战士阶层只能接受乐教和体教，而只有极少数哲人王才能接受数学和哲学教育。我们则认为，他对于战士阶层的理解是有问题的，战士阶层并没有被完全排除在哲学路径之外。

② 这里对具体的教育内容以及五种学问和把握存在之间的关系不做详述，参见《理想国》522b-534e。关于数学等学问与教育的关系，参见 M. F. Burnyeat，“Plato on why Mathematics is Good for the Soul,” in T. Smiley，ed.，*Mathematics and Necessity：Essays in the History of Philosophy*，Oxford：Oxford University Press，2000，pp. 1－81。

> 凡是经过考验而洁身自好的，并且不论在什么事情和什么情形下，不论是在功业、事务上还是在知识、学问上表现都最为卓著的人，现在就必须把他们引导到那最终的目标上去了。他们必须把他们的灵魂之光向上投射出去，去睇视和观照那个给予一切以光亮的东西，并且，当他们既已见到了那善本身，就把它用作为模式和典范，在他们的余生中，每一个人轮流地用它来整饬和治理城邦、公民们以及他们自己。他们把大部分时间用在对哲学的探究上，而当轮到他们的时候，他们每一个人都要去处理繁杂的政治事务，并且担当统治者的职务，这是为了城邦的缘故，而并不是把它当作什么美好的事情，相反，这只是必须做的、不得已而为之的事；并且，就这样，他们也总是把别人教育成为这样的人，并且把后者作为护卫者留给城邦，而在这之后，他们就去到那些福祉之岛上，在那里定居下来。(540a-b)

对于城邦的哲人王们来说，政治生活和哲学生活都是要过的。在政治生活方面，他们在城邦中至少要过 15 年的战士生活和年长之后的统治生活，但是，哲学生活对他们来说是更为本质的。城邦的统治者们以沉思和静观的生活为最终的追求，对于善本身的观看远远胜过对于荣华富贵所能给人带来的幸福的观看，政治生活只是他们不得不做的事情。经过这一过程，不断接续的护卫者得以过上真正幸福的生活。

总体上看，《理想国》中哲人王的生活还是比较明确的，但相对而言，战士阶层的生活方式就不是那么容易确定了。这其中的困难很大程度上来自对统治者和辅助者的区分，因为哲人王是从广义的护卫者阶层逐步遴选出来的，也接受了独特的教育，少数的优秀战士将转变为哲人王，而更多的战士阶层的生活方式则不那么容易确定。但可以肯定的是，美丽城中的护卫者阶层过着简朴而稳定的生活，他们没有私产，过着妇孺为公的生活。在柏拉图看来，这些真正的卫士们实际上过着幸福的生活：

> 他们的胜利更加美好，而他们所得到的人民的供养更加充实。因为，他们所取得的胜利的奖赏，是整个城邦的得救，他们和他们的孩子额上的桂冠，是公众对他们的供养和所提供的一切生活所需；生前，他们将得到来自他们自己城邦的荣耀和尊奉，死后，他们将取得和他们的身份相称的殡葬和哀荣。(465d-e)

这种幸福生活基本上是政治性的，与哲人的沉思生活有着根本的差异。那是不是如大多数学者认为的那样，在美丽城中，战士阶层无缘真正的幸福生活呢？毋庸否认的是，最终能够接受辩证法教育、观看善本身、成为哲学家的人是非常稀少的。如果仔细考察的话，我们会发现，战士阶层和最优秀的护卫者之间最为重要的并非本质上的差别，而是程度上的差别。因为第一，广义的护卫者阶层最初都要经过严格的天性遴选和教育培养，在这一阶段是无法区分战士与最优秀的护卫者的。并且，统治者本身就是从护卫者群体中挑选出来的。第二，通常区分战士阶层与哲人王的一个重要标准是他们接受的教育并不完全一样，即哲人王除了乐教和体教外，还要接受算术、几何、天文、和声、辩证法等科目的训练，从而最终有能力把握“存在”。但是，战士阶层是不是就完全从后面这种高等教育中被排除出去了呢？答案是否定的。所有的护卫者（包括一般的战士）在儿童时代都会接受算术、几何教育，以及学习一切辩证法之前所应该进行的早期教育（536d）。同时，算术、几何等科目对于战士的作战也都有帮助（522e，525b）。第三，对于战士来说，辩证法之前的这些教育科目最重要的作用可能表现在行军作战、护卫城邦等事宜上，但是这一从对生成变化之物到对存在的把握之路并未对战士阶层封闭，并实际上培养了他们走上这条道路的能力。第四，从前面的引文（540a-b）中可以看到，哲人王在城邦中的一个重要工作就是把别人也教育成为与自己一样的人，并将其作为护卫者留给城邦，从而保证城邦的幸福永续。这里的“别人”可以理解为极少数经历了辩证训练的人，也可以理解为某些更广泛意义上的有志于哲学生活的战士。如果后者的理解能够成立的话，那美丽城中的哲人王和战士阶层就是优中选优的关系，并且二者之间存在着贯通的渠道和可能。简言之，如果说战士阶层德性的培养在很大程度上基于正确的意见和信念的话，那么他们从正确意见到知识的上升之路并没有被完全堵塞。

如果说战士阶层的生活方式较难确定的话，那美丽城中生产者阶层的生活就更难把握了，主要的原因是《理想国》并没有详细讨论这一阶层的教育和生活方式。但是可以肯定的是，生产者阶层在美丽城中也具有公民身份，他们通过对城邦的物质供给参与到城邦中来，并且知道和承认由最优秀的护卫者来进行统治。虽然在生产者阶层中存在着数量繁多的欲望（431c），但是他们的欲望是受较为优秀的人的欲望和明智统领的。生产者阶层不会无限制地追求钱财，因为城邦的疆域界限作为统一的整体，不大也不小。同时，生产者们也不会过分贫穷或富有（421d-422a）。作为城邦的供给者，生产者阶层并不将护卫者视为统治者，而视为自己城邦的保护者和守卫者。从这个意义上说，美丽城中生产者阶层的生活方式与第一个简朴的城邦（也即猪的城邦）中人们的生活方式非常接近，他们过着自足而有限度的生活，虽然工作的主体是从事各种生产活动，但并不因此而将欲望的膨胀作为自己生活追逐的目标。唯一的不同可能是，在美丽城中，生产者阶层要负担整个城邦的物质需求而非仅仅自己的自足生活。当然，过这种生活的生产者阶层是很难分享较高的德性生活的，如果说卫士们还有可能通过自己的努力走上哲学的上升之路的话，那么生产者阶层是绝无可能的。

至此，美丽城生活方式的全貌基本得以呈现。哲人王拥有真正的智慧，他们过着哲学和政治的生活；辅助者或卫士们则主要过政治的生活，其接受的教育和训练也赋予了他们走上哲学之路的可能性；生产者的情况不太明晰，他们通过有限度的物质生产参与到整个城邦之中，他们基本无缘真正的德性生活。在这一理想城邦中，政治性的幸福，即城邦统一得到捍卫和维护，这为城邦公民过德性的幸福生活提供了基本条件。同时，通过城邦的政制设计，哲人王提供的良善生活的范本及其对城邦的塑造能力赋予了城邦公民向上的德性之路。

五、小结

柏拉图通过在《理想国》中阐明的政制构建的逻辑，给出了针对《第七封信》开头提到的政治困境的解答。面对大多数城邦都因为争夺权力和贫富分化而实际上分裂为多个城邦的现实，柏拉图认为这些分裂的背后是人对更好生活的向往，但是关键问题出在大多数人并不知道什么是真正的好，并且容易受到智者和政客的影响，从而将统治、强权和名利糅合在一起。柏拉图在《理想国》中提出必须在全新的基础上为政治秩序奠基，这一基础就是真正的存在本身，只有有能力观看不变的存在本身，才能洞晓真正的正义、善和秩序。由此，也只有哲学家能够对照天上的理念来整顿和治理城邦，并且，哲学家的真正幸福生活并不是靠政治生活来获得，从而也进一步保证了他们不会将政治权力作为谋求名利的手段，也就从统治者的层面消除了城邦分裂和内乱的可能，捍卫了城邦的统一。在新的基础上奠定的政制是由哲人王、辅助者和生产者三个部分组成的，广义上的护卫者阶层的生活方式使得他们不可能谋取私利，而将城邦的好视为最大的好。生产者阶层则通过物质供给参与到城邦生活中来，并且与护卫者们都是广义的兄弟关系。柏拉图在《理想国》中勾画的统一共同体不仅消除了内乱的威胁，还建立了城邦各部分间情感的联系纽带。由此，我们看到，《理想国》的方案是通过给出一种全新的好生活方式来重置整个城邦秩序，也就是说，在美丽城中，哲人王为城邦提供了一种生活范式，并且在其领导下将整个城邦维系为一个整体。用柏拉图自己的话说，哲学家在看到那井然有序、永恒不变的事物后，“不独是依照它来塑造他自己，并且把它模印到人们的，不单是个人的，而且是社会和公众的习性上去”（500d），并塑造大众的节制、正义等德性。

柏拉图认为，这一美丽城的达成，也即政治权力和哲学的结合，需要极为特殊的条件。哲学家以神圣的模型为底本来绘制城邦蓝图的前提条件是城邦必须是洁净的：

> 他们（哲学家）把一个城邦和人们的习性当作一张绘画的底板，首先是要把它擦拭干净，这不是一件容易的事；但是，就是这样，你可以知道，他们在这一点上就和其他人不同了——他们不愿意去接触无论是一个个人还是一个城邦，也不愿意去制定礼法，除非他们先接受了一个洁净的城邦，或是他们先自己把它造成这样。（501a）

按照这一规定，实现美丽城最为快捷的方式就是将城邦中超过十岁的人都送到城外，由哲学家把孩子接收过来，按照自己的方式来教育他们（541a）。这样一个孩童的城邦再次将视野带回到腓尼基神话对人的描述中来。只不过，这一次，哲学家真正通过剥离儿童与生身父母的血缘关系而将其置于更宽泛的兄弟关系之中，并以此为基础来塑造符合美丽城要求的公民，这样的公民反过来能最大限度地支持并捍卫城邦秩序，并按照政制的规定逐步走上追寻美好生活之路。

在了解了美丽城的性质和实现方式之后，还剩下一个问题，那就是这个城邦能否在大地上实现。① 柏拉图在《理想国》中多次表示，这一城邦要实现是非常困难的，但并非绝无可能。在第 9 卷的结尾处，柏拉图非常明确地告诉我们这样一个城邦是在“天上的，对于凡是愿意去观看并且在观看中愿意在自身之中建立一个城邦的人来说，也许是存在着这样一个模型的。但无须去问它在地上是存在的呢还是尚有待于存在，因为他只皈依于这样一个城邦，任何其他的都是与他无关的”（592b）。也就是说，美丽城只是提供了范型，它能否实现并不重要，更为重要的是它的最终指向是在人的灵魂中建立起这样一个美丽

---

① 关于《理想国》所描绘的美丽城是否能够实现，20 世纪学界有着诸多争论，其中比较有代表性的当属施特劳斯与伯恩耶特的观点，参见 Leo Strauss，*The City and Man*，Chicago：University of Chicago Press，1964；M. F. Burnyeat，“Sphinx without a Secret，” *The New York Review of Books*，vol. 32（9），1985；M. F. Burnyeat，“Utopia and Fantasy：The Practicability of Plato's Ideally Just City，” in Gail Fine，ed.，*Plato 2*：*Ethics*，*Politics*，*Religion*，*and the Soul*，Oxford：Oxford University Press，1999，pp. 297 - 308。

城，在这个意义上，美丽城在言语或道理中已经完成。

柏拉图并未在《理想国》中为我们切实构建一个大地上的城邦，甚至他表示出并不关心大地上是否真有可能出现这样的城邦，这一任务留在了其《礼法》中。在柏拉图最后这部对话中，他向我们展示了如何尽可能地建立良善的统一城邦。我们会发现，在后期的对话中，《理想国》所确立的一些根本的政治原则，如城邦统一的目标、智慧统治、德性生活和教育等等并没有发生改变，一些细节的调整只不过是为了在大地上尽可能实现统一城邦所不得不做出的修订。下面，我们就将目光投向柏拉图晚年的这一最大的政治远航——《礼法》。

第四节　统一共同体：《礼法》

与《理想国》相比，柏拉图最后这部政治著作的读者要少得多，获得的重视度也比不上前者[①]，但是《礼法》却给柏拉图政治思想的性质认定带来了严峻的挑战。在《礼法》中，柏拉图没有将精力集中于灵魂秩序和哲学基础的讨论，正义问题似乎也退居幕后，地位远没有在《理想国》中那么重要。此外，在政制安排上也发生了很多变化，如对公民身份进行了限制，允许城邦的公民拥有家庭和私产，设置混合政体，花很大篇幅描述城邦立法以及法律序言。最为人所熟知的是，柏拉图好像放弃了理想城邦而转向了“次佳政体”，放弃了哲人王统治而转向了“法治”，等等。基于这些判定，柏拉图政治思想是否连贯的问题自然就成为学者们首先要面对和回答的。本节首先讨论关于柏拉图思想是否前后一贯的几种有代表性的观点，然后具体讨论《礼法》对统一共同体的具体论述。

一、柏拉图政治思想的一贯与变化

关于《理想国》与《礼法》两部书的关系产生了不同的解释思路，结合学

---

① 也有学者如施特劳斯就主张《礼法》才是柏拉图最具政治性的著作，参见 L. Strauss，*The Argument and the Action of Plato's* Laws，Chicago：University of Chicago Press，1975；斯科菲尔德也强调了《礼法》的重要性，以及该书对亚里士多德《政治学》的影响，Malcolm Schofield，“‘The *Laws*’ Two Projects，” in C. Bobonich，ed.，*Plato's Laws*：*A Critical Guide*，Cambridge：Cambridge University Press，2010，pp. 12－28。

者拉克斯（Laks）的总结①和最近学界的讨论②，我们大致可以归纳出四种描述柏拉图政治思想体系的观点。③

第一种观点是完成论，即认为在《理想国》中，柏拉图将主要精力放在对统治者的描述上面，但是对城邦其他方面并没有能够涉及，这一工作在《礼法》中得以完成。在《礼法》中，柏拉图筹划建立马格尼西亚（Magnesia）殖民地，从城邦的选址到人口规模，再到城邦具体的规划、政体形式、生活方式、官员设置、宗教仪式等等，柏拉图都进行了详细说明。在马格尼西亚，柏拉图为我们提供了范型城邦的细节。这种观点认为，柏拉图的《理想国》和《礼法》在很大程度上是一致的。④

第二种观点是后退论，即认为《理想国》中的方案仍是最佳的，《礼法》所谋划的政制是在《理想国》最佳政体基础上的后退。柏拉图认为他在《礼法》中构建的城邦并不是最好的城邦，而是相对于《理想国》而言的次佳城邦。在这里，私人家庭和私有财产得以保留，礼法承担了更为重要的角色，政体设置上也吸纳了混合政体的元素，这些新的安排也取代了哲人王的统治。从这样一些地方似乎可以得出结论说，柏拉图在很大程度上改变了自己的想法，在政治事务上变得务实了很多。⑤

---

① 拉克斯归纳了三种，即完成论、修正论和履行论，这里借用这三种进路的名称，但实际指代并不完全相同，并增加了“后退论”。参见 Aandre Laks, “The *Laws*,” in C. Rowe and M. Schofield, eds.，*The Cambridge History of Greek and Roman Political Thought*，Cambridge：Cambridge University Press，2000，pp. 267－275；“Legislation and Demiurgy：On the Relationship between Plato's *Republic* and *Laws*,” *Classical Antiquity*，vol. 9，1990，pp. 209－229。

② 参见 C. Bobonich and K. Meadows，“Plato on Utopia,” *The Stanford Encyclopedia of Philosophy*（Summer 2013 Edition），URL ＝ http：//plato. stanford. edu/archives/sum2013/entries/plato-utopia/。

③ 需要注意的是，这四种进路的划分只是为了方便讨论，将四种最为典型的观点列出。一旦具体到某一个学者的立场，则可能会有重叠或差异。

④ 比如桑德斯就认为这两本书是同时写就的，参见 T. J. Sauners，*Plato*：*The Laws*，London：Penguin，1976，pp. 27－28。

⑤ 比如弗拉斯托斯就认为柏拉图自己在西西里和小狄奥尼索斯（Dionysius II）的交往使他认为，没有哪个拥有巨大权力的人不会腐化，从而使他后来对人性不那么乐观，参见 Gregory Vlastos，*Platonic Studies*，2nd ed.，Princeton：Princeton University Press，1981，p. 216。这种用柏拉图的政治生涯阐释他的思想变动的代表，还可参见 George Klosko，*The Development of Plato's Political Theory*，Oxford：Oxford University Press，2006，更早的如维拉莫维茨（Wilamowitz）也是持类似观点。此外，还有不少学者从现代政治讨论的议题出发，在《礼法》中找到了柏拉图对于民主、法治等不同于早前作品的积极态度，但是这种进路对于理解柏拉图来说存在较大的风险。

第三种是修正论，与后退论的修正不同，它强调《理想国》和《礼法》内在逻辑上的重大区别。在这些学者看来，这种区别不是柏拉图简单地后退，而是他政治思考本身发生了一些改变，集中表现在对于最佳城邦的理解上面。[①]这种观点认为，《礼法》所描述的最佳政体并非《理想国》中的美丽城，《理想国》中的共产主义只适用于护卫者阶层，而《礼法》则要将共产主义在整个城邦实行。[②] 所以《礼法》的次佳政体并非相对于《理想国》美丽城的次佳，而是相对于一种新的最佳政体构想的次佳。[③]

第四种观点是履行论，认为柏拉图要想在现实中将良好政体实践出来，就必须做出一些调整和修正。如果将《蒂迈欧》与《礼法》对照来读，就可以定位《礼法》的努力方向，即它不是要实践范型，而是讲出了实践工作所需要的条件。[④] 在这种观点的基础上，拉克斯进一步区分了人和神，在某种意义上，"《理想国》和《礼法》的关系是从一个层级（神的）到另一个层级（人的）的关系"[⑤]。在拉克斯看来，《礼法》详细阐述的次佳城邦是在人相对于神是次佳的这一意义上说的，而这样构建起来的城邦政制和礼法对于人来说仍是最好的。

上述四种观点只是理解柏拉图政治思想逻辑的众多尝试中的部分，它们彼此之间也并非完全对立或排斥。我们将尝试捍卫柏拉图政治思想根本逻辑上的一致性，论证在某些核心问题上，虽然柏拉图对一些具体问题，如哲人王与法律统治、统一城邦的理解、公民群体的范围等会有不同表达，但是其背后的政

---

① 比较有代表性的是 Bobonich，*Plato's Utopia Recast*；此外，库珀强调《礼法》在公民教育等方面的思考有非常重大的改变，参见 John M. Cooper.，*Reason and Emotion*，Princeton：Princeton University Press，1999，pp. 165 - 191。

② 关于"最佳政体"并不就是《理想国》中的美丽城这一点，拉克斯和鲍勃尼奇是一致的，但拉克斯更多的还是采取第四种进路。参见 Bobonich，*Plato's Utopia Recast*，pp. 10 - 12；A，Laks，"In What Sense is the City of the *Laws* a Second Best One?" in F. Lisi，ed.，*Plato's Laws and its Historical Significance*，Sankt Augustin：Academia Verlag，2001，pp. 107 - 114。

③ 鲍勃尼奇还强调柏拉图《礼法》中政治思想的变化与柏拉图后期的认识论、形而上学和灵魂学说有关。这是今后柏拉图政治思想研究的一个可能的方向，到目前为止还没有见到特别有分量的著作来阐释这一问题。

④ 比如莫罗就认为《理想国》与《礼法》的关系是理想范型与现实实践的关系，但是这一实践与历史上的雅典相关，参见 G. R. Morrow，*Plato's Cretan City：A Historical Interpretation of the Laws*，Princeton：Princeton University Press，1993。

⑤ A. Laks，"The *Laws*，" p. 275.

治思想指向是基本一致的。[①] 如果回到本章所关心的城邦统一问题上来，我们会发现柏拉图政治思想的核心思维逻辑并没有发生变化。概而言之，首先，《礼法》的问题意识同样起于城邦内乱带来的威胁。其次，对于柏拉图来说，政治谋划的目的是实现城邦的统一和公民有德性的生活。[②] 再次，在《礼法》中如同在《理想国》中一样，好城邦的出现只能依靠理性（努斯）的统治（《礼法》702d-e，736d；《理想国》369a，c，376e）。最后，立法者不仅要设立成文法，更重要的是设立作为城邦生活方式的礼法（*nomoi*）和政制（*politeia*）。[③]在这些问题上，柏拉图不但没有改变自己的立场，反而将分析推进到之前《理想国》未曾到达的层级。

在柏拉图政治思想核心逻辑之外，我们会发现《礼法》相对于其他对话的一些改变和推进。限于讨论主题的需要，这里只列举几个重要问题：《礼法》对公民有严格的身份限制，《理想国》中从事生产的工匠商人等都被排除在公民之外；《礼法》为统一城邦找到了友爱以及促进友爱产生的全新社会机制；《礼法》很强调用法律序言来进行公民教育等。但是这些修订或阐发并没有在根本上威胁柏拉图政治思考的基本逻辑，反而在很大程度上被整合为建立对人来说切实可行的城邦的条件。而《礼法》之所以与《理想国》有这些差异，应当归因于两部对话讨论的侧重点的差异。《理想国》讨论的起点是寻找灵魂中的正义，其基本路向是建立言辞中的城邦，顶点是哲学家的灵魂，它为我们展示了灵魂正义的典范形态。但是哲学家的生活方式是超政治的，当哲学家按照自己灵魂的样子来绘制城邦时，必然会遇到内在的理论困境。直到整部对话最

---

① 最近捍卫统一论的尝试可参见 Christopher Rowe, "The Relationship of the *Laws* to Other Dialogues: A Proposal," in Bobonich, ed., *Plato's Laws*: *A Critical Guide*, pp. 29 - 50；罗仔细分析了《礼法》与其他文本的相关性，并提出《礼法》能够指引哲学读者看到与其他对话一致的结论。另外有一种捍卫柏拉图政治思想统一性的进路值得特别重视，它是由法国学者普拉多提出的，他认为柏拉图晚年的这部著作是要解决《理想国》中不能解决的问题，如城邦的生成、内部冲突、公民的生活方式等等。这种解决不是简单地因为《理想国》没能展开讨论这些问题，而是缺乏相应的理论基础，只有在撰写完《蒂迈欧》《克里底亚》和《礼法》之后，柏拉图才完成了较为完整的自然观，才能够确定自然事物的构成与运动。《礼法》所构建的城邦是在充分诠释的自然基础上构建起来的，并且这个城邦还是一个运动的实体，参见 Jean-François Pradeau, *Plato and the City*: *A New Introduction to Plato's Political Thought*, Janet Lloyd, trans., Liverpool: Liverpool University Press, 2002, pp. 137 - 138。在这个意义上，本章试图结合普拉多和拉克斯的基本思路，之后尝试回应修正论的挑战。

② 主张城邦统一和公民过德性的生活在《理想国》中主要是通过对护卫者阶层的描述呈现的，并未获得强调，而在《政治家》和《礼法》中，这直接被表述为好城邦应有的目标。

③ 这与《理想国》中苏格拉底的角色是一致的，参见《理想国》519c。

后的厄尔神话，柏拉图实际上一直在劝勉读者尽量选择哲学的生活方式。相比起来，《礼法》则更像是严格意义上的政治哲学著作，柏拉图在这部最后的对话中向我们展示了如何设计并实现良好的政治秩序，为城邦立法建制成为对话讨论的主题。借助《礼法》，柏拉图也就有机会得以全面而系统地阐述其宏观思路与细节安排。下面，我们还是依照《礼法》的内在逻辑，来具体考察柏拉图晚年的这一“实践冒险”。

二、战争：生存与德性

对于柏拉图来说，内乱及它对城邦的威胁始终是其政治思考的首要对象。《礼法》一开始就讨论城邦的立法目标应该是着眼于防止城邦内乱还是在对外战争中获胜。这一问题在《理想国》中是通过追溯城邦起源来进行的，即城邦的扩张使得城邦必须面对外部敌人，从而需要单独的护卫者阶层，护卫者阶层出现后又将内乱作为其首要防范的对象。而在《礼法》里，内乱与对外战争被作为两种性质不同的战争，从而直接引出了政制和礼法（*politeia kai nomoi*）的目标应该是为了城邦的生存还是德性。换言之，城邦是为了活着还是活得好？①

《礼法》的对话者分别为雅典陌生人、克里特人克里尼亚斯（Clinias）和斯巴达人麦基鲁斯（Megillos），这三个人的城邦分别代表了当时希腊城邦世界的两种典范政制：雅典式与多里安式政制。而多里安式政制恰恰是《理想国》第8卷中政体衰变序列中最好的政体形式。在《礼法》中，斯巴达和克里特政制也被与其他政制区分开来，被雅典陌生人称为“真正的政制”。② 虽然多里安式政制在当时的希腊世界享有盛誉③，但是《礼法》一开始就是要从现实中的优良政制入手，揭示出其政制设计的潜在弊端，从而引出对真正优良政制的讨论。

斯巴达和克里特两个城邦的立法着眼于在对外战争（*polemos*）中获胜，

---

① 亚里士多德在《政治学》I. 2. 1252b27ff 中详细阐述了“活着与活得好”的关系，即城邦的生成是为了活着，而城邦的持存是为了活得好。

② “那是因为你们两个的城邦都是政体。你们提到的其他（僭主制、民主制、寡头制等）那些都不是政体，而是在专制统治之下的城邦管理机构，城邦的某一部分奴役其他的部分。每个名字都从专制者的权威那里而来”（《礼法》712e-713a）。本节讨论中如无特殊说明，柏拉图著作的页码均指《礼法》中的页码。

③ 参见亚里士多德《政治学》II. 9. 1269a30ff，虽然亚里士多德对斯巴达和克里特政制有诸多批评，但是这两种政制在《政治学》中是作为当时希腊可能的最佳政体而被批判和分析的。具体讨论可参见本书第三章。

因为在克里尼亚斯看来，“依据自然，所有城邦间都存在着无休止的潜在战争，而和平只是一个空名”（626a-b），只有通过战争中的胜利才能获得失败一方所有的好东西。两个城邦正是基于对政治现实的判断才将城邦立法的目标放在战争上面，只有在战争中获胜才能维系自身的生存，否则城邦任何其他的活动与追求都将是不可能的。

柏拉图并没有否认对外战争的重要性，但是他首要关注的并非对外战争，而是城邦内部的纷争。因为相比起对外战争，内乱对于城邦的破坏要更为严重。三个对话者都同意“城邦内乱是不停地出现的，并且每个人都不希望自己的城邦出现内乱，一旦发生，则希望内乱尽快过去”（628b）。并且与对外战争相比，“城邦内乱是所有战争中最残酷的，是最大的战争”（630a）。为了避免内乱，立法者应该首先为城邦带来和平，促进城邦内的友爱与善意。这样一来，内乱就取代了对外战争成为立法的首要关切点。

柏拉图提出，严格意义上的政治家应该先关注内乱而非对外战争，原因包括以下几点。第一，在对外战争中起主导作用的是力量原则，即大的城邦能在战争中战胜小城邦（638b），一个城邦哪怕治理得再好，在遇到强大的敌人时，也难以维系自身的安全。也就是说，在城邦的对外关系中，强权是与高贵无关的通行原则。第二，如果说城邦间的战争状态是现实存在的话，那城邦更是要提防自身内部的纷争与动乱。因为如果城邦自身不能保持统一，陷入内乱，就根本没有能力抵御外敌。所以，雅典陌生人会说“城邦战胜自身不是最好的，而是必需的”（628d）。第三，如果一个城邦将自己打造为一个战争机器的话，其公民则必然具备很强的战斗能力，而一旦该城邦发生内乱，也必然会对城邦自身带来最严重的伤害（636b）。综合以上几点来看，雅典陌生人将城邦内部的生存放在对外战争中的幸存之前。在这一基础上，对于政制和礼法的讨论就必须从城邦的生存层面上升到城邦的生活方式是否高贵上来，对外战争和内乱背后实质上是对德性的不同理解。

在对外战争和内乱中，对人德性的要求是不同的。在对外战争中，勇敢是首要的；而要预防内乱，则需要更多的德性，具体来说，需要与勇敢同等程度的正义、节制与明智（630b）。因为只有同时具备这四项德性，人才可能成为忠信之人。柏拉图为我们给出了德性的等级序列。首先他将德性划分为两类：属人德性与神圣德性。前者从高到低依次为健康、美、力量与财富，后者的序列为明智、节制、正义与勇敢。而且，属人德性从属于神圣德性。德性序列的安排不再是简单的德性分类，而是规定了明智的统合能力。以勇敢为例，在神圣德性的序列中，勇敢排第四位，这意味着勇敢必须服从于其他三种德性的要求，否则便很难被称为勇敢。换言之，单独的勇敢德性并不能独立存在，否则，勇敢就无法区别于鲁莽和傲慢。除明智以外的其他德性之所以被当作德性，且能够发挥作用，最根本的就是因为明智的统领力量在起作用。

通过将讨论的层面推进到德性，多里安式城邦政制的特点可以被看得更为明晰。旨在在对外战争中胜利的战争机器最为看重的公民德性自然是勇敢，而真正的勇敢是对抗恐惧与痛苦，以及能与我们意气薄弱的欲望和快乐做斗争。在麦基鲁斯对城邦关于勇敢的立法的列举中，共餐制、体育训练、狩猎、忍受痛苦等成为首要的内容，这些都是针对身体的训练，而勇敢的实质内容是与快乐做斗争。也就是说克里特和斯巴达着眼于对外战争的城邦礼法仅仅达成了勇敢的一部分，即对抗恐惧和痛苦。在这个意义上，勇敢作为一种德性，与其他德性是分离的，即雇佣军式的勇敢可以与正义、节制、明智等无涉（630b）。这种意义的勇敢是有内在危险的，这一危险在讨论节制的时候被道明："这些体育训练和共餐制在很多情况下是有益于城邦的，但是在内乱的时候，它们是有害的"（636b）。到此为止，勇敢德性的性质，确切地说是克里特和斯巴达式的勇敢的性质被较为充分地解释了出来，这种勇敢是身体性的勇敢，它与其他德性并无太多关系，并不会按照神圣善好的序列去向更高的德性看齐。它更像没有方向的意气（*thumos*），是把双刃剑，既可以在对外战争中杀敌，也可能在内乱中给自己带来最严重的灾难。关于勇敢德性的讨论揭示出克里特和斯巴达将城邦构造成战争机器的内在危险。如果只着眼于对外战争来形塑城邦德性的话，那么城邦所体现出来的勇敢实际上并不属于神圣的善好，而只是在幸存意义上的力量准备，与真正的德性无关。而真正的优良城邦应该将立法着眼于整全德性，即除了勇敢之外，还要培养人的正义、节制和明智。

从德性视角来讨论城邦内乱严格说来并没有超出《理想国》讨论的范围，《礼法》只是将这一分析更加清晰地呈现了出来。相对于城邦的对外战争而言，内乱才是立法者的首要关切，也是城邦立法所要克服的最大敌人。同时，以斯巴达和克里特为代表的着眼于对外作战的城邦政制和立法存在着重大缺陷，即对德性认识的片面化，这会导致巨大的潜在威胁，而只有充分理解整全德性，并且将城邦目标着眼于整全德性，城邦才会获得长治久安，这也是克服内乱的内在要求。

三、自然秩序下的内乱与统一

在《理想国》中，柏拉图认为特拉叙马库斯以及格劳孔叙述的正义观是城邦内乱的重要理论根源。在《礼法》中，这一诊断被保留了下来，并体现为在城邦中谁应该统治的问题。对这一问题有着诸多不同的回答：父长统治、出身高贵之人统治、老人统治、主人统治、强者统治、智慧之人统治。在这些不同的观点中，最强有力的主张是强者统治："他们主张法律不应该着眼于战争或整全德性，而应该着眼于既有政体的利益，和那些能使政体长久统治、永不消亡的东西。他们宣称符合自然的关于正义的最佳定义是强者的利益"（714b-c）。这里的强者可能是大众，也可能是僭主、贵族等任何占有城邦权力的群体或个人。他们一旦掌握城邦权力后，便会如特拉叙马库斯所说的，按照自身利益来颁布法律，让法律成为"统治集团的工具"。雅典陌生人在《礼法》中没有采取《理想国》中的长篇论证方式，只阐明了强者正义这一原则的致命缺陷：

> 统治团体将会不断争斗，胜利的一方会接管城邦事务，而不让失败的一方有任何参与的机会。这样两派之间彼此盯着对方，一旦有机会掌握城邦大权，便会记起之前的恩怨，开启动乱。这些根本不能被称为政体，我们也不会说那些不寻求城邦整体利益的法律是正确的。如果法律是为了寻求某一部分人的利益，那我们将其居民称为"派系"而非公民，并说他们尊之为正义的法律是虚幻的。
>
> 我们说这些话是因为下面的这些原因：我们不会将城邦的统治集团设立在某些人的财物或力量上面。（715a-d）

在"正义是强者的利益"这一原则中，柏拉图看到城邦内乱的深层原因，这里的阐述我们并不陌生，在对城邦政体的界定中我们已经看到分裂城邦的特征。在对政治权力的角逐中，力量成为唯一的标准，这是将自然界的原则纳入城邦政治的直接后果。而在这一境况之下，城邦总是会陷入不断的内乱之中，要彻底改变此种情形，雅典陌生人给出的方案是让法律不再是某一派别的工具，法律必须服务于诸神，而成为超越各个派别的最高权威。必须让掌握真理的立法者，借着机运与城邦权力结合，并且能颁布城邦法律，让一切派别都遵循法律生活，成为"法律的仆人"（715d）。

在《礼法》中，柏拉图并没有停留在这里，而是将《理想国》的诊断进一步深化，认为强者正义背后还有更根本的自然秩序的原因。在柏拉图看来，之所以会有人持这样一种立场，是因为他们对自然秩序和神的理解是错误的。在柏拉图看来，智者及诗人所做的一个努力是将自然与人伦分离，从而成为两个截然独立的部分。这一过程被进一步阐释如下。

首先设定万物生成有三种途径：出于自然、出于运气和出于技艺（709b 说的是神、运气和技艺）。而最大的和最好的是从自然和运气而来，较小的则是从技艺而来，技艺是从最大的和最先的东西中派生的，并塑造了我们称之为人工的所有小东西。智者及诗人认为的宇宙秩序为：最初是火、水、土、气，它们由自然和运气产生；继之以各种星体，如大地、日、月、星辰等，这些事物都没有灵魂，其产生也都是出于各自能力的运气；接下来产生的是天宇和宇内万物以及动植物，其产生过程是之前的事物出于必然，根据运气而来的相反性质的结合，如冷热干湿的结合等。由此，四季也出现了。所有这些事物的产生“不是经由努斯，他们宣称，也不是通过某个神，也非通过技艺，而是出自自然和运气”（889c）。

在这之后，技艺才出现，技艺属于可朽的事物，技艺自身也是可朽的。从技艺这里出现了两种事物：第一种是玩物，这些事物并没有分得多少真理，而只是一些影像，如绘画、音乐等；第二种则要严肃得多，这类事物拥有与自然一致的力量/能力，如医术和农艺等。而政治技艺“只在很少的程度上与自然一致，其大部分都是出自技艺的，因此，整个立法事务都不真切，并非出于自然，而是出于技艺”（889d-e）。而诸神就是由这样的技艺产生出来的，智者及诗人将神安放在自己规定的宇宙秩序之内，并将这一秩序与人的政治伦理秩序联系起来。

对于这样一种宇宙秩序有几点值得特别指出。第一，无论是水、火、土、气四元素还是日、月、星辰等宇内万物，按照这一说法都是没有灵魂的，完全是出于自然和运气。也就是说，并没有一个外在的神或者某物来规定及安排这一切的生成，自然事物的出现完全是自然而然的。第二，技艺的出现是在自然物之后，其属性是可朽的，也就是伴随着可朽之物产生的。技艺与自然物的产生并无关系，并且由技艺产生的事物甚至是较微小的。第三，技艺与自然并不必然地有内在关联，既存在很符合自然的技艺，如医术等，也存在与自然关系不大的技艺，如玩物和政治技艺。第四，在以上几点的基础上，立法事务便属于与自然无关的政治技艺部分，完全是人为的创造和约定，毫无根据或规律可循。

在这些人看来，失去自然基础的人伦秩序除了强力原则之外没有通行的法则，这也是《高尔吉亚》中卡里克勒斯和《理想国》中格劳孔的挑战背后最深层的理论困难。这一困难在《礼法》第 10 卷得到最充分的揭示。这样，我们就得到了关于城邦内乱的完整因果链条：城邦内乱的原因直接体现为人们都想成为城邦中的强者，从而可以主宰城邦并满足自己的各种欲求，因为人总是想要更多，并将错误的“善好”（荣华富贵等欲望）当作真正的善，这就是内乱的城邦和灵魂最直接的原因，即灵魂中欲望部分的无限膨胀，以及在城邦中总想胜过别人，夺取最高权力。这一城邦和灵魂现象背后是强力正义的逻辑，在人类事务中，除了这一规则外似乎并没有别的令人信服的原则。此外，由于人们看到不同的城邦有不同的礼法秩序，好像并没有一个普世的规则或者道理存在，甚至可以说人伦秩序根本就没有外在基础，人们就更加坚信强力的胜利是真正的自然。这一主张的前提是人类秩序与自然宇宙秩序的分离，自然的生成秩序在先，是借靠自然和运气而产生的，而人类秩序则完全是属人的技艺的产物，故没有标准，立法事务则更是不涉及自然因素。这条因果链是对城邦和灵魂两个层面内乱的最本质性和最完备的分析。

如果要戒除内乱，柏拉图就必须从最本原的地方进行重新奠基。他首先用灵魂取代自我运动来构造整个生成秩序。灵魂是最早的运动，是所有运动之源，而其他由他物引发的运动都是第二位的。灵魂也成为早于身体的存在（《蒂迈欧》48e2-51b6，52d4-53b5），故灵魂统治身体。在奠定了灵魂的本原地位之后，它便成为万物的原因，并管理着所有运动的事物，同时也管理着天宇。灵魂统摄的自然秩序使得自然与人伦秩序重新统一起来，但这种统一不再体现于自然派生出人伦秩序，而是二者都归属于更为本原的灵魂运动序列。在这之后，柏拉图为创生世界的灵魂规定了方向，为自然秩序赋予了价值判断，也就是说，自然秩序并非纯然自生自发、盲目偶然的，而是有着特定的安排，而这主要靠努斯的帮助：“在灵魂驱动宇宙万物的时候，每一次都是在努斯的帮助下进行的，而努斯则被称为真正意义上的神。灵魂—努斯这一配合引导万物朝向正确和幸福，而如果没有努斯，灵魂则会导向相反的事情”（897b）。人作为宇内存在物之一，自然也是由灵魂—努斯驱动的，其目标也是朝向正确与幸福。并且神对人类事务的安排遵循努斯的性质，保证了德性最终的胜利和德福一致，也就保证了城邦及个人灵魂层面的向善生活，在这样的自然—人伦秩序下，内乱在自然层面的挑战得到彻底的解决。下一个需要回答的问题就是，在新自然观基础上，好的人伦秩序是什么样子的呢？

四、“次佳政体”

柏拉图在《礼法》中构建了新的殖民地马格尼西亚，在建立马格尼西亚城邦的过程中，他曾经三次尝试描述理想政体及其统治方式。其中第一次近似于《理想国》中“立法者—僭主”的王政，第二次（正确设立的政制类型）是克洛诺斯政体，第三次是所谓的“次佳政体”。其中，柏拉图放弃了王政的努力，而转为法律统治，这也被学者看作柏拉图抛弃哲人王转向法治的重要表现。而最后对次佳政体的描述也被当作柏拉图后期政治思想发生重大转变的主要证据。但是如果仔细审查柏拉图的论证，我们就会发现，在所谓的“哲人王”和“法治”背后有更深的统一性；《礼法》中构建的次佳政体是就统一而言的，而这次佳政体对于人来说仍是最好的城邦，在这个意义上，柏拉图并没有后退或者退而求其次。

（一）立法者与王——第一政体

在《礼法》第 3 卷的结尾处，雅典陌生人和克里尼亚斯开始在言语中构建新的殖民地马格尼西亚。新殖民地的成员来自诸多地方，城邦在建立之初便遇到最为紧迫而重大的问题，即当众多持有不同习俗和法律的群体走到一起时所要面临的归一问题。在新殖民地中，各种不同的人因为种种原因来到一起，各自秉持着固有的习俗和法律，对于每个群体来说，共同的语言和法律等会塑造他们特定的友爱关系，但是每个群体都不会轻易接受别人的法律和政体。要解决这一难题，让城邦整合为一个城邦，就必须由立法者来进行这一工作。

对于立法和所有的事情来说，有三种要素在发挥着作用：自然、运气和技艺。在做了这种规定之后，有很多人会认为立法完全是运气的事情，人根本没有立任何法，是战争或者是灾变塑造了人的事务，换言之是运气而非人规定了法律。但是，雅典陌生人并不同意这一说法，他以领航员为例，说明在狂风之中航行，技艺还是非常重要的。这一例子也可推广到别的事务，包括立法上面来。雅典陌生人从而得出结论说，对于立法来说，立法者的技艺，即拥有真理也是至关重要的（709c）。因此，对于立法来说，拥有真理的立法者能够以正确的方式祈祷，然后凭借运气来进行立法工作。在立法者出现之后，下面的问题是需要一个怎样的城邦来让立法者施展其才智，从而进行城邦政制的具体安排。雅典陌生人给出的答案是，最好为立法者提供一个僭主制的城邦。按照雅典陌生人的叙述，城邦的王必须在天性上具备如下条件：年轻、记性好、敏于学、勇敢和高贵。同时，王还必须拥有节制的德性。需要特别强调的是，王所拥有的节制不是后天训练的结果，而是自然生成，天性中就具备的。

如果有好运气的话，该城邦会同时出现一位可贵的立法者。当然，最佳的情况是王与立法者合二为一，次佳的情况是王和立法者是两个人。对城邦来说，最好的情况是从僭主制转化而来，次等的情况是从君主政体转变而来，第三等是由民主制转变而来，第四等是寡头制，在寡头制下，很难出现这种情况，因为它拥有相当大数量的拥权自重的统治者。在此处的政体排序上，僭主制被排在了君主制和民主制的前面，成为最佳的选择。这是因为僭主的力量是最强大的，在统治者的数量上是最少的，僭主制如果和真正的立法者结合，就将在最短的时间内让城邦实现德性和幸福。

雅典陌生人接下来继续讨论了《理想国》中理想城邦成为现实的两种可能，即王成为哲学家，或哲学家成为王。如果哲学家成为王，那么改造城邦是非常简单的事情，只需自身言行端正，并将自己的模式用奖罚的方式推行到整个城邦即可。但是，这种情况恰恰是很难发生的，因为如我们上面所分析的那样，王与哲学家是两种性质的力量，理想城邦实现的困难恰恰在于这两种人是很难结合在一起的。哲学家成为王的困难更多的是因为机运，而王成为哲学家，或接受哲学家/立法者的规劝则是现实城邦政制所要面临的更为普遍、更为内在的困难。那就是："掌握巨大权力的统治者应该具有对节制和正义活动的神圣爱欲——不管他们是从何处得到这权力，或是从君主制，或是从财富或出身。"

真正的困难在于如何让现有的权力能接受明智和节制的规训，只有现有的权力——无论是何种权力——能与立法者所拥有的真理的力量协和，才能出现最佳的政体，并继之以相应的法律。雅典陌生人不无遗憾地说"这种人生活在特洛伊时代，从未在我们中间出现过"（711e）。但是一旦这个人出现，就为建立理想城邦设立了一个绝佳的起点，在这一基础之上，能够最容易、最快捷地建成良好政体（712a）。

（二）克洛诺斯政体

交到立法者手中的僭主制城邦经过立法者与王的协和，就为城邦提供了具体政制和法律安排的基础，下一步的工作就是安排城邦的政体。但构建政体的前提是知道什么是政体，雅典陌生人首先询问克里尼亚斯和麦基鲁斯，二人反思自己城邦的政体，发现很难用僭主制、民主制、贵族制或君主制的某一种来给予界定。雅典陌生人在回答二人的疑惑时道出了政体的内涵：

> 那是因为你们两个的城邦都是政体。你们提到的其他那些都不是政体，而是在专制统治之下的城邦管理机构，城邦的某一部分奴役其他的部分。每个名字都从专制者的权威那里而来。（712e-713a）

雅典陌生人在这里区分了单一政体和斯巴达式的混合政体。在单一政体中，城邦是分裂的，总是有专制者掌握城邦权力来压制城邦其他部分。按照雅典陌生人的说法，这样的城邦政体从严格意义上讲不是政体，而只是统治机构。与单一政体相对的是斯巴达式的混合政体，因为在混合政体中可以找到君主、民主和贵族等诸元素，所以城邦没有陷入分裂，免于专制的危险。但是斯巴达式的混合政体并非最完美的理想范型，最好的政体是克洛诺斯统治时代的政体，斯巴达的政体只不过是对克洛诺斯时代政体的模仿而已。因此我们能从克洛诺斯时代的政体看到真正的政体原型：

> 克洛诺斯知道，人的自然根本没有能力来管理人的事务，如果人对万物拥有专断权威的话，那肯定会自我膨胀，充满迷狂和不义。所以，考虑到这些事情，克洛诺斯安排精灵这一更神圣和更好的种类，来作为我们城邦中的王和统治者。这些精灵不遗余力地为我们提供了和平、敬畏、良法和正义。因此，那时的人们没有内乱，过着幸福的生活。(713c-e)

柏拉图通过克洛诺斯神话为我们思考政体提供了一些限度：

首先，神话给出了人的自然（人性）的限度。具体来说，人并不对万物拥有裁断权力，与此相对的是普罗塔戈拉的"人是万物的尺度"（《泰阿泰德》178bff)。按照柏拉图笔下普罗塔戈拉的形象，人不仅是自然世界的尺度，还是城邦事务的尺度。人成为尺度的一个必然后果是相对主义，而在相对主义的世界中，如果要寻求一个规律或准则的话，如我们前文所写到的那样，力量就会成为唯一的衡量标准，这必然将人带向迷狂和不义。

其次，在克洛诺斯时代，人的统治者是精灵，即比人要高贵和神圣的种类。也就是说，现世的统治者都是次于克洛诺斯时代的，在精灵那里，我们看到了统治者向上的限度。

最后，人类要免除内乱，获得幸福，需要和平、敬畏、良法和正义。在这四项内容中，和平更倾向于结果，与幸福和消除内乱更近，而敬畏和正义是处理人与人关系的基本原则（在《普罗塔戈拉》322c 中，宙斯给人的政治技艺就是敬畏/羞耻感和正义)，良法则是将这些原则固定下来的手段，所谓的法就是"按照努斯的规定来安排"（714a)。由此，我们看到，敬畏/羞耻感和正义是城邦最为基础的原则，二者需要良法的协助，从而最终实现和平与幸福的目标。既然克洛诺斯时代的最佳政体已经出现，但是克洛诺斯时代已经过去，那么按照《政治家》对黄金时代神话的描述，现在的世界已经发生了倒转，人们已经不可能回到黄金时代，所能做的是"尽量模仿克洛诺斯时代的生活方式"(714a)，去遵守自己灵魂中高贵的部分，根据努斯来安排政体和礼法。

在接下来论述次佳政体之前，有必要讨论柏拉图在这里提到的一个重要观点，即要让城邦中的统治者成为“法律的仆人”。柏拉图说：“哪里的法本身被统治而失去了最高权威，我在这个地方就看到大祸临头。但是如果哪里的法统治着统治者，统治者是法的奴隶，我在这儿就能预见到诸神赐给这城邦的安全和所有善好”（715d）。这段表述通常被视为柏拉图放弃哲人王转向法治，或“从人治转向法治”的重要证据。但是，这一理解是错误的。因为首先，正如上文分析的那样，柏拉图在《礼法》中如同在《理想国》中一样，非常了解哲学与政治权力结合的困难，他并非在《理想国》中鼓吹哲人王，而在《礼法》中转而不再信任人治。其次，这里的统治者指的究竟是谁？按照柏拉图这里的表述，法律不应由统治者颁布，言下之意是这统治者不可能是哲人王，因为这段话的语境是讨论现实希腊世界的城邦状况，这里的统治者更像是特拉叙马库斯所主张的为自己的利益进行统治的人。最后，这里的法也并非反映城邦统治者的利益，而是努斯在政制安排中的具体再现，这种安排不仅将城邦从某一集团的私心和私欲中拯救出来，同时也能最大限度地模仿克洛诺斯政制。所以，我们并不能轻易下结论说柏拉图放弃了哲人王而选择了法治。实际情况是，哲人王或这里的“立法者—王”为理想政体提供了最佳的起点，克洛诺斯时代的诸神统治为该政体提供了范本，在人为自己的命运负责的时代，就需要尽量模仿这一政制，这就是著名的“次佳政体”。

（三）“次佳政体”

在《礼法》第 5 卷中，柏拉图提出了著名的“次佳政体”：

在立法的道路上，我下一步要走的，将类似于把棋子从神圣的界线上撤回，由于这是出乎意料的，很可能使听众首先感到惊讶。但谁若运用了理智和经验，他必然会认识到，将要构建的城邦是次佳的政体。有人可能会拒绝接受这样的一个城邦，因为人们不习惯求助于一位没有僭主权力的立法者。但最正确的做法是首先描绘什么是最好的政体，然后是次好的政体，再后是第三好的政体，随后将选择权赋予那位负责因地制宜建立共同生活（*sunoikesis*）的人。因此让我们遵循这样的一种程序，从现在开始着手描述哪一种政体是**就德性而言**最好的，次好的政体是哪种，然后是第三好的政体。这会儿让我们把选择权交给克里尼亚斯，甚至扩大到那些希望担任筛选者的所有的人，让他们依据自己的见解，按照他们本地的好恶来选择。

在第一位的政体和拥有最好法律的城邦，那句古老的谚语所说的“朋

> 友之间一切公有”就最大限度地在整个城邦之中实现了。如果这一理想今天能够在某处实现，或者实现于将来的某一天——妇女是公共的，儿童是公共的，每种财产也是公共的；如果人们通过各种措施来将可以称之为“这是我的”的东西从生活的所有方面都去除掉；如果通过这样或那样的方法，尽可能地将依自然属私人的事物，如眼睛、耳朵和手变成公共的，以使他们好似公共地看、听和行动；再有，如果人们一致地赞扬与不耻一些事物，并在最大限度上对同样的事情感到高兴，对同样的事情感到痛苦；如果他们对旨在使城邦变得**尽可能统一**的法律感到无比高兴——那么没有人会设置一个比这样的政制更为正确或更好的界定，因为这一政制就**德性**而言已经达到极致。在这一城邦居住的应该是那些神们或神的子孙们（不止一个），他们过的这种生活非常愉快。因此，我们不应去别处去寻找一种政体的模式，相反，我们应该紧握这一模式，并竭尽全力来寻找那与之最接近的政体。如果我们现在所谈及的政体能实现，那么它将最近乎不朽，并**就统一而言是第二位的**（*kai hē mia deuterōs*）。至于那第三种，如果神愿意的话，我们稍后再谈。但目前来说，我们应该如何描述这一政体？它要通过怎样的方式来实现？（739c-e）

我们首先需要对最佳政体的性质进行分析，具体来说，有三层含义需要注意。第一，最佳政体是朋友的共同体，它要求尽可能去除私人的性质；第二，最佳政体要求成员有相同的苦乐感，以及对事物优劣的统一看法；第三，最佳政体是统一的德性共同体。这三层含义的内在逻辑是，通过一切共有的朋友共同体来实现城邦内部的“荣辱与共”和“同甘共苦”，并且在此基础上追求城邦整体的德性。

我们先来考察第一层含义。最佳政体是朋友的共同体，这里的朋友还不是普通朋友，而是能够分享一切的朋友，在城邦中根本就没有任何私人成分。这是对《理想国》中言语中城邦的护卫者阶层的描述，在这里则成为对公民全体的叙述。在这一意义上，《礼法》描述的最佳政体与《理想国》的美丽城并不完全一致。但是需要指出的是，由于《理想国》和《礼法》对于公民范围界定的差异（下文会进一步分析），实施共产共妻共子的主体范围其实是一样的，即城邦的战士阶层。

对苦乐的相同情感与德性城邦这两点实际上揭示出了城邦的两个面相，分别代表对城邦较低和较高的要求。“荣辱与共”与“同甘共苦”是对城邦基础的描述，要获得对城邦基础的一致见解，城邦必然不是分裂的。而共同体成员对于城邦基础的统一认识表现为习俗的养成，具体体现在“荣辱与共”与“同甘共苦”上面。在城邦较低要求的基础上，德性则为城邦提供了更高的追求与目的。城邦不能仅停留在维系秩序的层面上，还必须向着更高的目标迈进。

这样，统一的城邦就推进到了德性城邦上来。仔细分析会发现，统一城邦内在规定了它必然是一个德性城邦，这也是引文中所明确表明的：“如果他们对旨在使城邦变得尽可能统一的法律感到无比高兴——那么没有人会设置一个比这样的政体更为正确或更好的界定，因为这一政体就德性而言已经达到极致。”这句话将城邦的统一与德性直接关联起来，也就是说城邦的统一必然导向城邦的德性，而德性政体必然要求统一的城邦。我们已经证明城邦自身的原则要求城邦必须不能陷入分裂，因为分裂的城邦甚至无法保证生存，而要避免陷入持续的内乱和纷争，城邦必须将自身建立在同一并且正确的基础之上。同一与正确是分不开的，因为如上面的分析所看到的，即便共同体成员对政体基础有一致的理解，也不是所有的原则都能维系城邦的统一，只有正确的原则才能实现这一点，那就是按照努斯的规定，培养德性的城邦。正是在这个意义上，我们说城邦的统一与德性是同义词。

由此可知，从具体安排设置上来讲，《礼法》中的最佳政体并非《理想国》所勾画的美丽城，而是将“朋友之间一切公有”尽可能推广至整个城邦。但是需要注意的是，这一城邦是神及神的子孙们居住的城邦，换言之，这并非适用于人。人应该尽量模仿或实现最大限度的统一共同体，实际上，就统一而言，次佳的城邦对人而言是最佳的政体。[①] 对于最佳政体和次佳政体的表述显示，柏拉图一贯认为，充分意义上的统一是很难在城邦中实现的。正如普拉多提醒我们注意的那样，与《礼法》这里介绍的最佳政体相比，无论是《理想国》中的美丽城还是《政治家》最后将城邦化为“友爱的织体”，都不是完美意义上的统一体。[②] 尽管如此，对于柏拉图来说，统一共同体始终是其政治哲学的不变追求，他在最后这部对话中不但没有放弃这一理解，而且强调要尽量实现这一神圣范本。

如果说《礼法》构建的次佳政体并非《理想国》美丽城的倒退，那么对于次佳政体和美丽城的关系应该如何理解呢？《礼法》中的次佳政体并没有坚持护卫者阶层的共妻共子，同时还有私人田产，从这一角度看，次佳政体岂不也是某种倒退吗？在这个问题上，柏拉图的确有很大的调整，但是我们认为这一

---

① See Laks, “*The Laws*,” pp. 277 - 278.

② See Pradeau, *Plato and the City*, p. 146.

调整不能被简单解释为柏拉图晚年的倒退。解决这一问题的核心是理解护卫者财产等制度设计背后的意图，在《理想国》中，取消私有使得护卫者不会以私产为追逐对象，从而从根基处消灭城邦可能的贫富差距。在《礼法》中，虽然每个公民都有城邦分配的田产，但是城邦对财富施加了严格限制，公民最多可获得四倍于初始财产的财富，超出这个限额的部分将被献给城邦。这样，城邦不会出现严格的贫富分化，不仅如此，城邦严格禁止公民们交易每人均得的（1/5 040）土地，最低份额的土地保证了最起码的公民身份。对于公民来说，其家庭通过获得城邦分配的份地而成为城邦的一部分，每一份土地的所有者都必须将自己所有的田产视为城邦的共同财产，将其作为祖国的一部分，要比孩子珍视母亲还要珍视这份田产。对土地的分割毋宁说是“分联”，即通过区分来达成联结和统一。《礼法》要求土地在最初划分之后，持有人必须将其保持住，既不能使得家室规模过度膨胀，也不能明显减损。所以，《礼法》对私人田产和家庭的安排有着双重意义，一是通过田产划分确定城邦公民资格，并将公民们分联为共同体；二是严格限制私产的规模，拥有私有财产并非鼓励城邦公民以私财为生活目标。从这个意义上讲，《礼法》并非《理想国》的简单倒退，二者的出发点恰好是完全一致的。

与这一问题相关，同时对于理解这个次佳政体至关重要的另一个问题是，《礼法》的公民范围相比《理想国》产生了重要的变动。[①] 在《理想国》中，城邦的统治者、护卫者和供养者皆为城邦公民，这样就带来了一个很大的困难，即统一共同体到最后并不能使得全体公民过上至福的生活，只有护卫者阶层才能够有机会不断向着最好的生活上升，而城邦的生产者阶层在负责城邦供给之外服从统治就是最主要的幸福生活了。而在《礼法》中，工匠等直接被排除在公民范围之外：

> 任何本邦居民或本邦居民的仆人都不能从事工匠的技艺。因为身为公民（*politēs*）已经拥有足够的技艺，需要很多训练和学习很多内容：保持

---

① 鲍勃尼奇曾多次强调《礼法》中发生的这一变化。在他看来，《理想国》中只有哲人王才能接受高等的数学、天文和辩证法教育，普通的护卫者都无法接受这些教育；而在《礼法》中，所有公民都能获得类似的教育，诸如灵魂不朽、数学、天文等等。用他的话说，在《礼法》中，非哲学的公民也都能受到良好的教育，以知晓城邦基本的伦理和政治真理。但是他的这个论题存在重大偏差，在《理想国》第7卷结尾处，苏格拉底非常明确地指出哲人王要在城邦中把别人也培养成同样的人，并把他们留在城邦担任护卫者。所以在《理想国》中，最终获得明智生活的人群包括哲人王和尽可能多的护卫者，但是按照《理想国》美丽城的设置，作为城邦供给阶层的公民不能实现这一生活。而在《礼法》中，由于公民身份的界定有了新的范围，所以，实际上享受城邦高级教育的人群与《理想国》中的并无决定性差异。

和维护城邦的公共秩序，这绝不能是兼职的追求。几乎没有哪个人的自然（人性）能够让他同时精于两种追求或技艺，或自己全力实践一种技艺而监管别人实践另一种技艺……城邦中每一个人都有一门技艺，并以此谋生，城邦管理者必须努力坚持这项法律，**如果有本邦居民想要从事某项技艺而非培养自己的德性**，他们就要以对其谴责来进行惩罚，直到将其拉回正道为止。(846d-847a)

在《礼法》中，公民身份与德性生活更加紧密地被联系在一起[①]，这样一来，《理想国》最后遗留的困难就不存在了。《礼法》明确了城邦立法和政制的目标是培养公民的德性，并且在限定公民资格之后，统一共同体之为德性共同体的含义也就更加明晰了。

（四）友爱的纽带

柏拉图通过最佳政体给出了统一共同体的最高标准，即“朋友之间一切公有”，在这样一个朋友共同体中，统一和德性的目标才能最终实现。在次佳政体中，虽然实现不了完美意义上的统一，但是仍需要友爱来将城邦聚为一体。友爱的位置和作用最为重要地体现为以下两个方面：首先，将城邦粘合为一个整体；其次，通过朋友共同体的方式将城邦和公民带向德性。友爱的这两个作用全部系于对于友爱的理解上面。

与现代政治哲学相比，古典政治哲学中友爱的地位和作用要重要得多。关于友爱在政治共同体中的作用，亚里士多德有句著名的话：“友爱还是把城邦联系起来的纽带。立法者也重视友爱胜过正义……若人们都是朋友，便不会需要正义；而若他们仅有正义，那还需要友爱”（《尼各马可伦理学》VIII. 1.1155a20-25）。虽然在友爱的讨论上，亚里士多德接续了很多柏拉图的讨论主题，但是柏拉图并没有像亚里士多德那样系统讨论人伦秩序意义上的友爱，其专门讨论友爱的对话《吕希斯》无果而终，如德里达指出的那样，在《吕希斯》中，所有基于传统意义理解的友爱关系都被否定了，友爱指向了对智慧单向的爱。《吕希斯》的结论[②]和《会饮》对“爱的阶梯”的描述，更多侧重于“爱—智慧”的意义，而非如亚里士多德在《尼各马可伦理学》第8、9卷对城

---

① 参见《礼法》705d-706a，807c-d，亚里士多德在《政治学》第7卷中描绘最佳政体时也持同样的观点。

② 参见张新刚：《作为友爱化身的苏格拉底——〈吕希斯〉解读》，见李强主编：《宪政与秩序》，北京，北京大学出版社，2011。

邦友爱关系的强调。柏拉图对于城邦意义上的友爱的描述基本是在《礼法》中进行的，我们在此努力尝试对《礼法》所阐述的友爱性质进行理解，而暂时放下哲学友爱与自爱等议题。《礼法》第8卷在为爱欲，特别是同性男子之间的爱欲立法的时候，提出为了辨明这一关系的不同类别，“有必要对朋友的自然进行考察”（837a1）：

> 雅典人：我们用“朋友”来形容德性相似的人之间的关系，同时也用它来形容平等的人之间的关系；还有，“朋友”一词也用来形容穷人和富人之间的关系，虽然他们是相反的两极。当任何一种变得激烈之后，我们将之称为“情欲之爱”。
>
> 克里尼亚斯：说得没错。
>
> 雅典人：相反之人的友爱是很可怕和糟糕的，并且很少能让我们互惠。而相似的人之间的友爱是温和的，并且在生活中一直都是互惠的。至于混合了这两者的友爱，暂时还不容易知道拥有这第三种情欲之爱的人想要获得什么。此外，因为他被两种爱拽向相反的方向，他发现自己陷入困惑之中，一种爱让他去爱恋年轻人的青春，而另一种则告诉他不要这么做。爱身体的那人，疯狂地渴求如成熟果实般的青春，而不顾及被爱之人的灵魂和性格。另一种有情人则将对身体的欲求视为第二位的，看着身体但并不爱身体，而是灵魂对灵魂成熟而真正的爱。他对节制、勇敢、大度和明智的事物非常敬畏和尊重，并愿意经常以道德之爱对待道德之人。刚刚描述的这种从两种爱中混合的爱，我们称之为“第三种”。（837a-d）

对友爱性质的讨论首先要澄清友爱的主体，因为讨论的是城邦中的友爱关系，因此其典范意义是男性公民之间的朋友关系。在这一基础之上，柏拉图首先拒绝了处于两极状态下的人之间的友爱，如穷人和富人之间的友爱，认为这种相反之人的友爱很难持久，也很难互惠。他所倡导的是平等的相似成员间的友爱关系，这其中也有两种情况：第一种是只爱慕对方的身体，而根本不在乎朋友的心智和品格；第二种是基本不看重身体，而将灵魂作为爱慕的首要对象，希望与朋友有纯洁的关系，并且将德性视作友爱的首要关注点，通过德性的交往来产生友爱，并使得年轻人在友爱关系中变得卓越。

柏拉图之前在《会饮》中对这两种友爱关系有过具体的分析，具体表现在苏格拉底和阿尔喀比亚德对于友爱的不同理解上面。在《会饮》中，阿尔喀比亚德讲述了自己和苏格拉底的一段故事。他想用自己的美貌来换取苏格拉底的智慧，但是苏格拉底不为所动，他看到阿尔喀比亚德美丽的身体，但并不爱这身体，甚至蔑视和取笑他的年轻美貌。他对阿尔喀比亚德说：“你一定看到我身上有一种神奇得很的美，你那让你迷恋的标致模样简直望尘莫及的美。若是因看见了这美，便起心要同我做个交易，以美换美，你的算盘就打得不错，很占了我点便宜：你不就是想用仅仅看起来美的东西换取实实在在美的东西，你打的主意真可谓‘以铜换金’。不过，我的好乖乖哟，再好好考虑吧，没准你搞错了，兴许我本来就不值！肉眼已经昏花，灵魂的眼睛才开始敏锐起来，你离那地步还远着哪”(218d-219a)。在苏格拉底眼中，灵魂而非身体才是他爱的对象，并且必须从具体的美丽身体通过攀爬“爱的阶梯”逐步上升到美本身。[①] 在排除了基于身体情欲的爱和基于财产用益基础上的爱之后，友爱被定型为年长的人与青年之间基于德性的交往关系。[②]

现在我们可以更明确地把握柏拉图的思路，即通过建基于智慧的德性—友爱关系，将整个城邦联系为整体，并且通过城邦共同生活来进一步培养公民个体以及整个共同体的德性。后面这一过程具体来说是通过四点来完成的。第一，人通过朋友来培养自己的德性。在《礼法》第 1、2 卷中，柏拉图提出与克里特式战士共同体的城邦相对的宴饮共同体，后面这一共同体是“朋友之间和平与善意的共处”(*philon d' en eirene pros philos koinonesonton philophrosunes*)，朋友之间通过共在来培养节制的德性，鉴于《礼法》对德性的讨论是整全性的，也就是说节制德性的内涵要求节制是在努斯的指导之下进行的，所以对节制德性的培养也指向了对整全德性的培养。而朋友之间节制的养成具体是靠敬畏/羞耻感(*aidōs*)。第二，如果说人需要凭借朋友来培养节制德性的话，那对于最高德性努斯的获得来说，更是离不开朋友。这是指就哲学本性和哲学道路而言，朋友以及朋友之间的交谈是哲学(友爱—智慧)所必需的。因为人并非神，从而不能直观最终的存在本身，而只能沿着逻各斯的道路向上攀升，柏拉图的对话形式本身就呈现了哲学探寻的过程和方式。第三，共同体作

① 关于《礼法》这里讨论的年长者如何通过与年轻人的友爱而使后者变得卓越、富有德性，限于篇幅此处无法展开，柏拉图曾在《斐德罗》中对这一过程有详细的描述，即爱人通过见到情人而回想起自己先前见过的美的自然，并在与情人的爱中，由灵魂中更为优秀的力量引导至有秩序的生活，走向哲学(爱智慧)，见《斐德罗》249d-257a。需要指出，在《斐德罗》中，柏拉图并不排斥同性之间的身体爱恋，而在《礼法》中更为强调灵魂，禁止身体的爱恋。但是总体来说，《会饮》《斐德罗》和《礼法》中对于友爱/爱欲的描述都指向了对智慧之爱。

② 相关的讨论可参见 Bobonich，*Plato's Utopia Recast*，pp. 428 - 429。

为友爱的机制，能反过来维系并促进成员之间固有的友爱关系。[①] 这是共同体对友爱关系的反作用，也就是说，通过共同追求德性的生活，公民变得更有德性，在德性相似的基础上，友爱关系能得到进一步的巩固和发展（732b，837a-d）。第四，通过朋友共同体，不仅公民德性可以获得提升，整个共同体也处于朝向善德的路上，这是戒绝内乱的最重要保障。因为只有将人们的生活方式从腐化堕落中拯救出来，才有可能保证内乱的永远消失（708c），因为内乱最大的威胁不是一次性的权力斗争，而是内乱的逻辑已经内化为人们的生活方式，只有对生活方式做出根本性的改变和替换，才能从根基上解决这一困扰希腊城邦的难题。最终，柏拉图完成了他对生存意义上的活着与存在基础上的活得好的区分："我们并不像很多人认为的那样，幸存和仅仅生存是人最荣耀的事情；对人来说，最荣耀的应该是尽量变得卓越，并在生存的整个过程中将这一卓越保持住"（707d）。只有在这统一的共同体内，个人和城邦的卓越（或德性）才能最终得到最大限度的实现与巩固。

五、法律与政制

（一）法律的序言

《礼法》所要构建的马格尼西亚则是对最佳政体最大限度的模仿，这一城邦由受理性支配的法律来安排与统治。用法律来塑造及改造共同体成员的生活方式需要几个方面的努力。首先需要全体成员达成对城邦基础的共识（对此基础的讨论是第10卷的任务），即要确立城邦基础是什么，然后通过法律序言来让成员对此基础有统一的认识，在此基础上通过法律对城邦政制进行规定，此外还要更进一步完成具体的法条意义上的城邦立法。

具体来说，《礼法》中的立法工作需要由两大部分构成，即法律的序言和法律本身。法律序言又由两部分构成，第一部分处理的是共同体成员对城邦基础的共识，具体表现为用音乐（*nomoi*）来塑造和培养公民正确的习惯与德性，让公民对关于城邦基础的道理有着良好的教养意义上的认知，并为公民进一步上升到理性和明智的生活奠定基础。序言的第二部分针对具体的立法活动，即对具体的关于城邦事务的各项法律的理解和劝服。而法律本身则体现为对城邦政制的塑造、对选官的

① 马格尼西亚城邦官职设置的原则为："所有的这些官职的产生都应该是部分通过选举产生，部分通过抽签产生，为了最广友爱之故（*meignuntas pros philian*），我们无论在城邦还是在郊区都必须混合民主的和非民主的办法，以达到最大限度的同心（*malista homonoōn*）"（759b）。

规定以及具体施行的法律条文三个部分。这里着重讨论法律和法律的序言。

法律的绝对权威需要通过共同体成员的合作才能建立起来，而不能仅靠单方向的命令。立法者的立法活动有两种方式，一种是劝说，另一种是强迫。好的立法应该运用法律的序言，不仅发布命令，还要使得公民愿意接受这命令。这就揭示出法律权威建立的基础和方式，法律作为努斯的体现，要使得共同体成员理解其内在的道理，并且还要在情感上愿意接受这道理及其在法律上的体现，而一旦有人违反了法律，则必须通过法律强制的一面来进行惩戒，从而纠正错误的言行。雅典陌生人分两次对这个问题进行了阐明。对劝说的第一次解释是借用赫西俄德的诗歌进行的，赫西俄德曾说过：

> 不朽的诸神在德性面前放置了甜美，
> 但通向它的路却漫长陡峭，
> 最初尤为艰险。在登临峰顶之时，
> 险路将变坦途。只是攀登之路充满磨难。(718e-719a)

赫西俄德这一说法对劝说的内在道理进行了形象的说明，雅典陌生人从这段话得出的结论是“没有多少人会急切地想在最短的时间内成为尽可能好的人”。这其中的道理就是诗中山顶和登山之路的关系所揭示出来的。具体来说，只有到达了山顶，才能享受坦途和德性的甜美，而德性的生活则需要经受相当多的磨难和考验。对于普通人来说，最直接的经验往往是行善而不得好报，在还没有坚持到山顶的时候，就已经放弃了登山之路。柏拉图向我们指出，普通人的生活经验与德性的道理之间往往是不一致的，而想要普通人走上这条路，就必须让尝过德性甜美滋味的人来进行劝说，让大众撇开自己的生活经验，去相信一个愿景。在这段话中，德性生活的内在困难被充分揭示出来，即德性生活的道理在于其目的之中，也就是说在到达终点那一刻之前，是找不到德性生活内在的充分道理的。在这个情况下，还要有走上攀登之路的决心，只能靠劝说来进行。这样，劝说就能让大众更容易接受法律的建议，因为法律的道理也是在知晓人事的神和神一般的立法者那里，立法的目标是高贵而美好的，但是路径却崎岖坎坷。

赫西俄德的诗阐明了立法的基本结构，雅典陌生人继之以医生的类比来解释法律序言的性质。[①] 有两种医生，一种是自由人的医生，一种是医生的仆人，即奴隶的医生。自由人的医生是通过遵循自然获得医术的，而医生的仆人则是通过接受主人的命令，从经验中习得医术。这两种医生有不同的治病方法。医

① 用医术来表达政治问题在希腊有一个很长的传统，参见 W. Jaeger，“Greek Medicine as *Paideia*,” in *Paideia*: *The Ideals of Greek Culture*, vol. III, G. Hignet, trans., New York: Oxford University Press, 1944, pp. 3-45。

生的仆人，即奴隶的医生在给奴隶看病时，是基于从经验中获得的意见，自己宣称知道所有的事情，像僭主一样给病人下命令，给出药方，之后便赶去为下一个病人开方抓药。而自由人的医生则完全不是这样，他会依据自然，从头开始询问，与病人及其朋友谈话，力求全面了解病情，尽量劝说病人，在病人被说服之后，才给出自己的药方，并尽力将病人带回健康状态（720a-e）。

通过两种医生不同的治病方式，我们可以分析出其具体的道理所在。对于疾病来说，与其相关的有五个因素：病因、病症、药方、治愈和健康。医生的仆人在面对奴隶的疾病时，只处理病症和药方两项，开药方时，依据的是之前的经验积累和主人的命令，药方的构成只有药。也就是说，奴隶的医生在面对疾病时，只治病症，直接下药，目的是治愈疾患。与此形成鲜明对照的是自由人的医生，他会处理全部五个因素，先从寻找病因开始，诊断病症，然后用劝说和药合成的药方治愈病患，此外，自由人医生的目标还超出了病患的消除，是要让病者重获健康。重获健康的含义是不再生此病，这也就对应了最初对病因的考察和寻找。要使病人保持健康，只是下药让病症消除是远远不够的，必须劝说他改变能致病的那些生活方式和做法，只有这样，才能实现药方的最大功效。甚至，劝说比药方对于健康的长久保持更为重要。

如果用奴隶的医生代表法令，用自由人的医生代表劝说与法令的结合，我们就会发现法律劝说的性质，也就是法律序言的性质。首先，法律序言要探究法律设置的根据和道理。其次，劝说能让接受法律的人更容易遵守法律，从而保证法律实施的效果。最后，法律序言的目的是维持政制的健康，其最高目的就是无须法令规定，如同雅典陌生人在《礼法》开篇处所说的两种人的差异："一个患了病，通过治愈而重获健康的人与一个根本不需要这样的治疗，从而永远无须考虑身体的人"（628d）。

为了更好地理解法律序言的性质，有必要对学者们对此问题的不同看法进行简单的介绍和评析。研究《礼法》的学者都会注意到在这篇对话中，法律取代了哲人王，成为城邦建制的本原，并且法律是由法条及其序言构成的。但是对于法律序言的原理和机制，不同学者则有不同的见解，依据安纳斯的总结，大致有以下四种看法①：第一种认为序言为法律提供了理性的解释，即将法律的"合法性"阐述出来。② 用医生的例子解释就是，医生不仅下药方，还为病

① 安纳斯在文中总结了前三种，笔者将安纳斯自己的观点视为第四种，参见 Annas, "Virtue and Law in Plato," in Bobonich, ed., *Plato's Laws: A Critical Guide*, pp. 71－91。

② 这种观点的代表是 Bobonich, *Plato's Utopia Recast*; Terence Irwin, "Morality as Law and Morality in the Laws," in Bobonich, ed., *Plato's Laws: A Critical Guide*, pp. 92－107。

人解释病因原理。第二种观点认为，法律序言为遵守法律提供了非理性的说服基础，即通过神话等方式来劝说人遵守法律。[①] 比如关于死后审判以及德福一致的神话就证明了这一点。第三种观点是说被法律序言说服的人根本不需要具体的法律，即不需要法律惩罚的一面，而通过德性教育就能使得公民按照法律的规定生活。[②] 第四种是安纳斯的观点，她借用犹太哲学家斐洛的视角来理解柏拉图，认为法律序言为共同体成员提供了一种道德典范，即显示按照法律生活能够过上德性的幸福生活。安纳斯的解释可以涵盖前面三种解释倾向，包容理性的、非理性的以及德性生活，最重要的是将法律落脚在正确生活方式的目的上面。

相比前三种观点，我们更倾向于安纳斯的理解，但是需要指出，安纳斯之所以不满足于其他三种解释，最重要的原因是它们没有将法律序言放到其所要解决和处理的问题——确立法律权威以及维系城邦及其成员的健康生活——的脉络中进行理解。用医生的例子能更好地帮我们澄清这一点，医生要做的是让病人自己知道病理以及原因，并且愿意通过改变生活方式等来确保不再生病。否则哪怕病人知道了病理，但不愿意听从医生命令或吃完药后不愿改变之前的不良习惯，也不算是真正治好了病。医生治病既是针对身体的，更是针对灵魂的。这也是柏拉图后来重提医生—病人比喻时所说的用“近似哲学的道理”来教育病人的真正内涵（857c-e）。法律序言则必须一方面提供法律道理，即理性的言说，另一方面还要使得公民愿意遵循这符合理性的法律。这必须通过对公民习惯的培养，通过对苦乐感的正确塑造，使得灵魂习性与理性相一致，从而能确保身心永远处于健康状态。

（二）夜间议事会

在阐明法律序言之后，柏拉图用《礼法》的大部分篇幅（第 5 至 12 卷，734e 以后）来详细描述马格尼西亚城邦的机构设置与各项具体法律。此处无法详细讨论城邦各项官制、法律等安排[③]，而将主要精力放在考察《礼法》最后提出的一个机构——夜间议事会上面。因为夜间议事会在城邦中占据了非常特殊的位置，也是学者们争论《礼法》的政治哲学性质的重要分歧点。

在马格尼西亚城邦的身体构建完成之后，雅典陌生人提出这一城邦还需要

---

① 这种观点的代表可参见 R. F. Stalley, *An Introduction to Plato's Laws*, Oxford: Basil Blackwell, 1983, pp. 42－44。

② 拉克斯持这种观点，参见 Laks,“Legislation and Demiurge”。

③ 关于马格尼西亚的具体立法安排，可参见［英］厄内斯特·巴克：《希腊政治理论》，卢华萍译，长春，吉林人民出版社，2003；Morrow, *Plato's Cretan City*。

灵魂的良序，它能护卫城邦法律，并且是城邦自身所应具有的维持其不可改变的力量。在全书的结尾，柏拉图提出在马格尼西亚城邦其实还缺少最重要和稳固的基础，那就是城邦的灵魂。城邦的灵魂的职责是护卫刚刚完成的政体和立法工作，将政治秩序维系住并使其成为有生命的共同体，这个任务被交给了夜间议事会。①

夜间议事会由以下几部分人构成：十名最老的护法官、教育部长、检察官、在外游历的人和具备卓越品性的年轻人等。夜间议事会在每天的黎明之前举行。雅典陌生人将夜间议事会比作城邦的锚。

那么夜间议事会的性质是什么呢？雅典陌生人使用动物作为比喻，是灵魂和脑袋保证了动物的正常活动，而灵魂具备的是理智，脑袋具备的是感官，也就是说通过理智和感官的结合，动物维系了自己的生存。与此相应，城邦运行就如同船员航海能将对大海的感知和航海的理智结合在一起那样，将最高贵的理智和最好的感知结合在一起，这就是夜间议事会的工作。如果说在航海事务上，理智与感官的结合是航海术，那对于夜间议事会来说，他们所拥有的就是政治的技艺。换句话说，夜间议事会能同时把握普遍性的原则和现实中流变的政治现象，并能将二者很好地结合在城邦安排之中。夜间议事会是城邦真正的立法者，这里所说的立法者不是法条意义上的，而是指掌握政治技艺，对城邦政制和整全生活方式进行安排的立法者。

除了对政治技艺的阐述之外，技艺本身还必须有一个目的规定性，这是政治家必须掌握的，对城邦目标的理解和把握则成为城邦真正的灵魂：

> 雅典人：讨论到现在，如果我们的城邦设置要完满结束的话，那它其中就要有人能知道（1）我们刚才所讨论的目标（不管这政治目标可能是什么），（2）以何种方式能达到这一目标，（3）谁以及哪些法律能提供好或不好的建议。如果城邦完全没有这些，那就没有人会惊奇这些城邦因缺乏理智和情感而在每次行动时都杂乱无章了。

---

① 夜间议事会的性质是学界一直争论不休的问题。许多学者对柏拉图最后设置的这一机构很是不解，认为这一机构是与前面的整个讨论矛盾的，他们认为最后将不受限制的权力授予这样一个议事会与前面将城邦权力分布在不同官职中是冲突的，也与《礼法》前面对权力腐化的担心矛盾，如 George Klosko, "The Nocturnal Council in Plato's Laws," *Political Studies*, vol. 36, 1988, pp. 74 - 88；还有一些学者则试图对这种不一致给出调和的解决方案，比如莫罗就认为夜间议事会的职能是非正式的，参见 Morrow, *Plato's Cretan City*。但是笔者认为这些学者在很大意义上都过多偏爱一个法治的柏拉图，而非人治的柏拉图，在这一大的关怀下面，他们对柏拉图设置一个权力不受限制的机构颇为不解。我们更加赞同巴克的观点，即认为夜间议事会的职能是非常实质性的和重大的，如果按照《礼法》自身的逻辑进路，夜间议事会是非常内在于柏拉图的政治理论的，在这个意义上，夜间议事会和哲人王所负责的工作是相似的。

克里尼亚斯：你说得没错。

雅典人：那我们城邦的哪部分或组成能充分胜任这一护卫工作呢？我们能将其说出吗？

克里尼亚斯：陌生人啊，这一点并不是很确定。但是如果要猜的话，我想你指向的是刚才说的在夜晚召开的议事会。

雅典人：克里尼亚斯，你深知我意啊！我们刚才所说的告诉我们，这个议事会必须具备每项德性，其统治的原则是不四处徘徊追求很多目的，而是只着眼于一个目的，并将所有的箭射向这个靶子。(962b4-d4)

这样，夜间议事会就赋予城邦以目的，为城邦置入了灵魂。而城邦所追求的目标就是德性，所以城邦的守护者必须首先非常充分而深入地理解德性。但是如《礼法》开篇对德性的叙述所显示出来的，神圣德性有四种，勇敢、正义、节制、理智/明智，但是它们又都分享同一个名字“德性”，所以理解德性如何既是“多”又是“一”就成了城邦守护者首先要做的事情。他们必须能够“从许多不同的事物中看出一个理念（*idea*）”，即要从四种德性中看出共同的理念来。在这里，雅典陌生人只给出了德性互不相同是什么含义，而将德性为何以及如何为“一”搁置起来，因为对后者的讨论不是那么容易。从雅典陌生人的例子中，即对勇敢和理智的区分中，我们知道了德性殊异的含义，即勇敢是与恐惧相关的，即便是野兽和孩童也有恐惧，灵魂可以无需理性就变得勇敢，但是离开理性，灵魂永远不可能变得明智和智慧。但是雅典陌生人在这里举的勇敢例子与之前的讨论并不十分贴近，德性统一的含义更多表现在最高的理智/明智对于其他德性的贯穿性统治力上，即离开了理智/明智的参与，其他德性很难被称为德性。任何其他的德性都需要理智来规定一个方向，这也是所有其他的德性都必须朝向理智的原因。我们并不清楚这一理解是否是柏拉图所想说的德性之间的关系，但是对于德性“多”与“一”的表述让我们想到了《智者》中对“通种论”的讨论，而要把握这一知识则必须进行辩证法的学习与练习。①

除了辩证法的学习外，法律真正的护卫者还必须掌握关于神的知识。如果说辩证法是《理想国》及《智者》等其他对话的一个重要主题的话，那柏拉图

---

① 参见《礼法》965c-e，对照《智者》253d-e：“客：按照理念进行划分，不把相同的理念认作相异，也不把相异的理念认作相同，我们岂不将其认作辩证法的知识吗？泰：对，我们这么认为。客：如果一个人有能力做到这点，他就能辨识出那个以各种方式贯穿于多个理念（其中每一个理念都与其他理念分离）的单一理念；他也能辨识出多个彼此相异的理念被单一理念从外面包含，或者多个‘整体’结合为一个而形成单一理念，又或者，多个理念被完全界划开来；这也就是知道怎样按照理念进行划分，知道各个理念怎么可以结合，又怎么不可以结合。泰：完全没错。”

的神学则是《礼法》的核心，在法律真正的护卫者这里，辩证法与世界秩序都成为必须学习和理解的知识。关于神学，有两点最为重要：首先，灵魂是所有事物中最古老的，并参与了所有事物的生成，灵魂自身是不朽的，它统治着所有的物体；其次，星体是有秩序地运行着的，这是其他事物理智的主宰，是时间秩序的主宰。作为合格的法律护卫者，夜间议事会的统治者必须牢牢掌握这些知识，“他应该发现这些事物中的共同点和与缪斯女神有关的事情，并通过和谐的方式将这一理解应用到实践和礼法中去，来塑造人的习惯品质；他还要能够尽可能多地为事物提供理性的解释。而那些没能力获得普通德性之外的这些才能的人，永远都不能成为城邦合格的统治者，而只能做其他统治者的助手”（967e-968a）。在这里我们发现了对城邦真正的统治者的要求，也就是对政治技艺的要求：政治家一方面必须具备知识，能够俯仰天文，学习辩证，理解灵魂与生成的自然秩序；另一方面，必须能够将天上的知识实现在城邦之中，通过礼法这一中介将宇宙秩序和城邦秩序结合在一起，并朝向辩证法所提供的德性而生活。在这个意义上，夜间议事会成员，也就是城邦真正的灵魂是城邦秩序和生活方式的最终看护者和来源，因此，必须赋予他们以绝对权威。他们并不是城邦日常事务的长官，而是城邦身体的头脑，其中脑代表了理智，头代表了感官，二者在夜间议事会这里达到最完美的结合，由此，城邦可以交给夜间议事会运行，城邦也成为灵魂与身体的统一体。

柏拉图以夜间议事会完成了整部《礼法》的讨论，正如巴克所说，“柏拉图还是柏拉图”①，城邦最后又交到了哲人王的手中。柏拉图并没有改变自己的政治理论，反而更进一步，用哲学或者说对于自然本身的理解来尽最大可能地规定城邦建制，塑造人的生活方式。在《礼法》中，人、城邦、神（自然秩序）统一在一起，并且通过立法这一中介施展政治技艺，将理智与感官、哲学与人伦、存在与生成重新联系起来。

结　语

如果说政治是由希腊人发明的，那么说政治哲学由柏拉图创立并不为过。沃林就曾对柏拉图在政治哲学上的贡献有过这样的表述：“他教导后来的人将

---

① ［英］厄内斯特·巴克：《希腊政治理论》，488页。

政治社会视为一个连贯的、相互关联的整体，他第一个将政治社会视作相互联系的功能‘系统’和有秩序的结构。”[1] 经过前文的考察，我们可以说，柏拉图的这一贡献始于对城邦政治的深切洞察，完成于对政治问题的重新奠基。面对现实的政治世界，柏拉图离开智者们创立的道路，告诉世人很难在单纯的政治视域内构建良好的秩序和生活方式。在《理想国》中，美丽城有赖于超出政治生活的哲学家被迫担当统治者，而以智慧为欲求对象的哲学生活方式保证了政治统治不会陷入特拉叙马库斯的难题。在《礼法》中，柏拉图尽全力向我们描述了属人的最好政体的构建过程，这一政体最终是要培养尽可能多的公民过上有德性的生活。

值得强调的是，在柏拉图的对话中，政治技艺要做的就是看顾人的灵魂，政制和立法的目标也旨在培养人良好的德性。要做到这一点，政治共同体必须是统一的共同体，这一目标在柏拉图思想中从未发生过变化。统一共同体这一目标告诉我们，所有现实城邦政治实际上都难以长期维持良好的尺度，最终会不可避免地坠向城邦分裂，这通常表现为富人与穷人、寡头派和民主派无休止的内乱。而要彻底消除城邦内乱，实现统一的共同体，就必须将城邦立法的着眼点放在公民德性的培养上面。也就是说，城邦的政制和立法需将公民从生存意义上的“活着”提升为“活得好”，我们在后面会看到，柏拉图的这一区分在其学生亚里士多德那里也是极为重要的。

柏拉图通过其整个的政治谋划实际上完成了苏格拉底在《申辩》中对自己不参与政事的辩护。本章开篇时提到，在《申辩》中，苏格拉底说自己听到神性精灵的声音，告诉自己不要参与政事，这不是因为苏格拉底害怕死亡，而是他要用更久的时间来劝说雅典城的青年和老人：“不要这么关心身体或金钱，如同让灵魂变得尽可能最好的劲头，对你们说：‘德性不来自金钱，而是，金钱和人类所有别的好处，无论个体的还是城邦的，之所以好，都是因为德性’”（《申辩》30b）。在雅典城中四处找人交谈的苏格拉底实际上是在从事最为重要的政事，虽然雅典并没有听从苏格拉底，但幸运的是，我们还有柏拉图，他通过统一的德性共同体的筹划，继承并践行了苏格拉底的使命，提醒并用政制保障了城邦公民坚持走一条向上的路，在任何情形下都在智慧的襄助下一心追求正义（《理想国》621c）。

在柏拉图将政治哲学的位置奠定下来之后，后世的政治哲学家无论秉持何

---

[1] Sheldon Wolin, *Politics and Vision*: *Continuity and Innovation in Western Political Thought*, Princeton: Princeton University Press, 2009, p. 31.

种立场，基本都要归源于柏拉图开创的这一传统。[①] 在古代世界，亚里士多德在《政治学》中讨论最佳政体时，一开始便要细致对待自己老师的观点，虽然关于最佳政体的一些具体设想有所区别，但亚里士多德实质上承接了柏拉图的讨论场域。如果将更多的关注放在柏拉图《礼法》上面的话，我们会更容易地发现，亚里士多德《尼各马可伦理学》和《政治学》的讨论基本上是在回应柏拉图的《礼法》一书。后来随着希腊自足城邦世界的解体和外部力量的入侵，围绕城邦构建德性生活共同体的努力慢慢转向了斯多亚学派的哲学思考，人们不再希图从城邦政治生活中得到最终的幸福生活，而是转向了沉思生活或者宇宙城邦的设计，但像芝诺（Zeno of Citium）这样的斯多亚哲人也会将自己的政治哲学著作命名为《政制》（*Politeia*），仍然没有离开古希腊政治思考的谱系。

在希腊世界进入罗马帝国领域之后，罗马政治思想也带有很强的希腊色彩。对后世政体思考影响深远的波利比乌斯在其史书中对罗马混合政体的讨论实际上深受斯巴达政体、柏拉图《礼法》和亚里士多德《政治学》中关于混合政体的论述的影响。而西塞罗的两部重要政治著作的题目即为《国家篇》和《法律篇》，无论是从写作的对话方式还是从主题安排来看，它们都是在回应柏拉图的《理想国》和《礼法》。罗马从共和国到帝国的扩张为政体思考带来了希腊所未曾遭遇的挑战，但是至少在共和国时期，以城邦共同体为核心的思考方式还是留下了很深的印记。罗马帝国时期以降，新柏拉图主义者以及斯多亚学派哲学影响巨大，像普罗克洛斯（Proclus）等都延续着这一政治思考与书写传统。而在早期基督教神学家那里，我们可以清楚地看到新柏拉图主义如何以思想资源与论敌等诸多面目出现，奥古斯丁的《上帝之城》和《忏悔录》等著作最好地彰显了西方文明所经历的这一转变。

概略地说，从两希文明内部来看，亚里士多德在中世纪的影响要超过柏拉图，但是在阿拉伯世界中，柏拉图的政治思想却产生了远为深远的影响。[②]《智

① 关于柏拉图政治思想的接受史，完全可以作为单独的议题进行研究和梳理，本节只能简单列举一些重要的代表人物，有兴趣的读者可以进一步参阅下面这些著作和文章，本部分的写作也基本参照这些梳理进行总结：［英］厄内斯特·巴克：《希腊政治理论》，534～549页；关于《理想国》的接受史，参见 Gerald A. Press, "Continuities and Discontinuities in the History of Republic Interpretation," *International Studies in philosophy*, vol. 28, 1996, pp. 61－78；关于文艺复兴时期的柏拉图翻译与研究，参见 James Hankins, *Plato in the Italian Renaissance*, Leiden: Brill, 1990 和 Jayne Sears, *Plato in Renaissance England*, Springer, 1995；古希腊政治观念在现代世界的一个重要复兴阵地是维多利亚时期的英国，参见 Kyriakos Demetriou, *Studies on the Reception of Plato and Greek Political Thought in Victorian Britain*, London: Routledge, 2011。

② 关于柏拉图政治思想与中世纪伊斯兰思想的关系，参见 E. I. J. Rosenthal, *Political Thought in Medieval Islam*, Cambridge: Cambridge University Press, 1962，特别是该书的第二部分"The Platonic Legacy"。

者》《礼法》《蒂迈欧》和《理想国》是为数不多有阿拉伯文译本的柏拉图著作，伊斯兰思想家从这些书中汲取丰富的伦理与政治思想，比如从阿尔法拉比（Al-Farabi）关于完美国家（al-Madina al-fadila）的讨论中可以清楚看到柏拉图《理想国》的影子。阿威罗伊（Averroes）更是为柏拉图的《理想国》做了评注，他认同哲学所具有的政治意涵，并且将哲学与法紧密联系在一起。[①]

文艺复兴时期是柏拉图著作和思想被重新激活的重要时期，随着斐奇诺（Marsilio Ficino）等人对柏拉图著作的翻译[②]，柏拉图政治哲学的影响也反映在当时的作家著述之中。柏拉图的再次出场并非必然带着其古典希腊的精神特质，而是在很多具体的措施上为当时的作家提供了资源，比如莫尔（Thomas More）的《乌托邦》中不乏《理想国》里的举措，但初衷和目标已经大相径庭。

进入到现代世界以后，我们可以从卢梭（Rousseau）以及 19 世纪的英国思想家［如乔维特（Benjamin Jowett）和密尔（John Stuart Mill）］等人那里找寻柏拉图的身影，虽然具体的讨论方式和观点也已经转变到了现代国家或共和国语境之下。在 20 世纪两次世界大战之后，柏拉图政治思想的性质再次引发激烈论战，像卡尔·波普尔在其著名的《开放社会及其敌人》一书中将柏拉图列为需要替极权主义背书的思想家，而与之相对，也有列奥·施特劳斯、埃里克·沃格林等欣赏柏拉图式政治哲学的学者希望重新激活希腊传统，进而审视西方文明的历程。

从柏拉图政治思想的影响史来看，发源于古希腊城邦政治体，追求公民的德性养成的政治思考模式，在后世帝国、王国、城邦、民族国家等政治体中，并在希腊、基督教、伊斯兰、东亚等文明体中，都得到了不同形式的反映和体现。随着历史上几大文明的交流以及近代以来西方文明对于世界秩序的主导，以柏拉图政治思想为代表的古希腊政治思考传统也需要不断得到重新审视，而所有这些工作的基础是对其政治思想源发结构和问题意识的努力把握。

张新刚

---

① 中译本见［阿拉伯］阿威罗伊：《阿威罗伊论〈王制〉》，刘舒译，北京，华夏出版社，2008。

② 斐奇诺于 1484 年出版了第一个完整的柏拉图对话拉丁文译本，并于 1496 年出版了对主要对话的评注。除斐奇诺外，另有很多人也翻译了柏拉图的很多对话，像特拉布宗的乔治（George of Trebizond）翻译了《礼法》和《巴门尼德》，列奥纳多·布鲁尼（Leonard Bruni）、乌贝托·德琴布里奥（Uberto Decembrio）和琴乔·胡斯迪克（Cencio de' Rustici）翻译了《理想国》《高尔吉亚》《申辩》《克力同》和《斐多》等。更详细的情况参见 James Hankins，*Plato in the Italian Renaissance*。

参考文献

原典：

柏拉图．理想国．顾寿观，译．吴天岳，校注．长沙：岳麓书社，2010.

Burnet，J.，ed. Platonis Opera. Oxford：Oxford University Press，1900 - 1907.

Slings，S. R.，ed. Platonis Respublica. Oxford：Oxford University Press，2003.

Cooper，J. M.，ed. Plato：Complete Works. Indianapolis：Hackett，1997.

Bloom，A.，trans. The Republic of Plato. New York：Basic Books，1968.

Pangle，T.，trans. The Laws of Plato. Chicago：University of Chicago Press，1988.

重要研究文献：

厄奈斯特·巴克．希腊政治理论．卢华萍，译．长春：吉林人民出版社，2003.

托马斯·罗宾逊．柏拉图的次优城邦：《礼法》导论；三联剧：《苏格拉底之后》．张新刚，译．刘玮，编校．北京：北京大学出版社，2014.

埃里克·沃格林．柏拉图与亚里士多德．刘曙辉，译．南京：译林出版社，2014.

Annas，J. An Introduction to Plato's Republic. Oxford：Oxford University Press，1981.

Bobonich，C. Plato's Utopia Recast. Oxford：Oxford University Press，2002.

Bobonich，C.，ed. Plato's Laws：A Critical Guide. Cambridge：Cambridge University Press，2010.

Ferrari，G. R. F.，ed. The Cambridge Companion to Plato's Republic. Cambridge：Cambridge University Press，2007.

Fine，G.，ed. Plato 2：Ethics，Politics，Religion，and the Soul. Oxford：Oxford University Press，1999.

Fine，G.，ed. The Oxford Handbook of Plato. Oxford：Oxford University Press，2008.

Höffe，O.，ed. Platon：Politeia. Berlin：Akademie Verlag，1997.

Klosko，G. The Development of Plato's Political Theory. 2nd ed. Oxford：Oxford University Press，2007.

Kraut，R. Socrates and the State. Princeton：Princeton University Press，1984.

Kraut，R.，ed. Plato's Republic：Critical Essays. Lanham：Rowman & Littlefield，1997.

McPherran，M. L.，ed. Plato's Republic：A Critical Guide. Cambridge：Cambridge University Press，2010.

Morrow，G. Plato's Cretan City. Princeton：Princeton University Press，1960.

Ostenfeld，E. N.，ed. Essays on Plato's Republic. Aarhus：Aarhus University Press，1998.

Pradeau，J. - F. Plato and the City. J. Lloyd，trans. Exeter：University of Exeter Press，2002.

Reeve，C. D. C. Philosopher - Kings：The Argument of Plato's Republic. Princeton：

Princeton University Press，1988.

Rowe，C. and M. Schofield，eds. The Cambridge History of Greek and Roman Political Thought. Cambridge：Cambridge University Press，2000.

Santas，G.，ed. The Blackwell Guide to Plato's Republic. Malden：Blackwell，2006.

Saunders，T. J.，and L. Brisson，eds. Bibliography on Plato's Law. Sankt Augustin：Academia Verlag，2000.

Schofield，M. Plato：Political Philosophy. Oxford：Oxford University Press，2006.

Stalley，R. F. An Introduction to Plato's Laws. Oxford：Basil Blackwell，1983.

Strauss，L. The City and Man. Chicago：University of Chicago Press，1964.

Strauss，L. The Argument and the Action of Plato's Laws. Chicago：University of Chicago Press，1998.

第三章 亚里士多德论最佳政体

如今的伦理学与政治学在大学学科建制中分属于不同的学科，但是在最早为不同学科划定界限的亚里士多德（Aristotle）那里，它们还是一个统一的整体。亚里士多德将实践哲学或实践科学的这两个主要分支伦理学和政治学①统一归入“政治学”，称伦理学是“某种政治学”（*politikē tis*，《尼各马可伦理学》I. 2. 1094b11）②，因为人类最高的好（*t'agathon* 或 *to ariston*）是有关品格的学问［*ta ēthika*（即伦理学），来自 *ēthos*（品格）一词］和有关城邦组织的学问［*politikē*（政治学），来自 *polis*（城邦）一词］所要实现的共同目标，但是更多从城邦组织的角度处理这个问题的政治学显然比更多从个人角度处理这个

① 家政学也属于实践哲学，修辞学和诗学在一定程度上与实践哲学有关，但更主要地属于生产性科学（*poiētikon*）。

② 《尼各马可伦理学》的翻译依据 I. Bywater，ed.，*Aristotelis Ethica Nicomachea*，Oxford：Oxford University Press，1894，译文参考了 Terence Irwin，trans.，*Nicomachean Ethics*，2nd ed.，Indianapolis：Hackett，1999。《欧德谟伦理学》的翻译依据 R. R. Walzer and J. M. Mingay，eds.，*Aristotelis Ethica Eudemia*，Oxford：Oxford University Press，1991，译文参考了 Brad Inwood and Raphael Woolf，trans.，*Eudemian Ethics*，Cambridge：Cambridge University Press，2013。《政治学》的翻译依据 W. D. Ross，ed.，*Aristotelis Politica*，Oxford：Oxford University Press，1957；译文参考了 C. D. C. Reeve，trans.，*Aristotle Politics*，Indianapolis：Hackett，1998。《雅典政制》的翻译依据 F. G. Kenyon，ed.，*Aristotelis Athenienisium Respublica*，Oxford：Oxford University Press，1920；译文参考了 P. J. Rhodes，*The Athenian Constitution*，London：Penguin，1984。《修辞学》的翻译依据 W. D. Ross，ed.，*Aristotelis Ars Rhetorica*，Oxford：Oxford University Press，1959，译文参考了 George A. Kennedy，trans.，*Aristotle on Rhetoric*，New York：Oxford University Press，1991。《诗学》的翻译依据并参考了 Stephen Halliwell，ed.，*Aristotle Poetics*，Cambridge，Mass.：Harvard University Press，1995。其他亚里士多德作品的翻译，依据相应的希腊文本，译文参考了 Jonathan Barnes，ed.，*The Complete Works of Aristotle*，Princeton：Princeton University Press，1984 中的英译文。柏拉图著作的翻译依据 John Burnet，ed.，*Platonis Opera*，Oxford：Oxford University Press，1907，译文参考了 John Cooper，ed.，*Plato*：*Compete Works*，Indianapolis：Hackett，1997。

问题的伦理学有着更广大的范围和更强的规范性。

亚里士多德无疑从他的前人，尤其是从老师柏拉图那里，继承了丰富的伦理和政治思想。在亚里士多德看来，相比前人在伦理学领域取得的丰硕成果，政治学，尤其是政治学的最高分支——立法学（*nomothesia*），尚未被人们充分讨论，因此需要他为这门相对落后的学科重新奠基，而他首先要考虑的就是（狭义）政治学的研究步骤。他认为这个研究要遵循三个步骤：第一，考察前人关于这个问题的论述；第二，研究现有的政体，从中发现正面和负面的经验；第三，把握“什么政体是最好的（*poia politeia aristē*），每种政体如何组织，应该运用何种法律和习惯”（《尼各马可伦理学》X. 9. 1181b12-22）。这三个步骤中的前两个是预备性的，而第三个步骤，也就是找到那个最好的政体，并且给出这个政体的政治和法律组织方式，乃是政治学研究的核心任务。

本章首先讨论亚里士多德心目中伦理学与政治学的密切关系，之后循着亚里士多德在这里给出的研究步骤，考察他如何讨论“最佳政体”的问题。第二节和第三节首先处理前两个步骤，即研究前人的成果和现有的政体；第四节处理亚里士多德自己复杂的“最佳政体”理论。

第一节　伦理的政治哲学与政治的伦理学

在伦理学中，亚里士多德将“最高的人类好”界定为“幸福”（*eudaimonia*），在字面上等同于“做得好”（*to eu prattein*）和“活得好”（*to eu zēn*）。亚里士多德认为“幸福”满足人们通常关于最高的好的两个标准，即完满性（*to teleion*）和自足性（*to autarches*），并进而通过“功能论证”（*ergon* argument）将幸福界定为“人类灵魂合乎德性的活动”（*psuchēs energeia kat' aretēn*）（《尼各马可伦理学》I. 7. 1098a16-17）。[①] 而根据灵魂的不同部分或功能，亚里士多德又进一步将德性区分为两种。一种是灵魂欲求部分的德性，这个部分虽然本身没有理性，但是可以听从理性，它的德性就是与品格有关的“伦理德性”（*aretē ēthikē*），亚里士多德将这种德性定义为人们在情感和行动中的“中道”（*mesotēs*），它是“决定的状态，在于某种相对于我们的中道，它

① 类似的幸福定义，参见《欧德谟伦理学》II. 1. 1219a37-38，《政治学》VII. 8. 1328a37-38。

由理性（*logōi*）确定，也就是由明智者（*phronimos*）来确定，它是两种恶性之间的中道，一个是过度，另一个是不及”（《尼各马可伦理学》II. 6. 1106b35-1107a2）。而在具体行动中，中道就表现为“在正确的时间、关于正确的事情、对正确的人、为了正确的目的、用正确的方式”行动（《尼各马可伦理学》II. 6. 1106b21-22）。伦理德性包括勇敢、节制、慷慨、豪迈（*megalopsychia*）、正义等一系列德性。另一种构成幸福的德性是灵魂理性部分的德性，也就是与思想有关的“理智德性”（*aretē dianoētikē*），它们是“灵魂中最指向真（*malista...alētheusei*）的状态”（《尼各马可伦理学》VI. 2. 1139b12-13），包括技艺、知识、理智、明智和智慧。人的幸福就在于将这两个系列的德性在行动中实现出来。

亚里士多德特别强调，人们所能够实现的自足（也就是幸福）不是作为孤独个体的自足，而是作为“父母、孩子、妻子以及更普遍来说朋友和公民［的自足］，因为人依据自然就是政治性的［动物］”（《尼各马可伦理学》I. 7. 1097b9-11）。“人依据自然是政治性的动物（*phusei politikon zōon*）”是亚里士多德对人的著名界定[①]，它集中体现了人的两个特征：其一，在最低的必然性（*anankē*）的意义上，人类需要共同体，因为如果没有共同体内部的分工协作，他们就无法实现安全和自保，以及种族的延续，因此在《政治学》的开篇讨论城邦起源时，亚里士多德是从最小的人类共同体即夫妻组成的共同体开始，而不是从人类个体开始的。其二，人类在最高的目的（*telos*）的意义上也需要政治共同体，因为只有在政治共同体，特别是城邦这种完满的共同体形式中，人类才能实现自己德性的完全发展，并由此实现幸福。因此，亚里士多德说：“城邦的产生是为了活着（*tou zēn heneken*），但是它的持存则是为了活得好（*tou eu zēn*）”（《政治学》I. 2. 1252b29-30）。也正是在后一个意义上，亚里士多德认为“城邦依据自然先于家庭和我们每个人……因为所有的事物都是由它的功能和能力定义的”，并由此得出了那个著名的说法——如果一个人就其自

---

① 亚里士多德在如下地方提到过这个著名的说法：《尼各马可伦理学》I. 7. 1097b8-11，VIII. 12. 1162a17-22，IX. 9. 1169b17-19；《欧德谟伦理学》VII. 10. 1242a22-23；《政治学》I. 2. 1253a7-8，III. 6. 1278b15-28；《动物志》I. 1. 487b33-488a14。但是需要注意，这个界定并不能被当作人的定义，因为它并没有揭示人类“理性”的本质。亚里士多德在著作中提到过很多“政治的动物”，比如蜜蜂、蚂蚁等等，人类只是在拥有语言（*logos*）的意义上比它们更具有政治性（《政治学》I. 2. 1253a7-18）。关于这个界定的讨论，可参见 Wolfgang Kullmann，“Man as a Political Animal in Aristotle，” in D. Keyt and Fred Miller，eds.，*A Companion to Aristotle's Politics*，Oxford：Blackwell，1991，pp. 94－117；David J. Depew，“Humans and Other Political Animals in Aristotle's ‘History of Animals’，” *Phronesis*，vol. 40，1995，pp. 156－181。

然来讲不是城邦的一部分，那么他非神即兽（《政治学》I. 2. 1253a19-29）。

这样看来，亚里士多德的伦理学就是以政治学为归宿的伦理学，一切伦理的筹划最终都要指向政治共同体，都要在政治共同体中得以实现。因此亚里士多德在伦理学中的很多关节点上（比如讨论幸福的定义、灵魂的分类、德性的获得、行为责任的界定、正义的问题、友爱的地位等等），不断提到“政治学”“政治家”“立法者”等政治性的内容，并且在《尼各马可伦理学》全书的最后一章（X. 9），明确讲到理论性的伦理研究如果没有政治学的保障，很难变成人们的行动，很难实现伦理学希望实现的让人们变成好人的目标。与此同时，他的政治学则是以伦理学中界定的各种德性和人的幸福为基础的政治学，因此在规范意义上的政治学延续了伦理学中讲到的各种有关品格和思想的德性，力求通过政体的组织，也就是通过共同体生活各个方面的安排，让人们变成好人，因此在《政治学》中，亚里士多德把有关人们各种德性和幸福的讨论当作现成的①，将德性当作在财富、地位、出身等等各种值得追求的对象中最值得追求的，以及获得政治权力的资格。这样看来，亚里士多德的伦理学和政治学有着一而二、二而一的密切关系，或许用亚里士多德在另一个地方的说法，称它们为“人事哲学”（*hē peri ta anthrōpeia philosophia*）（《尼各马可伦理学》X. 91181b15）的两个分支更为恰当。②

第二节　亚里士多德对前人理论的批评

亚里士多德哲学研究的普遍方法是从“现象”（*phainomena*）出发进行考察，由此形成疑难，解决疑难，并达到对问题的解决和证明（参见《尼各马可伦理学》VII. 1. 1145b2-7）。而这里提到的“现象”就包括“有声望的意见”

---

① 尤其是《政治学》VII. 13. 1332a8-9 明确讲：“在我们的伦理学著作中（*en tois ēthikois*）我们给出了定义，幸福是德性的完全实现或使用。”

② 关于亚里士多德伦理学的政治维度和政治学的伦理维度，可参见 Malcolm Schofield, “Aristotle's Political Ethics,” in Richard Kraut, ed., *Blackwell Guide to Aristotle's Nicomachean Ethics*, Malden: Blackwell, 2006; Dorothea Frede, “The Political Character of Aristotle's Ethics,” in Marguerite Deslauriers and Pierre Destrée, eds., *Cambridge Companion to Aristotle's Politics*, Cambridge: Cambridge University Press, 2013, pp. 14 - 37; Rachana Kamtekar, “The Relationship between Aristotle's Ethical and Political Discourses,” in Ronald Polansky, ed., *Cambridge Companion to Aristotle's Nicomachean Ethics*, Cambridge: Cambridge University Press, 2014, pp. 370 - 382。

（*endoxa*）和由经验观察得到的一手资料。[①] 亚里士多德为自己研究政治学和立法学确立的准备性步骤，正是从这两个角度进入的。正如亚里士多德在《政治学》第 2 卷开篇所说的："既然我们决定研究对于按照最依靠祈祷的方式（*malista kat' euchēn*）生活的人来说，所有政治共同体中最好的（*kratistē pasōn*），我们就必须考察其他政体，既包括那些用在被认为治理良好的（*eunomeisthai*）城邦中的政体，也包括那些被某些人讨论，并被认为很好的政体"（《政治学》II. 1. 1260b27-32）。接下来亚里士多德首先对几位前人的理论进行了批判性的考察，从他对前人的这些批评中，我们也可以看到他自己坚持的一些基本的政治学哲学原则。

一、亚里士多德对柏拉图《理想国》的批评

在亚里士多德的所有前人中，柏拉图在《理想国》中对"最佳政体"给出了最为详细的讨论，因此在亚里士多德对前人的批评中，篇幅最大的也是他对《理想国》中政治架构的批评，尤其针对其中建构"美丽城"（*Kallipolis*）（《理想国》VII. 527c2）[②] 的两个核心步骤：男女平等和"共产主义"。[③]

柏拉图在《理想国》的第 5 卷提出了构建理想城邦的"三个浪潮"。第一个浪潮是男女平等，柏拉图提出这个浪潮的一个重要理由就是延续《理想国》第 2 卷中对护卫者与狗进行的类比（《理想国》II. 374e-376c）。在第 5 卷中，他明确说到"继续用这个［类比］"，之后讲到雌犬总是和雄犬一同看管、狩猎，而不因为她们需要生养小狗而待在家里（《理想国》V. 451d），因此男性与女性

---

① 关于"现象"包括的内容，参见 G. E. L. Owen 的经典论文"*Tithenai ta Phainomena*," in S. Mansion, ed., *Aristote et les problèmes de méthode*, Louvain: Publications Universitaires, 1961, pp. 83 - 103；关于这一方法在伦理学中的应用的细致讨论，可参见 Richard Kraut, "How to Justify Ethical Propositions: Aristotle's Method," in *Blackwell Guide to Aristotle's Nicomachean Ethics*, pp. 76 - 95。

② 对于《理想国》中"美丽城"的阐释有各种极端的思路，从认为柏拉图严肃对待这里提出的每一个主张，到认为柏拉图以反讽的态度面对这里提出的所有主张，不一而足。笔者认为我们应该尊重柏拉图的字面意思，将他构建的这个理想城邦当作一个真正的模板（*paradeigma*，V. 472c-473b，IX. 592a-b），虽然很难实现，但是并非自我否定或自相矛盾。这样认为的主要理由包括：第一，柏拉图强调只需要拥有完美的模型，能否实现这个城邦并不是那么重要；第二，柏拉图在《蒂迈欧》开篇大体上重述了《理想国》中的规划，并说观看这个城邦就像"观看美丽的动物"；第三，柏拉图称《礼法》中的城邦为相对于《理想国》而言"次优"的城邦；第四，亚里士多德把它当作严肃的规划看待和批评。

③ 关于亚里士多德批评柏拉图《理想国》的系统研究，参见 Robert Mayhew, *Aristotle's Criticism of Plato's Republic*, Lanham: Rowman & Littlefield, 1997；对亚里士多德的批判更具有批判性眼光的研究可参见 Trevor Saunders, *Aristotle Politics Books I & II*, Oxford: Clarendon Press, 1996, pp. 104 - 126。

应该从事同样的事业，接受同样的培养和教育。

亚里士多德明确否认这个类比，因为野兽并不能够进行家政管理（《政治学》II. 5. 1264b3-5）。在他看来，男性与女性是否能够分享统治权，应该有某种比生物本能更高的“自然基础”。统治需要的是人的理性能力，更确切地说是需要“明智”（*phronēsis*）这种关乎思虑的理智德性，而女性恰恰在这种理智能力方面有所欠缺：

> 在灵魂中依据自然（*phusei*）有统治的部分和被统治的部分，我们说每部分有不同的德性，一种是理性部分的德性，另一种是非理性部分的德性。很清楚，其他情况下也是如此，因此大多数的统治与被统治都是依据自然（*phusei*）的。自由人统治奴隶、男性统治女性、（成年）男人统治孩子都是不同的，因为虽然灵魂的不同部分都在所有人之中，但是方式不同，奴隶完全没有思虑的部分（*ouk echei to bouleutikon*），女性拥有但不是支配性的（*echei men*，*all' akuron*），小孩有但是不完全（*echei men*，*all' ateles*）。（《政治学》I. 13. 1260a5-14）

这段话将亚里士多德那里男性与女性在政治生活中不同地位的“自然基础”揭示得非常清楚，女性在政治生活中接受男性的统治，在某些方面类似小孩必须接受成年人的管理，也类似于他理论中臭名昭著的“自然奴隶”要接受主人的统治。[①] 因此女性的自然位置不是城邦的政治生活，而是在家庭之中，她们有着与男性不同的德性（《政治学》I. 13. 1260a24-36）。

根据亚里士多德在男性与女性之间排定的自然等级，男性与女性的关系是统治与被统治的关系；但是另一方面，亚里士多德也强调，女性毕竟不同于孩子或奴隶，因为她们并非如孩子一般理智尚未发展成熟，也不像奴隶一般缺乏思虑能力，而只是当理性做了某个决定，确定了某个行动之后，情感的部分容易僭越理性的权威。因此亚里士多德有时候将男女之间的关系比作“贤人制”，即男性总是进行统治（《尼各马可伦理学》VIII. 10. 1160b32-1161a3），但是在政治学的语境下则将他们的关系比作互相有所分工与合作的“政制”（*politeia*），但是这种政制与一般意义上以轮流统治为主要特征的“政制”又有所不同，因为在男性与女性构成的共同体里面，男性总是居于统治地位：

> 男人统治妻子［女人］和孩子都是将他们当作自由人（*eleutherōn*），但

---

① 关于“自然奴隶”问题的一个带有同情的解读，可参见 Malcolm Heath，“Aristotle on Natural Slavery，” *Phronesis*，vol. 53，2008，pp. 243－270。

> 是统治的方式不同，统治妻子是政治性的（*politikōs*），统治孩子是君王式的（*basilikōs*）。除非某些男人的构造与自然相反（*para phusin*），否则依据自然（*phusei*），他们比女性更适合支配（*hēgemonikōteron*），年长和完全的人依据自然比年轻和不完全的人更适合支配。在大多数政治统治中，统治与被统治是轮流的，因为他们依据自然是平等的，没有任何差别；但是当一个人统治而另一个被统治，统治者会在外表、言辞和荣誉上有所区别……男性与女性的关系就**永远是这样的**。（《政治学》I. 12. 1259a39-b10）

柏拉图在《理想国》里提出的“第二个浪潮”是所谓的“共产主义”，也就是在这个城邦中，护卫者要共产、共妻、共子。柏拉图提出这个浪潮的依据之一依然是延续护卫者与狗的类比，但这次是从繁殖的角度看的，人们在繁殖纯种动物的时候，都希望让最好的动物互相交配，从而生下血统最好的后代。根据这个类比，柏拉图要求最好的女性与最好的男性结合，并生下后代；为了保证“公有”，他还得出了下面这个有些耸人听闻的结论：“所有这些女性必须为所有这些男性所共有，任何一个女性不得和任何男人私下生活。孩子也是共有的，没有任何父母认识自己的孩子，也没有孩子认识自己的父母”（《理想国》V. 457c-d）。同时柏拉图要求护卫者没有属于自己的私人财产，仅仅从生产者那里得到供养（《理想国》V. 464b-d）。柏拉图认为理想的城邦生活的总原则是，要让城邦尽可能成为“一”，因为共同的欢乐和痛苦能够团结城邦，而“我的”“你的”这样的私人情感则会分裂城邦。培养共同情感需要所有人对同样的东西说“我的”。在柏拉图看来，他提出的共产、共妻、共子的策略能够最大限度地保障城邦中的团结和友爱，因为所有人对所有人都承担着亲人的义务，人们出于恐惧与羞耻，会避免法庭争讼和私人争吵（《理想国》V. 461e-464b）。

但是亚里士多德的观点与此恰恰相反，他认为柏拉图的构想只会让城邦充满危机，破坏城邦。亚里士多德首先提出了一个总的原则：“城邦越是变成‘一’，它就越不是一个城邦。因为城邦依据自然是由不同人组成的，如果变成‘一’，就把城邦变成了家庭，从家庭变成了一个人……这会毁掉城邦”（《政治学》II. 2. 1261a16-22）。这是亚里士多德政治学的重要原则，政治共同体不该追求人在各方面的同质性——对所有事物有同样的感受，而是要让异质性在共同生活中发挥作用，因为城邦的自足性恰恰建立在异质性的基础之上。[1]

---

[1] 当然，同情柏拉图的读者会反驳说柏拉图的“美丽城”同样是建立在“一人一事”的正义原则和三个等级的区分上的。但是柏拉图在那里强调的更多是“等级”之间的分工，而不是个体意义上的；而且在护卫者这个等级中，柏拉图无疑是在推行“同质化”的策略，而这正是亚里士多德攻击的矛头所指。

作为这个基本原则的第一个结论，亚里士多德严词反对取消家庭，反对取消人们的私人领域，让城邦中最重要的护卫者变成“单向度”的“公共人”。在亚里士多德看来，家庭是政治关系的自然起点，“男女之间的友爱也是自然的，因为人们形成夫妻比形成城邦更加自然，因为家庭先于城邦，而且更加必要”（《尼各马可伦理学》VIII. 12. 1162a17-19）。[①] 家庭发挥着重要的经济和教育功能，以如何挣钱和花钱为对象的家政学也是明智的重要分支，家庭肩负着培养孩子正确的伦理和政治观的使命，要让他们拥有成为好人的必要起点，就像给种子提供良好的土壤（《尼各马可伦理学》I. 4. 1095b4-8，X. 9. 1179b4-1180a1）。此外，我们还拥有对“我的”东西和“我喜爱的”东西的自然情感，没有什么能比这两样东西更让我们热爱和珍视了（《政治学》II. 4. 1262b22-24，II. 5. 1263a40-b1）。因此在亚里士多德看来，不管公共空间有多么重要，人首先都是家庭的动物，都有这个不能被剥夺的私人领域，就人这种生物来讲，家庭的和政治的两个维度缺一不可，因为“人不仅是政治的动物，而且是家庭的动物（*oikonomikon zōon*）”（《欧德谟伦理学》VII. 10. 1242a22-25）。

反过来讲，亚里士多德认为假如真的取消家庭，必然会造成灾难性的后果：第一，人们一定会最不关注那些大家公有的东西（《政治学》II. 3. 1261b32-40）；第二，作为第一点的推论，称所有的孩子为“儿子”给人们带来了巨大的不确定性，于是人们也不愿意付出努力教育他们，或者指望他们能给自己做些什么，因此情感纽带也就不存在了，亚里士多德说“有个自己的堂兄弟都比有个这样的儿子好”（《政治学》II. 3. 1262a13-14）；第三，人们难免会猜疑谁是自己的父母或子女，并且格外善待那些被怀疑有可能是自己真正亲人的人（《政治学》II. 3. 1262a14-24）；第四，与柏拉图认为“共产主义”会导致犯罪减少相反，亚里士多德认为因为人们不确定自己的身份，反而会导致更加严重的罪行，比如弑亲，并由此玷污城邦（《政治学》II. 4. 1262a25-32）；第五，亚里士多德同意城邦中的友爱（*philia*）甚至是比正义更重要的价值（《尼各马可伦理学》VIII. 1. 1155a22-28），但是他并不认为柏拉图在《理想国》中的制度安排能够产生他希望的友爱和团结，因为一切共有就像将一滴酒混入大量水中，只会让友爱的情感被稀释，或者说变成“水”（*hudorē*）（《政治学》II. 4. 1262b3-24）；第六，亚里士多德还批评了柏拉图所说的根据孩子的自然禀赋调整他们的等级的计划会因为人们不可避免的“私情”而造成巨大的混乱

① 前面提到在目的的意义上城邦先于家庭和个人，但是在必要性的意义上家庭先于城邦，这两点并不矛盾。

（《政治学》II. 4. 1262b24-37）。

亚里士多德也对柏拉图的财产公有提出了系统的批评。他指出，只要是“共同体”（*koinōnia*）就必然要求财产一定程度上的共同性（*koinon*），因此在共同体中不可能是财产私有私用，而是要考虑财产应该公有公用、公有私用还是私有公用。在亚里士多德看来，私有公用是最佳选择，因为私有保证了人们对自己的土地和财产给予最大的关心，而公用保证了共同体可以采取共同行动促进共同利益（《政治学》II. 5. 1263a21-40）。柏拉图的构想恰恰剥夺了人们拥有自己财产的快乐，以及用自己的财物帮助他人的快乐，没有了私有财产，甚至会导致慷慨和节制这两种很重要的伦理德性变得无法实践（《政治学》II. 5. 1263b7-14）。柏拉图认为共同财产可以袪除犯罪，但是亚里士多德认为导致罪行的其实并不是财产，而是人们的教育和德性（《政治学》II. 5. 1263b14-1264a1）。

除了针对男女平等和“共产主义”提出的集中批评之外，亚里士多德还批评了《理想国》对第三等级的语焉不详和处理不当，认为柏拉图对此的处理过于模糊（柏拉图认为只要管理好护卫者就行，生产者不会给国家造成太大的问题），在他们之中财产是否公有、是否有私人家庭、是否拥有武器、接受何种教育都是不清楚的，同时“美丽城”让护卫者永远进行统治，而生产者永远没有机会进行统治。所有这些关于统治的安排以及对第三等级的模糊处理，都会给柏拉图的理想城邦带来巨大的潜在威胁，生产者有可能成为分裂城邦的因素，导致这个城邦不再是一个城邦，而是两个城邦（《政治学》II. 5. 1264a10-1264b15）。

亚里士多德最后批评了柏拉图的“整体主义”，即柏拉图不是让城邦中的任何一个等级获得至上的幸福，而是着眼于整个城邦的幸福（参见《理想国》IV. 419a-420b，V. 465d-466c）。但是在亚里士多德看来，城邦整体的幸福就在于个体获得幸福，“整体不可能幸福，除非所有、大多数或者一部分人是幸福的。因为幸福不是像偶数这样构成的，后者可以在整体之中而无需在任何部分之中，而幸福不可能。但是如果护卫者不幸福，谁又幸福呢”（《政治学》II. 5. 1264b15-24，VII. 1. 1323b29-1324a4）？

在上面我们讨论了亚里士多德对《理想国》中政治构想的批评，不仅因为这两个古典政治哲学大师的直接交锋让人兴味无穷，更因为亚里士多德在对《理想国》的批评中，非常鲜明地展现了他的一些重要的政治哲学原理，甚至比正面展开自己的学说时更加鲜明。比如政治共同体要依靠“自然”的标准进行构建，政治共同体应该尊重多样性而不能片面追求统一性，政治需要尊重人们的自然情感，人作为家庭和城邦的动物都拥有私与公两个维度，共同体应该遵循私有公用的财产原则，等等。这些都将在亚里士多德构建自己的理想城邦时起到重要作用。

二、亚里士多德对柏拉图《礼法》的批评

或许是因为《礼法》仅仅讨论了依靠法律治理的更加现实的“次佳政体”（《政治学》II. 6. 1265a1-10；参见《礼法》V. 739a 以下）[1]，亚里士多德对它的重视远远不及《理想国》。他同时还认为其中的计划因为与《理想国》过于接近（除了取消了对女性和财产的公有以及增加了战士的数量之外），因此柏拉图的这个“次佳政体”也必然失败。他对《礼法》的批评大体上都是针对具体实施层面的，而非针对原则性的问题。比如按照《礼法》，要养活一支 5 000 人的专业军队，需要过于广大的土地；《礼法》没有考虑到邻邦的情况，没有考虑到财产的具体数量，没有考虑到公民的数量和财产尤其是土地的分配，没有考虑到统治者与被统治者的区别何在；《礼法》中的混合政体建立在重装步兵的基础上，因此被称为“政制”，但是这个混合政体混合了民主制和僭主制这两种糟糕的政体，且更偏向于寡头制，其中缺少君主制的要素。[2]

亚里士多德虽然对柏拉图做出了很多批评，但还是带有一些同情。他评论道：“所有苏格拉底式的对话都有某些超凡的、精致的、新颖的和值得探讨的东西，但是大概很难把所有的事都做好”（《政治学》II. 6. 1265a10-13）。而他本人在《政治学》第 7、8 两卷中对最佳政体的具体讨论在很大程度上正是要避免柏拉图的疏忽，修正柏拉图的错误。

三、亚里士多德对法里亚斯和希波达穆斯的批评

在批评完柏拉图关于“最佳政体”和“次佳政体”的两套方案之后，亚里士多德又转向了另外两位前人，一位是卡尔西顿的法里亚斯（Phaleas of Chalcedon），另一位是米利都的希波达穆斯（Hippodamus of Miletus）。

法里亚斯的理想政体将重心放在财产的平等上，因为在他看来，财产的不平等是一切政治纷争的根源，这个问题对于一个新建的城邦来讲容易解决，但是他还试图通过嫁妆在现有城邦中实现财产的平等。亚里士多德认为这是毫无

---

① 关于《礼法》中的政体在什么意义上只是“次佳”的，参见本书第二章的讨论。

② 关于亚里士多德对《礼法》的批判是否以及在多大程度上是对柏拉图的误解，参见 Saunders, *Aristotle Politics Books I & II*, pp. 126－135。

可行性的方案。第一，需要限制各家孩子的数量才能确保财产的平等；第二，人们在富有之后因为城邦的强制再分配而变穷，会让这些人成为革命的力量；第三，人们除了争夺财产之外，还会争夺荣誉之类的东西，人们行不义也不都是因为财产之故，而是因为有过分的欲望，因此保证正义与和平的并不是财产的分配那么简单，而是教育和教养；第四，法里亚斯没有考虑财产对于邻邦和战争的影响（参见《政治学》II.7）。亚里士多德对法里亚斯的批评中，最核心的观点就是解决财产的平等只是治标不治本，真正重要的是对人们的教育以及由此而来的对欲望的约束。在关于他心目中的最佳政体的讨论中，我们能够看到亚里士多德赋予教育多么重要的地位。

希波达穆斯是第一个以非政治家的身份提出一套最佳政体构想的人，并且为雅典的比雷埃夫斯港设计了街道布局图。他似乎受到了毕达哥拉斯学派的影响，对数字“三”非常执着：他要区分三种公民（手工业者、农民、战士）、三类土地（神圣的、公共的、私人的）、三种法律［涉及不当举动（*hubris*）、伤害和死亡］。此外还设计了一个供上诉用的终审法庭，并且反对用投票进行判决，而是要求每位法官都写明判决的理由和惩罚的方式。他还主张奖赏那些为改进城邦法律和政治安排做出贡献的人，抚养在战争中牺牲的战士的后代。亚里士多德的批评有一些与他对柏拉图的批评类似，比如农民与手工业者可能会沦为拥有武装者的奴隶，以及公共土地的耕种问题；也有一些是希波达穆斯的政体特有的问题，比如他提出的司法程序会将法官变成仲裁员。最后在批评希波达穆斯鼓励人们进行政治变革的时候，亚里士多德谈到了关于法治的一个重要思想，也是人们争论的一个问题——是否应该修改传统的法律？亚里士多德一方面同意，法律就像技艺，不可能一成不变，但是另一方面他又非常明智地告诫听众或读者，修改法律必须非常慎重，因为法律的权威赖于人们形成服从的习惯，如果没有了这一条，法律也就不再成其为法律了：

> ［修改法律］需要极大的谨慎。因为如果改善很小，而让人们习惯随意废除法律是件坏事，那么显然统治者或立法者的一些错误就必须忍受，因为从改变得来的好处不如习惯于不服从官员导致的坏处大……除了习惯之外，法律没有别的力量能够保证服从，但是习惯只能经过很长时间才能形成。因此轻易将现有的法律改变成不同的和新的法律会削弱法律的力量。（《政治学》II.8.1269a14-24）

因此有着最好法律的最佳政体，应该保持着最大的稳定。至于什么时候需要避开法律的字句而坚持法律的精神，以及什么时候需要对法律进行修订，就是一个拥有公道（*epieikeia*）德性的明智者（*phronimos*）需要慎重考虑的了。[①]

第三节　亚里士多德对现实政体的经验研究

根据亚里士多德给出的步骤，除了考察作为“有声望的意见”留下来的前人关于最佳政体的讨论之外，还要考察现有政体的组织和法律的制定，从中吸取经验教训。这一节首先讨论亚里士多德《政治学》第 2 卷中对几个被奉为典范的现有政体的批评，之后讨论亚里士多德在《雅典政制》中体现出的政治哲学思想，同时考虑这些讨论对亚里士多德规范性的政治哲学研究起到的借鉴作用。

一、亚里士多德对斯巴达、克里特、迦太基政体的批评

在对几位前人的最佳政体构想加以批判之后，亚里士多德又从现实经验的角度集中对现有的几个为人所称道的政体进行了批判性的考察。首先他给出了一个带有方法论性质的说明：他对于这些现实政体的评价要依据两点，一个是这些政体的立法实践与严格意义上的最佳政体相比有何得失，另一个是这些政体的立法实践是否符合这些政体自己的奠基原则（《政治学》II. 9. 1269a30-34）。也就是说，亚里士多德对现实的考察一方面有极强的规范性——参考绝对意义上的最佳政体；另一方面又带着很强的同情和现实性——以不同政体给自己订立的基本原则为依据。亚里士多德主要考察了斯巴达、克里特和迦太基这三个被奉为典范的政体。

斯巴达政体是否应该被作为最佳的政体典范看待，在伯罗奔尼撒战争期间和之后就是希腊文人们讨论的焦点话题。[②] 柏拉图的《理想国》被认为大量吸收了斯巴达政体的经验。亚里士多德也在某些地方肯定斯巴达对立法、教育和德性的重视[③]，但是整体而言还是对斯巴达的制度批判有加。他理解斯巴达想要让自己的公民拥有闲暇（*scholē*），因此依靠黑劳士来完成耕种和手工劳动，但是斯巴达人对于数量庞大的黑劳士的粗暴对待却不利于他们实现自己的目

---

① 关于这个问题，参见下面第五节中的相关讨论。

② 但是幸存下来的讨论很少，只有色诺芬的《斯巴达政制》。

③ 比如《尼各马可伦理学》I. 13. 1102a7-12，X. 9. 1180a25-26；《政治学》VIII. 1. 1337a31-32 等。

标，导致黑劳士成为斯巴达巨大的不安定因素，多次爆发起义（《政治学》II. 9. 1269a34-b12）。基于他关于女性在实践理性上低于男性的看法，亚里士多德批评斯巴达人没有处理好占公民数量一半的女性的问题，导致她们过于骄纵放肆、无法无天，而尚武的男人又格外容易屈从于这样的女性，因此女性成了斯巴达隐秘的统治者，这也导致了城邦财富的分配不均，从而损害了城邦的幸福（《政治学》II. 9. 1269b12-1270a34）。亚里士多德的第三个批评针对的是斯巴达的人口制度，由于斯巴达的立法者希望尽可能扩大斯巴达公民的数量，因此用兵役制度和征税制度鼓励多生孩子，而这导致了很多公民的贫穷（《政治学》II. 9. 1270a34-b6）。亚里士多德接下来批评了斯巴达从平民中选举监察官的制度（*ephoreia*），这种初衷在于制衡两位国王的权力的制度，实际上却赋予监察官过大的权力，而且从平民中选出的这种高级官员缺乏拒腐防变的能力和法律事务的专门知识，导致斯巴达政治的混乱（《政治学》II. 9. 1270b6-35）。亚里士多德对斯巴达政体的第五个批评针对元老会（*gerousia*）的安排，主要质疑老年人理智能力下降之后是否还应该终身对城邦大事发表看法，更糟糕的是这些人也收受贿赂。此外监察官和元老的选举方式（一个是抓阄，另一个是申请人主动要求）在亚里士多德看来也非常幼稚（《政治学》II. 9. 1270b35-1271a18）。亚里士多德还批评了斯巴达政体中国王的品格和选举方式、共餐的安排、海军统帅的选拔、公共财政的管理等机制（《政治学》II. 9. 1271a18-1271b1, 1271b10-18）。最后他与柏拉图一样把批评的矛头指向了最重要的主题——斯巴达教育制度的目的。斯巴达政体确实关注德性的教育，但是他们只关注某一种德性，即军事德性或勇敢，而置其他诸多德性于不顾。这就导致斯巴达政体在征伐过程中非常安全，而一旦作为独步天下的强大力量进行统治，就会不可避免地走向衰落，因为斯巴达人根本不懂得如何享受和平与闲暇（《政治学》II. 9. 1271b1-10）。①

在亚里士多德看来，克里特政体与斯巴达政体有很多相似之处，比如农奴负责耕种、共餐制度、秩序维持官（*kosmoi*）、元老会、公民大会等等，有些地方甚至做得还比斯巴达更好，比如共餐无须公民自己负担，采取措施控制人口数量，等等。亚里士多德的主要批评集中在秩序维持官上，他认为这个官职甚至不如斯巴达的监察官，因为不像斯巴达那样从公民中广泛选择，而是从有限的家族中选择，而元老又是从做过秩序维持官的那些人中选择的，这样就使

---

① 另参见亚里士多德：《政治学》VII. 2. 1324b22-41，VII. 14. 1133b5-1334a10，VIII. 4. 1338b9-29；柏拉图：《礼法》I. 625c-638b，II. 666e-667a；等等。关于闲暇的问题，下文还会有更详细的讨论。

得这个官职拥有了过大的权力。克里特的元老也是终身任职，并且没有任何审查。此外克里特政体中的很多制度都缺少法律的保证，秩序维持官手中有过大的权力，这些加在一起导致这个政体更像是一个君主制的政体，而非混合政体，只是因为克里特作为岛屿的特殊地理位置，它的政体才得以保持稳定（《政治学》II. 10）。

迦太基政体也与斯巴达相似，比如共餐制度，一百零四人会的权力类似于监察官（但是因为根据人们的价值进行选举，因此这个制度比斯巴达更好），国王与元老会也与斯巴达的相应制度相似（但是国王不是来自同一个家族，因此比斯巴达更好）。这个政体很好地避免了内乱（*stasis*），保持了城邦的稳定（虽然亚里士多德认为这更多得益于他们的“运气”，而非立法者的远见）。而亚里士多德对这个政体的批评主要是从它偏离“最佳政体”的意义上来说的，因此也就是所有他批评过的现存政体都会有的问题。[①] 如果参考最佳政体，那么迦太基的政体过多偏向了寡头制，比如国王和元老会给公民大会提供议案，“五人委员会”有过大的权力，允许一个人担任多项官职，以及最为严重的一点——统治者的选择不仅要考虑他们的德性，也要考虑他们的财富。虽然他们认为闲暇对于政治权力非常重要，而且认为财富保障了拥有官职者的闲暇并不完全错误，但是这项制度还是让这个城邦显得过于热爱金钱，从而导致它偏离了贤人制的原则——只将德性看作最重要的统治依据（《政治学》II. 11）。

亚里士多德对这些现有政体的批评并非随便说说，他之后讨论各种层面的最佳政体时，都会谨记这些现实政体犯下的错误，以及通过批评它们得出的普遍原则，尤其是要尽可能平衡地混合政体中的各种要素。

二、《雅典政制》的政治哲学意味

按照古代的记载，亚里士多德曾经编写过158个城邦的政制史，这在古代世界堪称独树一帜的成就。亚里士多德将这项经验研究的价值比作医生不仅要在普遍的意义上了解疾病的治疗，而且要区别不同的身体状态，考虑每一种病人应该如何得到医治。这会对研究最佳政体提供非常有益的借鉴（《尼各马可

---

① 在这里，亚里士多德唯一一次将“贤人制”与“政制”并置，作为最佳政体的代名词：“因为它［迦太基政体］偏离最佳政体而提出的大多数批评，实际上也适用于我们讨论过的所有政体。但是那些从贤人制或政制的基本原则偏离的政体，有些更多偏向民主制，有些更多偏向寡头制”（《政治学》II. 11. 1173a2-6）。这或许表明，在他看来，只要一个政体是按照正确的原则组织的，则具体的政体类型其实并不那么重要。

伦理学》X. 9. 1181b2-12）。但是除了历代文本上留下的九十余条只言片语之外，自公元 6 世纪之后似乎就没有人读到过关于这 158 个政体中任何一个的完整记载，因此 1891 年《雅典政制》的意外发现弥补了亚里士多德研究中的一个重大缺憾。

抛开有关《雅典政制》的作者是不是亚里士多德本人的争论①，只看它的内容，它确实体现了亚里士多德及其学派对于历史和政治经验的严肃态度（为了行文方便，笔者将亚里士多德当作该书的作者）。该书的前半部分提供了从雅典城建立到驱逐三十僭主的政制发展史（第 1 至 41 章），后半部分则提供了对亚里士多德那个时代雅典政体的细致描述（第 42 至 69 章，这种对同时代一个城邦政治运作方式的详细记载在当时来讲是全新的文体）。这部著作看似仅仅是对历史和现实的忠实记载，但其中的一些评论，还是显示出亚里士多德在历史和经验背后的政治哲学关怀。这里选取其中的四个维度做一些讨论。

（一）政体的自然目的

在《雅典政制》背后，总的指导思想就是政治的自然性。每一种政体，即便是偏离正轨的政体，也都有自己的自然目的（*telos*）。而对于民主政体而言，"自由"（*eleutheria*）就是它的目的②，因此亚里士多德在撰写前 41 章的内容时，就是沿着雅典民主如何一步一步实现最大限度的自由，也就是它的"目的"来组织的，记载了雅典政体的十一次变革，并且将他的记载终止于公元前 403年雅典民主派打败三十僭主，恢复了雅典的民主和自由③，最后以赞美民主制的优点——不易被腐蚀——作结（《雅典政制》41. 2）。雅典民主从梭伦奠基到最终达到某种极端的形式，也印证了亚里士多德的一个重要理论："当城邦变得越来越大，或许除了民主制之外，其他政体都不容易产生了"（《政治学》III. 15. 1286b19-20）。而后半部分关于各种官职的记载也是着眼于理解雅典人如何保护和强化他们的自由，防止寡头或僭主产生，防止有权势的个人主导公共政治，尤其是议事会与公民大会的职责（43-45）、抽签制的运用（50-54）、执政官的分工（55-59）、复杂的法庭程序（63-69）。

---

① 关于这些历史问题以及整体而言有关《雅典政制》的最佳讨论，参见 P. J. Rhodes，*A Commentary on the Aristotelian Athenaion Politeia*，Oxford：Clarendon Press，1982。

② 在《政治学》IV. 8. 1294a9-29 中，亚里士多德用"标志"（*horos*）来指称各种政体的"目的"，民主制的标志是自由，贵族制的标志是德性，寡头制的标志是财富。

③ 《雅典政制》中记载的最晚的事件是科菲斯托丰（Kephistophon）在公元前 329/前 328 年担任雅典的执政官，距离民主制恢复有 70 多年的历史。由此我们可以判断，亚里士多德选择公元前 403 年作为记述雅典政体历史的终点是有自己的考虑的。

（二）政治中的偶然因素

与政体的自然目的相对，在政治中也有很多不可预见的、偶然的因素发挥作用。亚里士多德认为任何政体都有它的自然目的，同时需要人的思虑和行动去促进这些目的。但是在人的实际行动中，总有一些不可控的、出乎意料的东西会发生，从而给政治带来一些意想不到的结果。对于这些事件，我们无法给出科学解释，这也是在人类行动领域缺乏绝对精确的知识的原因之一。[①] 在伦理学中，亚里士多德提到在人生中有“很多命运的变故”（《尼各马可伦理学》I. 9. 1100a5-6），它们会影响人生能否实现幸福。《政治学》也提到了运气的影响，比如上面提到克里特由于地理位置的优越，防止了很多奴隶的叛乱；在评论迦太基政体时，亚里士多德记载了迦太基人不时把一些公民送到其他地方致富，从而避免了很多内乱，在他看来“这是运气的结果，但是免于内乱本来应该通过立法实现”（《政治学》II. 11. 1273b20-21）。

不管是伦理学还是政治学，亚里士多德都主要是在处理规范性的问题，给人或政治共同体设定正确的标准，因此他更多强调虽然这些偶然或运气的因素会产生影响，但是这种影响非常有限，更多强调能够用德性、知识或技艺控制的一面。比如亚里士多德就在一段非常感人的篇章中强调，有德性的人即便在面对厄运和不幸时，也能够最大限度地泰然处之，做出最高贵的应对（《尼各马可伦理学》I. 10. 1100b22-110a14）；在另外一些地方，他强调人的幸福和最佳政体不是靠运气，而是靠立法和技艺获得的（《尼各马可伦理学》I. 9. 1099b20-25；《政治学》VII. 1. 1323b28，VII. 13. 1332a28-32）。

但是在描述经验性的历史事实时，亚里士多德则无法回避在伦理学和政治学的规范研究中不必过分强调偶然性的作用。在《雅典政制》中，他经常（但不总是）用“（偶然）发生（*sunbainein*）”来标示这类事件[②]，它们有的时候妨碍了民主政体自然目的的实现，有时则促进了这个目的，但它们的特点就是无法定义、不可确定，更没有办法预知，就像下面几个例子中体现的那样。

著名的“僭主”庇西斯特拉图斯（Pisistratus）本来是平民派的代表，尽管数次遭到驱逐，但是每次都能够回到雅典继续统治。他并不残暴，而是被描述成“恰当地（*metriōs*）对待城邦，是更政治性的（*politikōs*）而非僭主式的

① 关于广义的政治学缺乏数学式的精确性，参见《尼各马可伦理学》I. 3. 1094b9-1095a2。

② 由这个词衍生而来的名词 *sumbebēkos* 是亚里士多德哲学中的“偶性”（accident）。这个词的不同形式在记载雅典政体演变的第 1 至 41 章一共使用了 25 次之多。

(*turannikōs*)；他友善待人、温和、宽恕犯错之人，还借钱给那些身处困境的人”（《雅典政制》16.2），平民与贵族都与他交好，他也统治了很长时间（《雅典政制》16.9）。在他死后，两个儿子希庇亚斯和希帕库斯共同进行统治。其中哥哥希庇亚斯“在本性上很有公心（*phusei politikos*，字面意思是‘本性上很政治性’），也很有头脑”；希帕库斯虽然有些幼稚，但是热爱艺术，将一批有名的诗人请到雅典。根据亚里士多德记载，他们的统治本来可以继续沿用父亲的法律，像他们的父亲一样温和，残暴统治绝非他们的本意，但是由于他们的弟弟特萨鲁斯（Thessalus）鲁莽傲慢，“［碰巧］成了（*sunebē*）他们不幸的起点”。特萨鲁斯因为没有得到哈摩尔狄乌斯的爱慕，侮辱了哈摩尔狄乌斯和家人，于是哈摩尔狄乌斯和自己的爱人决定刺杀僭主。但是他们在执行刺杀的时候，又因为偶然误判了一个同伙的行为而过早动手，导致整个计划失败，只杀掉了希帕库斯，而没有杀死希庇亚斯（《雅典政制》18）。这样的结果就是，庇西斯特拉图斯家族的统治以一种完全有悖“僭主”本意的方式变得比以前残酷得多，因为希庇亚斯要为弟弟的死报仇，并且开始对所有人充满怀疑和仇恨，直到斯巴达国王克列奥美涅斯出兵帮助雅典推翻了希庇亚斯（《雅典政制》19.1）。

雅典民主制从梭伦的改革开始一直在发展壮大，人民的权力不断扩大，但是在波斯战争之后，更多代表贵族势力的战神山议事会（Areopagus）却重新获得了权威，并开始主导雅典政治长达 17 年。这个事件的原因在亚里士多德看来非常偶然，“它获得主导权不是通过任何法令，而是因为他们是萨拉米斯海战的原因”（《雅典政制》23.1）。在这场决定性的海战之前，雅典将军们士气低落，甚至准备各自逃命，这时候战神山议事会提供了一笔经费，给每个将军八个德拉克玛，让他们准备作战，并在这场战役中一举击溃波斯，雅典人因此认可了战神山议事会的权威，心甘情愿地服从他们。

战神山议事会获得主导权一段时间之后，经过埃菲阿尔特斯（Ephialtes）和地米斯托克利（Themistocles）的努力[①]，这个议事会的权威又被逐渐削弱，这之后雅典政体就（碰巧）越来越“放松”（*sunebainen aniesthai*），从而倒向了极端民主制。而这其中也有一些原因纯属偶然，比如这时贵族派碰巧没有一个有力的领导，主张贵族价值的客蒙（Cimon）还没有什么经验；由于战争，很多将军战死，新的将军也缺少经验和威望，动辄带着两三千人战死，而这样的损失对于贵族派来讲是巨大的，却没有太多影响人民和民主派的力量；此

① 这里的记载或许有些年代错乱，因为在埃菲阿尔特斯做这些事情的时候，地米斯托克利已经被流放了。

外，雅典作为海上强邦的地位逐渐稳固，因此作为水手的平民的地位也随之上升。这些因素加上民主制本身不遵守法律的内在倾向，雅典民主就在伯里克利的推动下越来越走向了极端。

（三）政体中两种主导性力量“质”和“量”的互动

在《政治学》中，亚里士多德提到了城邦中的不同部分可以被分为两种，一个是“质”（*poion*），另一个是“量”（*poson*）。“质”指的是自由、财富、教育、好出身等不同一般的要素，也就是指城邦中寡头的部分；而“量”就是人数的多少，也就是指城邦中平民或穷人的力量（《政治学》IV. 12. 1296b15-19）。这两种主导性的力量永远存在于每一个城邦之中，也正是在它们的左右之下，不同的城邦表现出不同的政体形态，如果“质”的因素占上风，城邦就偏向寡头制，如果量的因素占上风，城邦就偏向民主制；而且这两种力量之间的对抗与妥协，最终也造就了不同的寡头制类型和民主制类型。因此民主制和寡头制就像南风与北风一样，被看作主导性的政体（《政治学》IV. 3. 1290a13-24）。

这个原则在《雅典政制》里体现得淋漓尽致。因为雅典民主的历史在很大程度上就是两派力量角逐的历史，最终是因为“量”的一方出于各种原因占了上风，雅典也就最终变成非常极端的民主制。在第 28 章，亚里士多德列举和总结了雅典历史上的一对对相互抗衡的政治领袖，除了梭伦这个民主制的开创者和驱逐了僭主庇西斯特拉图斯之后主持雅典政局的克莱斯提尼这两位代表大众的政治家几乎可以说独享主导地位之外，在其他时代，雅典政制都集中体现为代表寡头的政治家与代表平民的政治家激烈对抗，雅典民主也正是在这种对抗中逐渐走向极端化的。

民主派	寡头派
梭伦（Solon）	
庇西斯特拉图斯（Pisistratus）	莱库古（Lycurgus）
克莱斯提尼（Cleisthenes）	
克桑西普斯（Xanthippus）	米尔提亚德斯（Miltiades）
地米斯托克利（Themistocles）	阿里斯蒂德（Aristides）
修昔底德（Thucydides）	伯里克利（Pericles）
尼西阿斯（Nicias）	克里昂（Cleon）
特拉美尼斯（Theramenes）	克莱奥丰（Cleophon）与卡里克拉特斯（Callicrates）

（四）权力的腐化作用与权力制衡

亚里士多德很清楚权力对人的腐化作用，因为每个人都首先爱他自己，关注自己的利益，并且容易因为个人的好恶产生偏私，影响政治权力的良性运作。因此在《雅典政制》后半部分记述他那个时代的雅典政体时，亚里士多德特别强调不同政治权力之间的制衡。比如不同官员通过抽签和选举两种不同的方式来进行选择（《雅典政制》43.1），大多数官职都不允许公民一生任职两次；议事会和法庭通过在官员上任之前和卸任之后进行“审查”，形成对官员的监督和约束（《雅典政制》48-49，54.2，55）；官员要有明确的分工、不同的职权，防止某个人或某几个人权力过大，最典型的例子是雅典对九个执政官负责案件的分工（《雅典政制》56-59）；法庭需要一套复杂的选举法官的机制和法庭程序，以保证案件审理的公正（《雅典政制》63-69）。

我们可以想象，对雅典政体的这些实际考察对亚里士多德在《政治学》中更加规范性地考察城邦中应该设立的各种官职（《政治学》IV. 14-16，VI. 8），以及形成基本的分权观念具有重要贡献。亚里士多德认为不管是偏向民主制还是寡头制，政治权力都可以大体上被划分为三大类：进行思虑或筹划的部分（*to bouleuomenon*），主要是指公民大会和议事会；各种执行法律、法令、决议的官员（*archai*）；以及执行司法职责的审判部分（*dikastikon*）。但是在不同政体中，这三类政治权力的执行方式，比如议事会或公民大会的参加范围和权限，官员的任免办法和任期，法庭的构成、职权范围和法庭程序等等，都有所不同。这些不同范畴的政治权力可以在一定程度上达到互相制衡的效果。

第四节　亚里士多德的“最佳政体”

在完成了对前人理论和各种现实政体的批判性讨论之后，我们继续跟随亚里士多德设定的研究路线，来看他如何处理“最佳政体”及为其立法的问题。根据亚里士多德著名的政体分类理论，他将政体按照两套标准区分为六种，一套是统治人数是一个、少数还是多数，另一套是政体是为了统治者的私利还是为了共同体的公益。①

	公益	私利
一人统治	王制（*basileia*）	僭主制（*tyrannis*）
少数统治	贤人制（*aristokratia*）	寡头制（*oligarchia*）
多数统治	政制（*politeia*）	民主制（*dēmokratia*）

亚里士多德在不止一个地方明确给出过政体优劣的排序，从这六种政体的“理想类型”的角度看，最佳政体无疑是王制，最差的政体无疑是僭主制（《尼各马可伦理学》VIII. 10. 1160b7-8；《政治学》IV. 2. 1289a40）。但是亚里士多德对“最佳政体”的实际讨论却比这个复杂得多。我们首先来看亚里士多德在《政治学》第 4 卷为研究政体问题设定的多重任务，之后考察各种不同意义上的“最佳政体”。

一、研究“最佳政体”的多重任务

亚里士多德在《政治学》第 4 卷的开头给有关政体的研究设定了任务，我们可以据此将有关“最佳政体”的讨论从低到高区分为以下几个维度：

第一，“在某种假设之下”（*ex hupotheseōs*）的最佳政体，这里面的“假设”指的是给定某种政体形式，比如民主制或寡头制，立法者或政治家要知道如何让它尽可能健康，尽可能维持较长的时间（《政治学》VI. 1288b28-33）。

第二，适合某些人的政体（*tisin harmottousa*），即在“给定条件下**最好的政体**”（*tēn ek tōn hupokeimenōn aristēn*），这里面所谓的“给定条件”指的就是对某个人群而言（《政治学》IV. 1. 1288b24-27）。

第三，“对大多数城邦而言最适合的政体”（*tēn malista pasais tais polesin harmottousan*）（《政治学》VI. 1288b33-35），也就是“什么是对最大多数城邦和最大多数人而言**最好的政体**和最好的生活”（*tis d' aristē politeia kai tis aris-*

---

① 参见《尼各马可伦理学》VIII. 10. 1160a33-b23；《政治学》III. 7. 1279a32-b5。由于亚里士多德将公民定义为“有权参与思虑和裁判官职的人”（《政治学》III. 1. 1275b18-19），也就是在某种意义上分享统治权的人，因此这个对政体的分类也引发了一些问题，尤其是这里的“公益”到底是哪些人的利益。相关的讨论可参见 Curtis Johnson, “Who is Aristotle's Citizen?” *Phronesis*, vol. 29, 1984, pp. 73-90；Donald Morrison, “Aristotle's Definition of Citizenship: A Problem and Some Solutions,” *History of Philosophy Quarterly*, vol. 16, 1999, pp. 143-165。笔者的观点是亚里士多德有一个规范性的公民概念，即在满足了基本的出身要求之后，所有在德性上不逊于统治者的人都有权作为公民参与城邦公共事务。

tos bios tais pleistais polesi kai tois pleistois tōn anthrōpōn）（《政治学》VI. 11. 1295a25-26）。

第四，“最依靠祈祷，没有任何外在限制的**最佳政体**”（*aristēn...malist' eiē kat' euchēn mēdenos empodizontos tōn ektos*）（《政治学》IV. 1. 1288b23-24）。

此外我们还可以补充第五个维度，即“根据某种超出常人的德性判断”（*pros aretēn sunkrinousi tēn huper tous idiōtas*）的最佳政体（《政治学》VI. 11. 1295a26-27）。

有人也许会问，这里谈到的前三个维度真的可以被称作“最佳政体”吗？亚里士多德在这段话中很多次毫不吝惜地使用了“最佳”（*aristē*）这一措辞，并且明确将这个词与并非最完美的政体连用，因此他至少有理由在有限的意义上将这些政体看作“最佳的”（下文会具体解释），我们也就有理由将它们置于“最佳政体”之下进行讨论。下面的讨论就从这五个维度论述亚里士多德关于“最佳政体”的学说。

二、在某种假设之下的最佳政体

在根据统治的目的和统治者的数量这两个标准确定了六种“理想类型”之后，亚里士多德对政体的讨论融入了更多经验性的成分，将城邦中的不同部分（*merē*），比如农民、商人、手工艺人、军人、富人、穷人、政治家等考虑进来，进而讨论了五种王制（终身的将军制、蛮族的世袭君主制、独裁官制、英雄时代的王制、完全王制；参见《政治学》III. 14）、五种民主制（建立在平等原则基础上的民主制、建立在较低财产限制基础上的民主制、所有毫无争议的公民接受法律的统治、一切公民接受法律统治、平民不依靠法律而是靠政令进行统治；参见《政治学》IV. 4）、四种寡头制（由较高财产标准确定官职、富人从一定的人选中选择官员、儿子继承父亲担任官员、官员而非法律进行统治；参见《政治学》IV. 5）、四种贤人制（严格意义上的由最有德性之人统治的贤人制，考虑财富、德性和大众的迦太基政体，考虑德性和大众的斯巴达政体，偏向寡头制的贤人制；参见《政治学》IV. 7）、三种政制（结合了寡头制和民主制法律的政制、采取寡头制和民主制安排的中道、从寡头制和民主制中选取不同的要素构成的政体；参见《政治学》IV. 9）和三种僭主制（专制君主、独裁官和严格意义上的僭主；参见《政治学》IV. 10）。因此每一种政体也就相应地有了较好和较差的形态。比如同是民主制，根据较低财产限制确定公民身份的形态就好于赋予任何由公民父母所生的男性以公民身份的形态，而后者只要是依法进行统治就好于暴民目无法纪的统治。与此类似，同是寡头制，寡头选举某些人担任官职的形态就好于寡头家族子承父业担任官职的形态，而后者只要依法统治就好于寡头集团完全凭借自己的意愿进行统治。僭主制中服从法律、人民愿意接受统治的专制君主和独裁官也好于仅仅依靠专断权力的严格意义上的僭主。

亚里士多德认为不管是民主制、寡头制还是僭主制，其极端形式，也就是完全抛开法律的形式，都不配被称为严格意义上的“政体”，是最糟糕也是最短命的政治制度（参见《政治学》IV.4.1292a30-31，IV.5.1292b5-10，V.12.1315b11-12）。因此立法者或政治家就需要在现有政体的框架内，尽可能让某种既有的政体实现更优良的形态，加强法律的力量，减少人为的因素。这也与保全政体的基本原则一致。要想使一个政体得以保全，立法者或政治家需要维护法律的权威、保持节制和中道而不要让统治变得极端、平衡统治者与被统治者。[①] 这里谈论的“最佳政体”中最关键的因素乃是对法律的服从，因为在亚里士多德看来，如果法律得不到服从，就不可能有好的统治（*eunomia*），而好的统治则有两种形式，一种是法律制定得很好也得到了服从，另一种是法律虽然不够好但是人们服从法律（《政治学》IV.8.1294a3-9）。[②] 这些观点也与亚里士多德在批评希波达穆斯和斯巴达政体时得出的结论一致，亚里士多德希望这些不良政体变得温和，在某种意义上也就是希望它们更加接近“混合”政体的实践目标，尽量考虑城邦中不同人群的利益诉求和正义要求。

那么这样的政体在什么意义上是“最佳”的呢？它的“最佳”是在满足了民主或寡头政体基本条件意义上的最佳，温和的民主或寡头政体是“最佳”的民主或寡头政体，因为这样的政体更容易保持政治秩序，避免内乱（*stasis*）和政体变化（*metabolē*）。而避免内乱和政体变化之所以是好的，乃是因为严格说来，一个城邦的政体就是它的同一性的体现，因为政体相当于城邦的形式（*eidos*）（《政治学》III.3.1276b1-13），而根据亚里士多德经典的质形理论（hylomorphism），正是一个实体的形式决定了它之所是。因此改变现有政体，比如从民主制变成政制，虽然可能是朝向更优的变化，但是在另一个意义上却将现有的城邦变成了另外一个城邦，而这本身就是非常危险的，往往伴随着剧烈的

---

① 此外还要避免使用欺骗人民的手段、合理利用恐惧的力量、避免某个人权力过大、防止位高权重者叛乱、对财产资格保持灵活性、通过教育保证喜爱现有政体的人多于反对者，等等。参见《政治学》V.8-9。

② 关于法治和人治的问题，参见本章最后一节中的讨论。

动荡和政治失序。亚里士多德头脑中虽然有理想城邦的蓝图，但是他也非常清楚政治变革可能带来的危险，因此他从来没有寄望于个体公民发动自下而上的暴动或改革来改变城邦的政体，即便他们的目标是朝向严格意义上的“最佳政体”；相反，他更多地希望自己的著作能够对明智的政治家和立法者产生影响，让他们通过改革逐渐完善城邦。

三、适合某个人群的最佳政体

亚里士多德对这个问题的回答与前面提到的政治中的“质”与“量”有着密切的关系。关于哪个政体适合哪个人群，亚里士多德的基本原则是：“城邦中希望城邦继续存在的部分必须**强于**（*kreitton*）不希望如此的部分”（《政治学》IV. 12. 1296b15-16）。之后他说：

> 有可能质属于构成城邦的一个部分，而量属于另一个部分。比如，出身不好的人可能比出身好的人数量更多，或者穷人比富人更多，但是在量上的优势不如在质上的劣势。因此我们必须结合彼此进行判断。穷人的数量如果超出了上面提到的**比例**（*analogian*），那么自然就是（*pephuke einai*）民主制……而当富有和显赫的人在质上的优势超过了在量上的劣势，那么寡头制［就是自然的］……（《政治学》IV. 12. 1296b19-34）

亚里士多德在这里似乎赋予了城邦中的质和量某种权重。比如某个城邦中，富有和显赫的人有100个，他们每个人在质上的优势是100，而穷人有5 000个，他们每个人在量上的优势是1，则富人和显赫者的优势加总是10 000，而穷人的加总是5 000，那么这个城邦就应该采取寡头制（或贤人制）；如果富人的情况不变，而穷人的数量增加到15 000，则穷人的优势加总就变成了15 000，于是量上的优势就超过了质上的劣势，那么这个政体就应该采取民主制（或政制）。这就是亚里士多德所谓的“比例”，也是亚里士多德提出的那个选择何种政体的总原则——“城邦中希望城邦继续存在的部分必须**强于**不希望如此的部分”中“强于”的含义。[1]

除了在此处明确回答这个问题之外，亚里士多德还分别在第3卷和第7卷的两个地方讨论了何种政体适合何种人群的问题。如果一群人中“自然地产生

---

[1] 罗宾逊认为如果两边相等或接近就应该采取中道政体，这是有问题的，中道政体是否能够实现取决于是否有一个不同于穷富两级的中间等级，而不在于穷人和富人之间力量的平衡（Richard Robinson, trans., *Aristotle's Politics Books III and IV*, Oxford: Clarendon Press, 1995, p. 105)。

了一个在适合政治统治的德性方面超群的家族”，他们就应该采取君主制；如果产生了一些在德性方面超出常人的人，他们就应该采取贤人制；而如果大多数人都是战士，他们有能力统治和被统治，并且按照法律的规定分配官职，那么就应该采用政制（《政治学》III.17.1288a6-15）。

与确定恰当的政体类型有关的另一个因素是亚里士多德对不同人种的政治人类学或政治地理学考察（《政治学》VII.7）。在他看来，北欧人充满意气（*thumos*），而在理智和技艺方面不足，因此他们保持着自由，但却是非政治的（*apoliteuta*），并且也不能统治邻邦；而亚洲人以理智和技艺见长，但是缺少意气，因此他们总是处于被奴役的状态。而希腊人则是这两者之间的中道，因此可以保持自由、以最好的方式接受统治，也可以统治外邦。亚里士多德同时认为，希腊不同民族之间也有同样的差别，本性上可能偏向北欧也可能偏向亚洲。气候和地理位置造成的这些差异，也就导致了不同政体会适合不同的人群，比如对于北欧人（比如色雷斯人、徐西亚人、凯尔特人）来讲，无政府状态或松散的政体形式（某种类似民主制的形态）比较适合，而亚洲人（如埃及人和波斯人）则适合世袭君主制乃至僭主式的统治。鉴于希腊民族内部也有理性和血气的不同比例，亚里士多德自然也就认为希腊世界的不同种族也会有适合他们各自特征的政体。而作为政治家和立法者，需要首先体察在某个特定的人群中需要施行哪种政体。

四、适合大多数城邦的最佳政体

亚里士多德认为，如果我们排除掉超出常人的德性和各种只能依赖运气的因素，而考虑大多数城邦和大多数人可以实现的最佳政体，那么这种政体只能是中间阶层（*hoi mesoi*）[①] 的统治，他将这种政体称为“中道政体”（*mesē politeia*）。这里的“中间”是在财产意义上界定的，即在富有和贫穷之间。亚里士多德明确认为这是伦理学中的“中道理论”在政治学中的应用，中间阶层的生活是每个人都可以实现的，也是符合节制的德性的，因此依赖这个阶层的政体似乎也就成了实践层面最为可行的“最佳政体”。[②]

在亚里士多德看来，中间阶层的统治优点很多。第一，他们不像富人那样傲慢（*hubristos*）和容易犯下大恶（*megaloponēros*），也不像穷人那样充满恶

---

① 我有意避免用“中产阶级”这样的听上去太过现代，并容易引发过多联想的词汇来翻译亚里士多德这里谈论的在穷人和富人之间的阶层，虽然不可否认这类人与我们所说的中产阶级有些类似之处。

② 我们会在下面讨论这个在伦理学的中道理论与中道政体之间搭建桥梁的论证。

意（*kakourgos*）和容易犯下小恶（*mikroponēros*）（《政治学》IV. 11. 1295b9-11）。

第二，他们既不会避免统治也不会渴望统治，相比之下，富人不愿被统治却不知如何进行统治；而穷人则因为太过卑微只懂得以奴隶的方式被统治，也不知道如何统治。这样看来，在由极端富有和极端贫穷的人构成的城邦之中，只能存在主奴之间的关系，而没有自由人之间的政治关系，也就最不会形成政治共同体所需要的友爱（*philia*），或者更具体地说，某种特殊形式的政治性友爱——同心（*homonoia*）（参见《尼各马可伦理学》IX. 6），而中间阶层的强大则会在城邦中造成一个大体同质和平等的阶层（《政治学》IV. 11. 1295b12-28）。亚里士多德在这里最为明确地强调了政治上平等的重要意义。

第三，中间阶层在城邦中生存最为容易，因为他们既不觊觎他人的财产，也不容易被他人惦记，因此生活稳妥安定（IV. 11. 1295b28-34）。

第四，中间阶层的统治能够最好地保持城邦中的平衡，因此这种政体非常稳定，不容易走向极端，能够免除内乱（*astasiastos*），也能够防止最差的僭主制出现，因为僭主通常都是从极端的民主制或寡头制中产生出来的（《政治学》IV. 11. 1295b34-1296a18，IV. 12. 1296b34-1297a3）。

第五，中间阶层能够统治得最好的一个重要标志是最好的立法者都来自中间阶层，比如梭伦、莱库古和卡隆达斯（Charondas）（《政治学》IV. 11. 1296a18-21）。亚里士多德的理由大概是这些人的生活最容易保持节制，他们能够同时体察穷人和富人的生活，制定相对平衡的政策。

第六，中间阶层统治为评判其他政体提供了某种标准，正像我们上面看到的，保全一个政体，特别是保全那些偏离的政体的方法就是让这个政体不那么极端，要在其中**混合**贫富两种因素，让这个政体更加接近中道政体（《政治学》IV. 11. 1296b7-9，IV. 12. 1296b2-12，1297a6-7）。

虽然这种中道政体如此之好，如此适合大多数人群和大多数城邦，但奇怪的是，它却很少出现。亚里士多德对此的解释是通行的政体是民主制和寡头制，在这两种政体中，中间阶层的数量通常都比较少。而当两个极端阶层占据了上风时，他们也不想建立一个强大的中间阶层，而是要将他们自己的统治最大化。这样看来，亚里士多德所论述的这种最佳的实用政体并不是在易于实现的意义上的“最佳”，而是在可以不考虑城邦和人民的具体特征的情况下就得出结论的最佳政体。

在结束对中间阶层统治的讨论之前，我们还要看两个有些争议的问题。一个是亚里士多德在什么意义上将他的中道理论与中间阶层统治联系起来，另一个是中道政体应该被归入六种政体的“理想类型”中的哪一种。

亚里士多德这样将中间阶层的统治与中道理论联系起来：

> 因为如果我们在《伦理学》中说的是对的，幸福的生活就是合乎德性、没有妨碍的生活，而德性就是中道（*mesotēs*），那么中间的**生活**（*ton meson bion*），也就是每个人都可以达到的中道，就是最好的。同样的原则（*horos*）也必然适用于城邦和政体的德性与恶性，因为政体是城邦的某种**生命**（*bios tis poleōs*）。（《政治学》VI. 11. 1295a35-b1）①

乍看起来，这个论证似乎是在一种非常**实质性的意义上**将伦理学的中道理论与中间阶层的统治联系了起来。但是如果我们仔细考虑，却会发现其中存在问题。第一，伦理学的中道理论是关乎人的情感和行动的，而这里讨论的中间阶层却是在财产的意义上说的，这个阶层与德性并**没有必然的联系**。一方面，亚里士多德只是说他们**更容易避免**富有者和贫穷者的那些恶性，因此更容易拥有德性；另一方面，拥有中道德性的人并不一定在财产上是处于贫富之间的人，因为亚里士多德的德性列表中包括大度（*megaloprepeia*）这种只有富人才能实践的德性。第二，亚里士多德明确认为命中中道是困难的，而偏离中道非常容易，因此做一个有德性的人是困难的，而依据中道的伦理德性就是灵魂欲求部分所能够达到的最佳状态；而这里讨论的“中间的生活”强调的却是每个人都能够达到的（因为是在财产的意义上说的），而这样的中道政体对大多数城邦来讲也都是可以实现的，最多只是“次佳政体”。第三，伦理德性的中道是“相对于我们的中道”，是要仔细考虑情境的差异做出正确的决定，而这里讨论的中间阶层和中道政体看上去更像是“数学上的中道”，是相对固定的阶层在某个城邦中居于统治地位。第四，亚里士多德这里的论证使用了 *bios* 这个词的双关性。一方面，对人的“生活”而言，中道是最好的（但是如上所述，伦理学中强调的中道的“最好”并不是在对大多数人适用的意义上）；而

---

① 辛普森从逻辑的角度表明这个论证是无效的，但是他认为亚里士多德并没有希望用这个论证本身来得出中道政体就是最佳政体的结论，而是意在用之后谈论中间阶层优势的部分支持这个结论（Peter Simpson，*A Philosophical Commentary on the Politics of Aristotle*，Chapel Hill：University of North Carolina Press，1998，pp. 327-328）。辛普森试图挽救亚里士多德论证的努力虽然并非全无价值，但从亚里士多德的行文看却并不明显，这里的论证看上去依然是一个独立的论证，并不依赖于下面关于中间阶层特征的分析。笔者试图通过指出伦理学的中道理论与中道政体的要求之间的显著差异，表明这个“论证”不过是一个类比性的论证。

另一方面，政体作为城邦的“生命”也应该符合人生的这个基本原则。这样看来，我们最好是在一个更纯粹的**类比的意义上**来理解中道理论与中道政体之间的联系，亚里士多德强调的不过是它们都在某种量的连续体上实现了过度与不及之间的状态，或许还可以加上这种政体是民主制与寡头制之间的中道。

现在让我们来看中道政体与六种基本政体的关系。亚里士多德在讨论了所有政体的形态之后，引入中间阶层统治这种适合大多数城邦和大多数人的最佳政体，但是却从未明确将这种政体等同于六种“理想类型”中的任何一种。这也给解释者造成了一些困难，大多数学者都将这种政体等同于“政制”，而反对者的主要理由是：（1）亚里士多德刚刚在《政治学》IV. 8-9 中讨论完政制，如果他认为这里讨论的中道政体也是某种类型的政制，就不该完全闭口不提，而且亚里士多德毕竟用了一个不同的名字——“中道政体”——来指称它。（2）在《政治学》IV. 8-9 中，他将政制界定为某种民主制和寡头制的混合，而IV. 11-12 讨论的中道政体似乎不是某种混合，而只是由中间阶层进行统治。[①]

支持将中道政体等同于政制的学者则可以对这两点做出如下反驳：（1）亚里士多德在其他地方并没有将中道政体与其他政体明确区分开，也没有单独列举适合中道政体的政治组织方式。（2）中间阶层可以也应该被看作是穷人与富人的某种“混合”，因为中间阶层就是结合了富人和穷人的财产特征，而只要是混合两个极端的事物，产生的就是某种中道（参见《政治学》IV. 9. 1294a41，b2，5），而且中道政体也并不排斥穷人或富人参与政治权力。[②] 此外，他们还可以指出如下几点[③]：（3）亚里士多德在《政治学》IV. 8-9 中建议某种形式的混合政体，而在这里也给大多数城邦推荐中道政体，我们很难想象他在这么短的篇幅里面推荐两种性质不同的基于节制的政体。（4）他在《政治学》IV. 11 里面说中道政体很少实现，在IV. 9 中说混合政体也很少见到。（5）中道政体不仅是公民意义上的中道，也是寡头和民主政体之间的中道。（6）每种政体都应该被认为是六种基本政体的一种，那么中道政体只能是政制

---

① 参见 Curtis Johnson，*Aristotle's Theory of the State*，Basingstoke：Macmillan，1990，ch. 8。他认为这里讨论的中道政体是不同于那六种理想类型的另外一种政体，并将它等同于《政治学》7、8 两卷中讨论的“最佳政体”。

② 这两点反驳参见 Fred D. Miller，*Nature*，*Justice*，*and Rights in Aristotle's Politics*，Oxford：Clarendon Press，1995，p. 263。笔者想略加补充的是，在《政治学》IV. 12 后一半亚里士多德讨论立法者应该总是把中间阶层考虑进去的时候，提到了“混合政体”的问题，笔者认为（与罗宾逊不同）这里讨论的混合政体就是中道政体，因为这里明确提到了中道政体的一个明显优势——当中间阶层强于两个极端或者强于其中一方的时候，这个政体是非常稳定的。

③ 以下（3）-（6）来自 Robinson，*Aristotle Politics Books III and IV*，pp. 100 - 101。

的一种类型。在看到了中道政体其实可以是某种“混合”之后（也就是《政治学》IV. 8-9 中概括的政制的核心特征），我们还可以考察一下亚里士多德对“政制”的另外两个界定，看看中道政体是否与之相合。（7）亚里士多德在《政治学》III. 7 中引入各种政体的定义时，说政制是多数人为了公益进行统治，这非常符合中道政体的特征，亚里士多德确实要求这种政体中的中间阶层多于极端富裕和极端贫穷的阶层，至少也要多于其中一方；而亚里士多德认为中间阶层最容易获得德性和进行良好的统治，这也就暗示了这个阶层的统治应该是比较符合公益的。（8）亚里士多德在《政治学》III. 7 中描述政制的时候，说这种政体尤其基于军事德性，也就是拥有武装者的德性。在《政治学》IV. 11 中讨论的中道政体意味着要对担任公职的财产设定某种限制，而我们可以设想最基本的限定就是公民可以负担自己的武装，这也和亚里士多德认为公民应该拥有武装的思想相合（《政治学》IV. 13. 1297b1-12）。

基于以上考虑，我们应该可以很确定地将这种中道政体等同于某种特殊类型的政制。

五、“依靠祈祷”的最佳政体

亚里士多德在《尼各马可伦理学》中说：“只有一种政体是在任何地方依据自然最好的”（《尼各马可伦理学》V. 7. 1135a5）。而他在《政治学》7、8 两卷中的任务就是研究这个最好的政体，或者说“依靠祈祷的城邦”（*kat' euchēn*）（《政治学》VII. 4. 1325b36）。[①] 这两卷表现出来的“理想主义”与《政治学》第 4 至 6 卷表现出来的高度“现实主义”倾向似乎存在很大的反差，因此耶格尔（Jaeger）基于他著名的亚里士多德发展论，认为第 7、8 两卷写于亚里士多德生涯的早期，表现出柏拉图主义的强烈影响，而第 4 至 6 卷则是亚里士多德较晚的作品，表现了他对柏拉图主义的偏离和对经验主义方法的采纳。[②] 但是鉴于我们在本节开头提到的政治家或立法者的多重任务，耶格尔的看法已经被绝

---

① 亚里士多德在《政治学》中至少十次提到了“依靠祈祷”，除了这里提到的VII. 4. 1325b36 之外，还有II. 1. 1260b29，II. 6. 1265a18，IV. 1. 1288b23，IV. 11. 1295a29，VII. 5. 1327a4，VII. 10. 1330a26，VII. 11. 1330a37，VII. 12. 1331b21，VII. 13. 1332a29。值得注意的是，柏拉图在《理想国》里有四次用过这个词（V. 450d1，V. 456b12，VI. 499c4，VI. 540d2），并且用这个词指不可能性，因此他每次都是否认自己在讨论“依靠祈祷”的城邦，每次都强调自己构建的“美丽城”实现起来虽然困难，但依然是可能的。而亚里士多德使用这个概念的方式与柏拉图恰恰相反，强调的是虽然在这个“依靠祈祷”的城邦中有些因素可遇而不可求，但是依然可以通过人的知识和思虑实现。

② See Werner Jaeger, *Aristotle: Fundamentals of the History of His Development*, 2nd ed., Richard Robinson, trans., Oxford: Clarendon Press, 1948, ch. 10.

大多数学者否定。[①]

另一个文本方面的问题关系到《政治学》各卷的顺序，因为在第 3 卷结尾，亚里士多德说："我们必须尝试讨论最佳政体，它自然生成的方式，以及如何建立起来"。而第 7 卷的开头则是"任何想用恰当的方式讨论最佳政体的人都要首先考虑最值得选择的生活"。而且第 4 至 6 卷中的一些说法看上去是已经讨论完了最佳政体问题之后说的。[②] 因此纽曼、辛普森等人遵循文艺复兴学者斯凯诺（Scaino da Salo）的建议，将第 7、8 卷调整了位置，置于第 3 卷之后，而让第 4 至 6 卷接在未完成的第 8 卷之后，作为从最佳政体的下降。耶格尔也认为第 7、8 两卷本来意在跟随第 3、4 两卷。但是由于各卷写作时间上的差别，我们并不能通过调整顺序得到一部前后一致的《政治学》。大多数《政治学》的编辑、译者和研究者还是遵循传统中的章节顺序，同时认为现有顺序最好地表现了《政治学》整体从不完美的政体到完美政体的上升运动。[③]

（一）理想城邦的基本组织

那么在什么意义上这个政体是最完美的，甚至是需要"依靠祈祷"的呢？它在什么意义上比适合大多数城邦的中道政体更好呢？首先是因为这个政体或城邦在存在条件上达到了完美（《政治学》VII. 4. 1325b35-36）。这些条件并不容易悉数达到，比如地理位置、地形特征、人口的多寡、人们的气质等，因此这个城邦在一定程度上需要一些运气和祈祷，一旦这些条件得以实现，它的客观基础便好于中道政体。但是它的完美更体现在，这个最佳政体之中，所有公民有着同样的目标——实现幸福，并且依靠这个共同的目标彼此团结，在这个城邦中"好公民"（*agathos politēs*）与"好人"（*agathos anēr*）实现了统一，个人的德性与公民的德性实现了统一，城邦所追求的价值与公民依据自然所应

---

① 近期比较有代表性的讨论可参见 Pierre Pellegrin，"On the 'Platonic' Part of Aristotle's *Politics*," in William Wians，ed.，*Aristotle's Philosophical Development*：*Problems and Prospects*，Lanham：Rowman & Littlefield Publishers，1996，pp. 347 – 358；Richard Kraut，*Aristotle*：*Political Philosophy*，Oxford：Oxford University Press，2002，pp. 182 – 187 等。但是耶格尔的论题得到了 Eckart Schütrumpt 的辩护。

② 比如参见《政治学》IV. 2. 1289a30-35，IV. 3. 1290a1-3，IV. 7. 1293b1-7。

③ 代表性的论证可参见 Charles C. Kahn，"The Normative Structure of Aristotle's *Politics*," in Günther Patzig，ed.，*Aristotle's* "*Politik*"，Göttingen：Vandenhoeck & Ruprecht，1990，pp. 369 – 384；Kraut，*Aristotle*：*Political Philosophy*，pp. 185 – 187。

当追求的价值实现了统一。① 相比之下，中道政体是以政治稳定为主要诉求的，而只有这个"依靠祈祷"的政体才是以城邦和个人的真正幸福为目标的。当然，在拥有了德性、实现了幸福之后，这个城邦中的公民会很自然地远离内乱，保持政治稳定。

这个城邦虽然有一些要素需要"依靠祈祷"，但并不是说整个城邦都要依靠人们祈求上天或机运的赐予，而是说需要一些依靠运气或自然提供的条件，但是在此基础上更重要的还是依靠人为的努力促成，这也符合亚里士多德在《政治学》开篇说的政治乃是自然与技艺结合的产物："在每个人那里都自然地（*phusei*）拥有朝向这种共同体［指城邦］的冲动（*hormē*），但第一个建立它的人还是这种最大的好的原因（*aitios*）"（《政治学》I. 2. 1253a29-31）。也符合亚里士多德说的技艺模仿和辅助自然的整体观点（《政治学》VII. 17. 1137a1-2）。在接下来的讨论中，亚里士多德首先讨论了如何安排与这个城邦的生存密切相关的各种物质条件和城邦的必要组成部分，之后讨论了塑造公民德性的教育计划。从现实的角度讲，如果要按照亚里士多德勾勒的方式建立这样一个城邦，最好的方式无疑是寻找一块海外殖民地，并将一批怀有相同观念的人们带到这里，从零开始创建城邦。如果在原有城邦基础上进行改造，无疑难度巨大，也有更多需要依靠运气的因素。

在讨论理想城邦的物质条件和必要部分时，亚里士多德详细处理了这个城邦的人口（《政治学》VII. 4）、领土（《政治学》VII. 5）、市场与海上力量（《政治学》VII. 6）、理想公民所需要的品格特征（《政治学》VII. 7）、城邦中各项工作的分配（《政治学》VII. 8-9）、共餐与土地分配原则（《政治学》VII. 10）、公民的健康与安全（《政治学》VII. 11）、城邦中重要建筑的安排（《政治学》VII. 13）。

在讨论所有这些物质要素或必要条件（*anankaion*）的时候，亚里士多德都坚持着他在任何美好事物那里寻求的"中道"原则。就人口而言，这个城邦中的人口不能太多也不能太少，既不能少到无法达到自足，也不能多到不方便

① 在亚里士多德看来，每种政体都追求该种政体所坚持的价值和正义，并培养自己的公民与这些价值相吻合。比如寡头政治培养公民爱钱，并认为财富是获得官职的条件，从而排除包括德性和平等在内的其他价值；而民主制培养公民热爱自由和平等，认为只要是公民就享有同样的政治权利，从而排除了德性和财富的价值。因此在任何一种偏离最佳政体的政体之中，好公民的标准与好人的标准之间都存在差距。只有在最佳政体之中，这个差距才得以弥合，政体培养公民以真正的幸福和德性为目标（参见《政治学》III. 1-5，VII. 1-3）；另参见 Robert Develin，"The Good Man and the Good Citizen in Aristotle's 'Politics'，" *Phronesis*，vol. 18，1973，pp. 71－79；David Keyt，"The Good Man and the Upright Citizen in Aristotle's *Ethics* and *Politics*，" *Social Philosophy and Policy*，vol. 24，2007，pp. 153－175。

管理。而他规定的城邦的恰当大小是“一目可见”（*eusunoptos*）的最大数量（《政治学》VII. 4. 1326b23-24）。城邦的领土与人口原则相似，不能太小导致城邦无法自足、公民无法享受闲暇，也不能太大从而让人们容易放纵，同时要容易防守和方便交通。[①] 关于贸易与海上力量，亚里士多德强调理想城邦应该拥有海上的贸易通道，从而容易获得一些必需品。贸易仅仅是为了本城邦的利益，而不能把自己的城邦变成服务他人的贸易市场。贸易和外国文化带来的各种新奇思想以及由此可能给城邦带来的危险需要由港口与城邦中心的距离，以及法律和教育予以控制。与对贸易的限制不同，亚里士多德认为城邦的海上力量不仅要为了自己，而且要为了其他城邦的好，为他们提供保护（《政治学》VII. 6. 1327a41-b2）。就公民的品格而言，我们上面已经提到了亚里士多德关于气候与公民品格关系的政治人类学问题，在他看来，合适的公民品格就是意气与理智的恰当比例，这样他们的意气就能使他们既不会轻易屈从于压迫，又能够形成友爱（《政治学》VII. 7. 1327b41-1328a7）[②]，而他们的理智能力则能够帮助思虑和安排自己与城邦的生活。

亚里士多德接下来讨论了在严格意义上构成理想城邦的“各个部分”（*merē*），也就是城邦中各种人以及他们的职责和工作。他特别强调了这些部分的异质性，从而呼应了在《政治学》II. 2 中对柏拉图试图将城邦变成“一”的批评。亚里士多德首先将商人、农民、手工艺人和奴隶都排除在了公民的范围之外，因为这些人不过是给城邦提供必需品，繁重的劳动使他们不可能有足够的闲暇（或许也导致他们没有足够的思虑能力）从事政治活动[③]；而“公民”正是以能否参与广义的政治决策界定的（《政治学》VII. 9. 1328b33-1329a2）[④]，因此需要保证他们拥有一定数量的财富，不至于过于贫穷（《政治学》VII. 10. 1330a3-16）。接下来，亚里士多德在公民群体中分配了军事和政治思虑这两重主要的政治任务。在他看来，这些安排应该符合“自然”，并且“有利和正义”，公民在年轻的时候拥有良好的身体素质，因此应该在军队服役；等年长

① 遗憾的是亚里士多德虽然承诺了要讨论每个人到底有多少财富才合适（《政治学》VII. 5. 1326b32-36，这也是他批评柏拉图的《礼法》时提到的重要问题），但是在现存的《政治学》中，亚里士多德并没有回到这个问题。

② 我们不清楚亚里士多德在什么意义上说意气能够让人们形成友爱，他在这里指的似乎是“同心”这种政治性的友爱（它与认同一个政治共同体和分辨敌我有关），而不是严格意义上的基于品格的友爱。

③ 因为这些手工业劳动是生产性的（*poiētikon*），总是以行动之外的产品（*erga*，这里包括金钱）为目标，因此这些人缺少从事以行动自身为目标的实践活动［即作为 *energeia*（实现活动）的 *praxis*］，而政治活动正是后面这种意义上的实践活动。

④ 另参见《政治学》III. 1，III. 5. 1277b33-1278a21，VIII. 2. 1337b8-11 等处。

之后他们的身体状况有所下降，但是随着经验的增长，他们在伦理德性的基础上拥有了更多的明智或实践智慧，因此被安排从事政治思虑和统治；而最年长的公民身体和理智能力都有所衰落[①]，但是因为年纪得到了人们更多的尊重，因此被分配了宗教性的祭司职务（《政治学》VII.10.1329a2-17，27-34，VII.14.1332b12-41）。[②] 亚里士多德正是在这个意义上讨论军事和统治的任务既是分配给了同一批人，又是分配给了不同的人；也正是在这个意义上，他说这个理想城邦实行的是“轮流统治”（*kata meros*）（《政治学》VII.9.1329a2-17，VII.14.1332b32-1333a2）。

之后亚里士多德再次呼应他对柏拉图“共产主义”的批判，强调了财产的拥有和使用原则——私有公用，并强调保障公民的基本生活需要，同时应该仿效斯巴达、克里特和迦太基设立共餐制度，在其中公民们不仅可以得到基本的饮食，而且可以相互熟识、讨论公共事务、进行道德教育，并且享受公共娱乐。[③] 亚里士多德还讨论了基本的土地分配原则：土地要被分成三个部分，一部分为公民所私有（每个公民的私有土地又被进一步分为一部分离城市近，另一部分离边境近）[④]，一部分用于支持共餐，另一部分用于宗教目的（《政治学》VII.10.1330a9-25）。[⑤]

随后亚里士多德又回到了物质条件的层面，从风向、饮用水、城邦的美（*kalon*）等方面讨论了公民健康的问题，从城邦的布局、城墙的作用等方面讨

① 亚里士多德认为人理智能力的顶峰在大约49岁的时候（《修辞学》II.14.1390b9-11），他在《政治学》II.9批评过斯巴达政体让元老们终身任职。

② 宗教问题在亚里士多德的理想城邦中远不像在柏拉图的《理想国》或《礼法》中那么重要，亚里士多德虽然也偶尔提到某种意义上的公民宗教的重要性，但总是极其简略。这或许与亚里士多德将神看作不动的推动者有关，神是不会参与人间事务的；同时亚里士多德或许认为在理想城邦中，对德性的追求和对幸福的渴望便足以给公民们提供一条彼此联结的纽带，而无须过多依靠宗教的力量。克劳特认为亚里士多德对神的看法与传统关于天体的看法有关，他或许认为传统的宗教仪式是普通公民接近宇宙中的神的最好方式。参见Kraut，*Aristotle Politics Books VII and VIII*，Oxford：Clarendon Press，1998，p.102。

③ 关于共餐的意义，参见《政治学》II.9.1271a26-37，V.10.1272a12-21，V.11.1313a41-b6，VII.17.1336b9-10。

④ 这类似于柏拉图在《礼法》V.745c-d中讨论的分配原则，但是柏拉图在分配土地方面比亚里士多德更多考虑平均的因素。鉴于亚里士多德对法里亚斯过分追求平均的批评，他在这里或许是故意不强调土地分配中平均的一面，只要大体正义即可。

⑤ 但同时亚里士多德不认为公共开销只能由公共财富支出，他鼓励由富裕的公民出资支持国家的公共开销，比如资助战舰桨手的工资、资助悲剧或喜剧歌队、资助宗教活动等［所谓的*leitourgia*（公共服务）］，这也是“大方”这种德性的主要表现方式（《政治学》VII.9.1329a17-26；《尼各马可伦理学》IV.2）。

论了城邦的安全问题。

（二）理想城邦的教育规划

在讨论完实现个人和共同体幸福的外部条件之后（这些条件对于实现幸福不可或缺，但并不是幸福的核心要素），亚里士多德开始讨论更为核心的教育问题（*paideia*），因为正是通过不同层次的教育，理想城邦塑造了好人/好公民："立法者通过习惯化让公民变好，这是每个立法者的愿望，如果没有做好就是错失了他们的目标（*hamartanousin*）"（《尼各马可伦理学》II. 1. 1103b4-5）。亚里士多德谈论的教育也不仅仅是对孩子的教育，而是在公民的一生中持续的教育（《政治学》VII. 14. 1333b3-5）。亚里士多德特别强调，与某些确实由运气（*tuchē*）控制的外部因素不同，使人变好依靠的是知识和决定（*epistēmēs kai prohaireseōs*）（《政治学》VII. 13. 1332a29-32）。

在自然（*physis*）、习惯（*ethos*）和理性（*logos*）这三种使人变好的东西中[①]，自然只是给我们提供了基础，也就是说只有人才有可能实现我们讨论的这种德性和幸福，同时在人之中，立法者还需要面对一群有能力拥有和实践真正德性的人，而不是自然奴隶或者北欧人那种理智上有缺陷的"质料"，同时立法者也不能违背自然去规定一些"反自然"的德性。[②] 习惯和理性分别针对灵魂欲求和理性的部分，也就是能够服从理性和拥有理性的部分（后者又进一步区分为实践理性和理论理性的部分）。因为灵魂欲求的部分比理性的部分更早生成，教育的顺序也就应该是立法者首先通过习惯化（*ethismos*）培养品格，之后再通过教导（*didaskalia*）提高理性能力，而我们最终的目的是要充分发展我们的理性能力，这是由我们的自然（或本性）设定的目标（《政治学》VII. 15. 1334b12 - 28，VIII. 4. 1338b4 - 5；《尼各马可伦理学》I. 13，II. 1. 1103a14-18）。在伦理学著作中，亚里士多德颇为悲观地强调如果没有好的教养，孩子不可能走上德性之路；而在这里，亚里士多德颇为乐观地认为，只要有正确的人群，只要有从小实施的正确教育，那么大体上讲所有人都可以成为理想城邦中的好公民和好人。

---

① 到底是什么使人变好，是亚里士多德那个时代经常讨论的一个问题，参见《尼各马可伦理学》I. 9；《欧德谟伦理学》II. 1；柏拉图：《美诺》70a 等。

② 参见《政治学》I. 13 关于自然奴隶的讨论；《政治学》VII. 13. 1331b40-41 认为，有些人因为自然不能获得幸福；《尼各马可伦理学》II. 11103a19-26 讨论了德性的自然基础和不能违背自然；《尼各马可伦理学》III. 1. 1110a23-26 提到有些事情超出了人的自然所能承受的范围，我们没有理由要求人们忍受，因此即便他们做了一些羞耻的事情，我们也只能给予同情。

亚里士多德讨论教育的第一个方面就是延续《政治学》VII. 8-9 中关于统治与被统治的分工，讨论如何教育被统治者和统治者（《政治学》VII. 14-15），因为在一个政治共同体中，统治与被统治是最基本的要素，也是区别不同政体组织方式的核心。在他看来，统治正是通过被统治学到的，因此年轻人要先接受统治，之后再进行统治（《政治学》VI. 14. 1332b25-1333a16，III. 4. 1277b7-16）。[①] 亚里士多德相信，通过由城邦提供的公民教育，所有的公民大体上都可以成为称职的统治者，因此这种"最佳政体"不需要"超出常人的德性"，也不需要"某种依靠运气的自然和资源才能得到的教育"（《政治学》IV. 11. 1295a27-29），而完全可以通过人的技艺得以实现。

在规定完城邦中最基本的问题——统治与被统治——的基本原理之后，亚里士多德从孩子出生之前开始讨论广义的"教育"问题。他首先从规约婚姻和生育的问题入手进行讨论。他认为生育孩子并不是一个完全私人的行为，而是一项公共服务（*leitourgia*）（《政治学》VII. 16. 1335b28），是保证城邦正常运转的重要环节，也是个人幸福的一部分，甚至孩子的幸福也会对个人幸福造成影响（《尼各马可伦理学》I. 8. 1099b3-6）。因此用法律规定结婚和生育非常恰当。在他看来，男女成婚的年龄大约应该是 37 岁和 18 岁，这是他们身体和灵魂都达到成熟的年龄，生育年龄应该截止到 55 岁和 36 岁（《尼各马可伦理学》VII. 16. 1335b26-37）。[②] 亚里士多德的建议甚至包括夫妻在冬天和有北风的时候怀孕，因为这样更容易生下男孩；男性应该进行适量的锻炼而不要成为运动员；杀死有缺陷的婴儿和在必要的时候实行堕胎[③]；惩罚通奸。

亚里士多德遵从一些诗人的做法，将孩子的教育划分为若干个以七年为单位的周期（参见《政治学》VII. 16. 1335b32-34，VII. 17. 1336b40-1337a1）。在第一个教育周期中，孩子基本上在家里接受教育（但是家庭教育必然受到城邦教育体系的指导和约束），他们需要训练的主要是身体，比如要给他们喂奶而非酒，让他们多运动，习惯耐受寒冷从而为之后的军旅生涯做准备；在 5 岁到

---

① 在《政治学》VII. 14. 1332b28-29 中，亚里士多德也呼应了他对柏拉图和克里特政体的批评，即城邦中很大一批人如果永远被排除在统治之外，会成为城邦中的不安定因素。

② 亚里士多德认为如果生育太早或太晚，都容易生出不良的后代。参见《动物志》VII. 1. 582a18-22；《动物的生殖》IV. 2. 766b28-30。

③ 关于杀婴这种希腊世界比较普遍的政策，参见《政治学》VII. 16. 1335b19-21（另参见柏拉图：《理想国》V. 459d-460c）；亚里士多德对此做了一些限定："在感觉和生命开始之前施行堕胎，因为感觉和生命区分了是否虔诚（*hosion*）"（《政治学》VII. 16. 1335b24-26）。有学者给出了很好的理由解释亚里士多德为何将堕胎的界线划在"感觉"上，参见 Kraut，*Aristotle Politics Books VII-VIII*，pp. 155－156。

7 岁之间，当他们的理性能力有了初步发展之后，要通过游戏和故事进行简单的学习［这些故事内容要接受“儿童监察员”（*paidonomos*）的审查］，要注意让他们少和奴隶接触，不说污言秽语，并且要观察更大孩子的学习（《政治学》VII. 17）。这个时间正是孩子欲求部分接受习惯化的时期，而培养的方式就是通过反复的行动，以及通过奖赏和羞耻，最终对孩子们的好恶形成正确的导向。对他们欲求部分的反复刺激，不仅可以让他们习惯正确的行动，而且产生正确的情感反应（《尼各马可伦理学》II. 1. 1103a26-b25，II. 2. 1104a18-b3，III. 3）。①

7 岁之后，教育进入了更加注重理智能力的阶段，同时也超出家庭的范围进入了更加公共的范围。或许亚里士多德认为自己在公共教育的整体理念方面不同于前人，因此他抛开了按照孩子的成长阶段给出具体教育指导的方式②，转而讨论了一些公共教育的普遍性问题，比如：（1）教育是否应该是共同的；（2）是应该培养理智还是灵魂的品格；（3）是应该学习对生活有用的东西还是应该学习某些超凡的东西；（4）有哪些东西可以促进德性。

他首先通过强调城邦的目的和个人属于城邦这两个角度强调了公共教育的必要性：

> 由于整个城邦有一个单一的目的，因此很显然，教育也必然是对所有人都唯一和相同的，对它的监管也必然是共同的（*koinēn*），而非私人的（*kat' idian*）……为了共同事务的训练应该也是共同的。同时，我们不该认为公民仅仅属于他自己，而是所有人都属于城邦，因为每个人都是城邦的一部分。（《政治学》VIII. 1. 1337a21-29）③

我们还可以补充，亚里士多德认为教育必须是公共的还因为在他看来所有

---

① 关于这个问题的讨论参见 Myles Burnyeat，“Aristotle on Learning to be Good，” in A. O. Rorty，eds.，*Essays on Aristotle's Ethics*，Berkeley：University of California Press，1980，pp. 69-92；L. A. Kosman，“Being Properly Affected：Virtues and Feelings in Aristotle's Ethics，” in A. O. Rorty，ed.，*Essays on Aristotle's Ethics*，pp. 103 – 116；Nancy Sherman，*The Fabric of Character*，Oxford：Clarendon Press，1989，pp. 157 – 199。

② 我们可以从他的只言片语里了解到，在 7 岁至 14 岁或青春期的阶段，孩子要接受更加公共性的教育，他们将要学习四个科目：体育（*gymnastikē*）、音乐（*mousikē*）、文法（*grammatikē*）和绘画（*graphikē*）（参见《政治学》VIII. 3. 1337b23-25），这个阶段的体育训练强度较低，不影响孩子的身体发育。在 14 岁至 21 岁的阶段，体育和战争训练是必不可少的，至于其他科目的学习是不同于文法、音乐和绘画，还是这些科目的高级课程，我们则很难从亚里士多德的文字中做出准确判断。

③ 在教育的公共性方面，亚里士多德与柏拉图观点相同，柏拉图甚至走得更远，认为女性也要接受同样的教育。参见《礼法》VII. 804d-e。

人的幸福都在于品格和德性的完善，而这些完善性对所有人都是一样的（虽然具体的德性行动需要考虑具体情境），因此也就需要相同的培养和教育。我们需要注意，这里主张的公共教育与亚里士多德在《尼各马可伦理学》中提到的个人化的教育好于共同教育并不冲突（《尼各马可伦理学》X. 9. 1180b7-13），反而构成了亚里士多德教育理念的两个方面，一方面是基于城邦的公共教育的整体图景（同时与他认为教育的对象和方法是某种普遍性的技艺或科学有关），另一方面则是关注个体差异的教育策略（与他在伦理学中强调的具体情境有关）。将这两者结合起来才是最好的教育。

关于教育是否应该同时促进理智和品格，亚里士多德在排定教育的顺序时其实已经给出了肯定的答案。而对于什么能够促进德性的问题，亚里士多德会在后面具体讨论音乐和诗歌教育的时候予以讨论。

在《政治学》VIII. 2-3 中，亚里士多德重点讨论了教育的目的是教授有用的或者说必要的东西，还是某种更加“超凡的东西”（*peritta*）。他给出的回答中，要点在于，公共教育的目的不是培养有一技之长的手工业者，而是能够享受闲暇的自由人，而在享受闲暇中，就包括了学习一些“超凡的东西”。因此，闲暇以及在闲暇中公民们应该从事的活动就成了亚里士多德讨论教育问题乃至城邦幸福问题的着眼点，因为在闲暇中做的活动就是最终构成我们的幸福的活动。[①] 我们首先要注意，亚里士多德所谓的“闲暇”（*scholē* 或 *scholazein*，有时也用 *diagōgē* 表达同样的意思）并不是我们今天说的“娱乐”（*paidia* 或 *paizein*）。娱乐是休息和放松，目的是为了更好地或者更严肃地工作（*ergon*）或劳作（*ascholia*），而工作或劳作则是为了闲暇的活动。[②] 虽然娱乐也能给我们带来很多快乐，但是闲暇中的活动，也就是那些以自身为目的的活动更能够给我们带来快乐，因为在亚里士多德看来，我们真正的快乐是一个“附属性的目的”（*epiginomenon telos*），而非目的本身，是伴随着实现活动而来的，并且使得这些活动得以完善（《尼各马可伦理学》X. 4. 1174b31-33）。

亚里士多德那里的“闲暇”至少有两层含义，一个是相对于谋求生活必需品的闲暇，在这个意义上，政治活动作为有自身价值的严格意义上的实践活动，相对于生产性的活动是闲暇中的活动，并且对应灵魂实践理性的部分；另

① 关于“闲暇”问题的讨论，可参见 Friedrick Solmsen，“Leisure and Play in Aristotle's Idea State,” *Rheinisches Museum für Philologie*，vol. 107，1964，pp. 193－220；Pierre Destrée，“Education，Leisure，and Politics，” in *Cambridge Companion to Aristotle's Politics*，pp. 301－323。

② 参见《政治学》VII. 15. 1334a14-16，VIII. 3. 1337b33-1338a1，VIII. 5. 1339b10-42；《尼各马可伦理学》X. 6. 1176b6-1177a11。

一个是相对于政治生活各种关切的闲暇，在这个意义上，政治活动又是剥夺人的闲暇的（*ascholos*）（《尼各马可伦理学》X. 7. 1177b8，12），还有外在的目标——城邦的有序与和平，而只有欣赏诗歌、音乐以及进行理论研究、享受沉思生活才是更高层次的闲暇，这些活动更多对应灵魂中理论理性的部分（参见《尼各马可伦理学》X. 7. 1177b4-15；《政治学》VII. 2-3）。亚里士多德在《政治学》VII. 8 中将奴隶、商人、手工业者排除出公民行列，是要保证公民有第一个层次的闲暇，而在这里讨论的广义的文化教育则希望公民们在一个治理良好的政治共同体中可以享受第二个层次的闲暇。但是，亚里士多德认为第一个层次的闲暇是他的理想城邦中每个人都可以享受的，第二个层次中的诗歌和音乐也是所有公民都可以享受的，但是更高的理论研究（比如数学和自然哲学），以及最高的理智活动——以探求世界最高本原为目的的第一哲学活动——却并不是所有人都能够享受的。当他对灵魂的不同部分做出区分之后，强调“对每个人来讲最值得选择的总是尽量达到最高”（《政治学》VII. 14. 1333a），这也对应着亚里士多德在《尼各马可伦理学》中讨论的“最幸福的”（*hē teleia eudaimonia*）（《尼各马可伦理学》X. 7. 1177a17，b24）和“第二等的幸福”（*deuterōs... eudaimonia*）（《尼各马可伦理学》X. 8. 1178a9）。作为拥有获得德性的自然能力的人，加上良好的习惯和教养，获得第二等的幸福是大有希望的，但是如果想要实现最高的幸福，则需要“超出常人的德性”，也需要“某种依靠运气的自然和资源才能得到的教育”。因此当他说闲暇生活需要“哲学”的时候（比如《政治学》VII. 15. 1334a23，32），他的意思并不是每个公民都要成为严格意义上的哲学家，而是至少包括了下面三层含义：(1) 哲学在理想城邦中应该有一席之地；(2) 音乐诗歌的教育可以给人们带来一些接近哲学智慧的东西[①]；(3) 亚里士多德想的很可能是包括音乐、诗歌、技艺、科学研究等在内的作为文化活动的广义的“哲学”。[②]

与柏拉图认为身体训练在很大程度上也是对灵魂的训练（参见《理想国》III. 410a-412b）不同，亚里士多德似乎将身体训练［具体来说包括两个部分，一个是着眼于身体良好状态的“体育”（*gymnastikē*），另一个是着眼于专门技能的“训练”（*paidotribikē*）；参见《政治学》VIII. 3. 1338b6-7］的作用仅仅限定在身体之上。在讨论身体训练的部分，亚里士多德批评了以训练专业运动

① 参见《诗学》中的著名论题：“诗歌比历史更加哲学和重要，因为诗歌就其本性而言讨论普遍，而历史只讨论个别”（《诗学》9. 1451b5-7）。

② 这种宽泛意义上的使用还有如下一些例子：《政治学》VII. 11. 1331a16；《形而上学》I. 2. 982b11-19 等处。

员为目标的身体锻炼，也批评了斯巴达将公民的身体训练成类似野兽从而培养战争德性的做法。在他看来，真正的勇敢并非来自高强度的残酷训练，而是来自以高贵或美好（*to kalon*）为目标的正确教育和适度的训练（“适度”在这里就是指青春期之前应该接受比较轻的身体训练，之后再增加强度，着眼于战争）。①

亚里士多德最后讨论了理想城邦中的文艺教育（包括音乐和诗歌）。② 与反对将身体锻炼变成专业训练一样，亚里士多德也反对将孩子训练成专业演奏者或演唱者，因为那和手工匠人无异。孩子们需要学习的是欣赏音乐和诗歌，可以区分好的和坏的音乐，重点是在这个过程中成为一个有教养和品格高尚的人（《政治学》VIII. 5. 1339a11-b10，VIII. 6）。

在他看来音乐有三个方面的作用：给我们带来娱乐和放松，促进德性，以及帮助我们很好地度过闲暇并促生智慧。其中第一和第三个作用我们在讨论闲暇的时候已经有所讨论，亚里士多德认为恰当的文艺教育能够促进德性，首先，因为文艺有直接的教育作用（*paideia* 或 *mathēsis*）。在亚里士多德看来，艺术的本质在于“模仿”（*mimēsis*），人们都会自然地在模仿中学习并体会快乐（《诗学》4. 1448b7-18）。各种文艺活动模仿了很多高贵和低俗的东西，并对这些东西做出判断；同时模仿了人们的各种情感，并教育人们对高贵美丽的东西感到快乐，对低俗丑陋的东西感到痛苦，因此文艺这种可以直接感受的情感表达方式会对灵魂产生直接的影响。而德性正是要对正确的东西感受到正确的感受。如果我们在模仿中习惯了对某些东西感到痛苦和快乐，灵魂得到了改变，那么遇到真正的对象时我们也会表达出同样的情感。恰当的、和谐的、符合中道的音乐可以帮助人们实现情感的中道，因此亚里士多德要对音乐的曲调和乐器做出严格的规定。③ 其次，一些宗教性的音乐可以使人达到某种“有神凭附”（*enthousiastikos*）的状态，这种近乎癫狂的状态可以对人的情感起到

---

① 参见《政治学》VIII. 4；另参见《尼各马可伦理学》III. 6-9 关于勇敢的讨论。

② 关于亚里士多德文艺教育的整体讨论，可参考 David Depew，“Politics，Music，and Contemplation in Aristotle's Ideal State，” in *A Companion to Aristotle's Politics*，pp. 346－380。我们只能猜测假如他完成了《政治学》的第 8 卷，或许在音乐教育后面还会有更多关于理论学科的教育问题的讨论。

③ 参见《政治学》VIII. 5. 1340a12-27，VIII. 5. 1340a38-b19，VIII. 6. 1341a17-b8，VIII. 7. 1342a15-b34。亚里士多德还认为在其他感觉提供的材料中，几乎没有或只有很少与品格相关的要素，味觉和触觉没有，视觉不多，所以绘画和雕塑在塑造品格的过程中作用不如音乐（《政治学》VIII. 5. 1340a27-38）。柏拉图也同样认为音乐可以作用于灵魂欲求的部分，但是在他看来这种激荡作用只会产生负面的影响，这也成为他要求将诗人逐出“美丽城”的原因之一（《理想国》X. 602b-608b）。关于“美丽城”是否能够与诗人共存以及在多大程度上可以共存的问题，可参见 S. B. Levin，*The Ancient Quarrel between Poetry and Philosophy Revisited*，Oxford：Oxford University Press，2001；Stephen Halliwell，*The Aesthetics of Mimesis*，Princeton：Princeton University Press，2002，chs. 1 & 3。

“净化”（*katharsis*）的作用，给人们带来情感上的平静（《政治学》VIII. 5. 1340a7-12，VIII. 6. 1341a23-24，VIII. 7. 1342a7-11）。最后，悲剧也可以产生某种类似宗教净化的效果，通过作用于人的情感，尤其是恐惧与怜悯，让人们的情绪得到疏解，并最终达至中道（《政治学》VIII. 7. 1342a11-15[①]；《诗学》6. 1449b26-28）。[②]

（三）政制还是贤人制？

亚里士多德在《政治学》第 7、8 两卷中详细描述的这个“依靠祈祷”的政体到底是哪种政体类型？关于这个问题常见的有如下四种观点：第一种认为这是一种不能被归入六种基本类型的政体；第二种认为它是温和的民主制；第三种认为它是某种类型的政制；第四种则认为它是贤人制。

第一种观点的代表是约翰逊和克劳特。[③] 约翰逊将这里讨论的最佳政体等同于中道政体，认为它们都不是六种基本政体中的一种。但是我们上面已经否定了中道政体可以作为一种“特殊政体”，而且在《政治学》第 7、8 两卷中，亚里士多德从未提到财产可以成为统治的依据，在这个理想政体中只有德性，更准确地说只有明智或实践智慧这种理智德性才是统治的依据。此外，在《政治学》IV. 11 开头的界定中，亚里士多德明确区分了“依靠祈祷”的政体和适用于大多数城邦的政体，而在第 7 卷开头他非常明确地说这里讨论的是“依靠祈祷”的政体，因此将它们等同是明显错误的。克劳特认为第 3 卷中的政体分类着眼于传统的政体类型，并不包括第 7、8 两卷中讨论的全新城邦中的最佳政体，因为这里经过亚里士多德式的特殊教育的“大多数人”并不是第 3 卷中预设的普通人。但是即便承认在第 3 卷和第 7、8 两卷中的政体讨论之间存在

---

① 这里保留了抄本中的 *kathartika*，而没有采纳罗斯改为的 *practika*。

② 这个主题几乎是亚里士多德诗学理论中争论最多的话题。笔者在这里的基本立场是，亚里士多德至少讨论了两个意义上的“净化”，一种是悲剧或其他文艺形式对人的情感（尤其是怜悯与同情）施加影响，通过排解，帮助人的情感达到中道和符合德性；而《政治学》中的“净化”更多与宗教意义上的迷狂状态有关（亚里士多德并没有解释其中的机制）。与这里的讨论最相关的研究可参见 Stephen Halliwell，*Aristotle's Poetics*，Chicago：University of Chicago Press，1986，ch. 6 & Appendix 5；Richard Janko，“From Carthasis to the Aristotelian Mean，” in A. O. Rorty，ed.，*Essays on Aristotle's Poetics*，Princeton：Princeton University Press，1992；Elizabeth Belfiore，*Tragic Pleasure：Aristotle on Plot and Emotion*，Princeton：Princeton University Press，1992。

③ See Johnson，*Aristotle's Theory of the State*，pp. 158－162；Kraut，*Aristotle：Political Philosophy*，pp. 360－360，417－424. 此外，有学者也认为亚里士多德的最佳政体是建立在理论和经验双重基础上的特殊政体，参见 George Huxley，“Aristotle's Best Regime，” in P. A. Cartledge and F. D. Harvey，eds.，*Crux*，London：Duckworth，1985。

一些不一致之处，我们也无须破坏亚里士多德对六种“理想类型”的划分，另起炉灶，还是可以将这里的政体纳入“理想类型”。

第二种观点认为这里讨论的最佳政体是温和的民主制，代表是贝茨。[①] 贝茨主要基于对《政治学》第3卷的解读，尤其是对法律和大众价值的肯定，认为亚里士多德心目中的最佳政体是依法统治的民主制，而这也是最后两卷中的政体类型。但是亚里士多德明确将“民主制”列入“偏离”政体之中，因此肯定不会是理想政体的一种。这种看上去颇为迎合当代民主社会的理解方式是很难站住脚的。

第三种观点的代表是罗，他认为《政治学》第7、8卷中的政体是某种德性形式的政制（virtuous form of polity），也就是这种政体符合亚里士多德对政制的基本描述，但是一般的政制不关注德性，而它关注德性。[②] 他强调在这个最佳政体中，公民是“轮流统治与被统治”（尤其是《政治学》VII.14.1332b16-27），因此这种政体不是王制或贤人制，因为在他看来这两者都意味着某些人长期统治。不可否认，这个最佳政体确实有政制的味道，但是轮流统治本身并不说明统治者是大多数人，因为亚里士多德这里所说的“轮流”并不是雅典的五百人议事会（*boulē*）那种意义上的轮流（每次抽签选出五百个人，一年后重新抽签）而是年轻人和年长者之间轮流。在这个意义上，这是一种相对固定的“轮流”，正像罗引用的文本中说的，如果统治者明显胜过被统治者，“那么最好是一劳永逸地让同样的人来统治和被统治”。在某个意义上，这个最佳政体确实是同样的人（年长者）在一劳永逸地统治，而另一些人（年轻人）在一劳永逸地被统治。此外我们还可以补充这个最佳政体中没有提到任何财产上的限制，公民不论贫富都可以参与政治[③]，因此这个城邦的公民中就没有代表富人的寡头派和代表穷人的民主派，也就不存在政制中典型的“混合”问题。

多数学者持第四种观点，认为这里讨论的政体是贤人制，因为只有在贤人

---

① See C. A. Bates, *Aristotle's "Best Regime": Kingship, Democracy, and the Rule of Law*, Baton Rouge: Louisiana State University Press, 2003.

② See Christopher Rowe, "Aristotelian Constitutions," in Rowe and Malcolm Schofield, eds., *The Cambridge History of Greek and Roman Political Thought*, Cambridge: Cambridge University Press, 2000, pp. 386 - 387.

③ 但是亚里士多德也通过土地分配原则和共餐制度保证公民不至于过于贫穷（参见《政治学》VII.10）。

制中才真正是有德性的人进行统治。[①] 但问题是贤人制的基本界定是少数卓越者的统治，除非我们说这个政体是“所有公民的贤人制”。[②] 对于这个基本的批评，我们还是可以诉诸亚里士多德关于“轮流”的观点加以回应。虽然这个最佳政体中公民的数量相当可观，从而与贤人制要求的少数人统治有些差异，但是如果我们考虑亚里士多德“轮流统治”的政治安排，那么在这个最佳政体中真正拥有统治权力的其实只有年长的、免除了兵役同时又不是太过年长的人，因为只有他们才处于理智能力的最佳时期，因此才是真正意义上“最好的人”（*aristoi*），他们必然是公民中的少数人。那么在这个意义上，这个政体确实堪称真正意义上的贤人制。这也符合亚里士多德在很多地方将贤人制与王制并列作为最佳的政体形式。[③]

这样看来，即便承认《政治学》第 7、8 两卷中描述的最佳政体有政制和贤人制的要素，如果坚持亚里士多德的六种理想类型穷尽了所有的政体，那么我们还是有足够的理由认为这个政体是真正的贤人制。

六、依赖超凡德性的最佳政体

（一）完全王制及其合法性依据

亚里士多德在从整体上讨论政体分类的时候，总是毫不犹豫地将王制排在贤人制之前，作为最好的政体（《尼各马可伦理学》VIII. 10. 1160a31-b9；《政治学》V. 2. 1289a26-b5），这种排序时的最佳政体，或者“最神圣的政体”（《政治学》IV. 2. 1289a40）却完全没有出现在《政治学》第 7、8 两卷对最佳政体的讨论之中。我们讨论的贤人制虽然已经是“依靠祈祷”的最佳政体，也需要一些偶然的外在条件才有可能实现，但是它毕竟还是依靠人们的“知识和选择”，依靠人们的政治技艺和教育能够实现的，而不是“根据某种超出常人的德性进行判断”的政体。

---

① 比如 P. A. Vander Waerdt，“Kingship and Philosophy in Aristotle's Best Regime，” *Phronesis*，vol. 30，1985，pp. 249－273；David Keyt，“Aristotle's Theory of Distributive Justice，” in *A Companion to Aristotle's Politics*，pp. 238－278；W. R. Newell，“Superlative Virtue：The Problem of Monarchy in Aristotle's Politics，” in Carnes Lord and David K. O'Connor，eds.，*Essays on the Foundations of Aristotelian Political Science*，Berkeley：University of California Press，1991，pp. 191－211；Miller，*Nature，Justice，and Rights in Aristotle's Politics*，p. 192；等等。

② 这个说法来自 Kraut，*Aristotle：Political Philosophy*，p. 360。即便是认为这个政体是贤人制的学者也大都（在笔者看来错误地）认为在这个城邦中所有的公民都参与统治，比如 Miller，*Nature，Justice，and Rights in Aristotle's Politics*，p. 235。

③ 比如《政治学》III. 18. 1288a40，IV. 2. 1289a30-35，V. 10. 1310b3，31-33。

但是假如城邦中真的出现了这样一个拥有“超出常人的德性”的人，或者说出现了一个“人中之神”（*theon en anthrōpois*）（《政治学》III. 13. 1284a10-11），那么又该如何处理呢？如果在一个偏离的政体中，这种人很可能遭到放逐的命运，因为这些偏离的政体都畏惧杰出人士的出现会威胁到原有统治集团的私利；即便在正确的政体之中，放逐也依然可能，因为这些政体需要保持城邦中各部分的恰当比例（《政治学》III. 13. 1284a17-25）。但是：

> **就最佳政体而言**（*aristēs politeias*），会有一个很大的难题（*pollēn aporian*），不是在其他好的方面胜出，比如权力、财富、朋友众多，而是在德性方面与众不同（*diapherōn kata aretēn*），那么该怎么做呢？当然不会有人说应该驱逐和排除掉这样的人，他们也不会说应该统治这样的人，那就好像认为可以通过划分官职来统治宙斯。那么剩下的，也就是看起来自然的［方式］（*eoike pephukenai*），就是所有人都心悦诚服地（*asmenōs*）服从他的统治，因此这样的人在城邦中就应该成为永远的王（*basileas...aidious*）。（《政治学》III. 13. 1284a25-34）①

这样的结果对于偏离的或者一般意义上的政体而言都是不能想象的，但是对于最佳政体而言，却是唯一“自然”的，因为这符合分配正义的原则。在亚里士多德看来，政治权力的合法性依据就是德性（*aretē*）和价值（*axia*）（《政治学》III. 9，III. 17. 1288a19-29）。因为最佳政体（也就是上面提到的那个贤人制）中的公民都经过了长久的德性培养和教育，他们能够判断什么人在德性上超出常人，也清楚地知道德性就是政治权力的基础，因此他们会“心悦诚服”地服从这个人的统治。但是鉴于这样的超凡之人总是可遇不可求，而且他成为统治者还必须在“最佳政体”中才有可能，那么亚里士多德不在由“人的知识和选择”构建的最佳政体中讲这种完全王制（*pambasileia*）也就完全可以理解了。

亚里士多德在《政治学》第7、8两卷中描绘的最佳政体是贤人制，在很多其他地方又说最佳政体是王制，他是否有前后矛盾之处呢？并非如此，我们上面已经看到，亚里士多德其实经常将王制与贤人制并列，作为最佳政体，它们在本质上都是由最卓越的人进行统治，只是存在统治者人数多寡的差异，以

---

① 服从一个拥有超凡德性之人的统治在《政治学》第7卷中也有所体现：“如果某个其他人在德性和做最好的事情的能力上都强于他人，那么跟随他就是高贵的，服从他就是正义的”（《政治学》VII. 3. 1325b10-11）。

及出现一个或若干这种超凡之人可能性的差异而已。纽曼给出了对这个问题的经典回答："关于最佳政体的回答假设了或者是绝对君主制，或者是卓越者之间更加平等的贤人制，视情况而定。如果城邦中有一个人或一个家庭拥有超凡的德性，就是前者；如果一群能够着眼于最可欲的生活而能够统治和被统治的公民拥有这种超凡的德性，就是后者。"① 凯特甚至说，王制和贤人制是同一个属（最佳政体）下面的两个种（species）。②

（二）王制引发的问题

但是这种最"自然"的政体，却引发了很多重大的难题：第一，如果明智只有通过实践政治权威才能获得，那么完全王制下的公民是否还有机会获得明智这种对于他们的幸福来说必不可少的德性？第二，亚里士多德对法律的统治赞赏有加，而对人的统治则非常保留，那么一人统治的完全王制是否真的好于法治？第三，亚里士多德曾经严格区分家政的统治方式与政治的统治方式，并且将完全王制的统治方式等同于家政，那么采取完全王制的城邦还是不是"政治性的"？第四，这个完全的王和柏拉图在《理想国》中讨论的哲人王（philosopher-king）是否有共同之处？我们下面就依次讨论这四个问题。

第一，明智、幸福与政治权力。

明智（*phronēsis*）是一个人获得真正的伦理德性和幸福必不可少的要素，因为明智思虑"哪些东西促进整体意义上的好生活（*eu zēn holōs*）"（《尼各马可伦理学》VI. 5. 1140a27-28）。而在《政治学》中，亚里士多德明确将明智与统治联系起来："一个卓越的统治者是好的和拥有明智的，而公民则不需要拥有明智"（《政治学》III. 4. 1277a14-16）；"明智是唯一专属于统治者的德性，而其他的德性看起来必然是统治者与被统治者共同拥有的。不管怎样，明智不是被统治者的德性，而真意见才是"（III. 4. 1277b25-29）。但是在完全的王制之下，其他人似乎没有机会参与统治，这样他们似乎也就没有机会发展和运用明智，他们的本性就不能得到成全，因此也就得不到幸福。③

---

① W. L. Newman, *The Politics of Aristotle*, Oxford: Clarendon Press, vol. 1, 1887-1902, p. 291.

② See Keyt, "Aristotle's Theory of Distributive Justice," p. 257, n. 43. 这两种政体可以被看作同一个属下面的种是因为它们都按照政治正义的原则，让最好的人进行统治。

③ 这个批评参见 A. W. H. Adkins, "The Connection between Aristotle's Ethics and Politics," in *A Companion to Aristotle's Politics*, p. 90; Kahn, "The Normative Structure of Aristotle's 'Politics'," pp. 380 - 381。

范德瓦尔特认为《政治学》描绘的幸福生活实际上并不需要政治参与，而是完全依赖闲暇的“哲学”活动。在这个意义上，王制免除了其他公民参与政治的繁重义务，使他们可以实现更高意义上的幸福，而他们的明智也被用于实现这种更高的幸福。这种解释固然可以得到《尼各马可伦理学》X. 7-8 的支持，即沉思生活是“最幸福的”，而符合其他德性的活动只是“第二等的幸福”。但是这种解释的最大问题在于，这个完全的王被亚里士多德看作“人间的神”，绝对自足、在所有的好上面超出常人，而根据这种解释，这个王却过着还不如城邦中其他成员幸福的生活，因为他最多只能享受“第二等的幸福”。米勒持一种温和的理智主义，将伦理德性与政治参与区分开来。亚里士多德要求实践政治德性的人必然首先拥有完全的伦理德性，却没有要求只有实践政治德性才能拥有伦理德性，因此不能参与政治或者说作为“私人”（*idiotēs*）并不妨碍一个人拥有完全的伦理德性（这也就包括了明智），同时也就可以实现幸福。[①]

笔者认为米勒的观点大体上是正确的，但是我们可以沿着这条路走得更远一些。纵观亚里士多德的学说，我们没有足够的证据认为，在他看来参与政治是获得明智的必要条件；相反，拥有明智是可以进行统治的必要条件。亚里士多德认为“政治学和明智是同一种状态，但它们的所是不同”（《尼各马可伦理学》VI. 8. 1141b23-24）。他进而区分了四种明智：第一种是支配性的立法学；第二种是关乎个别事物的狭义的“政治学”，涉及政治事务中某个具体情况下的思虑和行动；第三种是处理家庭管理和财产的家政学；第四种是人们最经常说到的明智，也就是关于个人整体好生活的理智德性（《尼各马可伦理学》VI. 8. 1141b24-33）。但是不管是哪种明智，其实都与政治有关，因此“政治学和明智是同一种状态”。即便是关注个人幸福的明智，也需要着眼于城邦和政治生活，因为亚里士多德非常清楚，人是政治的动物，人的幸福必然要在城邦这个政治环境中才能实现，“一个人自己的好不能没有家政和政制”（《尼各马可伦理学》VI. 8. 1142a9-10）。因此即便是一个个体，如果想在城邦中获得幸福，也必然需要与政治有关的明智，而这是完全可能的。一方面他提到了一种和明智非常类似的理智状态——理解（*sunesis*）或好的理解（*eusunesia*），这种理智状态与明智的差别仅仅在于明智是规范性的，实际做出我们必须如何行动的决策，而理解仅仅是对与明智有关的事情做出判断（《尼各马可伦理学》VI. 10）。另一方面，亚里士多德这样的哲学家给我们提供了不用实际参与政治

① See Miller, *Nature, Justice, and Rights in Aristotle's Politics*, pp. 237－239. 他特别引用《尼各马可伦理学》X. 8. 1179a3-9 作为证据。

就可以拥有明智的最好例子：他虽然从未实际参与统治，但是却拥有最高水平的明智——立法的知识，从而在他的“人事哲学”中对立法的问题做出系统的讨论。

上面引用的《政治学》III. 4 中的两句话其实也并没有将**明智的获得**与实际进行统治联系起来。那里的“公民”和“被统治者”指的是那些没有能力——也就是没有明智的德性——来进行统治的人。但是根据亚里士多德对“公民”的严格界定，公民是“在这个城邦中**有资格**（*exousia*）共同参与思虑和审判官职的人”（《政治学》III. 1. 1275b18-20）。亚里士多德强调的是“资格”，而非实际参与统治。那么在贤人制这种最佳政体中，年长者有足够的明智进行统治，如果出现一个拥有超凡德性的人，公民们就会将这个城邦的统治权交给他，但是这并不妨碍其他人依然拥有明智的德性，也可以**胜任**统治的任务。而这个完全的王因为将城邦的幸福——也就是每个公民（或臣民）的幸福——当作自己的目标，他也一定会在这个城邦中培养明智的德性，因为只有拥有了明智，城邦中的公民（或臣民）才能通过自己的思虑真正实现自己的幸福。此外，我们下面也会看到，这个城邦中的公民（或臣民）恐怕也并非完全没有机会参与政治。

第二，法治与人治。

整体而言，亚里士多德主张法治胜过人治。他说：“让法律统治似乎就是只让神和理智来统治，而让人统治就加上了野兽。欲望（*epithumia*）就是这样的东西，意气（*thumos*）让统治者和最好的人变坏。因此法律是没有欲求的理性”（《政治学》III. 16. 1287a28-30）。法治胜过人治的第二个重要方面就是法律具有无偏性或平等性，他说：“很显然，人们追求正义就是追求无偏性（*to meson*），因为法律就是无偏的”（《政治学》III. 16. 1287b3-5；《修辞学》I. 1. 1354a4-b11）。这种无偏性也使得法律的权威更容易被人们在情感上接受，因为“人们对反对他们冲动的个人怀有敌意，即便反对他们是正确的；而法律对于公道（*to epieikes*）的规定则不是那么大的负担”（《尼各马可伦理学》X. 9. 1180a22-24）。另外，法治无疑提供了比人治更大的稳定性和更高的效率。

与法治的理性、无偏性和稳定性相反，“人治”的典型方式是通过敕令（*epitagma*，适用于僭主）或法令（*psēphisma*，适用于公民大会）进行，也就是统治者根据一时一地的情况颁布的命令，这都是极端政体的典型特征。不管是敕令还是法令都会经常发生改变，经常受制于当下统治者的当下激情，因此与法律提供的稳定秩序形成了鲜明的对照。[①] 在亚里士多德看来，依靠敕令和法令进行统治是一个政体败坏的标志，甚至使得一个政治制度不成其为严格意义上的政体，因为"法律不统治的地方就不是政体"（《政治学》IV. 4. 1292a4-37）。

而我们现在看到的完全王制似乎就是一个不依靠法律进行统治的政体。

> 立法必然是关乎那些在出身和权力上平等的人的，对于其他人［指拥有超凡德性的人］则没有法律，因为他们本身就是法律。任何人想要为他们立法都是荒谬的，因为他们大概会用安提斯梯尼（Antisthenes）告诉我们的当狮子听到兔子想要像民众领袖一样行动，要求所有人都平等时的方式回应。（《政治学》III. 13. 1284a11-17）

在笔者看来，分析完全王制的特殊性，应该时刻记住它出现的特殊条件，那是在作为贤人制的最佳政体之中出现的情况，否则即便是一个拥有超凡德性的人出现，他也会由于现有政体寻求既有利益和力量的平衡，而被放逐。而只有在能够认清统治的合法性基础在于德性和明智的最佳政体之中，他才能理所当然地成为统治者。亚里士多德也用这种方式解决了柏拉图在《理想国》中关于哲学家如何成为王的难题，因为不管是航船的比喻（《理想国》VI. 488a-489c）还是洞穴的比喻（《理想国》VII. 514a-521b），似乎都表明即便是一个应该成为王的哲学家出现在城邦之中，他也不会得到人们的认可，当上实际的统治者。亚里士多德认为，如果具有超凡德性的人出现在一个并非最佳的政体之中，他很可能会遭遇航船和洞穴比喻中的智慧者的命运，但是如果他生活在一个本来已经治理良好的最佳城邦，那么当其他人认识到他的超凡德性，便一定会"心悦诚服地"接受他的统治。

我们在《政治学》第 7、8 卷中看到，那个最佳政体是依靠良好的法律运转的，法律规定了城邦的人口、土地的分配、官员的任免、教育的安排等诸多方面。现在假如有一个拥有超凡德性的人出现在这个城邦之中，并成了统治者，我们没有理由认为他要废黜一切法律，一切按照他自己的意志来行动，因为法律毕竟拥有上面提到的三个重要优点。此外，亚里士多德也从来没有说过完全王制中没有法律。确实如亚里士多德所说，由于君主在德性方面的超群性，**为他立法**是荒谬的，因为他就是法律，但是这并不妨碍他为其他人订立法

① 关于法律与敕令/法令的区别的更详细讨论，参见 Douglas McDowell，*The Law in Classical Athens*，Ithaca：Cornell University Press，1986，pp. 43－46。

律。就像上面的引文中提到的，兔子给狮子立法建议实行民主制无疑是荒谬的，但是这并不妨碍狮子给兔子立法实行绝对的王制。亚里士多德说过：“没有法律的统治就没有政体，因为法律应该普遍地统治一切，而官员和政体应该决定个别的事务”（《政治学》IV. 4. 1292a32-34）。只有极端的民主制、寡头制和僭主制才会完全抛开法律，因而不配被称为“政体”，而这种由德性方面超凡的王统治的政体，毫无疑问是严格意义上的“政体”，因而也必然有法律作为日常统治的规范。

这个完全的王还可以通过在现有良好法律的基础上做出修补，从而让法律更适合变化的情境，因为在亚里士多德看来，法律总是不可避免地存在缺陷。他在《修辞学》中谈到了立法者两方面的错误，一种是“不自愿的”（*ta akontōn*），或者说不在立法者意图之内的错误；另一种是“自愿的”（*ta hekontōn*），或者说是内在于法律的本质，也在立法者预料之中的错误。前者是由于立法者的疏漏，没有注意到某些东西，这些是有可能避免的错误；后者是因为立法者不可能精确界定与法律有关的所有细节，而只能用普遍的方式订立法律，因此是不可避免的（《修辞学》I. 13. 1374a26-33；《尼各马可伦理学》V. 10. 1137b13-23；《政治学》III. 11. 1282b2-6）。

因为法律必然用普遍的方式订立，因此不能根据当下的情况及时做出调整，也必然不能涉及很多细节，需要法官根据具体情况进行应用和解释，这是与人类事务的本质紧密联系在一起的。当这个问题出现，我们就需要一种特殊的德性来加以应对，这就是“公道”（*epieikeia*，或衡平），一个公道的人可以以自然正义或自然法作为更高的依据，领会立法者的意图而不是拘泥于法律的字句，根据具体情况来应用、解释和修订法律：

> 当法律给出了普遍的［规则］，而某个具体情况与普遍的［规则］相反，这时立法者就有了疏漏（*paraleipei*），由于制定了无条件的［规则］而犯了错误，那么修正这个疏漏就是正确的，［修正的依据就是］假如立法者本人在场的话，这是他本来会说的；假如立法者知道［这个情况］，这是他本来会规定的。这就是为什么说公道是正义，但是好于某种意义上的正义，它并非好于无条件的正义（*tou haplōs*），而是好于在条件上犯了错误的正义。这就是公道者的本质：当法律因普遍性导致疏漏时修正它。（《尼各马可伦理学》V. 10. 1137b19-27）

这里提到的“无条件的正义”就是自然正义，正是这种普遍意义上的正义，为公道者修正法律提供了依据，因此公道在一个意义上是正义——自然正义，而在另一个意义上超越了正义——法律正义。而公道者也就是那些在自然的意义上正义或有德性的人，而不是仅仅在“合法”的意义上践行“完全德性”的人，他们关心的是立法者的真正意图或法律的真正精神——促进政治共同体的公益。[①] 这个拥有超凡德性的王必然是深谙自然正义之道的人，他的出现也就最好地弥补了法律过于普遍的缺憾，实现了法治与人治最好的统一。

根据具体情境修订法律是法治中人的重要性的体现，人的重要性还体现在如果没有人保证实施，法律本身作为条文是没有任何强制力量的，因此需要一些官员来作为“法律的护卫者和助手”，并在法律的教育下懂得如何判断具体事务，从而保障法律的贯彻和执行（《政治学》III. 16. 1287a21-27）。这样的话，在完全王制中除了这个绝对的王行使统治权之外，还需要一些官员参与政治，作为法律的护卫者和助手，同时也需要一些负责教育、财务、军事等方面的官员，管理城邦的日常事务。

第三，家政与政治。

柏拉图认为政治家、君主、家政管理者和奴隶主有着相同的统治方式，只是统治的人数不同[②]，而亚里士多德则坚决反对这种观点，认为这些统治有各自不同的方式和目的：“主人的统治不同于政治的统治，其他种类的统治也彼此不同，虽然有些人说它们是相同的。因为政治统治是对依据自然自由者的统治，而主人的统治是对奴隶的统治，家政管理是君主式的，因为家庭只有一个统治者，而政治的统治是对自由和平等者的统治”（《政治学》I. 7. 1255b16-20）。亚里士多德认为城邦乃是人类最高级的政治共同体，是由自由和平等者组成的，因此理应采取政治的统治方式。但是他又认为对于一个理想城邦而言，最完美、最自然的统治方式是完全王制（如果确实存在这样一个人的话），并将完全王制的统治方式等同于家政统治：“它［指完全王制］按照家政的方式组织。因为就像家政管理是某种对家庭的君主制，这种君主制也是对一个或多个城邦或民族的家政管理”（《政治学》III. 14. 1285b31-33）。

有学者将这个问题看作边缘性的问题，因为毕竟这样的完全王制在亚里士

---

① 关于“公道”的详细讨论，参见 Jacques Brunschwig，“Rule and Exception：On the Aristotelian Theory of Equity，” in Michael Frede and Gisela Striker，eds.，*Rationality in Greek Thought*，Oxford：Clarendon Press，1996，pp. 115－156。

② 参见［古希腊］柏拉图：《政治家》258e；《理想国》V. 457c-466d，IX. 590c-d；《礼法》V. 739c-e。

多德的《政治学》中只如同昙花一现。[①] 但是既然完全王制被亚里士多德当作“最佳中的最佳”，也就构成了政治学中的最高标准（其地位类似于形而上学中不动的推动者和伦理学中的沉思生活），那么我们就不应该如此简单地打发这个问题。

就像家政管理必然诉诸一家之主的权威，完全王制也是一个人拥有完全的政治权威。这确实是完全王制和家政的相似之处。但是它们的差别也很明显：家政管理是以获得和使用财富、保证生活必需品的供应为目的的，并且主要涉及公民“私人”的一面；而政治统治则以好生活和德性的培养为目的，涉及的是公民“公共”的一面。政治的最高目的不会因为城邦采取的是贤人制还是王制而有所变化。最佳政体（贤人制）中的公民本来是平等而自由的，如果出现一个具有超凡德性的人，他会被公民们自发地拥立为统治者，但是他成为统治者并不会剥夺和限制其他人的自由和平等，也不会妨碍他们在公共空间中讨论政治事务，反而可以为他们提供更好的训练和教育，给他们提供更多的闲暇去发展德性。因此这种家政式的统治与政治统治所要实现的目的没有任何矛盾。此外，上面论证过完全王制与法治并不矛盾，这也为这种政治形式与家政的区别提供了进一步的支持，在良好的政治共同体里面，政治活动是通过法律的形式固定下来的，而家庭的管理不大可能以这种方式进行，必然是依靠一家之主的权威和决定。这样看来，当亚里士多德说君主制类似于家政统治时，他并不是将这两种统治方式等同起来，而只是强调它们的相似性。

第四，亚里士多德的“哲人王”。

大多数学者都认为，亚里士多德在完全王制中讨论的这个拥有超凡德性的王并非哲学家，而是拥有超群的实践智慧和政治德性的人；甚至正是以此反对柏拉图的哲人王的观念。但是根据笔者的理解，在亚里士多德看来，哲学家拥有包括明智在内的全部德性（各种技艺除外），他心目中完全王制的“王”正是这样一个集全部德性于一身的哲学家。[②]

在亚里士多德看来，明智是智慧的必要条件，想要追求智慧的人必然需要拥有明智来规划自己的生活，比如要如何给自己赢得沉思生活所需要的闲暇，

---

① 比如 Robert Mayhew，“Rulers and Ruled,” in Georgios Anagnostopoulos，ed.，*A Companion to Aristotle*，Malden：Blackwell，2007，pp. 536－538。

② 关于这个问题的更详细的讨论，参见刘玮：《明智与智慧：从亚里士多德笔下的泰勒斯和阿那克萨戈拉说起》，见《哲学门》第 26 辑，北京，北京大学出版社，2012。下面的讨论对该文中的一些内容作了删减和改动。

如何坚持研究，如何与他人相处，如何处理与理智探求无关的事物，等等。正如《大伦理学》中的那个著名比喻说的："明智像智慧的某种管家（*epitropos... tis*）"（《大伦理学》I. 35. 1198b17-18）。但是有了这些明智的规划之后，一个人是否能够享受沉思生活并最终拥有哲学智慧，当然还需要看他是否拥有那种理智才能，以及是否能够按照明智的要求严格执行。但是既然明智是理智的**必要条件**，那么如果我们看到一个人真正拥有哲学智慧，也就可以确定这个人必然同时拥有了明智这种作为手段的德性。因此在亚里士多德看来，哲学家必然拥有明智这种带有很强政治意味的德性。

我们还可以进一步问：那么哲学家的哲学智慧能给他在政治事务中带来什么与一般意义上的政治家不同的东西呢？一方面，如同柏拉图的哲学家最好地认识善的理念，从而最好地认识了一切事物的秩序和好一样，亚里士多德的哲学家也最好地认识了万物的本质，认识了一切知识的第一原理（即便不是所有知识的每个细节），这些知识无疑会为他的思虑或由明智进行的实践推理提供很多重要的前提。另一方面，亚里士多德的哲学家还最清楚地认识和体会了人类最高级的活动——沉思，这也是最好地利用闲暇的活动，因此只有他能够最好地安排共同体的生活，使之朝向闲暇，并最恰当地利用闲暇。

如果哲学家确实既拥有与伦理政治实践有关的明智和伦理德性，也拥有人类所能追求的最高的卓越——哲学智慧，那么毫无疑问他是一个最具德性的人。这也就将我们引向了亚里士多德对"神圣德性"（*theia aretē*）的界定。亚里士多德在《尼各马可伦理学》中提到了某种"超越我们（*hyper hēmas*）的德性，某种英雄性的和神圣的德性"。他说，"如果像他们说的那样，人**因为超凡的德性而成为神**（*ginontai theoi di' aretēs hyperbolēn*）"，随后又补充说"成为神圣的人是极其稀少的（*spanion*）"（《尼各马可伦理学》VII. 1. 11145a19-28）。在亚里士多德看来，哲学家无疑最有资格获得"神圣德性"的头衔，一方面是因为他拥有所有的德性，因而最为幸福，而神必然是最幸福的；另一方面也因为他的沉思生活是最接近神的，他最好地运用了灵魂中最高的和最神圣的部分——理智，他在进行沉思（*theōrein*）的时候就是在过神的生活[1]，他与神的差别就在于他不可能永远处于沉思活动之中，还是要回到人的生活状态

---

[1] 参见《尼各马可伦理学》X. 7. 1177a14-16，1177b26-1178a2，X. 8. 1178b7-32；《论灵魂》III. 5。关于哲学家的理智就是神的理智，参见 Victor Caston，"Aristotel's Two Intellects：A Modest Proposal，" *Phronesis*，vol. 44，1999，pp. 199－227；Myles Burnyeat，*Aristotle's Divine Intellect*，Milwaukee：Marquette University Press，2008。

之中。

亚里士多德在讨论完全王制时也提到了这个人是“人中之神”，他不仅最接近法律所能够达到的那种“没有激情的理智”的状态，而且还能妥善利用自己的明智补充法律的不足。在这个哲学家那里，人治与法治达到了统一，因为哲学家正是理性的化身，而根据亚里士多德的说法，他也是法律本身。

此外，亚里士多德在论证这种人应该进行统治时，也就是在“人中之神”的语境下，提到了其他人和这种人在德性和政治权力上**无法比较**（*mē sumblētēn*）（《政治学》III. 13. 1284a5-6）。我们当然可以仅仅从“量”的意义上来理解“无法比较”，但是如果从“质”上来理解，似乎更能够体现这个超凡之人的特殊之处。亚里士多德也在另一处谈到了统治者与被统治者应该有“种类”或“质”上的不同（《政治学》I. 13. 1260a36-38）。我们知道，哲学家的智慧这种德性确实与其他伦理德性和明智在“质”上非常不同，因此这似乎最能够解释“无法比较”的含义。

最后，我们还可以补充一个旁证，亚里士多德虽然在《政治学》第 2 卷中对柏拉图《理想国》的政治构想提出了很多批判，但是却对哲人王的问题保持了沉默。这个沉默似乎意味深长。因为在《理想国》中，柏拉图在构建“美丽城”的时候，提出了三个构想或“浪潮”——男女平等、共产共妻共子和哲人王。亚里士多德在《政治学》中对前两个“浪潮”都提出了明确的反对，唯独对最后一个也是最大的“浪潮”保持沉默，而这最后一个“浪潮”在柏拉图看来却正是前两个“浪潮”得以实现的保证。

在看到亚里士多德与柏拉图在这个观念上的相似之处的同时，我们也应该明确，亚里士多德这里的哲人王与柏拉图的哲人王至少在一个至关重要的意义上非常不同。柏拉图心目中的王是一个航船上的观星者，是一个将认识类似太阳的善的理念作为最高任务的理智思考者，是一个一度脱离了政治性的洞穴束缚的“自由人”。而亚里士多德明确批评了将普遍性的善的理念作为伦理—政治研究目标的做法（《尼各马可伦理学》I. 6），因此亚里士多德心目中的哲人王必然是一个深谙人类不可或缺的政治本性，与其他公民共同生活在政治社会之中，并且将哲学理念与经验事实、将理论智慧和实践智慧最好地结合起来的哲学家。

结 语

亚里士多德的政治哲学虽然以寻求“最佳政体”为最高的任务，但是这个“理想主义”的维度并没有将亚里士多德对政治的“现实主义”关怀埋没。第一，亚里士多德对政治哲学的理解始终从现实入手，他事无巨细地考察历史上的和当下的政治现实，从中汲取养分、吸取教训、避免错误。第二，亚里士多德并不是像他的老师那样，着眼于某一种无比美好的最佳政体，比如“依靠祈祷的政体”或者“依靠超凡德性的政体”，而是把多个更加现实意义上的“最佳”也纳入自己的理论考量。第三，亚里士多德的政治哲学还有更加现实的一面。他给政治家或立法者设定的任务里面除了研究最佳政体、改造现有政体之外，还包括了“帮助现有的政体”（《政治学》IV. 1. 1289a6-7）。在此基础上，亚里士多德不仅讨论了如何帮助民主制、寡头制这些偏离不那么严重的政体，甚至花了很大的篇幅讨论如何帮助僭主制这种严格说来不配被称为“政体”的政治制度（V. 10-11），也在其中给出了很多高度现实主义，甚至堪称“马基雅维利主义”的教导。[①] 因此亚里士多德的政治哲学完美地结合了政治中的现实主义与理想主义。

亚里士多德的政治哲学无疑对西方的政治哲学史产生了持久的影响。他第一次将政治哲学的关注点从城邦整体转向了个人，强调在城邦的语境之下实现个人的幸福，从而在整体与个体之间达成了精妙的平衡；他对于政体的核心关注和经典分类，成为西方政治哲学史上经久不衰的主题，其影响力一直持续到今天。他对混合政体的讨论给罗马政治思想提供了重要的借鉴；他对政治的自然主义解释为中世纪亚里士多德主义的复兴埋下了重要的伏笔；他对城邦治理的细致讨论为文艺复兴的意大利公民共和主义以及由此引发的英国共和主义思想提供了重要的参考；而他偏重规范性和理想政体的整体思路则受到了以马基雅维利（Machiavelli）、培根（Francis Bacon）和霍布斯（Thomas Hobbes）为首的近代政治哲学家的猛烈抨击，成为近代政治哲学奠基者革命的对象；他对政治哲学的深刻洞见也成就了亚里士多德主义政治哲学在当代的复兴，尤其是在施特劳斯（Leo Strauss）、沃格林（Eric Voeglin）、阿伦特（Hannah

① 关于这个主题，参见刘玮：《马基雅维利与现代性》，第二章，上海，华东师范大学出版社，2012。

Arendt）、麦金太尔（Alasdair MacIntyre）、努斯鲍姆（Martha Nussbaum）、米勒（Fred D. Miller，Jr.）等人的作品之中，亚里士多德主义或新亚里士多德主义成了当代政治哲学中一股强大的浪潮。

刘　玮

参考文献

原典：

Bywater，I.，ed. Aristotelis Ethica Nicomachea. Oxford：Oxford University Press，1894.

Dreizehnter，A.，ed. Aristoteles' Politik. Munich：Wilhelm Fink，1970.

Inwood，B. and R. Woolf，trans. Eudemian Ethics. Cambridge：Cambridge University Press，2013.

Irwin，T.，trans. Nicomachean Ethics. 2nd ed. Indianapolis：Hackett，1999.

Kenyon，F. G.，ed. Aristotelis Athenienisium Respublica. Oxford：Clarendon Press，1920.

Keyt，D.，trans. and comm. Aristotle Politics Books V and VI. Oxford：Clarendon Press，1995.

Kraut，R.，trans. and comm. Politics Books VII and VIII. Oxford：Clarendon Press，1998.

Newman，W. L.，ed. The Politics of Aristotle：vol. 4. Oxford：Oxford University Press，1887－1902.

Reeve，C. D. C.，trans. Aristotle Politics. Indianapolis：Hackett，1998.

Rhodes，P. J.，trans. Aristotle：The Athenian Constitution. London：Penguin，1984.

Robinson，R.，trans. and comm. Aristotle's Politics Books III and IV. Oxford：Clarendon Press，1995.

Rowe，C.，trans. Nicomachean Ethics，with introduction and commentary by S. Broadie. Oxford：Oxford University Press，2002.

Saunders，T. J.，trans. and comm. Aristotle Politics Books I and II. Oxford：Clarendon Press，1996.

Schütrumpf，E.，trans. Aristoteles Politik：vol. 4. Berlin：Akademie Verlag，1991－2005.

Simpson，P.，trans. The Politics of Aristotle. Chapel Hill：University of North Carolina Press，1997.

Simpson，P. A Philosophical Commentary on Aristotle's Politics. Chapel Hill：University of North Carolina Press，1998.

Simpson，P.，trans. and comm. The Eudemian Ethics of Aristotle. New Brunswick：Transaction Publishers，2013.

Walzer，R. R. and J. M. Mingay，eds. Aristotelis Ethica Eudemia. Oxford：Oxford University Press，1991.

重要研究文献：

Balot，R. K.，ed. A Companion to Greek and Roman Political Thought. Malden：Wiley－Blackwell，2009.

Deslauriers，M. and P. Destrée，eds. The Cambridge Companion to Aristotle's Politics. Cambridge：Cambridge University Press，2014.

Garver，E. Aristotle's Politics：Living Well and Living Together. Chicago：University of Chicago Press，2012.

Hansen，M. H. Polis：An Introduction to the Ancient Greek City－State. Oxford：Oxford University Press，2006.

Jaeger，W. Aristotle：Foundamentals of the History of his Development. R. Robinson，trans. Oxford：Clarendon Press，1948.

Keyt，D. and F. D. Miller，eds. Companion to Aristotle's Politics. Oxford：Blackwell，1991.

Kraut，R. Aristotle：Political Philosophy. Oxford：Oxford University Press，2002.

Kraut，R.，ed. Blackwell Guide to Aristotle's Nicomachean Ethics. Malden：Blackwell，2006.

Kraut，R. and S. Skultety，eds. Aristotle's Politics：Critical Essays. Lanham：Rowman and Littlefield，2005.

Lord，C. and D. K. O'Connor，eds. Essays on the Foundations of Aristotelian Political Science. Berkeley，CA：University of California Press，1991.

Mayew，R. Aristotle's Criticism of Plato's Republic. Lanham：Rowman and Littlefield，1997.

Miller，F. D. Nature，Justice and Rights in Aristotle's Politics. New York：Oxford University Press，1995.

Mulgan，R. Aristotle's Political Theory. New York：Oxford University Press，1977.

Nagle，D. B. The Household as the Foundation of Aristotle's Polis. Cambridge：Cambridge University Press，2006.

Patzig，G.，ed. Aristoteles：Politik. Göttingen：Vandenhoeck and Ruprecht，1990.

Polansky，R.，ed. Cambridge Companion to Aristotle's Nicomachean Ethics. Cambridge：Cambridge University Press，2014.

Rhodes，P. J. A Commentary on the Aristotelian Athenaion Politeia. Oxford：Clarendon Press，1982.

Scholfield，M. Saving the City：Philosopher－Kings and Other Classical Paradigms. London：Routledge，1999.

第四章
西塞罗与法权国家

希腊化是城邦衰落、国家崛起的时代，是思想格局巨变的时代。公元前334年，亚历山大大帝开始东征之旅，宣告了古典希腊时代的结束，城邦时代成为历史。随着亚里士多德的去世，哲学也由古典希腊的鼎盛过渡到希腊化的相对落寞，更意味着哲学典范的转移。古典希腊思想家如苏格拉底、柏拉图和亚里士多德，其哲学发端于雅典城邦的问题，城邦政治是其哲学的主要关怀对象。希腊化时代哲学家的眼界却已不再局限于城邦，而是着眼于国家。如果说城邦以民族和种族为建构的基本单位，城邦公民以民族血统为身份根源，公民与民族互为一体，那么希腊化和罗马时期的国家观念则改变了公民的这种描述框架。无论是希腊化哲学家还是罗马政治家，他们均以法律为描述公民身份及其国家观念的前提。公民和国家不再主要是与民族身份重叠的自我表达，国家首先是一个法律的观念。罗马公民并非一定是罗马民族的族裔，也包括许多非罗马民族和种族的外邦人。国家并不是种族的社群，而是一个法律共同体。基于法权国家的观念，希腊化和罗马政治赋予公民的复杂含义远超过单一的城邦制度。

历史学家常将希腊化和罗马并称为希腊化罗马时期。两者紧相衔接，思想意识和精神道统紧密相关，其共同的政治观念均以公民和法权为主要内涵，而这种法权观念又与他们的宗教信仰内在相关。虽然亚历山大大帝以为希腊人复仇为名发动东征，然而每至一处，他都尊崇当地神灵，自称当地之神的后裔。例如，公元前332年亚历山大大帝直取埃及后自称是太阳神“阿蒙之子”，“合法地”成为埃及的统治者，埃及祭司则加封亚历山大“法老”的称号。亚历山大大帝此举显然具有高明的政治内涵，它意味着在天有一神，在地则有一君，马其顿由此自然合理地成为普世万民的帝国。在亚历山大大帝庞大的帝国内部，在西起希腊、马其顿，东至印度河流域，南临尼罗河第一瀑布，北到多瑙河的疆域内部，他鼓励民族通婚，促进民族平等，改变以希腊为中心的共同体意识，既使他的统治者身份更具普遍性，不受希腊、埃及或波斯等地域概念的限制，也使他治下的民众获得更为普遍的身份认同，为希腊化罗马时期世界公民意识的滥觞提供了历史的实体基础。

罗马民族的来源则相对复杂。最古老的罗马公民包括三部分：罗马纳人（较古的语言常以“罗马纳人”称呼，而不称“罗马人”）、替提人和卢克雷人。也就是说，罗马人就其源头而言本身就有不同的民族起源。这三部分人有独立的居住地，他们只是随着历史的发展才并区为城，形成罗马古老的共同体。[①]王政时期之后，罗马共和国开疆拓土，征服了萨宾人、沃尔斯基人和埃魁人等周边山地部落，又征服了亚平宁山区部落，国土横跨整个意大利半岛中部和南部地区。第一次布匿战争后，罗马兼并西西里，从迦太基人手中夺过科西嘉岛和撒丁尼亚岛，征服高卢、波河流域和马其顿。[②] 在罗马版图迅速扩张的同时，民族融合随之加速。罗马民族的形成不仅表现为血统的融合过程，更是法权的赋予过程。罗马统治者把公民权授予一部分非罗马的被征服民族，形成超越种族和民族的新政治共同体，突破了民族的血缘限制。国家被奠基在更富现代意义的公民观念基础上，其政治观念也展现出更具开放性的特质。

罗马的扩张不仅采用了与亚历山大大帝类似的方式，而且更具法律属性。罗马共和国要求被征服地区承认罗马帝王元首的半神特性，西塞罗（Cicero）就是如此称颂罗马的创建者罗慕洛斯（Romulus）的。他称罗慕洛斯因着伟大的成就成为诸神之一。[③] 再例如，后来奥古斯都（Augustus）颁布外省法令时自称 divus filius，意思是“被奉为神的恺撒领养的儿子”，自称“神的儿子”。[④]外省专门为他设立神庙、祭坛和祭司，神圣化罗马统治的权威，使得在天一神在地一君的观念更加深入人心，更加强化罗马君主的普世统治者身份，使得普

---

① 参见［德］特奥多尔·蒙森：《罗马史》，第 2 卷，李稼年译，40 页，北京，商务印书馆，2010。

② 参见［俄］科瓦略夫：《古代罗马史》，王以铸译，136、147～149、161～169、237～240、340～344 页，上海，上海世纪出版集团，2011。

③ 参见［古罗马］西塞罗：《国家篇》（又译《共和国》）2.17，见［古罗马］西塞罗：《国家篇 法律篇》，沈叔平、苏力译，北京，商务印书馆，2005。

④ 参见［美］弗格森：《古希腊—罗马文明：社会、思想和文化》，上册，李丽书译，233 页，上海，华东师范大学出版社，2012。

遍国家即国家超越种族和民族的观念更具自然性。罗马君王身份的普遍化和公民权的普遍化过程还与罗马宗教谱系的建立相互呼应。罗马民族的神祇最初以朱庇特、战神马尔斯和奎里努斯神为首，形成以朱庇特为首的十二主神及其他从神（如播种神萨图尔努斯、果实女神利柏拉、森林和原野之神皮库斯等）的谱系。[①] 然而随着罗马的扩展，罗马宗教突破了民族宗教的限制，通过如万神殿和所谓的主神观念，容纳地方性神灵成为朱庇特谱系的成员，以神学政治论创制天下一体的共同体理想。

可见，希腊化罗马时代拓展出一种新的身份意识，一种在更大共同体范围内、在同一君主的名下，但为不同民族和种族的人所共有的世界身份。这个新身份不是以血缘和血统作为自我意识的前提，而是维系于超越民族和种族的普遍共同体，根源于所谓的自然共同体。这种新的最大范围的普遍共同体，催生并强化了新的公民意识，一种基于自然法的自由意识。自公元前 4 世纪到公元前 1 世纪这近 400 年的哲学探究中，世界公民、自然共同体和自然法都是哲学家们讨论的主要政治观念，与此相关的宗教思想成为罗马国家观念的基础部分。如果说希腊化时代的哲学家提供了一种预备性的政治观念，那么西塞罗则为此做了系统的阐释，塑造出一种迥然有别于古典希腊的政治哲学。

第一节　希腊化政治观念

希腊化的主要哲学流派包括伊壁鸠鲁学派、斯多亚学派和怀疑派。这些学派以伦理学为哲学研究的目的，伦理学是希腊化时期的第一哲学[②]，哲学的实践性是这个时期哲学的主要特质，也是哲学其他部门的论证目的。虽然希腊化哲学也研究政治的观念，然而政治哲学还不是这一时期的“显学”。不过，由于希腊化哲学着意于探讨自我的自然法根源，研究自我作为世界公民的法权，它为西塞罗即将展开的共和政体研究提供了伦理视域。据此可以说，希腊化的伦理学为西塞罗的政治学做了预备。然而总体来说，希腊化哲学主要属于伦理研究，只是由于它包含着一种可能的政治解释，尤其是从伦理哲学方面预备了

---

① 参见丁培仁：《世界主要宗教系统纲要》，36～37 页，成都，巴蜀书社，2010。

② 参见章雪富、石敏敏：《伦理学作为第一哲学——希腊化哲学的范式转移》，载《中国社会科学》，2011（1）。

某种政治德性，我们才可以说希腊化哲学从伦理判断的角度给出了有关罗马共同体思辨的哲学空间。

希腊化哲学重视伦理探讨，与它关心善的个体性特质有关。希腊化哲学关注的是切己的善，关心自我获得善的把握，并以此为基础发展出或者说扩展出具普遍意义的共同体之善。斯多亚学派虽然是希腊化时代社群主义的代表，但是它对社群性的善的阐释也是以个体的善为前提的。斯多亚学派所谓的个体的善只是其哲学阐释的起点，或者说是一个逻辑起点，它所致力于建设的并不是以个体为中心的善，不是功利主义意义上的个体的善。这也意味着斯多亚学派的社群主义没有因着凸显个体的善而削弱社群的公共性，而是指出了自然宇宙层面的共同体意识是每个个体共同的自我意识。斯多亚学派虽然历经不同的发展时期，然而在个体的善作为伦理的逻辑起点和自然宇宙作为公共性的身份意识这两个观念上，延续着其一贯的精神道统。[①] 由于它把人首先视为自然意义上的人，一个宇宙城邦中的人，而不首先视为国家、城邦和种族的存在者，斯多亚哲学所给出的个体的善实则是自然普遍的善，并以这种自然意义上个体的自我意识作为公民观念的预设。

伊壁鸠鲁学派的伦理观念也蕴含着政治共同体的德性。伊壁鸠鲁（Epicurus）认为世界本原于原子，原子运行于虚空之中，通过碰撞形成原子团，每个原子团都是一个世界，彼此之间不存在交集。宇宙内含多个世界，但不存在宇宙中心。[②] 这意味着没有一个共同体居于中心地位，也不存在对其他共同体具有优先性的某个共同体。同样，在某个具体的原子团世界，由原子复合形成的存在物也不存在对于其他存在物的价值差等，不存在价值上优先的阶层和个体。原子的特性是自由运动，自由是个体在共同体中的首要原则。个体与个体之间通过完全自由的意愿结成契约关系，在某个原子团世界中的人们依照契约原则结成共同体，正义（公正）不过是人们相互之间不侵害对方也不受对方侵害的一种协定。无论在什么地方、什么时间，只要人们订立了这样的约定，就有了正义（公正）。[③] 伊壁鸠鲁学派把个体性伦理阐释为契约正义，成为它所谓的共同体德性。由于原子之间不存在主从和隶属关系，在虚

① 参见王乐理主编：《西方政治思想史》，445～456页，天津，天津人民出版社，2005。

② 参见北京大学哲学系外国哲学史教研室：《西方哲学原著选读》，上卷，167、171页，北京，商务印书馆，1982。

③ 参见北京大学哲学系外国哲学史教研室：《古希腊罗马哲学》，上卷，347页，北京，商务印书馆，1982。

空中运动的原子完全自由[①]，共同体关系也就完全围绕个体自身的权利、财产和利益展开。契约正义成为伊壁鸠鲁学派有关个体伦理的政治层面的表达。正义观念则隐藏于伊壁鸠鲁学派的个体性自由的伦理之中，自由伦理使得正义成为个体的自然生活向着共同体的政治生活的延伸，政治生活是哲学生活的一个部分。

虽说个体伦理是希腊化伦理的共识，然而在希腊化哲学中，最激进的个体伦理由怀疑派的论证呈现。怀疑派否认任何程度的普遍性，否定个体之间存在任何类型的共识的认识论基础。对怀疑派而言，真实性只限于单纯个体的知觉呈现，实在性不外乎事物向个体感觉呈现的私人表象。如果人们认为存在着普遍适用的知觉表象和判断，那么在怀疑派看来，这种有关真假的判断都包含独断的因素。怀疑派通过对所谓的各种“式”的分析，指出任何形式的判断都具有同等的论辩力量，任何形式的独断都会把心灵引向对立，导致矛盾，使心智困惑，不得安宁。[②] 对于人来说，作为“善”的表象就是不做判断的表象，悬置判断帮助人获得幸福和自由。[③] 怀疑派哲学的伦理使得个体判断获得最大范围内的自由，自由是向着个体性感觉呈现出来的“式”。通过对真理标准的怀疑，怀疑派退回到了单纯表象的自由，个体性自由作为唯一真实的存在感知，成为怀疑派对公共空间的表达。

一、自然法

自然法是希腊化哲学的根本原理，成为贯穿于西塞罗政治哲学学说的主要观念。在希腊化哲学学派中，斯多亚学派对自然法着墨最多。斯多亚学派虽然历经变化，例如，在善的观念上，中期斯多亚学派受柏拉图主义影响，肯定外在的善如健康和财富等的必要性，晚期斯多亚学派则持不同看法，否定善的外在性，完全地退归内心，然而自然法观念却是不同时期的斯多亚学派的不变坚守，贯穿在斯多亚学派对自我观念的阐释的始终。斯多亚学派认为“自然”（*phusis*）是一切描述、认识和解释的出发点，理性和共同体这样的哲学观念也只有依据自然才能得到理解。斯多亚学派的实际创始人克律西坡（Chrysippus）曾指出，人有双重的自然本性，一是自我保存：“斯多亚学派认为，动物的首要冲动就是自我保存，因为自然一开始就使它爱慕它自身，正如克律西坡在

① 参见［美］弗格森：《古希腊—罗马文明：社会、思想和文化》，下册，422页。

② 参见北京大学哲学系外国哲学史教研室：《西方哲学原著选读》，上卷，167、176页。

③ 参见北京大学哲学系外国哲学史教研室：《西方哲学原著选读》，上卷，167、177页。

《论目的》第 1 卷中所肯定的：‘所有动物最亲近的就是它的自我构成和由此而生的意识’；因为自然不可能使有生命的事物与它自身疏离，也不可能使生物既不疏远又不钟爱它自身的构成。”[①] 二是寻求合理性（*kathekon*）的意识。*kathekon* 应用于下面的情况，即一旦事情被完成，就能提出合理的辩护，例如与生活进展状态的和谐一致性，这确实渗透于动植物的成长。他们认为，无论是在植物还是在动物中，你都可以找到行为的合理性（*kathekonta*）（《名哲言行录》VII. 107）。[②] 什么是人的 *kathekon* 呢？合理的行为（*kathekon*）就是所有由理性（*logos*）引导的行为，如尊重父母、兄弟、祖国，善待朋友。不合理的行为（*para to kathekon*）则是理性反对的行为（*me airei logos*），如忽视父母、漠视自己的兄弟、不善待自己的朋友和无视祖国的利益（《名哲言行录》VII. 108－109）。自然法的基本内容即在于此，它们虽然在表述上有逻辑排列的先后，却不存在人们付之于行为选择的先后。由于自我保存里面原本就包含着“他者”的观念，斯多亚学派第一次明确地阐释了“责任”的内涵。这样，斯多亚学派就通过个体的观念，既为世界公民提供了论证，更通过这种内含他者的自我观念，以及通过他者与自我之间的共在意识，揭示了个体性自由的社群内涵。斯多亚学派通过其自然法观念指出，任何个体无非都是关联于他者的个人，个体因着与所有人共同具有的他者观念，形成责任关系并申明其个体的权利。

伊壁鸠鲁学派虽然没有以自然法为研究的主题，其哲学阐释却也包含深厚的自然法思想。伊壁鸠鲁学派关于个体和社群的关系有类似于斯多亚学派的阐释。伊壁鸠鲁认为万物俱由原子的自由运动复合而成，原子为其重量所驱动，既做直线运动，又因在虚空中偶然的偏斜、相互碰撞形成许多原子团，不同的原子团形成世界，不同的世界由虚空隔开形成多重宇宙，既不相互妨碍，也不相互推动，既没有价值的差等，也不存在宇宙的中心。这就折射了伊壁鸠鲁学派的自然观念，即世界之间、天体之间、人群之间都没有善恶高低之分。一切运动皆是自然，具有同等程度的善好。人也是如此，他们是原子复合的结果，不存在好恶程度的分别。因此，遵循自然运动、合乎自然结果就是合理的选择。

---

① 第欧根尼·拉尔修：《名哲言行录》VII. 85（Diogenes Laertius，*Lives of Eminent Philosophers*，R. D. Hicks，trans.，Cambridge：Harvard University Press，1925）。

② 塞涅卡也有类似的论述，这说明斯多亚主义在这个问题上的看法是一以贯之的（参见 Seneca，*Letters*，121. 6－15，in A. A. Long and D. N. Sedly，eds.，*The Hellenistic Philosophers*，vol. 1，57B，Cambridge：Cambridge University Press，1987）。

相形之下，怀疑派在希腊化哲学中或许显得比较特殊，却也正是它才把自然观念推进到极致。怀疑派认为人的表象属于个体判断，不同人的判断就其个体性而言没有真理性之别，没有一个个体表象较其他表象更确定、更具真实性。任何个体表象都具有同等权利，在个体习惯和信念上具有同等的完整性，任何自我表象和认知都不具有对于其他人的更大的正当性。同等的个体性也就是同等的自然权利。

可见希腊化哲学家或者以自然法的名义，或者以个体性表象为主题，为自然平等的政治主张预备了哲学论证。自然法观念的形成与斯多亚学派和伊壁鸠鲁学派的自然哲学论说的前提相关。斯多亚学派认为宇宙由火演化而成，万物就其自然本性而言是一元的。万物之趋于自我保存的整体性正是其一元论的表现，它肯定单个事物与其他事物属于整体性关系，肯定宇宙万物之间存在着无法分离的相关性。这种整体性或者一致性被视为神圣理性，它造成了事物的自然特质，世界是由理智（*nous*）和神意管理的……这是因为理智渗透在整个世界之中，就如灵魂在我们里面那样（《名哲言行录》VII. 138－139）。自然是理性的内涵，整个世界就是一个有生命的存在者，它被赋予灵魂和理性，以太是它的统治原理（《名哲言行录》VII. 139）。合乎理性的生活也就合乎自然。伊壁鸠鲁学派则从机械论的角度为自然法辩护，认为世界或者个体都是原子的自由集合，理性也是如此，它也是原子流射的呈现，以原子自然活动为其形式。就原子活动的自由性来说，万物并不存在差等。无论自我保存还是社群性，它们都是原子的自然集合，都归于原子本身的属。原子受到其个体属性即重量的规定，也受到自由运动的规定，受到在虚空里面的轨迹的规定，原子在虚空中的无碍关联显示了空间的公共特质。

西塞罗是希腊化哲学自然法观念的伟大继承者，他的政治哲学由此具有动人的说服力。西塞罗深信自然法高于各民族的法律和习惯（《法律篇》1.42），因为如果自然法不是最高的法律，那么任何民族的法令、君王所颁布的敕令或法官的决定，就会是最高的也是最终的。而实际上各民族的法令等等是相互冲突的，甚至是违背正义的，如果没有高于其上的自然法，人们就会被迫接受不正义的法律。因此，唯有大自然的法律才不会为人们的投票、民族的习惯和君王的命令所劫持（《法律篇》1.44）。这也意味着法律不是人思想的产物，而是一种自然智慧，是一种以指令和禁令统治整个宇宙的智慧，它是永恒的东西。这法律就是自然（《法律篇》2.8）。所谓的自然，就是完全由它们自身并依据它们自身进行判断，而不是依据其他事物进行判断。这是西塞罗所谓的“理性”的主要含义，法律必须以理性原则为依据（《法律篇》2.8）。人的德性就是在生活中坚定持续地运用理性（《法律篇》1.45），依据自然标准进行判断（《法律篇》1.46），而运用于指令和禁令的正是至高无上的朱庇特的理性（《法律篇》2.10）。

西塞罗的自然法观念主要受到斯多亚学派的影响，其精神特质却源自整个希腊化的浸润。西塞罗的名言是“不应认为有什么事物可能超越自然”（*nefasque sit dicere ullam rem praestare naturae omnium rerum*）（《法律篇》2.16）。而人所共有的自然就是法律，因为正义只存在于自然之中，法律是依据自然制定出来的有关事务正义与不义的区分（《法律篇》2.13）。可见，自然是正义的基础。然而在生活中，人们经常以功利为标准来衡量、选择、取舍，只要有可能，他们就会选择对他们自身有利的东西，摧毁德性。可见，希腊化哲学家主要从形而上学、自然哲学和伦理学角度论述的自然法，被西塞罗转化成了社会的规则，使之具有了明显的政治含义。主要依据斯多亚学派和伊壁鸠鲁学派的观点，西塞罗指出，友爱这种德性明显地体现出人为善而善的实现方式，正如人追求正义是为了正义，而不是为了回报。人追求正义若是为了回报，那么所谓的正义的行为就是不义的。正如人追求友爱是为了友爱，而不是为了从友爱中获利。人若从友爱中追求获利，那么人就失去了联合的社群基础，就失去了自然的本性即正义（《法律篇》1.49）。正义是自然法的核心，人们对人慷慨，对国家忠诚，对朋友友爱，为他人服务时仁慈，对所受的恩惠感恩，这些德性都属于人的自然倾向，是正义的德性之源。正义只有一个，它约束所有人，是大公之法，是所谓的正确理性，是成文法的根源（《法律篇》1.42）。“一些知识渊博的人认为应该从法律这一概念谈起。他们也许是对的，只是如果能像他们界定的那样，法律乃是植根于自然的最高理性（*lex est ratio summa insita in natura*），它允许应该做的事情，禁止相反的行为。当这种理性确立于人的心智并得到充分体现，便是法律”（《法律篇》1.18）。引文中所谓的“一些知识渊博的人”指的就是斯多亚学派哲学家。因着对自然的共同模仿，人们结成共同体。西塞罗把自然法观念转化并运用在对国家政体的探究之中，论证了所谓的市民法不过是通过自然正义表现在国家这类共同体形式中的成文法。

二、社群

社群是希腊化哲学的主要观念之一，其中尤以斯多亚学派为最。斯多亚学派哲学家用希腊文 *oikios* 描述他们所谓的“自我保存”和“保存他人”。英文通常把 *oikios* 译为 appropriating（合理的、恰当的）、owing（把……归于）、

coming to belong to（属于），也译为 recognition and appreciation of something as belonging to one（认为某事物归属于……）。它也有“自爱”的含义，还有“安排”和“排列”的意思。它的词根 *oiko* 包含计划和安排，所谓的“家政”也与此相关。“家政学”是量入为出的学问，与所谓的“合理的”和“安排妥当的”等意义相关。当斯多亚学派哲学家们说人的自然本性既自我保存又保存他人时，他们会说这是出于自然的 *oikios*（合理性）。人就其本性而言知道如何安排“好”，是指懂得合理地把自身归到某个秩序之中，并且懂得自我安排。也就是说，就其自然而言，人具有某种与他者发生关联的本性。可见，社群性是人自然性的一部分。

克律西坡认为 *oikios* 是一种主动结成社群的原理，因为宇宙是有机的整体，它由火主动演化而成，绵延相生，不会间断，所有部分和个体有向着整体的初始冲动。

> 斯多亚学派认为，动物的首要冲动就是自我保存，因为自然一开始就使它爱慕它自身（*oikeiousis*），正如克律西坡在《论目的》第 1 卷中所肯定的：“所有动物最亲近的就是它的自我构成和由此而生的意识”；因为自然不可能使有生命的事物与它自身疏离，也不可能使生物既不疏远又不钟爱它自身的构成。我们必须得出结论说自然在构造动物时使它亲近并爱慕它自身（*oikeiosai*）；因此它要避开所有有害的事物，并自由地接近所有能用的和亲近的事物。（《名哲言行录》VII. 85）

动物趋近自身与动物趋近他物属于同一自我意识的两个方面。自然不会让每个动物趋近于它自身而不趋近于自然整体，个体性自我就其自然而言是趋利避害的，这是动物所拥有的自由权利。由于每个动物都要让其自身趋近于自然本身，自然本身就是所有动物社群性的最大外延。趋近于自然整体，在于避开有害的事物，接近能用的和亲近的事物。可见个体事物的 *oikios* 是事物所共有的法则，是它们所共有的关系。这也是斯多亚学派所谓的目的的含义，“目的就是生活并实践所有适合的（*kathekonta*，即应尽的）行为”（《名哲言行录》VII. 88）。如果人们都能以这样一种把自我归属于某个其他事物的方式共同生活，那么人与人之间就能够和谐地排列（*homoloumenen diathesin*）（《名哲言行录》VII. 89）。这样的人是能够真正安排自身的人，是一个与自身亲近的人。他既有对于他自身的完善的社群关系，也有对于他者的完善的社群关系。

oikios 由于能够按照好的原则安排事物和个体自身，因此是合理的，能够帮助人分辨积极的、中性的和消极的事物。例如，正义和名誉是积极的，丧失

理智是消极的；财富和健康是中性的，放纵物欲是消极的。中性事物不能够作为善来追求，但可以作为不幸的对立物予以避免。从政治哲学层面来说，*oikios* 使人把实现正义作为欲求。它作为一种政治意义上的德性，是社群的基础，人明白正义是 *oikios*（合理性安排）的社群特性。荣誉也是如此。政治家把荣誉作为欲求对象，这也意味着他们必须行事正义，方能得到别人的赞美。由于斯多亚学派认为人的这种类型的自爱是自然的，人的自然合理性就表现在那种对积极的和消极的事物的分辨之中。由于这样的分辨能力，人能够克制情绪。克制情绪包含着对于他者的想象，能够把自我合乎理性地与他者维系在一起；情绪则使人的自然本性变得不合理，也就不能形成社群。

> 那本质上与自然一致的，或者所产生的东西是与自然一致的，因而包含一定的积极意义——斯多亚学派称之为 *axia*，也就是“有价值的”——值得选择；另一类就是与前者相反的，他们称之为“无价值的”。由此就确立了第一条原则，即凡与自然一致的，其本身就是“可取的事物”，它们的对立面就是“应摒弃的事物”，第一步“适当的行为”（*officium*，这是我对希腊词 *kathekon* 的翻译）就是保存自己的自然结构；第二步就是保留那些与本身一致的事物，摒弃相反的事物；当这条选择原则同时也是摒弃原则被发现之后，接下来就是根据“适当的行为”（*cum officio selectio*）选择，然后，这样的选择成为一种固定的习惯，最后，选择完全理性化，与自然本性一致。正是在这最后阶段，真正的善才首次显现出来，其真实的本性才得到领会。人的最初爱慕（*conciliation*：*oikiosis*）总是指向与自然一致的事物（*consentanea naturae*）；但当他有了领悟力，或者毋宁说能产生“概念”——用斯多亚学派的术语就是 *ennoian*——认识到支配行为的秩序，也可以说和谐，他就会转而尊敬这种和谐，其程度远胜过他最初产生的爱慕，再通过智性和理性的分析，推出结论说，人最大的善就在这里，也就是因其本身而值得赞美、值得欲求的东西。由于这就是斯多亚学派所说的 *homologian*，而且你也同意我们可以称之为 *conformity*——换言之，如我所说的，作为终极目的的善（其他一切都是为了达到这一目的的手段）就在这里，所以道德行为与道德价值本身，也就是唯一的善，尽管需要继续发展，但仍然是唯一因其自身的效果和价值为人所欲求的事物，而最初的本能目标没有一个是因其自身的缘故为人所欲求的。[①]

① ［古罗马］西塞罗：《论至善和至恶》III. 20－21，石敏敏译，北京，中国社会科学出版社，2005；根据 Loeb 丛书的拉英对照本（Cicero，*On Ends*，H. Rackam，trans.，Cambridge：Harvard University Press，1914）有改动。

在有关合理性行为的最初判断方面，人会选择保存自己，而保存与自身一致的事物，如保存家人、朋友和自然万物，也就是保存自身。当这样的选择习惯化也就是完全理性化后，人就与自然本性即他的社群性相一致了。万物都追求社群，因为无论是无机物还是低等动物，它们都在产生时就与自然一致，也在自然的社群性中维持其自身。这就是斯多亚学派的自然法的社群内涵。凡自爱的人，他们必然避免冲突，因为冲突使爱或者说使“好”破裂。“我接受其理论体系的那些人的观点是这样的，生命体一出生（那是真正的起点）就有一种自我爱慕感（*ipsum sibi conciliari*：*oikeiosis*），一种自我保护的本能，喜爱自己的结构以及那些有利于保护这一结构的事物；同时在另一方面，它憎恶破坏以及那些显得有破坏力的事物。为证明这一观点，他们指出，婴儿在感受苦乐之前就渴望有利于其健康的事物，拒斥相反的事物；倘若他们不是对自己的身体有天生的爱恋，害怕破坏，就不可能这样。而他们若不是有自我意识，从而产生自我爱恋之情，就根本不可能有欲望。由此可以说，正是自我爱恋提供了活动的最初动机。”在使自然习惯化和合理化的进展之中，人学习到对他自身的爱会造成与自我对立的事物，也就是说当自爱过度时，它就不是真正的自爱，自爱也受理性化的约束。人就其是自然的而言，能够明白凡与自我对立的就超出了自爱，有损于自爱，是他所要避免的。因此，合乎理性的人会避免过度自爱，把保存他者的爱合理化，或者说把保存他者作为自爱的一部分，使自我的个体化活动成为包含他者的社群性运动，用他者来确定自我的界限，“乃是要为人确立行为的自然目的，即在于发现自然意欲人所力求做到的，给出她（自然）要求的方式。这并不是反对说，人不需要渴望自然要他渴望的，如果有人认为自然给予了他真正的欲求。无论他认为他想要什么，唯一能够满足他的就是自然为他设立的目的”[①]。因此，自然的自爱不会造成自爱者与爱他者的冲突，这就是斯多亚学派所注意到的自我的复数性或者说社群性。2 世纪斯多亚学派的代表人物奥勒留（Marcus Aurelius）更是直截了当地说：“理性动物的善就在于社群，因为我们是为社群而造的”（《沉思录》V. 16）。合社群性以及缔造社群是人的自然本性之所在。宇宙运行把人召集到万物的配合活动中，从中去看人自己身上各种要素的合作，形成自我对于自身、自我对于他者的整体感知。

伊壁鸠鲁学派也持类似的看法，虽然它的社群观念更倾向于契约论。伊壁

① Gisela Striker，“The Role of Oikeiosis in Stoic Ethics，” in Gisela Striker，*Essays on Hellenistic Epistemology and Ethics*，Cambridge：Cambridge University Press，1996，p. 286.

鸠鲁学派认为共同体是人最重要的存在方式，人不可能在离开其他个体之后还能够像人一样生活。人的生活内含双重契约，一种是成文的契约，任何人都需要遵循这种契约而生活，这就被称为正义。“没有自在的正义（绝对的正义），有的只是在人的相互交往中在某个地方、某个时候就互不侵犯而订立的协议。”[①] 社会正义显性地刻画着人的生活，让人遵照协约生活。至于自以为逃避了法律的人，社会正义用焦虑等等情绪惩罚他，“任何人都不能在隐秘地破坏了互不伤害的社会契约之后确信自己能够躲避惩罚，尽管他已经逃避了一千次。因为他直到临终时都不能确认是否不会被人发觉”[②]。另一种是未成文的契约，就是自然正义，这是成文契约的基础，也是人类共同体的前提。“自然正义是人们就行为后果所做的一种相互承诺——不伤害别人，也不受别人的伤害。”[③] 人在自然的意义上以共同体的方式结成存在，共同体是人的自然方式。

西塞罗接受希腊化哲学这种共同体至上的哲学观念，同样认为合群性和友善是人的自然本性。举例说，人就其自然本性而言就具有德性。如果一个人没有为后天的习俗所败坏，那么就其自然而言，他会为问路的人指路，帮助他们（《法律篇》1.41）。这是因为善好倾向是人类的相似性，它的愉悦吸引所有人（《法律篇》1.31）。因此，人与人之间没有类的差别，所有种族的人都可以获得美德（《法律篇》1.16）。正是因为这种相似性，自然激励人们结成了共同体关系（《法律篇》1.31），它甚至还激发人们向上寻找，造成以自然为最终共同体的第一家园（《法律篇》1.26）。如同希腊化哲学家所以为的，共同体也是西塞罗自然法思想的延伸。

与希腊化哲学家略有不同，西塞罗更明确地落实了共同体的政治维度，尤其表现在他特别强调共同体观念的法权内容，这个世界的成文的共同体就是国家。西塞罗认为真正的哲学家以国家为最重要的思考对象，尽管他们或许并没有真正治理国家的经验。在西塞罗看来，只要讨论过国家，就等于履行过国家的某些职能了，“事实上，我还注意到希腊人称之为‘智者’的七个人，都曾在治国事务中承担过重要角色。的确，就职业的品德来看，这个世界上没有别的行当比建立新国家或维护那些现存国家更接近于诸神的庄严职责了”（《国家篇》1.12）。就如斯多亚学派所说的，那些治理国家的人如同在倾听神谕、理

---

① ［古希腊］伊壁鸠鲁：《基本要道》第 33 条，见《自然与快乐》，包利民等译，42 页，北京，中国社会科学出版社，2004。

② ［古希腊］伊壁鸠鲁：《基本要道》第 35 条。

③ ［古希腊］伊壁鸠鲁：《基本要道》第 41 条。

解神意。这显然也是晚期斯多亚学派代表人物奥勒留的观念，他认为治理国家是他自己必须承担的社群的责任，是神圣共同体之于他的神谕。西塞罗的下述说法更是直承斯多亚学派的政治传统，将希腊化的政治观念清楚地发挥在他的哲学之中："这个家并不是为我们建筑的城墙所封闭的，而是整个宇宙，是诸神给予我们特权与他们分享的家园和祖国"（《国家篇》1.19）。

三、世界公民

希腊化哲学的世界公民观念以其自然哲学为前提，它把自然性视为人的第一本性，把人的自然身份作为人的第一身份。伊壁鸠鲁学派认为世界的自然性和人的自然性来自原子在虚空中的复合特性，万物和人的"变化只是原子以多种方式变换位置、增减数量而已。这种能够变换位置的东西本身不会毁灭，不具有现象的变化性；它们各有自己的独特分子团和形状；这些必然保持不变"①。既然如此，不同的人不外乎原子的不同复合，人的变化也不外乎原子复合的不同形态，然而就人共有原子这共同的自然根源而言，人与人之间自然平等。人从与自然和宇宙的关系中获得他的第一身份："一个世界就是从宇宙中切划出来的一团东西，其中包围着星球、土地以及所有其他的可见的东西。这是从无限者中切下来的、有界限的存在。[它被或薄或厚的边界限定着，或者静止；或者是圆形的，或者是三角形的，或者是其他的别的形状的。] 这一切都是可能的，因为它们都不与这个世界中的现象相违背。"② 人是无限世界的一部分，都保持着这个世界的自然特性。卢克莱修（Lucretius）也持这样的看法，他指出万物共有一个父亲，人类都产生于天上的种子。养育万物的大地母亲从天上的父亲获取滋润的雨露，孕育出大量谷物、树木以及世代繁衍的人类与野兽。大地为动物和人类提供大量食物，滋养健壮它们的身体，使它们过着甜蜜快乐的生活并且繁衍后代。大地当之无愧地获得了"万物母亲"的称号。凡是从大地孕育而来的都会再次回归大地；那些从边缘降落下来的物质也终将回归，为天界所重新接受。③ 人毫无疑问是自然之子。相比较于人从自然中所

---

① [古希腊] 伊壁鸠鲁：《致希罗多德信（论自然纲要）》，见《自然与快乐》，9～10页。原子最重要的性质，也是所有原子都具有的性质就是不可毁灭性和永恒运动。

② [古希腊] 伊壁鸠鲁：《致皮索克勒信（天文学纲要）》，见《自然与快乐》，21页。伊壁鸠鲁指出一个很重要的观点，当原子团从宇宙中划下来的时候，也就是在虚空中运动的原子团形成独立的群体的时候，它已经是有界限的存在。虚空是没有界限的，有界限意味着空间，引文中所谓的三角形等等形状都是空间的意思，从而意味着共同体是一种空间的存在。

③ 参见石敏敏：《希腊化哲学主流》，255页，北京，中国社会科学出版社，2012。

获得的第一身份，社会关系则是第二身份。原子复合形成各种不同的观念形态，观念在原子或者说自然之下属于二级存在。社会观念来自自然观念，社会身份也依据于自然关系，依据于原子与万物及原子与宇宙的最终关系。① 每个人都是自然之子，同等尊贵，都是遵守宇宙这个伟大城邦的法律的公民。

斯多亚学派也以自然哲学为依据，论证人的世界公民身份。斯多亚学派认为世界由火或者普纽玛（*pneuma*）演化而来，绵延不可分割，是生命的整体。火最初生出气、水和土三元素，又和三元素生出宇宙万物。② 宇宙就其都是大火化生而言是一个巨大的城邦。斯多亚学派认为自然宇宙是一个有机体，这有别于伊壁鸠鲁学派的观点，后者认为世界是原子的机械复合。斯多亚学派认为宇宙是四元素完全混合的连续体，而不是伊壁鸠鲁式的机械并置。火、气、水、土四元素完全混合，火被气、水和土三元素完全包围，气、水和土也是如此。它们之间相互完全包围的关系是混合关系，共有完整的空间，用政治哲学的术语来说就是共享公共空间。在完全混合的关系中，火、气、水、土保持各自的特性，火仍然是火，水仍然是水。就如醋和海洋的混合，一滴醋滴入海洋，这滴醋像是完全地融汇在水的海洋之中，像是已经完全消失在海洋中，被海洋完全包围了，然而海洋也完全“消失”在了这滴醋之中。两者共有空间，并且对等地拥有空间。然而，醋和海洋却又都保持了各自的物体性③，没有失去作为醋和海洋的个体性特质。个体性自我与公共空间的关系、个体性自我与宇宙城邦的关系是最初的也是最终的关系。④ 世界城邦或者宇宙城邦是人身份的根源，就如奥勒留所说：“但也许你不满于从宇宙中分配给你的东西——那么转而回忆一下这一思想：想想要么是神存在，要么是原子存在，即事物的偶然配合存在；或者想想这些论据，它们证明了这个世界是一个城邦，那最终会使你安静。”（《沉思录》IV. 3）世界是一个有机体，是一个巨大统一的城邦。人由于是这有机体的一部分，具有与这有机体共同的自然一致性，具有与宇宙城邦相一致的公民身份。斯多亚学派称人身上的这种自然一致性为世界公民。

伊壁鸠鲁学派和斯多亚学派都把公民性视为个体的完整特性，体现了人作为宇宙城邦成员的特质，显示出人的第一身份来自宇宙城邦。这使得人不以地

---

① 参见［古罗马］卢克莱修：《万物本性论》V. 2. 5，见《自然与快乐》，218 页。

② 参见章雪富：《斯多亚主义》，第 1 卷，99～112 页，北京，中国社会科学出版社，2007。

③ 参见章雪富：《斯多亚主义》，第 1 卷，123～128 页。

④ 参见［古罗马］卢克莱修：《万物本性论》I. 2. 1，见《自然与快乐》，68 页；Lucretius，*On the Nature of Things*，W. H. D. Rouse and M. F. Smith，trans.，Cambridge：Harvard University Press，1924。

理和区域构造自我意识，也不以族类塑造身份内涵。人也无须说这是“别人的”，那是“他自己的”，因为一切都是自然的。这样的人不再处在自我的张力中，他是作为自然的后裔面向生活的疆域：“如果一个人生活在一个世界上任何地方都像生活在一个国家（政治团体）中一样，那么住这儿或住那儿对他来说并没有什么关系”（《沉思录》X.15）。作为世界公民的人受一种普遍法度的节制，他的自我意识融入这种普遍自我的授予之中。他始终以自由人的态度生活，以公民的态度生活，不使自己生活在奴役之中。“啊，宇宙，一切与你和谐的东西，也与我和谐……所有事物都是从你而来，都复归于你。诗人说，亲爱的西克洛普之城；我不是也要说，亲爱的宙斯之城?”（《沉思录》IV.23）只有一个世界，一座城市，一种关系，就是这座城的公民关系。公民是人与自然、人与他自身的唯一真实的关系，这是基于永恒法律的关系。

这也意味着“世界公民”首先并不是一种“社会关系”，而是一种“自然关系”。晚期斯多亚学派哲学家爱比克泰德（Epictetus）就指出，要以自然本性表达人，而不是在此之外寻找人的标准。“不要去扭曲本来正当的事物，也不要在它上面费力改造，而应该让男人做男人，女人做女人……但一个男人要作为一个男人而清洁，一个女人要作为一个女人而清洁，一个儿童要作为一个儿童而清洁”（《哲学谈话录》III.1）。人是公民还是奴隶，取决于他是否充分意识到他在与自然的关系中的公民性，而不在于他在这个世界上的身份是奴隶还是自由人。如果这个世界上的奴隶有着心灵的绝对自由，他就是一个自由的公民；如果一个罗马公民在这个世界上的心灵不自由，他就是一个奴隶。公民就是由这样一种与自然的自由关系来定义的，世界公民也正基于这种自我的自由意识。斯多亚学派哲学家加图（Cato）给出了非常清晰的图景：“宇宙是由神圣意志支配的；人和诸神都是城邦或国家的成员，我们每个人都是这个宇宙的一部分；由此可以得出合乎自然的结论，就是我们选择共同的利益，而不是自己的利益。正如法律是为众人的安全而不是个人的安全，同样，一个良善、智慧、守法、知道自己对国家的职责的人，研究的是众人的利益，而不是自己的或者某个个人的利益”（西塞罗《论至善和至恶》III.19）。世界公民的生活遵循这种自然法，一种将人从这个世界上的所有关系，包括财产关系、家庭关系、权位关系中释放出来的基于自由的正义。那种基于自由的正义才是真正的普遍法，“贯穿于所有事物之中，与宙斯同一，是所有其所是的事物的机体的统治者”（《名哲言行录》VII.88），世界公民则顺服自然这位统治者，从这位统治者获得永恒自由的个体存在。

既然公民性是个体性的最主要内涵，人对于自然和宇宙城邦的参与就成为他的“天职”。人把他自己对于世界的介入看成他的德性、他的理性，也看成他的存在。斯多亚学派所谓的“自爱”既然是介入性的，是蕴含他者的，也就说明它内含空间的公共性，由此可以理解斯多亚学派的创立者基提翁的芝诺所说的：“除非有什么事情阻止，否则他就会参与到公共事务中去。”[①] 奥勒留也说：“无论是我做的事还是我能和另一个人做的事，都应当仅仅指向那对社群有用、适合于社群的事”（《沉思录》VII. 5）。公民性是斯多亚学派对存在性的最好诠释，就如伊壁鸠鲁所说，没有任何个体处在宇宙的中心，也没有任何个体可以支配其他个体[②]，个体之间因其共有的永恒关系而同为存在的关系。西塞罗显然承继了这种世界公民的理念，发挥了人的公民性乃是存在性的最高内容的思想。他谈论到西庇阿（Scipio）和加图时，以充满崇敬的口气颂扬他们毕生从事政治事业。这些政治家也是哲学家，他们不把哲学理解为一种闲暇的事业，也不愿意让自己的思想只处在闲暇的空间里，他们没有把哲学看成一种追寻个体福祉的理性事业，他们“即使步入高龄，也宁愿投身于公共生活的狂风暴雨之中，而不愿意过一种安静与闲散的、完全幸福的退休生活”（《国家篇》1. 1）。西塞罗甚至认为这种政治生活的追求乃是自然植根于人的本性中的东西，正如斯多亚学派所认为的，社群乃是一种天性。西塞罗说，“自然已经给人类植入了对于品德的如此强烈的需求，植入了对维护公共安全的如此强烈的愿望，这种需求和愿望超过了一切来自欢乐与闲散的诱惑”（《国家篇》1. 1）。西塞罗把斯多亚学派所谓的人的社群天性以及希腊化哲学所谓的世界公

---

① 转引自［古罗马］塞涅卡：《论闲暇》，见《哲学的治疗》，吴欲波译，69 页，北京，中国社会科学出版社，2007。

② 希腊化时期的斯多亚学派用正义观念表达个体间的联系，而正义又根源于斯多亚学派对于 *oikieiosis* 的特殊理解。*oikieiosis* 的意思是人们不是单纯由自我利益驱动的，而是有把他自身与其他人相认同的冲动，以与他自身相关的方式感知他们，关心他们。如果人性自然互利，那么为何人们把自我的利益看得高于其他人的利益？斯多亚学派认为这是由于社会环境和习俗的影响（《名哲言行录》VII. 89）。斯多亚学派认为，人把自我和他者及其利益相认同的自然本性（*oikieiosis*）就是正义的起源（Plutarch，*De Stoicis Repugnantiis*，1038b）。公元前 2 世纪的斯多亚主义者安提珀特（Antipater）对此的解释是：如果自然告诉每个人，其他人也是人，是与他无异的人，那他就不应该排斥别人的利益，例如对于别人施以暴力就是不义的（Cicero，*De Officiis*，III. 28；*De Finibus*，III. 63；*De Legibius*，I. 33）。问题就在于我如何处理我自己的利益，或者说什么是我的利益。斯多亚学派使用剧场和位置的比喻。剧场是为人们所共同拥有的，但是一个人占有的位置完全可以合理地被称为一个位置（Cicero，*De Finibus*，III. 68）。因此斯多亚学派认为，“既非从宙斯也非从宇宙本性中寻求正义是不可能的，因为正是在这里我们找到了所有事物的根源，如果我们想要对善恶有所讨论的话”（Plutarch，*De Stoicis Repugnantiis*，1035c）。以上讨论参见 Christopher Rowe and Malcolm Schofield，eds.，*The Cambridge History of Greek and Roman Political Thought*，Cambridge：Cambridge University Press，2000，pp. 449－541。

民的本性展示为一种政治的德性，认为这种政治的德性超出了人所有其他方面的欲求意向，是人存在性的最高内容。

在希腊化的世界公民的框架下，西塞罗甚至比同时代的其他哲学家更加从自然性方面强调人实现其公民性的冲动，强调政治意愿是人的第一冲动。这样，原先存在于希腊化世界公民观念中的自由感就被转化成了一种责任感，一种人实现其自我公共性的强烈的自我意识。“既然我们感觉到有一个巨大冲动使人类的生活更为安全与富足，并且为大自然所驱使去实现这种愿望，那么，让我们坚持这一曾被所有杰出人物走过的进程，而对那些大声嚷嚷撤退——其目的只是想让超过他们的人退回来——的人视而不见”（《国家篇》1.3）。西塞罗轻视把哲学从公共生活中分离出来的观点，认为与政治无关的所谓的哲学智慧远远低于那些统治一个国家和城市的智慧。政治技艺，在西塞罗看来，根本不只是所谓的实践智慧，而是最普遍的知识。因此，如果说哲学有什么普遍知识，那么它绝不是所谓的单纯理论化的知识，政治知识也绝不仅限于社会组织方面的知识。对西塞罗而言，政治的德性也就是最高的德性，是人最高贵的品性。“就如同一种技艺一样，除非你运用它，否则不足以拥有它……品德的存在完全取决于对它的使用；而对它最高的使用便是治理国家，是把那些哲学家在其各自角落喋喋不休地向我们的耳朵所灌输的那些东西变为现实，而不是变为语词”（《国家篇》1.2）。哲学的框架取决于实践，正如有关德性的知识取决于德性的运用一样，哲学的科学性取决于哲学的政治性，政治知识以及由这种知识所生成的政治德性乃是最普遍的知识和最高的德性。

第二节　西塞罗的法权国家思想

在希腊化罗马哲学家中，唯有西塞罗全面阐释过政治哲学。西塞罗的政治哲学，其精神气质来自希腊化罗马时代；其关于政体的论述上承柏拉图和亚里士多德的传统，其所阐释的路径却指向现代理念。一方面，西塞罗政治哲学的精神特质与希腊化哲学学派（包括斯多亚学派、伊壁鸠鲁学派和怀疑派）息息相关。希腊化哲学学派所确立的自然法和世界公民概念，把个体作为宇宙主体的思想，深深烙印在西塞罗的学说之中，成为西塞罗政治观念的核心，即人民主权思想的根源。另一方面，西塞罗又与古典政治哲学有着传承关系。希腊化哲学家们都很少讨论政体意义上的政治，这位罗马哲学家西塞罗却如古典政治哲学家们一样将政治的讨论落实为政体的分析，他大段地引用或者转述柏拉图对政体演变的分析，论证共和政体是最好的政体。此外，西塞罗的政治观念又基于国家实体，几乎完全撇开德治的观念，把法律作为国家治理的唯一经纬，确定了国家的法律基础。

一、作为政治家的政治哲学家

西塞罗是一位政治家意义上的政治哲学家，是罗马共和国晚期的哲学家、政治家和雄辩家。他出生于罗马一个富裕的骑士家庭，先师从罗马共和国的占卜官斯凯弗拉（Scaevola）学习罗马法律和历史，后来受学园派哲学家斐洛（Philo）的影响学习柏拉图，对希腊哲学产生兴趣。他也接受斯多亚学派哲学家狄奥德图斯（Diodotus）的教导，熟悉斯多亚学派的学说。[①] 西塞罗志在从政，他先投身于法律，之后担任罗马的执政官，在罗马共和国晚期的政治危机中坚决捍卫共和政体，他曾借罗马的伟大执政官西庇阿之口批评哲学所教导的单纯的安静无为的生活，认为这样的生活既不能使人获得较他人更多的益处，也不会在灾难落到国家和人民身上时因这共同灾难而受难更多，“我还将毫不犹豫地献身于最凶猛的暴风雨，而且，我甚至还要说，我可以面对雷电的轰击，为了我的同胞公民的安全，我愿意以个人的危险换取所有人的安宁生活”（《国家篇》1.8）。他不是柏拉图和亚里士多德这类哲学家意义上的政治哲学家。柏拉图和亚里士多德基于对现实政治的批评，阐释政治的逻辑。但是，西塞罗的身份始终是政治家，他终生很深地介入罗马共和国的政治实践。他政治生涯的前期是与由恺撒（Caesar）、克拉苏（Crassus）和庞培（Pompey）组成的前三头同盟进行斡旋，后期又卷入了屋大维（Octavius）、安东尼（Antony）和雷必达（Lepidus）的后三头同盟政治。他试图与这两代罗马政治家合纵连横，捍卫共和理念。西塞罗说，有些人生来就是勇敢者，就是承担国家责任的勇敢者，“这样的人习惯于视生命在自然进程和年老中消散是更大的不幸，还不如有机会为他们的祖国捐躯，这比其他更好”（《国家篇》1.4）。他所考虑的是如何践行共和理念，维持罗马的长盛不衰。在此期间，他历经流放，财产被充公，生命屡受威胁，最后为共和殉道。

西塞罗出身并不显赫，但经过不断的社会攀援，位居元老和资深政治家之

---

① 参见陈文明：《古罗马著名的雄辩家西塞罗》，3～4页，北京，商务印书馆，1984。

列。在这个过程中，他加深了对罗马各阶层和社会状况的了解。他不同于恺撒和屋大维这样的职业政治家，后者除了筹划国家的富足强大之外，非常在意手中握有的权力。西塞罗的政治阐释则充满张力。他本人是一个政治家，投身于政治活动；又是思想家和哲学家，不同于以权力为欲求对象的“政客”。西塞罗看到的更多是国家赋予他和每个公民的责任：“老实说，我们的祖国生养教育我们，并非不期望——在某种程度上——我们给予某些积极的回报；祖国并非仅仅为了使我们便利，给我们的闲适提供一个安全的庇护所，给我们的安宁提供一个安静的隐居地；相反，她给予了我们这些有利条件，她就可以在她需要时使用我们的勇敢和才华中的更大和更重要的部分，留给我们个人使用的，仅仅是她的需要得到满足之后可能留下来的那些”（《国家篇》1.8）。西塞罗认为他就是为此学习政治科学的，“按一般道理，聪明人确实不愿降低其高尚位置而从事治国术，但是如果情况迫使他承担，他也不拒绝这种责任；即使真的如此，我仍然认为他完全不应轻视政治这门科学，因为他的义务就是事先获得在未来某些时候对他来说也许是必须使用的一切知识”（《国家篇》1.11）。学习政治科学，不是出于好奇，而是出于公民身份，出于他与国家之间类似于父亲和儿子的身份关系。政治正是基于一个公民的这种现实性，政治家从中获得的只是荣誉，“由此，我得到了充分回报，尽管有对我的不义及其引起的一切不安与苦恼。然而，我的不幸给我带来的更多是荣誉而不是烦恼，更多是光荣而不是苦恼，从善良的公民们对我的深情期望中，我感受到的是快乐”（《国家篇》1.7）。在此基础上，西塞罗在政治现实和哲学逻辑之间建立起关于政治的表达，发展出他的政治哲学。

西塞罗的政治哲学结合了古典希腊和希腊化哲学两大传统。他首先面对古典希腊传统。许多文献都称西塞罗是一个柏拉图主义者，或者称他为中期柏拉图主义者。西塞罗本人也深为服膺于柏拉图的某些重要阐释，他有关哲学及其特性的探索似乎也与柏拉图有着承继关系。例如在知识来源问题上，西塞罗接受柏拉图的回忆说，他认为：“人在出生之前已经拥有许多知识，小孩子学东西很快。往往一学就会，就好像他们并不是第一次接触这些东西，而是在唤起对过去的记忆。这个论证，在本质上，是柏拉图的教导。”① 另一方面，西塞罗还深受希腊化哲学或者亚里士多德的影响，把社群与共和作为政体的两个优先要素。西塞罗认为国家的形成基于人的社会精神所根植的自然。在西塞罗看

① Cicero, *De Seneetute*, W. A. Falconer, trans., Cambridge: Harvard University Press, 1968, p. 21.

来，人天生就具有社群性，无论在贫穷还是在富足的条件下，人都不愿独居，而更倾向于与同类联合聚集。起初人们组成集合体是为了居住空间，劳作则强化了这一空间，住宅的聚合形成城镇或城市，并且伴有神庙和集会等公共空间的成形。这些空间都可以被称为“人民的财产”。人民的财产需要由某些审议机构进行管理才能长期存在，所以人们就将审议机构的权力授予一个人或某些人，或者由一个全体公民的组织机构承担，形成国家的制度（《国家篇》1.39－40）。而这一市民法的论证和认定，其背后又是斯多亚学派的自然法，“就我们的土地、房屋、牲畜，以及巨大的金银仓库而言，有人从来没有认为这些东西是或者从未把它们称之为‘财产’，因为，他看到，这些东西给人的享受是微不足道的，它们的用处很少，其所有权是不肯定的……这不是由于市民法的责任，而是由于大自然的普遍法则，大自然法则禁止任何东西为任何人所有，除非他知道这东西的用处以及如何使用它”（《国家篇》1.27）。事实上，西塞罗身上的斯多亚学派色彩要更加深厚。从他的《法律篇》和《国家篇》看，他更多地借柏拉图的哲学论述铺路，用斯多亚学派的精神表达其政治理想。

政治家的哲学家身份使西塞罗在西方政治思想史中显得很特别。这意味着西塞罗是理想的，然而又是实际的。他的理想根源于对共和政体国家观念的执着，无怨无悔直至惨死于共和的政治信念之中；他是实际的，因为他明白政治必须根基于历史、习俗和自身的文化，“在我们自己的时代之前，我们祖先的风俗习惯培养了杰出的人，而杰出的人维护了我们古老的风俗习惯和他们祖先的制度”（《国家篇》5.1－2）。西塞罗所谓的自然法和自然理性，含有习俗、常识和传统的意义，他视它们为政治观念的组成部分：“我们的共和国……不是一代人建立的，而是多少个世纪间由许多老前辈建立的。例如，加图说，世界上从来没有生活过这样一个人，他具有把握一切的伟大天资；也不可能有这样的情况，即同代所有人的力量之汇合无需借助于实际经验和时间检验就能为未来制定一切必不可少的规定”（《国家篇》2.2）。共和国的衰落与罗马丧失风俗习惯有重要关系（《国家篇》5.2），需要回到罗马民族形成的起始点去描述共和政体的“好”，也就是回到历史、习俗、经济和宗教等等因素，回到西塞罗所谓的自然理性去描述共和政体的“好”。西塞罗用自然理性观念来消解哲学思辨和自然法运用的两难，解构哲学生活和政治生活的张力。一直以来，从柏拉图、亚里士多德到犹太思想家斐洛，哲学生活和政治生活似乎是内含冲突的两种生活，柏拉图也会忧心于哲学家不愿意投身于政治的劳作。西塞罗则从自然理性，即从理性乃是与历史、习俗、宗教、文化和人民福祉相关的公共性出发，论证哲学不可逃离政治的责任，促使哲学家把政治活动作为哲学的首要活动。作为政治家的西塞罗认为，政治生活才是对哲学生活方式的最好诠释。西塞罗借西庇阿的长辈莱利乌斯（Laelius）之口说，虽然他不想贬低单纯抽象的知识，如形而上学研究，但他认为这种知识研究不应妨碍一个公民投身于所要履行的实际责任（《国家篇》1.30）。他还借埃尼乌斯（Ennius）之口说不能够全身心投入抽象知识的研究，人们需要研究哲学，但要有节制（《国家篇》1.30）。因为没有任何知识的研究比服务于我们国家的研究更重要，政治知识是哲学领域最高深的知识（《国家篇》1.35）。

依据以上看法，真正的福祉或者说永恒的福祉来自人们的政治活动，来自政治家身上的政治荣誉。西塞罗不认为荣誉只是变动世界的暂时名声，不认为它只是外在的善。西塞罗认为政治家的荣誉更像是永恒的德性，来自天国，是关于德性的神谕。在“西庇阿之梦”中，西塞罗以小西庇阿和大西庇阿的对话作为《国家篇》的结束，讨论政治家之死和幸福的主题。小西庇阿问道，如果死亡之后的世界会更美好，为何他不可以尽快地结束生命而去往天国。柏拉图《斐多》的主题在这里以西塞罗的方式得到重新诘问。大西庇阿的回答是，任何一种死亡都只有在神谕的召唤下才会是幸福的，才会被允许进入天国之门。大西庇阿强调说，任何一个能够进入天国之门的人，都必须是服务于国家的灵魂，因为政治生活体现了一个公民关联于国家的正义和义务，而“这样的生活就是通往上天之路，通向那些完成他们人世生活后已解脱肉体之累的人，在你现在看见的那个地方（那是一圈光芒，发出比其他火焰更亮的光芒）生活并会聚的路”（《国家篇》6.16）。所谓的政治生活所带来的荣誉并不是人世的、某个国家的、某个时代的荣誉，它是来自自然共同体的永恒福祉。如同斯多亚学派那样，西塞罗宣称这种神谕意义上的荣耀显出了世间政治荣誉是何等的渺小，即使在罗马这么广袤的国土上也是如此，罗马也不过是从北到南、从东到西的狭窄国土，相比于整个地球只不过是一个小岛，相对于整个宇宙甚至连一个点都不是。“在那些遥远的日出或日落的地方，或者最北最南的地方，什么居民将会听到你的名字？抛开了这些地方，你不会看不到，你曾如此渴望传播你的光荣的领域又是多么狭小。就是那些现在谈论我们的人，又会继续这样做多久呢?”（《国家篇》6.22）政治家如此，哲学家也是如此，他们都应关注这种基于神谕的永恒福祉。这种福祉呈现为一个人之为公民的德性，来自一个公民身上的共同体诉求，来自这个公民的政治德性。只有作为政治家的公民才在真正通往天国的哲学之路，“如果确有一条路通往天堂，仿佛是对那些曾很好地为他们国家服务的人开放的，那么，从今以后，我将在如此辉煌的报酬的鼓励下加倍努力；虽然我从少年时代便一直追随我父亲和您的脚步，而且没有在追赶你们的荣誉中失败过”（《国家篇》6.26）。真正的哲学生活就是政治生活，真正的德性就是公民的德性，义务是所有德性中最重要的要素，国家是哲学理应关注的核心主题。

二、法权国家

西塞罗政治哲学最重要的观念是法权，可以说它奠定了现代国家的理念。就西塞罗而言，法的观念先于国家和民族这样的实体，法或者说最高的法律才是真正的实体。“这种法律的产生远远早于任何曾存在过的成文法和任何曾建立过的国家”（《法律篇》1.19）。最高的法律并不是物质性实体，它也先于具体的有形实体存在。西塞罗所以为的最高法律是一种自然力（《法律篇》1.19），它隐藏于哲学的深处，是从哲学的最深层次秘密中推演出来的，而不是如多数人所以为的是从司法官所颁布的法令中推演出来的，也不是从罗马人所尊崇的最古老的十二铜表法中推演出来的，它甚至是十二铜表法的前提（《法律篇》1.17）。真正的法律科学必先要研究这种法律原理，它是权利和义务得以划定界限的依据。由于它是外延最大的法律观念，由于它超越了任何国家和民族的实体，也由于它是一切具体法律的前提，因此它适用于所有法律，成为正义探讨的基础（《法律篇》1.17）。这意味着法律的探讨首先是一种哲学探讨，政治和法律则依据哲学探讨得以确立。

西塞罗称这种最高的法律为自然法，他对自然法的解释清楚地呈现出斯多亚学派的影子。在自然法观念上，西塞罗完全是一个斯多亚主义者。如同斯多亚学派一样，西塞罗认为宇宙是一个共同体，“我们此刻就必须将这整个宇宙理解为一个共同体，神和人都是这个共同体的成员”（《法律篇》1.23）。宇宙万物包括神、万物和人都是这个巨大共同体的成员。只不过人与其他万物不同，他拥有远见和敏锐的智力，富有理性，是所有造物中唯一分享神性的存在。理性就是人与神共同拥有的东西，“而理性，当其得以完全成长并完善时，就被正确地称为智慧。因此，既然没有比理性更好的东西，而且它在人心和神心之中都存在，人和神的第一个共有之物就是理性”（《法律篇》1.23）。人拥有理性就是服从神，服从人和神共有的法。西塞罗采用亚里士多德的“正确理性”的观念，称所谓的法律就是正确的理性（《法律篇》1.23）。自然法即是人和神共同拥有的法，而当人能够深入这种共同的法律时，他就是在运用自然理性。

西塞罗把自然法称为人和神的“血缘”，因为自然法使人意识到他们和神之间有着共同的起源。自然法包含三部分。一是人类从神那里得到灵魂的馈赠，这是人之为人的本质。当天地化生之时，人类所得到的馈赠是：人的身体会死亡，灵魂却终将不朽。正是灵魂的这一部分，使人有对神的记忆。这构成人不同于其他造物的内容，使人类有不同于其他造物的文明，而以这种自然法为基础的市民法则是文明的一个形式（《法律篇》1.24）。二是品性。品性也只存在于人和神之间，它是人得以完善和发展的最高点。西塞罗所说的品性类似于希腊哲学家所说的 *aretē*（德性），是一种本性。他认为人具有学习的品性，能够接受和使用自然的馈赠，最重要的是人能够模仿自然并进行创造。这也是人的理性很重要的方面，他们接受大自然的教诲，按照自然的方式展开理性生活（《法律篇》1.25－26）。所谓的理性绝不是与感觉相对立的东西，而是贯穿在感觉中的把握事情的方式，这是自然法第三层面的内容。感觉是大自然赋予人类的随从和信使，由此可以看到西塞罗浓厚的斯多亚学派色彩，因为他所讲的神也就是斯多亚学派的自然，他讲的感觉与理性的关系也即是斯多亚学派所谓的自然理性。自然给了人眼睛用以观察，给人类以直立行走的能力让他们能够仰望深邃的星空，给人以面容让他们有深沉的情感，使得所有这些感觉能够完善和强化理性的作用（《法律篇》1.26－27）。当人完善地使用这些自然法的要素时，人类就能够真正地理解到整个宇宙城邦的共同体或者一个和谐的政治关系，而不会包含冲突。自然法之为法权的重要内容驱使我们回归这种永久和平的共同体，成为自然宇宙的不朽公民。

国家的法权就建立在自然法之上。自然法的最大外延是自然宇宙本身，人们都生活在同一个宏伟共同体中。人们只要以自然为标准就可以感受到善法和恶法的差别，能够区分正义和不义、光荣和耻辱。西塞罗认为这种共同体的法权观念印在每个人共有的心智之中，引导人们明白自然是统治他们的共同法权（《法律篇》1.44）。一方面，自然法权驱使罗马人拓展国土，尽可能多地统治更多的民族，成为统治者和主人，享受富有和快乐；另一方面，自然法又表现出正义的重要内涵，它指示罗马人不伤害一切人，要考虑人类的共同利益，分给每个人所应得的，不侵犯公共的或者属于他人的财产（《国家篇》3.24）。自然法的主要内容就是正义，哲学探讨最有价值的部分就在于寻求正义这种政治性的维度，理解人类是为正义而生，按照正义理解人们自己的生活，这是自然之于人类的重要赋予（《法律篇》1.28）。国家的法权正是自然法权的一部分，是自然法权的延伸。根基于自然法权，就可以解释正义的自然根源，考察各民族何以制定并形成成文法，考察国家应当采用什么样的法律实行统治（《法律篇》1.17）。这也就是说，国家的法律是自然正义的必然要求。

国家的法权来自自然法权所内含的正义诉求，而正义又来自自然共同体的特性，来自每个存在物都具有的社群关系。正如斯多亚学派表达过的人是社群性的存在，西塞罗也持类似的观念，指出国家由正义的伙伴关系汇聚而成（《国家篇》3.45）。人们正是从自然的聚居中发现国家的渊源，建立起国家。人们起初是为了找一块地方居住下来，在自然环境中劳作和生活，后来这个地方逐渐成为一个城镇，人们在这里建立神庙和其他集会场所。这种最初的有序的定居点成为国家的最初形式，它们都是公共财产（《国家篇》1.41）。人们由此可以看到国家是公共的财产，是那些聚居地的人民和财产的总体。国家的本质是人民，哪里有人民及其聚居地，哪里就是国家。法律是人民及其聚居地的形式性概念，国家则不外乎对这种法律形式的组织表达，它所拥有的法律、军队、疆域及各层次的组成则是享有法律权利的存在者。[①] 法律才是真正的国家实体，只有依据法律才能够真正理解国家法权的含义，即国家作为正义这种德性的代表的含义。既然法律是公民联合的纽带，那么法律所强制的正义就对所有人都相同（《国家篇》1.49）。国家首先并不是器物的观念，而是人的观念，是公民的观念，国家的器物应理解为公民的延伸。国家是人民内部及其延伸，即器物在各层面的法律意义上的总和，除了被理解为正义的联合体或共同体之外，国家不可能是其他事物（《国家篇》1.49）。罗马这块土地之所以从自然状态成为罗马共和政体的统治对象，是因为它的法律属性，其法律属性又根源于在此居住的罗马人民，罗马人民才是共和国政制的法律基础。人民之所以要反抗僭主的暴政，在于僭主剥夺了人民作为国家法权主体的自然正义，一种基于自然正义的共同体法权。当公民不再生活正义、秉承平等时，就不可能有其他要素能够将他们聚集为国家（《国家篇》1.49）。国家的法权就是人民，其本质就是人民的自由，自由的人民不寻求君主，不寻求贵族权力和财富（《国家篇》1.48）。自由的人民所要实现的是自然正义。

西塞罗从法权观念解释国家的观念，严格地把国家限制在法律的形式之

---

① 西塞罗呼吁元老们保护好整个国家的事务，包括元老和罗马人民、他们的妻子儿女、祭坛和炉灶、所有人的财产、庙宇和神殿、全城的住宅和家庭、统治大权和自由、意大利的安全、整个国家。参见［古罗马］撒路斯提乌斯：《喀提林阴谋　朱古达战争》，王以铸等译，212～215页，北京，商务印书馆，1995。

下，要求所有公民包括君王、元老和贵族都遵守法律，使每个公民都认识到国家就是因法律诉求才得以建立，认识到古代罗马人民创制法律的目的。人们创制法律就是为了不使那团结人们的自然纽带断裂，是为了公民的安全和国家的长存，而这一切的目的又是为了人民生活的幸福（《法律篇》2.11）。正因为如此，人们以文字的形式把幸福生活的前提即生活规则记录下来，付诸实施，并称之为法律，用以规范他们选择上的正义，以正义作为他们生活的规范，并视之为善的根源。

三、人民主权

法权国家的核心思想则是人民主权。西塞罗所谓的人民是指拥有公民权的罗马人，他们不是单纯的民族和种族意义上的人民，还包括那些因各种原因结盟而获得公民权的其他民族。西塞罗所谓的人民观念的形成，与罗马扩张的过程息息相关。罗马通过与其他民族结成同盟的方式扩展其疆域。在罗马人拓展疆土的过程中，主要条款之一就是授予被征服国民众与罗马人同等的法律权利，使他们受罗马法律保护。西塞罗在谈到罗慕洛斯与萨宾人的战争时就说："他不但使萨宾人加入罗马公民的行列，让他们参加罗马国家的宗教仪式，而且使萨宾国王分享了罗慕洛斯的王权"（《国家篇》1.13）。罗马人不是单纯种族意义上的人，而是法律共同体意义上的人。在赋予其他民族以公民权的实践活动中，罗马政治家虽然可能主要是以政治利益和实际运作的可行性为考量，却蕴含了自然法的真谛。西塞罗说，一个理想国家须以自然为其模型（《国家篇》2.66），正是自然使人们有结成共同体的倾向（《法律篇》1.16），也正是自然使得短时期内分散和漫游的人群通过彼此的赞同成为公民共同体（《国家篇》1.40）。在西塞罗看来，人民主权体现了自然法权意义下共同体观念的精髓。

西塞罗的人民主权观念与斯多亚学派的自然法观念存在紧密关系。斯多亚学派认为共同体关系是人的自然关系，每个人都有自我保存的冲动，然而每个人同样对其他人负有责任。[①] 这是由于人自然地是不自足的，他在生存上的不自足使得任何一个真正想保护他自身的人，一个想生活得好的人，也必须保护好他者，如他的朋友、亲人甚至他的同胞。所有个体都只有在共同体意义上才能把握他的自我，单个自我与复数的自我享有同等的法权地位。西塞罗认为国

① 参见石敏敏、章雪富：《斯多亚主义》，第2卷，73～77页，北京，中国社会科学出版社，2009。

家就是基于这种类型的法权共同体，是为了共同利益的伙伴关系而结成的共同体，这是自然植根于人身上的社会精神（《国家篇》1.39）。政治家必须从自然中寻找法的精神，在大自然的指导下寻求正义的根源。“既然我们必须保留和维持国家的政体——西庇阿曾在那专门讨论这一主题的六卷著作（指《国家篇》）中证明它（指共和政体）是最好的政体，而且我们的所有法律都必须适应这种国家；既然我们还必须反复灌输优良道德，而且不是以文字规定一切事情：那么我就将在自然中寻求正义的根源，我们的全部讨论必须在大自然的指导下进行”（《法律篇》1.20）。他认为法律是一种自然力（《法律篇》1.19），这一自然法观念的背后是斯多亚学派的世界城邦和世界公民的观念，西塞罗赞同斯多亚学派的世界城邦观念，认为自然是统一的城邦，与自然保持一致是生活最高的善（《法律篇》1.56）。这使人们理解到他们在这个世界中的家园不是封闭的城墙，而是诸神让人们参与共享的整个宇宙（《国家篇》1.19）。建立于世界公民之上的国家观念，其法权根源必在于人民共同体。它是由众个体的人民依据正义的关系所联合成的共同体。在这个意义上，共和国避免了多数人的专制（《国家篇》3.45），因为充分地考虑到了整个人类的利益，保护了人民的私有财产（《国家篇》3.45）。

西塞罗认为人民是真正意义上的国家（《国家篇》3.45），国家作为共同体的属性正是来自人民或者说在某个地方汇聚的个人共同体，法律则是这些聚居个体的意愿表达，其意愿的核心是对正义的诉求。人民的意愿是法律正义所要实施的目的，国家的法权正来自人民的正义诉求，国家不过是法权即诉求正义的人民的集合体。如果没有这种法权的诉求，个体不会聚集而居，因为没有正义的聚居不能造成共同体，也就不能够体现自然的本性，自然是宇宙的共同体，是统一的城邦。这就是法律的重要性所在。西塞罗解释说这也是罗马共和国中一些最出色的人的职责所在，他们向人民解释法律并回答与法律有关的事情，他们在法律的许多细枝末节上花费他们的时间，这既是出于法律的广泛性，也是出于法律工作的琐细性，而这对于人民来说是必需的（《法律篇》1.14），因为人民必须明白自己的职责，使国家通过法律受人民的约束，共和国是人民的财产（《国家篇》3.43），意味着共同体的法权是正确理性，法律作为一种自然力体现自然的本质，正义和不义的标准与人民的推论相关，以人民所理解的方式来进行谈论并以成文法颁布，法律的界定来自人民（《国家篇》1.19），国家法权的根源就是人民主权，国家法权不外乎人民主权的外延和实现形式。

可见，西塞罗所谓的自然理性为每个个体意义上的人所自足地具有，是每个法权意义上的人即公民自足地具有的，自然理性体现了每个个体判断的自足性。斯多亚学派从感知觉方面论证人的自足性，将把握知觉自足性和完整性的理解力称为理性，认为每个人都具有完备的感知能力，自然理性与知觉不分离，能够使人把握到好。这就是斯多亚学派所谓的把握性印象（《法律篇》1.46）。西塞罗则说当完整的自然权利，也就是人类对自然的好的把握，扎根在人类的意识中并完全展开后，它就是法律（《法律篇》1.18）。今天的人们之所以不能够把握到这种自然的秉性，恰恰是由于他们在成长过程中为一些人所败坏，这些人趁人们的心灵尚处稚嫩和不定型时施加阴谋，以快乐这种善搅扰人们的感觉，使得人们的感觉不能够依据善即依据自然行事，因为善因自然而是善（《法律篇》1.46），而当人们的感觉没有为父母、教养者、教师、诗人或剧本所败坏时，他们就能够依据自然来判断（《法律篇》1.47），也就是在生活中坚定地、持续地使用理性（《法律篇》1.47），持续地行使他们自然的法权，形成对于社会生活的约束力，紧紧地维系于自然共同体之中。

西塞罗人民主权观念的背后是斯多亚学派的世界公民思想，因着自然理性，人们具有共同的、普遍的自我。基于自然理性，人是共同体的人，因为人是理性的存在。既然理性存在的定义能够涵盖所有的人，那就说明理性被运用于所有的人，构成人的自然。自然理性使得人们超越野兽，使人能够判断推理，获得共同的结论。它意味着人在感官上的共通性，因为刺激感官的事物以同样的方式刺激所有人的感官（《法律篇》1.30）。人们接受自然的理性馈赠，也就接受了正确的理性，这是法律的含义，因为法律指运用于法令和禁令的正确理性（《法律篇》1.33），据此人们对人与人之间的关系有清楚的理解，这就是人与人之间一种同胞的关系，一种共同体的关系（《法律篇》1.29）。这种共同体关系不是基于血缘，也不是基于民族，而是基于自然理性。人们从自然理性中找到了国家正义的根源，找到了整个自然共同体正义的根源，所有人都在正义的情感中进行协作（《法律篇》1.35）。既然如此，统治者必须向人民说话，应该从自然权利的角度考虑平民、贵族与君王的关系（《法律篇》2.57），因为人们只有一位统治者，他就是创造和宣告法律的神，也是法律的执行者（《国家篇》3.33）。这就是人民主权观念背后的斯多亚学派的世界公民观念。只有一位君王，对宇宙而言是神，对社会而言就是人民意志的体现者，法律及统治者本身也是自然法和市民法的遵循者和实践者。西塞罗把斯多亚学派的世界公民思想化入公民社会层面，使得每个人都成为法律的庇护者。法律就是人民，法律的施行也是人民权利的施行。除法律之外，任何个人都不能剥夺人民的权力。罗马的统治者瓦勒里乌斯（Valerius）颁布了这样一条法令，禁止任何行政官因某个公民上诉而处死或鞭打公民（《国家篇》2.53）。创立法律是为了人们生活的安宁和幸福，而遵行法律的人就能够获得光荣幸福的生活，这是法律的公意（《法律篇》2.11）。法律正是为了保证正义原则能够凌驾于民族的法令、君王的敕令和法官的判决（《法律篇》1.43），人民就是这个大写的法（《法律篇》1.42），人民的法权由这种自然权利衍生而成。西塞罗所奠定的这种人民主权的观念，一方面是罗马长期政治实践的思想结晶，另一方面也是对这种传统的系统阐释，并加强了其作为罗马政治思想的权威。即使在帝国的时代，像奥勒留这样的斯多亚主义哲学家和君王，也仍然延续这种政治理念，把罗马人民与国家法权观念运用在治理之中，推崇人民的主权（《国家篇》1.37）。

对西塞罗而言，哲学生活不是单纯的沉思生活，而是用法权建立生活权利的政治实践，是一种政治生活。作为法权主体的人民以正义作为幸福生活的前提，而不同于单纯地过哲学生活的人们，后者从沉思中获得幸福。政治活动是人们所有知识活动的目的，是人民之为公民的表征，是知识的公共性的象征。政治由此实践了哲学的目标，共同体的法权诠释了古典哲学关于理性及其幸福的论断。西塞罗的人民主权观念把生活落实为法权意义下的社会性和社群性，成为共和政体的最终原则。

四、共和政体

西塞罗认为共和政体是最好的国家形式。共和政体不仅在理论意义上是最好的国家形式，也是最有可能呈现在现实中的共同体的混合形式（《国家篇》1.37），它充分体现了法权国家的观念。依据罗马国家演变的历史，西塞罗深入思考了自柏拉图以来的国家观念。他的共和政体观念具有清晰的罗马政治特征，推动了古代政治观念向现代国家观念的演变。

共和政体合乎理性地遵循了自然法原则，践行着共同体的自然之路（《国家篇》2.30）。在讨论共和政体时，斯多亚学派的自然法思想再次成为西塞罗政治哲学的出发点。自然并没有将生存的禀赋只赋予某一类型的人，它将正义的观念赋予所有不同种类的人，包括弱者。实际上，自然为了弱者的利益，一直都把统治权赋予所有种类的事物（《国家篇》3.35）。对自然而言，没有纯粹的统治者，也没有纯粹的被统治者，不同类型的人是不同类型的统治者和被统治者（《国家篇》3.37）。根基于自然法权，这种看似“多头政治”的共和政体并非真正“多头”，因为他们是在统一的自然法权之下，自然法权引导人们理解整个人类共为一体，一体性的生活方式才是人类正确的生活方式（《法律篇》1.32）。这就是法律所要引导人们去认识的，因为法律所依据的正确理性为每个人所具有，所有人都从法律的允许和禁止中学习选择的正当性，真正的理性也就表现在它与人们的生活共同体紧密相关的那种禁令及其践行（《法律篇》1.18）。共和政体维持了所有人都是统治者这条正确理性的道路，使得正确的理性通过法律表现为国家和人民的共同信念。

共和政体一方面体现了所有人都是统治者的观念，强调所有人具有同等的权利，体现了人的平等性；而另一方面，它又认为存在社会分层，人们分属不同阶层。这意味着共和政体不是由某个单纯的阶层统治，而是多阶层基于自然法的分工实施共同统治，是基于法律的人民治国。这就是西塞罗所谓的混合政体。由一个人实施对国家的统治是君主制，然而君主制会演变成僭主制。僭主宣称他一个人对一国人民拥有生死权力，这违背自然法的分权观念。如果国家由一部分人即所谓的贵族统治，他们富有、出身高贵，还具有其他的优越性，就会演变为所谓的寡头制，剥夺其他杰出的人和人民的权利。如果权力由人民掌握，他们却经常不能够服膺于理性，任由欲望管理他们自己，以为拥有自由却在放纵自己，就会造成人与人之间的冲突（《国家篇》3.23）。好的政体必须能够同时发挥这三个阶层的智性，却又在自然权利上让他们得到同样的满足。以投票为例，允许维护人民的自由，保证任何一个公民都有权利完全行使他们的意愿，为此应实施无记名投票，让无记名投票来维持人民的自由（《法律篇》3.39）。但由于存在着这样的实际情况，即人民可能被贿选，滥用他们的自然权利，因此应该让贵族们能够呈现他们的德性，为国家所用。人民不应该对高等级公民有所隐瞒，应该让这些选票公开并主动地向任何最好的公民展示，使人民有这样一份赢得贵族同意的光荣（《法律篇》3.39）。共和政体就是这样的国家的形式，它能够使每一阶层及其组成者在自然意义上都拥有正义这种法权的完整性，甚至使那些理智程度比较低的人的意愿也能够被表达为国家意愿，使得任何个体都在现实活动中实现其潜能意义上的正义权利，有着实施他作为完全法权的人的政治机制。这就是西塞罗所说的，共和政体的各阶层都有充分伸张其自然权利的方式，行政官员拥有足够的权力，显赫的公民们即贵族拥有足够的影响力，普通的人民则拥有足够的自由。这样国家就能够实现权利、义务和职能之间的平衡，也就能够免除内乱和革命（《国家篇》2.57）。共和政体作为国家就是表现了这种法权本身的主体，把自然法的正义性充分表现为公民法。

西塞罗有关共和政体的论证采用了柏拉图政体观念的逻辑，不过他没有使用柏拉图的心理（灵魂）分析，而是佐之以罗马政体演变的历史解释。西塞罗赞同柏拉图的观念，在单一政体如君主制、贵族制和民主制的政体中，君主制是最好的。然而从罗马政体历史演变的角度看，西塞罗又认为君主制有它无可回避的弱点，就是公民在司法管理以及审议上的权力有限（《国家篇》1.44）。如果是好的君主，如罗马历史上的罗慕洛斯，他就能够确保罗马人民的福祉，建立强大的国家。再如努马·庞匹利乌斯（Numa Pompilius），他始终遵循法律的优先性，用美好的德性教化罗马人民，在人民心中种下和平、正义和忠诚的德性（《国家篇》2.23－28）。然而像塔奎尼乌斯·苏帕布斯（Tarquinius Superbus）这样的君王，他们的双手沾满了以前杰出君王和人民的鲜血，既不能够控制自己的行为，也不能够控制其家人的欲望（《国家篇》2.45），由此让人民看到一个国王如何变成暴君，一种好的政府形式如何因为一个人的过错而成为最坏的政府形式。他把自己凌驾于整个民族之上，这就是僭主制；最渴望体现正义的政府变成最不义的国家，其缘起就在于一位不义的君王（《国家篇》2.49）。自此开始，人民对君主或者国王的统治深恶痛绝（《国家篇》2.52），罗马人从此告别君主制。至于贵族制的政体，也有它的局限。在贵族制中，人民很难拥有他们所渴望的自由，而自由是人民欲望的特性，因为人民的权力和审议福利的权力被排除在贵族制之外（《国家篇》1.43）。贵族制同样会引起暴政，就是所谓的寡头制。罗马历史上曾经出现过十头政治，整个国家落入一些贵族之手，他们驱逐和取消保民官制度，也不允许执政官存在，任意剥夺人民的权利，处死人民，不容他们拥有上诉权，残酷地禁止贵族与公民通婚，以致军队哗变，危及国家（《国家篇》2.63）。如果把权力完全交于人民之手，也会有类似的弱点。人民行使权力时并不总是合乎正义，他们在权力面前会失去自制。由于他们的平等观念不允许阶层等级的存在，他们的平等诉求是不平等的（《国家篇》1.43），会导致暴民统治。可见每一种制度都有邻近的腐败形式，导致他们所盼望的政体走向其对立面。除非允许国家的这三个阶层共同成为政府形式的一部分，除非君主制、贵族制和民主制相互交错而成一种混合政体，让它们在一种混合政体中保持各自的形式，这些政体的缺陷就不可能避免（《国家篇》1.44）。

共和政体是一种能够避免单一政制的各种缺点的国家形式，它让元老院、执政官和民众以不同的方式担当不同角色，依据自然正义表达他们各自的权利并且正义地行使其权利。与这三种单一的政制相比，共和政体是一种温和的政体，它平衡不同的政体形式，把三种政体中最优良的部分整合为一体，使得这种政体比君主制更为可取。它保留了君主制的优良之处，使得国家依然拥有最高贵的成分如德性；不同于君主制，它又把某些权力授予贵族和人民，因为这些阶层的权利也受自然法肯定，由贵族和人民来判断并表达其欲求。元老必须熟悉公共事务，包括熟悉共和国的情况，了解可动用的军队数量、国库情况，还必须了解谁是自己的朋友、同盟者和属国、法律、协议和条约，懂得通过习惯性程序和祖先传下的先例（《法律篇》3.41），这些都保证了他们的判断合乎理性。元老们还必须拥有高贵的品性。他们在主持公民大会和元老院会议时应保持节制，有沉静的行为，使得大会因为他们的出席平添各种尊严；他们的发言应简洁且有效，保持着良好的言语上的德性（《法律篇》3.40）。通过他们对理性秩序的理解，共和政体既保留了德性的高贵，引导人民的欲求，使得人民在集会时不使用武力，也规定人民在集会中不得使用武力。武力是与正义以及法律相背离的东西。让人民不是通过武力而是通过尊重否决权的方式行使权利，能为共和国的稳定提供足够的自由基础（《法律篇》3.42）。

因此，共和政体提供了任何其他单一政体所不具有的品质。它能够兼顾等级和平等，使不同阶层在自然法意义上有着高度的平等性，也使整个社会得到平衡，使社会具有极高的稳定性。这也是共和政体和其他任何单一政体的区别。君主制容易演变成僭主制，贵族制（或者说荣誉政体）容易演变成寡头制，民主制则容易演变成无政府的暴民制。但共和政体由于混合了以上单一政体，按照适当的比例建立其国家形式，使得不同的阶层处在适当的、合乎自身和自然的地位，每个阶层又都没有改变自身的自然，它就没必要寻求变化（《国家篇》1.70），使自然理性成为国家的理性即法律，使共和政体成为自然法的最高理想，成为人民的最优选择。

五、公民宗教

西塞罗以共和政体为最好的政体，还与他的公民宗教思想密切相关。公民宗教构成西塞罗对于自然法的主要论述，既成为他所论述的国家权力约束力的主要前提，也成为国家内部元老、新晋阶层和平民相互补充协调的重要依据。在思想史上，虽然首次明确提出“公民宗教”的是近代思想家卢梭，但实际上却是西塞罗第一次从自然法的角度论证了公民宗教，又从公民宗教论证了共和政体。卢梭认为国家由孤立和自爱的个人为了自我保存聚集而成，还认为使这种缺乏政治属性的聚集成为政治共同体不仅需要某种契约，更需要信念的结合，这也正呼应了西塞罗的自然法思想，其共同的哲学基础则是斯多亚主义。西塞罗认为，共同体的基础是自爱，选择他人则是自爱之人的正确理性，是自爱这种自然本性的合理延伸（《论至善和至恶》III.6），因此整个人类是一个整体（《法律篇》1.32），罗马的法律、罗马人的智慧就来自自然（《法律篇》2.62）。罗马的宗教体系与罗马人的不成文法如生活习惯和十二铜表法不存在根本区别（《法律篇》2.23），它是罗马人生活信念的出发点，罗马人认为依据这些法律可以建立最好的国家类型（《法律篇》2.23）。此外，卢梭依据宗教与国家的关系，将宗教分为自然宗教和国家宗教。自然宗教“没有庙宇、没有祭坛、没有仪式，只限于对至高无上的上帝发自纯粹内心的崇拜，以及对于道德的永恒义务”[①]，对西塞罗而言，这就是所谓的“神的心灵”，它是至高无上的法律，为理性的人所拥有，指导各民族以多种形式适应处境，制定相应的规则（《法律篇》2.11）。至于国家宗教，卢梭认为则是国家的典册所法定的宗教仪式、教条以及所要崇拜的国家的神，这就“把对神明的崇拜与对法律的热爱结合在一起；而且由于它能使祖国变成崇拜的对象，从而就教导了他们：效忠国家也就是效忠于国家的守护神”[②]，对西塞罗而言，这就相当于十二铜表法所阐明的原则，即任何人都不得有个人的、新的或者外来的神，人们应纯洁虔诚地接触和崇拜国家承认的神，在私人的宗教崇拜里面则应崇拜从祖先那里传承下来的神（《法律篇》2.19）。卢梭的公民宗教则将两者结合起来，相信“全能的、睿智的、仁慈的、先知而又圣明的神明之存在，正直者的幸福，对坏人的惩罚，社会契约与法律的神圣性”[③]。不同于卢梭，西塞罗并不特别注重公民宗教契约方面的论述，或者这种所谓的现代意义上的契约对他而言就是通过长期生活习惯积淀而成的，但他同样甚至更强调宇宙的神明，认为应将宇宙视为众神的庙堂和殿宇（《法律篇》2.25），以此教化人的德性，如正确地看待财富、把财富留在身后，因为正直和诚实才是真正令神愉悦的（《法律篇》2.25）。与卢梭相同，西塞罗看到公民宗教对于共和政体的极端重要性，它能够构建起罗马人民对神圣事物和共同体道德的内在认同，保证国家的凝聚力和稳定性，而这些都是共和政体的国家特性。

西塞罗把公民宗教规定为自然法的显明内涵，这与罗马扩张中国家建立的

---

① ［法］卢梭：《社会契约论》，何兆武译，173 页，北京，商务印书馆，2011。

② ［法］卢梭：《社会契约论》，174 页。

③ ［法］卢梭：《社会契约论》，182 页。

信息紧密相关，共和政体的理念通过公民宗教成为国家法权的清楚的边界。西塞罗说罗慕洛斯在其统治的第 37 年为共和国奠定了两块重要的基石，即占卜和元老院（《国家篇》2.17）。在罗马与萨宾的战争结束后，萨宾人被允许参与罗马国家的宗教仪式，这是罗马公民权的最重要内容之一（《国家篇》2.13）。此后共和国的一些卓越统治者都会把公民宗教的扩展视为共和国法权得到加固和认可的重要内容。例如，努马建立了更大规模的占卜制度，占卜官由原来的两名增加到四名；又从最杰出的公民中挑出五位大祭司，专门负责宗教仪典；还设立了更多的宗教部分，如战神马尔斯的祭司和维斯太贞女等（《国家篇》2.26）。宗教祭祀把罗马人民狂热的战争精神引向和平精神，使得共和国得以稳定（《国家篇》2.27）。努马的继承者图卢斯·霍斯提利乌斯（Tullus Hostilius）更加强了宗教对共和国的约束。他通过了祭司团的仪典，将这部法典神圣化，宣称凡未经过这样的法典认同或者公开宣布的战争都是不正义的（《国家篇》2.31）。通过占卜这样特殊的技艺，如观察飞鸟的征兆，人们可以看到宇宙统治的神意，看到神向人们显示出来的未来事件的迹象，用于政治危机的解决（《法律篇》2.34），这就是自然法通过公民宗教成为对国家权力的约束。

公民宗教告诉世人人类美好生活的依据就在这些神圣的制度中，教化人们走出蒙昧的生活，传递自然法和神意，进入文明状态，最终获得幸福（《法律篇》2.36）。在《法律篇》中，西塞罗宣称公民们可以通过法律的观念，尤其是通过公民宗教即“众神是万物的主人和统治者，世上所在之物都是按照他们的意志和权威完成的”（《法律篇》2.15），明白世界历史和个人历史是神意的反映，人民按照神灵的神意生活，也就是按照最高的理性行事，因为神意通过自然法表现为人的正确的理性。来自神圣理性和意志的决定就是神圣的法律，法律是神首要的和最终的心灵，其理性以强迫或制约来指导万物（《法律篇》2.8）。“这理性并非由于形成文字才第一次成为法律，而是一存在就成了法律，它是与神的心灵同时出现的。因此，运用于指令和禁令的真正且首要的法律就是至高无上的朱庇特的正确理性”（《法律篇》2.10）。这样的人民能够获得幸福，因为他们不仅能够获得幸福生活的力量，而且能够获得带着美好的期盼去死的力量（《法律篇》2.37）。通过宗教仪典和法律，人民成为他自己的主人，明白主人身份里面的法权身份。他们既能够维持自己的节制，又能够委托合适的人统治，不会让统治者忽视他们自己的利益，生活在最优的国家之中，享有最大的幸福（《国家篇》1.52）。

这也可以解释《法律篇》主题转变的原因。《法律篇》以自然法讨论开篇，本意是讨论公民法或者说市民法，西塞罗却把实际讨论的重点放在公民宗教法典上，原因即在于西塞罗认为市民法或者说公民法的依据就在于宗教法典，而宗教法典又意味着自然理性或者正确的理性。他批评那种脱离宗教法典去讨论公民法的做法，因为正如有些精通法律的人指出的，如果脱离宗教法去讨论公民法，公民法就变得无限琐细，不可穷尽，导致无法获得法律知识，造成欺骗（《法律篇》2.47)。相反，如果把握住宗教法，那么公民法的判断就有了理据。由于大祭司们已经确定了这些依据，因此可以依据大祭司的权威，把所有公民法触及的主题（如财产和遗产的分割）联系起来，解决那些看起来极琐细的公民法会导致无限追溯的法律问题（《法律篇》2.52)。宗教法典或者说大祭司制定的规则，使得国家的法权、人民的公民权和自然法的潜在内容，都有了最终的解决原则。正因为如此，法律的本质要追溯到公民宗教，它使得法律建立起明晰的权威。

公民宗教之所以成为自然法的原始内容，成为西塞罗深信不疑的具有普遍约束力的公民法的主要规条，主要原因在于公民宗教表现了祖辈的习俗。祖辈习俗的最重要部分是祭祀仪式，将宗教表现为生活方式。西塞罗认为，法律要规定“保留最好的祖先的礼仪”（《法律篇》2.40)，这些是“最古老并与神最接近的”（《法律篇》2.40)，是法律中最好的部分。公民宗教的权威根源于生活方式的古老传说，它成为法的原则。由于它呈现在日常生活中，成为每个人的生活法则就构成了其自我意识，成为公民自我认同即公民身份的最初也是自明的要素。公民的血缘关系由这神圣的法律缔造而成，因为它由神圣的自然塑造而成。他们敬奉共同的家族神明，由此拓展，不同的家族敬奉同一谱系的神灵：他们都是阿波罗的后裔，都会保留对阿波罗的崇拜。异族的神明也加入罗马的神明谱系，成为罗马神圣家族的一部分。由亲及疏，由近及远，必朽的人类通过其生活方式意识到他们共有不朽的神性的源头（《法律篇》2.60)，他们共有对神圣自然的崇拜，也共有一个伟大的自然城邦。他们在这种公共的神明崇拜中，通过公民宗教的法则，建立他们自身的身份，确立世俗社会的公民生活法则，享受自然赋予的自由和高贵。

由于公民宗教主要是通过生活方式成形的，由神明通过生活赋予人类，西塞罗把公民宗教视为未成文法，高于世俗法律。在必要的时候，可以诉诸公民宗教阻断一切有害决议的权力。人们制定世俗法律时有时候由于经验的不足，有时候由于理性的不健全，有时候则由于统治者本身的私欲，会制定出许多致命的、有害的法规。古老的未成文法受自然指导，可以帮助我们区分正义和不义，不违背神明规定的善好（《法律篇》2.13)。它只体现神这位唯一的统治者的自然理性，也唯有神才是这种法律的解释者和执行者（《国家篇》3.33）。这就是为什么说，确立宗教是建立共和国的首要前提（《法律篇》2.69），因为它能够保证人们“纯洁地接触众神”（《法律篇》2.24）。“纯洁”地接触众神正在于强调法律本身的宗教感。心灵纯洁的人会喜爱神的法律，明白他所面对的法律不是世俗的法律，明白不是人世间的法官在施行法律。当某个法官惩罚某个罪犯时，并不是法官在惩罚，而是神明在惩罚（《法律篇》2.25）。为了突出法律的这种宗教感，西塞罗要求庙宇须建立在城市之中，宗教仪式也要在公共的场所展示其庄严（《法律篇》2.26－27），激发人们心灵中的虔诚，使他们相信“所见的每一事物都充满了神”（《法律篇》2.26－27），使人们真切地体会到共和政体能够回到“法的故乡”。这个故乡要远比出生地这一故乡重要，因为它使得人们真正地成为公民。这就是西塞罗通过公民宗教所宣称的两个故乡的观念。每个居民都有两个故乡：一个是出生地这一故乡。不同的人有不同的出生地，有的人出生在罗马，有的人出生在图斯库卢姆，有的人出生在阿提卡，这是地域意义上的故乡。另一个是公民的故乡，指人们遵循同样的法规和禁令，由那位神管理和统治，这是法律的故乡（《法律篇》2.8）。正是在罗马祖先习惯中所发现的具有约束力的宗教性法律，才保证了罗马人建立起最好的政体，即共和政体（《法律篇》2.23）。

由于公民宗教是共和政体得以遵行的基础，是一个好政体得以延续的保证，是法律的核心，因此西塞罗认为，明确地呈现公民宗教的内容，尤其是法律的宗教特征至为重要。公民宗教意味着宗教崇拜得到国家的正式承认，所崇拜的神也为国家所认可。在公开场合或者说在公共场所，公民们所崇拜的神，无论是外来的还是新的，都得到国家承认。西塞罗认为不存在所谓的私人的神（《法律篇》2.19），只存在一个神明谱系，就是为共和国所认可的神明谱系，这有助于人们建立起共有的普遍的自我意识，建立起共同的自我认同。这种宗教领域的自然法则，造就了整个人类社会，造就了家庭、种族和国家，通过这种公共的神圣宗教的情感，家庭、种族、国家和人类就服从于共同的原则（《法律篇》3.3）。在私人领域，人们应崇拜那些祖先传下来的神。由于是祖先传下来的神（《法律篇》2.19），所以体现了不成文的自然法，也就体现了自然理性。它虽然行使在个人领域，却是公共性的一部分。通过生活习俗代代相传的宗教祭拜，充分体现了理性选择和思考的连续性，成为不同世代公民的共同自然法则，也因为人们对自然法抱有共同的敬畏，而成为同一世代公民的共同道德指南，使得人民更加注重心灵而不是身体（《法律篇》2.24）。为了让共和政体拥有这种以宗教感为基础的德性教化，应该让每所城市都设有神殿，让神殿向所有人开放，使人们把它视为众神的家园（《法律篇》2.25），这样人民就会相信他们所见的事物充满神性，使他们的心灵因为感知到神而更加纯洁，充满强烈的宗教情感，这有益于整个国家（《法律篇》2.26）。

西塞罗认为，公民宗教内含宗教情感、宗教献祭及其他种种规定，它构成罗马人民的基本含义。公民宗教是公民们所选择的共同的宗教崇拜方式，宗教崇拜所蕴含的关联方式即宗教情感，成为人们共同认同的自然性。罗马人民由于遵循共同的神灵而培育起紧密的共同体关系，法律成为这种爱的情感的外在形式，人们则基于这种对他人的自然选择而结成共和政体。罗马人与希腊人的不同在于：希腊人以正义为法律的核心，罗马人则以选择为法律的核心（《法律篇》1.18）。希腊文“法律”源自动词 *nemō*，指每个人得到他所应得的，即公平分配，拉丁文“法律”（*lex*）则源自动词 *ego*①，指公正、正确地选择，暗含人与神的关系。法律体现神的意志，人以神的意志为标准进行选择，就是指人顺从自然理性而选择。神明允许人们选择某些行为，也向人们指出被禁止的行为，法律则是指运用于指令和禁令的正确理性（《法律篇》1.42）。人们通过敬拜那些伟大的神和那些具有半神身份的伟大的英雄如赫拉克勒斯、卡斯托耳、波鲁克斯等，养成进入天国的必要的品性，如忠诚和虔诚等等（《法律篇》2.19），从而以神为中介，建立起共同的生活法则，以天生的仁慈和善意，表达法的共同性，为法律所维系（《法律篇》1.35）。如果人们能够按照这种具有高度宗教感的法律观念（还由于这是自然将宇宙聚合为一体的唯一法律）行事，按照自己的本性敬爱他人和服务他人（《法律篇》1.43），自然的各部分和社群的组成者就处在和谐之中。依照这种斯多亚主义的解释，西塞罗认为人们也能够过上诸神一样的生活（《法律篇》残篇 2）。

公民宗教还为共和国及公民法提供保障的权威。祭司和占卜官不仅解释和安排宗教的含义和庆典，还通过他们的神圣知识为国家和人民提供指引。祭司的职业不是私人性的，也不局限于私人领域，而是公共性的。西塞罗认为公共祭司分为三类：一是专职典礼和神圣礼仪的祭司；二是解释占卜者和先知的含混话语的祭司，这些占卜者和先知则专门为元老院和人民提供各种预言；三是专职解释主神朱庇特的神谕的祭司。第二和第三类祭司及占卜官对共和国非常重要，他们观察与果园和人民相关的征兆，观察天空的区域，预见诸神的愤怒

① 参见［古罗马］西塞罗：《法律篇》，158 页注释 1，北京，商务印书馆，2002。

（《法律篇》2.21）。“一个好的占卜官有义务记住，在重大的紧急关头，他应当出来拯救国家。他必须牢记，他已被任命为朱庇特的解说者和助手，同由他指挥观察各种征兆的那些助手完全一样；那些被精心标明的天空和若干区域也已可以分配给他，以便他经常观察天空来辅助共和国”（《法律篇》3.43）。由于他们拥有一种超越于世俗事务的智慧，有矫正共和国航向的权威，他们能够保证共和国行进在正确的方向上。这是法律赋予他们的权力的一部分。如果说公民大会是共和国最高的权力机构，占卜官和祭司也有中止公民大会的权力。他们可以根据自然法赋予他们的权力，根据神圣知识，中止公民大会，也可以迫使执政官辞职（《法律篇》2.31）。只要是被大祭司宣称为不义的、有害的和恶的，就是非法的和无效的（《法律篇》2.21）。

公民宗教能够约束各层级的官员，使他们能够合法地使用权力。在共和国的形成过程中，官员的重要性仅次于宗教（《法律篇》2.69）。法律管理官员，官员治理人民。国家的治理若要符合正义，官员是重要的保证，因为法律是沉默的官员，官员是会说话的法律（《法律篇》3.3）。公民宗教保证了官员这会说话的法律的自然权利，占卜官颁布了两项规定，“一是每次就一个问题提出动议，另一是给予公民个人和官吏发言的机会”（《法律篇》3.43），使得官员能够在面对国家事务时有正当的受法律保护的权利，能够使国家在每个公民和官员充分陈述其意见的前提下得到发展。占卜官还颁布了两条出色的法律，“一条是禁止个人例外的法律，另一条是除了在最大集会上，禁止在其他地点审判其刑罚为死刑或剥夺公民权的案件”（《法律篇》3.44）。这也是为了避免官员有超越法律的权威以致滥用权力，同时又可以免使官员受到不公正的审判，因为公民大会的审判或者说最大集会上的审判能够使正义得到最大限度的运用。在西塞罗看来，这样做并不是要用宗教来限制国家，也不是要用宗教来僭越自然理性，而是让宗教保证自然理性的正确使用。“主持的官吏应观察各种预兆并服从国家”（《法律篇》3.11），这是西塞罗讨论公共宗教与官员的关系的理念所在。

结　语

通过以上论述，可以看到从古典希腊向希腊化罗马转变时期政治哲学的典范转化。希腊化罗马的政治哲学确实沿用了古典希腊政治哲学的主要概念，如共和、君主、僭主和寡头制等，也沿用了诸如柏拉图的某些分析方法，但却改变了其论述的框架，而论述框架的改变是根本性的。这种论述框架的改变主要源于时代的改变，即城邦的衰落和国家的崛起，它把以种族和民族为中心的城邦治理带向非民族性的国家治理。可以说，希腊化罗马的政治哲学包含了一个对公民观念的再发现，这就是非种族性和非民族性的世界公民。公民依据世界城邦得到重新定义，依照自然法得到重新诠释。希腊化罗马时期的思想家对公民观念的再发现，促使他们重新理解哲学，促使他们重新理解“公民”和“哲学”的关系，这就是，所有有着公民意识并且发展其公民意识的平民才是真正的哲学家。他们也以这样的公民维度，即个体的自由、责任和法度分析共同体[①]，形成以法权为中心的国家观念。尤其是西塞罗，他是希腊化罗马时期唯一完整地论述了国家观念的哲学家。他依据法权国家的观念，阐释了有限国家的思想，指出国家的权力在自然法的框架之下。国家权力的使用既要合乎自然法，又要依据人民的授权，即要以法律为其规范。而他又认为共和政体正是法权得到完美体现的国家类型，因为在共和政体中，不同类型的人、不同阶层的权利和特性都合乎自然地得到维护和发展，人民的权利始终是国家建立并且得以持续的前提。

希腊化罗马时期法权国家观念的成形经历了漫长的探索和过渡，从希腊化到西塞罗，最根本的变化就是自然国家的思想。法权国家正是以自然国家为其哲学的前提的，这又与希腊化的自然哲学“转向”相关。希腊化哲学转向自然研究，无论是斯多亚学派还是伊壁鸠鲁学派，它们所谓的宇宙城邦都是哲学意义上的自然国家，西塞罗则把这种自然国家的观念落实为公民国家的制度，通过希腊化的自然哲学论证，尤其是通过斯多亚学派的自然原则，对共和政体的法权权威进行论证。他指出，即使在君主制的政体之下，这种自然国家的观念也是君主权威的基石。由此而论，西塞罗所认同的君主政体也有其专门的含义，而他认为在罗马疆域扩展的时代，君主制已经不再是一种充分确保其自然国家本质的政体，由此把古代以君主制为诉求的国家治理转向共和政

---

① 西塞罗说：“当心灵以众神和纯宗教为崇拜对象时，眼和心的视力都更加锐利，因此眼睛和心灵都可以选择善而摒弃恶，这是一种被称为慎重的美德，因为其有远见；那么还能描绘什么样的更高的幸福呢？更进一步说，当心灵考察了天空、大地、海洋、宇宙的本质，并因此懂得所有这些都来自何方且又必定归于何处，何时并怎样注定要消亡，它们的哪些部分会死亡并且是无常的，而哪些又是天赐的和永恒的；当心灵几乎控制住宇宙的统治者和治理者；以及当心灵意识到心灵不能如同某些固定地点的居民那样为［狭窄的］城墙所封闭，而是如同某一城市的居民一样是整个宇宙的公民：那么，在这宏伟的宇宙之中，带着这种对自然和不朽众神的观点和理解，按照波锡奥斯·阿波罗的法令，心灵将会对其自身有何等出色的了解”（《法律篇》1.60－61）。

体，使得共和政体及其所根基的自然国家第一次如此完整并且有力地得到阐释。可以说，西塞罗总结了希腊化哲学家在自然哲学探索中已经发现但尚未清晰系统地予以阐释的政治观念，尤其是非常清晰地阐释了古典政治观念所不曾呈现的“权利”观念，使得宇宙城邦与公民观念找到了真正的落脚点，为公民观念的再发现和再阐释确立了哲学的前提，为法权国家的观念确定了观念基础。

由此可以看到，从希腊化到西塞罗，这一时期的政治哲学包含着一脉相承的观念传承。希腊化思想家包括斯多亚学派、伊壁鸠鲁学派和怀疑派，它们本身虽然没有“政治”哲学，却准备了有关政治哲学的“伦理”，其中尤以斯多亚学派对西塞罗的影响为最深。斯多亚学派明确论述了宇宙城邦、自然法和世界公民的观念，确立了人的普世性身份。有关人的普世性身份是整个希腊化伦理学的核心，在西塞罗这里则成为人民主权的思想基础。这成为西塞罗诠释自然法的重要内容，法律的核心环节“选择”成为国家“人民性”的权力精神。宇宙城邦从社群的维度确立共有国家的人民，确立人因为拥有同一种法律而为人民，因为同为该宇宙城邦的成员而为公民，因为拥有共同权利而为自然，西塞罗把这种普遍的权利定义为自由。希腊化哲学无论是斯多亚学派、伊壁鸠鲁学派还是怀疑派，都从伦理的意义上称自由为宁静的生活，一种不受情欲搅扰的主体精神；西塞罗则把希腊化哲学的自由以及通过自由所表达的个体权利描述为自然的正义，它通过个体的正义来呈现法的精神中自由的力量。可以说，从希腊化到西塞罗，发生了由伦理而政治，由城邦而国家，由个体自然而社群自然的阐释转化。①

章雪富

参考文献

西塞罗的一般性介绍及生平：

Douglas，A. E. Cicero：New Surveys in the Classics. Oxford：Clarendon，1968.

Lintott，A. Cicero as Evidence：A Historian's Companion. Oxford：Oxford University Press，2008.

Rawson，E. D. Cicero：A Portrait. Bristol：Bristol Classical Press，1983.

Stockton，D. L. Cicero：A Political Biography. Oxford：Oxford University Press，1971.

Von Albrecht，M. Cicero's Style：A Synopsis. Leiden：Brill，2003.

① 感谢王倍倍和葛天勤同学的贡献，他们提供了相关的初稿、资料和文本。

西塞罗政治思想的总论性文献：

Achard, G. Pratique rhétorique et idéologie politique dans les discours "optimates" de Cicéron. Leiden: Brill, 1981.

Bernett, M. Causarum cognitio: Ciceros Analysen zur politischen Krise der späten Römischen Republik. Stuttgart: Steiner, 1991.

Connolly, J. The State of Speech: Rhetoric and Political Thought at Rome. Princeton: Princeton University Press, 2007.

Powell, J. G. F. and J. A. North, eds. Cicero's Republic. London: Institute of Classical Studies, 2001.

Steel, C. Cicero, Rhetoric and Empire. Oxford: Oxford University Press, 2001.

Wood, N. Cicero's Social and Political Thought. Berkeley: University of California Press, 1991.

关于自然法：

Alonso, F. H. L. Cicero and Natural Law. Archiv für Rechts - und Sozialphilosphie, 2012, 98: 157 - 168.

Drummond, A. Law, Politics and Power: Sallust and the Execution of the Catilinarian Conspirators. Stuttgart: Steiner, 1991.

Frier, B. The Rise of the Roman Jurists: Studies in Cicero's Pro Caecina. Princeton: Princeton University Press, 1995.

Harries, J. Cicero and the Jurists: From Citizens' Law to the Lawful State. London: Duckworth, 2006.

Horsley, R. A. The Law of Nature in Philo and Cicero. Harvard Theological Review, 1978, 71: 35 - 59.

Watson, G. The Natural Law and Stoicism//A. A. Long, ed. Problems in Stoicism. London: Athlone Press, 1971.

Zetzel, J. E. Natural Law and Poetic Justice: A Carneadean Debate in Cicero and Virgil. Classical Philology, 1996, 91: 297 - 319.

关于社群：

Clay, D. A Lost Epicurean Community. Greek, Roman, and Byzantine Studies, 2011, 30: 313 - 335.

Long, A. A. Greek Ethics after MacIntyre and the Stoic Community of Reason. Ancient Philosophy, 1982, 3: 184 - 199.

Long, A. A. Stoic Philosophers on Persons, Property - Ownership and Community. Bulletin of the Institute of Classical Studies, 1997, 41: 13 - 31.

关于世界公民：

Berges，S. Loneliness and Belonging：Is Stoic Cosmopolitanism still Defensible? Res Publica，2005，11：3－25.

Brown，E. Hellenistic Cosmopolitanism//M. L. Gill and P. Pellegrin，eds. A Companion to Ancient Philosophy. Oxford：Blackwell，2006.

Long，A. A. The Concept of the Cosmopolitan in Greek & Roman Thought. Daedalus，2008，137：50－58.

Nussbaum，M. C. Kant and Stoic Cosmopolitanism. Journal of political philosophy，1997，5：1－25.

Nussbaum，M. C. Symposium on Cosmopolitanism Duties of Justice，Duties of Material Aid：Cicero's Problematic Legacy. Journal of Political Philosophy，2000，8：176－206.

Pangle，T. L. Socratic Cosmopolitanism：Cicero's Critique and Transformation of the Stoic Ideal. Canadian Journal of Political Science，1998，31：235－262.

Sellars，J. Stoic Cosmopolitanism and Zeno′s Republic. History of Political Thought，2007，28：1－29.

Stanton，G. R. The Cosmopolitan Ideas of Epictetus and Marcus Aurelius. Phronesis，1968，13：183－195.

关于西塞罗的共和政体：

Hathaway，R. F. Cicero，De re publica II，and his Socratic View of History. Journal of the History of Ideas，1968，29：3－12.

How，W. W. Cicero's Ideal in his de Republica. Journal of Roman Studies，1930，20：24－42.

Radford，R. T. Cicero. A Study in the Origins of Republican Philosophy. Amsterdam：Rodopi，2002.

Sharples，R. W. Cicero's Republic and Greek Political Theory. Polis：The Journal for Ancient Greek Political Thought，2002，5：30－50.

关于西塞罗的宗教观：

Beard，M. Cicero and Divination：The Formation of a Latin Discourse. Journal of Roman Studies，1986，76：33－46.

Burriss，E. E. Cicero and the Religion of his Day. Classical Journal，1926，21：524－532.

De Filippo，J. G. Cicero vs. Cotta in De natura deorum. Ancient Philosophy，2002，20：169－187.

Goar，R. J. Cicero and the State Religion. Hakkert，1972.

Görler，W. Cicero and Epicurus on Gods. The Classical Review (New Series)，2004，54：364－365.

Heibges，U. Cicero，a Hypocrite in Religion? American Journal of Philology，1969，90：

304 - 312.

Masson，J. Cicero on the Epicurean Gods. The Classical Review，1902，16：277 - 281.

Schofield，M. Cicero for and against Divination. Journal of Roman Studies，1986，76：47 - 65.

Solmsen，F. Cicero on Religio and Superstitio. The Classical Weekly，1944，37：159 - 160.

第五章
奥古斯丁的政治哲学与世界历史

在西方政治哲学史上，奥古斯丁（Augustine）无疑有着承前启后的地位。不过严格说来，在奥古斯丁汗牛充栋的著作中，真正谈论政治问题的却很少。《上帝之城》虽然被当作奥古斯丁政治哲学最重要的著作，其主旨却并非谈论政治问题，而是为了阐述上帝之城这个非政治的天国。在他的基督教思想框架之下，《上帝之城》第 19 卷才成为西方政治思想史上的经典之作。因此，要讨论奥古斯丁的政治思想，我们必须把这一问题放在奥古斯丁的整个基督教思想框架当中。

第一节　基督教化的罗马帝国

公元 410 年，北方蛮族攻克了罗马城，这是奥古斯丁撰写《上帝之城》的直接原因，也是他认真思考政治问题的契机。这个机会使他彻底放弃了早期基督教对罗马帝国的幻想，在尘世政治之外寻求人类拯救的可能。

在奥古斯丁之前，罗马人的文明理想是永恒的帝国，这是对希腊城邦文明理想的延续，更是罗马人引以为荣的地方。众所周知，按照亚里士多德的政治学说，从家庭到部落、村镇，最后到城邦，就实现了人的自然。人天生是城邦的动物，文明人应该生活在城邦里。[①] 但是文明的城邦缺乏自我保护的强大军

① 参见［古希腊］亚里士多德：《政治学》I. 2. 1253a2-6。

事力量，而在诸多城邦中崛起的罗马攻城略地，开疆拓土，逐渐成为横跨三大洲的世界帝国。奥古斯都在罗马建立帝制之后，吹嘘自己以一种特殊的方式保留了城邦的文明。[①] 在一定程度上，罗马帝国是希腊城邦文明的延续和发展。无论是罗马人自己，还是后来的历史学家，都不认为罗马帝国结束了希腊的城邦文明，而认为罗马帝国使古典文明走上了一个空前绝后的高峰。罗马不仅全面吸纳了希腊文明的神话、宗教、政治、哲学、科学、艺术、文学等方面的成就，而且以强大的武力捍卫着这些文明成果，以博大的胸襟吸纳着埃及、波斯、犹太，乃至各个蛮族的宗教与文化。

罗马并不只是一个巨大的城邦，其复杂的统治制度，以及罗马城与各行省之间的关系，使西方古典文明进入了一个更加辉煌的时期，罗马人认为，他们的帝国应该是整个世界的帝国。维吉尔（Vergil）在《埃涅阿斯纪》中借朱庇特之口说罗马将是个没有时间和空间限制的帝国。[②] 与维吉尔同时代的诗人奥维德（Ovid）和史学家李维（Livy）等人，都用过“永恒罗马”的概念。此后这更成为一个非常普遍的观念，出现在各种官方文件和思想著作中。可见，永恒罗马不仅是诗人的理想和历史学家的观念，而且成为罗马帝国对自己的文明定位。[③] 正是在这个意义上，罗马成为西方古典文明的最高峰。它不仅仅是众多城邦中的一个，也不仅仅是最强大的城邦，而是将所有城邦都囊括在帝国之中，将城邦文明推向了全世界，包容了它所遇见的各种文化，构筑了一个永恒的世界帝国。

在西方文明史中，恐怕很难再找到罗马帝国这样胸襟宽广的政治体。对于它所遇到的各种文化和其中稀奇古怪的宗教，罗马尽可能兼收并蓄，使各民族的神在他们的万神殿中占据一个位置。[④] 现代西方国家的宗教宽容思想，只是对罗马宽容政策的低劣模仿而已。不过，罗马也遇到了很难纳入其万神殿的宗教，那就是犹太人的一神教和后来的基督教。一神教具有过强的排他性，不易纳入罗马的宗教谱系和祭祀系统当中，因而犹太教和基督教都和罗马帝国发生了一定程度的冲突。不过，比起后来基督教对异教的迫害，乃至基督教不同教

---

① See Augustus, *Res Gestae divi Augusti*, trans., Alison E. Cooley, Cambridge: Cambridge University Press, 2009.

② 参见［古罗马］维吉尔：《埃涅阿斯纪》1.279，杨周翰译，10页，南京，译林出版社，1999。

③ See Kenneth Pratt, "Rome as Eternal," *Journal of the History of Ideas*, vol. 26, 1965, pp. 25－44.

④ See A. D. Nock, *Conversion: The Old and the New in Religion from Alexander the Great to Augustine of Hippo*, Baltimore: Johns Hopkins University Press, 1998.

派之间的相互迫害，这些冲突真是小巫见大巫了。[1]《新约》中，特别是《启示录》中对罗马帝国的攻击，就是这些冲突的反映。但在经过了几次冲突之后，罗马帝国与基督教会的关系终于缓和下来。君士坦丁大帝（Gaius Flavius Valerius Constantinus）接受了基督教，后来的西奥多一世（Theodosius I，即奥古斯丁时代的罗马皇帝）更成为一个名副其实的基督徒。虽然吉本（Edward Gibbon）认为，对基督教的接受使罗马开始走向衰落[2]，但毕竟，基督教也加入到了构筑永恒罗马之梦的事业当中。《启示录》中那种仇视罗马的态度已经荡然无存，罗马皇帝的迫害已经不再是历史的主题，反而是另外一个声音逐渐成为主流：罗马是基督教的神圣之城，基督的天上王国将在罗马实现。

以尤西比乌（Eusebius）为首的基督教历史学家从基督教的角度论证了罗马的永恒。在他看来，君士坦丁是可以和摩西乃至耶稣相媲美的伟大君王，因而他统治的罗马也在完成上帝救世的神圣使命。他在《君士坦丁传》里说，君士坦丁就像摩西一样，住在不敬的敌人的家里，长大后解救上帝的选民、击败上帝的敌人（《君士坦丁传》1.12）。[3] 他又把君士坦丁同耶稣类比，因为君士坦丁造就了众多的信仰者，使对上帝的信仰遍布全世界（《君士坦丁传》4.72）。尤西比乌不仅盛赞君士坦丁对基督教的推崇，而且歌颂他对各民族的征服，认为这是在为上帝完成征服与传播的任务。他说：

> 无论我朝哪个方向看，无论是向东，向西，是向全世界，还是向天堂，无论哪里我都总是能看到，这位受赐福者统治着他的帝国。在地上，我看到他的儿子们，就如同他的光芒的反射镜，将他们父亲的光芒传布到各处，而他自己则好像仍然活着、大权在握，甚至比以前更完满地治理人事，随着他的后代的继承而不断增加。他们本来就有罗马恺撒的尊位；现在，由于他的个人魅力，由于他的文治武功，由于他的虔敬，他们又被称为主权者、奥古斯都、崇拜上帝的人，以及皇帝。（《君士坦丁传》1.1）

在尤西比乌看来，君士坦丁将基督教君主和罗马帝王的特点集于一身，通过罗马的武力传播基督教信仰，从而使罗马帝国在基督教的世界历史中占有至关重要的地位。基督教虽然产生于和希腊罗马完全不同的文化背景，而且逐渐用基督的教堂取代了罗马的万神殿，但在君士坦丁之后的一百多年，基督教似

---

① 参见［英］吉本：《罗马帝国衰亡史》，第一册，460页，长春，吉林出版集团有限责任公司，2008。

② 参见［英］吉本：《罗马帝国衰亡史》，第二册，411页。

③ 《君士坦丁传》译自 Eusebius, *The Life of Constantine*, trans., Averil Cameron and Stuart Hall, Oxford: Clarendon Press, 1999。

乎只是以自己的方式重建了罗马的祭坛。[①] 基督徒只是以新的方式来论证罗马的伟大、神圣与永恒，并没有否定罗马帝国和它的文明传统，因而罗马文明未曾遭到毁灭。罗马的基督徒和以前的罗马人一样，相信罗马是最伟大而神圣的永恒帝国，可以征服当时所知道的全世界。不过，这时的罗马已经不是因为朱庇特的庇护而得以强大和永恒，而是因为上帝选择了罗马，让耶稣降生在罗马帝国的统治之下，并借助罗马的强大，向全世界传播基督教，使整个世界结合为一个统一的教会，以便实现未来的上帝之国。

尤西比乌的历史学接过了罗马传统史学家和诗人的任务，试图证明罗马在世界历史中的特殊地位。他还编辑过一部《编年史》。该书分为五部分：（1）迦勒底和亚述历史；（2）《旧约》历史；（3）埃及历史；（4）希腊历史；（5）罗马历史。这是从基督教的角度对世界历史的一种划分，其中各民族的历史虽然基本是并列的，但还是呈现出明确的先后次序，最终归结于罗马，由此可以看出罗马在尤西比乌的世界历史观中的位置。

在基督教历史学的攻击之下，异教史学几乎毫无还手之力。[②] 希腊和罗马都有过很多伟大的历史学家。不过，这些历史学家很少将历史学发展为一门历史哲学。希腊历史学家的工作，主要限于记录伟大的事件和人物，以帮助人们从中吸收历史的教训、学习伟大的德性，等等。罗马历史学比希腊历史学有了更多的理论色彩，因为罗马历史学家要在历史的叙述中展现出罗马作为永恒之城的神圣与伟大。到罗马衰落之后，历史叙事则要帮助罗马人了解祖先的伟大、他们的德性，从而教育当时的罗马人。但在犹太教和基督教中，历史哲学（或历史神学）有着天然的优势地位，因为它们的主要教义必须借助历史的发展来讲述，所以历史书占了《圣经》中相当大的篇幅。基督教更以创世—堕落—拯救—末日的基本线索来理解世界，这已经成为一套非常系统的历史哲学。面对这样的历史哲学，罗马的历史叙事自然毫无抵抗力量。

尤西比乌使基督教的历史哲学加入到永恒罗马的颂歌当中，其力量比异教历史学家有过之而无不及。他的历史观随后逐渐流行起来，成为罗马的基督徒对待世界历史和罗马帝国的标准态度。哲罗姆（Jerome）将尤西比乌的编年史译成拉丁文，君士坦丁堡的苏格拉底（Socrates of Constantinople）和索佐门

---

① See Jörg Rüpke, ed., *A Companion to Roman Religion*, Malden: Blackwell, 2011.

② See Analdo Momigliano, "Pagan and Christian Historiography in the Fourth Century A. D.," in Analdo Momigliano, ed., *The Conflict between Paganism and Christianity in the Fourth Century*, Oxford: Clarendon Press, 1963.

(Sozomen) 等历史学家都续写过《教会史》。他们都接受了尤西比乌的历史观。

正是因为对罗马帝国的这种观念，罗马的陷落给罗马的基督徒带来了巨大的震动。哲罗姆这时却呈现出少见的恐慌，以为世界的末日就要到来。他后来回忆说："西部的混乱，特别是罗马的劫掠，使我极为震惊，就像人们常常说的，我甚至忘了自己叫什么。我很长时间保持沉默，知道这是该哭泣的时候"（《书信》126.2）；"攻下了整个世界的城也被攻下了"（《书信》127.12）[①]。他在对《以西结书》的诠释中写道：

> 每日每夜，我想的都是全人类的安全。每当我的朋友们被抓了，我也总想到自己被抓了……当世界上最亮的光熄灭了，当罗马帝国的首都动摇了，整个世界会随着这一个城而灭亡……谁能想象得出，罗马在对世界的征服中强大起来，却会毁灭，既是各民族的母亲，也是各民族的坟墓？（《〈以西结书〉诠释》）

面对这些灾难和毁灭，哲罗姆慢慢形成了自己的解释。他越来越把这种毁灭等同于末日的灾难。罗马的衰落和灭亡就意味着整个世界的灭亡，而在世界灭亡之后，就是末日审判了。他说："我们没有意识到敌基督已经近了。是的，敌基督近了，主耶稣基督'要用口中的气灭绝他'"（《〈以西结书〉诠释》）。这种末世论延续了从使徒时代就有的一种观念，即认为世界末日会很快到来。所不同的是，哲罗姆并没有欢呼末日的到来和基督的重临，而是感到恐惧，祈求末日能够来晚一些。[②]

罗马的陷落究竟是否意味着末日即将来临，时间很快就给出了答案。这一解释也就不攻自破，根本不可能说服异教徒。相对而言，教会史学家们的解释要乐观得多。历史学家索佐门在叙述这一段历史时指出，虽然西罗马帝国陷入了战乱，但是，"东部帝国却完全没有战争，而且和一般想的不同，其中的事务都井然有序地完成着，因为统治者还很年轻。看起来，上帝公开向现在的皇帝展示了他的青睐"[③]。君士坦丁堡的苏格拉底在叙述了阿拉利克（Alaric）给罗马带来的灾难后，特别强调他在三天后就迅速离开，原因是，据传皇帝西奥多就要率军前来。阿拉利克不等传言得到证实，就仓皇逃出罗马（《教会史》

---

① 哲罗姆的著作译自 Jerome，*Letters and Selected Works*，in A Select Library of Nicene and Post-Nicene Fathers of the Christian Church：2nd series，vol. 6，Edinburgh，Grand Rapids：Eerdmans，1952。

② 参见夏洞奇：《尘世的权威》，60 页，上海，上海三联书店，2007。

③ 索佐门：《教会史》9（参见 Sozomene，*Histoire Ecclesiastique*，J. Bidey，ed.，A.-J. Festugière，trans.，Paris：Cerf，1983-2008）。

7：10）。[1] 这位历史学家继承了尤西比乌写君士坦丁的风格，也把皇帝西奥多同摩西类比，用《民数记》中评论摩西的话，说他“为人极其谦和，胜过世上的众人”，就是因为这种谦和，所以上帝让这位皇帝兵不血刃，就能屈人之兵。“无所不在的上帝赐给我们时代这位最虔敬的皇帝以超自然的帮助，就像赐给此前的所有义人一样”（《教会史》7.42）。这种理解把希望寄托在君士坦丁堡这座新罗马上。但是等到后来新罗马也面临同样的命运时，这种观点也就失去了解释的力量。

奥古斯丁显然对这些解释都不满意。他着手在《上帝之城》中反驳异教徒的同时，也鼓励自己的学生奥罗修斯写一部关于人类历史的著作，于是，奥罗修斯写出了他的七卷本《历史》，以思考罗马在人类历史中的地位，以及阿拉利克的灾难究竟意味着什么。奥罗修斯的《历史》从亚当夏娃讲起，一直讲到自己生活的时代，集中于罗马历史。其中特别注重谈各个时代的灾难，以表明并不是只在基督教的时代才有灾难。这一点固然完成了奥古斯丁交给的一个重要任务，但他的历史观却没有超出尤西比乌等人。他仍然赋予罗马非比寻常的神圣意义，认为罗马的强大与基督的诞生有内在的关联：“因为上帝的安排，就在恺撒达到了最强大、最真实的和平的时候，基督降生了……无疑，只要有信仰，能观察，每个人都能清楚理解，是主耶稣基督使这座城达到了权力的顶峰，繁荣而得到神佑。所以他在到来的时候，特别希望自己被称为罗马公民”（《历史》6.22）。[2]

当他直接叙述阿拉利克的灾难时，奥罗修斯强调了这样几点：第一，罗马是因为自己的渎神行为招致了上帝的愤怒，才有了这一灾难；第二，城中的一些基督徒感动了蛮族人，使他们饶过了很多罗马人；第三，哥特人放的火远远没有尼禄放的火大，以至于罗马好像什么也没有发生过（《历史》7.40）。

奥罗修斯的解释和前面两种都不同，而且这些应该都是和奥古斯丁多次讨论后的结果，因为这三点也全都出现在了奥古斯丁的著作中。不过，奥古斯丁对他的这部书并不满意。奥罗修斯虽然把奥古斯丁的很多想法写到了书中，但他对世界历史的总体理解并未超出尤西比乌的框架，仍然认为罗马在人类历史中具有至关重要的地位。他的《历史》更像对尤西比乌《编年史》的诠释，虽

---

① See Socrate, *Histoire Ecclesiastique*, G. C. Hansen, ed., P. Périchon and P. Maraval, trans., Paris: Cerf, 2004-2007.

② See Paulus Orosius, *The Seven Books of History Against the Pagans*, R. J. Deferrari, trans., Washington, D. C.: The Catholic University of America Press, 1981.

然有些自己的想法，却老老实实地继承了尤西比乌的历史观。奥古斯丁对奥罗修斯非常失望，因而亲自着手解释人类历史，在新的历史观中彻底扭转了尤西比乌的政治观。

第二节　原罪与善恶

奥古斯丁的历史观和政治哲学建立在他的基督教世界观之上。通过对《创世记》的反复诠释，奥古斯丁形成了非常独特的世界观，并在这个哲学基础上思考人性善恶问题。对于奥古斯丁这方面的思想，我们此处做一个简单介绍。

为了与摩尼教辩论和维护上帝的绝对至上，奥古斯丁坚信万物都是上帝创造的，因而在上帝创世之前什么都不存在，上帝创世是绝对无中生有的过程。无论形式还是质料，都是上帝的造物，其中最完美的就是天使，拥有被造物可能有的最高智慧。但有一些天使一开始就不愿意服从上帝，因为骄傲而堕落了，于是成为魔鬼。天使和魔鬼的分离是世界历史的开端，因为有了天使和魔鬼，就有了上帝之城和魔鬼之城。天使和被救的人共同组成了上帝之城，魔鬼和所有得不到拯救的罪人共同组成了地上之城，即魔鬼之城。两座城的对立，贯穿了世界历史的始终。

奥古斯丁强调，魔鬼不是独立于上帝之外的存在，他们也是上帝创造的，其权能来自上帝，仅仅是因为自由意志而堕落，才成为魔鬼的。这样，他就坚决拒绝了摩尼教的善恶二元论。但是，奥古斯丁和摩尼教徒一样，认识到现实世界中普遍存在着恶，为了解释恶的存在，他使用了自由意志的概念。虽然魔鬼的权能低于上帝，而且在上帝的权力掌控之下，但在现实世界中，恶的存在却是极其普遍的，可以说，整个地上世界就是魔鬼之城，所有人都是魔鬼的属下，因为他们都像魔鬼一样，通过自由意志犯了罪。

上帝在造人的时候，把人造成了最完美的状态，没有死亡，没有罪恶，没有任何缺陷和瑕疵。但初人因为接受了魔鬼的诱惑，因此堕落了，这就是人类的原罪。人的原罪完全是意志之罪，即是由于自由意志，从最美好的状态跌落。

原罪是奥古斯丁思想体系中极为重要的部分，而基督教中的这个核心概念也是在奥古斯丁手中才得到发展成熟的。简单说来，原罪是人类在魔鬼的诱惑下，对上帝诫命的背叛，以及这种背叛所带来的惩罚。原罪的结果是，人类的身体和灵魂发生了冲突，产生了各种欲望，也产生了死亡。而在政治上，人类从此陷入了分裂状态。

所有人都是亚当的后代。奥古斯丁也相信，在人类的完美状态中，有一个很重要的方面，就是像一个人那样结合在一起。他说：

> 从上帝所造的最初一人，通过繁衍形成了整个人类，比起认为从多个人繁衍要好得多。至于别的生灵，他让一些独来独往，独自栖息，更愿意独处，比如黑鹰、狮子、狼，等等。他让一些群居，更愿意成群结队地生活，比如鸽子、白头翁、牛、小鹿之类。上帝没有让这两类动物从一个开始繁衍，而是命令很多同时存在。……因此上帝只创造单独的一个，这并不意味着人可以离开社会独居，而是为了让社会能更有效地实现社会的合一与和谐的结合。人们不仅彼此之间有相同的自然，而且还通过人间的家族情谊勾连起来。上帝没有像创造男人那样创造了女人，而是把她作为男人的妻子，从男人中创造她。于是，所有的人都是从一个人产生的，散播成为全人类。（《上帝之城》12.22）[①]

这是关于人性至关重要的一段话。奥古斯丁认为，上帝造人的方式非常独特，人既不像那些猛兽一样独处，也不像另外一些动物那样群居，而是由一个人繁衍出全人类。从一到多，但又必须统合到一个当中：人天生是社会的动物。

怎样理解人的这种社会性呢？第一步，当然就是从一个人到两个人，即女人的创造。女人并不像男人那样被直接创造出来，而是从男人当中创造的；以后的所有人也都一样，不是像第一个人那样重新创造，而是从已有的人中造出来。归根结底，所有人都来自第一个人。奥古斯丁认为，这是一个极为重要的象征。但这个象征的意义却是双重的。第一，由于所有人都来自同一个祖先，所以人有一种天生的社会性；第二，由于人的后代遗传了亚当的一切，所以每个人都有原罪，而原罪的直接表现，又是人类的分裂。于是，在这个象征中，既有人类全体的希望，也蕴含着人类好斗的天性。

首先，奥古斯丁充分肯定人的社会性，认为这是上帝的赐福，是人类不同于所有其他动物的地方。人由一到多，并不是堕落的结果，而是即使不堕落也

---

① 译文参见［古罗马］奥古斯丁：《上帝之城》，吴飞译，上海，上海三联书店，2007。略有改动。

必然会发生的。为了肯定人类的社会性，奥古斯丁强调，早在人犯罪之前，上帝就祝福他们“生养众多，遍满地面”。婚姻以及随后的生育和繁衍，都充分体现了人类一和多的辩证关系：“所以显然，上帝最初这样造了男女，使我们现在看到并知道有两性不同的人，他说要么是因为婚姻结合为一，要么是因为女人的起源，本来是用男人的肋骨造的”（《上帝之城》14.22）。

从亚当的一根肋骨造出夏娃，是从一到多的第一步。从此亚当不再是孤独的一个人，而有了一个伴侣，此时人类尚未犯罪。上帝之所以使人类的数目增加，并不是要分裂亚当这个一，所以，他又以婚姻的纽带，将两个人重新联合起来，成为新的一。这就是婚姻的意义：“夫妻不再是两个人，乃是一体的了。所以神配合的，人不可分开”（《马太福音》19：6）。同时，这也是所有社会制度的意义所在。人类在不断地繁衍增加，但他们都来自共同的祖先，上帝命令人类，要重新合众为一。

人类的家族不断发展，并形成了各种相应的亲属制度和禁忌。在最初的一代，无论男女都是亚当和夏娃的孩子。他们除了兄弟姐妹之间通婚别无选择。于是，“兄弟姐妹相互嫁娶，亚当一人既是父亲也是岳父，他的妻子夏娃是所有儿女的母亲，既是母亲也是婆婆”（《上帝之城》15.16）。但到了亚当、夏娃的孙辈，就可以不必再亲兄弟姐妹之间通婚，而是堂表兄弟姐妹之间通婚，这样，就形成了新的关系：“一个人有一个姐妹，一个妻子，还有一个表亲；一个父亲，一个舅舅，还有一个岳父；一个母亲，一个姑姑，还有一个婆婆。这样社会纽带就不必限制在一小群人中，而是会更广泛，可以靠复杂的社会纽带联结起不同而众多的亲属”（《上帝之城》15.16）。奥古斯丁解释这些现象的原因说：“古代的族长出于宗教性的关心，担心亲戚之间在世代相传后逐渐疏远，不再是亲戚，于是趁着关系还没变疏远，通过婚姻的纽带结合，把疏离的亲戚重新聚合”（《上帝之城》15.16）。随着人类的代代繁衍，不仅亲兄妹之间，就是堂表兄妹之间的婚姻也被禁止了，人与人之间形成了非常复杂的关系纽带。只有这样，才能把尽可能多的人勾连起来。

在人类繁衍的数目非常多之后，仅仅通过家族或姻亲纽带已不足以联合起所有人，于是出现了城邦；随后，各城邦又联合成为世界帝国。“人类社会从家庭开始，随后发展到城镇，然后发展出整个世界”（《上帝之城》19.7）。[①] 随着人类的繁衍和分化，家庭、城邦、世界帝国，是人类合众为一的三个阶段。

---

① 参见夏洞奇在《尘世的权威》中的论述。

这一论断和亚里士多德在《政治学》中关于从家庭到部族，再到村镇，然后再发展为城邦的著名论断应该有一定的继承关系。当然，奥古斯丁和亚里士多德之间也有重要的差别。首先，在亚里士多德的政治学中，并没有世界帝国，这是在罗马成为跨民族的大帝国之后形成的新的政治理念。其次，由于罗马帝国几乎征服了当时所知的整个世界，奥古斯丁这里产生了一个和亚里士多德非常不同的世界一统的观念。当亚里士多德说城邦是人的自然时，他并没有统一全人类的意思；但在罗马帝国以后，全人类通过世界帝国和合为一，却成为一个更重要的观念。在奥古斯丁这里，世界帝国代表着人类发展的方向，其重要性已经超过城邦，因为在人类极度繁衍分化的时代，只有统一全世界的帝国，才能将全人类统一起来，回到亚当这个一当中。

随着罗马帝国带来的政治版图的变化，罗马人已经大大改变了亚里士多德所理解的政治生活；这一点并不是奥古斯丁的发明。在奥古斯丁之前，无论异教徒还是基督徒，都已经有了类似的永恒罗马和世界帝国的观念。基督徒也已经将罗马帝国的政治理念与基督教的天上之国的观念结合了起来。

在此，我们回到了本章第一节中所提出的问题。在罗马陷落之前，罗马的基督徒和异教徒都认为，罗马帝国担负着建立世界帝国、统一全人类的历史使命。但当西哥特人攻克罗马之后，我们就可以想见罗马的基督徒所遇到的文明困境了。也恰恰是在这个地方，前述奥古斯丁的理论困境变成了他与其他人都不同的独特视角。

奥古斯丁充分肯定人的社会性，认为人类的繁衍并不是堕落的结果。他既然认为婚姻不是罪恶的，人的繁衍本身也是值得赐福的，那么，人类社会的所有这些发展，就都不是原罪的结果；人类用以合众为一的城邦和帝国，也不应该是罪恶的。若是这样，他岂不是和尤西比乌等人的观点一样了吗？他又如何面对罗马城的覆灭呢？

奥古斯丁确实肯定了人类这些制度的意义，但他也非常清楚地意识到，人类的社会制度每发展一步，都会伴随着进一步的堕落和更多的罪恶。我们前面看到，人类从一到多的第一步，是夏娃的被造；随着夏娃的被造，是婚姻和生育的出现。奥古斯丁虽然极力捍卫婚姻和生育的神圣性，但他也深切地意识到，现实中的婚姻和交媾，都必然伴随着污秽的快乐和罪恶。亚当与夏娃之间的爱，也伴随着很多罪的因素。当亚当把对夏娃的爱放在对上帝的爱之上，宁可犯罪也要与夏娃在一起的时候，他其实是犯了更大的骄傲之罪；而这种罪的结果，使亚当和夏娃相互推诿，爱的温暖立即就变成了冰冷的指责。既然不再只有一个人，而是分裂成了两个人，就有了分裂和争斗的可能。人类数目的增长虽然在理论上未必伴随着罪，但事实上，如果不是因为有了夏娃，亚当也不会堕落。

除了亚当、夏娃的原罪，人类历史之初的几次大罪，无不伴随着人类的进一步分裂。亚当、夏娃的儿子该隐（Cain）和亚伯（Abel）是亲兄弟，兄弟相残，导致了人类历史上第一桩谋杀案。奥古斯丁对这件事谈了很多，因为杀弟的该隐成为地上之城的创建者，也因为该隐的杀弟之罪，隐隐预示了罗马的建城者罗慕洛斯（Romulus）的杀弟之罪。第一座地上之城的创建者是杀弟者，最大的地上之城的创建者也是杀弟者（《上帝之城》15.2）。地上之城都是在罪恶中建立的，虽然大城的建立体现了人类合众为一的历史梦想，但包括罗马在内的任何一座地上之城都无法成为第二亚当，承担起统一人类的历史使命。

到了挪亚（Noah）的时候，地上充满了强暴，导致了上帝的震怒。而人类的彻底分裂，则始于巴别塔。巴比伦城和巴别塔的建造，导致了人类语言的变乱。在西方的罗马兴起之前，巴比伦曾经是东方世界最强大的帝国，在《旧约》中又是灭亡犹太人的帝国。奥古斯丁认为，西方的罗马正是对东方的巴比伦的延续（《上帝之城》18.2）。奥古斯丁指出，这座巴比伦城就是变乱之城，而它的建造者，就是巨人宁录（Nimrod）：

> 他和自己的人民建起一座反对上帝的塔，这象征了他们骄傲的不敬。哪怕这种坏的情感没有成功，也应该被惩罚。那么他应该受怎样的惩罚？他用语言来称霸传令，那么就应该谴责他的骄傲，使这个不愿理解和遵从上帝的命令的人，自己的命令也不被理解。既然他的每个人都无法理解，那么这个密谋就解体了，因为每个人都只和能够相互说话的人为伍，否则就要离开。因为语言分散，民族也布满大地。（《上帝之城》15.4）

语言的分化，使人类无法相互理解；巴比伦这个世界帝国的建立，伴随着人类的彻底分裂。世界帝国的建立，依靠的是人类的不义和骄傲，不仅不可能在真正的意义上实现合众为一，反而会导致人类世界的分崩离析："人类世界如水相汇，越是大，危险越多。最初是语言的分化使人和人分离"（《上帝之城》19.7）。为了规避语言的分化，世界帝国派翻译来沟通不同的民族，但成群结队的翻译却必须伴以频繁而惨烈的战争。

结果，人类用以弥合分裂的各种方式都没能成功。上帝虽然为联合亚当与夏娃而赐福给他们的婚姻和后代，但先是夫妻共同偷吃了禁果，接着是他们的儿子骨肉相残，家庭并没有完成合众为一的使命；随后，地上之城在杀弟的血泊中建造起来，这以不义为根基的城，也无法把人类重新统一起来；再后来，人类凭着骄傲，在血腥的战争中建立起世界帝国，这帝国导致的是人类更彻底的分裂，也不可能实现合众为一的梦想。于是，奥古斯丁说：

> 他们希望智慧的人过社会生活，这是我们更为赞同的。但是，谁能计算，在这必朽的艰苦的人类社会，有多少和多么沉重的坏事？谁能算得清呢？他们应该听听自己的一个喜剧人物的感觉，而这是所有人都同意的："我娶了媳妇；我在这里发现了多少悲惨！然后生儿育女，又多了操劳。"这个特伦西还记录下了人间之爱的种种罪过："伤害、疑心、敌意、战争、和平，等等。"这些不是到处充满了人间事务吗？不是就连真诚相爱的朋友之间，也不缺少这些吗？不是在人间事务的每个角落，我们都能感到伤害、疑心、敌意、战争，以及各种必然的坏事吗？（《上帝之城》19.5）

奥古斯丁对人世间的黑暗有深刻的洞察，甚至到了冷酷的程度。虽然他肯定人的社会性，但是他不相信任何人间的制度能够使人获得幸福。于是，本来最具社会性的人，却陷入了最残酷的战争和自相残杀当中：

> 哪怕没有理性的生灵，那些水里和地上长出的群居物种彼此之间也会比人更安全而和平地过日子；而从一个人繁衍出整个人类，本来就是为了其后代能和谐相处。狮子之间和龙蛇之间都不会像人们之间这样发动战争。（《上帝之城》12.23）

人类都来自亚当一人这个事实，虽然标示着人类只有在重新和合为一时才能真正获得拯救，但仅凭着人类自己的力量和制度，不仅不足以完成这一使命，而且还会离这一理想越来越远。那些群居的物种虽然并没有注定要和合为一，但也没有像人类这样相互仇杀；像狮子那样独来独往的物种，虽然本来就不具有社会性，却也没有产生人类这么大规模的血腥战争。

从亚当繁衍出众人这件事的意义，更多不在于揭示现实，而在于促使圣徒们思考："上帝知道，这些人如果思考上帝从一个人造出多人，从而创造整个人类这件事，就会明白，众人联合如一是神恩所愿的"（《上帝之城》12.23）。虽然上帝设立并赐福了婚姻制度，祝福人类的繁衍传承，而且从家庭到城邦和世界帝国的一系列制度，都象征着人类和合为一的理想，但奥古斯丁认为，这些制度所实现的，都不是真正意义上的和合为一。真正的和合为一，只有在上帝之城中才能实现，最终容纳所有圣徒，组合成第二亚当，即耶稣基督。

从犯罪以后，人类就分裂成了两座城。奥古斯丁在《上帝之城》第 15 卷的开头说：“关于这两个城在我们不知道数目的天使中，或者在两个初人中的起源，我已经谈得够多了，看来，我现在要谈论两个城的发展，从二人生育后代开始，到人类不再生育为止”（《上帝之城》15.1）。

两座城在天使中的起源很清楚，就是天使和魔鬼的分裂。堕落的天使不服从上帝，成为魔鬼，他们就组成了地上之城。人类却不能如此截然二分，但奥古斯丁又认为在人类之中存在两个城。那么初人是怎么分裂为上帝之城和地上之城的呢？是亚当属于上帝之城，夏娃属于地上之城吗？还是亚当、夏娃堕落前属于上帝之城，堕落后属于地上之城？抑或是有别的可能性？

人类无法像天使和魔鬼那样，判然分为两座城的成员，这正是人类历史的基本特点。按照我们的理解，哪怕在没有堕落的时候，亚当和夏娃也尚未像天使们那样，成为上帝之城的公民；堕落之后，所有人都成为魔鬼的俘虏，但都没有像魔鬼们那样，彻底丧失皈依上帝的可能性。天使代表着皈依上帝的理想状态，魔鬼代表着背叛上帝的极端状态；魔鬼和天使的判然二分，其实是对摩尼教善恶二元论的继承和修改，只是因为天使和魔鬼不再是光明之神和黑暗之神，它们在宇宙体系中的位置和存在的哲学基础都和绝对的二元论不同了。

人则是生活在这两极之间的。一方面，上帝按照自己的形象造了人的形式，赋予了人皈依的可能性；另一方面，由于原罪，人并没有真正完成这个皈依，就背叛了上帝。人堕落的方式和魔鬼很像，但是人并没有变得像魔鬼那样不可救药。如何把握皈依的可能性和已经堕落之间的模糊地带，是一个极为重要也非常困难的理论问题，因而导致了奥古斯丁关于人的灵魂的几种说法。正是因为这种模糊性，在两个初人那里，上帝之城与地上之城的区分也是模糊的，即并不能明确区分出来，究竟谁属于上帝之城，谁属于地上之城。堕落后的亚当和夏娃，都属于地上之城，但都有皈依上帝之城的可能性。奥古斯丁所谓两座城的对立在初人之中的起源，指的就是人性中的神性和罪性的起源。人的灵魂中有上帝的形象，有灵性，有沉睡了的理智灵魂，这就是上帝之城的起源；而人背离了上帝的形象、偏离了灵性的灵魂、堕入了罪中的身体，都是地上之城的起源。在这个意义上，两座城在初人夫妇中就已经起源了。

正是在这个意义上，奥古斯丁强调人的内在分裂：“哪怕在一个人身上，我们都能体会使徒说的道理：‘属灵的不在先，灵魂性的在先。以后才有属灵的’”（《上帝之城》15.1）。在人类中，两座城的对立在根本上是每个人心灵中的自我对立。

但在初人之后，心灵秩序中的对立，又逐渐演化为世界历史中两个阵营的对立。这当中的第一步，就是亚当和夏娃生下的两个儿子：该隐和亚伯。“在整个人类中也一样。两个城开始死生相继的过程，其中最先问世的，乃是这个世俗之城，随后才是上帝之城中的公民，是此世中的过客”（《上帝之城》15.1）。本来，如果把两座城在人类社会中的对立理解成每个人的内在对立，这种对立就不该体现在两个人身上，但奥古斯丁现在说，该隐和亚伯的对立，就是善恶两座城的对立。这里面潜藏着一个很大的矛盾。在基督教思想史上，这个矛盾表现出来就是，已经接受了《新约》的人该如何对待《旧约》。在基督教早期几百年的历史中，这是一个争论不休的问题。灵知派拒绝承认犹太人的《圣经》，甚至认为《旧约》中的上帝就是黑暗之神。大公教会将《旧约》也当作经典，却面临着如何面对新旧两约之间的矛盾的问题。奥古斯丁以自己的方式把这个问题重新提了出来。他把两座城的分别当作内在的分别，在理论上也是在拒斥灵知派的二元论。而且他也明确将《旧约》当作经典，甚至主张从字面上理解它。但在对《旧约》的字面解释中，他却把该隐和亚伯当作了善恶之城的代表。人类似乎从伊甸园被赶出来后，就分裂成了两个阵营，一善一恶。他这不是把二元论又偷偷地迎回来了吗?

奥古斯丁或许意识到了这对矛盾。他没有说该隐和亚伯的对立只是比喻，但还是强调，这里面蕴含着重要的比喻意义。在兄弟二人中，该隐为长，亚伯为次。此中蕴含的意思是：人类最初全都属于地上之城，只是有少数人被拣选了，才成为上帝之城的公民。而这个次序最根本的隐喻，仍然是每个人的内在转化：

> 最先的人是该谴责的，我们必须从他开始，但不必停留在他那里；后面的是正直的，我们必须朝那里前进，并要在到达后停留在那里。虽然并不是每个坏人都会变好，但没有好人不是最先是坏人的；但是如果一个人变好得越快，他就越能迅速地保住为自己挣得的名字，能让后来的名字掩盖先前的名字。（《上帝之城》15.1）

该隐早于亚伯出生，杀害了亚伯，而且还建了一座城，按照他的儿子的名字，称之为“以诺”（Enoch）（《创世记》4：17）。奥古斯丁指出，这是具象化的地上之城。在以诺城之后，又出现了大大小小无数个城，直到后来几乎统一了全世界的巴比伦和罗马。所有这些城，都是地上之城，没有一个是上帝之城，因为，“天上的圣徒之城，虽然产生了公民，但这些公民却在大地上旅行”（《上帝之城》15.1）。亚伯并没有另外建一座城，因此，他和别的圣徒都脱胎于地上之城，他们和所有的人一样，“起源于一开始就整个被谴责的质料”，上帝从这质料中，先是造了卑贱的器皿，后来又造了贵重的器皿（《上帝之城》15.1）。他们无法脱离自己的质料，因此不可能真正走出地上之城，去另建新城；地上所有的城，都是地上之城，不可能有真正的上帝之城。

这些圣徒与地上之城的关系是，他们要作为旅客，在大地上旅行，不能把地上之城当作自己的家乡，但又不可能离开这座城去另建一座城。在此，奥古斯丁的用意极为清楚：凡是在地上建的城，即地上任何的社会和政治集团，在根本意义上都只能属于地上之城。无论是家庭、城邦还是帝国，乃至地上的教会，都不是人的精神归依。要做上帝之城中真正的公民，必须把所有的这些组织和集团当成暂时的客旅，拒绝对它们中任何一个的归属感，只能把未来的天上之城当作自己真正的家乡。要在上帝之城中实现人类的重新合一，人在尘世生活中就要随时保持心灵的分离和孤独。要实现人本来具有的神圣的社会性，不能通过现有的社会组织完成，而必须在拒绝了所有这些社会组织之后，靠每个人自己才能完成。虽然奥古斯丁说两座城的对立体现在该隐和亚伯身上，但该隐和亚伯在世界历史中各自的位置是非常不同的。该隐是第一座城的建造者，甚至就是地上政治的肇端者，但亚伯没有建任何一座城，他充其量只代表了生活在地上之城中的某些将来属于地上之城的公民；或者，更确切地说，他只代表了人类心灵中的某种力量。奥古斯丁既然说“没有好人不是最先是坏人的”，那就不能认为亚伯这里已经有了上帝之城。奥古斯丁似乎解决了他这里两座城二元对立的问题，解决的根本策略就是，把对立理解为内在的对立和分裂，而不是现实的城与城之间的对立。

既然地上没有哪座城是上帝之城或其尘世代表，罗马当然不能成为上帝之城在人间的实现。但奥古斯丁对罗马的否定，并不是因为罗马尤其罪恶，而是出于对地上之城的普遍否定。按照这个道理，就不仅罗马不能，而且地上的耶路撒冷也不能是上帝之城，甚至地上的教会同样不是上帝之城。它们只能是各种形态的地上之城。我们在上一章已经看到，奥古斯丁对地上之城的否定，是对尘世人际关系的根本否定。在上帝之城中，所有这些关系都要被取消掉，甚至包括最基本的人伦家庭关系，因为天上的人“也不娶也不嫁”（《路加福音》20：35）。因此，现实生活中并不存在“上帝之城”，所谓“上帝之城”只存在于未来的末日之后。因为到了末日就不再有时间，上帝之城就在时间之外，或者说，它并不是一种历史现实，而只是从永远的未来向现在的一种投射；对于现实生活中的人而言，“上帝之城”更多是对现实社会的一种否定，而不是任何一种肯定性的制度建构。

在该隐和亚伯那里本来已经解决的问题，在罗马和耶路撒冷这里似乎又重新冒了出来。如果耶路撒冷不是真正的圣城，教会也不是神圣的组织，那么奥古斯丁到底在什么意义上肯定《旧约》的历史呢？人类的尘世政治难道就完全没有精神意义了吗？若是这样，不仅罗马人的德性和英勇都被否定了，犹太人建立自己国家的努力、现代西方人争取民主自由的斗争，似乎也都没有什么意义了。

第三节　尘世政治的价值

奥古斯丁用保罗（Paul）关于撒拉（Sarah）和夏甲（Hagar）的说法来比喻耶路撒冷与两座城的关系。但一是因为所用的意象比较复杂，用语比较含混，二是因为他处理的本来就是个非常复杂的问题，以至于人们在理解奥古斯丁的意思时产生了极大的争论。

他首先说："这个城有一个影子，一个预兆性的像，其含义并不是要把上帝之城实现在地上，而是要指出她将在某个时间实现，这个城也被称为圣城，不是因为她真的是圣城，而是因为她是未来的圣城的像"（《上帝之城》15.2）。随后，他引用了保罗在《加拉太书》中的一段话：

> 你们这愿意在律法以下的人，请告诉我，你们岂没有听见律法吗？因为律法上记着，亚伯拉罕（Abraham）有两个儿子：一个是使女生的，一个是自主之妇人生的。然而那使女所生的，是按着血气生的；那自主之妇人所生的，是凭着应许生的。这都是比方：那两个妇人就是两约，一约是出于西乃山，生子为奴，乃是夏甲。这夏甲二字是指着亚拉伯的西乃山，与现在的耶路撒冷同类，因耶路撒冷和她的儿女都是为奴的。但那在上的耶路撒冷是自主的，她是我们的母。因为经上记着："不怀孕、不生养的，你要欢乐；未曾经过产难的，你要高声欢呼，因为没有丈夫的，比有丈夫的儿女更多。"弟兄们，我们是凭着应许作儿女，如同以撒一样。当时那按着血气生的，逼迫了那按着圣灵生的，现在也是这样。然而经上是怎么说的呢？是说："把使女和她儿子赶出去；因为使女的儿子不可与自主妇人的儿子一同承受产业。"弟兄们，这样看来，我们不是使女的儿女，乃是自主妇人的儿女了。基督释放了我们，叫我们得以自由……（《加拉太

书》4：21-5：1）

保罗这里有两个层面的象征：第一，他认为，撒拉和夏甲分别象征了新旧两约；第二，他又进一步说，为奴的夏甲象征了罗马时代的耶路撒冷，成为罗马的奴仆，而自主的撒拉却象征了天上的耶路撒冷。保罗的第二个象征，应该是服务于第一个象征的：在撒拉还不能生育的时候，由夏甲生育；等到撒拉能生育了，夏甲就要被赶出去。在耶稣没来的时候，只有《旧约》；但耶稣颁布了《新约》之后，《旧约》就失去了意义。两个耶路撒冷的含义也应该是，在耶稣没来的时候，耶路撒冷代表了上帝之国；在耶稣来了之后，地上的耶路撒冷的地位就不重要了，因为耶稣宣布了天上的耶路撒冷。

我们在进一步看奥古斯丁的阐释之前先要清楚，保罗处在与奥古斯丁非常不同的时代：当时的耶路撒冷为罗马人所占领，基督徒无论在耶路撒冷还是在整个罗马，都处于边缘地位。面对这样的政治处境，保罗将希望寄托于天上的耶路撒冷。虽说基督徒并没有把建立独立政权当作自己的目标，但这种盼望却多少反映出了尼采（Nietzsche）所谓的奴隶道德。

但在奥古斯丁的时代，基督徒已经不再是犹太教的异端，而且脱离了被罗马帝国镇压的处境，罗马的基督徒早就脱离了为奴的边缘处境，而成为强大的罗马帝国的公民甚至当权者。像奥古斯丁这样批判自己所在的尘世政权，就与保罗时代有了非常不同的意义。奥古斯丁并不关心真正的耶路撒冷和犹太人①，他对耶路撒冷的否定，更多服务于他对罗马和所有世俗政权的普遍否定。他解释说：

> 地上之城的一部分，作为天上之城的像，不代表自己，而是代表那一个，是为奴的。她不是为自己而建的，而是为了所象征的另一个而建的。由于她又被另一个来象征，那预示性的又由另一个来预示了。撒拉的使女夏甲和她的儿子，就是这个像的像；但是影子在光照下就会消失，这光就是经上说的自主的撒拉，她象征了自由之城，夏甲是她的象征，是她的影子，侍奉她。她说："你把这使女和她儿子赶出去，因为这使女的儿子不可与我的儿子以撒一同承受产业。"使徒则说"与自主妇人的儿子"。我们发现地上之城有两个面相，在一个面相中，她展示了自己的样子，在另一个面相中，则以自己的显现，象征着天上之城。地上之城的公民是因罪而

① 关于奥古斯丁著作中的犹太人问题，参见 Mireille Hadas-Lebel，*Jerusalem against Rome*，Leuven：Dudley，2005；Paula Fredriksen，*Augustine and the Jews*，New York：Doubleday，2008。

> 有罪过了的自然产生的；真正天上之城的公民则产生于恩典，脱离了罪，回归自然；所以后者是贵重的器皿，前者是卑贱的器皿。甚至亚伯拉罕的两个儿子都象征了这二者，一个出自名叫夏甲的使女，就是依照肉身生的以实玛利，另一个出自自主的妇人撒拉，是按照应许生的以撒。两个都是亚伯拉罕的骨肉；但是一个只是实现了惯常的自然，另一个则是应许给的，象征了恩典；一个只有人的用途，另一个获得了神的福祉。（《上帝之城》15.2）

奥古斯丁虽然也接受保罗关于《圣经》两约的解释，但他主要继承的是保罗的第二层象征。他首先认为，地上的耶路撒冷预示了天上的耶路撒冷。而撒拉象征了天上的耶路撒冷，夏甲则象征了地上的耶路撒冷；夏甲对撒拉的预示，就象征了地上的耶路撒冷对天上的耶路撒冷的预示，所以说，夏甲是“这个像的像”。这些意思，在保罗那段话里已经都有了，只是奥古斯丁说得更复杂。

奥古斯丁又明确强调，耶路撒冷是“地上之城的一部分”，但是这个地上之城有特别的使命，即用来象征上帝之城，就是所谓“天上的耶路撒冷”，甚至说，“她不是为自己而建的，而是为了所象征的另一个而建的”。学者们争论的焦点就在于，在两座城的关系中，地上的耶路撒冷究竟处在什么位置上。在奥古斯丁两城说的体系中，本来只有上帝之城和地上之城两座城，而耶路撒冷既是地上之城的一部分，又代表了上帝之城。它究竟算是地上之城，上帝之城，还是第三座城呢？

这一段之所以会引起巨大的争论，当然首先是因为奥古斯丁的讲法过于含混，用了太多的代词。夏甲母子“是这个像的像”，这个像是指撒拉，还是地上之城呢？撒拉母子所象征的究竟是地上之城（即像的像），还是上帝之城呢？我们可以把它理解为：夏甲象征了撒拉，撒拉象征了地上之城的一部分，即地上的耶路撒冷，而地上的耶路撒冷又象征了天上的耶路撒冷。可以用下图表示这种关系：

夏甲 ⟶ 撒拉 ⟶ 地上的耶路撒冷 ⟶ 天上的耶路撒冷

这种单向的比喻关系，应该是很多人的理解方式。如果按照这种或类似的理解，则地上的耶路撒冷应该是一个非常特殊的城，和别的地上之城不同，象征并代表了上帝之城，甚至可以说，是地上的上帝之城。这里，问题的实质并不是耶路撒冷或圣城的位置，而是尘世政治的意义。按照这一逻辑，若是耶路撒冷可以成为地上的圣城，则罗马也有可能成为圣城，教会更有资格成为圣城。①

但我们要清楚，奥古斯丁的比喻是从保罗来的。保罗说得很清楚，夏甲象征着地上的耶路撒冷，撒拉象征着天上的耶路撒冷，而夏甲和撒拉之间并没有象征的关系，只是夏甲生子预示了撒拉生子。无论在保罗的比喻中还是在奥古斯丁的引申中，撒拉都从来没有象征过地上的耶路撒冷；地上的耶路撒冷的命运，就是夏甲和她儿子的命运，而不是撒拉和以撒的命运。只是奥古斯丁将预示和象征两个词混用，结果反而造成了不必要的混乱。但若借助保罗来理解奥古斯丁的比喻，这四者之间的关系应该如下图所示：

在此，两个女人分别对应于两座城，两个女人之间的预示关系，象征了两座城之间的预示关系。夏甲是使女，和别的使女没有什么不同。她的唯一特殊之处在于，亚伯拉罕在撒拉没有生育时，纳她为妾，让她生了儿子，上帝以此事来预示撒拉的生育。但夏甲并不因此而不再为奴，等到撒拉生了子，她就要带着儿子离开亚伯拉罕家。同理，地上的耶路撒冷和其他的地上之城也没有什么不同，其特殊之处仅在于，它被用来预示天上的耶路撒冷。等到天上的耶路撒冷显现出来了，它的使命也就结束了，仍然要被当作地上之城来看待。②

耶稣来临之时，上帝之城就显现了出来，于是，地上的耶路撒冷就失去了象征它的意义，可以被废弃掉了。奥古斯丁将地上之城分为两部分，一部分是没有任何象征意义的，另一部分是有象征意义的，但在本质上，这两部分没有不同。奥古斯丁在《上帝之城》中的基本思想是，只有两座城，不可能有第三

① 德国学者雷斯岗提出了一个著名的说法，指出奥古斯丁的思想中其实有三座城：（1）天上的上帝之城，或称“天上的灵性之城”；（2）地上的上帝之城，或称“地上的灵性之城”，撒拉和她的儿子以撒象征这座城；（3）严格意义上的地上之城，或称“地上的肉身之城”，夏甲和她的儿子以实玛利（Ishmael）象征这座城。按照这种理论，则耶路撒冷是地上的灵性之城。它虽在地上，其实质却是和上帝之城一样的，或者说，它是上帝之城在尘世中的代表。这一说法在后来的《上帝之城》研究中，特别是在德语学术界，引起了很多共鸣。参见 Hans Leisegang，“Der Ursprung der Lehre Augustins von der Civitas Dei，” *Archiv für Kulturguschichte*，vol. 16，1925，pp. 127－128。

② 克兰兹对雷斯岗的学说做了简明但有力的批判，指出在这一章的文本中，找不到对三城说的支持。参见 F. Edward Cranz，“*De Civitate Dei*，XV，2，and Augustine's Idea of the Christian Society，” *Speculum*，vol. 25，1950，pp. 215－225。

座城。耶路撒冷虽然比较特殊，但它的存在不会破坏两座城的基本结构。

上帝之城与地上之城之间的二元结构是世界历史的基本结构，不会出现第三座城，因此凡是地上的政治和社会制度，都属于地上之城，不会在任何意义上属于上帝之城。在犹太—基督教的思想体系中，以色列和耶路撒冷是最有资格成为地上的上帝之城的，但如果连耶路撒冷都只是为奴的夏甲，其他的政权就更不可能成为上帝之城的代理。身在罗马的奥古斯丁并不关心犹太人和他们的耶路撒冷，他表面上否定了耶路撒冷的神圣意义，实质上是彻底否定了尘世中任何制度的根本意义，对尤西比乌等人的历史观做出了重大的修改，同时也使他能够以更冷静的方式面对罗马的衰亡。但这一推论却推到了更极端的程度。如果罗马和耶路撒冷都不可能是地上的上帝之城，那么教会这种人为的组织，在根本上也并不等同于上帝之城。奥古斯丁警告基督徒：

> 只要上帝之城还在尘世中做客旅，即使和上帝之城在一起的人中，也有一些，虽然通过圣事和上帝之城联系在一起，但是将来不会和她一起，享受圣徒才会享有的那种永恒幸福。他们一部分是潜藏的；一部分是公开的。……于是，两个城在这个时代交织在一起，相互混杂，直到最后的审判才会分开。(《上帝之城》1.35)①

这里更实质的问题是，在奥古斯丁的思想体系中，究竟如何看待尘世的政治制度。如果坚持两城说，则人类的任何社会制度都是魔鬼之城；那么，在上帝之城面前，人类的社会政治制度就没有任何积极的意义了，世界历史将彻底变为心灵秩序。无论是教会还是基督教国家，似乎都没有任何存在的价值。决定是否获得拯救的，都是每个人自己的心灵。虽然奥古斯丁在理论上已经走到了这个极端，但是在现实政治中，这是不可操作的理论假设。因而，在讨论很多具体问题的时候，奥古斯丁常常无法贯彻他对人世制度的这种彻底否定。比如在《上帝之城》15.4，他就充分肯定了尘世中的和平的意义：

> 地上之城不会永恒（当她最后得到应有的惩罚时，就不再是一个城了），但也有自己的好。这个集团也会快乐，但只能是这种事物提供的那种快乐……当为正义的原因而战的人胜利时，谁会怀疑那是令人兴奋的胜利，达到了人们希求的和平？这些是好的，而且无疑是上帝的赐予。但是

---

① 此外，奥古斯丁还在《上帝之城》18.49、19.6、20.27 等很多地方给出了类似的说法。关于教会与上帝之城的关系，也可参见 Yves M. J. Congar, “Civitas Dei et Ecclesia chez saint Augustin,” *Revue des Études Augustiniennes*, vol. 3, 1957, pp. 1–14。

> 如果我们忽视了更好的、属于天上之城的好，忽视了那永恒而最高的胜利中有保障的和平，而只欲求这类的好，或者认为这是唯一的好，或者爱它胜过爱那我们相信是更高的好，接下来必然是悲惨，而且悲惨还会不断增加。(《上帝之城》15.4)

按照这一段的叙述，地上的和平也是一种好，而且是上帝的赐予；只是比起上帝之城中的永恒善好来要低一个层次。这样的理解，确实像雷斯岗说的那样，带有很强的柏拉图主义色彩。如果地上的和平与幸福都是上帝的赐予，那么地上的王国也应该是上帝所赐的。奥古斯丁说："哪怕是地上的好（那些不能想象出更大的好的人只追逐这些），也是服从于唯一的上帝的权柄的"（《上帝之城》4.34)。这些拥有地上的幸福与和平的城，既然也获得了上帝的赐予，岂不是应该区别于魔鬼之城？至于以色列或基督教国家，不是更不能称为魔鬼之城了吗？奥古斯丁对希腊罗马的哲学、文化、艺术、政治等，都表现出相当高的敬意，对柏拉图、西塞罗、瓦罗（Varro)、普罗提诺（Plotinus)、波斐利(Porphyry）等哲学家赞赏有加，对李维、撒路斯提乌斯（Sallustius）等历史学家非常喜爱，对维吉尔的诗篇烂熟于心，对西庇阿、加图、勒古鲁斯（Regulus）等英雄极为崇敬，自己更是熟谙异教世界的各种学问和文化传统。难道他真要把自己热爱的这一切都归入魔鬼的阵营吗？

或许正是基于这样的考虑，很多人不愿意接受奥古斯丁两城说的极端推论，而是要么把一个地上实体等同于上帝之城，要么认为，在魔鬼之城与上帝之城之间，还存在另外一个城。而他们在奥古斯丁的著作中，也往往能找到很多证据。[①] 关于究竟是否存在第三座城，不能只考虑支持双方观点的文本材料，还要全面把握奥古斯丁的思想，从而厘清这些材料各自的位置和作用。[②] 按照奥古斯丁的概念，尘世之好确实也是上帝的赐予，具有一定的积极意义，但是

---

① 几乎就在克兰兹发表文章驳斥第三座城的同时，著名的瑞士主教热尔耐也在《言成教会》第2卷提到了第三个城的问题："在他关于两座神秘之城的神学语境中，奥古斯丁自己特别为第三座城划出了一块地方，这个城不能和魔鬼之城相混，这是一个人类之城，有它巨大的尘世价值。"(Charles Journet, *L'Eglise de Verbe Incarné*, *tom 2*, Paris: Desclee De Brouwer, 1962, pp. 26-34.)

② 法国著名的奥古斯丁研究学者马鲁非常同情地指出了热尔耐立论的理由。他承认，在《上帝之城》中的很多地方，特别是第15卷第4章，和第19卷关于尘世和平的几章中，奥古斯丁高度评价了尘世和平的价值。对于深受柏拉图主义影响的奥古斯丁来说，这些东西是某种"好"，是毋庸置疑的。但是，这些好的东西是否构成了一个城，即热尔耐所谓的"人类之城"，却是另外一个问题。马鲁认为，热尔耐的说法之所以不符合奥古斯丁的思想，最根本的问题在于，这些尘世的好并不带有积极的价值。这些"好"只不过是对人有用而已，就像人利用空气、水分、食物等等，可以维持和保护人的身体，而与永恒的幸福和谴责无关。(H. I. Marrou, "Civitas Dei, civitas terrena: num tertium quid?" *Studia Patristica*, vol. 2, 1957, pp. 342-350.)

这些好是可以利用（*uti*）的功用，而不是应该安享（*frui*）的结果：

> 我们说的结果，指的就是其自身能让我们快乐，而不指向别的目的的东西；而功用，就是我们用来追求别的目的的东西。因此，尘世的事物更多有功用，而不是结果，这样我们就能安享永恒；而堕落的人则不同，他们更愿意安享钱财，利用上帝；不是为上帝花钱，而是为钱服侍上帝。（《上帝之城》11.25）①

利用与安享，是奥古斯丁非常重要的一对概念。② 在奥古斯丁看来，凡是存在的事物，都有好的自然，因为只要是自然，就是好的，所以哪怕魔鬼也有好的自然。如果彻底没有自然，就不可能存在了。但是大部分存在物只能利用，不能安享。在严格意义上，可以安享的，只有上帝，其他一切都只能利用。尘世中的各种事物虽然好，但不能成为安享的对象，这样，它们就不可能有真正积极的价值。尘世中的好，是好人和坏人都要利用的；因此，上帝之城必须利用地上之城中的和平，哪怕是巴比伦的和平。尘世中的好并没有使巴比伦脱离地上之城或魔鬼之城的地位，因此根本不足以构成第三座城。③

奥古斯丁一方面绝对否定了尘世生活的积极意义，另一方面又相对肯定了地上之城中的和平、道德、幸福。事实上，他大大否定了尘世生活中的这些价值，认为它们和空气、水、食物等维持肉体生命的物质没有实质的区别。而这种极端立场虽然在理论上并非不可理解，但在任何社会和政治实践中都难以被全面实行。这正是奥古斯丁的两城说在历代被不断误解和修正的根本原因，其中应该不乏有意的曲解。

不过，误解和修正并不意味着根本的摒弃和克服。奥古斯丁的尘世之好与绝对之好之间有一种辩证关系，却是一种非常古怪和危险的辩证关系。相对于可以安享的上帝之城，尘世之好只是暂时可以利用的，虽然不是恶，但不能成为追求的对象。若把尘世之好当成了安享的对象，就有了恶。政治的价值只有相对的意义，每种政治价值被确立之后，都面临着被相对化甚至否定的命运。于是，任何地上政治都在一定意义上是好的，但又都可以被否定掉。不仅各个世俗国家不足以成为上帝之城的代言人，而且即使是教会也可能被斥为魔鬼之城，而这正是在西方历史上不断发生的事情。神学政治的这种辩证法在不断抽

---

① William Riordan O'Connor, "The *Uti/Frui* Distinction in Augustine's Ethics," *Augustinian Studies*, vol. 14, 1983, pp. 45 – 62.

② See O'Connor, "The *Uti/Frui* Distinction in Augustine's Ethics."

③ See H. I. Marrou, "Civitas Dei, civita sterrena: num tertium quid?"

空现实政治的意义，将人间的价值归向虚无，结果不会带来和平，反而会制造无数的冲突与战火。

在对奥古斯丁政治学说的研究中，除去上述三座城的问题外，还有一些著名的争论，其核心问题仍然是尘世之城究竟有没有积极的价值。奥古斯丁两城说的基本出发点既经明确，这些问题也就比较容易理解了。

其中一个问题，就是什么是真正的共和（*res publica*），以及罗马是否有过真正的共和。《上帝之城》2.21 谈到了西塞罗的《国家篇》中西庇阿关于共和的定义："他说，共和就是'人民之事'（*rem populi*）。人民（*populum*）指的并不是所有人和大众的集合，而是按照对'正义'（*iuris*）的认同和共同的利益集合起来的团体（*sociatum*）。"到了《上帝之城》的 19.21，奥古斯丁又回到了这个问题：

> 按照西塞罗的《国家篇》中西庇阿给出的定义，罗马从来没有过共和。在本书的卷二，我曾经许诺说要证明这一点。现在是时候了，我要尽可能简洁清楚地解释这一点。简单说来，共和（*res publica*）就是人民之事（*res populi*）。如果这个定义是对的，那罗马就从未有过共和，因为从未有过人民之事，即他对共和的严格定义。他把人民定义为，共同认可什么是正义，并且是利益共同体的大众的团体。他在对话中解释了他说的"共同认可什么是正义"是什么意思，以此表明，没有正义就没有共和；而在没有真正的正义的地方，不会有"法律"（*ius*）。因为，"法律"就是正义地做的事；不正义地做的事，不会是"法律"。人类的邪恶制度，不能说成或认为是法律……正义就是让人各得其所的一种德性。那么，让人自身离开上帝，让他屈从于肮脏的鬼怪的，算是什么人的正义？

将这两段放在一起，我们就能清楚地看出奥古斯丁对西塞罗的共和定义的基本看法了。他以基督教的方式诠释了西塞罗对"共和"的定义，认为按照这种定义，是不可能有真正的共和的。西塞罗把共和定义为"人民之事"，而人民是按照对正义的认可和共同利益结成的团体；不按照正义结合起来的团体不算人民，自然也就无法组成共和。按照柏拉图和西塞罗的定义，"正义"就是每个人各得其所，奥古斯丁也承认这一点。但是在他的思想体系中，各得其所就是首先要让上帝得到他应该得到的；而堕落后的人都已经屈从于魔鬼，背离了上帝，这已经算是不正义了。所以，无论政治制度成为怎样的，只要无法使人真正脱离魔鬼的统治，就不可能是正义的。

按照这一说法，奥古斯丁实际上赞成《国家篇》中对话的另一方对尘世政治的看法："如果不靠非正义，共和就不能建立和发展，这是一个极强的说法，因为让人服从人的统治就是非正义的；但是，对于一个庞大的共和国来说，如果帝国之城不采用这种非正义，就不能节制诸省"（《上帝之城》19.21）。在现实政治中，一定要让人服从人；但奥古斯丁认为，这本身已经是不正义的了，而任何共和都必须靠这一基本原则才能建立，可见，世俗国家必然建立在不正义的基础之上，那就更不可能是真正的共和了。

到了《上帝之城》19.24，奥古斯丁又重新审视了这个问题。他说：

> 如果不这样，而是以别的方式定义人民，比如："人民就是众多理性动物的集合，这些理性动物因为热爱的事情相和谐而组成社会。"那么，要看某个"人民"是什么样的，就要看他们爱什么。不管他们爱什么，只要不是众多牲畜的集合，而是理性的被造物的集合，并且因为所爱的东西相和谐而组成社会，那么，称为人民就不荒谬。而他们所爱的东西越好，人民就越好；他们所共同爱的越坏，其和谐就越坏。按照我们的这个定义，罗马人民是人民，他们的事无疑就是人民之事（共和）。

奥古斯丁在这里提出了对人民的一个新定义，认为一群人只要共同爱某些东西，就可以组成人民。[①] 所爱的对象可以是正义，也可以是非正义，不管这个对象是好是坏，只要他们之间达成共识就行。这样，虽然在绝对的意义上，尘世中的国家不可能按照真正的定义构成，但是它们还可以成为共和。在这个意义上，罗马人民既然是人民，他们的国家当然就是共和。

奥古斯丁和西塞罗对正义的理解还有一个非常重要的不同。当西塞罗借西庇阿之口讨论城邦中的和平时，他用了这样一个比喻：

> 在弦乐或者管乐，以及歌唱当中，音乐是由不同的声音协调而成的，有教养的耳朵不能忍受怪异和不和谐；非常不同的声音相互配合，达到协调一致，就能形成和谐：因此，理性像合唱能把很不同的声音协调起来一样，能够协调高贵的、低贱的、中间阶级的人，城邦也会达到协调。音乐家所谓的歌唱中的和谐，就是城邦中的协调，是使共和免于伤害的最高超和最好的纽带，没有正义，城邦就不会有和平。（《国家篇》2.69；《上帝之城》2.21）

---

① See Jeremy du Quesnay Adams, *The Populus of Augustine and Jerome: A Study in the Patristic Sense of Community*, New Haven: Yale University Press, 1971.

西塞罗这里的正义与和平概念，依赖于城邦中不同部分的差异与相互协调，即首先要承认人和人之间有差异，但在这自然差异的基础上，要使它们尽可能相互配合，协调一致。如果忽视自然的差别，或是不依循自然差异，导致不和谐，就如同怪异的音乐，不可能是真正的正义。作为正义的各得其所，就是有差异的人之间的协调与配合。这和柏拉图在《理想国》中描写的城邦各阶层之间的分工合作是一致的。

奥古斯丁虽然引用了西塞罗的这段话，但他把各得其所理解为首先要把上帝的归上帝，对于每个人来说，上帝的归上帝就只是对心灵秩序的调整，完全失去了对城邦秩序的关注。当奥古斯丁给出对正义和人民的新定义时，就根本忽视了相互协调这个含义。这使奥古斯丁对正义和社会的理解，完全指向了另外的方向。①

撒路斯提乌斯是对奥古斯丁影响极为深远的罗马历史学家之一。奥古斯丁用来批判罗马历史的概念“霸欲”（*libido dominandi*），就是撒路斯提乌斯从修昔底德那里学来的。因此，当奥古斯丁以这个概念来理解罗马史时，他背后是从修昔底德到撒路斯提乌斯的一个深厚传统。② 在撒路斯提乌斯的《喀提林阴谋》中，“霸欲”是这样出场的：

> 当亚细亚的居鲁士、希腊的雅典人和拉克戴蒙人开始征服各个城市和民族，把霸欲当作发动战争的借口，把最大限度地扩充霸权看成是最大荣誉的时候，人们终于从这种危险的事业认识到，精神的作用在战争中是最大的。③

对撒路斯提乌斯而言，历史学也是对人性的一种探讨。他把霸欲的产生当作人类文明的一个转折点，因为军事征服帮助人们认识到了精神力量的伟大。撒路斯提乌斯也并不是毫无限制地肯定霸欲。他清楚地知道，霸欲本身并不是一种德性，只有将它用于正途，才能起到好的作用。在他的历史著作中，撒路斯提乌斯并没有频繁使用这个词，但这一观念却贯穿于他的历史分析的始终：

> 最初使人们的灵魂受到触动的与其说是贪欲，毋宁说是野心——野心确实是一种缺点，但是它还不算太违背道德。因为光荣、荣誉和权力，这

---

① 罗明嘉认为，奥古斯丁和西塞罗一样，强调城邦中的和谐。虽然奥古斯丁在一些地方确实也这么说过，但就其对上帝之城的理解而言，应该不是这样的。参见罗明嘉：《奥古斯丁〈上帝之城〉中的社会生活神学》，张晓梅译，205页，北京，中国社会科学出版社，2008。

② See Brian Harding, *Augustine and Roman Virtue*, New York: Continuum, 2008, p. 61.

③ ［古罗马］撒路斯提乌斯：《喀提林阴谋　朱古达战争》，94页。

> 些是高尚的人和卑劣的人同样热烈期望的，只是前者通过正当的途径获得它们，而没有高贵品质的后者通过狡诈和欺骗取得它们罢了。(《喀提林阴谋》11)

此处说的“野心”和霸欲是同义词。撒路斯提乌斯承认，霸欲或野心本身确实是缺点，但却可以激发德性。罗马之所以能够成为自由的帝国，正是靠了正确运用霸欲：

> 罗马这个自由国家一旦争得了自由，便在很短的时期内，变得令人难以置信的强大和繁荣，人们满脑子的对光荣的渴望竟是如此强烈。首先，一旦青年能够忍受战争的艰苦，他们便在军营中接受极为严格的军事训练，他们更加喜爱的是精良的武器和战马，而不是妓女和狂欢。因此，任何劳苦对他们这些人而言都不陌生，任何地区都不过于崎岖或过于陡峭，任何手持武器的敌人都不足为惧；勇气是最重要的。不仅如此，为争取荣誉，他们相互间还进行最激烈的竞争；每个人都力求第一个把敌人打倒，第一个登上城墙，并且力求在众目睽睽之下完成这样的事迹。他们把这视为财富、美名和高贵的地位。他们渴望人们的赞美，但对金钱却挥霍无度。他们的目的在于取得无限的声名，但财富则只限于他们用诚实的手段所能取得的那些。我能列举出一些战场，在这些地方罗马人只用很有限的兵力便打败了他们的敌人的大军，我还说得出罗马人攻占过哪些有天然屏障的城市。(《喀提林阴谋》7)

任何一部罗马史都不可能忽视罗马的军事征服，无论是古代的李维、维吉尔、撒路斯提乌斯所著的，还是现代的马基雅维利、吉本和孟德斯鸠（Montesquieu）所著的。罗马靠军事征服而成为世界帝国，这是一个无法否认的事实。但如何看待这种军事征服背后的精神力量，却言人人殊，特别是在古代史学家和现代史学家之间有巨大的分野。虽然撒路斯提乌斯极力赞美罗马的军事力量，但这军事力量所体现的，却是德性。因为要不断征战，所以罗马的年轻人不喜爱妓女和狂欢，而热衷于精良的武器和马匹。他们彼此竞争，渴望赞美，并不看重金钱。罗马的强大绝不仅仅在于它征服了多少城市，统治了多大地盘，更重要的是，它能够在德性中繁荣昌盛。

因此，若是罗马在奢侈腐败中强大起来，这种表面的强大只能带来实质的衰落。正是在这个意义上，撒路斯提乌斯认为，罗马在击败了最强大的敌人迦太基，从而变得不再有真正的劲敌之后，就开始衰落了。那个时候，罗马再无敌国外患之忧，和平导致了奢侈贪婪之风的盛行，罗马很快丧失了原来的光荣：

> 一旦财富开始受到人们的尊敬，并且当光荣、军事统率权和政权随之也受到尊敬的时候，德性便开始失去其光彩，贫困被认为是一种耻辱，廉洁反而被说成是一种恶意的表现。因此，由于财富的缘故，同狂妄自大结合在一起的奢侈与贪婪便沾染上了我们的青年一代。他们干着掠夺的勾当，毫无节制地浪费；他们毫不珍视自己的财产，却又觊觎别人的财产；对于节制、贞节，人的和神的一切事物，他们无不采取蔑视的态度；简言之，他们既极为胆大妄为又毫无顾忌。（《喀提林阴谋》12）

当罗马失去了外部的敌人，霸欲就不再用于对外的军事征服，反而导致了内讧。特别是从苏拉发动内战之后，霸欲不断被用于罗马内部的争夺，成为罗马衰落的重要原因。在这个时候，人们看重金钱和权势，妄自尊大、奢侈浪费，放弃了原来的德性，罗马的光荣才因而黯淡下来。在撒路斯提乌斯笔下，喀提林就是错误地使用了霸欲的人。他以满怀激情的演讲，激起了人们的忠诚和对自由的渴望，这些都是罗马历史上极为可贵的德性。但是，喀提林利用这些德性来推翻政府、谋求对内的统治权，这就使他和古老的罗马人完全不同了。[①] 喀提林和他的追随者都表现出了极大的勇敢。撒路斯提乌斯对喀提林集团被剿灭时的状况的描写，是《喀提林阴谋》中令人难忘的一个段落：

> 几乎每一个人在牺牲时都用自己的身体覆盖了在战斗开始他活着时所占据的位置。确实，被近卫军冲散的核心地点的少数人稍稍离开了其余的人，但即使是这些人，他们的伤口也是在前面的。但是人们发现喀提林远在他的士兵的前面，在被杀死的一堆敌人中间，还在轻轻地喘着气，脸上表现出在他生前给他以鼓舞的一种坚强不屈的精神。最后，在全部军队中，没有一个自由人出身的公民是在战斗中或是在逃跑时被俘的，这表明所有的人都不爱惜他们自己的生命，就如同不爱惜敌人的生命一样。（《喀提林阴谋》61）

乍读这一段，人们会觉得这是在写一群杀身成仁的英雄，而很难想到他们竟然是危害罗马共和的坏人。但撒路斯提乌斯这样描写他们的死状，并不是为了赞美喀提林等人的德性，而恰恰是对霸欲的深刻反思。喀提林的霸欲也是非

---

① See Harding, *Augustine and Roman Virtue*, p. 65.

常强大而有力的，与当初罗马人用来征服帝国的霸欲没有区别，但现在，由于这种霸欲没有被用在正确的地方，它反而变成了罗马内乱的根源。

在撒路斯提乌斯笔下，当罗马人将霸欲指向外部，靠它来征服其他城邦和民族的时候，它就激发了罗马人的精神力量，使他们热爱德性，成为一个伟大的民族；但是，当罗马人将它指向内部，用它来谋取在国内的地位，它就成为诸多恶习的温床，导致了频繁的内战和罗马的最终衰落。但撒路斯提乌斯真正赞美的并非霸欲，而是军事征服中体现出的诸般德性。霸欲的意义仅仅在于它激发或压抑这些德性。撒路斯提乌斯用这个概念来分析罗马早期的强盛与灭亡迦太基之后的衰落，这大大影响了奥古斯丁对罗马历史的理解。

奥古斯丁接受了撒路斯提乌斯对罗马历史的很多重要判断，特别是创造性地继承了“霸欲”的概念。在分析罗马历史的时候，奥古斯丁比撒路斯提乌斯远为频繁地使用“霸欲”一词。首先，在面对罗马的盛衰时，奥古斯丁完全接受了撒路斯提乌斯的历史分析，即认为罗马曾经因为霸欲对外而强盛，后来却因为霸欲对内而衰落。不过，他这里的霸欲不再像撒路斯提乌斯笔下的那样，可以激发精神力量，而变成了一种本质上邪恶的欲望。奥古斯丁并没有否定撒路斯提乌斯对罗马盛衰的分析，而是全盘接受了下来，却在这种历史分析背后加上了一层重重的底色：罗马靠了霸欲强盛起来又怎么样？那不过是原罪的一个结果而已。

在《上帝之城》里，奥古斯丁反复引用撒路斯提乌斯的话来分析罗马道德的衰落。他说：“在第二次布匿战争和最后一次布匿战争之间，罗马人民达到了最好的道德风尚和最高度的和谐。之所以有这样好的状态，不是因为对正义的爱好，而是因为迦太基的屹立威胁着他们不稳定的和平”（《上帝之城》2.18）。在布匿战争中，老加图曾经提议彻底灭亡迦太基，但西庇阿反对这一提议。普鲁塔克说：

> 这或许是因为他看到罗马人在放纵无度的情况下，在许多方面已经犯了过分的错误。人们以国家的昌盛富强而骄傲，藐视元老院的控制，随着他们疯狂的欲望，强拖着整个国家任意胡行。所以他希望保持对迦太基的恐惧，犹如使用缰绳一般去约束群众的鲁莽行动，使他们认识到迦太基虽然还没有强大得足以征服罗马，但也并非如此软弱而可等闲视之。[①]

奥古斯丁完全同意西庇阿和撒路斯提乌斯的判断，也承认迦太基的灭亡导

---

① ［古希腊］普鲁塔克：《希腊罗马名人传》，上册，374 页。

致了罗马的衰败。不过，奥古斯丁认为，迦太基的灭亡与否并没有带来实质的变化。他不像西庇阿和撒路斯提乌斯那样，以为迦太基灭亡之前的道德是真正优良的道德。他的看法是，这种恐惧所带来的并不是什么道德，因为它只起威慑作用，并非出自“对正义的爱好”，因此，罗马人即使在迦太基被灭亡之前，也谈不上真正的道德。奥古斯丁虽然接受了罗马历史学家对很多政治事件的分析，但他完全剥离了这些事件的道德意义，把它们化约为赤裸裸的政治权谋。这是奥古斯丁对待罗马史的一般策略。

奥古斯丁宣称，《上帝之城》第 2 至 5 卷的主题是，罗马诸神没有给罗马带来尘世的幸福。这几卷除了指出诸神并没有使罗马免于各种灾难之外，一个重要的内容是，诸神没有赐给罗马优良的道德。他的主要策略就是解构早期罗马历史中的德性。他在讲了迦太基的灭亡导致罗马的堕落之后评论说：“在人类的各种罪过之中，霸欲在整个罗马民族中尤其强烈，当这种欲望征服了少数当权者后，也会使别的人疲惫涣散，就像把他们囚禁在枷锁中一样”（《上帝之城》1.30）。解构罗马历史的首要工作，就是对霸欲概念的再诠释。

把霸欲放在奥古斯丁总体的思想框架中，我们不难理解他对这个概念的批判。他认为，霸欲和所有别的欲望一样，是原罪的结果，来自堕落之后人性的软弱。他在谈原罪的时候说：

> 这种报复的淫欲，被称为怒；对占有钱财的淫欲，是贪婪；不惜一切都要做成某事的淫欲，是固执；对光荣的淫欲，称为虚荣。这众多而不同的淫欲，有些有恰当的词语表示，有些没有。比如，谁能给霸欲一个合适的名字？频繁的内战表明，在僭主的心灵中，它有巨大的力量。（《上帝之城》14.15）

在这一段，奥古斯丁将霸欲和诸多欲望列在一起，认为这些欲望和性欲一样，都是人在堕落之后，身体与灵魂相冲突的结果。在这一段里讨论霸欲时，奥古斯丁从内战来证明它的力量。这就类似于撒路斯提乌斯论及罗马陷入内战之后的霸欲。在《上帝之城》的前半部，奥古斯丁也遵循了撒路斯提乌斯的历史理解，大量讨论了共和时代末期的内战，特别是苏拉（Sulla）和马略（Marius）血腥的屠杀。

但奥古斯丁并不认为，霸欲只有在用于国内的时候才是坏的。在他看来，霸欲是地上之城的根本特点，本身就意味着罪恶：“在地上之城，君主们追求称霸万国，就像自己被霸欲霸占一样”（《上帝之城》14.28）。

“被霸欲霸占”，是奥古斯丁经常使用的一个说法。在奥古斯丁看来，人在堕落之后，灵魂无法指挥身体，会为身体所控制，其实就是为各种欲望所控制。而在所有这些欲望中，霸欲是尤其残酷的一个。在《上帝之城》第 19 卷备受关注的第 15 章中，他将霸欲与奴隶制，乃至普遍的政治制度的起源联系起来：

> 人们做别人的奴仆，要比做自己的欲望的奴仆幸福，因为欲望的霸权无比野蛮，会毁掉必朽的心。我且不说别的，只举霸欲为例。在人类的和平秩序中，那些被别人霸占的人可以产生服从的谦卑，这是有益的；而称霸的骄傲是害人的。上帝最先创造的人，按照自然，没有人是人的奴仆，也没有人是罪的奴仆。神法命令自然秩序得到保护，避免受到干扰。（《上帝之城》19.15）

霸欲的错误，不在于它指向了罗马之内，而在于它指向了任何一个和自己一样为上帝所造的人。在任何人类制度当中，只要牵涉到人的不平等，就被认为是罪恶的霸欲的结果。由此我们也就可以理解，奥古斯丁虽然充分肯定了人的社会性，但对现实的政治制度却一概否定，因为在现实中，如果没有领导和被领导的等级关系，就形不成任何社会制度；而一旦有了领导和被领导的关系，奥古斯丁就说那是霸欲的结果。① 从这个逻辑出发，无论是对罗马公民，对奴隶，还是对外邦人的霸欲，都是有罪的，至于充满霸欲的地上之城的君王，他们都为霸欲所控制，本身就处在一种堕落有罪的状态。

于是，奥古斯丁推出了一个真正的罗马人不可能接受的结论：被别人霸占反而比被霸欲霸占更好。但这一耸人听闻的说法，却好像是柏拉图的《高尔吉亚》中所谓遭受不义比施加不义更好的说法的一个极端版本。

基于这样的霸欲概念，奥古斯丁虽然也认为迦太基的灭亡导致了罗马的腐化堕落，但他并不认为这件事情导致了罗马历史的实质变化。在他看来，即使在灭亡迦太基之前，罗马也早已经被邪恶的霸欲控制了。正是这种霸欲使罗马人有了称霸世界的战争，也才有了对迦太基的灭亡，从而导致了后来的堕落：“那无比骄傲的心智中的霸欲何时才会安静？直到随着尊荣的提升，达到了称王的大权。如果野心不那么流行，这种尊荣的提升也就没了作用。如果不是在一群被贪婪与奢侈腐化的民众当中，野心也难以流行”（《上帝之城》1.31）。在他看来，霸欲和追求奢侈的欲望是完全一致的。所以，正是在那些贪婪而腐

① 但家庭当中出于爱的权力算不算霸欲，是奥古斯丁研究者争论不休的问题。

化的罗马人当中，霸欲才会特别流行，霸欲的存在和滋长已经表明了罗马人的罪，不必等到灭亡迦太基之后。

在这样理解霸欲的前提下，奥古斯丁又将西庇阿和撒路斯提乌斯的政治智慧吸纳了进来：

> 西庇阿极有先见之明地提出警告，不愿意灭亡那最大、最强、最富的敌人的城邦；当时他就警惕物质的富足，因为这会使人民变得贪婪和奢侈。如果不灭亡那个城邦，欲望会为恐惧所压制；欲望得到压制，就不会奢侈；奢侈得到制约，贪欲也不会发展；因为这些罪过遭到了抑制，对城邦有用的德性就会繁荣和增长，与德性相应的自由也会维持。（《上帝之城》1.31）

这一段分析，几乎就是对撒路斯提乌斯观点的重述，表面看上去没有什么不同之处。但我们若细加分析就会发现，奥古斯丁这里的逻辑和撒路斯提乌斯并不一样。在撒路斯提乌斯看来，恰恰是霸欲的发动催动了人们的德性，而不灭亡迦太基的真正意义在于，人们一直可以把霸欲指向这个强大的敌人，从而促进城邦的德性；迦太基的灭亡使外部没有了这样的强敌，人们只能把霸欲指向内部，就导致了内战和堕落。无论是普鲁塔克还是撒路斯提乌斯，都没有认为罗马要靠恐惧维护德性。但在奥古斯丁看来，不灭亡迦太基的意义在于，罗马因为恐惧而抑制霸欲。抑制了霸欲，就会把所有其他欲望也稍加收敛，从而不会有各种罪过，对城邦有用的德性就可能有所增长，自由也得以维持。在奥古斯丁的逻辑里，霸欲和其他欲望是一样的，霸欲的膨胀必然会导致贪欲和所有其他欲望的膨胀，因而霸欲不可能促进德性，反而是恐惧对霸欲的抑制使罗马人消极地保留了德性与自由。而罗马的德性之所以要靠恐惧来维持，正因为它不是真正的德性。

这是一个非常微妙的区别，但已经足以说明奥古斯丁对罗马历史观的修改了。尽管他接受了撒路斯提乌斯对这一历史事件的具体解释，但他完全否定了罗马人可能有的德性，而是以一种赤裸裸的威慑作用来理解政治的机制，根本否定了霸欲的价值。所以他尽管对西庇阿非常尊敬，但还是认为，西庇阿没有全面反对罗马的神是出于无知甚至是对神的谄媚。

第四节　基督徒皇帝：奥古斯丁的君主之鉴

那么，奥古斯丁如何来理解尘世之城中的统治者呢？在讨论这个问题之前，我们首先要再次强调，奥古斯丁在讨论政治问题的时候，对政体问题没有兴趣，即他基本不关心究竟是民主制更好还是君主制更好，对罗马人曾经非常看重的共和问题也毫不在意。在叙述罗马历史的时候，奥古斯丁提到，布鲁图斯（Brutus）赶走塔昆王（Tarquin），是为罗马带来了自由；而屋大维成为奥古斯都，在罗马建立帝国，则结束了共和时代的自由。但这些都是随笔带过，并未构成奥古斯丁政治哲学的实质问题。他的这一倾向引领了欧洲中世纪的政治思想，以致希腊罗马人都非常关心的政体问题在长达一千年的时间里几乎被人遗忘，直到文艺复兴才重新回到欧洲人的政治思考中。[①] 因此，奥古斯丁对罗马帝国或任何君主国的批判，并不是出于对君主制的批判，而来自他对尘世政治的一般性批判。在他看来，尘世之城究竟采取哪种政体都不重要，因为这都不影响尘世之城的实质，即它在心灵秩序中的位置。

皇帝或国王在心灵秩序或神圣秩序中究竟处在什么位置上？这是中世纪欧洲政治哲学或政治神学的实质问题。虽然奥古斯丁的观点并没有得到完全的接受，但他讨论的问题却是中世纪政治思想家普遍关心的问题，因此，后来的教会和世俗君主都非常喜欢奥古斯丁的《上帝之城》，经常拿它来论证自己的神圣性。而他们之所以都能从奥古斯丁的著作中找到支持自己的思想资源，正是因为奥古斯丁政治思想中的张力。

前面说到，奥古斯丁彻底否定了尘世之城的意义，那么，世俗君主就都是一部分魔鬼之城的领袖，那他们岂不都是不义的？而且，这些君主要节制他的部下，掌握大权，也必然有一定程度的霸欲，否则无法做好尘世之城的领袖。

但奥古斯丁并没有将世俗君主等同于魔鬼的代表，他还是认为一个基督徒可以成为好皇帝。著名的《上帝之城》5.24 被称为奥古斯丁的《君主之鉴》。他说：“我们说基督徒皇帝是幸福的，并不是因为他们统治的时间更长，或者是能寿终正寝，留下儿子继位，也不是因为能镇压共和的敌人，或者是能够防

① See Fergus Millar, *The Roman Republic in Political Thought*, Hanover: University Press of New England, 2002, p. 55.

范和镇压敌对公民对自己的反叛。”那么，什么样的皇帝才是幸福的呢？奥古斯丁继续说道：

> 如果皇帝们以正义治国，如果那些赞美和谄媚的唇舌，那些过度的谦卑和礼敬不会让他们过于自大，如果他们不忘自己是凡人，我就说他们是幸福的。如果他们能够让自己的权力成为威严的上帝的侍婢；如果他们能在最大可能的范围内让人们服侍上帝；如果他们敬畏、热爱、服侍上帝；如果他们爱上帝的国（那个不必担心与人共享的国）胜过爱自己的国；如果他们缓于刑罚、敏于恕道；如果他们是为了王道的必要和保卫共和而用刑，而不是因为怀恨泄愤；如果他们网开一面不是因为徇情枉法，而是为了让人们改恶从善；如果对于他们不得不颁布的严厉政策，他们还能用悲悯仁义、宽宏大量来补充；如果他们在可以纵情声色时克己复礼；如果他们比所有人都更憎恶荒唐的欲望；如果他们做这些都不是出于对空洞的光荣的热望，而是因为对永恒幸福的挚爱；如果他们为了赎罪，不忘记以谦卑、忏悔、祈祷向真正的上帝献祭：那他们就是幸福的。我们说，这样的基督徒皇帝现在拥有幸福的希望，以后会有幸福的现实，我们期待幸福将会降临他们。（《上帝之城》5.24）

表面看来，奥古斯丁对君主的劝勉似乎和古今中外大多数帝王术的作者没有多少不同，都是主张君主要以正义治国，谦虚礼敬，远离谄媚，缓于刑罚，敏于恕道，克己复礼，等等。但奥古斯丁处处都不忘提醒，做这些都是为了服务于上帝，要爱上帝之城超过爱自己的国，要以赎罪为目的，以谦卑、忏悔、祈祷向上帝献祭。如果不是为了上帝之城而做到这些，还是以国祚绵长、国家安定为目的，那么在奥古斯丁看来这并不是最好的皇帝。这段话里最关键的一句是：“不忘自己是凡人”。君主的身份和地位并没有任何特殊之处，更不会有神圣的光环。基督徒皇帝和所有其他的基督徒没有任何差别，他们都要以谦卑之心礼敬上帝，最终目的都是获得灵魂的救赎，进入上帝之城。他们和普通人如果说有什么差别，那也只是职务上的差别。皇帝们利用君主的身份，在国家元首的位置上服务于上帝，和一个奴隶通过谦卑地伺候主人服务于上帝，没有实质的差别。倒是奴隶在他的位置上，更容易培养谦卑的品德，而皇帝更容易变得自大，反而使自己处在劣势当中。

这样，奥古斯丁将皇帝个人与他的政治身份完全剥离了开来。虽然一个好皇帝也需要以德治国，赏善罚恶，但这样做的目的并不是富国强兵，而是以此来服务于上帝之城和自己灵魂的拯救。因此，这些政治功业做得究竟怎样，都没有实质的意义；重要的是，他能否保持一颗朝向上帝的谦卑之心。

奥古斯丁鼓励尘世君主不要看重尘世的成就，这在古今中外的帝王术类著作中都是异乎寻常的。诚然，古代的很多思想家都曾劝勉君主要注重内在的德性修行，不可过于看重外在的政治功业。比如古希腊的色诺芬在《论僭政》《居鲁士的教育》等著作中，中国的孟子在与梁惠王、齐宣王等的对话中，以及丘处机在与成吉思汗的对话中，都有类似的倾向。不过，这些古代圣哲并不认为尘世政治不重要，而只是认为单纯追求权力和利益的政治是不值得追求的，唯有依靠德性的政治才是更高贵的政治。但奥古斯丁却劝君主们根本不要把政治放在心上，因为他们的幸福并不取决于国祚是否绵长，权力是否稳固，国家是否和平，后嗣能否即位。因为，“在此世的烦扰生活中，这样那样的好处与慰藉，就是敬拜鬼怪的人也能够得到；这不属于上帝之国，而那些基督徒皇帝属于上帝之国。这些出自上帝的悲悯，但是上帝不希望信仰他的人把这当成至善”（《上帝之城》5.24）。

在《上帝之城》的第3卷，奥古斯丁逐个考察了罗马王国的七个国王。他不仅指出早期罗马历史中充满了各种罪恶，更重要的是，他强调，这些国王的幸福和尘世功业是不成正比的。前六个虽然贵为国王，但除了努马·庞皮里乌斯（Numa Pompilius）和安库斯·马西乌斯（Ancus Marcius）之外，其他国王都死于非命：罗慕洛斯是罗马城的缔造者，却在暴风雨之夜神秘地消失了；图鲁斯·霍斯提利乌斯（Tullus Hostilius）也被雷电吞噬；老塔昆（Lucius Tarquinius Priscus）被刺客刺死；而被公认为最好的国王的塞维乌斯·图利乌斯（Servius Tullius），则被自己的女婿骄傲者塔昆（Lucius Tarquinius Superbus）残忍地杀害。最后一个国王骄傲者塔昆虽然恶贯满盈，被罗马人赶了出去，却在田园生活中得以善终，比大多数国王都更幸福些。就是建立共和国的布鲁图斯，虽然驱赶了国王，也先是遭到了儿子的反叛，后来又在战斗中与敌人同归于尽（《上帝之城》3.16）。这些国王的结局不仅和他们的政治功业不成正比，而且与他们的德性善恶也没有关系。奥古斯丁甚至进一步指出，功业德性与幸福之间的关系既不成正比，也不成反比，而是完全没有任何规律可循。君士坦丁大帝不仅信仰虔敬，而且雄才大略、寿命长久，可以说在各方面都堪称完美，但像这样的例子少之又少。“上帝让朱维安（Jovian）比朱利安（Julian）垮台得还快得多；他让格拉泰（Gratian）死在僭主的刀剑下，但他的厄运却比服侍罗马诸神的老庞培轻得多”（《上帝之城》5.25）。好的君主有可能有好运，也有可能有厄运，坏的君主有可能有厄运，也有可能有好运，完全没有一定之规，不能当作评价的标准。

治理国家本来是一个皇帝的分内之事。奥古斯丁虽然并没有完全否认皇帝的治国职责，但却指出：

> 让好人长期统治辽阔宽广的土地，也是有用的；但是这更多对治于人者有用，而不是对治人者有用。因为和治人者相关的，只是他们的虔敬和正直，上帝的伟大赐予，已经足够使人达到真正的幸福了，人们可以用这过上好的生活，以后进入永恒。在这大地上，好人的统治对人类的事业有用，但对他们自己没有什么用。(《上帝之城》4.3)

在此，奥古斯丁更清楚地阐明了他对皇帝的政治职责的态度。在他看来，君主完成他的政治职责，开疆拓土，治理国家，虽然不能说完全没有意义，但只是对他所统治的人民有意义，而对他自己则完全没有意义，因为这与他的虔敬没有关系。基督徒皇帝和所有其他的基督徒一样，应该以灵魂的救赎为最大的幸福。而所谓的对治于人者有益，讲的都是尘世之城中世俗的好处，与灵魂的拯救无关，是好人和坏人都有可能得到的。皇帝最多可以在这个层面上帮助他的臣民，但这个层面上的好处却并不是最重要的好处。因此，皇帝的政治身份既不可能给他的臣民带来拯救，也不可能使自己的心灵获得救赎。在心灵秩序的层面，所有人都是平等的，都必须通过自己的努力获得拯救。心灵中的这种努力成为奥古斯丁评价所有人的最终标准，自然也被用到了对皇帝的评价上：一个基督徒皇帝的好坏，完全与政治功业无关，而取决于他是否尽可能地服侍上帝。因此，政治本身和君主的身份，都失去了神圣的意义。

这样我们也就可以理解，奥古斯丁为什么一方面将尘世之城当作魔鬼之城的一部分，另一方面却承认，一些皇帝可以不成为魔鬼的代表，反而有可能获得灵魂的救赎，进入上帝之城。

依照这样的逻辑，奥古斯丁颠覆了罗马帝国的神圣性。从尤西比乌到奥罗修斯都认为，基督出生在奥古斯都建立罗马帝国的同时，意味着罗马将在拯救历史中起到至关重要的作用。奥古斯丁也提到了这件事："在希律王统治犹大的时候，罗马改变了共和国的形式，恺撒奥古斯都成了罗马皇帝，在全球实现了和平，按照从前的先知的预言，基督在犹大的伯利恒降生了"（《上帝之城》18.46）。他这里的用语，多少继承了尤西比乌以来的说法，但他并没有在奥古斯都在全球实现和平与基督降生之间建立必然的联系，两件事的发生只是时间凑巧在一起而已；而罗马在全球实现和平，本身更无神圣的意义，因为这只不过使以色列陷入异族的统治而已。

尽管奥古斯丁对君士坦丁大帝仍然怀有很高的敬意，但他不可能像尤西比乌那样神化他。在他看来，最典型的基督徒皇帝并不是君士坦丁大帝，而是皇帝西奥多一世。

在《上帝之城》第5卷，奥古斯丁专门辟出一章来谈上帝赐给君士坦丁大帝的幸福。但这与其说是在赞美君士坦丁，不如说是在消除尤西比乌以来对君士坦丁的神化，进而清除奥古斯都以来的对罗马皇帝的神化。

前文谈到过，尤西比乌曾经花了很大力气来神化君士坦丁。虽然他的很多说法缺乏理论上的支持，但他却成功地以基督教的方式延续了罗马帝国的政治神学，而且这一传统一直贯穿了东罗马帝国和沙俄帝国。但奥古斯丁是这样谈君士坦丁的：

> 皇帝君士坦丁并不敬拜鬼怪，而是服侍真正的上帝。于是，好上帝赐给他以人们不敢企及的、圆满的地上幸福，为的是不让人们以为，服侍他虽然能得到永生，但是这地上的国中的辉煌，不敬拜鬼怪就不能得到，因为那些精灵们在这些事上有能力。上帝命令君士坦丁在帝国建立一个和罗马相侔的城，这个城是罗马的女儿城，但是没有罗马那些鬼怪的神殿和塑像。君士坦丁享国日久，能够控制和捍卫整个罗马世界，唯有奥古斯都能和他媲美。他在自己指挥和发动的战争中，能够战无不胜。他击溃各国僭主，所向披靡。他年老时因病寿终正寝，子孙即位。不过，皇帝当基督徒并不能只是为了能像君士坦丁这么享福，每个人当基督徒都是为了永恒的生命。(《上帝之城》5.25)

在奥古斯丁看来，君士坦丁之所以值得赞美，并不是因为他的赫赫功业，而是因为他没有敬拜古典诸神，但服侍基督教的上帝。由于他的信仰，上帝赐给了他特别的恩典，让他取得那些伟大的功业，获得圆满的地上幸福。这并不是因为他的功业有多么神圣、这种幸福有多么可贵，而只是为了向世人展示，这种功业和幸福也是完全掌握在上帝的权柄之下的；如果上帝认为不需要展示这一点，他完全可以不赐给这些，也丝毫不减损君士坦丁的虔诚和他在上帝之城中的位置。这些曾经让尤西比乌大唱颂歌的功业，奥古斯丁却力图尽可能贬低它的意义。按照奥古斯丁的逻辑，有没有君士坦丁那样的功业与幸福，都没有实质的差别，因为这些东西看上去只是偶然所得的，与君士坦丁的虔敬和罗马的伟大都毫无关系。所以他说，皇帝当基督徒不应该是为了像君士坦丁大帝那样幸福，而是和所有普通的基督徒一样，为的是上帝之城里永恒的生命。

于是，君士坦丁的神圣性被彻底颠覆了，罗马帝国以来的皇帝崇拜遭到了前所未有的打击。奥古斯丁力图将基督徒的关注点移回每个人的内心世界，因而要彻底瓦解地上政治的神圣性。奥古斯丁更喜欢谈的是另外一个罗马皇帝：西奥多一世。

君士坦丁皈依基督教的政治考虑高于内心的信仰，而且他也没有彻底消除帝国内的古典宗教痕迹。西奥多则更像一个名副其实的基督徒，而且非常严厉地镇压帝国的古典宗教。在罗马帝国分崩离析、内战频仍的混乱中，西奥多重新统一了罗马，是东西罗马帝国正式分裂前的最后一位皇帝。

奥古斯丁详细记述了西奥多的三件事。一是他保护了格拉泰的幼弟瓦伦廷二世（Valentinian II），并没有为了扩大地盘而乘人之危，并且遵从了隐修士约翰的预言；二是他在与篡位者尤根尼乌斯（Eugenius）的战争中获得了上帝的眷顾，上帝为他行了神迹，使他取得了决定性的胜利；三是他因为过于严厉地惩罚了一些人，按照教会的法令必须行告解，于是他非常谦卑地行了这项圣事。在叙述这三件事的时候，奥古斯丁处处都不忘强调，西奥多把上帝看得比自己的国家和权力更重，因而在处理各项事务时都表现出了基督徒的谦卑，也获得了上帝特别的庇佑。这段叙述当中的画龙点睛之笔是第三件事，因为它尤其能够体现出一个基督徒皇帝的谦卑。奥古斯丁是这样描述此事的：

> 比起在地上称王，他更乐于把自己当作教会的成员。他到处摧毁异教的偶像，充分意识到，即使地上的好处也不能让鬼怪赐予，而要取决于真正上帝的力量。后来西奥多在帖撒罗尼迦处理一些非常严重的丑事，当时教会长老也来干预，西奥多许诺说要宽大处理。但是由于自己周围的人的鼓动，他不得不惩处某些人。教会的纪律迫使他行告解。当他以帝王之尊面对民众俯伏于地的时候，人们更多为这景象而哭泣，而不是因为自己的罪引起他的愤怒而害怕。什么会比这样一种宗教的谦卑更神奇呀？他做的这类好事很多，数也数不清。他在此世做了这些事，而人间的巅峰与至高之处也不过是泡影。他做了这些事情，得到的赏赐是永恒的幸福，上帝只给予真正的虔敬者。至于此生中大大小小的别的东西，比如世界本身、阳光、空气、土地、水、果实，还有人自身的灵魂、身体、感觉、心智、生命，上帝都慷慨地给了好人和坏人。在这当中上帝还给了帝国，根据他在各时代的管理而确定它有多广阔。（《上帝之城》5.26）

按照奥古斯丁的理解，西奥多在行告解的时候，完全抛开了自己的帝王之尊，面对众人俯伏于地，像一个普通人那样去忏悔自己的罪。这与神圣皇帝的身份完全不相符，因为他并不看重自己的帝王身份，而是更愿意把自己当作一个普通的基督徒，一个和所有人一样有罪的凡人。他在抛开自己的帝王之尊的同时，也抛弃了罗马帝国的神圣性。奥古斯丁之所以把他当作基督徒皇帝的榜样，就在于他把人间的巅峰与至高之处也看成了泡影，而只把自己当作一个普通的基督徒看待。西奥多之所以是最好的基督徒君主，恰恰是因为他尽可能地消除了君主的神圣性。因此，尽管西奥多并不能改变罗马作为魔鬼之城的一部分的实质，但他却能使自己成为上帝之城中的成员；他虽然是这个地上之城的领袖，但他却没有把自己领导的帝国当作心灵的祖国，而只是把它当作一个旅店，因为他真正的祖国在天上。罗马帝国的皇帝西奥多其实是另外一个城邦的真正公民。这应当就是本节最开始提出的问题的答案：一个皇帝若安于尘世之城的领袖，他就是魔鬼的化身，是这个魔鬼之城的领袖，因为他在心灵秩序中也是这个城的领袖了；但如果一个皇帝仅是暂时地做这个城的政治领袖，但在心灵秩序上却是上帝之城的普通公民，那他就不会成为魔鬼的化身，不会成为魔鬼之城的真正领袖。

第五节　道成肉身与千年王国

在奥古斯丁看来，无论是罗马的历史还是耶路撒冷的历史，都不再具有真正的世界史意义。自亚当、夏娃堕落以来，唯一的历史事件就是耶稣基督的道成肉身。首先，奥古斯丁是这样理解耶稣战胜魔鬼的：虽然人本来不属于魔鬼，但是自愿犯了罪的人，魔鬼对他有权柄，这是对人应有的惩罚，是公正的。虽然魔鬼是罪恶的，虽然他靠欺骗使人犯了罪，但人的犯罪毕竟是出于自愿，是他们的自由意志选择的结果，所以，魔鬼对他们的控制是公正的，因而人们都成了地上之城的公民，魔鬼的属下。而人既然都属于地上之城了，上帝和所有人类之间，就存在敌意。正如奥林所说，教父们不论怎样在理论上批驳灵知派，这一理解还是有很强的二元论色彩的。[①]

上帝要战胜魔鬼，将人从魔鬼的束缚中解救出来，不能凭强力，而必须考虑到魔鬼合法地控制人类这个事实。于是，耶稣基督虽然拒绝将灵魂交给魔鬼，但他主动把自己的身体交给了魔鬼。魔鬼无法在灵魂上战胜耶稣，也转而

① See Gustaf Aulén, *Christus Victor*, New York: Macmillan, 1961, p. 34.

杀死他的身体。魔鬼自以为可以像处置所有犯了罪且必死的人那样，通过死亡，将耶稣也纳入自己的控制之下。于是，魔鬼处死了他本来无权处死的耶稣。但他的这个做法是不合法的，耶稣的身体之死不是灵魂之死的结果，而是魔鬼强加给他的："他就在我们所来到的尽头与我们相遇，但他并没有走我们所走过的路。我们真是由罪而通往死，他却是由义而临到死；所以，我们的死是罪的罚，他的死却是为罪而献的赎罪祭"（《论三位一体》4.12）[①]。耶稣虽然和其他人一样死了，即在人类的尽头和人相遇，但由于他是无辜的，他的死不是罪的结果，魔鬼杀害他就是不义的，于是就被耶稣战胜了。耶稣用他自己的死，还清了必朽之人对魔鬼承担的债，使人得以脱离魔鬼的羁绊。这就是耶稣对人的救赎。

上帝为人而死，这是和魔鬼做的一个交易，甚至是对魔鬼的一种欺骗，因为魔鬼并不知道他不能处死耶稣，更不清楚这样做的后果是什么。但这里更重要的一个含义是，上帝为那些背叛了他、与他为敌，而今属于地上之城的人去死，是对罪人的爱。追随魔鬼、背叛上帝的人，本来已经没有什么可爱的，但上帝为这些人舍命，"人的爱心没有比这个大的"。这样的做法，是上帝主动与那些背叛他的人和解，是上帝给人的特别恩典，是人本来不配领受却得到了的眷顾。

耶稣凭自己的身体之死，将人类从灵魂之死和身体之死中解救出来，但这并不意味着耶稣死在十字架上以后，人类就全都脱离了罪和死亡的桎梏。耶稣所行的不是魔法，而是给出一条获得拯救的道路。十字架上之死的意义，更多是给人做出示范，而不是代替人类自己的努力：

> 如是他就可以做那些在天上得见上帝者的榜样；做那些在地上崇拜上帝者的榜样；做健全人的榜样，叫他们恒忍；做病人的榜样，叫他们得痊愈；做临死人的榜样，叫他们不惧怕；做死人的榜样，使他们可以复活。（《论三位一体》7.3）

作为有罪之人的榜样，耶稣是要人们追随他，像他一样谦卑，像他一样灵魂坚强，首先要去除灵魂中的罪，灵魂获得生命后，身体也就会消除必朽性，获得它的生命。为了说明人和基督的关系，奥古斯丁频繁引用保罗在《腓立比书》2：5－11中说的一段话：

---

① ［古罗马］奥古斯丁：《论三位一体》，周伟驰译，上海，上海人民出版社，2005。

> 你们当以基督耶稣的心为心。他本有神的形象，不以自己与神同等为强夺的，反倒虚己，取了奴仆的形象，成为人的样式；既有人的样子，就自己卑微，存心顺服，以至于死，且死在十字架上。所以神将他升为至高，又赐给他那超乎万名之上的名，叫一切在天上的，地上的，和地底下的，因耶稣的名，无不屈膝，无不口称耶稣基督为主，使荣耀归与父神。

按照彭拿迪艾尔和沃尔韦林的理解①，对这段话的解释包含了奥古斯丁基督论的主要方面。但在描述基督自身的特点之前，保罗特别强调的是，信徒要“以基督之心为心”，即要像基督那样去做，才能获得真正的拯救。以基督的做法为榜样，先通过谦卑获得灵魂的拯救，是奥古斯丁基督论的核心观点。为了模仿基督，人们不仅要像他一样谦卑，像他一样坚强，甚至要像他一样去死。死亡虽然是罪的结果，是坏事，但基督用这个坏事，达到了好的目的，而且为人们立下了典范。可是基督的死还不能代替其他人的死。其他人都必须经历基督曾经经历过的事情，像基督一样牺牲，才能得到救赎。人们必须与基督同死，才能与他一同复活：“上帝对人说：你若犯罪，你就会死；而今他对殉道者说：死去吧，你无罪了……当初是靠怕死使人不敢犯罪，而今是承担死亡使人赎罪”（《上帝之城》13.4）。当然，他并不是如字面上所指，认为人们真的都要像耶稣那样被杀死；他更多强调的，是上帝之城与地上之城的永恒对立，是对人类社会政治制度的绝对否定，是上帝的真理与尘世生活的不可妥协。像基督那样死，就是要坚决拒绝尘世的诱惑，在对现实政治的拒绝与批判中，走向上帝之城。

奥林将古典的救赎模式称为一场戏剧。这场戏剧从道成肉身开始，接着是魔鬼对耶稣的三次诱惑，其高潮是十字架上的受难。但受难并未终结这个戏剧，因为它还有至关重要的一场：复活。

> 至于他的这个肉身，正是对它的复活的信，使我们得救并称义。保罗说：“你若口里认耶稣为主，心里信上帝叫他从死里复活，就必得救。”又说：“他被交给人，是为我们的过犯；复活，是为叫我们称义。”所以，正是主身体的复活给我们的信仰以价值。因为甚至不信者也相信他受难，身体死在十字架上，但他们不信他的身体复活了。我们坚信他的身体复活

---

① 法国著名学者彭拿迪艾尔（A. M. La Bonnardière）注意到奥古斯丁对这段话引用之频繁，认为它是奥古斯丁的基督论背后的一段关键经文。数年后，他的学生沃尔韦林专门就奥古斯丁对这段话的解释出版了《奥古斯丁的基督论与灵性论》一书（Albert Verwilghen，*Christologie et spiritualitéselon Augustin*，Paris：Beauchesne，1985）。

> 了，好像是从稳固的磐石观看这件事，因此我们带着确实的盼望等候“得着儿子的名分，乃是我们的身体得赎”。因为我们盼望着，那正确的信仰使我们确信已在我们的头基督里成就的事，也在我们这些做他肢体的里面成就。因此他不会叫人看见他的背，除非当他经过的时候——好叫人相信他身体的复活。（《论三位一体》2.17）

耶稣的复活是给人的一个信号，向人们展示魔鬼并不能真的战胜他，以及他受难的目的何在。而耶稣之所以能复活，是因为他“凭自己活着”（《论三位一体》4.13）。无论是灵魂的生命还是身体的生命，最终的依据都来自上帝。圣子正是赐予万物生命者，无罪而死的耶稣，当然可以从圣子获得生命。耶稣的身体能够复活，根本上是因为灵魂没有死，作为对灵魂之罪的惩罚，身体之死当然就会被消解了。于是，他也为其他人的复活做出了榜样。

在奥古斯丁的基督论中，很重要的一部分，是将耶稣的受难理解为一场祭祀，而且以这个祭祀为核心，来理解基督教的宗教意义。按照《利未记》的记载，犹太人的五祭分别是燔祭、素祭、平安祭、赎罪祭和赎愆祭。基督教的祭祀体系已经和犹太教完全不同，以基督之死为核心，衍生出所有圣事。所以，在基督教的传统中，耶稣基督的祭祀，有时被说成所有这五祭。但无论是保罗还是奥古斯丁，都喜欢把耶稣之死说成赎罪祭。《利未记》中这样解释赎罪祭的意义：“你晓谕以色列人说：若有人在耶和华所吩咐不可行的甚么事上，误犯了一件；或是受膏的祭司犯罪，使百姓陷在罪里，就当为他所犯的罪，把没有残疾的公牛犊，献给耶和华为赎罪祭”（《利未记》4：2）。在《新约》中，保罗频繁将耶稣之死称为赎罪祭，如：“神就差遣自己的儿子，成为罪身的形状，作了赎罪祭”（《罗马书》8：3）；“基督献了一次永远的赎罪祭，就在神的右边坐下了”（《希伯来书》10：12）。

上帝不仅不需要那些祭肉，就是人间的正义，也不是上帝所需要的。一切祭祀都不会对上帝有什么好处，而只是对人有好处。那么，真正的祭祀究竟是怎样的呢？奥古斯丁引用《诗篇》里的话说，真正的祭品，就是“忧伤痛悔的心”（《诗篇》51：17），因为上帝说：“我喜爱怜恤，不喜爱祭祀”（《马太福音》9：13，12：7），但究竟是谁的忧伤痛悔的心和谁对谁的怜恤呢？

当然首先是罪人忧伤痛悔的心和对彼此的怜悯，但这怜悯还必须指向上帝：“我们要亲近上帝，结成神圣的团契，达到这至善的目的，就能得到真正的幸福，而真正的祭祀就是为此所需要做的全部工作。如果人们的悲悯只针对人，而不涉及上帝，那就不是祭祀”（《上帝之城》10.6）。人与人的怜悯，怎样涉及上帝呢？奥古斯丁认为，这怜悯首先不是针对别人的，而应该是针对自己的："人若以上帝的名字圣化自己，向上帝发誓，虽然从此世死去了，却在上帝中活着，他自己就是祭品。这也属于悲悯，是每个人对自己的悲悯"（《上帝之城》10.6）。将心献给上帝，就是要将自我彻底献给上帝。奥古斯丁为了说明真正的祭品，他从身体开始层层推进：

> 我们用节制来锤炼自己的身体，身体也是一种祭品——只要我们是为了上帝这样做（也是理所当然这样做），我们就不会让自己的肢体成为邪恶的罪的武器，而成为上帝的正义的武器。使徒激励人们说："所以弟兄们，我以神的慈悲劝你们，将身体献上，当作活祭，是圣洁的，是神所喜悦的。你们如此事奉，乃是理所当然的。"身体比灵魂更低，被用作灵魂的奴仆和工具，但如果能把它很好地、正确地用于上帝的目的，那就是祭品。（《上帝之城》10.6）

人堕落的一个主要后果，就是身体不再服从灵魂，或者说，灵魂之内的冲突转化为身体与灵魂的冲突，使身体无法服务于理性的灵魂，反而成为邪恶的武器。奥古斯丁将保罗的说法纳入自己的学说框架中，认为所谓将身体当作活祭，就是让理性灵魂更好地控制身体，服务于上帝。他接着说：

> 如果是这样，灵魂自身岂不是能够更多地服务于上帝？其中爱上帝的火焰熊熊燃烧，吞没了世俗的欲望，改造自己成不可变的，让上帝喜悦，因为接受了他的美好，这也是祭品。随后使徒又说："不要效法这个世界。只要心意更新而变化，叫你们察验何为神的善良、纯全、可喜悦的旨意。"（《上帝之城》10.6）

要将灵魂当作祭品，就是充分寻求灵魂的本质，使其中的理性部分恢复上帝的形象，即"接受了他的美好"，戒除灵魂中的欲望。到此为止，奥古斯丁谈的都是人的自我和上帝的关系。随后，他又进一步谈到了人们之间的关系：

> 真正的祭品就是对我们自己或对邻人的悲悯之事，都指向上帝；真正的悲悯把我们从悲惨中解救出来，从而获得幸福。如果不通过下面所说的好事，这就无法做到：但我亲近神是于我有益的。整个被救赎的城邦（那就是圣徒聚集和结成的城），就是向上帝献出的整个祭品。（《上帝之城》10.6）

真正的祭品，首先包含对罪恶深重的自己的怜悯，同时也包含对邻人的悲悯。前者是自我的忏悔，后者有着更强的社会性。但对于奥古斯丁而言，这两者并无根本的差别。“爱上帝”和“爱邻人”被称为一切律法的总纲。但爱邻人并不是爱邻人本身，而是让邻人像自己那样爱上帝：“爱自己的人，不过就是要幸福。而要达到这个目的，就要与神亲近。人若知道了怎样爱自己，上帝命令的，要爱邻人如己，那不过就是，尽其可能地让邻人爱上帝”（《上帝之城》10.3）。每个人都把自我当作祭品献给上帝，无论是自我的身体还是灵魂。被救赎者的城邦，就是由这样的基督徒组成的共同体。不同个体之间不仅没有自然的纽带，而且要否定所有这样的纽带，然后大家共同亲近上帝，结成圣徒的城。将整个圣徒的城理解成祭品，并不是内在祭祀的外在化，因为是每个圣徒的心灵组成的这座城，在这座城里面，同样包含着内在祭祀的含义。[①] 保罗在《哥林多前书》3：16中说：“岂不知你们是神的殿，神的灵住在你们里头吗?”奥古斯丁用保罗的这一意象，将信徒们又说成上帝的神殿：

> 因为我们全体就是他的神殿，每个个体也是神殿。他会屈尊居住在全体合起来的神殿，也会住在我们每个人当中；全体的神殿中的上帝并不比一个人的神殿中的上帝大，因为他不会因为人多而变大，也不会因为分割而变小。（《上帝之城》10.3）

这段话颇能代表奥古斯丁所理解的个体与上帝之城的关系。每个基督徒的心灵都是神的殿，上帝居住在其中；所有基督徒也是神的殿，上帝也住在其中。但全体基督徒组成的神殿并不比每个基督徒的神殿大。这个殿，是一个一个自我重叠起来组成的一个大的自我，并不构成一个有机的整体。奥古斯丁所肯定的社会性，就是自我的这种不断重叠，而不是柏拉图和西塞罗笔下不同分工的公民之间的互相依赖与协调。所以，建立于社会分工基础上的人间政治制度，永远无法实现这个意义上的人人平等，于是就永远和奥古斯丁讲的社会性相背离。也正是因为自我与全体之间的这种关系，他笔下的个体秩序和世界历史永远是一致的。世界历史就是每个自我的心灵史，每个自我的心灵史同时也可以是整个世界的历史。因而，全体基督徒组成的这个上帝之城，最终化约为一个人的身体；全体基督徒共同走过的世界历史，最终变成了一个人的心灵史；每个基督徒都要变成一个小的基督，全体基督徒通过每个自我共同构成的祭品，最终变成了一个人的自我献祭。上面所说的各个层次的祭品，最终归结

---

① See J. F. O'Grady, “Priesthood and Sacrifice in City of God,” *Augustiniana*, vol. 21, 1971, pp. 27-44.

为耶稣基督自己作为祭品：

> 这祭品是通过大祭司献给上帝的，他为了我们而受难，以奴仆的形式，把自己都当作了祭品，我们的身体就有了他这么一个伟大的元首。他祭献了这个形式，自己在其中被祭献了。他靠这形式做了中保，做了祭司，也做了祭品。(《上帝之城》10.6)

基督是一个大的身体，每个基督徒作为这个身体的肢体，共同组成了大的基督。保罗在他的书信中多次解释了这个意象。他在《罗马书》12：4－5中说："正如我们一个身子上有好些肢体，肢体也不都是一样的用处，我们这许多人，在基督里成为一身，互相联络作肢体，也是如此。"在《哥林多前书》12：27中说："你们就是基督的身子，并且各自作肢体。"又在《以弗所书》4：12、15中说，信徒们"各尽其职，建立基督的身体……连于元首基督"。保罗在强调所有基督徒都共同组成基督的身体的同时，也一再讲明，大家要各尽其职，有不同的用处。但他这里主要是在说大家在教会中有不同的职责，而不是在讲每个人心灵的不同。奥古斯丁特别发展了保罗的这一意象，极力强调众人组成的这个大的身体。在他看来，上帝之城，即完美的教会，就是基督的身体，而耶稣，则是这个身体的头。正如所有人都来自第一亚当，所有圣徒最终都共同组成第二亚当。于是，当基督徒追随基督，共同组成他的身体的时候，也要作为基督的肢体，随着整个基督一同受难，甚至受难乃是组成基督身体的方式。于是，所有追随耶稣的人在他的身体里面，共同成为赎罪祭。

在这场赎罪祭中，基督既是祭司，又是祭品。他将无罪的自己作为祭品献上，替有罪的众人赎罪。他的这个身体，又是由无数的基督徒组成的。他在把自己作为祭品献上的时候，就是献上了整个上帝之城，即献上了组成上帝之城的每个个体的自我。那些自愿追随基督和模仿基督的人，加入到基督这个大的身体中，像他一样，将自己的身心都当作祭品献给了上帝。这些自我和基督最大的不同是，他们都是有罪的自我，而基督是无染原罪的、完美的自我。基督道成肉身，取了仆人的形象，像有罪的人那样去死；信徒们则模仿这个完美的人，像他一样献祭自我，在基督之中完成自我的救赎和完满。

对于基督教而言，真正的祭祀只有一次，就是耶稣在十字架上受难。《旧约》中种种的祭祀，都是对这一次祭祀的预言和象征："一次真正的祭祀用多个祭祀来象征，就如同一件事可以用多个词来表示，反复申明而不冗赘"(《上帝之城》10.20)。这不仅是就《旧约》中的祭祀而言，也是就基督教中的每次圣事而言。无论是耶稣来临之前还是来临之后，所有归信他的人，都是通过加入他之中，来共同完成这次祭祀的。人们对他的加入，是通过洗礼完成的；而模仿他一起献祭，是通过圣餐礼完成的。虽然圣餐礼一次又一次地在举行，但严格说来，这些都不是真正的祭祀，而只是使信徒们加入到真正的祭祀中来而已。[①]

奥古斯丁认为，《启示录》所谓的千年王国，就是耶稣和他的圣徒共同的统治。《启示录》中先说魔鬼被绑缚的一千年，然后说他的被释放，后面又说第一次复活和与基督共同为王的一千年，让人容易以为，这是前后相继的三个不同阶段，但奥古斯丁的解释彻底打乱了经文的本来顺序，给了这千年王国一个完全不同的解释。这千年王国就是上帝之城，但不是末日审判后彰显出来的上帝之城，而是将末日时的上帝之城拉回历史当中，是世界历史进程中的上帝之城。

为了区分未来永恒的上帝之城与这个千年王国，奥古斯丁引了《新约》中的几段经文。比如在《马太福音》28：20 中，耶稣说："我就常与你们同在，直到世界的末了。"在世界末日之前，耶稣就一直和他们同在。耶稣经常说的"我的国""天国"等字眼，在奥古斯丁看来，并非都是同一个意思。它有时指末日之后的永恒王国，有时指末日之前的千年王国。比如耶稣说："收割的时候就是世界的末了，收割的人就是天使。将稗子薅出来用火焚烧。世界的末了也要如此。人子要差遣使者，把一切叫人跌倒的和作恶的，从他国里挑出来"（《马太福音》13：39－41）。奥古斯丁认为，此处说的"他国里"就不可能是指永恒王国，因为永恒王国里不可能有稗子。耶稣又说："所以，无论何人废掉这诫命中最小的一条，又教训人这样作，他在天国要称为最小的；但无论何人遵行这诫命，又教训人遵行，他在天国要称为大的。我告诉你们，你们的义若不胜于文士和法利赛人的义，断不能进天国"（《马太福音》5：19－20）。这句话里用了三个"天国"，奥古斯丁认为，它们的含义并不一样。第一个和第二个"天国"是一个意思，里面有最小的，也有最大的，但在永恒王国之中，那最小的根本不可能存在，所以这句里的前两个"天国"，指的当是千年王国。但最后一个"天国"，是只有其义胜过了文士和法利赛人的义的人才能进的，那就不可能有最小的，指的应该是永恒王国。

若这样理解，似乎千年王国就是指地上的教会，其中不仅有注定将进入永恒王国的圣徒，也有那些虽然名为基督徒，但终将被魔鬼诱惑走的人。但奥古

---

① See Gerald Bonner, *Freedom and Necessity: St. Augustine's Teaching on Divine Power and Human Freedom*, Washington, D. C.: The Catholic University of America, 2007, p. 32.

斯丁又说：

> 现在的教会也是基督的王国和天上的王国。他的圣徒即使现在也和基督一同为王，但是为王的方式和那时候不同；稗子虽然和好种子一同成长，但是并不和好种子一同为王。与基督一同为王的，都按照使徒的话做："所以你们若真与基督一同复活，就当求在上面的事。那里有基督坐在神的右边。你们要思念上面的事，不要思念地上的事。"使徒还谈到，"他们却是天上的国民"。他们能和基督以这样的方式一同为王，即，他们就是基督的王国。我且不说别的，如果他们直到尘世的末日，直到一切诱惑都被收集出的时候，他们只"都求自己的事，并不求耶稣基督的事"，那他们怎么成为基督的王国呢？（《上帝之城》20.9）

确实，地上的教会就是那千年王国，但真正和基督一起为王的，却不是地上教会中所有的成员。奥古斯丁连引保罗的三句话，证明只有虔心信仰的才能进基督的王国，才能与基督一同为王。但所有这三句话，讲的似乎都是信徒们进入永恒之国的要求，而没有明确千年王国与永恒王国的差别。可见，在千年王国中与基督一同为王的，正是以后上帝之城中的公民。基督的圣徒现在也和基督一同为王，将来也和基督一同为王，两个城的组成并无根本的不同。千年王国只不过是将末日的永恒王国投射到世界历史当中而已。但奥古斯丁又指出，这些圣徒现在和将来为王的方式不同。这种不同体现在什么地方呢？就在于圣徒们现在虽然并不和那些伪圣徒一同为王，却和他们错杂在一起，共同生活和成长。

尘世中的教会虽然也称为基督的国，但并非其中所有人都是基督的身体，共同组成他的国。把它称为基督的国，是因为其中包括了所有将属于上帝之城的人。那些将叛离上帝之城的人，虽然暂时也在里面，但到了上帝之城真正彰显出来的时候，却将被驱逐出去。正如耶稣常用的那个比喻里所讲的，在一片麦田里，有些麦苗会成熟，但有些是稗子，打不出粮食来；麦田中甚至会长满杂草，无法和麦苗区分开来。这些稗子和杂草虽然和将成熟的麦子长在同一片田里，甚至和麦子一同接受阳光雨露和各种肥料，但它们并不属于这片麦田，到了收割的时候，就会被清除出去。在尚未收割的时候，麦田之所以称为麦田，是因为以后被收割的粮食而得名的。

奥古斯丁解释约翰所说的"没有拜过兽与兽像"的人，认为"兽"应该就是魔鬼，以及明确追随魔鬼的地上之城的成员。而"兽的像指的是兽的伪装，也就是那些表面上宣扬信仰，却在无信仰中生活的人的伪装"（《上帝之城》

20.9），他们就是那些稗子。兽与兽像共同组成了地上之城，是此世的统治者。“那些因为给耶稣做见证，并为神之道被斩者的灵魂，和那没有拜过兽与兽像，也没有在额上和手上受过他印记之人的灵魂”，则在千年王国中，与耶稣基督一同为王。千年王国既然与上帝之城的组成人员完全一样，就不只包括教会中的活人，而且包括已经殉道的人，甚至以这些殉道者为主。“这里只提到了殉道者的灵魂，因为这种死后的王位特别属于那为真理奋战到底的人”（《上帝之城》20.9）。

虽然千年王国中也包括活人，但在世界历史的整个进程中，千年王国的精神，主要是靠与地上之城争战的殉道者体现出来的。由于这个千年王国还在地上，处在地上之城的包围中，总是在与地上之城争战，所以奥古斯丁又将它称为“充满武力的王国”，而将来的永恒之城，才是“最和平的王国”。这是千年王国与永恒王国最大的区别。信徒们要与基督一同为王，就必须不断与魔鬼争战，与地上之城争战，与地上教会中隐藏的敌人争战，与自身的罪性争战。一方面，千年王国必须继承罗马人勇武好斗的德性，虽然战争的对象和目的都已不同；另一方面，与敌基督最后的决战，正是延续了千年中的争战：

> 那时候，魔鬼诱惑了这些国家，使它们参加征战。在做这些之前，魔鬼也用各种可能的坏事诱惑。这里说“出来”，指的是他把本来潜藏着的仇恨爆发为公开的迫害。这是最后的迫害，临近最后的审判，整个大地上的圣教会都要遭受，即，整个基督之城要遭到整个魔鬼之城的挑战，无论二者存在于大地上的什么地方。（《上帝之城》20.11）

在《启示录》20：9里，约翰这样描述魔鬼被击败：“就有火从天降下，烧灭了他们。”奥古斯丁特别指出，这里的火并不是后来惩罚不敬者的永火，而“最好理解为圣徒的强力，使他们不会屈服于那些野蛮者，不会按他们的意志做事”（《上帝之城》20.12）。之所以说“从天降下”，是因为圣徒们靠了天上的上帝才能如此坚强，才能够有这么大的力量战胜敌基督。这里说的“烧灭”，也并不是最终的消灭，而只是拒绝了他们的诱惑，打退了敌基督最强大的攻势，因为这场争战并没有发生在末日，而只是历史当中的最后一场争战（《上帝之城》20.12）。

只要还在历史之中，千年王国就是勇武之城，充满了争战；争战的发生并不妨碍圣徒们与基督一同为王，甚至正是在争战当中，才成就了他们的王位；魔鬼被释放出来，攻击基督的城，并不是圣徒为王之后的事，所以在与敌基督争战的时候，圣徒们更光荣地与基督一起为王，“在那三年半中，那些殉道被杀的灵魂（包括已经离开身体的和将要在最后的迫害中离开的）与基督一同为王，然后这必朽的尘世终结，过渡到没有死亡的王国”（《上帝之城》20.13）。

在与敌基督的最后决战之后，千年王国过渡到永恒王国，曾经在千年王国中与基督一同为王的，将要在永恒王国中继续与基督一同做王。奥古斯丁虽然并没有把末日仅仅理解成隐喻，承认人类历史确实会有终结，但他还是暗示，这种过渡并不是自然而然的过渡。对这个问题的理解，就体现在他对末日来临时活着的人的处理上。

《圣经》里预言了，在耶稣基督末日重临时，所有死人都会复活，但那些还没有死的人会怎么样呢？奥古斯丁前面说，教会里的活人和已经死去的灵魂共同与基督为王一千年，但到末日时仍然活着的人，是否就不会死去，因而也不必复活，而是一直待在那王位上呢？保罗在《帖撒罗尼迦前书》4：16－17里这样描写末日的到来：“那在基督里死了的人必先复活。以后我们这活着还存留的人，必和他们一同被提到云里，在空中与主相遇。这样，我们就要和主永远同在。”按照保罗的理解，到末日的时候，已经死去的人应该先复活，但还活着的人升到云端是什么意思呢？保罗还说：“你所种的若不死就不能生”（《哥林多前书》15：36）。没有死亡就不会复活，就无法进入不朽。所以奥古斯丁认为：“如果基督来临时发现还活着的圣徒，会升起来与基督相遇，我们相信他们会迅速通过死亡走出身体，然后很快变为不朽”（《上帝之城》20.20）。

如果说，此世的千年王国既包括教会中的活人，也包括已经死去的圣徒，则永恒的上帝之城只包括曾经死去的圣徒。在每个时间点，虽说所有过去死了的圣徒，甚至将来的圣徒，都在千年王国里为王，但魔鬼不能诱惑他们，只能诱惑当时活着的基督徒；麦子与稗子混杂的情况，也只可能在活人中才会发生。因此，虽然千年王国只是永恒之城投射到现在，它还是实现在活人中的。但与此不同，末日显露出来的上帝之城，包括耶稣在内，其所有成员都是曾经死去的。圣徒们若不先死去再复活，就无法承受上帝之城。

之所以如此，是因为上帝在亚当犯罪后曾经说：“你本是尘土，仍要归于尘土”（《创世记》3：19）。活着的人升到云端与基督相遇，难道因为这些都发生在空中和云端，就认为他们没有归于泥土，甚至不是保罗所谓“种的”吗？既然这话是对亚当和他的所有后裔说的，任何人就都不能免于这一惩罚：

> 上帝对人说：“你本是尘土，仍要归于尘土。”我们不能认为，以后的圣徒会免于这个判决。只是他们死亡时，身体不会化为尘土，而是迅速死

> 去，也迅速复活，都发生在空气里。这句话里说的“归于尘土”，意思就是：“你丢掉了性命，就要回到获得生命之前的状态。”意思是，你要是断了气（*exanimatus*），就要回到你获得这口气（*animatus*）之前。上帝向尘土造的脸吹生命的气息，于是造出了有灵魂的生命的人。这就是说：“你是得到了灵魂（生命的气息）的泥土，以前你不是；你要成为没有生气的泥土，就像原来一样。”死人所有的身体都是这样的，哪怕还没有腐烂；未来的圣徒们，如果也会死，不论死在哪里，只要他们失去了生命，哪怕马上就会重新获得，也是这样的。这样，他们会化为尘土，因为活人会变为尘土。（《上帝之城》20.20）

这段话意味深长。上帝之所以说人要归于泥土，是因为人犯了罪，必须遭到惩罚，即奥古斯丁说的“你丢掉了性命，就要回到获得生命之前的状态”。人丢掉的是灵魂的生命，因此也必须丢掉身体的生命，作为对他的惩罚。灵魂背叛的结果，是灵魂的内在冲突和身体与灵魂之间的相争，这种相争最终会导致身体与灵魂的分离。泥土是人身体的质料，上帝吹的那口气是灵魂的质料。所谓归于泥土，就是使灵魂与身体分离，而不是身体一定要化为土这种物质元素。所以，只要身体死了，就是归于泥土了。末日时活着的圣徒虽然不会化为物质的泥土，但他们必须死亡，即遭受对原罪的惩罚，然后再进入不朽。

于是，说末日来临时活着的人必须先死去，意思就是，他们还必须为原罪受罚。这和奥古斯丁前面说的，洗礼虽然能拯救，却不能免除死亡，哪怕有了第一次的复活，也必须经历身体的死亡，道理是一样的。人因为犯了罪而必须去死，遭到魔鬼的控制。不论魔鬼被绑缚、被释放，还是被彻底战胜，魔鬼对罪人仍有这点控制权，人若不经历死亡，是不能彻底脱离魔鬼的控制的。在这个意义上，死是基督徒最后的敌人，人若不战胜死，就不可能彻底战胜魔鬼，进入上帝之城；而战胜死亡的唯一办法，就是像耶稣那样去死。

在道成肉身之后，死亡这种惩罚，又被用作了好事，成为耶稣战胜魔鬼、救赎罪人的方式。所有圣徒都要模仿耶稣，加入到他的死之中，否则就不能得救。他们的死，代表了对地上之城的不妥协和坚决排斥，是对魔鬼的最后战胜。只要有圣徒还没有死，魔鬼对他就还有控制权，两座城之间的争战就还没有结束。这样，活着的圣徒迅速死去，并不是在战胜了魔鬼之后，在平静和快乐中死去，然后马上复活去见上帝，而是在与敌基督战斗到最激烈的时候，靠自己的死来战胜最后的敌人。他们的死，仍然是与敌基督战斗的一部分，可能比以前的圣徒之死还要痛苦，还要惨烈。

这才是敌基督统治的最后结局：所有在世的圣徒都惨烈地死去了，像他们之前的圣徒一样，在死亡中战胜了魔鬼。但就地上之城而言，这似乎也是一场表面上的胜利，因为所有的基督徒要么投降了，要么被杀死了，就像杀死耶稣是一场表面的胜利一样。在魔鬼之城庆祝胜利的狂欢中，基督来临，审判所有的死人和活人，宣布上帝之城的胜利。就像《帖撒罗尼迦前书》5：3 里说的："人正说平安稳妥的时候，灾祸忽然临到他们，如同产难临到怀胎的妇人一样，他们绝不能逃脱。"①

但是，难道地上之城里的人就没有死吗？保罗和奥古斯丁谈的，都只是上帝之城中的圣徒。但同样的逻辑也适用于地上之城中的人。他们也必须遭受死亡的惩罚，在身体死后重新复活，再接受基督的审判。这样，我们看到的就是一幅更加可怕的场面：不仅所有的基督徒都死了，而且地上之城的公民也全军覆没。两个城的人都同归于尽，无论是身体战胜了灵魂的，还是灵魂复活、战胜了身体的欲望的，大家都在痛苦的灵魂挣扎中，抛弃了自己的身体。于是，整个大地上都是死尸，再没有一点生命的气息，世界陷入了大火之中。魔鬼控制了所有的人，因为所有人的罪遭受了最终的处罚；但魔鬼也再无权柄，因为已经没有新的灵魂归到他的统治之下了。

大火烧灭了整个世界，新天新地出现，所有的尸体都从地上爬起来，世界上曾经有过的所有人都重新出现，哪怕他们早已肢体不全，哪怕他们的尸体早已腐烂多年，哪怕他们早已在山崖下化为齑粉，或是在大海中葬身鱼腹，甚至被吃到了某个人的肚子里——奥古斯丁特别论证了，无论吃人的那个人，还是被吃的那个人，都将复活，重新获得自己的身体（《上帝之城》22.20－21）。审判就是在所有人死后，对所有曾经出现过的人进行的。这个时候，上帝之城和魔鬼之城才被真正分开，对死人的末日审判与活人的世界历史也被完全分开。虽然奥古斯丁将这描述成历史的进一步发展，但所谓的末日审判却更像上帝对世界历史中的人和事的终极评判。新天新地，真的是整个天地都覆灭了之后的又一片天地，还是一直高悬于人类头顶的另一片天地？在奥古斯丁这里，似乎两种可能性都始终存在着。

---

① 参见奥古斯丁在《书信》199 中对这一段的诠释。

结　语　政治奥古斯丁主义：中世纪的修改

在当时的东西方教父中，奥古斯丁都是一个异数。即使是奥古斯丁自己，在早年的时候也并没有走到这个极端。特别是在反对多纳图派的一系列著作中，他仍然给世俗政权，特别是当时的罗马皇帝很大的肯定。只是到了写《上帝之城》的时候，罗马陷落所带来的巨大震动，使奥古斯丁重新思考罗马帝国在世界历史中的位置，他才得出了与众不同的结论。他当时已经看到，罗马帝国和所有其他的地上之城一样，也有盛衰兴亡，而且当时距离灭亡很可能并不遥远了，所以不再像其他教父那样，将上帝之国的实现寄托在罗马上面，而是将上帝之城与地上之城彻底分开，扭转了罗马基督徒的文明理想。

奥古斯丁的思想无疑有着深刻的哲学基础，给西方文明带来了巨大的震撼，但政治思想的转换并没有那么迅速和戏剧化。毕竟，当时大多数教父并不是像奥古斯丁这样理解政治的，新崛起的君主们更无法在实践中完全接受《上帝之城》中的极端主张。奥古斯丁研究专家菲吉斯说："必须和反多纳图派的那些著作对照着读，才能理解《上帝之城》。"[①] 菲吉斯所说的，与其说是对《上帝之城》本身的读法，不如说是它的解读史。在中世纪的政治语境下，这成为人们接受此书最可能的阅读方式。所以欧克利说，在西欧的中世纪，本来强烈批判尘世政治的奥古斯丁主义，反而成为神圣王权得以传承的工具，和尤西比乌主义在东部发生的作用类似，查理曼大帝（Charlemagne）、虔诚者路易（Louis the Pious）等也因而获得了与君士坦丁类似的神圣位置。[②]

但奥古斯丁主义真的成了西方的尤西比乌主义了吗？如此极端的两城说，难道真的和他所批判的对象合而为一了吗？

法国学者阿尔奎里耶以"政治奥古斯丁主义"来称呼奥古斯丁的思想在政治实践中的表现形态。通过他的描述，我们看到，奥古斯丁的政治学说在与中

---

① John Figgis, *The Political Aspects of Augustine's City of God*, London: Longman's, 1921, p. 77.

② See Francis Oakley, *Empty Bottles of Gentilism*, New Haven: Yale University Press, 2010, pp. 135 – 136.

世纪欧洲的教会和政治的磨合中，如何起到现实的作用。[①] 奥古斯丁强调心灵秩序与政治秩序的分离，上帝之城是心灵秩序中的概念。但在中世纪的文化格局中，上帝之城逐渐被等同于现实中的罗马教会。而随着基督教的传播，世俗国家都成了基督教国家。人们要在这样的语境下来理解奥古斯丁所讲的两城关系。

首先，教皇格里高利一世（Gregory I）对奥古斯丁主义做了系统的调整和阐述。他让世俗君主从属于教会，赋予他们保卫教会和传播信仰的神圣使命。这样，在以罗马教会为首的基督教世界，世俗国家只不过是教会的一个机构和部门而已。格里高利一世的这一调整，消除了奥古斯丁思想中的极端之处和不利于实践之处，而又没有违背奥古斯丁思想的基本精神。按照这一思路，在整个教会中，每个基督徒的最终目的都是灵魂的拯救，君主也不例外。世俗国家本身并无神圣之处，但是它却可以服务于教会的心灵秩序，因而获得一种神圣的色彩。[②]

格里高利一世之后，这一模式逐渐发展成熟。但随着政治局势的变化，人们对教会与国家关系的理解也在变化。查理曼大帝兴起之际，教皇列奥三世（Leo III）得到皇帝的保护，完全听命于皇帝。列奥三世为查理曼加冕后，查理曼更以罗马帝国的继承者自居。据说，查理曼很喜欢读《上帝之城》。他以自己的方式解读《上帝之城》5.24[③]，将帝国变成神权政治，自视为上帝之城在尘世中的代理人，而罗马教会则沦为大帝国的一个部门，负责宗教事务而已。[④] 于是，世俗君主重新得到了神圣化。

可是，查理曼的这种模式也并没有继续下去。到了查理曼的儿子虔诚者路易的时候，皇帝不再如此强势，而且神圣罗马帝国很快陷入了内部的纷争，政教关系发生了新的变化。教皇格里高利四世（Gregory IV）反而要介入各位皇子之间的纠纷。格里高利四世对《上帝之城》5.24做出了新的解释，帝国又成为罗马教会的一个机构。于是，世俗君主丧失了在查理曼时期获得的至高无上的地位，而只是基督教会的一个成员。教皇重新成为基督教世界的真正首领。[⑤]

从此之后，政教关系成为欧洲历史上的核心问题。之所以如此，固然和每

---

① See H. X. Arquilière, *L'augustinisme politique: Essai sur la formation des theories politiques du Moyen Âge*, Paris: Vrin, 2006.

② See Arquilière, *L'augustinismepolitique*, p. 141.

③ 参见［法兰克］艾因哈德、圣高尔修道院僧侣：《查理大帝传》，戚国淦译，北京，商务印书馆，1979。

④ See H.-X Arquilière, *L'augustinismepolitique*, p. 164.

⑤ See H.-X Arquilière, *L'augustinismepolitique*, p. 181.

个时期具体的政治形势与力量对比有关，但奥古斯丁理论中的张力和弹性也是一个重要的原因。查理曼试图恢复罗马帝国，但查理曼的长寿没有造就长治久安的盛世，反而埋下了兄弟相残的伏笔，导致帝国迅速分崩离析。在政治奥古斯丁主义之下，皇帝并没有维护灵魂得救的足够正当性。教皇同样无法维持政治稳定，除了其政治力量的问题之外，根据奥古斯丁的两城说，地上教会也并不等于末日之后的上帝之城。所以，无论是世俗君主还是罗马教皇，虽然都可以在《上帝之城》中获得支持自己的理论资源，但同样的理论始终潜藏着瓦解他们神圣地位的可能性。当他们宣称自己是上帝之城的地上代理时，很快就会走到自己理想的反面。

一方面，奥古斯丁政治学说的弹性为世俗君主重讲神圣政治提供了可能性；另一方面，他的思想的精微之处也正是摧毁这些神圣政治的理论武器。虽然皇帝和教皇都在不断地重新解释《上帝之城》，特别是其 5.24 的《君主之鉴》，但奥古斯丁的文本始终在提醒他们，世俗君主的虔诚与他的政治功业无关。莎士比亚让懦弱无能的理查二世和亨利六世戴上神圣的光环，却让威风凛凛的亨利五世陷入心灵的焦虑当中，真正的国王也许只能在果壳当中，这正是对奥古斯丁思想的深刻阐释。在欧洲国王的葬礼中，充满神圣的雕像常常与迅速朽败的枯骨相互对应。国王这两个身体之间的强烈对比①，其理论根源正在于奥古斯丁政治思想中的张力。

在一定程度上，新教改革也是这一张力的一个结果，而新教的回到奥古斯丁的口号，试图更认真地贯彻奥古斯丁的心灵哲学，使对上帝之城的期盼更彻底地回到每个人的灵魂当中，终于导致后来的政教分离。② 但这一模式却又在不断产生着更多的现代问题。奥古斯丁主义的深刻与精微，无疑都远胜于尤西比乌主义；但这究竟是西方基督教的幸运还是不幸，却是另外一个问题。

吴　飞

参考文献

原典：

奥古斯丁．上帝之城．吴飞，译．上海：上海三联出版社，2007.

Augustus. Res Gestae divi Augusti. Trans., Alison E. Cooley. Cambridge: Cambridge University Press, 2009.

① See Ernst Kantorowicz, *King's Two Bodies*, Princeton: Princeton University Press, 1997.

② 关于宗教改革的政治思想的发展，参见本书第八章的讨论。

重要研究文献：

Angus, S. The Sources of the First Ten Books of Augustine's De Civitate Dei. Dissertation of Princeton University, 1906.

Arendt, H. Love and Saint Augustine. Chicago: University of Chicago Press, 1996.

Brown, P. Augustine of Hippo. Berkeley: University of California Press, 1975.

Burnell, P. J. The Status of Politics in St. Augustine's City of God. History of Political Thought, 1992, 13: 13-29.

Courcelle, P. Recherches sur les Confessions de saint Augustin. Paris: Boccard, 1968.

Cranz, F. E. De Civitate Dei, XV, 2, and Augustine's Idea of the Christian Society. Speculum, 1950, 25: 215-225.

Figgis, J. The Political Aspects of St. Augustine's "City of God". London: Longmans, 1921.

Gilson, E. The Christian Philosophy of Saint Augustine. New York: Vintage Books, 1967.

Guy, J. -C. Unité et structure logique de la "Cité de Dieu" de de Saint Augustin. Paris: études Augustiniennes, 1961.

Leisegang, H. Der Ursprung der Lehre Augustins von der Civitas Dei. Archiv für Kulturguschichte, 1925, 16: 127-128.

Markus, R. Saculum. Cambridge: Cambridge University Press, 1970.

Marion, J. -J. Au lieu du soi. Paris: Presses universitaires de France, 2008.

Marrou, H. I. Civitas Dei, civitas terrena: num tertium quid? Studia Patristica, 1957, 2: 342-350.

Marrou, H. I. Saint Augustin et la fin de la culture antique. Paris: Boccard, 1983.

O'Daly, G. Augustine's City of God. Oxford: Oxford University Press, 1999.

O'Donovan, O. Augustine's City of God XIX and Western Political Thought. Dionysius, 1987, 11: 89-110.

QuesnayAdams, J. The Populus of Augustine and Jerome: A study in the Patristic Sense of Community. New Haven: Yale University Press, 1971.

Van Oort, J. Jerusalem and Babylon: A Study into Augustine′s City of God and the Sources of his Doctrine of the Two Cities. Leiden: Brill, 1991.

第六章 阿奎那论自然法与政体

托马斯·阿奎那（Thomas Aquinas）是继奥古斯丁之后最伟大的基督教神学家，一个集大成的思想家，亚里士多德、奥古斯丁、阿维森那（Avicenna）、迈蒙尼德（Maimonides）等来自古典哲学、基督教、伊斯兰教、犹太教各个传统的思想要素，都被他用基督教神学整合了起来，构成一个庞大而精纯的神哲学体系。如果说奥古斯丁是教父哲学的顶峰，他用基督教给柏拉图主义施了洗，那么可以说阿奎那是经院哲学的顶峰，他用基督教给亚里士多德哲学施了洗。

阿奎那 5 岁被送到一家修道院学习，14 岁时进入那不勒斯大学，在那里接触到时兴的亚里士多德哲学，并加入当时新兴的多明我会（Dominican Order）。20 岁时他被多明我会送往巴黎大学学习，在那里他遇到了“全能导师”大阿尔伯特（Albertus Magnus），并跟随这位人称“活着的亚里士多德”的导师在巴黎和科隆两地学习。大阿尔伯特对亚里士多德的热爱深深地感染了阿奎那。但和大阿尔伯特不同，阿奎那以一种更富创造性的、系统的方法吸收并利用了亚里士多德哲学，使之与多明我会的基督教虔诚和谐一致。在习惯了奥古斯丁传统的神学家看来，亚里士多德意味着与被基督教驯服了的柏拉图主义完全不一样的思维方式，对于基督教神学是具有颠覆性的；而阿奎那力图表明，亚里士多德是可以为基督教所用的，理性是可以论证信仰，为信仰服务的。亚里士多德带给阿奎那的是一种“自然主义的思考方式”，在政治理论上，阿奎那亦从人的“自然”（本性）出发来思考人，不仅继承了亚里士多德的“人是政治的动物”，还从古代异教作家马克罗比乌斯（Macrobius）那里拿来了“人是社会的动物”的思想，将人理解为“政治的和社会的动物”。国家是人的天性的一个必然产物，教会则是出于神恩，是信徒的共同体，二者在来源上有异。亚里士多德的一些思想为阿奎那所继承和发挥，而阿奎那深化、补充和修改了亚里士多德的思想，在许多方面，可以说有了新的方向。[①]

我们可以从法学理论来看阿奎那对亚里士多德的新发展，雅法（Harry Jaffa）认为，在亚里士多德的法学理论和阿奎那的自然法理论之间存在着很大的差异，这种差异是由阿奎那的神学造成的。在亚里士多德的《政治学》中没有一处提到自然法。自然法对于亚里士多德乃是陌生的。阿奎那所定义的法律有四大标准：它是合乎理性的；它是为了公共的善；它是由对共同体负责的人制定的；它得到了颁布。[②] 相比之下，亚里士多德的“法律”只具备其中两个标准——“合乎理性”和“善”，另外两个标准根据“立法者”（legislator）而定。在自然法理论那里，“立法者”意味着一个神圣的立法者。阿奎那说，一个法令是被“强加到别人”身上的，这就意味着旨意（providence）。而倘若没有特定的神圣的旨意，也就不会有阿奎那意义上的自然法教义了。这样一种自然法教义隐含着神圣的启示，因为神圣的旨意这一事实（它不同于可能性）显然不是所有人都天生就知道的。要人们遵守自然法，其法律品质就一定要为人所知，就是说，要让人们知道它已被颁布了。亚里士多德也许是异教徒中最智慧的，却否定了自然法的这一关键前提——亚里士多德也确实否认个别的神圣旨意，这肯定会意味着，自然法作为法的品质对于未蒙恩典照耀的自然理性来说，乃是最为昏暗不明的。许多人以为阿奎那在注释亚里士多德时“天衣无缝地”融合了亚里士多德和基督教神学（即理性和启示），而在雅法看来，实际上却是阿奎那将许多基督教神学观念强加于亚里士多德之上。在法学理论中，雅法列举了阿奎那貌似成功的调和，其实是将如下非亚里士多德的原则强加到了亚里士多德头上：（1）相信神圣的个别旨意；（2）相信至福在今生不可能实现；（3）相信要完成人的本性（nature，天性、自然）所欲达到的幸福，就必须有个人的不朽；（4）相信个人的不朽；（5）相信每一个灵魂都是专门受造的；（6）相信上帝在人心中植入了对于道德原则的“自然”习性。[③]

虽然阿奎那和亚里士多德有基督教与异教的不同，但阿奎那也确实保留了

---

① See Walter Ullmann, “The New Orientation,” in *A History of Political Thought in the Middle Ages*, Baltimore: Pelican, 1965；转引自 *St. Thomas Aquinas on Politics and Ethics*, New York: W. W. Norton, 1988, pp. 115－119。中译本可参见［英］沃尔特·厄尔曼：《中世纪政治思想史》，夏洞奇译，170～173 页，南京，译林出版社，2011。

② 请参见本章第一节“法的种类与自然法”开头阿奎那对“法”的定义。

③ See Harry Jaffa, *Thomism and Aristotelianism*, Chicago: University of Chicago University, 1952；转引自 *St. Thomas Aquinas on Politics and Ethics*, pp. 120－124。

亚里士多德的很多元素。正如著名的阿奎那研究专家托利尔指出的，亚里士多德关于“科学”的理想，在阿奎那这里即便经过了重新加工，仍然是一个指导性的原则，并且跟他的同时代人一样，阿奎那从亚里士多德那里接受了一种知识等级观，以及进行逻辑和形而上学分析的工具，没有它们，他的综合就是不可想象的。阿奎那借用了亚里士多德的一系列范畴来进行思考，如质料与形式、潜能与现实、实体与偶性。虽说质形论（hylomorphism）和灵魂作为人类独特形式的观念，或者友爱论和借沉思达到幸福的理论，都在阿奎那的著作中披上了一种特定的基督教外衣，但是它们仍旧是从亚里士多德那里借来的。还有，从阿奎那所采纳的模式与信念的数量来看，可以说，亚里士多德所给予他的是某种打量真实世界的方式。阿奎那的兴趣并非对亚里士多德的思想进行准确的历史重构，而是在于跟亚里士多德一道寻求真理，这就是为什么他毫不迟疑地扩大视野，并相信在这么做时他是忠实于亚里士多德的。①

第一节　法的种类与自然法

阿奎那《神学大全》I-II q. 90－108 堪称“法论”，尤其 q. 90－97 论及法的定义、永恒法、自然法和人法。就影响力来说，它仅次于证明上帝的五种方法（《神学大全》I q. 2）。② 关于自然法，除了在 I-II q. 94 做了集中讨论，阿奎那还在II-II q. 57 a. 2 简短地讨论了自然正义和实定正义（*ius naturale et ius positivum*），对后世的自然法和自然权利思想影响深远。③

《神学大全》I-II q. 90 按亚里士多德四因说论述了法的几大要素。他说，“法”（lex）由“拘束”（ligare）一词而来，人们受法的拘束而不得不采取某种

① See Jean-Pierre Torrell, *Aquinas's Summa*, Washington, D. C.: The Catholic University of America Press, 2005, pp. 76－77.

② See Paul E. Sigmund, “Law and Politics,” in *Thomas Aquinas: Contemporary Philosophical Perspectives*, Brian Davies, ed., Oxford University Press, 2002, p. 329.

③ 阿奎那尚在别处讨论了自然法，参见 Dan M. Crone, *Is Natural Law Innate? A Textual Study in the Writings of St. Bonaventure and St. Thomas Aquinas* (Ph. D. Dissertation), Loyola University of Chicago, 1995。关于阿奎那《反异教大全》中的法神学及其三大来源（亚里士多德、斯多亚学派、基督教），可参见 Oscar James Brown, *Natural Rectitude and Divine Law in Aquinas: An Approach to an Integral Interpretation of the Thomistic Doctrine of Law* (Ph. D Dissertation), University of Toronto, 1977。

行径，背后有理性起作用。[①] 他给出的"法"的定义是："它不外乎为了公共的善，由照管共同体的人所立并予以公布的理性的法令。"[②] 阿奎那在这里没有谈到违背法律是否要受到惩罚。正如雅法所指出的，阿奎那在这里所定义的"法"有四大标准：(1) 它是合乎理性的；(2) 它是为了公共的善；(3) 它是由对共同体负责的人制定的；(4) 它得到了颁布。亚里士多德对法的定义只包含前两个标准，而后两个标准都跟"立法者"有关。后面我们将看到，在"自然法"的问题上，正是这个差异显示了基督教神学与亚里士多德哲学的不同。既然"自然法"是一种"法"，那么，它就有一个"立法者"，它也会得到"颁布"，最后，如果人们违背了它，会否及如何得到惩罚。我们将看到，这三个问题是隐含在阿奎那的自然法理论中的，但对它们进行阐明，却不是一件容易的事。

从基督教神学出发，阿奎那把"法"分为四种：永恒法、自然法、人法和神法。此外还提到"罪的法律"。"上帝对于创造物的合理领导，就是像宇宙的君王那样具有法律的性质……这种法律我们称之为永恒法。"[③] 永恒法就是上帝心中关于受造界的观念、理念或蓝图。其他的法都是上帝心中蓝图的实施，是它的衍生物和落实。自然法，是人类理性对永恒法的分有，是永恒法在人类理性上的烙印。人法又称人定法、实定法或实证法。"人类的推理也必须从自然法的箴规出发，仿佛从某些普通的、不言自明的原理出发似的，达到其他比较特殊的安排。这种靠推理的力量得出的特殊的安排就叫作人法"(《神学大全》I-II q. 91 a. 3)。人法是从自然法来的，违反自然法的人法是不合法的(《神学大全》I-II q. 95 a. 2)。从人法来自自然法的方式来看，可以分为万民法(*ius gentium*)和市民法(*ius civile*)。万民法是从自然法直接推出来的结论(因此它具有不变性)[④]，人天生是社会动物，这些结论自然就成了支配买卖和社交等社会活动的标准。市民法则是任何城市根据其特殊需要规定的法律，它们是从

---

① See *Summa Theologica*, I-II q. 90 a. 1. 本章所用的是1888年利奥版(Textum Leoninum Romae 1888 editum，可参见http://www.corpusthomisticum.org/repedleo.html)。*Summa Theologica* 最好的英译本为英国多明我会版本(St. Thomas Aquinas, *Summa Theologica*, Fathers of the English Dominican Province, trans., Christian Classics, Allen Texas, 1948)。中译可参见《阿奎那政治著作选》，马清槐译，104页，北京，商务印书馆，1963。

② *Summa Theologica*, I-II q. 90 a. 4: *quae nihil est aliud quam quaedam rationis ordinatio ad bonum commune, ab eo qui curam communitatis habet, promulgate.*

③ *Summa Theologica*, I-II q. 91 a. 1，参见《阿奎那政治著作选》，106页。

④ 万民法又可译为万国法(law of nations)，它虽然是从自然法推出来的，但是不等同于自然法，照马里旦的说法，其主要区别在于，自然法是通过本能被认识的，而万民法是通过理性的概念性应用被认识的。参见马里旦：《自然法：理论与实践的反思》，鞠成伟译，42页，北京，中国法制出版社，2009。

自然法产生的个别应用的标准（就如建筑师从房屋的一般概念出发设计出一座具体的房屋的特殊图样），具有特殊性。[①] 阿奎那强调人法的“公共利益”（福利），这跟他对政治制度的讨论有密切的联系。神法指上帝直接干预和指导人的生活，这是通过《圣经》中所颁布的新旧诫命办到的。为什么在自然法和人法之外还要有神法呢？阿奎那说了四个原因。第一，人除了自然的目的外，还注定要追求超自然的福祉，即与神相见，而这超过了人的自然能力，因此需要神法；第二，人类的理性判断常常出错，法律常常互相矛盾，而上帝是不会出错的，神法能使人确知何事应做，何事不应做；第三，人法只能够管到人的外在的行为，而神法却能够管到人内心的意念，成就人的德性；第四，人法要照顾到人性的各种层面，为公共利益而不得不容忍某些小恶，因此无法杜绝一切恶行，而神法却可防止各种各样的罪恶（《神学大全》I-II q. 91 a. 4）。在《神学大全》I-II q. 91 a. 6 中，阿奎那还提到了“罪的法律”（或“欲火之法律”，*lex fomitis*）。这个名称来自保罗的《罗马书》7：23：“但我觉得肢体中另有个律和我心中的律交战，把我掳去，叫我附从那肢体中犯罪的律。”阿奎那说，人在未堕落之前能按自然法即按理性行事，但堕落以后，就离理性越来越远，越来越受感官嗜欲冲动支配，它们也就有了法律的意义。[②]

阿奎那自然法的渊源很多，如柏拉图的正义、亚里士多德的自然正义和自然法、斯多亚学派和西塞罗的自然法、《圣经》（尤其是保罗的《罗马书》2：14-15）。[③] 比如在12世纪编成的《句汇》（*Ordinary Gloss*）里，就已有人将保罗《罗马书》2：14[④] 跟基督教“形象说”结合了起来，认为罪虽然玷污了人身上的“上帝的形象”，但并未完全损毁这一形象当初受造时所接受到的印记，因此，当罪被恩典治愈后，人就自然能遵行自然法所要求的事情。[⑤]

阿奎那主要在《神学大全》I-II q. 91 和 q. 94 中论述了自然法，其中 q. 91 a. 2 中的自然法定义在后世引起了很多讨论。阿奎那说：

---

① See J. Budziszewski, *Written on the Heart: the Case for Natural Law*, Downers Grove: Inter-Varsity Press, 1997, p. 83.

② 此处中译参见台湾中华道明会、碧岳学社联合出版的《神学大全》（2008年版，以下简称台湾道明会译本）第六册19页。

③ 参见刘素民：《托马斯·阿奎那自然法思想研究》，40～87页，北京，人民出版社，2007；［美］科斯塔斯·杜兹纳：《人权的终结》，第二、三章，郭春发译，南京，江苏人民出版社，2002。

④ “没有律法的外邦人若顺着本性行律法上的事，他们虽然没有律法，自己就是自己的律法。”

⑤ See Jean Porter, *Nature as Reason: A Thomistic Theory of the Natural Law*, Grand Rapids: William B. Eerdmans Publishing Company, 2005, p. 4. 12世纪晚期一位教会法学者胡古契奥（Huguccio）对于自然法已有相当详细清晰的论述，见该书14～15页。

> 既然凡受天主之上智管辖者，皆受永恒法律之规范和度量；显然一切东西都多少分有（*participant aliqualiter*）永恒之法律，即由于永恒法律之影响，每个东西各倾向于其专有之行动和目的。在万物中，以有理性的受造物特别受天主的照顾，因为他分有照管能力，能照管自己和别的东西。为此，他也分有永恒之理，因之而对应有之行动和目的具有自然倾向。有理性之受造物所分有之永恒法律，即称为自然法律（*Unde et in ipsa participatur ratio aeterna, per quam habet naturalem inclinationem ad debitum actum et finem. Et talis participatio legis aeternae in rationali creatura lex naturalis dicitur*）。① 故此，圣咏作者（《圣咏》5：6）说"奉上正义的祭献"，好似对那些质问什么是正义之事的人接着说："有许多人说：谁能为我们显示出善？"遂答复说："上主，你给我们印上了你仪容的光辉！"即是说自然理性之光明，它使我们能知道什么是善，什么是恶；而这属于自然法律。因为自然理性之光明，无非就是天主之光明在我们内的印记（*nihil aliud sit quam impressio divini luminis in nobis*）。由此可见，自然法律无非就是有理性之受造物所分有之永恒法律。②

现在要问的是，阿奎那在这里所说的"自然倾向"（*naturalem inclinationem*）是指什么？在《神学大全》I-II q. 94 a. 3c 中，阿奎那解释说，在我们的自然倾向中，包括了按照理性（*secundum rationem*）去行动的倾向，即合乎情理地去行动。这跟《神学大全》I-II绪论和 q. 1－5 所说的人的行为导向相关。在那里阿奎那说，人虽然今生无法见到神之本质，实现不了至福（*beatitudo*），但他仍旧充满了见神的"自然欲望"。③ 正如一切推理都出自我们自然而然地知道的原则（*principiis*）一样，我们对具体事物的欲望（它们是具体目的）也都来自对一个终极目的（*ultimus finis*）的自然欲望。我们的行为首先指向一个目的（或终极目的），这是通过自然法实现的。如当代自然法论者菲尼斯所说："凭借良知、自然科学、哲学和实践合理性的洞识，我们能够照亮（光照）想象的和经验的材料。"④

---

① 英国多明我会版译为：Wherefore it has a share of the Eternal Reason，whereby it has a natural inclination to its proper act and end：and this participation of the eternal law in the rational creature is called the natural law.

② 《神学大全》台湾道明会译本，第六册，11 页。

③ See *Summa Theologica*，I-II q. 3，q. 5，in *St. Thomas Aquinas on Politics and Ethics*，p. 42.

④ John Finnis，"Natural Law and Natural Rights，" in *St. Thomas Aquinas on Politics and Ethics*，pp. 192－193.

其实阿奎那的“形象观”可以解释这一点。人作为上帝的“形象”，作为有理智者，就如上帝智慧中有永恒法一样，人也能够认识到永恒法在他自己心中显现出来的自然法。人的抽象认识能力最终还是来自上帝的光照。[①] 与人相比，动植物都不是上帝的“形象”，缺乏理性，因此不分有上帝的理性，当然也无法认识到永恒法，它们只是凭着本能服从永恒法而已。柏拉图、亚里士多德本已有“效仿神”的思想，阿奎那将它与基督教“形象观”结合不是稀奇的事。[②] 就如月亮反射了太阳的光一样，人一方面从上帝那儿接受光照，另一方面自己又去“照亮”（认识）事物。分辨善恶的“自然理性之光”只是神圣之光在我们心中的印记（*impressio*），跟保罗《罗马书》2：14－15所说的没有任何基督教知识的“外邦人”也能够有善恶的知识相关，同时也跟阿奎那本人强调人的自然本性在堕落后仍旧保持理性的完整有关。[③] 在自然法上，人的这种认识自然法的能力是上帝给的，人的认识的目的和意志动力（“自然倾向”“自然欲望”）是以上帝为最终目的的，在自然法和意志之间、思辨理性和实践理性之间有一个平衡，并无后来唯意志论和唯理性主义那样的倾斜。[④] 应该从阿奎那的神学整体去看他的法律观，尤其是自然法观，而不应该将其抽离出来做现代化的解读。[⑤]

那么，自然法具体有些什么内容呢？在《神学大全》I-II q. 94 a. 2 中，阿奎那说到了自然法的具体指令，这让我们可以了解当他说“自然倾向”时大致指的是什么内容。他说：

> 法的第一条指令是“该行善、追求善而避恶”。自然法的其他一切指令，都是以这条指令为根据的；因此，凡实践理性自然认为是人之善者，无论是该行者，或该避者，都属于自然法的指令。
>
> 因为善具有目的的意义，而恶具有相反的意义，所以人自然所倾向者（*naturalem inclinationem*），理性自然便认为是善，是该追求的；与之相

---

① 参见周伟驰：《阿奎那的自然神学家面孔：评翟志宏〈阿奎那自然神学思想研究〉》，载《哲学与文化》（台湾），2008（4）。

② 关于阿奎那的形象观，可参见周伟驰：《形象观的传承——阿奎那对奥古斯丁三一类比的继承、转化和问题》，载《道风基督教文化评论》总第28期，2008年春季号。

③ See Jean-Pierre Torrell, *Saint Thomas Aquinas*, *vol. II*, p. 283. 跟福音的新诫命一样，自然法也是由上帝“注入”（infused）人心的，人的伦理能力也因此是神圣法的反映。

④ 关于阿奎那之后经院哲学中自然法传统的分裂，可参见海因里希·罗门《自然法的观念史和哲学》一书中关于中世纪的章节（姚中秋译，上海，上海三联书店，2007）。

⑤ See Joseph P. Wawrykow, *The Westminster Handbook to Thomas Aquinas*, Louisville: Westminster John Knox Press, 2005, p. 87.

> 反者是恶，是该避免的。根据各种自然倾向的次序，而有自然法指令的次序。第一，人有与一切实体共有的向善倾向，即每一实体皆求保存合于其天性的现实。按这倾向，凡能用以保存人的生命并能阻止其相反者，都属于自然法。第二，人有指向比较特殊事物的倾向，这是基于人与其他动物共有的天性。在这方面，“大自然教给一切动物者”（《罗马法律类编》卷一第一题），都属于自然法，如：男女的结合，子女的教育等。第三，人里面有基于理性的向善倾向，这是人所专有的，例如：人自然就倾向于认识关于天主的真理，倾向于过社群生活。在这方面，凡是与这种倾向相关的，都属于自然法，例如：避免愚昧，避免冒犯一起相处的人，以及其他与此相关的类似的事物。①

这里有一句话：“人自然所倾向者，理性自然便认为是善，是该追求的；与之相反者是恶，是该避免的。”容易引起误解，以为人可以为所欲为，用“这是我的自然倾向，符合自然法”作为放纵的借口。但其实并非一切“倾向”都是“自然”的，应该考察它们原本受造的目的。巴兹泽夫斯基以两性为例来说明阿奎那的“自然倾向”。阿奎那认为，性的欲望是把两性结合到一起，它有两个目的，一是生殖（procreative），一是结合（unitive）。那性快感是不是目的呢？阿奎那跟亚里士多德一样，认为性快感并非目的，而只是性活动的结果。生殖的目的是把孩子生在安全的家庭里，得到双亲的教养。婚姻关系使人通过失去自我而达到自我，是一种异乎寻常的亲密结合，是自然之善中最深刻的一种。它可以说是预尝了神法所启示的超自然的善——与全然的他者上帝的结合。对性“自然倾向”的目的的这一反思有助于人们区分哪种性倾向是自然的，哪种是不自然的。②

在上面这段引文里，阿奎那说出了自然法的首要指令和次要指令。首要指令就是“行善避恶”。分开来说，人的自然法包括三个内容：第一，万物都有一种天然的保存自我、避免毁灭的倾向，人也不例外；第二，动物要通过性关系来繁衍后代并抚养后代，人也不例外；第三，与其他动物不同，人先天地具有认识上帝的倾向，以及过社群生活的倾向。

可是，我们会很快想到，要把自然法当作绝对普遍有效的人类公理，却跟生活中的一些事例不符。比如，有人想自杀，或者做出一些损己利他的行为，

---

① 《神学大全》台湾道明会译本，第六册，41～42页，略有改动；亦可参见《阿奎那政治著作选》，112页。

② See J. Budziszewski, *Written on the Heart*, pp. 71-72.

他们并没有“行善避恶以求存”的“自然倾向”；有人愿意独身，不愿结婚生子，也违背了繁衍后代的自然本能；有人并不渴望认识上帝，或者干脆不承认上帝存在；有人愿意过离群索居的隐士生活。难道他们不是人吗？对这些“反例”应该怎么解释呢？

阿奎那区分了思辨理性和实践理性。思辨理性认识的是自然法的普遍原理，而实践理性应付的是自然法的具体语境，处理的是个别的、偶然的例子。比如，思辨理性告诉我们“借物该还”，这是一个普遍的自然法原则，这是“道不变”。但是，如果偿还的债被用来跟还债人的祖国作战，那就可以暂时不还。“天理”虽然“昭昭”，但在实践中可以“通权达变”。那么如何解释在某一些文化、族群当中，具有完全违反自然法的行为呢？

像“借物该还”这样的指令之所以有例外，是因为它们在现实情况中遇到了“障碍”。但是，也有没有遇到障碍却仍旧不能遵守的情况，阿奎那提到了三种原因：情欲、邪恶的习俗、邪恶的自然气质（《神学大全》I-II q. 94 a. 4）。接下来他又加上了另外两个原因：不正当的成见、不良的风俗习惯（《神学大全》I-II q. 94 a. 6）。

在阿奎那看来，“不可偷盗”是显而易见的天理，是自然法，但当时的日耳曼部落却并不认为偷盗是罪。日耳曼人怎么认识不到这一显而易见的普遍自然法呢？这是因为他们被“情欲”或其他某种“天生的恶习”所败坏了。在阿奎那看来，这跟某些人认识不到“三角形的三内角等于两直角”这一普遍的几何真理是一样的。

自然法会不会变化呢？阿奎那认为不会变化，但有时会根据时空环境有所损益。比如，神法（如十诫）和人法（如罗马法）“确给自然法增加了很多有利于人类活动的内容”。有些内容有所删改，也是可以理解的，因为某些特殊的原因，人们不可能绝对遵守自然法（《神学大全》I-II q. 94 a. 5），比如上面“借物该还”或日耳曼人的例子。阿奎那想要保住的是自然法的普遍性和不变性。

巴兹泽夫斯基指出，阿奎那区分了自然法的三类指令。首要指令（primary precepts）就如同人人皆知、不言而喻的公理（axioms），如“行善避恶”。次要指令（secondary precepts）就如同从首要指令中推导出来的更详细些的定理（theorems）。次要指令又可分两类，一类是直接指令（immediate precepts），人人一看到都能明白，如“不要谋杀”，有时阿奎那也把它们包括到了首要指令当中。另一类是普通指令（common precepts），它们的规定更加详尽，因此不像“不要谋杀”那样显而易见，并非人人皆知，比如“借物该还”。首要指令和直接指令都是普遍指令（general precepts），即是说它们适用于一切情况，没有例外，不能找任何借口违反它们。而普通指令之“普通”，则是说它们适用于大多数情况，但是也有例外。比如“借物该还”这个自然法指令，阿奎那就举例，在战争期间暂时可以不归还可能被用来侵犯祖国的财产。再比如，如果一位朋友的汽车钥匙在你这里，而他喝醉了酒，你这时把钥匙还给他让他酒驾，显然是不可以的。[①]

在后世的争论中，关于自然法到底应该包括哪些内容，出现了“自然法是个筐，什么都可往里装”的情况[②]，以至于到底有没有自然法都成了一个问题，要在自然法的基础上建立自然法理论就更成了问题。

第二节　如何理解阿奎那的自然法

阿奎那的自然法思想无疑是他政治哲学中的核心问题，但是如何确切理解他的自然法却在学者们之间引发了持久的争论。本节我们就通过 20 世纪三位有代表性的学者在这个问题上的争论，来看一下对于这个问题的不同理解。

一、马里旦对阿奎那“自然倾向”的理解

在 20 世纪的新托马斯主义者里面，马里旦是杰出的一位。对于自然法，马里旦从阿奎那的理论出发，做了新的阐释。马里旦认为，万物的存在都有其目的，比如钢琴就是用来发出乐音的，这个目的就是发挥它所独有的作用、常态或正常功能。他对自然法的理解是这样的：

由于人拥有一种本性，或拥有一种包含着可以理解的必然性的本体结

---

① See J. Budziszewski, *Written on the Heart*, p. 62.

② 关于自然法的具体内容到底应该有些什么，各个自然法理论家给出的答案是不一样的。比如格里泽茨（Grisez）给出的是自我完整、实践的合乎情理、出自真心（真实性）、正义、友谊、宗教、生命和健康、真知、审美、游戏；菲尼斯给出的是生命、知识、审美、游戏、友谊、实践的合乎情理、宗教，后来又加上了婚姻之善；查佩尔（Chappell）给出的是友谊、美学价值、快乐及免于痛苦、身心的健康与和谐、理性、合理性及合乎情理、真理及真知、自然世界、人们、公平、成就；墨菲（Murphy）给出的是生命、知识、审美体验、工作和游戏之卓越、做事卓越、内在平安、友谊与交游、宗教、幸福；戈麦兹-罗柏（Gomez-Lobo）给出的是生命、家庭、友谊、工作与游戏、美的体验、理论知识、完整。参见“The Catalog of Basic Goods,” in “The Natural Law Tradition in Ethics,” http：//plato.stanford.edu/entries/natural-law-ethics。

> 构，因此他拥有必然符合其基本构造并且对所有的人都一样的目的——例如所有的钢琴，不管其类型如何和放在什么地方，都以发出一定的合拍的音调作为它们的目的。如果它们发不出这些音调来，我们就一定要加以校准，或者把它们当作没有价值的东西丢掉。但是，既然人赋有智慧并能决定他自己的目的，能否使他本人同他的本性所必然要求的目的合拍，就取决于他自己。这就是说，正是靠着人性的力量，才有这样一种秩序或安排，它们是人的理性所能发现的，并且人的意志为了使它自己同人类基本的必然的目的合拍，就一定要按照它们而行动。不成文法或自然法不外乎这样。[①]

所谓自然法（natural law），也就是“本性法”，即一物按照一物的本性（nature），必然会发生作用的常态。钢琴的本性就是为了发出琴声。而一朵正常的花或一匹正常的马会按照其“本性法”自然而然地成长，发挥作用。但若是生了病或不能正常地成长，我们就说它没有像它“应该”的那样成长，违反了它的自然法。但是人跟花或马不同，花或马不是自由的，它们没有意识，只是依据必然性在生长，无从选择，而人则是有理性的，人能够有意识地符合或违背他作为人的自然法，人能够做出选择，他是自由的。[②] 这样，在人的自然法这里，“应该”就不仅有形而上的意义，而且有一种道德的含义。

在马里旦看来，“不可杀人”是一条自然法箴规，“因为人性首先和最普遍的目的就是保持存在——作为人这一生存者的存在以及一个和他本人有关的宇宙存在；因为人作为人而言，具有生存的权利”[③]。因此，该隐杀死他的弟弟亚伯就是违反了自然法。但是，人的自然法又有赖于人本身对它的认识，因此，类似于禁止种族灭绝这样的认识直到20世纪经过屠犹事件后才变得强烈。就此而论，自然法又包含了一种道德“理想”。“自然法是某种既是本体论又是理想的东西。它之所以是某种理想的东西，是因为它是以人的本质及其不变的结构和所含有的可以理解的必然性为依据的。它之所以是本体论的东西，是因为人的本质就是一个本体论上的现实，而且它也不是单独地存在的，而是存在于

---

① Jacques Maritain，*Man and the State*，Chicago：University of Chicago Press，1951. 中译参见［法］马里旦：《人和国家》，沈宗灵译，74页，北京，中国法制出版社，2012。略有改动。

② 在另一个著名天主教思想家谢奴看来，人虽有道德自由，却仍然要服从自然法。他说：“人的自由根源于本性（或自然），自然法（或本性法）是装备有自由意志的绝对命令的。人虽然由于这一自由而有绝对的价值，但仍然不过是一个更大整体中的一部分。”参见 M.-D. Chenu，*Aquinas and His Role in Theology*，Collegeville：The Liturgical Press，2002，p. 96。

③ ［法］马里旦：《人和国家》，75页。

每一个人的身上，由此可见，自然法是作为一个理想秩序而处在一切现有的人的生存中的。”①

马里旦将自然法的本体论要素称为“第一基本要素”，他指的是以人这一存在的本质为依据的发生作用的常态。他又说，在其本体论方面，自然法是有关人的行动的“理想程序”，是合适和不合适行动、正当和不正当行动的一条分水岭。② 自然法的第二要素是“认识论的要素”，就是说它是跟人的理性，跟人对它的认识有关的。自然法跟正规法律不同的地方在于，它不是一种成文法，因此可能出现各种认识错误，出现莫衷一是的现象。那么自然法有没有大家公认的条规，以及如何解释不同文化、不同历史时期所谓“自然法”并不一致的现象呢？马里旦援引阿奎那来解释自然法具体内容的含糊性和发展潜力。他说：

> 人的理性并不像发现一系列几何定理那样，以抽象的和理论的方式去发现自然法的条例。不仅如此，它并不通过在概念上运用理智或经由理性知识去发现自然法的条例。这里，我认为对于托马斯·阿奎那的教导应该以比以往更加深刻和准确得多的方式来加以理解。当他说人类理性通过人类本性的倾向的指引而发现自然法的条例时，他的意思是说人类理性认识自然法的真正方式或形式并不是理性知识，而是通过倾向得来的知识(knowledge through inclination)。这一类知识并不是通过概念和概念判断得来的明确的知识；它是由于相同本性或相同气味而产生的模糊不明的、缺乏系统的和必需的知识，在这中间，理智为了进行判断，就求教并倾听悠久趋向的颤动的弦线在这一问题上所发出的内在旋律。当人们已清楚地看到这一基本事实时，而且当人们已了解到圣托马斯关于这一问题的看法，要求对于中世纪没有准备实现的发展的观念从历史上来加以研究和从哲学上加以坚持时，他们最后就能得到一个最广泛的自然法概念。并且人们了解到，人类对自然法的知识是逐步地由那些从最基本的倾向开始的人性的倾向所形成和造成的。不要期望我会提出一幅关于那些倾向的先天的图景来，那些倾向生根于真正充满着意识发达之前的精神生活的人的存在，随着人类活动的前进而发展或者被放弃。它们是由人类良知的历史本身来证明的。那些倾向是千真万确的，它们在人类的无限的往昔

① ［法］马里旦：《人和国家》，77页。

② 参见［法］马里旦：《人和国家》，76页。

> 曾指引理性逐渐认识到人类从远古社会开始就已最肯定地和最普遍地承认的条例。①

马里旦认为，这种自然的倾向使得早期的人类社会逐渐认识并承认一些自然法条例，它们成为人类社会的基本道德原则，并逐渐得到更丰富的发展。如何解释人类学所显示的各个不同社会之间的道德条例的差异呢？一方面要看到它们之间的“同”，看到在其背后的共同的普遍性的认识。另一方面也要看到它们之间的差异性，更要看到在发展过程中必然会产生的错误认识：“在这些倾向结构或动态方案里，可以产生出许多不同的、仍然有缺陷的内容，更不必说可能同基本倾向混在一起的、有偏差的或堕落的倾向了。”②

根据一些学者的研究，马里旦受到柏格森和圣托马斯的约翰（John of St. Thomas）的影响，早在20世纪20年代就对“通过倾向得来”有所强调，以回答类似于卢梭和麦金太尔的“普通人从何得知哲学家也难以得知的自然法原则”这个问题。而马里旦对阿奎那“自然倾向”的阐释是不准确的，将阿奎那为理性所渗透的“自然倾向”解释成了情感倾向（近于卢梭），而且马里旦的说法有自相矛盾之处，理论说服力有所不足。③

不仅“自然倾向”有晦涩暧昧之处，自然法本身也有含糊的地方，其内容可以随时间而不断调整，后来发展出的一切进步的东西都可以归并到它里面了。这样讨论下去是否还有意义？尼尔森作为分析哲学家的代表，就对马里旦的观点进行了猛烈的批评。

二、尼尔森对马里旦和新托马斯主义的批判

尼尔森（Kai Nielsen）对以马里旦和哲学史家柯普莱斯顿（Copleston）为代表的托马斯主义自然法观念很是不满。他认为，阿奎那的自然法观念是跟他过时的科学观紧密联结在一起的，他质疑怎么才能将“自然的”和“非自然的”倾向区分开来。他反对认为人有固定的本性（自然），并征引休谟来证明托马斯主义目的论的本性观混淆了事实陈述和价值陈述。

---

① ［法］马里旦：《人和国家》，80页。

② ［法］马里旦：《人和国家》，81页。

③ See David J. Klassen, *Thomas Aquinas and Knowledge of the First Principles of the Natural Law* (Ph. D. Dissertation), Catholic University of America, 2007, chapter 2, esp. pp. 64-76. 当然，马里旦的观点也有同调，如霍尔就强调自然倾向的作用，自然法就是一组自然倾向。参见威廉·梅：《托马斯主义自然法的当代视角》，见［美］约翰·戈耶特等主编：《圣托马斯·阿奎那与自然法传统：当代视角》，杨天江译，204页，北京，商务印书馆，2015。

阿奎那的目的论宇宙观[1]跟中世纪物理学紧密相连，后者早已为现代人所抛弃。说阿奎那的物理学虽然错了，但其宇宙观仍旧是真实的，这只不过是一种逃避。"宇宙论"是一种"糟糕的初级物理学"，它跟"形而上学"一样含义不明、无法限定，指望用"宇宙论"和"形而上学"作为基础来发现实质性的东西，是不切实际的奢望。[2]

尼尔森集中批评了上引马里旦所说的"通过倾向得来的知识"。他说：

> 我们现在就来考察一下马里旦的"通过倾向得来的知识"这个概念当中的困难。首先，像赖尔和维特根斯坦这样的分析哲学家的著作使得如下情形成为有问题的了，即，一个人说自己有某种"无法用语言和观念表达"的知识，这是否还有意义。说某种东西不能被概念化或某种"知识"不能被表达出来，看来是过早地退却到了一种含混里，这是不可能得到哲学的赞同的。倘若我们怀疑真有这么一种知识，那又如何能理性地解决这一疑问呢？进一步追问，马里旦所说的到底是什么意思呢？哲学赞同必然要处理可表达之物，这是千真万确的。
>
> 我对他的"通过倾向得来的知识"教义的第二个批评，跟我的第二个正面观点的后半部分相连。实际上，马里旦在自然道德法的根基处设置了一种自然主义的理论：人所努力追求的是善，人所避免的是恶。但他同时又宣称，唯有一个超自然的仲裁才能实现道德，避免我们时代的混乱。然而，根据他"通过倾向得来的知识"的教义和他的自然道德法理论，处于道德困惑中的人只需要观察一下他同类的欲望和愿望，看看他们都在追求什么，就会知道什么是善的以及应该做什么。[3]

这里第一个批评是用分析哲学中对"私人语言"的反对来反对马里旦和阿奎那的那个说得很含糊的、晦涩的"自然倾向"或"通过倾向得来的知识"；第二个批评认为马里旦自相矛盾，将"超自然的"（天主教的）最高级道德指导建立在人的天然本能和好恶上是危险的。

---

① 阿奎那的古典宇宙等级观是一种目的论，宇宙中下一级存在的目的是达到跟上一级秩序的和谐，成为上一级秩序中合格的一部分，人的终极目的在于上帝。参见 Ralph McInerny, *Aquinas*, Cambridge: Polity Press, 2004, pp. 109 - 114。

② See Kai Nielsen, "An Examination of the Thomistic Theory of Natural Moral Law," in *St. Thomas Aquinas on Politics and Ethics*, p. 212. 尼尔森的原文发表于 *Natural Law Forum*, vol. 4 (1), 1959。

③ Nielsen, "An Examination of the Thomistic Theory of Natural Moral Law," p. 213.

自然法理论认为“趋善避恶”是第一自然道德法和实践理性的第一原理，其他的自然法都是从它衍生出来的。尼尔森认为，这个基础是很弱的，经不起推敲。因为“善”（good，好）这个词的含义不容易搞明白，当我们使用“善”这个词时，运用的标准就不能确定。“趋善避恶”的第一原理只是告诉我们，当某个事物是好的时，我们就得追求它。但它并没有告诉我们到底要追求什么东西，哪个东西是“善”。见“善”就“趋”并不意味着有一个客观的理性伦理，能把我们从“主观性的黑夜”里拯救出来。

至于阿奎那和马里旦所举出的从这第一原理衍生出来的其他自然道德法，就更不那么确定了。他们认为这些道德法是我们通过“自然倾向”马上就能非概念地认识到的，它们是人性必然会追求的目的。阿奎那所提到的自然法箴规的具体内容有如下几条：

1. 生命应该得到保存。
2. 人应该繁衍其种类。
3. 孩子应该受教育。
4. 人应该认识关于上帝的真理。
5. 人应该过社会生活。
6. 应该避免愚昧。
7. 不应该无故得罪人。(《神学大全》I-II q. 94 a. 4)

这些都被认为是人的自然（本性）倾向，是建基于人性之上的。但是，根据阿奎那的观点，我们的倾向并非都是自然倾向，因为有一些可以为邪恶的习惯所败坏，那些有邪恶习惯的人，其关于善的自然知识被激情和罪恶的习惯败坏了。根据柯普莱斯顿对阿奎那的解释，人有普遍的、跨文化的人性，人只要反省自己的本性，就能在里面发现他对永恒法的分有，即自然法。而且不仅能认识到“趋善避恶”这个第一原理，还能认识到上面列举出的这几条具体的自然法箴规。① 但是，自然法的第一原理和衍生出来的第二类箴规不同，后者的运用是有条件的。比如阿奎那提到的“借物该还”的例子，在某些条件下，如果这些债还了后会被用于攻打还债人的祖国，那么就先不应该还。虽然如此，但柯普莱斯顿认为，就一般形式而言，借物该还这一箴规仍是有效的。阿奎那相信有一套不可变的道德箴规。这就是阿奎那所说的自然法的“不变性”。

---

① See F. C. Copleston, *Aquinas*, Baltimore: Penguin Books, 1955, pp. 213 - 215；转引自 Nielsen, “An Examination of the Thomistic Theory of Natural Moral Law,” p. 214。

尼尔森认为，阿奎那的自然法理论经不起细看，里面有一系列的混淆，这些混淆除了来自他当时的文化语境外，也跟他的思想有关。尼尔森先是指出了阿奎那自然法理论要面对的两个老难题，再指出了两个更根本的困难。第一个老难题来自将自然道德法理论跟社会心理学相比较。“人的本性”概念只是一个相当模糊的文化概念而非科学概念，“存在着人性”并不是一个托马斯主义者理所当然地觉得清晰自明的命题。第二个老难题来自文化相对性。倘若我们观察实际存在的各种文化，就会发现阿奎那所列举出来的所有自然道德法都在某些地方被某些人群违背了。如果自然法理论家回答说，“嗯，可是大多数文化都服从以上箴规”，那就要面对两种可能的质疑。第一个质疑是，他的这一回答本身假定了大多数人觉得自然的和更好的东西就是自然的和更好的，但这预设了“人数多的就决定了何为好的”的素朴民主观，成了一种“按人头来算”的游戏，把道德的事情搞成了投票选举。我们为什么一定要把这种“民主的”标准当作最终的标准呢?①倘若说人们就是要接受它，我们所做出的就不仅是一个从人类学上来说虚假的声明，而且是一个逻辑循环的声明——我们运用我们的民主标准去建立我们的民主标准。第二个质疑是，对于具体的自然道德法来说，事实上并不存在这种大多数人的一致。至于更一般的自然道德法非常含糊，以致包含了两方都认为很关键的所有差异。人类学家指出，所有文化中都有“谋杀”的概念。但倘若我们试图赋予“谋杀”这个概念某些特定的内容，以使其能被所有文化都接受，就会陷入困难之中。尽管所有文化都同意“谋杀是错误的”，但对何为“谋杀”（murder）却有不同理解。在因纽特人那里，当粮食紧张不足以过冬时，他们就会杀死家庭中的成员；玻利尼西亚和希腊人有杀婴的旧习俗；旧斯堪的纳维亚人有将老人用棍棒打死以使他们“上乐园”的旧习俗：这跟他们有“谋杀是错误的”这一自然法完全相容。因为对这些人来说，如此杀人（killing）并非那隐含着错误的“谋杀”。什么才算得上“谋杀”，这在各个文化中全然不同，差异极大。说一切文化都有同一个“谋杀”概念，是模糊了根本的道德差异。说这些差异只是基本道德法的不确定的表达，是模糊了那使我们的善恶判断变得相对的一个关键的方式。

两个更根本的困难中的第一个是，即便有跨文化的、被普遍接受的基本道

① 应该说，尼尔森的这个批评反映了美国“文化战争”中自由主义对于保守主义的攻击。一些保守主义者（不少人是传统的天主教徒）以“违反自然法”为理由反对堕胎、安乐死、同性恋、离婚等，而当前的趋势是，在这些问题上，自由权在不断地扩张。参见克里斯托弗·沃尔夫：《托马斯主义自然法与美国自然法传统》，见［美］约翰·戈耶特等主编：《圣托马斯·阿奎那与自然法传统：当代视角》，365～376页。由于保守主义者以“自然法”为理由，而“自然法”意味着人的本性如此，代表了大多数人，因此这里尼尔森的意思是，这是用大多数人的自然来压制少数人的自由。

德信念，也并不一定就能证明托马斯主义自然道德法理论是正确的，因为可能还有其他更具说服力的解释体系。比如按罗素（Bertrand Russell）的解释，人们共同的道德理想是他们共有的态度和感情的表达。尼尔森认为这比阿奎那和马里旦“通过倾向得来的知识”更具说服力，因为更简洁。即便真的“所有人都共享关于善的某种含糊的观念，只因为他们都是人，都拥有某种自然的倾向和共同趋势”，也并不足以证明这些被共享的伦理理想就是上帝赐予的，而非人为的。比如，精神分析学家弗洛姆（Erich Fromm）就从一种自然主义和新弗洛伊德主义的观点出发做了相似的论证。尼尔森指出，托马斯主义者需要一个比人性的统一性更强的基础来建立其自然道德法理论。如果不存在统一性或共同的人性，他们就显然是错误的；但是即使存在着统一性或共同的人性，也并不就能说他们是正确的。

第二个更根本的困难是，自然道德法整个理论都建立在对“应当是什么”（what ought to be）与“事实是什么”（what is）的混淆上。正如休谟让我们认识到的那样，“人不应当偷窃”这一陈述迥异于“人不偷窃”这一陈述。人在不该偷窃时偷窃了。里面带有“应当”（ought）的句子跟里面带有“是”（is）的句子属于不同的逻辑类型。不能从事实陈述（包括关于人性的事实陈述）那里推出任何“应当”陈述。价值和事实是不同的，而阿奎那及其追随者对此区分并不清楚，这显然是因为他们把自然（本性）视作有目的的，在它自身之中具有某种道德目的。这种带有目的的自然概念不仅是假的，还混淆了事实和价值之间的根本区别，而这一区别对我们理解道德论证和决断是很关键的。①

三、波尔克和扎克特对尼尔森的批判

哲学史家波尔克（Vernon J. Bourke）批评了尼尔森的批评。他为目的论做了辩护，亦认为事实和价值之间的鸿沟可以填平——你可以相信上帝是道德

---

① See Nielsen, “An Examination of the Thomistic Theory of Natural Moral Law,” pp. 215 – 216. 这是对阿奎那及自然法理论的一个传统批判。1949 年汉斯·凯尔森指责自然法理论混淆了事实与价值。在这一点上对阿奎那的辩护主要分为两种。一种是认为阿奎那并非从事实“推”出“价值”，阿奎那本人已清楚这种谬误的后果，因此小心地避免了这种谬误，他认为实践理性源自它自身的首要原则就已经否认了这原则是从思辨理性衍生出来的。参见罗伯特·乔治：《凯尔森与阿奎那论自然法》，见［美］约翰·戈耶特等主编：《圣托马斯·阿奎那与自然法传统：当代视角》，403 页。一种是指出这种指责（自然主义谬误）本身就是有问题的。著名阿奎那专家麦金纳尼认为，知识引导着意志，善在被当作一种善而被意欲之前，必须首先被理解为一个真理，就人的实践理性而言，虽然自然法的首要原则不可证明，非由人性知识推出，却依赖于思辨真理，后者有助于意志的选择，因此，从事实推出应当并非谬误。参见威廉·梅：《托马斯主义自然法的当代视角》，见［美］约翰·戈耶特等主编：《圣托马斯·阿奎那与自然法传统：当代视角》，228～229 页。

义务的来源，也可以将道德之善作为个人和社会实现自我所必需的条件。

波尔克指出，阿奎那的形而上学并非像尼尔森所说建立在过时的中世纪物理学之上，如果这样，那它就毫无吸引力了。阿奎那形而上学的基石是“本性”（自然，natures）的普遍性。何谓本性的普遍性？即是指本性既非单独个别的存在物（existing individual things），亦非人脑的虚构。譬如“水”，其“本性”可以被表述为：“在一定的压力和纯度条件下，水在摄氏零度结冰。”对“水”这一“本性”的表述适用于不同时空中各种形状的“水”，“水”抓住了它们的共性。“水”既非这些具体时空中的个别的水，亦非头脑虚构的（就是说它不是被任意指认的）。“水”具有真实性或“物性”（thingish），因为它有许多个例。这跟“圆”不一样。“圆”也是理智的普遍对象，但它并不现实地存在，并没有一些圆的个例（像水的个例一样）作为个别事物存在。所以，托马斯主义所说的“本性”是指“水”或“硫酸”这类“存在”的事物的“本性”，跟物理科学相近，而非“圆”这样的数学对象。在生活世界中，人们通过对所接触之物的了解，越来越了解其“本性”、属性和用途及其诸种规律，知道在哪些条件下如何使用它们才是正确的。比如，在什么条件下，水是可以喝的，硫酸是不可以喝的，等等。如果转移到人及其行为上，我们就会随着知识的增长而发现在什么环境里什么样的行为才是更合适的。人们是从现实经验中而不是从亚里士多德的《物理学》中获得关于各种“本性”的知识的。如果能这样理解“本性”（自然），就会很容易理解自然法（本性法）理论。

波尔克认为，要区分两类关于自然法的知识。一类是大多数人在日常生活中所把握的自然法；另一类是道德专家经过反思后，努力为自然法提供的一种科学或哲学的解释。波尔克说，马里旦无疑属于后者。马里旦是作为一个道德专家写作的，但他所谈论的是“自然的”（也即非反思性的）道德知识。他说这类知识是“通过倾向得来的”，即是说，普通人以一种非反思的方式把握到了某些自然法观念。这种普通的把握混合了级别较低的认知行为和情感行为。有时它接近于动物式的感觉。这样的“自然”认知者跟道德科学家的关系就好比一个原生态歌手跟一个训练有素的歌唱教授的关系。就说“趋善避恶”这一良心原理吧。当马里旦说所有人都知道这个普遍规则时，他并不是说所有人在为自己的道德决断辩护时都能够并且愿意陈述这一规则，而是说（大多数托马斯主义者跟他一样），在实践上，所有人都会显示出某种对“对错”的关切（在感情上和在认知上）。波尔克说“大多数人”会这样，但有些不太小心的托马斯主义者会说“所有人”都会这样。有些人，如霍布斯、洛克和尼尔森会抓住这点，说有些人并不能区别对错。这些人是：很年幼的孩子、傻子，以及某些高度复杂化的伦理学家。波尔克认为前两类人很容易排除：孩子会长大；傻子不用负法律和道德责任，因为他们缺乏对错意识。至于伦理学家，那就不是马里旦所谈及的普通人了。这就牵涉到何为“正常”、何为“例外”。而这跟“自然”（本性）的目的或终极相关。

亚里士多德认为，每个存在者及其行为都有某个目的，世界有个目的因。阿奎那对此观点加以改造，认为上帝是万物的创造者，其智慧引导着万物及其行为，以一种井然有序的方式，趋向于其目的，正如射手把箭对准目标。一切有限的本性（natures）都有上帝赐予它们的矢量品质（vector quality），指向一个目的。人的本性也是如此。人能控制自己的行为，但其独特之处是他享有一种自由：其行为可以导向人的目的，也可以不导向人的目的。他是自由的。否则，他就会成为一种物质而不是一个道德担当者。

波尔克接着为阿奎那目的论做了辩护。他指出，人的行为和其他事物的行为有目的导向，这有大量的证据，通常并无争议。比如，生物学和社会学大量使用目的分析（purposive analyses）。生理学所说的肢体“功能”这一概念就是目的论的。大部分进化论学说也偷偷引入了目的观念，其所谓“自我完善论”（self-perfectionism）不过是一种内在形式的目的论，实即亚里士多德生物学所说的目的因或终极因（finality）。即使在尼尔森用来反驳阿奎那目的论的人类学领域，也涌现出了一场很强劲的运动，其带头人［主要有克拉克霍恩（Kluckhohn）、马林诺夫斯基（Malinowski）、克罗贝尔（Kroeber）、列德菲尔德（Redfield）、伊万-普里查德（Evans-Pritchard）、蒙塔古（Montague）等］把人视为一个很特异的本性（a very distinctive nature）。其基本假设之一是，人是唯一生产文化的动物。①

对于尼尔森的自然法理论混淆了事实与价值的批评，波尔克也做了还击。他指出，尼尔森对“是”（事实）和“应该”（价值）这两个词做了狭隘的、非实在论的理解，从而将二者割裂，导致了所谓的理论困境。波尔克以他深厚的哲学史素养写道，“应当”表达了某种义务或必要性（obligation or necessity），这种必要性在康德以前还是跟一神论中上帝的“绝对”命令相关联的：

> 在康德的时代（那时大多数哲学家是一神论者，很在乎道德责任的分

① See Vernon J. Bourke, “Natural Law, Thomism—and Professor Nielsen,” in *St. Thomas Aquinas on Politics and Ethics*, p. 219；波尔克原文发表于 *Natural Law Forum*, vol. 5, 1960。

量），一个人还可以用一种不同的方式来谈论一种“绝对的”道德必然性。上帝尚作为一位绝对的立法者存在，其力量和尊荣凌驾于人类之上。按照这样的观点，上帝可以发挥作用如一个绝对君主：他所要求的事情“应当”被执行，否则后果严重。对18、19世纪的许多思想家来说，这“否则”隐含着真实的制裁：倘若你不服从上帝的命令，你就会下地狱。这种“应当”跟人的自由是相容的（也因此就不是一种物理的必然性），但它乃是一种加在所有人身上的义务，而不管他们认不认它。（加一句，大家都知道托马斯主义者认为上帝确实命令了人，认为人不可能以不思考道德义务来回避道德义务；但假如上帝不在这幅图景中了，这一必要性的威力也就没有了。）

康德借此所做的事情在以后的哲学中引起了麻烦。他试图看看，假如你忽视制裁，假如你忽视上帝为绝对立法者，你是否还能保持道德应当的这个较强的意义。他问了一个古怪的问题：人能够在其自身中，为这样一个义务，这样一个绝对应当，发现一个充分的根源吗？康德之后，道德哲学家们就被这么一个问题困扰：假如我们取消了绝对，那怎么去找到一个绝对的应当呢？

不过在我看来，倘若一个人的道德视野内并无上帝，道德应当就唯有呈现为一种有条件的必要性。康德看到了这点，把上帝作为圆善（summum bonum）的担保者引入。否则，应当就只是指称一种“如果A则B”的序列罢了。有些英国伦理学家嘲笑道德应当的观念就像说木匠应当用某种工具获得想要的效果。不过，一种有条件的必要性在实践秩序中是难以构想的，除非我们引入为达某一目的而必须具备有用工具的观念。这也许是大多数英国伦理学家对社会功利主义仍存尊敬的原因。社会总体的善是一个可尊敬的目标，可以用它来决断许多道德问题。然而它无助于解决最困难的私人道德问题。

倘若我们将作为道德立法者的上帝的存在搁置起来，我们就必定会将道德应当的意义缩减为功利性的，其存在只是为了达到某个目的。一种做法是，承认没有人是被强迫去为幸福或好日子或自我完善而工作的。也许有人会拒绝为一个适于其本性的目的而去工作这样一个概念。他若这么做，就拒绝了在神圣法之外可以给道德应当提供实践意义的唯一基础。对我来说，一种自然主义的道德应当意味着一个人必须做某些行为并避免另一些行为，要不就承担一种未实现且不完善的人生的后果。这就是一个人要尽力做到最好的原因，但它并非一个绝对的原因。[①]

确实如波尔克所说，近代西方自然道德法的转折，在于上帝作为立法者和执法者观念的消失。其实这个过程早已启动。我们看到，奥古斯丁在《论三位一体》里，对上帝的“三”和“一”是同等强调的；到了阿奎那那里，为了因应伊斯兰教一神论和世俗理性主义者的挑战，突出的重点逐渐由“三”转移到了“一”[②]；随着宗教改革运动和宗教战争的开启，寻求互为论敌的各宗派最大公约数的自然神论崛起。自然神论虽然削去了上帝的诸多人格化特征，但是仍旧保留了上帝作为宇宙立法者和执法者的遗像。传统教义中末日审判时信者上天堂、不信者下地狱的赏罚神学，在自然神论里仍被强调。比如，自然神论的奠基者赫伯特勋爵（Lord Edward Herbert）于1624年的《论真理》一书中，总结出一切宗教的五条“共同观念”：（1）存在着一个至高无上的上帝；（2）上帝应当受到崇拜；（3）美德与虔诚的结合是宗教崇拜的主要方面；（4）人总是憎恶自身的罪恶，并且应该悔改罪过；（5）死后将有报偿和惩罚。[③] 其后继者提罗特森（John Tillotson）则将之简化为自然宗教天然包含的三原则：（1）有一个上帝；（2）上帝要求人过道德的生活；（3）上帝将赏善罚恶。[④] 康德的假设是：如果没有上帝执行奖惩，人还会追求应当吗？还会有道德吗？康德的实践理性批判还是承认上帝、灵魂不朽和自由，以保证德福一致（圆善，即最终善恶各有其报）的。但在康德之后，在上帝消失的背景下做伦理学（包括自然道德法理论），就一定会面临波尔克指出的道德基础问题。[⑤]

---

① Bourke, “Natural Law, Thomism—and Professor Nielsen,” pp. 220 – 221.

② See David B. Burrell, “Thomas Aquinas and Islam,” *Modern Theology*, vol. 20, 2004, p. 74.

③ 参见［美］詹姆斯·利文斯顿：《现代基督教思想》，何光沪译，23页，成都，四川人民出版社，1992。

④ 参见赵林：《英国自然神论的兴衰》，见［英］巴特勒：《自然宗教与启示宗教之类比》，代序，7、9页，武汉，武汉大学出版社，2008。

⑤ 新古典主义自然法理论受到的一个批评是，其“自然法”既没有“自然”也没有“上帝”，实际上不符合阿奎那的传统。在阿奎那那里，自然法是跟神学目的论紧密结合在一起的，而现代的自然法理论由于是无神的，是没有终极目的的，因此，它无法建立客观的善的价值（而只能是主观建构的非实在论），并且由于没有一个统摄一切的上帝来保证一个秩序井然的价值世界，因此只好设立太多的彼此之间并无可共度性的终极目的（如菲尼斯的自然善就有很多），最后只能主观地任意妄为。因此对于一些有神学背景的学者来说，要恢复阿奎那自然法的基本预设，即上帝及其价值秩序。可参见 Fulvio Di Blasi, *God and the Natural Law*, South Bend: St. Augustine's Press, 2006, p. 16。施特劳斯认为，阿奎那自然法在实践上无法同自然神学相分离，而这种自然神学实际上又是同《圣经》启示不可分的。参见［法］丹尼尔·唐格维：《列奥·施特劳斯思想传记》，林国荣译，155页，长春，吉林出版集团有限责任公司，2011。

波尔克还指出，摩尔使自然论谬误（naturalistic fallacy）闻名于世。他在这么做时，却保持了一个更加危险的道德谬误：就是这么一种观念，如果善不是一种自然属性（natural property），那它就必定是一种非自然的属性。但这两种情况并不是全部的选项。善、恶、对、错，以及其他这类道德词语指称的都是复杂的关系，而不是属性。要把握它们是需要理解力的。托马斯主义对人类理智的运作有一种冗长的，也许是过分复杂化了的解释。它跟大多数现代知识理论完全不同。其实质在于声称，人在两个层面上认知：他感受个别，但理解普遍。就法哲学而论，理解普遍的关系、意义、含义、倾向、诸善、义务，具有首要的重要性。托马斯主义者就是这么看的。法并非感觉的“事实”；不管是别的什么，法都是某种普遍事物。它适用于不同环境中许多可能的主题。显然，一种将所有的人类经验都缩减（还原）为原子化的、孤立的、不相干的感觉印象的知识理论，是不能对法做出解释的。它也不能对道德或法律义务做出解释。[①]

托马斯主义者和分析哲学家围绕自然法展开的这场争论，涉及本性（或自然）的定义和认识途径、本性有无目的及如果有会是什么目的、自然与价值的关系[②]、个别行为选择与全人成德的关系等等复杂的问题，这些问题会持续地存在并被继续讨论下去。最近扎克特对尼尔森的反驳又增加了新的一例。

在扎克特看来，尼尔森批评阿奎那混淆了事实与价值这一休谟式的区分，其实没有准确地理解休谟和阿奎那。作为道德哲学家的休谟并没有认为，不可能有任何关于“应当”的知识，他只是认为，“是”和“应当”是两种不同类别的陈述，不能从其中一个推出另一个。一个“应当”的结论必须是从一个“应当”的前提推出来的，而不能是从一个“是”的前提推出来的。休谟的努

---

① See Bourke, “Natural Law, Thomism—and Professor Nielsen,” pp. 220－221. 1958 年安斯孔璧（Elizabeth Anscombe）已批判分析了哲学中原子个人主义的行为伦理。参见 John Haldane, “Introduction to Analytical Thomism,” in *Analytical Thomism: Tradition in Dialogue*, Craig Paterson and Matthew S. Pugh, eds., Aldershot: Ashgate, 2006, p. xx。1946 年赖尔德（John Laird）撰文指出，伦理学中存在“行为伦理学”（act-ethics）和“行动者伦理学”（agent-ethics）之异，后者即后来人们所称的德性伦理学。麦金太尔是这一派伦理学的集大成者。当代伦理学界一般将阿奎那视为德性伦理学家；但也有人表达了不同的看法，认为他是行为与品格（德性）并重，参见 David A. Horner, “Is Aquinas an Act-Ethicist or an Agent-Ethicist?” *The Thomist*, vol. 70, 2006, pp. 237－265。

② See Joseph W. Koterski, “A Reading Guide for Natural Law Ethics,” in *Ressourcement Thomism: Sacred Doctrine, the Sacraments, and the Moral Life: Essays in Honors of Romanus Cessario*, Washington, D. C.: Catholic University of America Press, 2010, pp. 256－268. 科特尔斯基对本性的界定和理解跟波尔克基本一致，对割裂事实与价值的批评主要在于，强调关于本性的知识能够有助于我们更好地做出道德判断，二者绝不矛盾。

力之一就是找出“应当”陈述的作用和来源。阿奎那恰好找到了“应当”的第一原理：应当行善避恶。在尼尔森看来这个第一原理是空洞的、含糊的，但是当我们把它跟次要的“定理”（如“有配偶是善”“教育后代是善”“愚昧无知是恶”“孤僻离群是恶”）结合起来时，马上就能按照“实践三段论”推理得出具体的行动指令，因此自然法原理（应当行善避恶）是有道德法则的约束力的，并不空洞。“应当行善避恶”这一实践理性的原理，就跟在思辨理性内的公理“矛盾律”一样，是自明的，无法也不用证明，否则就会陷入无限循环。①

第三节　阿奎那论政体

阿奎那的政治思想继承了古典政治哲学，尤其是亚里士多德政治哲学对政体问题的核心关注，但是由于阿奎那是在基督教神学观点下看待人世间的政治制度的，所以他虽然借鉴了亚里士多德的政治哲学，但呈现出不一样的精神气质。

一、政体分类与君主制

《论君主政制》（原题 *De regno ad regem Cypri*，《论王制致塞浦路斯国王》，亦写为 *De Regimine Principum*，《论王或论统治原则》）是 1265 年阿奎那应当时塞浦路斯国王（也许是 Hugh II of Lusignan）的请求而写的一篇论文，因国王去世，论文没有写完，在 1267 年中止了。这篇文章后来由卢卡的波勒密（Polemy of Lucca）续写。一般根据手稿认为今存本中的 1～6 章、12 章、14～15 章是由阿奎那本人写的，也有学者认为只有前面第 1 至第 2 章第 8 节为阿奎那所写，后面全都是后人续写。② 虽然有波勒密的续写，但作为一个整体来看（1～15 章），这篇论文还是充分体现了阿奎那本人的思想，跟他在别

---

① See Michael P. Zuckert, *Launching Liberalism*: *On Lockean Political Philosophy*, Lawrence: University Press of Kansas, 2002, pp. 177 - 181. 扎克特还认为，从《神学大全》II-II q. 57 a. 2 中所说的自然正义（*jus naturale*）中的自然义务，其实很容易转化出现代意义上的“自然权利”。

② See *St. Thomas Aquinas on Politics and Ethics*, p. 14. 另参见 Torrell, *Saint Thomas Aquinas*, *vol. I*, pp. 330 - 361; J. A. Weisheipl, *Friar Thomas d' Aquino*: *His Life*, *Thought*, *and Work*, New York: Doubleday, 1974 关于这篇论文的部分。

处阐发的思想一致。

在《论君主政制》的开头，阿奎那说明了政治制度的必要性。人不像其他动物那样具备天然的利爪皮毛，而必须通过其理性的力量来为自己制作生存所必需的物资，但单个人无论是在知识上还是在力量上都不足以全面供应自己，因此必须通过分工和过群体生活，彼此依赖，来满足自己的需要。“人天然是社会的和政治的动物”①。由于人必须在社会群体中生活，因此要维持群体的运作，就不能每个人只顾自己的私利，而需要有人为了公共的利益而进行分工和操劳。公共利益正是把社会团结在一起的要素。就社会而言，其运作是有目的的，同时在其内部有控制的因素。在单个人身上，灵魂控制身体；在灵魂里面，理性控制欲望；社会内部也需要有“头儿”来控制，使它正常地运转，朝向本来的目的。如果偏离了本来的目的，这个社会就有问题了，其领导人也有问题了。由自由人组成的社会有其目的，由奴隶组成的社会亦有其目的。“如果一个自由人的社会是在为公众谋幸福的统治者的治理之下，这种政治就是正义的，是适合于自由人的。相反地，如果那个社会的一切设施服从于统治者的私人利益而不是服从于公共福利，这就是政治上的倒行逆施，也就不再是正义的了。”② 根据统治者人数的多寡和是否为公共利益着想（正义与否），阿奎那把政治制度分为六种类型。巴兹泽夫斯基将此内容画成下表：

	公益（common good）	私利（selfish interest）
一人	君主制（monarchy）	暴君制（tyranny）
少数人	贵族制（aristocracy）	寡头制（oligarchy）
多数人	荣誉政制（polity/timocarcy）	民主制（democracy）

资料来源：Budziszewski，*Written on the Heart*，p. 92.

在《论君主政制》中，阿奎那从政治的目的出发，论证君主制是最好的政体。首先，统治者的目的是谋求国家的公共幸福，凡是本身是个统一体的事物，总能比多样体更容易产生统一，所以由一个人掌握的政府比由许多人掌握的政府更容易获得成功。其次，国家由许多人组成，意见纷纭，难以产生统一意见，而只有统一意见，国家才能真正得到治理。最后，人工模仿自然，自然以最完善的方式运行，而自然总是由“一”来统治的。比如身体各肢体只有一

① 阿奎那这句话是对亚里士多德“人是政治的动物”的扩充，这一改进是借鉴了4世纪后期异教作者马克罗比乌斯的结果。参见［英］沃尔特·厄尔曼：《中世纪政治思想史》，171～172页。

② 《阿奎那政治著作选》，46页。

个推动者，心；灵魂的众多机能中，理性是统治者；一个蜂群中蜜蜂虽然众多，但只有一个蜂王；整个宇宙也只有一个统治者，即上帝。那些并非由一人所统治的城市或省份，常常由于倾轧而陷于分裂，并不断纷争。“反之，由一个国王所统治的城市和省份却是一片升平气象，公道之风盛行，并因财富充盈而民情欢腾。”①

如果说君主制是最好的政体，那么，作为君主制的堕落形式的暴君制就是最坏的政体。因为君主制一人说了算，统治整个国家，所以如果这个君主是暴君，把私利而不是公益放在首位，那么，他对整个社会公益的危害程度就比权力分散的寡头制和民主制更大。在寡头制下，统治者所考虑的只是少数公民的私利，这比为多数人服务的民主制已不如，而暴君只为满足个人私利，因此比寡头制更加危害公共利益。相比之下，民主制由于内部总有摩擦，其无道的程度尚可忍受，而暴君制下人民逃无可逃。②

与一人执政的君主制相比，多人执政有其优势也有其劣势。阿奎那以罗马共和国和《圣经》中的犹太历史为例，说明多人执政可以让更多人参与治理，调动人们的积极性，但是问题在于容易产生纷争，乃至演化为内战，使国家丧失其生存最基本的和平，而即使暴君制也能基本维持国家的稳定与和平；执政的多人中，更可能有人只顾自己的利益，只顾为自己捞好处而不顾和损害公共利益，从而引发普遍的争吵和不和，相比之下君主制很少有这个问题，即使君主蜕变为暴君，其臣下也无法跟暴君竞争，因此这种普遍的不和反而缺少。再说，多人执政也往往跟君主制一样容易蜕化为暴君制，这是因为在发生纷争和内战时，常有一人通过阴谋和武力获胜，成为领袖或独裁者。这还不如一开始就是君主制呢。③

既然君主制相对是最好的制度，那么一个社会如何保证它能得到君主制的好处而不受其堕落成暴君制之害呢？首先要有预防措施，在选择君主时，要选择具有良好道德品德的人；其次是在组织制度上使处在国王位置的人没有机会成为暴君，同时人们应当适度地限制王权，使国王不能很容易地转向暴政。对于业已存在的暴君，不应该采取造反或暗杀的手段，因为这可能会导致更残暴的暴君上台，由公民个人施行暗杀不一定符合公共意见，也不是基督教所赞成的。符合公共意见的对待暴君的合适方式，在阿奎那看来主要有三种。第一种

① 《阿奎那政治著作选》，48～49页。

② 参见《阿奎那政治著作选》，52～53页。

③ 参见《阿奎那政治著作选》，54～57页。

是如果一个社会的君主是由人们选举出来的，那么如果君主滥用权力，社会废黜或限制君主的权力就是正当的。第二种是如果在国王上面还有皇帝或更高的权力，那么人们就可以要求皇帝或更高的权力废除国王的权力。比如在罗马帝国，犹太国王恶待其臣民，臣民们就向罗马皇帝控诉他，皇帝对国王做出处罚。第三种就是基督徒的办法，那就是向上帝祷告，让上帝来帮助他们，或者使暴君内心发生转变向善，或者使暴君受到惩罚。①

阿奎那比较了仁君和暴君统治效果的不同。仁君为社会造福，使臣民享受更好的生活，受到臣民们的爱戴，国祚长久。而暴君以私利为上，他和臣民之间无友谊可言，臣民受其轻视奴役，对暴君绝无好感，只是出于畏惧才服从而已。他们一旦有机会摆脱暴君的统治，就会叛变推翻暴君，因此暴政难以维持久远。何况还有上帝在天上监视着世上的暴君。除了国祚长短的不同之外，在所获得的财富和声望上，暴君也不能跟仁君相比。暴君的统治令人发指，因此暴君需要许多卫士来保护他的安全，以免被臣民暗算，这就使他付出的金钱远比勒索到的多。而仁君既然能迎合臣民的心意，就会受到志愿的公民的保卫，而无需雇用大量的卫士。在声望上，仁君生前为人们所称颂，死后仍为人们所怀念和尊崇，暴君却遗臭万年。② 仁君得福、暴君得祸，这背后是上帝的旨意。

二、混合政体

在《神学大全》I-II q. 105 中，阿奎那又一次提到了各种不同的政体，其用词跟《论君主政制》略有差异（比如“民主”一词由贬转褒），但对其政体理想表达得更为全面和完善，巴兹泽夫斯基列表如下：

	公益	私利
一人	君主制	暴君制
少数人	贵族制	寡头制
多数人	民主制	暴民制（oligocracy，the rule of the mob）
混合	政制（polity）	

资料来源：Budziszewski，*Written on the Heart*，p. 92.

在《论君主政制》中，阿奎那偏爱君主制，但在《神学大全》I-II q. 105 中，他认为较理想的政体是结合了君主制、贵族制和民主制的混合政体。他认

① 参见《阿奎那政治著作选》，59～61 页。

② 参见《阿奎那政治著作选》，74～77 页。

为，一个城市或国家权力的正当安排，一是应该让人们都积极参与，这样才能保障社会内部的安宁，一是应该把各种制度的优点结合起来，实行混合政体。

> 在君主政治下，只有一人执掌政权；在寡头政治下，有许多人依据德性参加政府；在民主政治或平民政治下，统治者可以从人民中选出，而全体人民都有权选举他们的统治者——这些制度的适当的混合就造成了最好的政体。这也就是神法所规定的一种政体。因为摩西和他的继承者作为凌驾一切人之上的唯一领袖来统治他们的人民，但他们还依据德性选举七十二个长者来协助他们，像《申命记》（1：15）中所说的："我便将你们各支派的首领，有智慧为众人所认识的，……管理你们。"这就是寡头政治。可是，《出埃及记》（18：21）中说，"要从百姓中拣选有才能的人"等等；《申命记》（1：13）中说，"你们要按着各支派，选举有智慧、有见识、为众人所认识的"等等。因此按照他们从全体人民中产生以及由人民选举他们这两点来理解，这也是民主政治。所以，显而易见，在（《旧约》的）律法中存在着十分出色的权力安排。[①]

阿奎那对混合政体的称赞，在当代民主政治制度中也能找到知音。现在一般人对英美民主制认识不清，以为它就是纯粹的民主制，其实不然，它跟阿奎那的混合政体更加接近。英女王或美国总统相当于君主，上议院或参议院相当于贵族，下议院或众议院相当于民众。巴兹泽夫斯基比较了阿奎那政体理想跟罗马共和国、美国的类似之处。他说，阿奎那的混合政体"不仅平衡了不同的社会阶级，还平衡了造就好政府所必需的诸多原则：在国王那里，是统一；在长老院里，是智慧；在这两者当中，是德性；在民众集会里，是赞同一致，是喜爱自由。这种制度不仅是罗马思想家诸如波利比乌斯和西塞罗的目标，也是美国思想家诸如汉密尔顿和麦迪逊的目标"[②]。巴兹泽夫斯基列表如下：

	阿奎那的理想	罗马共和国	美国
君主制元素	国王	执政官（consuls）	总统
贵族制元素	长老（尊者） (subordinate ignitaries)	元老院（senate）	参议院
民主制元素	民众大会 (assemblies of the people)	公民大会 (assemblies of the people)	众议院

资料来源：Budziszewski，*Written on the Heart*，p. 91.

① 《阿奎那政治著作选》，129页，略有改动。

② 引文均参见 Budziszewski，*Written on the Heart*，p. 91。

如果将阿奎那对法律的至高权威、教会在人的终极目的上的特殊地位的强调，跟这里的混合政体对大众参与的强调联系起来，就很容易理解为什么英国的阿克顿（Lord Acton）要把阿奎那说成是“第一个辉格党人”，或者主张限制政府权力的思想家了。究其民主因素的来源，意大利中世纪城邦、罗马共和国传统、亚里士多德《政治学》中对公民轮流执政及大众为共同利益的治理出力的共和国（commonwealth）思想，都可说是潜移默化地影响了阿奎那的思想。现代宪政之始可以追溯到英国议会在 1265 年的成立，那也正是阿奎那开始写《论君主政制》的一年。尽管阿奎那不可能想到现代的个人投票选举，而只是用“人民”这样的集合名词来形容政治参与，但这无疑加强了他政治思想中的民主因素。因此，一些现代的新托马斯主义者如马里旦、西蒙（Yves Simon）等人都乐于到阿奎那的著作中寻找宪政和共和的思想元素，以在新的历史形势下建构一种现代基督教的民主理论。[①]

总体来说，阿奎那把“公共幸福”（或译公共福利、公共利益、公益、公善）视为一个社会“正义”的目标之所在，君主的存在是为了公共幸福的获得。在一个社会中，个人幸福不同于公共幸福，应像部分从属于整体一样从属于公共幸福（《神学大全》II-II q. 58 a. 1）。[②] 当君主堕落为暴君，以个人利益（私利）凌驾于公共利益之上时，臣民们推翻其统治“严格说来并不是叛乱”，因为“暴政的目的不在于谋求公共福利，而在于获得统治者的私人利益，所以它是非正义的”，因为“当一个暴君在受他支配的臣民中间制造倾轧和纷争，以便更容易地统治他们的时候，他本人就犯了远为严重的叛乱的罪行。一切措施都是为了损害社会的利益来满足统治者的个人欲望，乃是暴政的一个特点”（《神学大全》II-II q. 42 a. 2）。公共幸福为正义之所在，因此，在征税这样重要的事务上，国君既然一般都有年金，那么除非是为了促进公共利益，他是没有理由掠夺其臣民的。只有在外敌侵犯而国内财政吃紧这类紧急状态下，国君才可以征收普通税之外的特别税，“因为这是为了所有人的福利”（《论对犹太人的统治》）。[③]

---

① See Paul E. Sigmund, “Law and Politics,” p. 328.

② 参见《阿奎那政治著作选》，139 页。

③ 参见《阿奎那政治著作选》，95 页。

第四节　政教关系与宗教不宽容

最后我们再来看两个在阿奎那政治哲学中虽然并不处于核心位置，但是从今天的角度看格外重要的问题：政教关系和宗教不宽容。

一、政教关系

在中世纪欧洲，教皇的势力是很大的，但是教皇与各国国王的关系到底该如何处理，即上帝与恺撒如何相处这个老问题，侧重点因人而异。在神学家阿奎那这里，他还是维护教皇的至高地位，但也同时照顾到了世俗势力的兴起。

在早期为伦巴德《章句集》所写的诠释里，阿奎那区分了统治者的不同情况，认为对那些通过非法手段上位、滥用权力的统治者，臣民可以不予服从。[①]在另一处，他比较集中地论述了基本原则：

> 宗教权力和世俗权力都是从神权得来的；因此世俗权力要受宗教权力的支配，如果这是由上帝如此规定的话；即在有关拯救灵魂的事情方面。在这些问题上，人们应先服从宗教权力，然后再服从世俗权力。可是，在有关社会福利的事情方面，应该服从的是世俗权力而不是宗教权力，因为按照《马太福音》（22：21）给我们的指示，“恺撒之物应归恺撒”。当然，除非是宗教权力和世俗权力集中在同一个人的身上，如集中在教皇身上，因为根据既为祭司又为国王的基督的启示，教皇的权力在世俗问题和宗教问题上都是至高无上的；而按照麦基洗德的规定，基督是永远的祭司，是万王之王和万主之主，他的权力必然不会丧失，他的统治权将永不消逝。[②]

该原则基本上遵照政教分工的原则，但也不排除出现一种“教皇国”政教合一的情况。

在《论君主政制》第12至14章，阿奎那根据基督教的存在等级观讨论了教权和王权的关系问题。君主之于国家，正如灵魂之于肉体、上帝之于宇宙，负有统治的职责。如果君主认识到这一点，就能认清楚自己的天命，提高修

---

① 参见《阿奎那政治著作选》，151页。

② 《阿奎那政治著作选》，152～153页，略有改动。

养，施行仁政。上帝创造世界，也维持和管理世界；一国的君主除了创国君主创立国家外，一般也都要维持和管理国家，使之正常运行，就如船员使船正常运行一样。可是，正如个人在尘世之后还另有命运，以上帝为最后幸福和快乐，人类社会除了本身的德性生活之外，尚有超越的目的，即享受上帝的快乐，这才是人类社会最终和最高的目的。但人类单纯依赖自己的德性尚不能达到这个超越的目的，而必须依赖既神又人的耶稣基督的帮助，才能享受天国的荣光。基督既是天国的祭司又是天国的王，合二为一。他把职务交给了彼得及其继承人教皇。那么，教皇和世俗国王的关系如何？阿奎那写道：

> 基督教世界的一切君王都应当受他（教皇）的支配，像受耶稣基督本人的支配一样。因为，那些关心人生次要目的的人们，必须服从他这个关心最高目的的人，并受他的命令指挥……（在异教和《旧约》时代，祭司们的存在只为人们获得世俗利益，因而他们处于国王之下）可是在《新约》里，存在着人们赖以获得天国奖赏的较高的神职人员，于是在《新约》里，君王就必须服从神父。[①]

在《神学大全》中，阿奎那首先指出，宗教和世俗是两个不同的领域，教皇和国王分工有别，一个管精神，一个管肉体。“世俗的君王有权就世俗事务中有关公共幸福的一切问题，颁布一些法令作为对自然法的个别规定；同样的，基督教教会的主教们的职权范围，是用令状来规定那些影响到信徒们对其精神福利的志趣的事项”（《神学大全》II-II q. 147 a. 3）。基督自己虽然是神，但自愿地接受人间的裁判，以他为榜样的教皇（比如利奥）也甘愿接受皇帝的裁判（《神学大全》II-II q. 67 a. 1）。

但是，按照阿奎那的目的宇宙论，事物是有高低不等的价值等级的，在肉体和灵魂两者当中，显然灵魂的等级更高，因此，肉体最终是要服从灵魂的。因此，他又说：“世俗权力之服从宗教权力，犹如肉体之服从灵魂。所以，如果一位主教就世俗权力受其支配的那些事情对世俗事务发生兴趣，或对世俗权力交其处理的问题发生兴趣，那并不算是越权”（《神学大全》II-II q. 60 a. 6）[②]。

就普通基督徒来说，由于在这个高低相间的宇宙秩序中，低级的要服从高级的，因此，在世俗的问题上他们要服从自己的上级，“正义的正常状态要求臣民服从他们的上级，否则在人类的事务中就不会有稳定的局面。因此，基督

---

① 《阿奎那政治著作选》，86 页。

② 《阿奎那政治著作选》，140～141 页。

教并不使基督徒免除服从世俗君王的义务”（《神学大全》II-II q. 104 a. 6）①。尽管基督徒有内心信仰的精神自由，但在肉体上，却仍旧免不了要受制于世俗主人身体上的奴役。那么在哪些情况下可以抗命呢？当君主靠篡权上位，没有行使权力的正当权利时，或者当君主命令人们做不法之事时，或者在非常危险的情况下时（《神学大全》II-II q. 104 a. 6）。②

在有些学者看来，阿奎那关于政教关系的论述是自相矛盾的。一方面他似乎坚持教皇的至上性，如《论君主政制》第14章说：“那些关心人生次要目的（即尘世共同体的公共利益）的人们，必须服从他（指教皇）这个关心最高目的的人，并受他的命令指挥。”另一方面，如在《神学大全》II-II q. 60 a. 6 和《〈章句集〉诠释》II 44. 2 中，他又说世俗统治者只是在宗教事务上服从教皇（唯一例外是上面所引《〈章句集〉诠释》中的“教皇国”政教合一的情况）。在理论上，似乎他是一个二元论者或在提倡教会的“间接权力”，辩护的是教会在道德上而非法律或政治上的优先性。有人［如 M. J. 威尔克斯（M. J. Wilks）］认为从客观的历史发展来说，由于阿奎那给基督教的世俗权力观（奥古斯丁原罪观笼罩下的国家观和政治观，视国家强制力量为对人的堕落的惩罚，其功能主要是达到此罪恶之世最低的和平，以使个人得以平安地修炼灵性，迈向上帝之城）重新引入了并无原罪观，反而强调政治出于人的本性的亚里士多德的理性政治观，在一个神圣的时代承认了世俗统治的合法性，开启了那最终将摧毁天主教会智识和意识形态的权力的世俗化过程。这种观点可能是将理性与启示视为仇敌了。其实在阿奎那本人看来，理性和启示都是上帝予人的途径，殊途而同归，不能说一方压倒另一方。③ 当然，阿奎那归根到底是神学家而不是政治学家，他考虑的一切问题，都要从最终目的上帝出发，因此，所谓开辟了世俗化进程，只能说是无心插柳了。

二、宗教不宽容

由于对存在等级和价值等级的极度关注，而基督教又将上帝信仰置于一切价值之首，因此，在涉及跟宗教差异有关的社会、政治问题时，中世纪基督教“不宽容”的宗教价值意识形态深深地影响了阿奎那，使他对宗教异己分子持不宽容的态度。

---

① 《阿奎那政治著作选》，147～148 页。

② 参见《阿奎那政治著作选》，148 页。

③ See Paul E. Sigmund, “Law and Politics,” p. 327.

对于犹太人，阿奎那继承了奥古斯丁的犹太人作为基督的“见证人”和基督教的“反面教员”的教导[①]，认为犹太人虽然不信基督，但相对其他异教徒来说，还是知晓部分真理，因此对其宗教仪式应该容忍，这是通过容忍小恶来防止大恶。

在中世纪基督徒容忍犹太人的三大神学理由中，奥古斯丁提供的占了两个，保罗提供的占了一个。奥古斯丁的两个理由是：(1) 犹太人在圣殿被毁后流亡世界各地，这是他们受到上帝惩罚的证据；(2) 犹太人对摩西五经和先知书的独立坚守证明了这些经文的真实性（它们预告了基督的到来）。保罗的一个理由是：基督复临时，犹太人最终将皈依基督。[②] 阿奎那作为当时积极对外传教的托钵僧团多明我会的一分子，多少感染了他们的传教热情，导致他在神学上对犹太教是带有攻击性的（aggressive）。他是从拯救史的高度来看犹太教的。他首先判断犹太教是一种不信，即不信耶稣基督是救主；然后从基督中心论的角度来解读《旧约》，认为《旧约》预示了《新约》中耶稣基督的来临；最后他还将犹太人耶稣受割礼这件事从信仰的角度做了解释，认为正如亚伯拉罕受割礼表明他真信上帝一样，耶稣受割礼也表明了真正的信仰，就跟《新约》中的洗礼一样。[③] 阿奎那说，“在犹太人的宗教仪式中，我们现在所信奉的真正的宗教在古时预先露了端倪，因此从犹太人举行他们的仪式这一事实，可以获得这种好处，即：我们从敌人方面得到我们基督教的历史证据以及我们信仰的象征性的表现；所以犹太人是被容许举行他们的宗教仪式的”（《神学大全》II-II q. 10 a. 11）[④]。

不过，阿奎那并没有反思犹太人不幸与卑贱处境的由来，而是多看到他们从事“不光彩”的行业（金融业或高利贷）[⑤]，以及他们在基督徒的汪洋大海中顽固地支持自己的信仰和宗教仪式，因此他赞同让犹太人穿戴独特的服饰，以跟基督徒大众区别出来（《论对犹太人的统治》）。[⑥] 这无疑是一种歧视性的政策。

---

① 参见周伟驰：《作为基督见证者的犹太人——奥古斯丁的犹太观》，载《犹太研究》，2004 (3)。

② See Henk Schoot and Pim Valkenberg, “Thomas Aquinas and Judaism,” *Modern Theology*, vol. 20, 2004, p. 54.

③ See Schoot and Valkenberg, “Thomas Aquinas and Judaism,” pp. 53, 63.

④ 《阿奎那政治著作选》，133 页（中译本误将第十题写成了第一百题）。

⑤ 阿奎那对犹太人的态度总体上是温和的，跟后世欧洲迫害犹太人没有直接的关系。但在对犹太人放高利贷这件事上则是严厉的。阿奎那认为借钱要利息在本质上就是不义的。参见 John Y. B. Hood, *Aquinas and the Jews*, Philadelphia: University of Pennsylvania Press, 1995, pp. 108 - 109。

⑥ 参见《阿奎那政治著作选》，96 页。

阿奎那的《论对犹太人的统治》又名《致布拉班的女公爵的信》（*Epistola ad ducissam Brabantiae*），是写给一位女公爵的。有学者考证，这位女公爵是马格丽特（Margaret of Constantinople），她是佛兰德斯的女公爵，也是佛兰德斯公爵兼首位康斯坦丁堡皇帝（Emperor of Constantinople）鲍都因一世（Baudouin I）的女儿。她问的问题主要是对臣民的财政管理。阿奎那用公共利益的原则来论证收税的合法性。该信1271年写于巴黎。在这封信里，阿奎那多次谈到，将犹太人从别人那里重利（高利贷）盘剥来的财产予以没收是合理的，但在具体处置上，应该针对不同的具体情况：

> 倘若他们（犹太人）所占有的财产是从别人手里夺取的，那您就有责任把财产交还给那些理应从犹太人那里追回钱财的人们。所以，如果您能够找到重利盘剥的受害者，您就应当使物归原主。假如找不到的话，您就应当根据主教或者其他正直人士的建议，把这种钱财做敬神之用；或者用于贵国的公益方面，以济贫恤穷或为社会谋福利。您即使用强制手段勒令犹太人归还这种财物，也不算犯法，只要您经常遵守您前辈的惯例，并决定按上述方式使用钱财。[①]

与对犹太人不同，对于异教徒，基督徒可以用“无知者无罪”来宽松地对待他们。基督徒不能强迫异教徒相信基督教，这是因为信教取决于自由意志。不过，面对他们，基督徒有传播真理（传教）的自由，如果传教受阻，则基督徒有权采取武力。基督徒“可以使用武力，防止人们用渎神、恶意劝阻甚或明目张胆的迫害等手段来妨碍宗教信仰（传播）。由于这个缘故，基督教徒曾经屡次同异教徒作战，其目的并不是要强迫他们相信基督教，而是要防止他们来阻挠基督教的宣传”（《神学大全》II-II q.10 a.8）[②]。这里有当时十字军“东征”的背景。在异教徒统治的区域，基督徒应该服从作为人法的异教徒的法律和统治，因此异教徒的统治是有效的，但归根结底来说，在神法上，基督徒不应受偶像崇拜者（不信上帝者）的支配，因此，在条件合适时，异教徒的统治权应该为教会所废除。在异教徒尚未确立统治权的区域，阿奎那认为，“教会在任何情况下都不能让异教徒获得对基督徒的统治权，也绝不可以让异教徒担任的职位高于基督徒”（《神学大全》II-II q.10 a.10）[③]。偶尔的例外是，当基

---

① 《阿奎那政治著作选》，91页。

② 《阿奎那政治著作选》，138页。

③ 《阿奎那政治著作选》，132页。

督教要面对的异教徒实在太多，无法抵抗时，教会也只好被迫宽容异教徒，甚至包括他们当中的异端分子和邪教徒的仪式（《神学大全》II-II q. 10 a. 11)。[①]

如果说对于异教徒尚有几分宽容，那么对于基督教叛教者和异端，阿奎那是绝不宽容的。在阿奎那看来，这些人对信仰的危害程度要远远大于无知者（异教徒)，必须对他们进行扑杀。"对于这种人（异端分子和一切背教者）就应当施加压力，甚至在身体上给予拘束，强迫他们履行自己曾经答应承担的义务并遵守他们曾经表示愿意永远遵守的教律"（《神学大全》II-II q. 10 a. 8)[②]。

对异端最严厉的处罚意见来自下面这段话：

> 从异端分子本身的观点来看，他们罪孽昭彰，因此不但应该把他们逐出教会，而且还应该处以死刑，把他们从世界上消灭掉。这是因为，败坏作为精神生活的宗教信仰，比起伪造维持世俗生活的货币来，问题要严重得多。所以，如果说货币伪造者和其他的坏人由世俗当局毫不容情地处以死刑是公道的，那么，异端分子一旦被证明犯有相信异端的罪行时，就可以有充分得多的理由不但被开除教籍，而且被处死刑。在教会方面，存在着希望那些犯错误的人幡然悔改的慈悲心肠。为了这个缘故，教会并不立刻判罪，而是像使徒所教导的那样，"要在训诫一两次以后才做出宣告"。只有到那个时候，如果异端分子仍旧顽固不化，教会感到他已不可救药，它才为别人的安全打算，用开除教籍的处分使他与教会分离，把他交给世俗的审判机关，由它判处死刑来把他从世界上消灭掉。(《神学大全》II-II q. 11 a. 3)[③]

如果说作为异教徒的统治者尚可容忍，作为背教者或异端的统治者的统治就不可忍受了。"如果从来没有相信基督教的人缺乏信仰，教会就无权加以惩罚。至于从前信过教的人现在发生叛教，教会是可以通过司法审判加以惩罚的；他们由于丧失了统治基督徒的权力而受到惩罚，乃是合乎正义的。因为这种叛教行为可以引起基督教的广泛的败坏；正如人们所说的，'叛教者心萌恶念，制造不和'，竭力想使人们脱离基督教。所以，当一个统治者由于背弃基督教而被宣判开除教籍时，他的臣民事实上就立刻摆脱了他的统治，解除了那种使他们对他承担义务的忠诚誓言"（《神学大全》II-II q. 11 a. 3)[④]。

---

① 参见《阿奎那政治著作选》，133 页。

② 《阿奎那政治著作选》，131 页。

③ 《阿奎那政治著作选》，133～134 页。

④ 《阿奎那政治著作选》，134～135 页。

结　语　阿奎那自然法与政治观念的影响

阿奎那生前就是一个有争议的人物，死后不久，他的一些思想被宣布为异端。然而，随着他 1323 年被宣布为圣人，他的著作在他所属的多明我会内被广泛研读。到了宗教改革时期，他的《神学大全》被置于《圣经》旁边，作为对新教改革家的一个回答。1879 年教皇列奥十三将他的教导升为天主教官方哲学，直到梵二会议（1962—1965）方始不再被定于一尊。

阿奎那的自然法观念跟他的神学总体上力求小心翼翼地在上帝的恩典和人的本性（自然）之间保存平衡一致，在自然本身的法则和内在价值（及认识它的理智）与制定法则的意志之间艰难地维持着一种平衡。[①] 按照麦金太尔的说法，阿奎那跟亚里士多德的不一样，在于后者是从人性本身来谈人性，政治体的德性是人性本身的规范，而阿奎那则由于有原罪的信念而不像亚里士多德那样对人有信心，因此，阿奎那所描述的人性准则不是人性实际所是的样子，而是它应当所是的那样子。同时，阿奎那也不像奥古斯丁主义者和后来的新教徒那样认为人性堕落，人的欲望和选择在很大程度上都已败坏，而是认为，现实人性还是可以成为应当所是的人性的可靠向导。[②] 就是说，阿奎那力图在亚里士多德的纯粹本性和奥古斯丁的恩典至上之间维持一种平衡。但这种平衡在后来被唯名论者邓斯·司各托（Duns Scotus）和奥卡姆的威廉（William of Ockham）打破了，这两个人都强调意志优先于理智，认为一切都来自上帝的意志，上帝既可随意创造，也可随意毁灭，事物本身（包括人性）并没有什么固定不变的本质、价值和法则。他们的观点为宗教改革家所喜，因为它高扬了上帝的主权。上帝的意志即是一切。把这个观点世俗化一下，就很容易导向马基雅维利《君主论》、霍布斯《利维坦》及近代实定（证）主义的意志论，后者不过

---

① 阿奎那在宗教的唯意志传统和哲学的自然正义传统之间保持平衡，根本原因在于《圣经》的创世说与哲学关于世界永恒的学说之间的对立，可参见 Ernest L. Fortin，"St. Thomas Aquinas，" in Leo Strauss and Joseph Cropsey，eds.，*History of Political Philosophy*，3rd ed.，Chicago：The University of Chicago Press，1987，p. 268。中译本参见［美］列奥·施特劳斯、约瑟夫·克罗波西主编：《政治哲学史》，李天然等译，290 页，石家庄，河北人民出版社，1998。

② 参见［美］麦金太尔：《伦理学简史》，龚群译，166 页，北京，商务印书馆，2003。

是把上帝换成了君主。它们之间存在着一致性，都强调绝对主权者的意志即法律。[①] 宗教改革家强调人的罪性，鄙视理性，认为人的本性为罪所毁灭，良心败坏，不能正确地认识上帝，只能听神的诫命行事。唯一的法就是神的意志，没有什么自然法。

不过，在与宗教改革家对立的天主教神学阵营，却有一批神学家在维护自然法的地位，力图保存人的理性对于本性中法则的认识功能，以及人的道德能力。其中的代表人物有维托利亚（Francisco de Vitoria）、苏亚雷斯（Francisco Suárez）、罗伯特·贝拉明（Robert Bellamine）。在当代天主教神学家德·吕巴克（Henri de Lubac）看来，宗教改革时期新教与天主教阵营两方在激烈的神学论战中，都扭曲了教父和阿奎那对“人”的整全观点，而认为人有所谓跟上帝恩典无关的“纯粹本性”（人在自然状态下只渴望自然的结局，并不渴望神圣的恩典或超自然的结局）。[②] 如果说改革家对人本性败坏、无可救药（人因此也自然不会渴望神恩了）深信不疑，那么天主教方面对人性有其自足性的坚持，则为自然法的复兴保持了神学上的基础。跟唯名派单纯强调意志的作用不同，托马斯主义者强调理性对意志的引导和安排。上帝并非盲目的创造者、立法者，上帝创造自然是合乎理性的，自然法是与永恒法统一的。[③] 当印第安人遭受西班牙人的屠杀时，天主教神学家围绕印第安人的权利问题展开了争论。[④] 当时站在西班牙殖民主义者立场上的是神学家塞普尔维达（Juan Ginés de Sepúlveda），他根据亚里士多德《政治学》中的观点，推论印第安人属低等人种，行为粗野，习俗丑陋，没有文化，只有最低的本能，他否认印第安人有理智，认为印第安人是天生的奴隶，应从属于高等人种，为后者效劳。理性的人有权威和财产，缺乏理性的印第安人不应有任何财产，占领他们的土地是合理

---

① 参见［德］罗门：《自然法的观念史和哲学》，姚中秋译，53～55 页，上海，上海三联书店，2007。

② 关于德·吕巴克的观点，可参见周伟驰：《现代托马斯·阿奎那研究》，见《哲学门》，总第 17 辑，北京，北京大学出版社，2008；《天主教现代主义神学的演化》，见《宗教与哲学》，第三辑，北京，社会科学文献出版社，2014。另可参见任作栋：《“悬搁于中”：德·吕巴克超性与本性神学思想研究》，北京，中国社会科学院硕士学位论文，2015。

③ 参见［德］罗门：《自然法的观念史和哲学》，58 页。

④ 印第安人惨遭西班牙殖民者屠杀的历史，参见［西］卡萨斯：《西印度毁灭述略》，北京，商务印书馆，1988。该书“前言”及“美洲恰帕斯教区主教巴托洛梅·德拉斯·卡萨斯教士生平”，尤其是后者，详细讲述了卡萨斯的美洲见闻，以及当时神学家围绕印第安人是否为有理性的人类，是否有其自身权利等展开的争论。卡萨斯是西班牙多明我会神父。他认为印第安人同样有理性，虽然不是基督徒，但有充分的天赋知识和能力来统治和管理自己，形成了一个真正的政治社会。

的。印第安人对基督教信仰一无所知，绝不能说他们过着一种有真正的“政治自由和人类尊严”的生活，因此理应将西班牙对美洲的征服看作对不信教者进行正义战争的例子，也理应奴役被征服的印第安人，以便有助于使他们皈依基督教。[①] 塞普尔维达这种异教徒印第安人没有能力维持一个真正的政治社会，因此西班牙人就可以“合法地”征服和奴役他们的观点，受到了托马斯主义者的反驳。他们指出，塞普尔维达及其追随者没有认识到，由于所有人都可以理解自然法，人类的任何一个群体都必然有同等的机会可以不依靠上帝的启示，仅仅求教和追随他们对于天赋法则的本能，就可以建立政治社会。[②] 维托利亚作为萨拉曼卡学派的代表之一，维持阿奎那的自然法传统，为印第安人的权利辩护，认为他们也是人，有上帝的形象，有理性和尊严，他们亦遵守万民法（即阿奎那所说的 *ius gentium*），因此有生存权和保持自己土地与财产的权利，西方人不得擅自干涉他们的生命和生活。维托利亚在其《概要》中指出，认为只有信上帝的人才有真正的主权，这是一种威克利夫（John Wycliffe）和胡斯（Jan Hus）式的异端邪说。所有的人，不管是否基督徒，都有同等的资格去建立他们自己的政治社会。他们对自己的土地和财产拥有权利。即使印第安人拒绝教皇的权力（授予西班牙人的对美洲的权力），这也不能成为对他们发动战争和进行掠夺的理由，因为教皇本来没有这种权力去让西班牙人占领别人的领土和财产。即使印第安人听到了福音却拒绝接受信仰，这也仍然不能成为对他们发动战争和剥夺其财产的理由。这一切只因为印第安人虽不信基督教，却遵循着自然法在生活。[③] 同一时期西班牙托马斯主义者索托（Dominic de Soto）亦为印第安人完全人的地位辩护。[④]

阿奎那关于自然法、万民法的思想亦在 16 世纪被耶稣会理论家发扬，如苏亚雷斯和贝拉明，他们在为印第安人辩护时，已区分自然法（*lex naturalis*）和自然权利（*ius naturale*），印第安人对自然法的违犯（如一些习俗与西方人完全不同）并不能成为西班牙人对他们发动“正义战争”的理由。他们影响到

---

① 参见［西］卡萨斯：《西印度毁灭述略》，7 页；［英］斯金纳：《近代政治思想的基础》，下卷，201 页，北京，商务印书馆，2002。

② 参见［英］斯金纳：《近代政治思想的基础》，下卷，238 页。

③ 参见［英］斯金纳：《近代政治思想的基础》，下卷，240 页。

④ See Romanus Cessario, *A Short History of Thomism*, Washington D. C.: Catholic University Press, 2005, p. 73.

格劳修斯（Grotius，又译格劳秀斯）和其他的早期国际法思想家。[①] 格劳修斯说，即便上帝不存在，自然法对人也是有约束力的，这被人们理解为，他拒斥了将自然法归于神圣权威的观点，这标志着自然法理论的世俗化。[②] 格劳修斯的自然法理论在16世纪晚期的英国被胡克（Richard Hooker）在其《教会组织法》中采纳，并通过胡克影响到洛克。[③]

阿奎那的自然法在霍布斯那里产生了回响，不过是以一种不同的方式。在霍布斯那里，自然法理论转变成了自然权利理论，这是以对人的看法的转变为基础的。霍布斯不是像以往的自然法理论家那样从人的目的、人"应当"怎样出发，而是从人事实上是怎样的出发，而在他看来，人只不过是一个需要、欲望和愿望的集合体。其中最大的欲望就是求生避死，自我保存成了人的不可被剥夺的权利。[④] 为什么有这样的演化逻辑呢？按施特劳斯的说法，在霍布斯那里，自然法的基础不在人的目的（终结），而在其开端，不在其理性，而在其情感。情感中最强烈的是对于死于暴力的恐惧，它表达了所有欲求中最强烈、根本的欲求，亦即最初的、自我保全的欲求。"如果自然法必须从自我保全的欲求中推演出来，换句话说，如果自我保全的欲求乃是一切正义和道德的唯一根源，那么，基本的道德事实就不是一桩义务，而是一项权利；所有的义务都是从根本的和不可离弃的自我保全的权利中派生出来的。"[⑤] 这样，就实现了对古代自然法理论义务先于权利、应当先于欲求的翻转。

阿奎那关于财产、家庭、性道德的观点为教皇通谕所广泛采用；他的政治观的一些现代化版本——跟民主、宗教多元论、人权相一致的——成为德国、

---

① 参见［德］罗门：《自然法的观念史和哲学》，61页。格劳修斯开始摆脱自然法的神学色彩，参见［荷］格劳秀斯：《战争与和平法》，何勤华等译，上海，上海人民出版社，2005。苏亚雷斯注重"自然法"之作为"法"的约束力，将理智论和意志论综合起来，到格劳修斯已逐渐开始设想在没有上帝的情况下，如何使具有自然权利的个体或主权单位建立社会关系。从阿奎那的古典客观的"自然正义"如何演变出近代主体的"自然权利"，以及从苏亚雷斯经格劳修斯到洛克的自然法执行者问题，可参见李猛：《自然社会》，第四、五章，北京，三联书店，2015。

② 参见维希：《自然法：死亡还是复活》，见［法］马里旦：《自然法：理论与实践的反思》，116页。

③ 关于洛克自然法观念所受阿奎那的影响，可参见洛克：《自然法论文集》，编者导言，39页。洛克在著作中对一些民族和文化的"道德缺陷"的解释，跟阿奎那对为何一些民族没有自然法观念的解释十分相似，如117、157～158页。关于洛克自然法观念跟"革命"的关系，可参见李猛《革命政治》，关于洛克自然法观念本身的变化和矛盾，可参见吴飞《在良心与自然法之间》，二文均刊于《洛克与自由社会》（上海，上海三联书店，2012）。

④ 参见维希：《自然法：死亡还是复活》，见［法］马里旦：《自然法：理论与实践的反思》，125页。

⑤ ［美］施特劳斯：《自然权利与历史》，彭刚译，185页，北京，三联书店，2003。

低地国家（荷兰等）、意大利、智利、委内瑞拉和中美洲的基督教民主党的意识形态基础。他的“不正义的法律根本不算法律”的观点被马丁·路德·金在其《伯明翰监狱的信》里引用，并鼓舞了许多当代的天主教社会理论家努力建设一个既能避免资本主义过度的个人主义又能避免社会主义的集体主义的一种“团契主义的”社会（communitarian society）。

新教思想家批评阿奎那伦理学过度的理性主义和乐观主义，认为他没有看到在理性主义的目的论自然法理论和基督所带来的消息（如牺牲的爱、殉道、拒绝财富和世俗之利益、转过另一边脸的和平主义）之间的矛盾。激进派怀疑阿奎那对社会系统“自然”性的强调，他们认为社会系统并不自然，而是被人为控制的，是被经济结构所限定的。至少在20世纪新托马斯主义变得亲民主、自由、人权和宗教多元论之前，自由派都在怀疑托马斯主义的教阶论、隐藏的权威主义、性别歧视、秩序优先于自由的等级主义。

阿奎那许多中世纪的观点（如接受君主制、奴隶制、对犹太人和异教徒的态度、火烧异端、女人天生劣于男人）被新时代淘汰了，但他对人类的目标、价值、目的的坚守①，仍旧在当代思想家中找到了知音，如菲尼斯、麦金太尔、多纳甘（Alan Donagan），他们运用他的许多思想元素来评估和改革社会的、政治的和法的结构。②

周伟驰

参考文献

原典：

阿奎那．神学大全．台南：台湾中华道明会、碧岳学社，2008.

阿奎那政治著作选．马清槐，译．北京：商务印书馆，1963.

St. Thomas Aquinas. Summa Theologica. Textum Leoninum Romae 1888 editum. http：//

① 新古典主义的自然法理论家受到的一个批评是，他们的“自然法”既没有“自然”也没有“上帝”，实际上是不符合阿奎那的传统的。阿奎那那里的自然法是跟神学目的论紧密结合在一起的，而现代的自然法理论由于是无神的，也就没有终极目的。因此，他们无法建立客观的善的价值（而只能是主观建构的非实在论），并且由于没有一个统摄一切的上帝来保证一个秩序井然的价值世界，只好设立太多彼此之间并无可公度性的终极目的（如菲尼斯的自然善就有很多），最后只能主观地任意妄为。因此对于一些有神学背景的学者来说，要恢复阿奎那自然法的基本预设，即上帝及其价值秩序。可参见 Fulvio Di Blasi, *God and the Natural Law*, South Bend: St. Augustine's Press, 2006, p. 16。施特劳斯认为阿奎那自然法在实践上无法同自然神学相分离，而这种自然神学实际上又是同《圣经》启示不可分的。参见［法］丹尼尔·唐格维：《列奥·施特劳斯思想传记》，155页。

② See Paul E. Sigmund, “Law and Politics,” p. 335.

www. corpusthomisticum. org/repedleo. html.

St. Thomas Aquinas. Summa Theologica. Fathers of the English Dominican Province, trans. Christian Classics，1948.

Sigmund，P. E. ，ed. and trans. St. Thomas Aquinas on Politics and Ethics. New York：W. W. Norton，1988.

重要研究文献：

戈耶特，等，编．圣托马斯·阿奎那与自然法传统：当代视角．北京：商务印书馆，2015.

李猛．自然社会：自然法与现代道德世界的形成．北京：三联书店，2015.

罗门．自然法的观念史和哲学．姚中秋，译．上海：上海三联书店，2007.

马里旦．人和国家．沈宗灵，译．北京：中国法制出版社，2011.

马里旦．自然法：理论与实践的反思．鞠成伟，译．北京：中国法制出版社，2009.

英格利斯．阿奎那．刘中民，译．北京：中华书局，2002.

Budziszewski，J. Written on the Heart：the Case for Natural Law. Downers Grove：Inter-Varsity Press，1997.

Davies B. ，ed. Thomas Aquinas：Contemporary Philosophical Perspectives. Oxford：Oxford University Press，2002.

McInerny，R. Aquinas. Cambridge：Polity Press，2004.

VanDrunen，D. Law，Custom：The Thought of Thomas Aquinas and the Future of the Common Law. New York：Peter Lang，2003.

第七章
马基雅维利与文艺复兴政治思想的流变

文艺复兴政治思想是西方政治思想史上承接古今的转折点。一般认为，文艺复兴到启蒙运动之间，一种由博丹（Jean Bodin）、霍布斯（Thomas Hobbes）和洛克（John Locke）发明的现代政治语言开始支配现代人的思考方式，国家、主权、自然权利等簇新的政治概念走上了观念史的舞台。

不过，今天的政治思想史研究却对这一范式提出了挑战。一方面，越来越多的研究者认为，文艺复兴政治思想很可能早已为现代政治思想打下了基础，这个时期使用的政治语言固然是对古代的模仿，但它们却是用古代的政治语言铺陈着现代政治思想的底蕴，现代政治思想至少在起源方面只能被视作对文艺复兴政治思想某些命题的回应；另一方面，不少研究者认为，文艺复兴政治思想要比我们想象的有生命力得多，至少到美国革命时期，文艺复兴政治思想一直在影响着现代政治自身的构建，产生于文艺复兴时期的公民人文主义和共和主义几乎就是早期现代政治不可分割的一部分，甚至，在某一段时期内，文艺复兴的公民人文主义和共和主义与早期现代的自由主义构成了平行的、竞争性的关系。

无论如何，这场文艺复兴政治思想向早期现代政治的远征已经开始，文艺复兴已经成为今天的政治思想史研究领域内最具生命力和挑战性的一个时期，这个时期的政治思想也成为当代政治思考不可忽视的理论源头。

本章试图勾勒的就是这场由文艺复兴政治思想向早期现代政治的远征。不过，我们认为，文艺复兴自身的思想史脉络表明，文艺复兴本身也包含着内在的批判。产生于15世纪佛罗伦萨的公民人文主义固然是文艺复兴政治思想的主线，但是从马基雅维利（Machiavelli，又译马基雅维里）开始，公民人文主义的内在脆弱性就已经得到重新审视。马基雅维利的现实主义思考，一方面赋予这个时期的共和主义以新的理论生命力，另一方面也开启了晚期文艺复兴的另一个思想维度，即国家理性主义的思考。到了晚期文艺复兴的国家理性主义学派那里，现代政治的冷漠和辉煌已经开始显露无遗，而马基雅维利则是这一思想运动的中继者和主导者。马基雅维利提供了这个时代唯一和仅存的“大文本”，他的思想的内在丰富性既可以容纳共和主义的维度，也可以容纳国家理性主义的维度。仅凭这一点，马基雅维利就足以构成现代政治不可绕开的一个前提。

第一节　文艺复兴的公民人文主义

肇始于彼得拉克（Petrarch）的文艺复兴人文主义首先当然是一场古学复兴运动，人文主义的基本宗旨是对一度湮没不闻的希腊罗马典籍的发现和追摹，但是，它也并不纯粹是一种智识运动。长期以来，人文主义与意大利城邦公民生活之间存在的关联往往被忽视了，事实上，文艺复兴时期的人文主义者通过不断返回古典政治理论以及古代政治史尤其是罗马共和国的历史，建立了他们对公民生活的全新理解。而这就是所谓文艺复兴公民人文主义的发端。

一、宫廷人文主义与公民人文主义

关于人文主义的政治影响，韦伯（Max Weber）曾有一段颇为黯淡的评论，他说：“曾经有过一段时间，人们学习用拉丁语进行演讲，用希腊文做诗，目的是成为君主的政治顾问，最理想的是成为一名谏臣。这是人文主义学派第一次勃兴的时代，是君主奖掖专业诗学的时代。在我们看来，这是一个过渡时期，它对我们的教育制度产生了持久的影响，但尚未产生更深一层的政治结果。东亚的情况有所不同。中国的士大夫是——毋宁说从一开始就是——同我们文艺复兴时期的人文主义者类似的人物……如果当年的人文主义者哪怕有少许机会得到类似的影响力，我们的命运也许会和中国差不多。”①

韦伯的观点或多或少代表了那个时代普遍的看法。自从布克哈特开创了文

① ［德］韦伯：《学术与政治》，冯克利译，73 页，北京，三联书店，2013。

艺复兴学术史以来，一直到韦伯的那个时代，大多数学者对于人文主义所造成的政治影响的评价从来都是负面的［西斯蒙蒂（Sismondi）或许应当被排除在外］。布克哈特（Burckhardt）本人就曾说过："1400 年以后人文主义的迅速发展破坏了人们的天赋本能。从那时起，人们只是靠古代文化来解决每一个问题，结果是使文学著作堕落成为仅仅是古代作品的引文。不仅如此，市民自由权的丧失一部分也应该归咎于这一切，因为新学术以服从权威为基础，为罗马法牺牲了城市权利，用以寻求并取得暴君们的欢心。"①

布克哈特的观点得到了 19 世纪中叶意大利史学界的"新萨沃纳若拉派"（Nuovi Savonaroliani）或"新恸哭派"（neo-Piagnoni）的呼应，这其中就包括意大利最伟大的文艺复兴史学家维拉里（Pasquale Villari）。致力于意大利统一的新萨沃纳若拉派认为，15 世纪的意大利人文主义者普遍支持各个城市的小僭主统治，文艺复兴时期人文主义的泛滥是造成意大利迟迟未能统一、在道德及政治事务上陷入悲惨境地的主要原因之一。因此，汉斯·巴隆（Hans Baron）甚至说，按照这种主流的看法，我们只要提到人文主义者，明里暗里就是认为他们是宫廷和僭主的朋友。②

不过，这种情况在 1955 年巴隆的《早期意大利文艺复兴的危机》出版之后有了根本性的改变。在茫茫一片宫廷人文主义的黯淡星云里，巴隆发现了一缕共和主义的微光，这就是他本人称之为"公民人文主义"的思想运动。这个思想运动发生于 1402 年米兰的詹加莱亚佐·威斯康蒂（Giangaleazzo Visconti）试图将他的帝国扩张至佛罗伦萨之际，威斯康蒂的侵略在佛罗伦萨激发出一种与 14 世纪人文主义迥然不同的、注重积极公共生活、推崇共和价值的人文主义运动，其代表人物则是先后担任佛罗伦萨国务秘书的布鲁尼（Leonardo Bruni）、波焦（Poggio Bracciolini）等人。尽管由于威斯康蒂本人在当年 9 月突然染病去世，从而缓解了佛罗伦萨的城市危机，但在后来的一段时间内，威斯康蒂的儿子继续其父的帝国策略，因此，一直到 1455 年米兰与佛罗伦萨签订和平协定、米兰承认佛罗伦萨共和国的自治之前，佛罗伦萨人文主义者似乎重新发现了自由之于这个城市的意义。相对于米兰的霸权扩张和宫廷政治，佛罗伦萨的独立地位以及内部的自治在这场意识形态对抗中成了佛罗伦萨人文主

① ［瑞士］布克哈特：《意大利文艺复兴时期的文化》，何新译，200 页，北京，商务印书馆，1979。译文略有改动。

② See Hans. Baron, *The Crisis of the Early Italian Renaissance: Civic Humanism and Republican Liberty in an Age of Classicism and Tyranny*, Princeton: Princeton University Press, 1966, p. 276.

义者事实上念兹在兹的荣耀所在。

非但如此，自由的发现同时还伴随着一些相关的人文主义问题，比如对罗马历史的共和主义解释，对西塞罗的政治和道德观念的重新评价。另外，对于佛罗伦萨的人文主义者来说，自由的发现还有某种特殊的意义。他们开始正面评估公共社会生活的价值，从而颠倒了 14 世纪人文主义将沉思生活置于行动之上的传统观念。自由的发现和行动的重估是某种同步发生的关于"公民精神"的观念变革，在这一意义上，这个思想运动才被巴隆命名为"公民人文主义"。巴隆的"公民人文主义"实际上假定，公共社会生活价值的正面评估只能发生在共和国里，宫廷人文主义只会歌颂闲暇生活和沉思生活，唯有共和国才会赋予行动以正面价值。

无论如何，相较于布克哈特以来将人文主义局限于宫廷和僭主小圈子的传统观念，巴隆的主张一扫人文主义在政治领域的阴霾，促成了人文主义政治思想研究决定性的范式转变。巴隆的"公民人文主义"不仅在文艺复兴研究领域得到了众多的呼应，比如加林（Eugene Garin）这样的文艺复兴思想研究大家后来的研究实际上多是对巴隆观点的进一步发展，更为重要的是，巴隆的研究还间接促进了当代政治思想领域内共和主义的复兴，使文艺复兴政治思想研究成为政治思想史研究领域的一时显学，更为当代共和主义政治哲学研究提供了思想史的源头动力。当波考克（J. G. A. Pocock）从巴隆的"公民人文主义"出发，发展出一套所谓"大西洋共和主义传统"（Atlantic republican tradition）的长时段思想史叙事时，笔者相信，这一定是巴隆本人完全没能预料到的局面。而如果我们还有幸注意到波考克的一句著名断言"美国革命不是启蒙运动的第一幕，而是文艺复兴的最后一幕"，那么甚至不妨把波考克的这句断言当作一个标志，它表明，巴隆所开创的"公民人文主义"范式已经超出 15 世纪人文主义研究的专业领域，开始了一场从文艺复兴思想向早期现代政治的远征。

这场从文艺复兴思想向早期现代政治的远征何以可能？巴隆的"公民人文主义"建构又何以产生这样异乎寻常的影响？

对这个问题的回答非但关系到对巴隆所构建的"公民人文主义"的历史评价，更关系到文艺复兴政治思想在整个西方政治思想史上的位置。事实上，我们只需将答案的另一面呈现来，就可以一窥大略了——如果只是按照布克哈特以降、巴隆之前的人文主义定位，文艺复兴的人文主义仍局限于宫廷一隅，如果现代政治思想并没有从文艺复兴人文主义那里汲取动力，那么，早期现代的政治革命就只能将它的思想基础建立在自然权利和契约论学说的论证之上，辉格史的政治解释即便没有充分的历史解释的合理性，至少在政治思想领域自由主义的动力机制方面处于毫无竞争范式的状态。

而我们看到，在巴隆所构建的“公民人文主义”直接或间接的影响下，另一种足以和自由主义的动力机制相抗衡的思想图景出现了：文艺复兴时期的政治思想甚至被认为提供了一种非自由主义的自由概念，或者说前自由主义的自由概念——这个自由概念既包含了城市共同体相对于外部的独立自主，也包含了内部治理上的自治和法治，但同时却不带有任何后起的个人主义和契约论的论调。同时，后起的自由主义学说所抑制的“公民参与”在这个时期却是维系共和国自由的基本动力之一，这个时期的自由概念往往是一个和城市的伟大、公民的德性（而非个人权利）相关联的词汇。更为关键的是，除了引发对自由概念的重新界定之外，公民人文主义还唤醒了古代政治理论在现代政治实践中的活力，古代政治理论的某些侧面得到了现代的转化，虽然不能说古代政治思想和现代政治思想之间的断裂就此得到了弥合，但至少应当说，古代政治话语退出历史舞台的时间比我们通常想象的要晚得多，在相当长的一段时间内，古代政治话语和现代政治语言处于杂糅交错的状态，甚至当我们看到某些研究提到所谓“亚当·斯密的公民人文主义”时，也无需感到过分惊讶，要想为古今政治思想画出一条不可逾越的界限，今天看来已绝无可能。

因此，对文艺复兴政治思想的重估，是当代政治思想史研究中少数几个不能回避的问题，很可能也是决定当代政治哲学部分走向的重要问题。

二、走向共和的人文主义

一般来说，文艺复兴时期的意大利公民人文主义发端于 14 世纪中叶的彼得拉克，终结于 15 世纪下半叶佛罗伦萨新柏拉图主义的兴起。这两个时间节点的意义在于，一个意味着人文主义公民精神的觉醒，一个意味着人文主义公民精神的消退。而在这两个时间节点之间，就是人文主义者走向共和的过程。

关于彼得拉克，巴隆曾有一说：“彼得拉克既不属于‘中世纪’也不属于‘文艺复兴’，他仿佛一个摩西（Moses）式的先知，虽然已经看到新大陆，但从未真正踏足其中。”[①] 从人文主义的发展史来说，彼得拉克的确可以算作一个先知。尽管在彼得拉克之前，帕多瓦的穆萨托（Albertino Mussato）和洛瓦蒂

① Hans Baron, “Moot Problems of Renaissance Interpretation: An Answer to Wallace K. Ferguson,” *Journal of the History of Ideas*, vol. 19, 1958, pp. 26 - 34.

(Lovato dei Lovati) 等人已经开始编辑校订古籍、搜罗失传古代文本、追摹古代文学风格的工作[①]，但只有到了彼得拉克那里，才有了所谓“神圣的古代”(*sacrosancta vetustas*) 的观念，古代文献不仅开始成为具有美学典范意义的文本，而且开始体现为一种能够改变当代生活方式的古代典范。

在彼得拉克之前，古典传统在中世纪其实是连续的，只不过古代世界的一切现象并没有被放在古代文化的语境里考察，却被时代错乱地使用，它们混杂在基督教文化中，被实际地运用并服务于基督教和骑士文化。但彼得拉克却打破了古典传统在中世纪的连续性，与他的帕多瓦先驱不同，彼得拉克感受到了古典文化和基督教文化之间存在的差异，甚至也可以说他明确意识到了二者之间的鸿沟。

彼得拉克是中世纪乃“黑暗时代”的提出者，他决定性地揭示了中世纪作为年代学的意义。但他之所以认为中世纪是“黑暗”的，并不是因为中世纪对古典传统一无所知，而是因为在他看来，相对于古典传统，整个中世纪毫无意义。[②] 相比但丁 (Dante)，彼得拉克对中世纪的评价显然要低得多。在但丁的《神曲》中，古代和中世纪的人物占有差不多同等的位置；而在彼得拉克那里，古代人物却占有压倒性的地位。比如在以四主德为主线的未完成作品《名人传》(*Rerum Memorandarum Libri*) 一书里，名人们一半出自罗马，五分之二出自希腊，其余少部分出自彼得拉克自己所身处的 14 世纪，整个中世纪的人物则全然不在其列。他的著名诗篇《胜利》(*Trionfi*) 里提到的中世纪人物，或者来源于传说，或者来自彼得拉克自己的时代。[③] 与中世纪相比，“神圣的古代”才是彼得拉克魂牵梦萦的理想所在。

但严格说来，彼得拉克确实并不能算作公民人文主义运动的一员，他的政治热情更多投入在恳请教皇将教廷从阿维尼翁搬回罗马，以及查理四世将神圣罗马帝国带回意大利这样明显带有中世纪政治痕迹的事件上。除了实际政治倾向之外，在文学作品里，彼得拉克也从没有流露过对共和政体的偏好。在他的《阿非利加》(*Africa*) 中，彼得拉克既赞赏共和政体下的西庇阿的功业，也对恺撒的伟大推崇备至。他从没有打算区分罗马共和国和罗马帝国。他个人的政

---

① See Ronald Witt, “Petrarch and Pre-Petrarchan Humanism: Stylistic Imitation and the Origins of Italian Humanism,” in J. W. O'Malley, T. M. Izbicki and G. Christianson, eds., *Humanity and Divinity in Renaissance and Reformation*, Leiden: Brill, 1993, p. 76.

② See Theodore E. Mommsen, “Petrarch's Conception of the ‘Dark Ages’,” *Speculum*, vol. 17, 1942, p. 237.

③ See Mommsen, “Petrarch's Conception of the ‘Dark Ages’,” p. 238.

治著述最为人所熟知的是他写给帕多瓦僭主卡拉拉（Francesco da Carrara）的一封信，又称《论统治者应当如何统治》。这是一部典型的君主镜鉴式或关于理想君主（*optimus princeps*）的作品。其中他遵循一般的君主制原则，告诫君主应当被爱戴而不是被畏惧，同时相对引人注目的是，他开篇即借用了通过马克罗比乌斯（Macrobius）得以流传的西塞罗的“西庇阿之梦”，引述了其中的著名段落：“凡是曾经维护过、帮助过或者扩展了其祖国的人，在天堂都有为他们专门准备的地方，在那里他们可享有一种永恒的幸福生活。人间所做的一切事情，再没有比按正义汇聚和联合起来的人们更让统治整个宇宙的至上神满意的了。国家的统治者和保卫者都来自这个地方，并将回到这个地方。”彼得拉克以宗教情感的感召力唤起君主对正义的追求。当然，彼得拉克对西塞罗的使用本身就带有那种中世纪采纳古典传统的“时代错乱”的特征，“西庇阿之梦”是西塞罗《国家篇》的一部分，但是被彼得拉克用作了对君主的告诫。不仅如此，西塞罗还是一个异教徒，所以彼得拉克还补充说，这虽然出自异教徒，但和基督教真理并无冲突。①

彼得拉克试图把古典传统融合到基督教传统中去的倾向尤其明显地体现在他对西塞罗的态度上。但正如巴隆考证的那样，西塞罗在中世纪传统中更类似于一个斯多亚式的智者形象，通过马克罗比乌斯的《西庇阿之梦评注》，西塞罗的哲学被纳入了一个新柏拉图主义或斯多亚的体系。这可能也是西塞罗之所以容易被吸纳入彼得拉克的基督教伦理的原因之一，但随着西塞罗失传文献的再发现，这一点也就随之动摇了。最为典型的例子是彼得拉克本人于 1345 年发现了西塞罗的《致阿提库斯》（*Letters to Atticus*）。巴隆称，彼得拉克是一千多年来第一个直面历史上的西塞罗而非传说中的西塞罗的人。彼得拉克对他的发现感到惊恐万分，随后写了一封著名的谴责西塞罗的信件。② 彼得拉克突然之间认识到，西塞罗并非他所认为的那样远离世俗和荣誉，西塞罗对政治的热情简直是彼得拉克无法想象的，那个离群索居的“西塞罗”其实像西塞罗自己所说的那样，“时势本身让我成了一个寡言的人（*Breviloquentem iam me tempus ipsum facit*）”③。

---

① See Francesco Petrarch，“How a Ruler Ought to Govern His State，” in Benjamin G. Kohl，Ronald G. Witt and Elizabeth B. Welles，eds.，*The Earthly Republic*：*Italian Humanists on Government and Society*，Philadelphia：University of Pennsylvania Press，1978，pp. 40－41.

② See Kohl，et al.，eds.，*The Earthly Republic*，p. 98.

③ Cicero，*Letters to Atticus*，7. 20，D. R. Shackleton Bailey，trans.，Cambridge：Cambridge University Press，2004，pp. 32－33.

更具戏剧性的一幕是1394年，韦尔杰里奥（Paolo Vergerio）自拟了一封以西塞罗的口气回答彼得拉克的信件，这被巴隆称为第一次真正理解罗马共和国精神的历史文件。事实上这也表明了下一代人文主义者对彼得拉克的反动。后起的人文主义者对彼得拉克的回应还不止于韦尔杰里奥，1372年萨卢塔蒂（Coluccio Salutati）计划中有一部题名为《论交往生活与劳作生活》（*De Vita Associabili et Operativa*）的著作，按照巴隆的看法，萨卢塔蒂的书明显是彼得拉克的《论隐居生活》（*De Vita Solitaria*）的反题，他慨叹，如果萨卢塔蒂写完这部书，那么公民人文主义的历史恐怕就要提前。①

在萨卢塔蒂的著述中，有一部具有典型文艺复兴特质的著述《论医学与法学的高贵性》（*De nobilitate legum et medicinae*），他试图讨论的是人文科学和自然科学何者应居首位的问题。② 但其实医学和法学的比较也代表了沉思式理智和实践性智慧的比较。萨卢塔蒂主张法学比医学具有更高的道德尊严，求善要高于求真。在一封信中，他还曾提到："尽管我承认，作为思想的更高阶段，沉思生活要更为高贵；能享受宁静的甜蜜，因此也更令人愉悦；需求更少，因此也更为自足；思考神圣的事情而不是人世的事情，因此也更为神圣；运用人类灵魂中最高级的部分即理智，因此也更具高贵性；甚至我也承认，沉思生活之所以值得青睐，是因为沉思追求真理之故。但你仍然应当追随而不是逃避积极生活，因为积极生活是对德性的磨炼，你不应当逃避德性的磨炼，也无法逃避兄弟之爱。"③

萨卢塔蒂的心态是复杂的。他并不怀疑沉思生活的高贵性，但他还是提出了两个支持积极生活的论证，其一是不难理解的，正如他曾经说到的那样，"世界上最美好的东西有两个：祖国和朋友"④，另一个论证即积极生活是对德性的磨炼，却较为罕见。实际上，德性的磨炼是萨卢塔蒂思想中的重要主题，他的《赫拉克勒斯的劳作》（*De Laboribus Heraclis*）就阐述了古典神话中赫拉克勒斯的选择这个寓言，只不过德性磨炼的主题在他那里却多少有了意志主义的转化。同彼得拉克相似，萨卢塔蒂也将意志置于理智之上，他们都认为理智可以认识德性却不能推动德性的践行，而意志却能激励德性的践履。本来，奥

---

① See Baron, *The Crisis of the Early Italian Renaissance*, p. 89.

② 萨卢塔蒂的主题是文艺复兴时期盛行的比较论（paragone），往往讨论比如雕塑和绘画何者为高，这个传统一直延续到莱辛的《拉奥孔》。

③ Coluccio Salutati, "Letter to Peregrino Zambeccari," in Ronald G. Witt, ed., *The Earthly Republic*, p. 111.

④ ［意］加林：《意大利人文主义》，李玉成译，北京，三联书店，1998。

古斯丁式的意志主义在中世纪的安瑟伦（Anselm）、博纳文图拉（Bonaventura）、司各托（Duns Scotus）那里都不乏所闻，在他们那里，意志主义的功用是为了防止人的自足僭越，以削弱理性的统治地位，但是在萨卢塔蒂和彼得拉克那里，意志主义却有了世俗性的意味，它通向的不是谦卑，而是西塞罗的修辞学。正如彼得拉克所言，“亚里士多德教会我们德性是什么，但他的教导缺乏激励和激动人心的力量，不能促使我们去爱德性、恨罪恶，他试图寻找却无法找到的东西，却可以在我们的拉丁作家尤其是西塞罗那里被发现”。而彼得拉克的话本身其实就来自西塞罗的《论演说家》（*De oratore*，II. 35）中的一段：“除了演说家，谁还能激励我们爱德性、恨罪恶?”经过某种奇特的结合，中世纪留给谦卑的位置现在却被让渡给了西塞罗式的雄辩。①

萨卢塔蒂是彼得拉克之后一位承前启后的人文主义者。1374 年彼得拉克去世之时，薄伽丘（Boccaccio）已经进入了垂垂暮年，再下一代的人文主义者此时或是在襁褓之中，或是还没有出生。萨卢塔蒂在彼得拉克去世之后一年即 1375 年开始担任佛罗伦萨的国务秘书，直至 1406 年去世，共任职 31 年，在此期间他邀请拜占庭流亡学者赫里索洛拉斯（Manuel Chrysoloras）来佛罗伦萨教授希腊语，从而极大地促进了人文主义的传播。更为重要的是，萨卢塔蒂开创了佛罗伦萨人文主义者的政治参与传统，自萨卢塔蒂之后，先后担任佛罗伦萨国务秘书的几乎都是重要的人文主义者，比如继萨卢塔蒂之后是布鲁尼，布鲁尼之后是波焦，波焦之后是阿科尔蒂（Benedetto Accolti），阿科尔蒂之后是巴托洛梅奥·斯卡拉（Bartolomeo Scala），巴托洛梅奥·斯卡拉之后则是与斯卡拉关系密切的本纳多·马基雅维利之子尼科洛·马基雅维利。②

佛罗伦萨的国务秘书的角色是非常独特的。由于其他大多数官职都存在着轮换，国务秘书却可以长期连任不必更换，以至于这一职务有时甚至成了终身职位，因此国务秘书在佛罗伦萨政治中产生的作用和影响是不可忽视的。当然，关键还并不在于他们对佛罗伦萨政治造成的或大或小的影响，真正重要的是当他们以人文主义者的身份参与佛罗伦萨政治时，人文主义本身与公共政治生活的相互碰撞、相互影响造成的理论后果。

在当时发生在佛罗伦萨和米兰之间的那场抵抗帝国侵略的斗争中，萨卢塔

---

① See Hanna H. Gray, “Renaissance Humanism: The Pursuit of Eloquence,” *Journal of the History of Ideas*, vol. 24, 1963, p. 504.

② 关于佛罗伦萨国务秘书的思想，参见 Robert Black, “The Political Thought of the Florentine Chancellors,” *Historical Journal*, vol. 29, 1986, pp. 991 - 1003。

蒂其实多多少少扮演了一个佛罗伦萨意识形态宣扬者的角色。他写得一手漂亮的西塞罗文体的公文信函并且文风典雅不失犀利，以至于在威斯康蒂眼里，萨卢塔蒂的笔要胜过一千个佛罗伦萨骑兵。当然，这其实是因为，与实际政治领域里的斗争相伴随的还有意识形态领域内的斗争，比如发生在萨卢塔蒂与维琴察的洛斯奇（Antonio Loschi）之间的论战。洛斯奇本人实际上原来是萨卢塔蒂佛罗伦萨圈子的一员，当威斯康蒂征服了维琴察之后，洛斯奇来到米兰为威斯康蒂辩护，他主张威斯康蒂能给分裂的意大利带来统一与和平。与之相对的则是佛罗伦萨一方强调他们是意大利自由的维护者，是罗马的直接继承人。

在巴隆之前，米兰和佛罗伦萨之间的战争往往被视作中世纪的吉伯林派和圭尔夫派之间斗争的延续，米兰一方和佛罗伦萨一方各自使用的政治语言也从未受到重视。但巴隆慧眼独具地指出，吉伯林派和圭尔夫派的旧式政治意识形态对抗掩盖了米兰的绝对主义君主制与佛罗伦萨的地区性独立之间的对立，在托斯卡纳地区圭尔夫主义的中世纪外壳之下是意大利城邦共和国寻求公民自由和独立的冲动。他引用了布鲁尼的一段话作为例证："如果你从宗教的立场来看圭尔夫派社团，你会认为它们和罗马教会有关；可如果你从人世的立场来看，你会认为，它们和自由相关，如果没有这种自由，共和国就不可能存在，如果没有这种自由，智慧者甚至不应当存活下去。"[①]

在这场论战中，佛罗伦萨方面有三份主要文献：萨卢塔蒂的《驳安东尼奥·洛斯奇》、利努奇尼（Cino Rinuccini）的《答安东尼奥·洛斯奇的驳难》[②]以及布鲁尼的《佛罗伦萨颂》（*Panegyric to the City of Florence*）。这其中最为重要的当属布鲁尼的作品。关于布鲁尼本人的思想，下文自会详述，这里重要的是，这一时刻出现了公民人文主义的史学建构问题：从彼得拉克开始的人文主义终于走到了它和公民精神融合的时刻，在巴隆看来，只有在佛罗伦萨面临大危机的时刻，才发生了人文主义和公民精神的融合。[③] 这个融合有两个方面：其一是人文主义对积极生活的肯定，其二是人文主义对共和政体的认同。公民人文主义史学建构的基本假定是认为，这两个过程是同步发生的，或者说，对积极生活的肯定和对共和政体的认同就是同一个过程的两个侧面，仿佛

① Baron, *The Crisis of the Early Italian Renaissance*, pp. 13, 115.

② See Coluccio Salutati, *Invective against Antonio Loschi of Vicenza*, in U. Baldassarri and A. Saiber, eds., *Images of Quattrocento Florence: Selected Writings in Literature, History, and Art*, New Haven: Yale University Press, 2000, pp. 4–11.

③ See Baron, *The Crisis of the Early Italian Renaissance*, pp. 249–250.

佛罗伦萨人文主义者突然之间既意识到了自由的可贵，也意识到了积极生活的价值与沉思生活的无力。

本来，积极生活和共和政体之间的关联是共和主义的理论设定，但在巴隆的文艺复兴研究中或者说在文艺复兴政治思想史的研究领域，公民人文主义却首先是一个史实问题。就史实而言，重要的是在布鲁尼那里是否发生了实际的思想变化。与此相关的有两个文本：一个是布鲁尼的《佛罗伦萨颂》，其中不但充满了对佛罗伦萨自由的辩护以及对共和政体本身的颂扬，而且布鲁尼刻意将佛罗伦萨的历史回溯到罗马共和国时期，而非通常认为的罗马帝国时期；另一个文本则是布鲁尼一部相对鲜为人知的著述《献给韦尔杰里奥的对话》（*Dialogi ad Petrum Paulum Histrum*）。现存的这部对话分为两个部分，对话者是围绕在萨卢塔蒂周围的人文主义者，其中最为重要的人物是孑然独立、沉醉于古典学术的尼科洛·尼科利（Niccolo Niccoli）：在《对话一》里，孤傲的尼科洛·尼科利基于他对古代文化的推崇以及对西塞罗式的拉丁语的服膺，批评佛罗伦萨三贤（即但丁、彼得拉克和薄伽丘）对古代文化和拉丁语的无知；在《对话二》里，尼科洛·尼科利却转变了立场，转而对佛罗伦萨三贤的文学成就大加颂扬。巴隆认为，这是因为，《对话二》的写作时间在米兰入侵之后，在米兰入侵的重大危机刺激下，布鲁尼改变了自身的立场，由追随尼科洛·尼科利的学究人文主义者转变为热爱佛罗伦萨自由、推崇爱国主义的公民人文主义者。根据布鲁尼差不多同一个时期、同样在危机之后完成的《佛罗伦萨颂》，可以推断这几乎是一个同步的，既肯定积极生活也认同共和政体的转变过程。[①]

布鲁尼的《对话二》中其实另有一个极具争议的话题，尼科洛·尼科利对但丁在《神曲》中将恺撒安排在灵薄狱而将刺杀恺撒的布鲁图斯和卡西乌斯（Cassius）安排在地狱的最深处提出了异议："为什么他把最好、最公正的人放在卢西弗（Lucifer）的口中？"[②] 但丁对恺撒和布鲁图斯的态度是中世纪式的，但到了布鲁尼这里，中世纪的秩序却面临了新的明显带有共和主义意味的挑战。甚至在萨卢塔蒂那里，他在1400年写就的《论僭政》一书中还力图区分恺撒主义和僭政，为恺撒建立的君主制辩护。同时，布鲁尼之前的历史观也大

---

① 根据巴隆对布鲁尼文本的考证，《对话一》写于1401年年中，《佛罗伦萨颂》写于1403年，《对话二》最早的写作时间不可能早于1403年年底，而威斯康蒂死于1402年10月，这样，写于1402年之后的《佛罗伦萨颂》和《对话二》中出现的与《对话一》不同的价值倾向，也就可以顺理成章地归因于由威斯康蒂的入侵造成的佛罗伦萨爱国主义了。

② Gordon Griffiths，James Hankins and David Thompson，eds. and trans.，*The Humanism of Leonardo Bruni*：*Selected Texts*，Binghamton：Medieval & Renaissance Texts，1987，p. 81.

体认为，罗马史是连续的，没有共和制罗马和帝制罗马的区分。而我们前面已经提到，布鲁尼的《佛罗伦萨颂》开始刻意将佛罗伦萨的历史回溯到罗马共和国时期而不是通常认为的罗马帝国时期，在那里他认为，佛罗伦萨建立于公元前 88 年苏拉之手。在其后写作的《佛罗伦萨人民史》（*History of the Florentine People*）里，布鲁尼更进一步强化了共和制罗马和帝制罗马的区别，他甚至将佛罗伦萨的历史一直推至前罗马时期的伊特鲁里亚人，认为古伊特鲁里亚本来存在着许多自由的共和国，这当然更加强化了佛罗伦萨的自由血液。

人文主义的转变在布鲁尼这里得以完成，他的一系列著作，包括后来的《佛罗伦萨人民史》《论佛罗伦萨政体》等，标志着公民人文主义融入了佛罗伦萨城邦的意识形态建设。自此以后，一直到 1455 年米兰与佛罗伦萨签订和平协定，公民人文主义不仅在佛罗伦萨取得了成功，而且随着 15 世纪 20 年代佛罗伦萨和威尼斯、热那亚、卢卡的结盟，在意大利一度形成了某种共和主义的联盟，公民人文主义的意识形态也随之得到了充分传播。

不过，布鲁尼的时代也是短暂的，大概在 1460 年以后，共和主义和公民人文主义就已经在佛罗伦萨开始衰落，很快新柏拉图主义的哲学和宗教取代了它们的位置，沉思生活的高贵性又重新占据了人文主义的主流。也有一种意见认为，美第奇家族通过选举操控、庇护关系等措施使得公民人文主义的政治和道德目标走向空洞化，是公民人文主义走向没落、被新柏拉图主义取代的重要原因。

三、布鲁尼与共和主义问题

不过，尽管描述了人文主义走向共和的过程，尽管凭巴隆的一己之力，存续时间短暂的 15 世纪佛罗伦萨公民人文主义几乎成了文艺复兴政治思想的一盏孤灯。但从巴隆的《危机》一书出版后的学术反响来看，这一盏孤灯本身却有摇摇欲坠之势，我们固然可以看到巴隆的公民人文主义在政治理论界造成了持久的、决定性的影响，同时我们也不得不承认，他的历史叙述在文艺复兴学术界却几乎受到了全方位的批评，今天的文艺复兴学术界几乎没有人站在巴隆的立场上。这的确是件咄咄怪事，其原因很可能是巴隆的理论雄心过于庞大，按照朱杰维奇的看法，巴隆可能是唯一兼具刺猬和狐狸特质的学者①，也就是说，既可以说他知道很多事情，对历史的细节投入了极其细致的关注，也可以

① See Mark Jurdjevic: "Hedgehogs and Foxes: The Present and Future of Italian Renaissance Intellectual History," *Past and Present*, vol. 85, 2007, pp. 258 – 260.

说他只知道一件事情，就是人文主义与公民精神的融合。但这恰恰也是巴隆的问题所在，如果要让所有的历史细节都适应这个唯一的理论框架，就很可能既影响到对历史细节解读的准确性，也影响到理论框架的解释力。

事实上，关于佛罗伦萨人文主义者的积极生活倾向、关于他们对积极生活投入的道德关注以及他们在人文主义史学上的创见，巴隆的分析并没有太多争议。后世的学者也大多承认巴隆的这些分析。他引起的争议主要有几个方面：一个是历史细节上的问题，比如关于布鲁尼《对话一》和《对话二》的写作时间以及对它们的理解，由此引出米兰的入侵是否足以构成公民人文主义兴起的直接原因。另一个则是公民人文主义的地位问题，按照布莱克的一句概述："大多数文艺复兴政治思想其实并不是公民性的，大多数中世纪和文艺复兴公民思想其实也并不是人文主义的。"[①] 在这方面提出的反对意见就更多了。例如，认为用公民人文主义概括15世纪意大利的文艺复兴精神太过狭隘。[②] 又如，认为存在先于佛罗伦萨的公民人文主义——在中世纪晚期的亚里士多德主义者如卢卡的托勒密（Ptolemy of Lucca）那里就已经有了丰富的共和主义历史阐释和对积极生活的捍卫。[③]

不过，如果巴隆没有将公民人文主义的时间段界定得那么严格，如果他没有将公民精神和人文主义融合的时间节点严格限定在米兰入侵佛罗伦萨之后，大多数技术上的怀疑是可以得到解决的，整个公民人文主义理论本身并没有受到太多影响，只要经过若干修正，公民人文主义的历史叙事大体上就还是能够成立的。但除此之外，巴隆的理论还面临着一些核心的质疑，其中最为重要的都与布鲁尼有关，或者关于布鲁尼思想的理解和定位，或者关于布鲁尼与佛罗伦萨政治的关系，它们直接关系到公民人文主义的基本理论前提（即公民参与和共和政体之间的紧密相关性）是否能够成立，而由于布鲁尼在整个公民人文主义理论中占据核心位置，因此核心的争论多由布鲁尼而起。

例如，巴隆理论最早的批评者之一西格尔就曾提出，布鲁尼并不是真心诚意赞颂佛罗伦萨的自由，作为阿雷佐人，他也没有自发的佛罗伦萨爱国热情，

---

① Robert Black, Review of Hankins, ed., *Renaissance Civic Humanism*, in *English History Review*, vol. 116, 2001, pp. 715–716.

② See Albert Rabil, Jr., "The Significance of 'Civic Humanism'," in Keith Whitlock, ed., *The Renaissance in Europe: A Reader*, New Haven: Yale University Press, 2000, p. 42.

③ See James M. Blythe, " 'Civic Humanism' and Medieval Political Thought," in James Hankins, ed., *Renaissance Civic Humanism: Reappraisals and Reflections*, Cambridge: Cambridge University Press, 2000.

他只是一个职业修辞学家，他的职责是写作颂词（*laudes*），政治从来都不是他关注的首要问题。布鲁尼以及其他佛罗伦萨人文主义者不过是希望通过运用一套娴熟的古典文学技巧，迎合佛罗伦萨意识形态宣传的需要，从而引起佛罗伦萨统治者的关注。[①] 在他看来，布鲁尼本人并非共和政体的虔诚信徒，西格尔举出的一个重要证据是布鲁尼寄给阿拉贡国王的一封信。当时，布鲁尼刚刚重译完亚里士多德的《政治学》，在这封信里布鲁尼说："《政治学》是王国统治的工具，对国王具有正确的指导意义，亚里士多德的其他著作是为所有人写的，而唯独这本书是为国王而写的。"[②]

所有人都会看出西格尔批评中的诛心成分，巴隆在其后一年对西格尔的回应表明西格尔提出的证据未必那么可靠。不过，撇开其中诛心的成分不论，西格尔还是提出了一个重要的问题：一个崇尚修辞的公民人文主义文本在多大程度上是值得信赖的？

应当承认，布鲁尼的佛罗伦萨论述的确带有精心的修辞成分，他的《佛罗伦萨颂》无论在形式上还是在内容上都是对阿里斯蒂德（Aelius Aristides）的《泛雅典娜节颂词》（*Panathenaicus*）的模仿。阿里斯蒂德把雅典描述为希腊反抗波斯侵略的领导者和希腊自由的捍卫者，很明显影响了布鲁尼的写作，因此，当布鲁尼说，"佛罗伦萨为所有各国人民的自由欢呼，因此是意大利所有暴君的敌人。如果佛罗伦萨没有为意大利的自由挺身而出，以巧妙的策略和力量制止詹加莱亚佐的攻击，进而将整个意大利从奴役的危险中解放出来，那么整个意大利早就被米兰的武力征服了"[③]，他确实像西格尔所指出的那样，扮演了佛罗伦萨城市意识形态宣传者的角色。但《佛罗伦萨颂》中体现出的这种修辞性多多少少是由颂词这种文体的性质所决定的。这种颂词式的夸大不应被看作布鲁尼对于佛罗伦萨的真实认知或刻意粉饰。比如，当我们看到《佛罗伦萨颂》里的这段话，"在这里，没有人受到过任何伤害，没有人会被别人剥夺财产……地球上没有任何一个地方有这样的正义，对所有人来说都是平等的；没有任何一个地方，自由能如此繁盛地成长；没有任何一个地方，穷人和富人能得到如此平等的对待"[④]，笔者相信，没有任何一个听众会把这段话当真。在修

---

① See Jerrold E. Siegel, " 'Civic Humanism' or Ciceronian Rhetoric? The Culture of Petrarch and Bruni," *Past and Present*, vol. 34, 1966, p. 25.

② Siegel, " 'Civic Humanism' or Ciceronian Rhetoric?" p. 26.

③ Kohl, et al., eds., *The Earthly Republic*, p. 166.

④ Kohl, et al., eds., *The Earthly Republic*, p. 173.

辞文化中成长起来的听众其实自然有其辨识能力，西格尔指出的问题在于，布鲁尼只考虑了演讲者的修辞性成分，而完全忽视了听众对修辞文化的接受。

事实上，布鲁尼在后来的一封信里就曾为他早年的《佛罗伦萨颂》做过辩护："颂词这种修辞文体需要夸大，也需要赢得掌声……公共的颂词演说针对的其实就是那些希望得到颂扬的人们，它和议会演说及法庭演说不同……颂词是一码事，历史是另一码事。历史必须追随真理，而颂词则必须在真实之上夸大其辞。"① 如果我们把同一作者在《佛罗伦萨颂》与《佛罗伦萨史》中提到的相同事件一一加以对比，从而发现它们的叙述角度迥然不同，甚至事实本身也大相径庭，我们不应感到过分惊讶，毕竟，布鲁尼本人以及熟悉这个修辞文化的人都对此心知肚明，他们能够容忍某种特定场合下的对事实的美化。

因此，在尽可能排除掉显而易见的夸大其辞之后，我们其实多多少少还是能分辨出布鲁尼相对确实的政治理念成分。尽管如此，西格尔指出的布鲁尼那里出现的在政体问题上的游移，的确是存在的。事实上，即便是关于佛罗伦萨政体性质的看法，布鲁尼各处的文本也殊为不同：在《斯特罗齐葬礼演说》（*Oration for the Funeral of Nanni Strozzi*）中，他认为佛罗伦萨是民主政体；在《论佛罗伦萨政体》中，他认为佛罗伦萨是混合政体；在《佛罗伦萨颂》中，他虽然没有明确表述佛罗伦萨的政体性质，但是他某些方面的看法，比如圭尔夫派在佛罗伦萨政体中的作用，肯定与《斯特罗齐葬礼演说》描述的佛罗伦萨大相径庭。

布鲁尼共有三篇涉及佛罗伦萨政体的文本，分别是写于1403—1404年的《佛罗伦萨颂》、写于1427—1428年的《斯特罗齐葬礼演说》以及写于1439年的《论佛罗伦萨政体》。虽然有人认为，布鲁尼各处关于佛罗伦萨政体性质的不同看法应当归因于他的思想发展或者是他对不同政治处境的不同反应，但实际情况却是，写作时间相对较早的《佛罗伦萨颂》与写作时间相对较晚的《论佛罗伦萨政体》对佛罗伦萨政体的描述其实并没有太大不同，反倒是写作时间在两者之间的《斯特罗齐葬礼演说》与其他两个文本有相当大的差别，这恰恰是思想发展论所不能解释的。

其实，写作时间居中的《斯特罗齐葬礼演说》是一个非常奇特的文本，巴隆对这个文本推崇备至。在他看来，这个文本是"佛罗伦萨人文主义文艺复兴的自我意识的决定性的一步"，"第一次清晰地表述了人文主义运动和佛罗伦萨

---

① Griffiths, et al., eds., *The Humanism of Leonardo Bruni: Selected Texts*, p. 160.

城邦的内在关联"[①]。巴隆之所以有如此高的评价，其原因很可能在于，《斯特罗齐葬礼演说》第一次明确提出了民主政治的正当性。布鲁尼在这个演说中不仅认为，佛罗伦萨是民主政体，"既不存在对于一个人统治的畏惧，也不存在少数人统治的奴役"，而且更为重要的是，布鲁尼明确提出：

> 这是一个城市共和国所能拥有的真正自由和真正公正，不害怕任何人的暴力和伤害，公民在法律面前，在担任共和国公职方面享有平等的权利。而所有这些，在一个人的统治和少数人的统治中是看不到的……君主对于好人的怀疑要远远超过对恶人的怀疑，任何人的德性对他们而言总是充满了威胁，少数人的统治也同样如此。因此，民主政体是唯一正当的政体。唯有在民主政体下，才有着真正的自由，每个公民才会受到平等法律的保护，追求德性才会蔚然成风而不致引起任何怀疑。[②]

当布鲁尼说"民主政体是唯一正当的政体"时，这在中世纪和文艺复兴的时代当属石破天惊之语（可能唯有卢卡的托勒密有类似的观点），但正如汉金斯所指出的那样，这段被研究者无数次引用的文字实际上在布鲁尼的所有作品中只出现过一次[③]，没有其他相关论述证明布鲁尼在同一时期持类似的立场。更为关键的是，《斯特罗齐葬礼演说》也是一篇模仿性的作品，这一次布鲁尼的模仿对象是修昔底德《伯罗奔尼撒战争史》中伯里克利的葬礼演讲。对比这两部作品，相似之处显而易见。布鲁尼同样把斯特罗齐葬礼演说变成了对佛罗伦萨城邦的全面歌颂，同样对佛罗伦萨方方面面的卓越之处大加褒扬，甚至在行文的顺序上也与伯里克利的葬礼演说不无相近。

但问题是，模仿同时也是自我塑造（self-fashioning），这在文艺复兴时期的文学作品中并不乏所见。比如彼得拉克的《登风涛山》对奥古斯丁的悔改经历有刻意的模仿，但今天的研究恰恰表明彼得拉克的整个登山经历很可能都是某种虚构。同样，布鲁尼这个演说最不可思议之处在于，被视为生于斯、死于斯、为国捐躯的模范公民的朗尼·斯特罗齐本人，实际上根本不是佛罗伦萨公民，他的父亲卡洛·斯特罗齐是佛罗伦萨人，但在1378年之后就被逐出了佛罗伦萨，朗尼·斯特罗齐在费拉拉长大，一直到他死之前都是费拉拉公民。令他捐躯的这场战役固然发生在费拉拉与佛罗伦萨结盟对抗米兰期间，但实际上没有任

① Baron, The Crisis of the Early Italian Renaissance, p. 363.

② Griffiths, et al., eds., *The Humanism of Leonardo Bruni*, p. 125.

③ See Griffiths, et al., eds., *The Humanism of Leonardo Bruni*, p. 172.

何佛罗伦萨人卷入其中。因此，布鲁尼的这篇演说词、他的第二篇“佛罗伦萨颂”本身的确是相当可疑的。布鲁尼以伯里克利演说为原型的“佛罗伦萨塑造”，很可能只是由于雅典的原型之故才采取的修辞，无论是关于佛罗伦萨是民主政体的判断，还是“民主政体是唯一正当的政体”的命题，都不值得严肃对待。[①]

而写作时间一早一晚的《佛罗伦萨颂》与《论佛罗伦萨政体》所持的立场却并无多少不同。《论佛罗伦萨政体》明确指出，佛罗伦萨政体是混合政体，结合了贵族政体和民主政体的长处而避免了各自的极端弊病；《佛罗伦萨颂》没有明确说出佛罗伦萨的政体性质，但实际上的政体倾向与《论佛罗伦萨政体》是相似的。巴隆和波考克等人认为，早期的《佛罗伦萨颂》描述的是一种更倾向于平民的政体，因此晚期布鲁尼思想存在着一种由平民政体向混合政体的转向甚或退却。[②] 但他们对《佛罗伦萨颂》的认识多多少少是理论先行、一厢情愿的，没有提供任何有说服力的证据。相反，《佛罗伦萨颂》对佛罗伦萨政体的描述无论在哪个方面都不能说带有平民政体的特征，而毋宁说更倾向于那种带有古典混合政体特征的政体类型。

《佛罗伦萨颂》第四部分即颂扬佛罗伦萨政体的一节，开篇即使用了一个音乐与政体的类比。布鲁尼说，“如同调试到完美比例关系的琴弦能奏响不同音阶合成的和谐之声，我们明智的城市也到处充满着和谐，构成了一个和谐的政体”，“各司其职、各守其位”[③]。这个比喻其实来自西塞罗的《国家篇》（2.42），其后在奥古斯丁的《上帝之城》（2.21）中得到转述，而西塞罗用音乐和谐比附政体和谐，恰恰说明的是比例关系，是把上、中、下三个阶级公正且合乎理性地混合在一起。这种对比例关系的运用以及通过比例关系说明的“各司其职、各守其位”，表明布鲁尼并没有倾向于普遍的政治参与。文本中也没有任何一处像《斯特罗齐葬礼演说》那样明示，佛罗伦萨公民在担任共和国公职方面享有平等的权利。

事实上，《佛罗伦萨颂》贯穿始终的政体原则是均衡和制约，而不是普遍参与。布鲁尼在说明政府的最高领导机构并非一人掌管而是由九名首长同时参与、任期为两个月而非一年时，他所阐述的理由是，这样遵循的是“均衡和制

---

① 关于《斯特罗齐葬礼演说》的相关研究，参见 James Hankins，“Rhetoric，History，and Ideology：The Civic Panegyrics of Leonardo Bruni，” in Hankins，ed.，*Renaissance Civic Humanism*，pp. 143 – 178。

② See Baron，*The Crisis of the Early Italian Renaissance*，p. 428；Pocock，*Machiavellian Moment*，pp. 89 – 91.

③ Griffiths，et al.，eds.，*The Humanism of Leonardo Bruni*，pp. 168 – 169.

约”的原则，“多人决定可纠正一人之偏，短暂任期可抑制野心的滋生”。同样的描述出现在《论佛罗伦萨政体》中时，布鲁尼的说法却是，“任期短暂是民主的原则，更有利于平等”[①]。如果布鲁尼早期倾向于平民政体，那么他完全应当像后来的文本那样，突出平等特质，这显然更有利于他的论证。

更为重要的是，《佛罗伦萨颂》事实上毫不避讳圭尔夫派在佛罗伦萨政体中的作用。他认为，圭尔夫派在佛罗伦萨有着巨大的权威，几乎所有事情都需要经由他们过问和监督，以确保共和国的运作不再偏离祖先已经建立的良好政策，他们的作用“就像罗马的监察官、雅典的战神山法官、斯巴达的监察官一样”，“他们是宪法的监护者”[②]。这种对公民团体的权威作用的推崇无论如何也不是和普遍的政治参与精神走在同一个方向上的。

因此，虽然《佛罗伦萨颂》与《论佛罗伦萨政体》的文体表述方式有很大的不同，虽然《佛罗伦萨颂》没有明确指出佛罗伦萨是混合政体，但布鲁尼其实并没有类似于《斯特罗齐葬礼演说》中那种把民主政体当作唯一正当政体的理想，他对公民参与的热情也远没有通常想象的那么高。

不过，即便布鲁尼更推崇的是混合政体，也不能否认他对公民德性的寄托。毕竟他使用的是一套德性的语言，而不是法律的语言。事实上，在布鲁尼的所有政治言说之下，有一个更深层次的动机，那就是，共和政体可以促进公民的德性。《佛罗伦萨颂》开篇显著地道出了布鲁尼心目中国家与公民间的关系：有其父必有其子，人们从儿子的脸上就能辨别出父亲的长相，同样，伟大的城市与其高贵子民之间的关系亦是如此。[③] 这篇演说还是塔西佗第一次为现代政治思想所用，其时布鲁尼引用塔西佗的话指出，当权力集中在一个人身上时，“伟大的心智就消失了”。从前在共和国里的“自由”“高贵”“天才”尤其是“伟大的公民”都一去不复返了。[④]

> 在他的《佛罗伦萨史》中，布鲁尼更是留下了一段著名的陈词：罗马帝国的衰亡从恺撒开始觊觎这座城市时就已经开始了。因为自由让位于帝国，当自由失去了，德性也同样失去了。在恺撒之前的时代，荣誉是最高的品质，重要职务如执政官、发号施令者或者高级的职位，都向那些精神卓著、品质超群的人开放。但随着公共财富流入一个强权者的手中，优良

① Griffiths, et al., eds., *The Humanism of Leonardo Bruni*, p. 174.

② Griffiths, et al., eds., *The Humanism of Leonardo Bruni*, p. 173.

③ See Griffiths, et al., eds., *The Humanism of Leonardo Bruni*, p. 136.

④ See Griffiths, et al., eds., *The Humanism of Leonardo Bruni*, p. 154.

品质和慷慨大度在统治者眼中都变得可疑。政府向懒汉而不是强者、向溜须拍马者而不是优秀者打开大门，伴随着政府管理者品质的下降，帝国也一点点走向毁灭。①

这段陈词表明，布鲁尼的论证是一以贯之的，对他来说，政体在孕育公民德性方面的作用是衡量政体最为重要的标准。这种思维方式其实在当时的人文主义者那里也极为常见。后来在波焦与瓜里诺（Guarino）的争论里，双方论争的核心问题之一就是罗马共和国和罗马帝国哪一个孕育了更多的文化和智识成果。可考虑到维吉尔、贺拉斯的地位，瓜里诺显然不会在这种争论中占下风。事实上，他们的争议本身就表明，这套德性的语言其实既可以服务于共和政体也可以服务于君主政体。单纯建立在卓越性基础上的德性，或许也会掩盖存在于实际政治中的一些东西。

事实上，除了西格尔早期提出的批评之外，公民人文主义所面临的另一种批评主要就是针对它和佛罗伦萨现实政治的关系。其中的主要代表人物是纳杰米（John Najemy）。纳杰米认为，布鲁尼等公民人文主义者其实是论证了一种寡头式的共和主义。在 1378 年佛罗伦萨梳毛工起义之前，佛罗伦萨实际上存在着更为广泛的政治参与，这是一种以行会为基础的公社时代的共和主义，而公民人文主义的出现其实是用新式的德性语言取代了过去在工会共和主义时代的阶级语言和阶级利益语言，德性和公益压抑了过去的阶级利益（当然，公共利益又是由权威政治家决定的）。于是，从表面上看，公民人文主义意图推动公民参与，但实际上却是抑制了公民参与。在布鲁尼的时代，所有的政治参与实际只意味着在政府中取得官职，而不是参与真正的政治决定。因此，在这个意义上，公民人文主义是佛罗伦萨寡头体制的一种意识形态宣传。② 朱杰维奇甚至认为，公民人文主义与美第奇在佛罗伦萨取得统治地位不无关系，在他看来，15 世纪后 60 年美第奇的霸权才是公民人文主义历史叙事要面对的首要问题。③ 如果诚如巴隆所言，公民人文主义激发出了一种佛罗伦萨的共和热情和政治活力，那么为什么很快这种政治活力就消失殆尽，而且未见公民人文主义

① Bruni, *History of the Florentine People*, James Hankins, ed., Cambridge: Harvard University Press, vol. 1, 2001, pp. 49 - 51.

② See John Najemy, "Civic Humanism and Florentine Politics," in *Renaissance Civic Humanism*, pp. 75 - 104.

③ See Mark Jurdjevic, "Civic Humanism and the Rise of the Medici," *Renaissance Quarterly*, vol. 52, 2001, pp. 994 - 1020.

者对美第奇的实际统治霸权有何不满？

这可能的确是人文主义的问题所在。人文主义的德性政治几乎与现实政治是两个平行世界的政治。人文主义者帕尔米耶里（Palmieri）曾打过一个比方，用来形容人文主义者的方法：我们该怎样描绘特洛伊的海伦？找五个人，分别画五个最美的姑娘，然后把每个人最美的一面捏合在一起，于是，最美的海伦就铸就了。吉尔伯特（Felix Gilbert）说，他们对政治制度的描述，大抵也是这种方法，从各个国家和城市中择取出各自好的一面，然后以为美好的政治就已经铸就了。人文主义者大概从没有想过，如何将现实世界变为他们理想中的世界。[①]

吉尔伯特的话虽然刻薄，但大体是准确的。不过，真正的问题也许还并不仅仅在于他们的天真和不明事理，而在于他们缺少一种一视同仁的洞见。其实，并不是所有的人文主义者都缺乏对于这种虚浮德性言论的警惕，甚至布鲁尼在《斯特罗齐葬礼演说》中也有类似的洞察。在他看来，“那些倾向于君主制的人往往把不曾在任何人身上体现出的德性统统放在一个国王身上。哪里有一个国王，他所有的行为都是为了人民的利益，从不关心自己个人的目的？因此，对于君主制的颂扬必定是虚构的、暧昧的，缺少准确的、坚实的基础”[②]。布鲁尼对君主制学说的虚浮言辞的批评不可谓不准确，对于同样持有一套德性话语的君主镜鉴派学者来说，他的批评已经足够犀利了。可轮到他本人以及立场相近的公民人文主义时，这套德性话语又似乎过于甜蜜，无从摆脱了。要同时对君主制和共和制的德性语言做出系统的批判，终究要等下个世纪佛罗伦萨的一个伟大天才。

第二节　马基雅维利的“新方法与新秩序”

马基雅维利并没有创立一套新的政治语言，他并不是一个政治术语的发明者，我们今天所有用于描述马基雅维利政治思想的词汇，他本人都没有使用过。在他的词汇表里，我们看不到后世那些加诸他本人的词汇——国家理性、

---

① See Felix Gilbert, *Machiavelli and Guicciardini: Politics and History in Sixteenth Century Florence*, Princeton: Princeton University Press, 1965, p. 93.

② Griffiths, et al., eds., *The Humanism of Leonardo Bruni*, p. 125.

现实主义、政治科学、共和主义、民族主义等等。单从政治语言的角度，我们很难将《君主论》从中世纪晚期和文艺复兴早期的“君主镜鉴”式著述中区分出来①，甚至是马基雅维利所使用的论说方式，如德性与命运，其实也是再传统不过的人文主义主题。

当然，这并不表明在马基雅维利那里不存在实质的创新，更不表明马基雅维利本人对创新毫无自觉。如果我们认可马基雅维利对现代政治思想的创始意义，那么上述现象就只是说明了一种悖论，一种表述和所欲表述的悖论：马基雅维利始终是用过去的语言诉说着现代政治思想的秘密。甚至，夸张一点说，没有任何一个马基雅维利的词汇，不需要经过“翻译”就可以直接运用于当代政治话语的讨论。以赛亚·伯林（Isaiah Berlin）在他的名篇《马基雅维利的原创性》中为我们揭示了现代以来各种眼花缭乱的马基雅维利阐释，可为什么在所有思想家中，马基雅维利的位置如此之特殊，为什么唯有马基雅维利引发了如此多的争议，其根本原因也就在此。对马基雅维利的解释之所以纷繁复杂，其实无非是因为，马基雅维利对我们来说始终是熟悉的陌生人，他诉说了现代政治思想的秘密，但使用的却是需要我们自己去“翻译”的语言。

但是，马基雅维利本人对自己的创新却有着清醒的认识。在《君主论》的献辞中，他明确表达了对传统人文主义君主镜鉴文体修辞的不满；而无论是在《李维史论》还是在《君主论》中，他都曾数次使用过“新方式和新秩序”（*modi ed ordini nuovi*）这一表述。② 在《李维史论》开篇首句，他更是直接表达了探索“新方式和新秩序”、涉足前人未及水域的意欲。

这种方法论的自觉尤其体现在《君主论》第 15 章的一段著名表述中：“既然我准备写一些有用的东西，我觉得最好直接说出事情的实际真相（*verita effettuale della cosa*），而不是事情的想象方面（*immaginazione*）。”③

根据曼斯菲尔德的研究，此处的表达不仅在马基雅维利本人的著作中仅此一例，而且在整个文艺复兴时期也仅此一例。④ 不过，今天几乎所有《君主论》

---

① See A. H. Gilbert, *Machiavelli's Prince and its Forerunners*, Durham: Duke University Press, 1938.

② 即《君主论》第 6 章和第 26 章以及《李维史论》第 1 卷第 1 章。

③ ［意］马基雅维里：《君主论》，潘汉典译，73 页，北京，商务印书馆，1985；译文参照 Machiavelli, *II principe*, L. A. Burd, ed., Oxford: Clarendon Press, 1968 以及 Machiavelli, *The Prince*, Harvey C. Mansfield, trans., Chicago: University of Chicago, 1998 有所修正。

④ See Harvey Mansfield, *Machiavelli's Virtue*, Chicago: University of Chicago Press, 1996, p. 19.

的会心读者都以不同的认知方式领会了马基雅维利此处关于事物的“实际真相”与“想象方面”的区分。我们会认为，通过在事物的“实际真相”与“想象方面”之间设置的距离，马基雅维利实际上与人文主义，并且通过人文主义与作为人文主义前提的西塞罗或柏拉图式的古典政治哲学决裂；我们也会认为，现代学术中事实和价值、实然和应然、政治和道德的分裂恐怕都或多或少发端于此处；而且，我们似乎更有理由认为，马基雅维利是一个现实主义者，他对事物的“实际真相”的兴趣，是因为他已经对古典政治哲学的空想性感到厌倦。

在所有的这些阐释、理解和“翻译”中，最为核心的应当是马基雅维利这句表述中体现出的现实主义取向，这不仅是因为马基雅维利首先使用了被鲁索（Luigi Russo）称为“马基雅维利用他的新直觉创造出来”的 *effettuale* 一词①，而此前的人文主义者从没有使用过这个表达，还因为他使用了一个新的表述 *immaginazione*（想象）来形容古代君主国和共和国的政治话语②，更因为马基雅维利就此确立了一个新的、以前从没有被界定过的、在政治现实和政治想象之间的对立。

因此，如何理解这一段话，关系到马基雅维利学说的整个方法论意义。如果我们希望把现代世界中事实和价值、实然和应然、政治和道德的分裂归于马基雅维利，如曼斯菲尔德所指出的那样，“我们可以在《君主论》第 15 章中发现一种现实主义，这种现实主义是后来的事实和价值区分的先驱，并且，这种现实主义认为，不应当从应然中推出实然来”③，那么，从根本上说所有这些回溯都必须借助一个“现实主义”的内核。

一、《君主论》的“现实主义疑难”和马基雅维利的“方法”

对马基雅维利的解释一向众说纷纭，但“现实主义”可能恰是所有解释的内核。维罗里曾不无感慨地说：“如果要说在马基雅维利学界还存在什么共识

---

① See Harvey Mansfield, “Machiavelli's Enterprise,” in Timothy Fuller, ed., *Machiavelli's Legacy*: *“The Prince” After Five Hundred Year*, Philadelphia: University of Pennsylvania Press, 2015, p. 171.

② 根据纳杰米的考察，*immaginazione* 一词很可能首先是由马基雅维利的朋友韦托里（Vettori）引入的，关于马基雅维利与韦托里的通信中 *immaginazione* 一词的起源，参见 John Najemy, “Machiavelli and Language,” in Martin Coyle, ed., *Niccolò Machiavelli's the Prince New Interdisciplinary Essays*, Manchester: Manchester University Press, 1995, pp. 98 - 99。

③ Mansfield, *Machiavelli's Virtue*, p. 258.

的话，那么，这个共识就只可能是，马基雅维利是一个现实主义的政治思想家”[1]。而明德尔在一篇同名论文中甚至干脆说，马基雅维利的政治科学的标志就是他的“现实主义”，除此之外的任何其他的解释都未免有自说自话之嫌。[2]可问题恰恰在于，什么是马基雅维利的“现实主义”？“现实主义”这个共识是否真的可靠？马基雅维利的文本是否只呈现出现实主义的一面，他所说的“事情的实际真相”是否摆脱了“事情的想象方面”？在马基雅维利文本的内在逻辑里是否还存在着一种“马基雅维利式的想象”？

事实上，仅就马基雅维利的文本阐释而言，即便我们承认这样一种现实主义内核的存在，在文本阐释上也至少需要面临两个挑战：首先，《君主论》的“实际真相”是否可以延伸至其他文本，比如探讨共和国命运的《李维史论》；其次，《君主论》的文本内部是否可以提供一种融贯的关于“实际真相”的看法，或者说一种统一、一以贯之的现实主义政治立场？

对于大多数马基雅维利的研究者来说，这两个棘手的文本问题几乎是不可回避的。比如吉尔伯特在他关于《李维史论》的一篇论文里曾经分别把马基雅维利的两部著作《君主论》和《李维史论》称为“政治现实主义”和“政治理想主义”。[3] 有意思的是，在他另外一篇关于《君主论》最后一章的研究中，吉尔伯特还曾提到：“弥漫于《君主论》最后一章的民族主义呼吁在情感上是理想主义的，而构成此书其他章节鲜明特征的则是对于政治力量的冷酷的现实主义分析，二者形成了一种惊人的对比。”[4]

吉尔伯特的判断是一种相当具有代表性的看法。这种观点认为，首先应当把马基雅维利的所有文本区分为方法论上截然不同的两类文本，即以《李维史论》为代表的政治理想主义和《君主论》的政治现实主义；其次，即便对《君主论》这个文本而言，也应当注意其内在逻辑可能存在的冲突，比如前二十五章的基调是政治现实主义，而最后一章的基调仍然是某种政治理想主义。

实际上，这种看法牵涉两个类型的问题：其一，如何理解《君主论》和《李维史论》的关系？马基雅维利的“政治现实主义”是否只涉及《君主论》的文本，而《李维史论》则体现出马基雅维利的另一面，即“政治理想主义”？

---

① Maurizio Viroli, “Machiavelli's Realism,” *Constellations*, vol. 14, 2007, p. 466.

② See G. B. Mindle, “Machiavelli's Realism,” *The Review of Politics*, vol. 47, 1985, p. 212.

③ See Felix Gilbert, “The Composition and Structure of Machiavelli's *Discorsi*,” *Journal of the History of Ideas*, vol. 14, 1953, p. 156.

④ Felix Gilbert, “The Concept of Nationalism in Machiavelli's *Prince*,” *Studies in the Renaissance*, vol. 1, 1954, p. 38.

继而，如果这个区分是成立的，那么对于马基雅维利来说，这是否意味着，共和制的原则是理想主义，而君主制的原则是现实主义？“政治现实主义”和“政治理想主义”的区分是否恰好对应两种政体原则的区分？其二，如何理解《君主论》前二十五章与全书最后一章的关系？《君主论》最后一章热切的民族主义情感是否与前二十五章冷静的现实主义政治分析构成了某种矛盾？如果《君主论》中的确存在着这一矛盾，又应当如何理解这个文本内在逻辑上的矛盾？《君主论》中是否还存在着诸如此类的矛盾？

大体上讲，这两个问题代表了马基雅维利那里的“现实主义疑难”。前者涉及的是马基雅维利整体政治思考的自洽性问题，后者涉及的是《君主论》文本的自洽性问题。前一个自洽性问题，可以说是马基雅维利研究领域近乎永恒的话题。按照通常的意见，《君主论》似乎是一本君主专制的教科书，而《李维史论》则是共和派的教科书，因此，同时传达两种教诲的马基雅维利就几乎成了克罗齐所说的“一个永远无法解决的马基雅维利之谜”。不过，自哈林顿(James Harrington)、斯宾诺莎和卢梭以来，将马基雅维利解释为一个真正的共和主义者的努力几乎从未断绝，随着巴隆对文艺复兴公民人文主义的发现，以及剑桥学派在此基础之上对现代早期共和主义传统的阐发，曾经邪恶的“老尼克”(Old Nick) 现在居然冠冕堂皇地成了共和主义和公民传统的首要代表。但是，任何要将马基雅维利解释成一个一以贯之的共和主义者的主张，都很难回避马基雅维利毕竟写作了一本共和主义难以消化的著作《君主论》。因此，为解决这个自洽性问题，马丁利不惜将马基雅维利的《君主论》解释为一部讽刺作品[①]；而巴隆则在《君主论》和《李维史论》的写作时间上大做文章，以期证明马基雅维利实际上只是经历了一个短暂的偏离共和主义的阶段，之后又重新回到原本的共和主义立场上去了[②]。

不过，这个自洽性问题其实只是在某种意义上棘手。转换一种表述，或许就远没有初看上去那样“永远无法解决”。严格说来，共和主义和现实主义并不是一对矛盾的概念。从概念的内涵上来看，我们可以说，自由的政体（共和制）和不自由的政体（君主制）是二择一的关系、政治理想主义和政治现实主义是二择一的关系，却绝不能说，共和主义和现实主义是二择一的关系。它们

① See Garrett Mattingly, “Machiavelli's *Prince*: Political Science or Political Satire?” *American Scholar*, vol. 27, 1958, pp. 482 - 491；但是据巴隆回忆，马丁利在晚年最终放弃了这个观点。

② See Hans Baron, “Machiavelli: The Republican Citizen and the Author of 'The Prince',” *English Historical Review*, vol. 76, 1961, pp. 27 - 53.

本身就是不同层面的问题。实际上，今天，恐怕很少有人会像吉尔伯特一样，把马基雅维利的共和主义当作一种与政治现实主义相对的政治理想主义。马基雅维利在《李维史论》中关于共和国应当如何利用暴力、党争和宗教的教诲，恐怕无论如何也配不上“理想主义”这个高贵的名词。相反，有些学者更愿意用“共和主义式的现实主义”（republican realism）描述马基雅维利和文艺复兴时期的那种相对特殊的观念形态。① 因此，马基雅维利那里的第一重“现实主义疑难”其实并不能算作太过难解的问题。

事实上，由《君主论》文本的自洽性问题带来的第二重“现实主义疑难”却比通常所见的要棘手得多。如前文所述，按照吉尔伯特的观察，《君主论》前二十五章是对于政治力量的冷酷的现实主义分析，而弥漫于《君主论》最后一章的民族主义呼吁在情感上则是理想主义的，二者之间的对比不能不说相当惊人。② 吉尔莫从另一个角度表达了他对这一问题的看法，在他看来，在《君主论》的最后一章中，“政治现实主义方法的伟大分析家屈从于民族主义的浪漫立场”，马基雅维利的民族主义诉求事实上采取了一种非历史的方法。③

吉尔莫之所以对《君主论》最后一章有“非历史性”的指责，很大程度上是因为，马基雅维利的民族主义立场似乎来得太不合时宜，它看上去与文艺复兴时期的意大利现实没什么关系，却关系到遥远的 19 世纪欧洲民族主义浪潮，尤其是意大利的民族解放运动。

也就在 19 世纪，费希特（Fichte）第一次将马基雅维利视为民族主义者，麦考莱（Macaulay）继其后，他关于马基雅维利的判断极大地改变了马基雅维利在欧洲思想界长期以来的恶名。从那时开始，随着民族主义浪潮尤其是马志尼（Mazzini）和伊曼努尔二世（Emmanuel II）的意大利统一运动的兴起，马

---

① See M. Jurdjevic, *A Great and Wretched City*, Cambridge: Harvard University Press, 2014, p. 206; A. Moulakis, *Republican Realism in Renaissance Florence: Francesco Guicciardini's Discorso Di Logrogno*, Lanham: Rowman & Littlefield, 1998.

② 关于《君主论》最后一章与前二十五章的关系，学界有两种不同的立场，一派为“断裂论”，一派为“统一论”。吉尔伯特的立场毫无疑问属于“断裂论”，而与老派的“断裂论”不同，近些年盛行的、以波考克和维罗里为代表的共和主义修正派倾向于认为《君主论》是一个统一的整体，最后一章并非某个与全书脱节的民族主义段落，同其他章节一样，最后一章仍旧是某种共和主义式的爱国主义情感的体现。但是，这种解释丝毫也不能解决一个棘手的问题：马基雅维利爱的究竟是哪一个国？佛罗伦萨还是意大利？为什么在《君主论》最后一章，马基雅维利的基本认同超出了佛罗伦萨的视野，而追求意大利的自由和解放？这不是一个共和主义所能够解答的疑难，而只能借助于民族主义的叙事。

③ See M. P. Gilmore, *The World of Humanism, 1453 - 1517*, New York: Harper, 1952, pp. 135, 140.

基雅维利开始被视作一个意大利民族解放的先知，而《君主论》也开始被视作一个带有民族主义预言性质的爱国主义文本。19 世纪意大利最著名的史学家维拉里写作的马基雅维利传记是为马基雅维利正名的一部重要文献。维拉里认为，马基雅维利对意大利政治问题的诊断是极为正确的，马基雅维利深刻认识到，外部干涉以及四分五裂、无法统一的政治格局才是造成此后意大利政治灾难的根源，他所有著述的深层动机都可以归因于对意大利统一的渴望。另一位意大利学者、当时的著名文学批评家弗朗西斯科·德·桑克蒂斯（Francesco de Sanctis）甚至称马基雅维利为“意大利的马丁·路德”①。在他那里，所有为马基雅维利所做的民族主义正名升级到了最具戏剧性的一幕：就在意大利最终统一、罗马获得解放的那一天，德·桑克蒂斯在他的《意大利文学史》中写道：“在我落笔的时刻，远方传来的钟声诉说着，罗马已经回到意大利的怀抱，窗外的人们不停地喊着，‘意大利万岁’——光荣属于马基雅维利！”②

民族主义叙事的兴起毫无疑问是将马基雅维利从冷漠的道德立场中解放出来的重要一步，同时民族主义叙事也让马基雅维利成了一个预言家，然而却是一个不合时宜的预言家。对于 19 世纪的意大利人来说，马基雅维利几乎就是一个先知；而对于 16 世纪的意大利人来说，马基雅维利却只是一个似乎来得太早的先知。

在这个意义上，马基雅维利的“现实主义疑难”才成了一个真正棘手的问题。我们的确不清楚：是否应该把先知穿透几个世纪的预见力看作一种贴近现实的洞察力？马基雅维利在《君主论》最后一章提供的图景，究竟是“事情的实际真相”还是“事情的想象方面”？

（一）《君主论》的“想象方面”

不过，无论从历史哲学的角度，我们应当做出怎样的判断，单从《君主论》最后一章的文本角度，马基雅维利的文本实际上很清楚地表明了，他的建议的确存在着某些“事情的想象方面”。

《君主论》最后一章的标题是，奉劝君主“将意大利从蛮族手中解放出来”，这就是后世引之为民族主义叙事的来源。马基雅维利给出的这个统一意大利的建议，无论是从语言修辞的角度还是从劝说逻辑的角度，都有偏离前二十五章的现实主义政治观察之嫌。

---

① Francesco De Sanctis, *History of Italian Literature*, New York: Harcourt, 1931, p. 463.

② De Sanctis, *History of Italian Literature*, pp. 584 - 585.

首先，从《君主论》最后一章的语言修辞来看，我们很难不对马基雅维利所采用的若干表达感到诧异。按照卡西尔的说法，《君主论》行文至最后一章，马基雅维利突然抛弃了之前的那种逻辑分析的方法和冷漠超然的态度，风格为之一变，其行文风格“不再是分析的，而是修辞的”[①]。卡西尔的观察是准确的，但他并没有加以细致分析。事实上，举例而言，在《君主论》第26章之前的章节中，征服或杀戮是以一种轻描淡写的中立性方式被描述的，比如第5章建议征服一个共和国最为稳妥的方式是消灭它，又比如第3章以令人难以置信的冷漠语气中立地谈论法国为什么没有占领意大利。前者似乎完全没有设身处地考虑到佛罗伦萨本身作为一个共和国所面临的被征服的困境，后者也似乎完全没有考虑到意大利作为征服对象所面对的遭遇。但是在最后一章，对意大利被占领的描述却完全不一样，马基雅维利借助了许多遭受暴行的情感词汇，而没有使用中立性的征服或占领式的表达。比如，马基雅维利谈到了蛮族对意大利的暴行和侮辱（*crudeltà et insolenzie barbare*），而在描述蛮族的暴行时，他甚至一连使用了四个音节饱满的情感性词汇以形容意大利所遭受的劫难：“被打击、被破坏、被撕裂、被劫掠”（*battuta*，*spogliata*，*lacera*，*corsa*）。很明显，叙述的情感强度随着音乐性而得到了强化，意大利被占领不再作为一个中立性事实而出现，而是呈现为一个被征服者的苦难叙事。

其次，从劝说方式来看，《君主论》最后一章给出的建议也很难说是彻底的现实主义权力分析。严格说来，马基雅维利并没有提供解放意大利的具体方法，而是采取了某种倾向于忽略现实条件的道德鼓动。如前文所述，《君主论》最后一章在语言层面摒弃了前二十五章的中立性语言而采取情感性修辞，而马基雅维利之所以这么做，归根结底是因为他需要为意大利解放提供某种正当性诉求，这是“征服”或“占领”等中立性陈述无法提供的。

比如，第26章最为引人注目的段落之一是马基雅维利竟然引入了“正义战争”的观念，他饱含深情地说道，“伟大的正义（*giustizia grande*）是属于我们的”，为此他还引用了李维的一段话：“对那些迫不得已（*necessaria*）进行战争的人来说，战争是正义的；对那些除了拿起武器就毫无希望的人来说，武器是神圣的。”

需要指出的是，“正义”（*giustizia*）一词在前二十五章只出现过一次，而唯一的一次恰恰出现在第21章马基雅维利试图证明君主必须在敌人和朋友之

① Ernst Cassirer, *The Myth of the State*, New Haven: Yale University Press, 1946, pp. 143-144.

间做出选择、不要模棱两可地采取中立立场的时候。这似乎表明，在马基雅维利那里，“正义”与中立性立场是截然相对的，正当性诉求出现的时刻，也就是必须在敌人和朋友之间做出选择的时刻，同时也就是必须放弃置身事外的中立性态度的时刻。对于将意大利从蛮族手里解放出来的目标而言，其正当性诉求是明确无疑的，其敌友关系也是明确无疑的，因此，《君主论》前二十五章中那种近乎刻意的、冷漠的中立语气和中立性分析方法反而是不适当的。

于是，我们可以看到，《君主论》的最后陈词几乎在一种强烈甚至近乎泛滥的正义感召中结束，似乎一切困难在“正义事业（*imprese giuste*）的那种精神和荣光”面前都将迎刃而解：“什么门会对他关闭？有什么人会拒绝服从他？怎样的嫉妒会反对他？有哪个意大利人会拒绝对他表示臣服？”很明显，这是一个运用“正义感”说服听众的传统修辞术，在这种修辞中，正义淹没了对现实困境的度量。

又比如，在《君主论》最后一章中，马基雅维利还试图说服君主，眼前是一个将意大利从蛮族手里解放出来的良好时机。关于这个时机性的规劝（*exhortatio*），马基雅维利使用的是在他那里常见的德性和命运的修辞。可是，如果我们仔细分析马基雅维利的规劝逻辑，就会发现，第 26 章马基雅维利所提出的时机性规劝实在是太过离奇、太不合理、太不具有现实意义了。

为了说明这是一个解放意大利的良好时机，马基雅维利并没有分析意大利政治乃至于欧洲政治的现实格局，也没有提供解放意大利的任何切实有效的方法。他没有告诉我们该怎样对待独立的威尼斯共和国、该怎样处理来自西班牙和法国的外部干涉力量、该如何应对教皇国在意大利的实际存在；相反，他仅仅举出了摩西、居鲁士（Cyrus）、提修斯三位古代建国者，将他们三位视为摆脱外部压迫、实现民族独立的典范，并且指出，将意大利从蛮族手中解放出来是与他们的伟业相似的功绩。意大利目前的局面和他们曾经面对的局面极为相似，因此能够将意大利从蛮族手中解放出来的人，也必定是与他们相似的豪杰。而为了认识这样一位意大利豪杰的能力，必须让意大利的现实处境和三位古代立国者的处境相似，甚至要更胜一筹。也就是说，“必须使意大利沉沦到它现在所处的绝境，必须比希伯来人受奴役更甚，必须比波斯人更受压迫，必须比雅典人更加流离分散，既没有首领，也没有秩序，受到打击、遭到劫掠、被分裂、被蹂躏，并且忍受了种种破坏”。

仅仅从劝说的效果来说，马基雅维利的劝说方式遵循的是一种看起来再奇怪不过的逻辑。为什么现在是将意大利从蛮族手里解放出来的良好时机（*occasione*）？因为局面太糟糕了，命运太恶劣了。但只有局面太糟糕、命运太恶劣，能力和德性才能彰显出强大。如果能够在这种极其恶劣的局面里获得成功，那么对于君主的德性是无上的肯定。换言之，希望越渺茫，荣耀越大。

从根本上说，这是一种德性彰显论的劝说，即困难是用来彰显德性的。不能说这种劝说没有效果，从鼓动君主追逐荣誉的角度，这种劝说或许的确可以起到一定的作用。但从现实政治的角度来看，这一段的意思毋宁反过来说，荣耀越大，希望越渺茫。马基雅维利当然清楚这一点，他其实承认上述三位立国者的行迹带有某种奇迹的色彩，在行文中他甚至不惜借助《出埃及记》中的神迹："大海分开了，云彩为你指出道路，巉岩涌出泉水，灵粮自天而降，一切事物已经为你的伟大而联合起来……"

对于规劝君主行事而言，再没有什么比奇迹更不具有现实意义的劝说了。一旦借助奇迹，就等于是说，这并非基于现实的分析，而是寄望于命运的修辞。因此，马基雅维利此处所传达的摩西立国式的感召，恐怕一定包含着事情的某些"想象方面"。

这一点我们可以从与马基雅维利同时代的政治思想家圭恰迪尼（Francesco Guicciardini）那里看得更为分明。圭恰迪尼可能是当时少数严肃对待马基雅维利统一意大利学说的学者之一，不过，恰恰在这一点上，他比马基雅维利要"现实"得多。圭恰迪尼在他的《关于李维史论的评论》（Observation on Machiavelli's Discourses）中的一段话，表明他对马基雅维利的计划不抱任何希望，在他看来，马基雅维利没有估计到两个难题：首先，没有一个君主愿意响应意大利统一的呼吁，因为，僭主不可能有解放祖国的欲望，因为他感受不到给别人带来自由的那种快乐，对他来说，唯一的快乐只是权力①；其次，意大利人的自由传统也不会对意大利统一有响应，尽管意大利的分裂带来了很多问题，但一个统一的君主国，其危害还是要大过分裂，意大利不同于法国，意大利从没有被一个统一的权力支配过。对自由的渴望是意大利人的天性。尽管对于意大利以及统一意大利的那个城市来说，意大利的统一是一种荣耀，但是对于意大利其他的地区却毋宁说是一种巨大的灾难。②

---

① See James B. Atkinson and David Sices, trans., *The Sweetness of Power*, I. 10, Dekalb: NorthernIllinois University Press, 2002, p. 402.

② See Atkinson and Sices, trans., *The Sweetness of Power*, I. 12, pp. 404 - 405.

更为重要的是，正如吉尔伯特准确地指出的那样，如果说马基雅维利那里的确存在着某种“民族主义”，我们也需要将他的“民族主义”与后世通常所谓的“民族主义”小心地加以区分。因为，我们很难确定，马基雅维利式的意大利统一，究竟是军事上的联合、政治上的联邦，还是某种统一的民族国家。[①]马基雅维利并没有透露任何关于统一的意大利的未来政治构想，也从没有把民族同一性作为立国的根据。因此，可以说在马基雅维利那里，并不存在严肃的民族主义立场。后世如维拉里、德·桑克蒂斯乃至当代的阿尔都塞（Althusser）式的解读只是自说自话，拿马基雅维利浇自家的块垒罢了。

然而，我们是否应该就此认为，第 26 章涉及的意大利的解放，只是一种纯粹对于新君主的激励，或者说只是一个纯粹修辞学的产物？其中是否包含着某些“实际真相”？这一点还需要我们进一步加以分析。

（二）《君主论》的“想象方面”与“实际真相”

事实上，马基雅维利在《君主论》最后一章的劝说逻辑最终指向的既不是一个空洞的解放意大利的意愿，也不是与此相关的对实现意大利统一、解放意大利的现实条件的分析，而是一个甚为奇特的立场，在他看来，解放意大利，迫切需要解决的是一个组织形式的“方法论”问题。

在第 26 章最后一部分，马基雅维利分析了意大利人何以每每在军事上失败以及如何获得转变军事失败局面的解释，但是这一部分的解释与其说是正面论证意大利的军事实力足以和西班牙人、法国人或瑞士人相对抗，还不如说马基雅维利采取的是一种条件促成式的劝说。也就是说，马基雅维利所指出的并不是军事和政治领域里意大利实际具有的实力，而是意大利人可能具有的实力。他刻意描述了一组对比：意大利人在决斗中或者在少数几个人的搏斗中体现出力量、机敏和智力上的优异，而与之相对的则是，在大规模的军事组织和战争中遭遇了一系列溃败。通过这一对比，马基雅维利试图说明，意大利人的个人能力是强大的，但欠缺的是一种将意大利人的个人能力组织起来的“新方法和新秩序”。

马基雅维利在《李维史论》和《君主论》中数次使用过这一表述，在《李维史论》开篇首句，他更是直接表达了意图探索“新方法和新秩序”（*modi ed ordini nuovi*）、涉足前人未及水域的理论意趣。可以说，所谓的“新方法和新秩序”就是马基雅维利本人自觉的方法论意识。而马基雅维利之所以在《君主

① See Gilbert, “The Concept of Nationalism in Machiavelli's ‘Prince’,” p. 38.

论》第 26 章的尾声部分采取那种具有诱导性的条件促成论的劝说，其要点其实并不是论证意大利统一的现实可能性，而是论证新方法和新秩序对于促成意大利统一的必要性。对于马基雅维利来说，意大利的统一并不是一个对现实条件进行经验分析的产物，而更像是一个用以验证其在前二十五章提出的“新方法和新秩序”的可能的政治实验室。夸张点说，对马基雅维利而言，方法论问题要大于现实问题，方法论的条件分析要高于现实的条件分析。

从马基雅维利的文本来看，他未必没有估量到可能遇到的批评和责难，实际上，马基雅维利甚至有意采取了一种忽略现实的表述。如果我们寻着马基雅维利本人提供的方法论线索，就会发现，在同样出现了“新方式和新秩序”这一表述的《君主论》第 6 章开篇部分，马基雅维利提出了一个有意识引导我们忽略现实条件分析的著名比喻：

> 然而一个明智的人总是应该追踪伟大人物所走过的道路，并且效法那些已经成为最卓越人物的人们。这样一来，即使自己的能力达不到他们那样强，但是至少会带有几分气派。他要像那些聪明的射手那样行事，当他们察觉想要射击的目标看来距离太远，同时知道自己的弓力所能及的限度，他们瞄准时就比目标位置抬高一些，这并不是想把自己的箭头射到那样高的地方去，而是希望瞄准得那样高，就能够射中他想要射的目标。（《君主论》第 6 章）

第 6 章开篇的这个比喻，用通俗的话来讲，无非说的是，要想射得远，就必须抬高目标的瞄准点。但是，马基雅维利同时也说到了，即便能力不足以达到聪明射手的程度，但模仿聪明射手的方法“至少会带有几分气派”。谁是那些“聪明的射手”？按照第 6 章的标题，应当就是马基雅维利所属意的新君主，“依靠自己的武力和能力”获得地位、创立国家的新君主。但我们同时应当注意到，第 6 章所引入的主题和研讨的人物，恰恰就是第 26 章马基雅维利试图让统一意大利的君主效仿的人物，也就是摩西、居鲁士、提修斯三位古代的建国者或新君主。从第 6 章开篇的比喻来看，马基雅维利实际上很清楚，作为古代建国者的摩西、居鲁士、提修斯本身就是极难效仿的对象，他所要设定的目标其实对于当时的意大利来说实在太过高远，意大利的统一只是那种要想射得远就必须抬高瞄准点的目标而已，实际上远不足以达到聪明射手所能达到的“射程”。但即便不可能实现，也仍然有必要以之为模仿的对象。也就是说，马基雅维利在提醒我们忽略现实、转向方法。

因此，第 6 章的新君主和第 26 章的意大利解放者之间的对应，凸显的既不是二者实际能力的对应，也不是二者现实条件的对应，而只能是一种方法上的对应，即同时出现在第 6 章和第 26 章中的表述："新方法和新秩序"。但问题在于，什么是马基雅维利的"新方法和新秩序"？如果这个新方法指的就是马基雅维利在《君主论》第 15 章中提出的关于事物的"实际真相"与"想象方面"的区分，换言之也就是我们在文初提及的作为马基雅维利思想内核的"政治现实主义"，那么，很明显这里就出现了一个奇特的处境：这个政治现实主义的方法恰恰无助于我们理解或切中意大利的现实，而马基雅维利本人则近乎在以某种方式提醒我们要忽略现实，关注"现实主义"的方法。

很明显，这里出现了一个奇特的概念裂隙，即对马基雅维利而言，在"现实"与"现实主义"之间很可能存在着某种无法弥合的差异。如何理解这个奇特的概念裂隙？是否在马基雅维利那里，"现实"和"现实主义"之间存在着某种无法弥合的差异？

我们不妨选取一个角度，从马基雅维利所面临的批评来看这个奇特的概念裂隙。休谟在《论公民自由》一文中曾对马基雅维利提出过一段看上去极为有力的批评，他说，马基雅维利的论断几乎没什么教益。举例而言，马基雅维利在《君主论》第 23 章里说，一个软弱的君主如果过于依赖他的某个大臣，这个大臣就会取而代之。问题是，当今几乎所有欧洲的君主都依靠他们的大臣统治，马基雅维利的断言提出之后，两百年以来却没有任何一个欧洲的君主遭遇过马基雅维利所断言出现的局面。大臣篡逆的事情从没有发生过，也几乎不可能发生。①

初看上去，休谟似乎提出了一个对马基雅维利来说真正的诘难：为什么君主制不像马基雅维利想象的那样邪恶？休谟本人给出的答案倾向于认为，这是因为马基雅维利论述的原型只是古代的僭政和意大利的小公国。

有意思的是，佩里·安德森对马基雅维利的评价和休谟几乎如出一辙。在他看来，尽管马基雅维利所举出的忘恩负义、背信弃义、虚伪、欺诈等堪称"马基雅维利主义式的狡诈"，但这些统统只是意大利的小僭主们在本地统治中所依赖的提纲挈领式的格言。它们与西欧君主国复杂得多的依赖阶级力量的政治思想全然搭不上界。马基雅维利所处的只是意大利僭主政治短命的冒险家和暴发户的世界，只是属于他所赞美的对象凯撒·鲍尔吉亚（Cesare Borgia）的

---

① See David Hume, "Of Civil Liberty," in Hume, *Political Essays*, Knud Haakonssen, ed., Cambridge: Cambridge University Press, 1994, p. 51.

世界。实际上，“马基雅维利对王朝合法性的巨大历史力量几乎一无所知”[1]。

休谟和安德森其实都认为马基雅维利式的狡黠并没有触及现实的力量，只是一种对现实的邪恶想象，甚至不妨说只是一种“邪恶”的“乌托邦”，换言之，马基雅维利的“现实主义”其实与真正的现实经验无关，根本就算不上现实的“实际真相”!

但是，无论是休谟还是安德森似乎都没有看到，马基雅维利讨论的原本就不是休谟所面对的两百年的世袭君主制国家，也不是已经具有王朝合法性的巨大历史力量的西欧君主制国度，我们称之为“马基雅维利主义式的狡诈”的那些东西，本来就是他在讨论一个特定的君主国类型，即新君主国时才会遇到的现象。

实际上，恰恰相反的是，马基雅维利在《君主论》第 2 章初论君主制时就已经区分了世袭君主国和新君主国，并且早早得出了一个足以回应休谟和安德森的重要结论——相对于新君主，世袭君主要更具道德性：

> 世袭君主得罪人民的原因和必要性都比较少，因此他自然会比较为人们所爱戴。除非他异常恶劣、惹人憎恨，他的臣民自然而然地向着他，这是顺理成章的。(《君主论》第 2 章)

马基雅维利的分析遵从的是这样一种逻辑：(1) 在世袭君主制之下，人民习惯被世袭君主统治；(2) 因为人民习惯被世袭君主统治，所以世袭君主的统治就更具稳定性；(3) 因为世袭君主的统治更具稳定性，所以统治者就更没有必要采取非常恶劣的手段来维持统治地位，因而统治的道德性就更强；(4) 因为统治的道德性更强，所以统治的认同度就更高，世袭君主就更容易得到被统治者的爱戴；(5) 因为世袭君主更容易得到被统治者的爱戴，所以被统治者就更习惯被世袭君主统治。由此构成了一个稳定的、几乎无法打破的循环。

然而，马基雅维利《君主论》讨论的主体却并不是这样一种沉浸在“世袭统治循环”中的世袭君主国，世袭君主其实只是作为新君主的参照对象而被提及，并不在《君主论》实际研讨的对象之列，相反，马基雅维利要反对的恰恰就是这个世袭君主制的统治循环。在他那里出现的典范，摩西、居鲁士、提修斯这三位古代人物统统不是世袭君主，而只是在山河破碎之日出来收拾山河、重建家园的建国者。因此，《君主论》实际上并没有讨论一般的君主国，甚至

---

① [英] 佩里·安德森：《绝对主义国家的系谱》，刘北成、龚晓庄译，167 页，上海，上海人民出版社，2001。

可以说，他把君主国的“一般”模型统统置于一边不谈，而只是讨论一种“特殊”的、“例外”的、与众不同的君主国类型——新君主国。在这个意义上，马基雅维利的《君主论》似乎更应当叫作《新君主论》，因为在他那里，并没有世袭君主的位置。而这一点往往被后来者忽略了，所有后人谈及的“马基雅维利主义式的狡诈”，以及所有的所谓现实主义政治分析，其实都是局限于这样一个特定政治类型分析的产物。

因为，根据马基雅维利在紧接下来的第 3 章开篇的分析，与世袭君主相比，新君主也具有以下一些特点：(1) 人民没有被统治的习惯；(2) 由于人民没有被统治的习惯，新君主的统治也是不稳定的；(3) 由于新君主的统治是不稳定的，所以统治者只能采取相对恶劣的手段维持统治，因而新君主相对更不具有道德性；(4) 由于新君主相对更不具有道德性，所以统治者只能被畏惧而不是被爱戴。

正是在这个意义上，《君主论》第 17 章那个著名的残酷与仁慈的主题，实际上早已在第 2 章区分世袭君主和新君主时就已经交代在先，亦即那种“与其被人爱戴不如被人畏惧”的冷酷的现实主义，并不能被视作给予所有君主的建议。这通常被认为是典型的马基雅维利式的现实主义道德，其实按照马基雅维利文本自身的逻辑，完全不能适用于一个正常的、被“王朝合法性的巨大历史力量”笼罩的社会，而只能适用于新君主的道德世界。换言之，他的“现实主义道德”所描述的当然并不就是现实的“实际真相”，这种“现实主义道德”只是一种特定情境的产物，远远谈不上描述了现实的全部，而只是一种特定的、有限的、极端状态下的“现实”经验。

然而，一旦将马基雅维利的“现实主义道德”理解为一种特定情境下的现实经验，我们就将面对这个棘手的难题：这种特定情境下的现实经验又怎么能同时被视为“事情的实际真相”？难道在马基雅维利那里，“现实”和“现实主义”之间的确存在着几乎无法弥合的差异？

（三）《君主论》的“实际真相”

根据上文的讨论，如何处理新君主与世袭君主的关系，就成了理解马基雅维利的“现实主义”的关键所在。就文本而言，《君主论》第 2 章关于新君主与世袭君主的论述又是这其中的关键之关键。

对此，明德尔有过一种解释。他认为，《君主论》第 2 章关于世袭君主的论述只是一种试探性的思路，其表述具有一定的误导性。因为，如果世袭君主国的统治确实如马基雅维利所描述的那样简单容易，那么整部《君主论》都是荒谬的，如果《君主论》只是为新君主而写，那么这实际上意味着，世界上的世袭君主根本就不需要马基雅维利的建议。更为重要的是，如果将世袭君主的统治排除在外，那么，马基雅维利的政治科学就几乎只是一个对常态政治的补充而已，他只是讨论一些不同寻常的处境里不同寻常的人物而已。

而在他看来，不同于第2章的试探性论述，马基雅维利的真正主张其实是这样的：每一个君主，无论他是靠世袭还是靠自己的能力或运气得到他的王位，只要他准备保住他的地位，就必须把自己设想为一个新君主，就必须设想一个极端、不同寻常的状态，像一个新国家的新君主那样行事。

也就是说，新君主在马基雅维利那里不仅具有绝对的优先性，而且还具有绝对的典范性，尽管就现实而言，新君主是一个极端状态的产物，但是一切常态政治都必须模仿极端的、非常态的政治。所以，明德尔认为，在马基雅维利那里，“现实主义最终成了极端主义，常态最终融入了非常态”[①]。从根本上说，马基雅维利的现实主义不同于已经存在于亚里士多德那里的古典现实主义和古代政治科学，马基雅维利的现实主义实际上是一种“极端主义”（extremism）。[②] 而这种极端主义已经成为我们的政治和道德的基础。

根据明德尔的看法，马基雅维利的现实主义，其成果最终毋宁说是一种不断革命的学说。[③] 在他看来，马基雅维利的读者需要注意到，由于马基雅维利的现实主义拒绝任何一种现存秩序的合法性，因此君主不可能依赖臣民的那种惯性的保守主义。马基雅维利的世界是一个没有忠诚的世界，在这个没有忠诚的世界里，只有不断攫取他人，才能生存下来。

应当说，明德尔的阐释的确不失其意义。马基雅维利在第2章区分世袭君主和新君主时曾经留下了一个伏笔，在他看来，世袭君主的统治之所以稳定，还有一个原因在于：“革新的记忆与原因，由于统治已经年代久远并且连绵不断而消失了。”这个判断表明，对马基雅维利来说，新君主的确具有某种优先性。因为，一切世袭君主从根本上说都来源于某个曾经的建国者或新君主，世袭君主本身的合法性来自某个其革新被人们遗忘的新君主。也就是说，世袭君主中必定隐藏了某种新君主的成分，创新的成分对于任何一个王朝统治而言都是无法摆脱的，只不过这种成分已经随着时间的流逝而被遗忘了。扩而言之，甚至不妨说，世袭君主只是新君主被遗忘的状态，“合法性”只是“非法性”

---

① Mindle, “Machiavelli's Realism,” p. 214.

② See Mindle, “Machiavelli's Realism,” p. 214.

③ See Mindle, “Machiavelli's Realism,” p. 217.

被遮蔽之后的产物。

这个被遗忘和遮蔽了的“非法性”，仿佛是世袭君主无法摆脱的某种原罪，只要有世袭合法性的地方，就有这个原罪相伴随。安德森和休谟那里的“王朝合法性的巨大历史力量”，以及那种依附于这种王朝合法性统治的道德优势同样无法摆脱这种原罪。

明德尔的阐释大体上代表了施特劳斯学派对于这一问题的看法。与此相似而观点更为成熟、论述更为有力的是法国学者皮埃尔·马南（Pierre Manent，又译皮埃尔·莫内）。马南的立场一贯与施特劳斯学派相近，他的论述似乎是给予了休谟和安德森的质疑以一个确定的回答。

马南指出，马基雅维利最乐于研究的是“极端的情形”，比如国家的创立、政体的变迁以及政治阴谋的领域。与亚里士多德相比，马基雅维利通常采取的是起源或发端的视角，这些起源和发端往往是充满暴力和不义的。因此，二者相比较，亚里士多德采取的是城邦目的的视角，而马基雅维利采取的是城邦起源的视角。在亚里士多德那里，城邦目的包含了城邦的本质和城邦自足的发展；但对于起源视角而言，创建和守成却是两个完全不同的领域，遵循的是两种不同的逻辑。马南指出，马基雅维利并没有否认，在正常的情况下，公民社会中存在和平和正义，但马基雅维利实际上指出的是，这些寻常情形下的道德取决于不寻常的道德。因为，“‘善’的出现和维持只有通过‘恶’才能实现”[①]。

在马南看来，如果说马基雅维利那里存在着某种现代政治思想中的“现实主义”，那么这并不意味着，马基雅维利认为，现实只有谋杀、阴谋和叛乱。马基雅维利实际上承认，在某些时段和某种政体下，“现实”中并不存在谋杀、阴谋和叛乱。显然，恶是一种现实，恶的缺失也是一种现实，只不过，对马基雅维利来说，在政治上，“恶”比“善”更为重要、更为基础，也更加“现实”。[②]

无论是明德尔还是马南的论述，从根本上说都是一种“极端主义”或例外论的解释，甚至在某种意义上不妨把波考克也放在这一解释的序列里。这种解释当然有其合理性，尤其是对于区分亚里士多德的古代现实主义和马基雅维利的现代现实主义，有着很强的解释力。但是，这种解释的问题在于，这种对马

① ［法］皮埃尔·莫内：《自由主义思想文化史》，曹海军译，17页，长春，吉林人民出版社，2011。

② 参见［法］皮埃尔·莫内：《自由主义思想文化史》，15页。

基雅维利的理解更类似于一种理论后设的解释，更类似于“施密特主义”，而非一般所谓的“马基雅维利主义”。尤其是当明德尔指出，“每一个君主，无论他是靠世袭还是靠自己的能力或运气得到他的王位，只要他准备保住他的地位，就必须把自己设想为一个新君主，就必须设想一个极端、不同寻常的状态，像一个新国家的新君主那样行事”时，其实在某种程度上已经偏离了马基雅维利的原意。一方面，这种“马基雅维利主义”仅仅指出了“例外”具有理论上的优先性，却丧失了“例外”在马基雅维利本人那里实践上的意义：把世袭君主的行为准则等同于新君主的行为准则，则更近乎一种缺少克制的疯狂实践，反而坐实了休谟和安德森那种邪恶乌托邦的指责。更为重要的是，这种解释在文本上也缺少依据。实际上，马基雅维利并非只是在第 2 章讨论了世袭君主的问题，在临近全书结尾的第 24 章，马基雅维利实际上又回到了第 2 章的主题。在那里，他明确指出：“上述各种事情，如果能够审慎地遵守，就能够使一位新君主宛如旧君主一样。”而这恰恰意味着，在马基雅维利那里，除了“极端主义”的一面外，还存在着看似“保守”的一面：马基雅维利的“现实主义”并非只是在理论上指出极端和例外相对于常态和正常的优先性、新君主相对于世袭君主的优先性，而且，他实际上还告诫我们，在实践上，新君主的所作所为其目的在于最终“宛如旧君主一样”。

我们还应当注意到，马基雅维利并非完全置合法性于不顾，在《君主论》里也并非只有关于新君主实践与世袭君主实践的断裂和区分，这个伟大的政治文本同时还描述了新君主与世袭君主的连续性。事实上，在马基雅维利那里，新君主当然不仅是某种意义上的革命君主（全新）或某种意义上的征服式君主（半新半旧），还是潜在的世袭君主的前身。《君主论》其实不乏构造合法性的途径（或者说构造由不合法到合法的连续性），只是这一点非常隐晦，不容易辨识分明。

马基雅维利在《君主论》第 8 章“论以邪恶之道获得君权”一节曾有一段非常著名的表述：

> 占领者在夺取一个国家的时候，应该审度自己必须从事的一切损害行为，并且要立即毕其功于一役，使自己以后不需要每时每日搞下去。这样一来，由于不需要一再从事侵害行为，他就能够重新使人们感到安全，并且通过施恩布惠的方法把他们争取过来；反之，如果一个人由于怯懦或者听从坏的建议不这样做，他的手里就必须时时刻刻拿着钢剑，而且他永远不能够信赖他的老百姓，而由于他的新的继续损害，人民不可能感到安

全。因为损害行为应该一下子干完，以便人民少受一些损害，他们的积怨就少些；而恩惠应该是一点儿一点儿地赐予，以便人民能够更好地品尝恩惠的滋味。(《君主论》第8章)

这个著名的段落看上去是一种典型的马基雅维利式的“狡诈”，因为马基雅维利在这里公然主张，坏事要一次性做绝，恩惠则要慢慢赐予。毋庸置疑，马基雅维利的这个主张带有他一以贯之的道德冷漠和对于人性的蔑视，但是我们不应当被这种表面现象迷惑。我们还应当注意到，马基雅维利此处的表述尽管的确是“狡诈”的，但是他毕竟主张，新君主应当让人民感到安全，不应当一再损害人民的利益。尽管这些主张只是为了巩固新君主的统治，尽管在道德上我们仍然不可能对这些主张假以辞色，但毕竟相较于那种最激烈的“挑衅式的邪恶”，马基雅维利这里的主张似乎“显得”更为“道德”一些。

更为重要的是，马基雅维利此处的表述实际上包含着对《君主论》一个重要主题的“修正”。在《君主论》第17章里，马基雅维利曾明确表达过，君主应当被人畏惧而不是被人爱戴，而在这里，马基雅维利实际上的观点却是：在一定程度上，被人爱戴还是要好过被人畏惧。当然，马基雅维利这里的主张在表述上要更为狡黠一些，他告诉读者，任何一个新君主，如果时时刻刻给人带来畏惧，那么他的统治是不稳固的，因为这样他就必须时时刻刻拿着钢剑，也就不能赢得人民的信任。那么我们应该如何协调这两种立场？

最合理的解释可能是，这段表述实际上是为《君主论》一以贯之的“残酷与仁慈”“恩惠与恐惧”的主题最终添加了一个创新和守成的要素。马基雅维利事实上主张，守成应当依赖于缓慢的恩惠，而创新应当取决于迅速的、一次性的暴力。缓慢和迅速的对比，意味着一个时间性因素的引入，而时间性因素的引入，已经使得新君主原本单纯的创新行为包含了守成的要素，也就是说，已经包含了合法性的重构。[①] 而一旦引入了合法性的重构，道德似乎注定会以某种面目回到政治的视野里。

一般认为，《君主论》第16至18章对传统德性主题的挑衅式重构，是典型的马基雅维利式的道德，比如君主应当被人畏惧而不是被人爱戴，就是马基雅维利式道德的核心命题之一。但是，这实际上只是问题的一个方面，如果考

① 当然，从字面上看，这里马基雅维利只是说，恩惠能够使人民感到安全，并且赢得人民的信任和爱戴。但事实上，对马基雅维利而言，任何一种合法性都无非是一种靠恩惠关系维持的东西，合法性的丧失意味着旧的恩惠关系的瓦解，而重建合法性就意味着重建一种新的恩惠关系。这一点可以从《君主论》中的多处文本那里得到支持。

虑到上述时间性要素的引入，那么，我们几乎可以认为，属于新君主的那种挑衅式的不道德行为，几乎在一次性的暴力完成后就已经消失，因为他不可能时时刻刻提着他的钢剑。[①]

这实际上也就是被后来者称为"暴力的经济学"的主题，沃林（Sheldon Wolin）在《政治与构想》一书中讨论马基雅维利的题为"政治与暴力经济学"的一节已经注意到，马基雅维利的暴力运用完全不同于索雷尔（Georges Sorel）式的暴力应用。在他看来，马基雅维利意识到了暴力的有限功效，他致力于阐明的是暴力得到有效运用的技巧，"比起那些鼓吹用暴力的圣火进行净化的理论家来，他对政治的道德困境要敏感得多"[②]。而这种包含着道德敏感的、对于暴力运用的技巧性的一面，既体现在第 8 章关于以邪恶之道取得君权的讨论中，也包含在第 18 章关于狮子和狐狸的著名比喻里。

就在这一章里，马基雅维利告诫新君主：首先，"显得慈悲为怀、笃守信义、合乎人道，清廉正直，虔敬信神"；其次，不仅如此，"并且还要这样去做"；再次，"如果可能的话，他还是不要背离善良之道"。我们当然可以说，马基雅维利鼓吹的仅仅是"伪善"，因为，他同时还告诫新君主："要有精神准备做好安排：当你需要改弦易辙的时候，你要能够并且懂得怎样做一百八十度的转变……如果必需的话，他就要懂得怎样走上为非作恶之途。"但是，问题在于，为什么需要"伪善"？为什么仅仅像狮子那样作为还不够充分？

这不仅是因为"伪善"实际上是道德敏感度的一种标志，还因为这种狐狸式的狡诈本身对应的是一种扎根于现实中的"政治想象"。正像此章所说的那样：

> 一位君主应当十分注意，千万不要从自己的口中溜出一字半句不是洋溢着上述五种德性的话，并且注意使那些看见君主和听到君主谈话的人都觉得君主是位非常慈悲为怀、笃守信义、讲究人道、虔敬信神的人。君主显得具有上述最后一种品质尤其必要。人们进行判断，一般依靠眼睛更甚于依靠双手，因为每一个人都能够看到你，但是很少有人能够接触你；每一个人都能看到你的外表是怎样的，但很少有人能摸透你是怎样一个人，而且这些少数人是不敢反对多数人的意见的。（《君主论》第 18 章）

---

① 考虑到实际政治过程中的建国行为的复杂性，我们实际上很难在一个确定的时间节点上界定何为开端性的建国行为，到何种程度这个行为才算作完结，因此，那种一次性的暴力行为或者说唯独属于开端的原始暴力行为，几乎就是一个逻辑性的概念。

② ［美］沃林：《政治与构想》，辛亨复译，233 页，上海，上海人民出版社，2009。

这里著名的关于“眼”和“手”的区分，其实恰恰说明了“伪善”何以从根本上是无法摆脱的，因为大多数人依靠的是眼睛而不是双手，大多数人看到的只是你的外表，所以，表现得“伪善”才是必要的。也就是说，恰恰由于大多数人无法摆脱“政治想象”，所以君主才无法摆脱“伪善”和“狡诈”。必须指出的是，在大众的“政治想象”和君主的狐狸式“伪善”之间，存在着逻辑的关联性。撇开这一点谈论马基雅维利式的“狡诈”没有任何意义。

阿尔都塞敏感地觉察到这里包含的政治意味，他准确地指出了，马基雅维利的骗术实际上是一种与暴力无关的特殊意识存在。用一种时代错乱的讲法，这种“骗术”所指的实际上就是我们这个时代政治用语里的“意识形态”。在他看来，“君主其实就是国家的公共面孔，所以他必须注意把人民对他形象的表述纳入人民的意识形态，只有这样才能产生在政治上对他有利的后果”，在这个意义上，“骗术才起了作用”①。

如果一定要使用某个概念术语来形容这里出现的与政治狡诈相对应的大众幻象，为避免时代错乱之嫌，笔者宁愿借用维罗里使用的词汇——“政治想象”(political imagination)②，而不采用“意识形态”这样一个过于现代政治科学化的用语。无论如何，“政治想象”是从第 18 章这里关于“眼”和“手”的著名区分里衍生出的一个主题。它实际上是对《君主论》第 15 章关于“事情的实际真相”和“事情的想象方面”的区分的重要补充，二者合而为一才构成了马基雅维利的“现实主义”的全体。

与第 15 章的表述不同，在这里，“政治想象”是作为政治现实的一部分出现的。马基雅维利在这里实际上表明，真正彻底的现实主义立场，不仅需要在理论上区分什么是现实的、什么是想象的，还需要知道在实践上运用“政治想象”甚至制造“政治想象”。只有走到了这一步，“事情的实际真相”和“事情的想象方面”才真正得到了全面的回答。继而，如果我们认识到，不仅宗教中包含着政治想象的成分，而且世袭制中也包含着政治想象的成分（比如遗忘），那么所有现实主义疑难也就有了答案：马基雅维利的“现实主义”虽然在理论上是一种“极端主义”，但在实践上却并非如此，因为他要用“极端”的手法，造成“正常”的幻觉。

---

① ［法］阿尔都塞：《哲学与政治：阿尔都塞读本》，陈越译，496 页，长春，吉林人民出版社，2003。

② Viroli, “Machiavelli's Realism,” p. 467.

二、《李维史论》的共和国类型学：马基雅维利对“共和主义”的“现实主义”改造

马基雅维利的现实主义并非只局限于君主政体，而是渗透到传统上被认为带有理想主义色调的共和政体的叙述之中——前文所述的吉尔伯特将马基雅维利的两部著作《君主论》和《李维史论》分别称为“政治现实主义”和“政治理想主义”就是典型一例。这也是施特劳斯之所以认为《李维史论》实际上要比《君主论》更为激进的原因。

马基雅维利式的共和主义当然带有公民人文主义的一些特征：比如，如果我们认同某些剑桥学派学者的看法，马基雅维利的一些根本策略，如公民军，实际上来源于佛罗伦萨的公民人文主义传统，在布鲁尼那里，这个公民军的传统就已经蔚为大观；又比如，马基雅维利似乎同样继承了传统公民人文主义关于德性和腐败的共和修辞，他对共和国的维持、扩张的论述并未脱离以德性和腐败为中心的共和主义政治哲学的框架；再比如，他对“政治生活”（*politico*）一词的界定也带有传统公共哲学的特征，如他倾向于从法治、公民的平等以及平等的自由权（*aequa libertas*）的角度来界定政治生活。[①]

但是，即便是与马基雅维利同时代的学者也能看出马基雅维利在《李维史论》这部“共和主义”论著中所表达的观念与之前的政治传统有许多不同之处。关于这一点，我们仍然要提到圭恰迪尼对《李维史论》的评论。

首先，在圭恰迪尼看来，马基雅维利“过分偏爱非常态的、暴力的手段”。例如，马基雅维利说，“人如果不在必然性的逼迫之下，就不会做任何良善之事”，这话说得过于绝对了；同样，《李维史论》认为建立一个共和国必须假设所有人是坏的，也说得过于绝对了，因为，有许多掌握权力、能够做坏事的人往往还在行良善之事，并非所有的人都是坏人。[②]

其次，圭恰迪尼更不能理解马基雅维利在《李维史论》中对政治纷争的高度评价。在圭恰迪尼看来，“对内乱的赞美，就好比仅仅因为康复建立在疾病的基础之上，就赞美病人的疾病一样”[③]。

---

① See Maurizio Viroli, *From Politics to Reason of State: The Acquisition and Transformation of the Language of Politics 1250-1600*, Cambridge: Cambridge University Press, 2005, pp. 154 - 156.

② See Francesco Guicciardini, *Selected Writings*, C. Grayson, ed., Oxford: Oxford University Press, 1965; Atkinson and Sices, trans., *The Sweetness of Power*. 相关讨论可参见 S. Anglo, *Machiavelli: The First Century*, Oxford: Oxford University Press, 2005, pp. 85 - 90。

③ Atkinson and Sices, trans., *The Sweetness of Power*, p. 393.

尽管在对意大利现实政治的评价上，圭恰迪尼要比马基雅维利更为现实，也更切中意大利政治的现实，但他完全没能看出马基雅维利的政治分析方法的创新之处，他对马基雅维利式的现实主义方法论的意义的理解其实大有隔膜。这在很大程度上影响了他对马基雅维利《李维史论》的评价。圭恰迪尼的判断实际上仍旧代表了传统政治思想的一般态度，尽管圭恰迪尼本人在现实政治的具体分析上相当符合对于权力政治的阴翳看法，我们或许还应当称他为权力分析的大师，但是当他反击马基雅维利时强调“罗马的政治分裂根本不值得推崇，毫无疑问，罗马的政治分裂是有害的”[①]，恰恰说明，他在政治理论和长时段政治分析上仍然持有一种相当正统的政治观念。

当然，圭恰迪尼的例子恰恰表明，并不能简单地说马基雅维利就是一个传统的权力政治的现代解析者。熟谙于权力政治并使之大白于天下，根本还不能成就马基雅维利。因为，在传统政治的模型下，一个在实际问题上重视权力政治的大师完全可能摇身一变，在理论上退却为一个钟情于“事情的想象方面”的哲学家或理论家，圭恰迪尼只是这个传统中比较晚近的一个不太重要的人物，实际上，只要我们关注西塞罗引起的巨大争议，就会对此了然于胸。理论和实践在传统政治中的分离，只有到了马基雅维利这里才有了巨大的根本性的扭转，而这才是马基雅维利一切方法论的根本出发点。

马基雅维利是一个“共和主义者”，但这仅仅建立在他对古典共和主义改造的基础之上。就共和主义在古典政治思想中的位置而言，马基雅维利的改造也可以说是一种“现实主义”的改造。比如，马基雅维利在《李维史论》中所选择的罗马，按照他的论述，其根本性的论证其实在于，这是一个由君主建立的共和国，因此，《君主论》中的立场实际上并没有遇到太大困难就被嵌入到了共和国的论述里。[②] 显然，这会造成一些麻烦，比如让自由国度和不自由国度之间的界线变得模糊，但这恰恰符合马基雅维利的“现实主义”从起源和开端处思考的基本原则。无论是对于《君主论》还是对于《李维史论》来说，建国论证的优先性都是随处可见的。

不过，相较于《君主论》，《李维史论》真正的特殊之处在于，马基雅维利

---

① Atkinson and Sices, trans., *The Sweetness of Power*, p. 393.

② 参见《李维史论》第 2 卷第 13 章：“君主们在起家发迹时必须做的事情，共和国也必须做，直到它们变得强大，而且单靠武力就足够了……很明显，罗马人在他们发展初期也少不了采用欺骗，这种欺骗对于那些希望从小的开端爬升到崇高职位的人来说总是有必要使用的。这种东西越是隐秘，就越不该受到谴责，罗马人的欺骗就是如此。”

的“共和主义”实际上建立在对一种古代的“理想政体”施加“现实主义改造”的基础之上。当然，这里指的是从柏拉图、亚里士多德开始，经由波利比乌斯流传至文艺复兴的混合政体学说，而这又是通过《李维史论》中的共和国类型学达成的。

当然，马基雅维利的改造建立在他对现实政治的观察之上，这尤其体现在他对威尼斯提出的批评上。马基雅维利几乎可以算作第一个对威尼斯政体提出系统性批评的学者，波考克甚至说，《李维史论》可以看作“对威尼斯范式的系统性偏离”①。

不过，马基雅维利对威尼斯的态度比流俗所见要复杂得多，其中有轻蔑的成分，但也绝不乏赞赏甚至推崇。他承认威尼斯是现代共和国中很优秀的一个（《李维史论》I. 16），赞赏它的独立、自由以及在意大利人中的威望；他推崇威尼斯人在司法制度上的成就，认为他们设立的“十人委员会”可以惩罚权势阶层并在公共安全方面迅速做出回应（《李维史论》I. 34）；对威尼斯大议会维持政府正常运作和国家正常职能的政治技巧，他也表示了肯定（《李维史论》I. 50）。②

已经有一些学者注意到，马基雅维利 1520 年以后为佛罗伦萨新政府撰写的改革方案很大程度上还是参照了威尼斯的政体设计。③ 因此，很难说马基雅维利对威尼斯的责难多大程度上是针对其国内的政体设计的，相反，我们看到他对威尼斯国内诸多制度安排的肯定，他唯一感到失望的可能是威尼斯在扩张方面的失败。最为典型的莫过于，在第一首《十年纪》的长诗中，马基雅维利这样描述威尼斯的心态：“马可，充满了恐惧也充满了渴望/在和平和战争之间左右摇摆。”④

如果我们翻检马基雅维利在《李维史论》中对威尼斯的批评，就会发现，在马基雅维利那里，威尼斯的所有问题几乎完全在于这个城市对外部事务处理的失灵。比如著名的关于威尼斯这种类型的国家必定在扩张上失败的判断（《李维史论》I. 6，II. 19）；又比如，批评威尼斯用金钱既不能赢得战争的胜利

---

① Pocock，*The Machiavellian Moment*，p. 185.

② 参见［意］马基雅维利：《李维史论》，见刘训练主编：《马基雅维利全集》，第 1 卷，241、280、282 页，长春，吉林人民出版社，2014。

③ See Felix Gilbert，*The Venetian Constitution in Florentine Political Thought*，London：Faber，1968，p. 489；Humfrey Butters Butters，“*Machiavelli and the Medici*，” in John Najemy，ed.，*The Cambridge Companion to Machiavelli*，Cambridge：Cambridge University Press，2010，pp. 73 - 74.

④ ［意］马基雅维利：《十年纪》，见《马基雅维利全集》，第 4 卷，219 页。

(《李维史论》II.10)，也不能维持和平（《李维史论》II.30)；批评威尼斯在与多国作战中失策，没能分化对手（《李维史论》III.11)；指责威尼斯在胜利时的傲慢和失败时的怯懦（《李维史论》III.31)，并再次重申《君主论》的主题，国家的基础在于军队。甚至在《君主论》中不多的提及威尼斯的地方，也指出了威尼斯雇佣军策略的失败（《君主论》第12章），以及威尼斯对属地控制的失策（《君主论》第20章）。[①] 当然，这也从另一个角度证明，威尼斯的确不适合扩张。

不少学者指出，马基雅维利之所以对威尼斯的对外事务抱有苛评，是因为他亲眼目睹了威尼斯在1509年阿格纳德洛（Agnadello）战役中的溃败。按照马基雅维利自己的说法，威尼斯人几乎"在一日之间把八百年来历尽困苦取得的一切都丧失了"，"要不是他们的城市被海水环绕着，那时威尼斯的末日就该到了"[②]。这一点当然不可否认，阿格纳德洛之战也的确堪称文艺复兴时期最重要也最惨烈的战争之一。同时，令人惊讶的是，马基雅维利文本中对威尼斯外部事务失败的描述几乎全都与阿格纳德洛之战有关。但平心而论，马基雅维利对威尼斯的指责似乎太过苛刻了。实际上，在外交事务上，威尼斯是近代首批在各国设立外交使节的国家之一，总体而言，威尼斯在整个欧洲恰恰以其狡黠的外交手段而闻名。即便单论意大利战争中威尼斯的表现，我们也很难说威尼斯是完全失败的，威尼斯是唯一在意大利战争中全身而退的半岛国家。阿格纳德洛之战后不久，到1516年，威尼斯已经收复了它在大陆上的大部分失地。而在阿格纳德洛之战中，在威尼斯面临生死存亡之际，威尼斯人不仅开启战争动员机制、征调全体威尼斯公民入伍，死守帕多瓦并击退了神圣罗马帝国，而且利用康布雷同盟内部的矛盾，采取外交手段，仅仅在一年之内就令康布雷同盟瓦解；并且，威尼斯人还策动教皇国重新组织了反对法国的新神圣同盟，从而成功化险为夷，保持了共和国的自由独立以及对意大利北部的控制。

马基雅维利当然并不是不清楚这些情况，那么他何以对以上史实视而不见，相反将威尼斯在阿格纳德洛之战后的表现说得如此不堪？他对威尼斯阿格纳德洛之战失败的评价——威尼斯人"没有英勇的军队能够拖住敌人，因此也没有时间将某个盟国从同盟中分离出来"[③]——比之历史实情恐非全然公允，

① 参见《马基雅维利全集》，第1卷，165、388、353、425、488、544、84～85页。

② 《马基雅维利全集》，第1卷，50、426页。注意，马基雅维利本人更愿意称之为维拉（Vaila）之战。

③ 《马基雅维利全集》，第1卷，488页。

应当说，在生死存亡的时候，威尼斯人既英勇地拖住了敌人（神圣罗马帝国），也成功地将某个盟国（法国）从同盟里分离了出来。即便他关于阿格纳德洛之战所论为确，仅仅以数年之前阿格纳德洛之战一例推演出威尼斯所有对外事务的失败，仅仅以一战之胜负论一国之短长，得出威尼斯这种类型的国家不适合扩张的结论，是否有过于夸大、过于急切之嫌？

实际上，正如马基雅维利笔下罗马的成功有太多理想化的成分——这一点已经为圭恰迪尼、帕鲁塔等文艺复兴时代的学者，以及当今学界的诸多研究者所指出[①]——马基雅维利笔下威尼斯的失败也有类似的特点。

关于威尼斯在阿格纳德洛之战后的表现，已有史家为之申辩[②]，但笔者相信，迄今为止的研究并没有注意到，马基雅维利对威尼斯在阿格纳德洛之战中败象的叙述也采取了与他的罗马叙述类似的叙事策略：他刻意突出和强化了威尼斯在此役中的失败，以使之更像一个“理论上”注定的溃败。

马基雅维利之所以采取这样的论证策略，很可能是因为，此前不久，不懂希腊语的马基雅维利恰好有机会在奥里切拉伊的花园小圈子里接触到某个今天已经遗失了的波利比乌斯《历史》第6卷的拉丁文译本。[③] 而波利比乌斯在《历史》第6卷中又恰好描述过一种关于罗马式混合政体和斯巴达混合政体的理论区分。在波利比乌斯看来，就稳固守卫国家并维持自由而言，斯巴达政体是足够充分的，但是如果就追求更崇高的威望并成为世界的领袖而言，斯巴达的政体则有所不足，而证明这一点的标志就在于，“当斯巴达人企图在希腊取得霸权时，不久就落入失去自由的危险中去”[④]。我们不难推断，马基雅维利的确受到了某种理论诱惑：当理论得到现实的验证时，理论的合理性难道不刚好得到了进一步的强化？威尼斯数年之前在阿格纳德洛的战败难道不刚好印证了波利比乌斯乃至马基雅维利正在书写的理论？难道威尼斯不恰好是在扩张之际就陷入了“失去自由的危险中”？

---

① See J. G. A. Pocock, “Machiavelli and Rome: The Republic as Ideal and as History,” in *The Cambridge Companion to Machiavelli*, pp. 144 - 156.

② See Edward Muir, “Was There Republicanism in the Renaissance Republics? Venice after Agnadello,” in John Martin and Dennis Romano, eds., *Venice Reconsidered Venice Reconsidered: The History and Civilization of an Italian City-State, 1297-1797*, Baltimore: Johns Hopkins University Press, 2000, pp. 137 - 167.

③ See J. H. Hexter, “Seyssel, Machiavelli, and Polybius VI: The Mystery of the Missing Translation,” *Studies in the Renaissance*, vol. 3, 1956, pp. 75 - 96.

④ Polybius, *The Histories*, vol. 3, VI. 50, Cambridge: Harvard University Press, 1922, p. 383.

莫米里阿诺说，马基雅维利第一次将波利比乌斯带回到政治思想的领域。[①]然而，有趣的是，马基雅维利也第一次在政治思想领域提出对威尼斯政体的批评，笔者相信，这绝不是偶然的巧合。我们将看到，波利比乌斯的理论冲击和威尼斯的实践冲击合而为一，共同造就了马基雅维利那里极为独特的政体分类学，而威尼斯将被限定在一个非常特殊的政体地形学位置上。

众所周知，马基雅维利在《李维史论》中提出了一种共和国的分类学。他区分了两种典范类型的共和国：一种是“罗马类型的共和国”，另一种是“威尼斯/斯巴达类型的共和国”，二者之间具有若干明显的差异。[②]

	分类原则	“罗马类型的共和国”	“威尼斯/斯巴达类型的共和国”
(1)	建立途径	机运或经验	设计或立法（威尼斯出于偶然）
(2)	外部事务处理	扩张	守成
(3)	内部主导阶层	平民	贵族
(4)	内部阶层关系	纷争	稳定

毫无疑问，马基雅维利对两种典范类型的共和国的区分是一条“前人从未涉足的道路”，此前的政体分类学从未出现过通过四种分类原则共同界定某个政体类型的方法。[③] 而我们要追问的是，马基雅维利何以会提出这样的政体分类学？这个政体分类学的实质究竟是什么？

首先，需要指出的是，分类原则（2）扩张的共和国和非扩张的共和国的区分，已经在波利比乌斯那里出现了；分类原则（1）建立途径是通过立法者还是纯出偶然和经验，也毫无疑问出自波利比乌斯对罗马和斯巴达的观察。[④]

波利比乌斯对马基雅维利《李维史论》写作的影响是毋庸置疑的，沃克在他的《李维史论》评注中有这样一种说法：“如果将波利比乌斯《历史》第6

---

① See Arnoldo Momigliano, *Essays in Ancient and Modern Historiography*, Chicago: University of Chicago Press, 2012, p. 88.

② 表中各项皆由笔者总结自《李维史论》，见《马基雅维利全集》，第1卷。关于机运与设计的区分，见第1卷第2章、第6章（148、162、163页）；关于扩张与封闭的区分，见第1卷第6章（164～165页）；关于平民与贵族的区分，见第1卷第5章（159～161页）；关于纷争和稳定，见第1卷第4、6章（156～158、163～164页）。

③ 需要指出的是，《君主论》采取的是与柏拉图《政治家》相类似的分类方法，相对而言，《君主论》中的政体类型及其概念边界，或者说政体类型的定义要清晰得多。而《李维史论》的类型分析大体上采取的是一种典范分析或者说原型分析的方法，马基雅维利甚至没有为这两种类型的共和国直接命名，也没有提出一种明确的主导性分类原则。

④ See Polybius, *The Histories*, vol. III, VI. 10, p. 293.

卷与《李维史论》第1卷第1至15章加以比较，你会发现，马基雅维利谈论的所有主题几乎都已经被波利比乌斯提到了。”① 尤为典型的当然是《李维史论》第1卷第2章马基雅维利对波利比乌斯的政体循环论和混合政体学说几乎完整的重述。赫克斯特甚至夸张地认为，《李维史论》第1卷第2章完全是“非马基雅维利”的，这一章的大部分内容都是马基雅维利从波利比乌斯那里窃取来的。尽管我们不能同意赫克斯特的夸张说法，但是，赫克斯特的提醒仍旧在某种意义上是正确的。② 马基雅维利并不是一个喜欢援引政治理论的人，马基雅维利一生的著述无论是此前还是此后都没有像《李维史论》第1卷第2章那样如此贴近某个政治理论的幽灵。通过文本的比照，我们可以看到，马基雅维利的重述罕见地保持着对波利比乌斯文本的忠实，“几乎没有任意插入任何一个段落，也没有为了自己的目的任意调整波利比乌斯的用词”③。

我们倾向于同意，《李维史论》第1卷第2章的确并不能代表马基雅维利自己的观点，从措辞上看，他更像是在重述一个传统的理论而并不是在提出自己的理论体系。④ 不过，这并不表明这段冷静客观的重述完全是“非马基雅维利”的。马基雅维利在全书开篇“忠实”地重述波利比乌斯的政治学说，当然是有意为之，但他并非意在以波利比乌斯作为批判的对象，也非毫无保留地追随波利比乌斯，而是以波利比乌斯为起点开始其思想征程。我们将看到，无论如何，马基雅维利至少认为，波利比乌斯提出的混合政体本身是可欲的，只是他需要用自己的方式解释和重构波利比乌斯的混合政体学说。当然，威尼斯将在这个重构的混合政体学说中占有独特的位置。

考虑到马基雅维利与波利比乌斯的关联，我们才会恍然醒悟，前文所述马

---

① Leslie J. Walker, *The Discourses of Niccolo Machiavelli*, London: Routledge, 1975, pp. 63-65.

② See Hexter, “Seyssel, Machiavelli, and Polybius VI,” p. 75.

③ Felix Gilbert, *Machiavelli and Guicciardini: Politics and History in Sixteenth Century Florence*, p. 158. 这一点当然还存在着争议，施特劳斯学派更强调二者之间的差异，比如曼斯菲尔德说：“马基雅维利表面上紧跟波利比乌斯，是为了让他们之间的分歧彰显出来”。不过，在这一点上，笔者不能同意施特劳斯学派的细节癖好。马基雅维利与波利比乌斯之间的确存在着分歧，但真正的分歧通过政体结构的分析就足以体现，我们不必画蛇添足在复述的字里行间寻找修辞上的不同。如果我们不能确定马基雅维利参考了哪个拉丁译本，那么又怎么能确定，修辞上的不同究竟来源于马基雅维利本人还是来源于马基雅维利所参考的译本？参见［美］曼斯菲尔德：《新的方式与制度》，贺志刚译，16～24页，北京，华夏出版社，2009。

④ See Anthony J. Parel, *The Machiavellian Cosmos*, New Haven: Yale University Press, 1992, p. 109.

基雅维利对两种典范类型的共和国的区分绝不是一般意义上的共和国分类学[①]，而只是在波利比乌斯混合政体学说的基础上对混合政体本身做进一步的分类和界定。尽管马基雅维利没有在字面上直接点明这一点，但我们应当注意到，《李维史论》表面上的共和国类型分析其实远没有涵盖所有共和国的形态，罗马和威尼斯/斯巴达只是两种具有代表性的共和国，诸如古代的雅典、近代的瑞士等共和国形态就既不能归于罗马类型的共和国，也不能归于威尼斯/斯巴达类型的共和国。马基雅维利为什么只以“罗马类型的共和国”和“威尼斯/斯巴达类型的共和国”为研讨对象，而将其他的共和国类型置之一边？其原因难道不恰恰就在于，二者同属于波利比乌斯笔下的混合政体之列？非但如此，甚至罗马和斯巴达的类型学区分也早早出现在波利比乌斯那里。

事实上，只要我们把《李维史论》第1卷第2至6章视作一个相对独立的“政体分类学”段落，就会发现一个或许是巧合但仍旧饶有意味的现象：在波利比乌斯那里，原则（1）和原则（2）分别位于《历史》第6卷的卷首和卷尾，而在马基雅维利那里，原则（1）和原则（2）同样位于“政体分类学”段落的一头一尾。

这个框架性结构的相似性固然不能说明太多问题，但应当可以提示我们，马基雅维利的政体分类法包含着某种对波利比乌斯的回应。尽管马基雅维利对第一个分类原则——政体的建立途径是通过立法者还是纯出于偶然和经验——所言不多[②]，但是第二个分类原则却是马基雅维利立论的要害。

正如前文所述，波利比乌斯曾经提出，斯巴达和罗马尽管都是混合政体，但相对于罗马而言，斯巴达在扩张方面有所不足，斯巴达只能稳固守卫国家并维持其自由，却不足以成为世界的领袖。波利比乌斯对此并不是没有给出解释，但他的解释仅仅是，莱库古（Lycurgus）的立法在经济方面过于封闭，造

---

① 因为一方面，就个案而言，马基雅维利对瑞士有着超乎时人的评价，但他并没有把瑞士牵涉进这个典范性区分里来；另一方面，单就扩张性而言，马基雅维利其实是有三种扩张类型的区分，瑞士人和古代的托斯卡纳人（即埃特鲁里亚人）是不同于罗马和斯巴达的第三种类型，而单就扩张而言，斯巴达人和雅典人的扩张却是属于同一种类型。参见《李维史论》，第2卷第4章，见《马基雅维利全集》，第1卷，333～337页。

② 第一个分类原则毫无疑问出自波利比乌斯对罗马和斯巴达的观察。参见 Polybius，*The Histories*，vol. 3，VI. 10，p. 293。在这一点上，马基雅维利显然延续了波利比乌斯的区分，只不过，马基雅维利对这一分类原则的处理仅仅是点到为止，对他来说并不十分重要。这是因为，恰恰在这一点上，威尼斯构成了一个例外：在建立的途径上，实际上威尼斯更近于罗马而不是斯巴达，威尼斯没有一个特定的立法者，它的建立与其说出于立法者的审慎，毋宁说更多出于偶然。参见《马基雅维利全集》，第1卷，162页。

成斯巴达内部的货币不能与其他城邦的货币相流通，因此在扩张其势力范围时受到掣肘。尽管波利比乌斯的解释可以自成一说，在一定程度上也解释了斯巴达的封闭性，但归根结底这是一个与政体结构无关的答案。实际上，单就政体内部结构性的因素而言，罗马和斯巴达在波利比乌斯那里并没有什么实质性的区别，所以波利比乌斯其实并不能说明，为什么同样是混合政体，一个能够扩张而另一个不能扩张。这是一个波利比乌斯式的困境。

如果我们没能注意到这个框架性的行文结构，就很难察觉到马基雅维利提出的另外两个分类原则恰恰是试图从政体结构方面来回答波利比乌斯的疑难。马基雅维利给出的回答是：如果存在着某种扩张性的混合政体，那么这种扩张性的混合政体必定是由平民主导的，而其内部关系也必定呈现为某种纷争的局面；同样，如果存在着某种非扩张性的混合政体，那么这种非扩张性的混合政体必定是由贵族主导的，而其内部关系也必定是稳定的。这是马基雅维利对波利比乌斯的回应，同时也是马基雅维利与波利比乌斯最终分道扬镳的地方。

马基雅维利给出的解释扩张性国家的两个新的分类原则，必须首先分解来看。过去的研究往往不假思索地对二者做了过早的综合。实际上，只要我们将二者分解来看，就会发现，这两个分类原则，一个看上去尤其激进，一个似乎有些老生常谈。看似老生常谈的是贵族或平民对于城邦政体的主导，而尤为激进的毫无疑问是马基雅维利近乎挑衅地推崇城邦中的“纷争”（*tumulti*），并把它当作维系罗马扩张性的原因。

之所以说马基雅维利对“纷争”的推崇近乎挑衅，是因为马基雅维利几乎是在公然挑战时人的基本信念。正如前文所述，那个时代威尼斯政体的典范性恰恰在于它是整个欧洲“最为平静的共和国”（*Serenissima Repubblica*）。当然，按照斯金纳的说法，马基雅维利的说法“不仅是嘲弄当时对威尼斯体制的钦佩，而且也是对整个佛罗伦萨政治思想史上最根深蒂固的一种假设的怀疑”[①]。实际上，马基雅维利所对抗的传统恐怕还远不止于此，如果推而广之，我们会发现，马基雅维利对抗的毋宁说是从希腊和罗马政治思想开始，一直延续到中世纪政治思想传统、中世纪晚期佛罗伦萨公社思想传统，乃至 15 世纪佛罗伦萨公民人文主义政治观念的一以贯之的西方政治思想传统。[②] 从希腊人对“内乱”（*stasis*）的贬抑开始，西方政治思想无不将城邦内部的纷争视为政治的根本“大恶”。马基雅维利公然为“大恶”正名，可谓冒天下之大不韪。

---

① ［英］斯金纳：《现代政治思想的基础》，194 页。

② See R. Black, *Machiavelli*, London: Routledge, 2013, p. 164.

而相比前一个分类原则的极端激进，另一个分类原则，即政体的主导阶层是贵族抑或是平民，单就其本身而言，似乎是特别正统的政体划分原则：古典的政体原则之一即在于，统治团体的性质决定政体本身的性质。不过，考虑到马基雅维利此处给出的是一个关于混合政体的分类，问题可能要比初看上去复杂一些。我们固然有理由认为，应当将斯巴达和威尼斯视作偏向于贵族政体的混合政体，而将罗马视作偏向于民主政体的混合政体。马基雅维利从没有在任何一个地方提到威尼斯和斯巴达是贵族政体而罗马是民主政体，他只是说，罗马的“自由守卫者”（*guardia alla liberta*）是平民而威尼斯和斯巴达的“自由守卫者”是贵族。这是一个明确的证据，它表明，马基雅维利在第 1 卷第 2 章以波利比乌斯的混合政体学说为起点，继而进一步将混合政体分为两类：偏向于贵族政体的混合政体和偏向于民主政体的混合政体。

然而，真正吊诡的是，这种界定方式实际上在波利比乌斯那里并无踪迹可寻，如果要追溯其源头，只能将这里的混合政体分类引向亚里士多德，我们多多少少可以从亚里士多德《政治学》第 4 卷中找到这种分类的一些端倪（《政治学》IV. 6. 1293a30-40）。

更加复杂的是，这个属于亚里士多德的区分，对波利比乌斯而言绝非可以轻易成立。混合政体学说史上的两个传统，即亚里士多德传统和波利比乌斯传统之间存在着明显的差异。[①] 在形式上，二者最明显的差异显然是，我们一般所谓权力的均衡制约（check and balance）是由波利比乌斯首先提出的，林多特说，与波利比乌斯式权力制衡类似的分析在亚里士多德那里只出现过一次。[②] 亚里士多德始终关注的是各种社会力量之间的融合，在亚里士多德那里，政体要素的构成不是指政府机构之间的权力关系，而是指轮流执政的社会力量对权力的分享关系，因此体现在贵族阶层和平民阶层那里的德性或政治参与能力始终是混合政体不可或缺的要素。最为典型的是他所提出的“中道政体”学说。这个学说与其说主张财产关系是政体的决定性要素，毋宁说主张财产关系只是决定社会阶层德性的一个物质载体。中间阶层只是对贵族阶层和平民阶层各自德性缺陷（前者过度而后者不及）的中道化处理而已。亚里士多德相信，中间

---

① 关于这两个传统对文艺复兴政治思想的影响，参见 James M. Blythe，*Ideal Government and the Mixed Constitution in the Middle Ages*，Princeton：Princeton University Press，2014。

② See A. Lintott，“The Theory of the Mixed Constitution at Rome，” in M. Griffin and J. Barnes，eds.，*Philosophia Togata II*：*Plato and Aristotle at Rome*，Oxford：Oxford University Press，1997，p. 72.

阶层可以克服贵族的傲慢和野心以及平民的自卑和顺从（《政治学》IV. 11. 1295b5-25），因此他才认为处于过度和不及之间的中道政体是更好的政体组织形式。中间阶层是融合的产物，而不是分立并制衡的产物。偏向于贵族政体的混合政体和偏向于民主政体的混合政体也是如此，因为这两者无非是说在财富主导的政体中融合了自由出身的因素，或者相反。所以，林多特一针见血地指出："亚里士多德使用的是融合式的政治语言，他从没有考虑过对立力量之间的制衡……政体要素之间的对抗，很有可能会被他当作某种形式的内乱。"①

这当然并不是说波利比乌斯实际上已经开始推崇"纷争"，而是说，从混合政体学说的两个传统来看，波利比乌斯的制衡原则相对于亚里士多德的融合式语言很可能已经是一种"纷争"的雏形了。因此，这两个分类原则本身是相互抵触的。波利比乌斯政治机构之间的均衡，决定了不可能采用融合式的语言，按照波利比乌斯的方法，混合政体绝无可能进一步区分为偏向于贵族政体的混合政体和偏向于民主政体的混合政体；而一旦采用亚里士多德的融合式混合政体语言，固然可以在混合政体这个范畴内再做进一步区分，但绝无可能发明出与亚里士多德的融合式语言无法相容的对抗和"纷争"来。如何解决这个疑难？

帕雷尔提出了一个独特的看法，在他看来，对马基雅维利来说，混合政体当然是可欲的，但是马基雅维利使用的混合政体语言既非来自波利比乌斯也非来自亚里士多德，而是出自马基雅维利自己的脾性（*umroi*）学说。②

众所周知，马基雅维利在《李维史论》第1卷第5章和《君主论》第9章中提出过一种几乎完全相同的关于贵族和平民各自"脾性"的学说。③ 马基雅维利指出，贵族的脾性在于希望去统治，而平民的脾性在于不愿被统治。这种具有阶层特质的脾性学说的确可以说是马基雅维利式混合政体学说的基础，因为，马基雅维利不仅以此说明了城邦内部纷争的起因（因为纷争归根结底起源于两种对立脾性之间的对抗），也以此说明了何以应当把自由守卫者的职责交给平民（因为平民的脾性不追求控制）。也就是说，混合政体的（3）和（4）

① A. Lintott, "The Theory of the Mixed Constitution at Rome," p. 72.

② See Parel, *The Machiavellian Cosmos*, p. 109. 这个词在吉尔伯特的译本里有十种左右的译名，他根据不同场合将这个词译为派别（factions）、党派（parties）、分歧（divisions）等，考虑到这个词与自然哲学的关联，我们这里一律译为"脾性"。

③ 关于这个词在马基雅维利其他著述中的用法，参见 Parel, *The Machiavellian Cosmos*, pp. 104-107。

两个分类原则，实际上可以归结为脾性学说的延伸。①

umroi（脾性）很明显是一个带有强烈的前现代自然哲学意味的词语，在医学和自然哲学用语里，这个词原本是指人体的四种体液。关于这个词汇的用法，一直可以追溯到盖伦（Galen）和希波克拉底（Hippocrates）那里。比如对希波克拉底来说，“健康就意味着，人体的各种组成部分在数量和力度方面都占有正确的比例，并且得到良好的‘混合’”②。马基雅维利使用脾性一词以标明阶层的特质，很明显是对这个原先更多用于人体的自然哲学术语的扩展，因此，按照帕雷尔的观点，马基雅维利对 *umroi* 一词的使用表明他其实接受了国家有机体和人体有机体之间的平行关系。③

这种自然哲学的解释在帕雷尔那里得到了全面的展开。对帕雷尔来说，马基雅维利的政治思想在相当大的程度上依赖于 16 世纪的宇宙论和人类学图景，后者提供了一种前道德的自然哲学语言。正是依赖于这种前道德的自然哲学语言，马基雅维利才构建了他的“新方法和新秩序”，同时也才得以发现《君主论》第 15 章中著名的“实际真相”。因为，政治体和人体一样都是受到“脾性”的驱动而追求权力、财富和荣耀的。脾性学说是马基雅维利思想中最具原创性的部分，这不仅在于它取代了传统的以道德为政治目的的学说，而且还在于，脾性学说构成了马基雅维利政体分类学的基础。④ 帕雷尔提醒我们注意，就在《君主论》第 9 章里，马基雅维利曾有这么一段表述：

> 在每一个城市里都可以找到两个互相对立的脾性（*umroi*）；这是由于人民不愿意被贵族统治与压迫，而贵族则要求统治与压迫人民。由于这两种相反的愿望，在城市里就产生下述三种结果之一，不是君主权（*principato*），就是自主权（*libertà*），否则就是无政府状态（*licenzia*）。（《君主论》第 9 章）

按照帕雷尔的看法，实际上非但是共和国或混合政体的分类学，就是包括君主国在内的一切政体分类学的基础都在于阶层对立的“脾性”。为什么共和国高于君主国？因为共和国更能满足各阶层的脾性。为什么罗马高于威尼斯和斯巴达？也仅仅是因为罗马各阶层的脾性，就像人体的体液运转那样运行在一个良好的秩序之中。

---

① See Parel, *The Machiavellian Cosmos*, p. 122.

② 转引自 Parel, *The Machiavellian Cosmos*, p. 101。

③ See Parel, *The Machiavellian Cosmos*, p. 6.

④ See Parel, *The Machiavellian Cosmos*, p. 109.

如果我们接受帕雷尔的解释，看上去似乎消除了笼罩在马基雅维利思想周围的种种近乎神秘的夸张性释读，而径直把马基雅维利的“现实主义”和他的“政体分类学”全都从政治社会学拉回到自然哲学的层面。

不过，帕雷尔这个独辟蹊径的解释固然有快刀斩乱麻的好处，但也不是不存在一些基本的困难。在分析这些疑难之前，笔者首先要指出的是，帕雷尔的自然哲学解释实际上有一个基本前提，而这个基本前提似乎又刚好与波考克的马基雅维利解释构成了一组对立的命题。这里，我们不妨通过波考克作为对立面来为帕雷尔的解释定位。

在波考克的《马基雅维利时刻》里，他阐述了一个他眼中的共和国存在方式的存在论假设。在他看来：

> 共和国不是超时间的，因为它不反映与自然的永恒秩序的简单一致性；它有另外的组织方式，将共和国和公民身份视为首要现实的人，会不明言地对政治秩序和自然秩序进行区分……当佛罗伦萨的思想家准备同意对佛罗伦萨的忠诚是一个有别于自然秩序及其永恒价值的概念时，我们即可知晓佛罗伦萨一种广为流行的说法的含义：爱自己的国家，更甚于爱自己的灵魂；这里暗含着一种区分和冲突。①

很明显，帕雷尔和波考克刚好构成了一组对立：波考克认为，共和主义或者说共和国的存在方式的基本前提在于自然秩序和政治秩序的区分，因此，只有从自然秩序中脱离出来的共和主义者才会说，爱祖国要甚于爱灵魂；而帕雷尔的自然哲学解释恰好与之相反，他在简化马基雅维利思想的同时又引入了新的神秘性，因为，他必须假设在马基雅维利那里，宇宙秩序、灵魂秩序和城邦秩序存在着某种神秘的一致性。帕雷尔仅仅从词语的沿用角度推出了一个宇宙观与政治观相契合的马基雅维利形象，恐怕是远远不够的。这不仅仅在于，如此一来帕雷尔必然要牺牲掉爱祖国与爱灵魂之间马基雅维利式的张力，更为重要的是，这种解释恰恰错失了马基雅维利的真正原创性。

对此，我们至少可以从马基雅维利的文本里找到一个明确的反证。在一篇外交文书《出使德意志皇帝》（*legazioni all' imperatore*）里，马基雅维利曾经明确说到，“个人的做法与国家和人民的统治方法显然不同”（*una repubblica e un popolo si governava altrimenti che un privato*）②；而伯林曾就此确认，在马

① ［英］波考克：《马基雅维利时刻》，冯克利、傅乾译，53页，南京，译林出版社，2013。

② 《马基雅维利全集》，第8卷，622页。

基雅维利那里，将国家和民族比作个人是一种虚幻的比拟，国家的统治方式与个人的统治方式是大有区别的。[①]

不过，这并不是说脾性学说对马基雅维利来说是可有可无的，脾性学说当然毫无疑问位于马基雅维利政体学说的核心，但无论是帕雷尔还是其他人，都对这个学说的实质缺乏体察，他们并没有看到这个学说包含的激进性，以及它相对于古典混合政体学说的变革性意义。

事实上，脾性学说在马基雅维利那里隐藏着一个常常为人所忽视的转化过程。一般认为，《李维史论》第1卷第5章和《君主论》第9章中提出的脾性学说代表了马基雅维利对此的基本立场，即存在着两种脾性：有些人试图去控制，而另一些人试图不被控制，前者是贵族的脾性，后者是平民的脾性。但是，我们还应当注意到，在一首长诗《论野心》（*On Ambition*）中，马基雅维利明确提到："人们都渴望统治"[②]。曼斯菲尔德也曾注意到，马基雅维利在《李维史论》第1卷第1章中曾告诫我们，人总是意图控制别人，然而从《李维史论》第1卷第4章开始，其表述却转变为两种脾性：一种试图去控制，另一种试图不被控制。[③] 那么，究竟人有一种脾性，还是人有两种不同的脾性？这当如何解释？

帕雷尔对脾性的分析实际上曾经给出过一种解释。在他看来，在马基雅维利那里，尽管可以说一个社会里存在着两种脾性，"但是，细加分析，今天的被压制者最终会成为明天的压制者"，被压制者不过是由于事实上的能力匮乏，没能攫取权力，才没能成为压制者，一旦有机会，他们就很可能寻求统治。压制者和被压制者之间的关系并不是固定的，"二者之间的区别仅仅在于，一个拥有实际权力而一个没有实际权力"[④]。也就是说，对马基雅维利而言，唯一自然和正常的欲求就是试图去统治别人。[⑤]

帕雷尔的分析应当说是正确的，事实上，当马基雅维利在《李维史论》第1卷第5章中分析罗马的自由守卫权应当交付在谁的手里时，我们会发现，他的分析最终其实是由"两种脾性说"逐渐转为"一种脾性说"。

马基雅维利最初给出的解释是，存在着两种脾性，而应当把自由的守卫权

---

① See Isaiah Berlin, *Against the Current: Essays in the History of Ideas*, London: Random House, 2012, p. 60.

② ［意］马基雅维利：《论野心》，见《马基雅维利全集》，第4卷，323页。

③ See Mansfield, *Machiavelli's Virtue*, pp. 75-76.

④ Parel, *The Machiavellian Cosmos*, p. 106.

⑤ See Parel, *The Machiavellian Cosmos*, p. 106.

交给那些不愿被统治的平民，因为他们只是不愿被统治而希望自由地生活，故而他们可能不那么希望得到国家的权柄。但是，在进一步的分析中，他也承认，某些人认为，平民的欲求同样难以得到满足可能是正确的，他们都受同样的疯狂（*furori*）驱使[①]：最开始平民希望得到保民官的职位，继而想把执政官的职位同样掌握在手里，最后他们还想得到独裁官、监察官以及所有城邦的职位，由此产生了马略的强权和罗马的毁灭。

在认识到罗马衰亡问题的棘手之后，马基雅维利对两种脾性的解说发生了一个重要的变化，他不再使用“一个欲求统治”和“一个欲求不被统治”这样的表述，而是使用了“欲求维持已经获得的荣誉的那一派”和“欲求获得他没有得到的东西的那一派”，以及“欲求获得的人”和“害怕失去所得的人”。以至于到了第1卷第5章最终，他不得不承认，大多数时候那些已经拥有的人“产生了与那些希望获得的人相同的欲望”[②]。

如果说，在“一个欲求统治”和“一个欲求不被统治”这样的表述中，我们还可以看到两种不同的“脾性”的话，那么实际上在马基雅维利第1卷第5章后半部分的表述中，我们会发现，平民的脾性和贵族的脾性一样，都是意在欲求获得。他们之间的区别仅仅在于，一个实际拥有权柄而另一个试图拥有权柄，因此才会出现一个希望维系一个希望获得、一个害怕失去一个希望攫取。最初马基雅维利完全是在否定的意义上谈论平民的脾性和欲求，他认为平民“既然不可能占有它，也不会允许别人占有它”，但是他其后的论述逐渐转向在肯定的意义上径直谈论平民“欲求获得”的野心。也就是说，两种脾性最终归于一种脾性——试图去统治、试图去获得权柄。

这或许可以证明，帕雷尔对此的分析的确是正确的，但帕雷尔并没有注意到，马基雅维利脾性学说的这种转换关系恰恰是他的自然哲学解释无法处理的。因为，如果将马基雅维利的这种脾性转换的学说用到自然哲学上，就好比是说：人体中实际上只存在一种体液，各种体液之间并没有质的不同，只是由于实际的处境、地位的差异以及生长的先后才造成了体液之间的区分和分化，而这显然并不是前现代自然哲学的基本立场。

帕雷尔没有意识到他的分析的自相矛盾之处，而这恰好可以证明，马基雅维利的学说仍旧是一种无法化约为自然哲学的政治社会学立场。这种政治社会学的方法构成了现代阶级解释方法的先驱。这一点，如果比之以亚里士多德的

① 参见《马基雅维利全集》，第1卷，160页；另参见 Parel，*The Machiavellian Cosmos*，p. 106。

② 《马基雅维利全集》，第1卷，160～161页。

混合政体学说，就可以愈见分明。

在《政治学》里，亚里士多德在谈论之所以应当采取中道政体时，也提及了两种不同社会阶层的性情：“在这一端，所有的人都仅知服从而不堪为政，就全像是一群奴隶；而在另一端，所有的人却又只顾发号施令，不肯接受任何权威的统治，就全像是一伙主人……这样的一个城邦就不是自由人的城邦而是主人和奴隶所合成的城邦了。”也就是说，在亚里士多德那里，非常明显地呈现出来的是两种对立的性情：一种是傲慢，即统治欲过盛、控制欲过强；另一种是麻木，即不愿去统治、控制欲过弱。这两种性情的极致就是主人和奴隶的统治形态，而这两种性情从根本上说是不可化约的。

在马基雅维利那里，表面上看也有两种对立的性情，一种是去统治，另一种是不愿被统治。但是，亚里士多德那里的“不愿去统治”，悄悄地被“不愿被统治”取代了。而我们上面的分析已经证明，马基雅维利那里的“不愿被统治”，其实和“愿意去统治”，是一种脾性处于在不同阶级地位时产生的不同反应。控制和不被控制，在马基雅维利那里，并不是严格意义上的两种性情。

因此，隐含在传统混合政体学说中的性情差异，其实被马基雅维利取消了。在马基雅维利那里，实际上并不存在贵族和平民的性情差异，只有地位的不同。当然，更为严格的表达或许应当是，只有因地位不同造成的表面上的性情差异。这种差异实际上只是一种修辞上的差异，本质上却并没有什么差别。这是马基雅维利的真正激进之处。传统的政体理论总是为隐含着的性情差异所支配，因此，在传统政体理论中并不存在赤裸裸的、与阶层性情差异相脱离的“阶级学说”。而只有到了马基雅维利这里，这一点才真正被突破了。马基雅维利实际上的主张毋宁说是这样的：社会结构造成了表面上的社会阶层的性情差异，而不是相反。

这个问题在传统的政体模型尤其是以威尼斯和斯巴达为代表的政体模型里，恰恰被掩盖了起来。马基雅维利曾经提到，那些为威尼斯和斯巴达的政体辩护的人主张应当把自由的守护权交给贵族，因为这有两个好处：一是满足了有权势者的抱负；二是把权力从平民的不安分的思想中去除掉。[①] 也就是说，威尼斯和斯巴达的模型恰恰是把“不愿被统治”从“思想”层面置换为懒散麻木的“不愿去统治”。威尼斯政治的稳定与和谐，仅仅是一种思想层面的伪装，严格说来，由于所有阶层的性情差异归根结底只受到一种脾性的支

① 参见《马基雅维利全集》，第1卷，160页。

配，因此，在社会结构上，一个阶层得到权柄就意味着另一个阶层失去权柄，统治和不被统治、维持和获得总归会产生城邦内部的分歧。威尼斯不应当是一个例外。

事实上，我们将看到，后世马基雅维利的继承者将沿着这一步走下去。随着 1676 年“最后一个伟大的塔西佗主义者”乌赛（Amelot de La Houssaye）的《威尼斯政府史》（*Histoire dugouvernement de Venise*）的面世，威尼斯内部的纷争逐渐得到揭示。从 17 世纪下半叶开始，威尼斯的形象已经开始了戏剧性的倒转，关于威尼斯的所谓“反神话”（anti-myth）的潜流开始在欧洲知识界浮出水面，我们发现，原先在孔塔里尼（Contarini）那里呈现的威尼斯和谐社会似乎已一去不复返。在孟德斯鸠笔下，威尼斯已不再是自由的象征，而是放纵甚至专制的代表[①]，在他看来，与其说威尼斯政体是混合政体，还不如说它是寡头式的统治；而在卢梭笔下，威尼斯共和国的长治久安只是一个幻象（*simulacrum*），它无非验证了一个道理——邪恶的人适应于邪恶的法律[②]；更不用说在《联邦党人文集》第 39 篇中，麦迪逊称，在威尼斯这个国度，“对绝大多数人民的绝对权力是由一小部分世袭贵族以最专制的方式行使的”[③]。

而马基雅维利以及后世的塔西佗主义所提供的“现实主义”路径的重大贡献之一恰恰在于，它不仅瓦解了君主国的神秘性，也瓦解了笼罩在共和国头顶的神秘性。

第三节　塔西佗主义与国家理性学说

马基雅维利并不是独行者，文艺复兴晚期对马基雅维利的景仰和追随往往

---

① See David Wootton, “Ulysses Bound? Venice and the Idea of Liberty from Howell to Hume,” in David Wootton, ed., *Republicanism, Liberty, and Commercial Society, 1649 -1776*, Stanford: Stanford University Press, 1994, pp. 341 - 368；关于孟德斯鸠对威尼斯的不满，更为完善的论述，参见 David W. Carrithers, “Not So Virtuous Republics: Montesquieu, Venice, and the Theory of Aristocratic Republicanism,” *Journal of the History of Ideas*, vol. 52, 1991, pp. 245 - 268。

② See Jean-Jacques Rousseau, *“The Social Contract” and Other Later Political Writings*, Victor Gourevitch, trans., Cambridge: Cambridge University Press, 1997, p. 135.

③ ［美］汉密尔顿、杰伊、麦迪逊：《联邦党人文集》，程逢如译，193 页，北京，商务印书馆，1995。

伴随着另一个古典学者的复兴，这就是罗马帝制的忠实记录者和批判者、伟大的政治史家塔西佗（Tacitus）。可以说，塔西佗和马基雅维利在国家心术领域构成了某种互文效应，是塔西佗和马基雅维利共同缔造了文艺复兴晚期的国家理性主义学说。在现代自然权利学说和启蒙运动兴起之前，弥漫在17世纪整个欧洲知识界的氛围就是这个由马基雅维利和塔西佗共同缔造的阴暗智识图景。不理解现代早期这段阴暗的智识氛围，就几乎不可能理解隐藏在现代自然权利学说和启蒙运动中的某些前提性观念，更不可能理解这个时期的诸多重要智识作品，如莎士比亚的历史剧、拉罗什富科（La Rochefoucauld）的道德箴言和蒙田（Montaigne）的随笔。

一、塔西佗主义的盛行

文艺复兴晚期塔西佗主义的盛行和传播初看上去是一件咄咄怪事，在所有的古典作家中，塔西佗似乎姗姗来迟，但却收获了最后的成果。16世纪80年代短短十年间，塔西佗就开始在欧洲知识界风靡起来。据彼得·伯克统计，1580—1700年间，整个欧洲共有超过100部塔西佗著作的评注面世，其中大部分是政治性的评注，而在1600—1649年间，坊间则共有67种各种版本的塔西佗本人的著作出版。可以这么说，自从帕斯夸尔（Carlo Pasquale）的第一部关于塔西佗的完整政治评注出版以后50年来，塔西佗主义一直是整个欧洲知识界最为引人注目的一个学派。①

不过，塔西佗第一次为现代政治思想所用，还要回溯到布鲁尼的《佛罗伦萨颂》。在那里，他引用塔西佗的话指出，当权力集中在一个人身上时，伟大的心智就会消失。后来在波焦与瓜里诺的争论里，波焦也曾援引塔西佗，以求证明拥护共和制的西庇阿要比开启帝制的恺撒更为伟大。② 这种叙述在公民人文主义盛行之时本是极为常见的，而当佛罗伦萨的共和主义消退之时，塔西佗也就丧失了他为共和主义所用的可能性。但历史的吊诡在

---

① 关于塔西佗主义的传播，参见 Peter Burke，"Tacitism，Scepticism and Reason of State，" in J. H. Burns and Mark Goldie，eds.，*The Cambridge History of Political Thought*，*1450－1700*，Cambridge：Cambridge University Press，1991，以及［美］理查·塔克：《哲学与治术》，韩潮译，第二章，南京，译林出版社，2013。另一个塔西佗主义的经典是1594年佛罗伦萨的御用学者阿米纳托（Scipione Ammirato）出版的《论塔西佗》。这本书包括了一系列对塔西佗的《编年史》和《历史》全面的研究论文，出版之后随即成为享誉欧洲的经典。

② 参见［意］莫米里阿诺：《现代史学的古典基础》，冯洁音译，161～162页，北京，三联书店，2009。

于，塔西佗的真正意义可能并不在于单纯地为共和主义所用，相反，只有当整个欧洲尤其是意大利已经开始了它的绝对主义命运时，塔西佗主义才有了真正的政治现实性。当然，我们可能要问：塔西佗为什么能够在这个时代盛行？

最为直接的理由是，意大利已经进入了专制时代。盛行的小僭主统治以及相伴随的西班牙的事实控制已经让意大利丧失了自治的可能性，托斯卡纳大公国取代了佛罗伦萨的共和体制，其他的小城市共和国也纷纷失去了自治的地位，即便是唯一的例外威尼斯共和国也进入了衰落期。当1559年西班牙在意大利建立起稳固的统治时，共和主义的政治现实性也就随之彻底丧失殆尽了。在这种情况下，从西塞罗主义到塔西佗主义的过渡也就不难理解了。如果说西塞罗代表了公民人文主义正面价值的典范，那么塔西佗就代表了这个正面典范的政治现实性丧失之后的结果。无论是布鲁尼还是波焦对塔西佗的运用，虽然都是对塔西佗的共和主义运用，但他们的论证思路其实都是从共和制丧失的残酷后果反证共和政体本身的可贵。现在，当这个残酷的现实终于来临时，塔西佗主义的政治现实性也就不可避免了。

众所周知，塔西佗是专制主义或暴政的记录者，他描述了罗马帝制下的内战、帝制下的人性以及人性的扭曲。莫米里阿诺准确地指出，塔西佗和希腊史学家的不同在于，希腊史学家记录的只是暴政在一段时间内对城邦政体的凌虐，但塔西佗描述的却仿佛是没有尽头的暴政，或者说自由被永恒地剥夺了。只有在自由几乎一去不复返时，暴政的真正残酷性才显露出来。所有人，或者放弃反抗的念头一味阿谀奉承，或者就算提出异议也派不上任何用场，只不过说上两句空洞无谓、毫无用处的意见罢了。用塔西佗自己的话来说，“在鲁莽的执拗和卑鄙的奴颜婢膝”或者说在阿谀奉承和空洞的抗议之间被迫做出的选择，可能就是专制主义的特征之一。[①] 而这恰恰来自塔西佗主义最为锐利、最为切中时弊的诊断。

在利普修斯（Justu Lipsius）编辑的塔西佗著作的献辞部分，他曾有过一段关于塔西佗主义何以适用于这个时代的剖析：

> 塔西佗是极为深刻的学者，天知道，他是个聪明过人的家伙：可如果说有哪一个时代能从他的著作中受益，我敢说一定就是现在、当下。因为，塔西佗记录的既不是汉尼拔对罗马人令人不快的胜利，也不是卢克蕾

① 参见［意］莫米里阿诺：《现代史学的古典基础》，158页。

> 佳的戏剧性死亡；既不是占卜者的预言，也不是伊特鲁里亚人的符兆，更不是那些娱乐远远大于教益的东西。塔西佗处理的是君主的宫廷，是他们的隐秘生活，他们的计划、命令和行动；我们会发现，他教给我们的东西与我们这个时代极为相似——种什么因，得什么果。你会发现，在我们这个时代的暴政下发生的背叛和谄媚其实并不是什么不为人知的事情；我们这个时代没有真诚、坦率的友谊，朋友间甚至没有信任，有的只是持续不断的背信弃义（这种恶或许已不再被视作罪行）；而对好人的杀戮，甚至使得和平比战争更加野蛮。[①]

不过，尽管如此，我们并不能就此认为，塔西佗主义纯粹就是对专制和暴政的批判。这并不符合实际，恐怕也忽视了塔西佗本身的复杂性。实际上，在这个时期的塔西佗主义文献里，《编年史》第 1 卷到第 6 卷关于提比略（Tiberius）皇帝的段落尤其得到推崇，评注者往往将其与色诺芬的《居鲁士的教育》相提并论，这并不是因为提比略代表了理想的君主，而是因为提比略代表了政治诈术的典范。[②] 圭恰迪尼曾经说，塔西佗教暴君如何做暴君，教他们的臣民如何在暴君的统治下乖乖做人，这可能也恰恰是塔西佗的另一面。他既能成为专制主义的敌人，也能成为专制主义的朋友；既是专制暴政的揭露者，也是专制治理术的教师；既可以与专制为敌，也可以为专制所用。因此，意大利学者托范宁（Giuseppe Toffanin）曾有一个非常有意思的区分。他认为存在两种对立的塔西佗主义，一种是支持共和政体的“红色塔西佗主义”，一种是主张国家理性和现实政治的“黑色塔西佗主义”。[③]

但无论是哪一种塔西佗主义，事实上都来源于塔西佗本人，他的表述本身就留下了暧昧之处。比如他的反讽修辞往往刻意保存一种微妙的中立。从他的反讽语调中我们虽然可以看出他对暴政下的阿谀奉承总是嗤之以鼻，给予不留情面的讽刺，但同时他对理想化的政治理论也一样给予不留情面的批评，最为著名的例子是塔西佗在《编年史》中对混合政体学说的质疑。在他看来，混合政体理论“容易得到颂扬，却难以创制。即便能够创制，也无法长久维持下去”（《编年史》4.33）[④]。而他对理想化理论的不屑一顾，总让我们疑心他似乎认为暴政是一种必然的、不太坏的选择，或者说，塔西佗本人就是一个因绝望

---

① 转引自［美］理查·塔克：《哲学与治术》，49 页。

② See Burke, “Tacitism, Scepticism and Reason of State,” p. 487.

③ See Burke, “Tacitism, Scepticism and Reason of State,” p. 484.

④ Tacitus, *Annals*, A. J. Woodman, trans., Indianapolis: Hackett, 2004, p. 137.

而选择君主制度的人。实际上，塔西佗从没有批评整个帝国制度，他似乎认为帝国统治是不可能改变的，或者说他从没有想象过除了帝制之外，罗马还有其他选择。

更有甚者，塔西佗很可能根本就拒绝这种无谓的想象。他在暴政下观察到的人性让他发现，人类总是轻易放弃自由而换取可鄙的利益和可怜的和平，同时却用一些空洞的自由语言来安慰自己。因此他似乎认为，这是一种人性本身的问题，而非纯粹来自暴政的扭曲。用莫米里阿诺的话来说，对塔西佗而言，专制主义并不是一种没有来由的孤立现象，它其实是一种来源于人性基本罪恶的症候。因此，自由的语言对他来说才不再是一种恰如其分的语言，“塔西佗越是深入地讨论这个问题，就越是感到悲观。他观察得越深入，现实与表面之间以及人类的言行之间的矛盾就越突出”[①]，以至于我们只能把他当作一个政治的怀疑论者，一个对政治本身就心存疑虑的哲人。

事实上，培根以及后来的维柯（Giambattista Vico）对塔西佗有过一个著名的评价：柏拉图教给我们人应该是怎样的，而塔西佗则教给我们人实际上是怎样的。[②] 这不由得让我们想起马基雅维利在《君主论》第 15 章提出的那种“想象中的国家”和“实际存在的国家”的著名区分。在这一点上，马基雅维利和塔西佗有着惊人的相似，他们的论述共同构成了与古代政治的根本性断裂。

马基雅维利去世之后不久，那不勒斯的大学者阿格斯提诺·尼夫（Agostino Nifo）曾对这位《君主论》的作者的著述有过一段评述：“你会在这些文字里看到君主和僭主的事迹，就像在医术书里同时看到毒物学和药物学：很显然，你应当避免毒理，学习药理。”[③] 这句话中表达的毒与药的机制，或许也可以用来说明“红色塔西佗主义”与“黑色塔西佗主义”的区别、差异和相生相伴，在这个问题上，马基雅维利的接受史处境和塔西佗主义的处境几乎别无二致。“红色塔西佗主义”和“黑色塔西佗主义”的出现尽管有些奇特，但放在这个特定的历史时期却绝不难理解，在马基雅维利的接受史上其实也出现过一种类似的现象，这就是同样出现在文艺复兴晚期、同样让人难解的所谓“反马基雅维利主义的马基雅维利主义”（Anti-Machiavellian Machiavellism）。

---

① ［意］莫米里阿诺：《现代史学的古典基础》，158 页。

② 参见［意］莫米里阿诺：《现代史学的古典基础》，170 页。

③ Agostino Nifo，*Machiavel. Il Principe*，Paul Larivaille，ed.，Paris：Les Belles Lettres，2008. 关于尼夫与马基雅维利的关系，另参见 Anglo，*Machiavelli：The First Century*。

二、波特若与博卡里尼

迈内克（Friderich Meinecke）曾说，在一些思想家那里，“马基雅维利主义和反马基雅维利主义彼此密切相关。他们这么选择的原因在于他们自己是内心分裂的，因而他们反映了通过马基雅维利主义这一中介进入的历史生活悲剧式的二元性，亦即马基雅维利主义包含的那种难分难解、事关根本的结合——毒害力和治疗力的结合”[①]。迈内克描述的这种情形尤其典型地体现在这个时期的两个思想家那里，他们分别是波特若（Giovanni Botero）和博卡里尼（Trajano Boccalini）。

波特若的《国家理性》（*Della Ragion di Stato*）一书可能是那个时代最受欢迎的政治理论著作。在他这部极为著名的论著的献辞部分，有一段常常为人所提及的陈词：

> 我很惊讶，有人提到国家理性时竟然引用马基雅维利和塔西佗……既然这么多人谈论他们，我认为我有必要表明我的态度。在我看来，马基雅维利的国家理性根本没有良心可言……让我感到惊讶的是，这么一个邪恶的人竟然得到这么多的尊崇，仅仅因为据说他教授了国家应当如何统治和管理的方法；对我而言，与其说愤怒还不如说惊讶：这么一种野蛮的治理方式得到广泛认可，简直是公然违反神法（divine law）。有人竟然说，某些事是基于国家理性的，其他的事情才基于良心（conscience）。这种说法既亵渎神灵也违背理性。[②]

波特若这段充满道德感的文字代表了那个时代耶稣会正统的反马基雅维利立场，在道德上波特若做到了尽可能的义正词严，以至于这本书在出版8年之后大获成功之时，有位耶稣会人士在给波特若的书评里写道：“波特若是无与伦比的。他既赞赏德性、正义和义务，又赞同君主的利益，就此而言，他就能得到不朽的声名。”[③] 不过，如果我们仅仅将这段道德指责当作波特若的全部立场，那就大错特错了。正如迈内克所言，在波特若那里，马基雅维利主义的动机和反马基雅维利主义的动机是纠缠在一起的，他在道德上表现得是个反马基雅维利主义者，但在其他方面尤其是在国家治理的方法层面，其实对马基雅维

---

① ［德］迈内克：《马基雅维里主义》，时殷弘译，114页，北京，商务印书馆，2008。

② Giovanni Botero，*The Reason of State*，New Haven，Yale University Press，1956.

③ Robert Bireley，*The Counter Reformation Prince*：*Anti-Machiavellianism or Catholic Statecraft in Early Modern Europe*，Chapel Hill：University of North Carolina，1990，p. 45.

利沿袭尤多。比如，他其实是第一个使用“国家理性”作为书名的作者，而“国家理性”这个词在当时的代言人就是马基雅维利和塔西佗。波特若的工作毋宁说是为“国家理性”一词正名，他试图把马基雅维利和塔西佗那里的道德暧昧性清理出去，保持国家理性在道德问题上的中立性。因此，在论述的方式上，波特若总是采取一种中性化的表述，避免产生任何道德上的挑衅。

我们不妨来看他在此书开篇首先交代的关于“国家”和“国家理性”的定义。他将“国家”定义为“对人民的持续稳定的统治”（*un dominio fermo sopra popoli*），将“国家理性”定义为“关于国家的建立、维系与扩张的知识”①。很显然，这个国家理性的定义不包含任何直接与权术相关的、具有否定性道德内涵的成分，只是一个客观的中立性的描述定义。但这并不表明波特若仅仅是一个智力平庸的道德审查家，相反，我们只要留心他对国家理性的进一步说明，就足以发现他对这一问题的理解并没有停留在表层。很少有人注意到波特若对“国家理性”概念的进一步修正性界定。在波特若看来，尽管国家理性包含了建立、维系和扩张三个层面的知识，但与国家理性最密切相关的是维系国家的知识，其次是国家扩张的知识，最后才是建立国家的知识。他给出的理由是，国家理性预设了既定的或者说稳定的统治者和国家作为其前提，而无论是扩张还是建国，却多多少少预设了不存在既定的统治者和国家。扩张部分地预设了不存在既定的统治者和国家，建国则完全预设了不存在既定的统治者和国家。② 如果我们还不曾忘记马基雅维利《君主论》中著名的关于新君主、世袭君主和混合君主的区分，就不难发现这里的对应关系：新君主是建国的君主、世袭君主是维系统治的君主，而混合君主则是扩张性的君主。当然，波特若的处理方式是沿袭了马基雅维利的区分，但从他的立场来看，以新君主为代表的建国行为严格说来与波特若的“国家理性”相距最远，真正符合波特若定义的是以世袭君主为代表的维系国家统治的行为。这么处理当然和马基雅维利大相径庭，但如此也就回避了建国和扩张中由于权力关系不稳定造成的必然暴力。马基雅维利谈论的是必然暴力，而波特若却回避了它。在 1599 年出版的另一部著作的前言中，波特若甚至明确指出：“马基雅维利创造的那个君主与亚里士多德在《政治学》中描述的僭主别无二致。”③

---

① Botero, *The Reason of State*, p. 3.

② See Botero, *The Reason of State*, p. 3.

③ Victoria Kahn, *Machiavellian Rhetoric: From theCounter-Reformation to Milton*, Princeton: Princeton University Press, 1994, p. 65.

当然，即便波特若回避了马基雅维利谈论的必然暴力，即便他认为马基雅维利的君主就是亚里士多德的僭主，这也并不表明他完全站在传统的政治理论立场上。从他的行文中流露出的若干细节，我们可以判定，他并没有远离马基雅维利。比如他曾说："君主做出的决定首先考虑的应当是利益，而不是任何其他想法；君主无论同谁打交道，来自他们的友谊、亲情、约定等，如果不能归结为利益关系就都不值得信任。"① 又比如，在讨论君主的慷慨德性时，他采取了与马基雅维利《君主论》第 16 章相似的告诫：好处不能一次性给完，要一点一点给，"让接受者产生或许能够得到更多的希望"②。

更让人不可思议的是，正如马基雅维利在《君主论》最后一章发出的统一意大利的呼告，《国家理性》的最后一节也告诫君主，不要害怕战争，要联合起来对付欧洲的大敌土耳其人。他甚至指责马基雅维利，说"马基雅维利只知道对教会叫嚣，从没有将矛头指向异教徒"。波特若没有忘了为国家理性辩白，他刻意把国家理性和基督教欧洲的整体利益捆绑在一起——谁害怕国家理性？土耳其人！异教徒！而不应当是基督徒！③

尽管如此，波特若对马基雅维利的袭用还是经过了一层转化。由于波特若考虑得更多的是维持一个国家的手段，他对利益的考量要远远超过对战争和暴力（建国和扩张）的考量，因此他比马基雅维利多出的一面就是在经济方面的策略。事实上，波特若是将经济学动机引入政治领域的第一人，他用经济学国家理性取代了旧式的军事国家理性。比如在他对增加国家财政收入方法的研究中，波特若认识到，制造业获取利润的可能性要大于农业，因此提高制造业的比重并降低农业的比重，是国家繁荣的途径之一。这一点在早期经济学的发展历史上亦有一席之地。而在这方面他最为重要的发现是对人口问题的看法，他认识到人口的增长要快过生存手段的增长，因此道德的约束和战争分别从负面和正面对人口增长形成约束。熊彼特（Joseph Schumpetes）说，后来马尔萨斯除了一些简单的数学分析之外，没有什么不是波特若已经说过了的看法。④

经济学动机的引入对于国家理性学说而言是一个巨大的转变，这直接促进了国家理性学说摆脱马基雅维利和塔西佗的影响，进入一个更具中立性的领域。尽管经济学国家理性归根结底还是"利益的理性"（*ragione d'interesse*），

---

① Botero，*The Reason of State*，p. 41.

② Botero，*The Reason of State*，p. 33.

③ See Botero，*The Reason of State*，p. 222.

④ 参见［美］熊彼特：《经济分析史》，杨敬年译，第 1 卷，385 页，北京，商务印书馆，1991。

但之前的国家理性学说所带有的权术论调和否定性道德内涵也就此多少被清洗干净了。所以，维罗里说，“通过与马基雅维利和塔西佗划清界限，波特若为国家理性赋予了一种新的、更容易被接受的意义。他让有关权术的话语走进了阳光地带，此前，它一直在高尚的‘政治’的阴影里徘徊”[①]。

与波特若差不多同一时期、往往与他相提并论的博卡里尼是一个和波特若相差极大的人物。如果说波特若代表的是国家理性学说平庸的经济学面相，那么博卡里尼代表的就是这个学说天才的讽刺文学的面相。其实，博卡里尼甚至不能算作一个政治理论家，但是他却能算作现代政治的第一个批判者，这不仅是因为他的《帕纳索斯山公报》（*De Ragguagli di Parnaso*）开启了现代类型的政治讽刺文学的先河，还在于他的讽刺文学能够传达出早期现代绝对主义国家来临之际的历史阴暗面。按照迈内克的话来说，“博卡里尼的首要历史重要性在于，通过一位当时人的活生生的敏感，首次使历史发展的黑暗面成为对我们来说真正可以理解的”。而迈内克之所以对博卡里尼评价甚高，是因为在他看来，“在这个世纪里，对初生的现代国家固有的真正不虔敬和不道德，或者对该时代文化理想的彻底二元论态度，没有任何别的思想家有过如此深刻和痛苦的认识……也从没有任何别的思想家同时以理性和非理性方式如此清晰地设想过构成国家的人的激情、人的理性和超出人之上的命运的整个组织构造”[②]。

迈内克的评价针对的是博卡里尼的道德情怀和现实触觉之间的平衡。就他的现实触觉而言，博卡里尼当然是一个塔西佗主义者，而就他的道德情怀而论，如果按照范托宁的区分来评价博卡里尼，那么他毫无疑问属于红色塔西佗主义者之列，也就是说，他是一个带有共和主义情怀的塔西佗主义者。他的著述中没有任何教唆统治技艺或生存技巧的嫌疑，也没有其他塔西佗主义者那里的道德暧昧成分。这或许是因为他采取了讽刺文学的形式，他的所有工作似乎就是尽情地嘲弄这个时代的全面腐败。他的著作《帕纳索斯山公报》的英译本有一个冗长但独具慧眼的标题：“新政治学：揭示廷臣、政治家、普通人的隐秘本性，揭露世界上最有名望的君主国、共和国各自政府的权力和伟大功业的秘密”。这一标题应当说准确捕捉了博卡里尼与那个时代知识氛围之间的关系。

博卡里尼的《帕纳索斯山公报》以及其后成书的《政治试金石》（*Pietra del Paragone Politico*）虚构了一个混杂了历史和神话传说的帕纳索斯山，阿

① ［意］莫瑞兹奥·维罗里：《从善的政治到国家理由》，郑红译，256页，长春，吉林人民出版社，2011。

② ［德］迈内克：《马基雅维里主义》，162页。

波罗和缪斯是帕纳索斯山的主人，除此之外，不同时代、不同背景的历史人物如形形色色的哲学家、政治家、诗人各自会在这座帕纳索斯山上出现，由此产生了 300 个荒诞不经却意味深长的故事。而博卡里尼则把自己视作这些故事的汇报者，以超然冷峻的态度不动声色地转述这些荒诞之事。所有这些故事采取的都是从卢西安（Lucian）那里继承来的梅尼普讽刺（Menippean satire）的风格，也有类似于伊索寓言的描绘方式，按照他在《帕纳索斯山公报》第二部献辞里的说法，其实是“大事小说，正史稗谈；佯言此事，实说彼事；自揭其短，以示其盲”[①]，藏严肃的批判于谐趣的笔法之中。

博卡里尼之所以采用这种荒诞的故事讲法，除了秉性所致之外，其实也有避免迫害的考虑。他在一封信中曾提到：“我要说出的真理必定会激怒君主，为了避免激怒这些大君主们，我只能让真理披上笑话的外衣，藏在隐喻的阴影里。”[②] 相传博卡里尼被西班牙人派来的刺客暗杀于威尼斯，虽然史实仍有争议，但传说背后的历史氛围却很可能是真实的。

博卡里尼披上笑话外衣、藏在隐喻阴影里的“真理”其实并不神秘，它无非是君主藏诸密室却不幸被马基雅维利和塔西佗公之于天下的统治秘术。《帕纳索斯山公报》全书第一个故事说的是“政治家协会”在帕纳索斯山上开了商店，出售各种有神奇魔力的商品：比如第一处商店是叫“吹牛小铺”的地方，专供有知识有品位的廷臣消费；又有一处出售一种神奇的铅笔，紧急时刻可以把白的涂成黑的；还有出售给廷臣专用的眼镜，可以把跳蚤看成大象，把侏儒看成巨人；另外还有一种皇家黄油，可以开胃，以吞下世界上最恶心的食物。[③]

这种对统治秘术的影射绝非仅仅是文学戏笔，实际上，博卡里尼多多少少是有所寄托的。这可以从他对塔西佗的描绘中看得分明。《帕纳索斯山公报》涉及塔西佗的故事曾有一则，说的是一日在帕纳索斯山上，塔西佗被世上大大小小的君主们控告，他们指责塔西佗在他的《历史》和《编年史》里发明了一种眼镜，可以让最淳朴无知的人也能看到他人的内心深处，了解别人隐秘的想法。君主们愤愤不满，因为这么一来原先不为人知的君主本性以及政府必要的

---

① Traiano Boccalini, *I ragguagli di Parnasso*, *or*, *Advertisements from Parnassus in two centuries*; *with the Politick Touchstone*, Henry, Earl of Monmouth, trans., vol. II, London: Peter Parker, 1669, p. 4.

② Arthur Weststeijn, *Commercial Republicanism in the Dutch Golden Age*, Leiden: Brill, 2012, p. 130.

③ See Boccalini, *I ragguagli di Parnasso*, pp. 1 - 3.

计谋就要公之于众了。过去，君主常常声称他们的所作所为都是基于公共利益和善良意愿，实际却为自己谋利，这本来是“治理国家最有效的工具”，或者说是“政治家所能发现的最无与伦比的国家理性”。现在有了塔西佗的眼镜，一切都失效了，最有效、最无与伦比的国家理性根本无从谈起，所以他们提议把塔西佗送入监狱，禁止出版《历史》和《编年史》。在故事的最后，阿波罗做出了判决，他决定查禁《历史》和《编年史》，但塔西佗不必入狱，他应当制作少量的眼镜专供君主之用，在君主的御前会议上分享，方便他们统治大众。至于淳朴无知的人最好还是不要让他们知道太多知识，这样一来，盲目无从的他们才需要一个向导，更易于统治。[①]

博卡里尼笔下的这个塔西佗的故事，其实或多或少代表了他的塔西佗主义理解：为少数人所掌握的塔西佗主义是专制主义的朋友，而为大多数人所知的塔西佗主义却是专制主义的敌人。这个充满启蒙色彩的隐喻很难不让我们想起卢梭对马基雅维利的判断，马基雅维利看似为君主上小课，实则是在为共和党人上大课，因此，启蒙是必要的，让更多的人知道、了解、看透君主的秘术，本身就具有解放性，或者说本身就是动摇暴政的重要一步。

但这并不是说博卡里尼的学说具有革命性。迈内克的判断是没有错的，博卡里尼仿佛是站在文艺复兴和欧洲革命精神发端的中间位置，不过他本人终究是文艺复兴时代的产物。而属于文艺复兴的政治情绪远不是革命的，博卡里尼对人类的变革自然也是从来不抱希望的，《帕纳索斯山公报》里有一则由阿波罗倡导的全面改革世界的故事，其时阿波罗召集了帕纳索斯山上的希腊七贤人，再加上罗马卡托、塞涅卡以及现代的哲学家马佐尼（Jacopo Mazzoni），为全面改革世界出谋划策，但每一个智者提出的改革方案最终都以失败告终，于是故事在塔西佗的“只要有人，就有罪恶”（*la vitia erunt donec homines*）的名言里落幕，博卡里尼补充了一句告诫：“人类的最高智慧无非是保持审慎，满足于让世界维持在它原来的样子上。”[②]

实际上，博卡里尼本人从没有宣扬他的共和理想，尽管他个人的确对威尼斯的自由政体情有独钟，尽管自由可能对于他来说要高过一切。维罗里甚至

---

① See Boccalini, *I ragguagli di Parnasso*, pp. 285 – 286.

② Boccalini, *I ragguagli di Parnasso*, pp. 119 – 132.

说，《帕纳索斯山公报》里唯一的正面形象就是威尼斯。[①] 但博卡里尼笔下的另一个故事恰恰说明，威尼斯是不可学的，甚至任何自由政体都是不可学的。

这一则故事说的是，密提林（Mytilene）的君主死后没有留下继位者，于是密提林人为采取君主制还是共和制展开了一场争论。博卡里尼记录了其中一个公民的演讲，这个公民忠告密提林人：

> 虽然自由就好比一块珍贵的宝石，虽然没有什么比只服从上帝和人本身的法律、不屈从任何一个人更为幸福的事情了，但宝石之所以珍贵，是因为它在世间是罕见的。在这个世界上，君主国常有而共和国不常有。共和国是由那些具有良好品性的公民建立的。威尼斯那样的自由政体是值得钦佩的，但要建立类似于威尼斯的共和国，需要公民能够爱他们的祖国超过爱他们自己的子女和财产，能够把公共利益放在个人利益之上，能够在涉及朋友和父母的民事和刑事事务中保持公正，能够对法律保持敬畏，能够屈尊接受下层民众的投票选择，能够在公共事务中保持静默。总之，能够表现出配得上做自由人的习俗。而所有这些，绝无可能从威尼斯的法律中习得。佛罗伦萨共和国最后落入一个僭主之手就是一个反证。[②]

不过，这位公民的演讲没有阻止密提林人决定建立一个自由城邦的决心，他们决定派大使去学习威尼斯人的法律。后来，密提林人的大使果真把威尼斯的法律带回了母邦，而密提林人也果然按照威尼斯的法律建立了一个共和国。但他们很快就发现，自己根本不能忍受威尼斯法律的约束。贵族不愿让渡原先在君主制下获得的个人利益，人民不愿被排除在政府之外空有共和国之名，结果在一片混乱之中，密提林人重新聚在广场上，所有人都张开了嗓门：君主制！君主制！[③]

这个故事的调子与其说是喜剧的还不如说是悲剧的，故事中的大段议会演说词放在《帕纳索斯山公报》300 个类似故事里也颇为罕见，演说词的庄严风格与整部书的谐趣笔法更是大相径庭，让人疑心这段文字是否代表了博卡里尼本人对共和政体实现可能性的深深忧虑和审慎判断——自由是可欲的，但也是艰难的。

---

① 参见［意］莫瑞兹奥·维罗里：《从善的政治到国家理由》，265 页。不过，在这一点上，他很可能是错误的，因为博卡里尼对德意志的共和体制也同样抱有好感，对它的推崇度甚至要超过对威尼斯的，参见［德］迈内克：《马基雅维里主义》，151 页。

② Boccalini, *I ragguagli di Parnasso*, p. 66.

③ See Boccalini, *I ragguagli di Parnasso*, pp. 64－69.

这种对于共和政体的审慎判断应当是基于他作为塔西佗主义者的现实触觉，但这个故事的真正主题其实早已在马基雅维利《李维史论》第1卷第16和17章得到了阐发："习惯了受君主统治的人民即便获得了自由，也难以维持"，"腐败的人民在获得自由后，也极难维护这种自由"。事实上，这个主题也是共和主义理论史上最为棘手的难题，直到哈林顿的《大洋国》（*The Commonwealth of Oceana*）里，哈林顿毅然决然采取制度决定论的立场，才宣告了这个问题的无疾而终。但哈林顿与其说克服了这个问题，还不如说告别了带有公民人文主义特征的共和主义，才回避了这个由马基雅维利提出的难题。

对于博卡里尼来说，法律和公民德性在密提林故事里的对照表明他对共和政体的理解还是在公民人文主义的大范畴之内。在这种公民人文主义的自由理解中，自由政体的建立对公民德性提出了极高的要求，密提林演说中的爱国主义、公德心、对法律的敬畏与这个时期的国家理性学说几乎处于完全对立的位置。博卡里尼的内心分裂也正在于此，他不可能克服这种内心分裂，因为在这种分裂背后，其实是文艺复兴政治思想的分裂。文艺复兴晚期的国家理性学说只有在某种转化之后才能和共和主义并行不悖，但那已经是不属于博卡里尼的历史任务了。

三、国家理性学说及其转化

16世纪是国家理性学说被发明的世纪，我们曾讨论的马基雅维利主义和塔西佗主义大体都处于这个学说之列。这个学说在17世纪被发扬光大，既而以某种方式融入到现代政治话语中去。

不过，在谈论国家理性学说之前，首先需要大致了解一下"国家理性"这个词语的创造。一般认为，"国家理性"被作为一个政治术语使用源自1547年的德拉·卡萨（Giovanni della Casa），1589年波特若正式以此术语作为独立标题的著述《国家理性》一书出版，标志着这个术语正式登上政治思想的舞台。当然，一个政治概念的形成历史包含着许多不易确定之处，何时是日常的用法，何时成为确定的术语，并非不存在争议。事实上，也有不少学者认为，圭恰迪尼在《关于佛罗伦萨政府的对话》（*Dialogue on Florentine Government*）一书中已经使用了"根据国家的理性和习惯"这样的表述，并且他确实是在相近的内涵上使用这个词语的：圭恰迪尼在这本书里主张，所有的国家都植根于暴力，而所有的国家暴力也都会被正当化，因此，当书中圭恰迪尼的代言人指出，某人不以基督教的方式，而是"根据国家的理性和习惯"来行事时，他确实已经使用了与后世“国家理性”概念相似的意义表述。但是，如果说1547年德拉·卡萨对这一术语的使用与圭恰迪尼的表述有什么不同，那么就是，德拉·卡萨刻意区分了“公民理性”和“国家理性”，从而把这个词的含义边界确定了，固定了这个词作为政治术语运用的基本内涵。德拉·卡萨运用这个词语的背景是这样的：当时，查理五世借机得到了原属帕尔玛的皮亚琴察，但之后他拒绝将其归还帕尔玛的奥塔维·法内塞（Ottavio Farnese）公爵，于是法内塞任命人文主义者德拉·卡萨给查理五世写了一封信试图要回皮亚琴察。德拉·卡萨在给查理五世的信中这么写道：

> 一些被贪婪蒙住眼睛的人说陛下您一定会拒绝放弃皮亚琴察；他们说，出于“公民理性”（*la ragion civile*）您也许会放弃皮亚琴察，但出于“国家理性”（*la ragion delgi stati*）您一定会拒绝。不过我认为，这种想法不但是非基督教的，而且是非人道的：这就好比公平与诚实仅仅是我们参加劳动时穿上的一件肮脏外衣，而不是参加典礼时的华丽外套。[①]

因此，就这个术语的第一次使用及其概念内涵的确定而言，最为重要的莫过于这个词与“公民理性”的差异。维罗里尤其注重这个区分，他认为，这表明存在着两种不同的语境：一种是政治的传统语言，一种是16世纪的国家技艺语言。“公民理性”和“政治理性”是同义词，它们都代表了传统的西塞罗或亚里士多德式的政治理解，即政治是由理性主宰的，政治理性的使命是通过法律的安排把正义引入人类世界，法律就是政治理性的规则。而从16世纪起，有人开始使用“国家理性”一词，用以说明在实际政治操作中区别于“政治理性”甚至与政治理性相悖的政治实践，比如发动一场不正义的战争、不公正地处罚公民、为了私人目的动用公共权力机关、陷害无辜之人、用欺诈的手段破坏一个联盟等，所有这些政治实践都是缺乏理性根据的，只能诉诸国家的实践，这种政治实践中形成的东西只是一种“技艺”而不是传统的“理性”。因此，维罗里主张，传统的“公民哲学”有自己的理性，而“国家技艺”只有实践。[②]

维罗里的说明当然有其合理性，尤其是考虑到当时人对国家理性的批评态度。比如康帕雷拉（Tommas Camparella）就曾说，过去我们称之为政治理性

---

① 转引自［美］理查·塔克：《哲学与治术》，41～42页。

② 参见［意］莫瑞兹奥·维罗里：《国家理性的起源和意义》，周保巍译，见许章润、翟志勇编：《国家理性与现代国家》，8～9页，北京，清华大学出版社，2012。

的东西，现在人们称之为国家理性；实际上，今天我们已经把这两个词混淆起来，过去的政治理性就等于正义和公正，而今天的国家理性其实是对真正政治的一种背弃。我们有理由相信，维罗里的说明多多少少反映了当时的某些倾向性认识。

不过，维罗里的这种说明也存在几点缺陷：其一，他过于重视国家理性批评者的立场，而几乎没有呈现国家理性倡导者和使用者的立场；其二，他将“公民理性”和“国家理性”简化为理性和实践的对立，不能说明“国家理性”的倡导者和运用者为什么要称之为“理性”；其三，他的行文往往还有一种倾向性，认为“公民理性”是属于共和国的理性，而“国家理性”属于专制主义国家，这即便不是误导，至少也是一种简化；其四，他过于强调“公民理性”的道德性和“国家理性”的不道德性的对比，这显然仍旧是某种简化的处理方式。

这些缺陷很可能是维罗里为阐发自己的共和主义立场而刻意建立的意识形态对立。为了有相对客观的了解，这里我们需要对当时关于国家理性的理解做几点说明。首先，除了部分严厉的批评者之外，更为当时人所认同的是，存在两种国家理性：一种是好的国家理性，一种是坏的国家理性，好的国家理性服务于国家的整体利益，坏的国家理性只为君主或某个特定阶层所用。另外，好的国家理性始终受到神法或自然法的制约，不能为所欲为，而坏的国家理性往往意味着对基督教伦理和一般人性原则的刻意践踏。当然，在哪一种情况下可以从权，在哪一种情况下需要坚持原则不能从权，本身的确存在着争议，具体实践中也有暧昧含混的地方，但大多数意见还是保留了对“好的国家理性”的认可。

其次，主流意见之所以保留了认可“好的国家理性”一说，是因为，这本身就来自传统的政治理性。有人认为，“好的国家理性”来源于亚里士多德和西塞罗那里的政治明智（civil prudence）；有人认为，“好的国家理性”就是亚里士多德伦理学中的衡平（*epiekeia*）概念，后者往往把更高的正义原则置于现实的法律之上。也就是说，并不存在维罗里说的那种实践和理性的对立，而是“好的国家理性”本身就有作为明智、衡平以及概而言之作为实践智慧的一面，这种实践智慧其实是主张，为了更高的正义原则，只能在必要的情况下不遵守现实的法律或约定。① 这是一种实践理性，也是“国家理性”的倡导者和

① 需要补充的是，所有国家理性的负面成分如国家心术、诈伪和欺骗（狐狸）、例外都是从这里来的。

运用者还要沿用“理性”一词的原因所在。

再次，由于这种国家理性学说强调更高的正义原则，因此国家理性主义者往往并非全然不顾道德，而是诉诸在他们看来比法律或联盟条约更高的东西，这就是当时著名的国家理性主义信条——“人民的福祉就是最高的法”（*salus populi est suprema lex*）或“国家的福祉是最高的法”（*salus republicae suprema lex*）。当国家理性主义者搬出他们心目中“最高的法”时，他们往往带有热情洋溢的道德感，而不是我们所以为的那副冷酷无情的样子。其中非常典型的标志是一个法国国家理性者路易·马洪（Louis Machon）在他的《为马基雅维利申辩》一书中说出的一番感情充沛甚至不乏煽动性的言论：

> 一位君主、一位主权者或者说任何一位执掌国家权力的人物，其目标只能是人民的安全、公共的利益以及国家的保全。“人民的福祉就是最高的法”——这句话是一切政治法条的基石，是人类智慧的秘密所在，是对所有人都普遍适用的公理。正因为这位纯洁的女神，爱国才成为我们道德德性和世俗情感的目标。①

当然，也有另外一种相对更带有冷峻风格的国家理性主义者，他们固然也诉诸某种比法律更高的东西，但他们所诉诸的东西并不是某种更高的道德准则，而是近乎自然理性的那种东西——这就是当时国家理性主义者的另一个关键词：“必然性”。比如克莱玛（Arnold Clapmar），他曾引用过塞涅卡的一句话“必然性让一切合法”，并且在塞涅卡的这句箴言后加上了一句评论：“必然性往往让不合法的事情成为公平和正义，这就是必然性的力量和尊严所在。”②由于克莱玛的理论路径是政体学说，所以在他看来，维系某种特定政体运行的就是这样的一种必然性。

最后，问题自然而然来到了与政体有关的地方。维罗里有意无意诱导我们认为，“公民理性”是属于共和国的理性，而“国家理性”属于专制主义国家。但这肯定是不准确的，共和国当然也有它的国家理性，差不多所有的国家理性主义者都会认为，无论就国际关系而言还是就国内叛乱而言，共和国都需要运用某种国家理性。某些国家理性主义者甚至从国家利益的角度论证弑僭的必要性就是一个明证。

更为重要的是，另有一些国家理性主义者从政体和法律关系的角度来看待

---

① 转引自［美］理查·塔克：《哲学与治术》，101 页。

② 转引自［美］理查·塔克：《哲学与治术》，135 页。

国家理性问题，他们把中性的“理性”（*ragion*）概念转化为包含道德或法律内涵的“法权（正当性）”（*ius*）概念，提出每一种政体类型都有其特定的“统治法权（正当性）”（*ius dominationis*），这种统治正当性高于已经制定的法律。这其中的代表仍然是德国亚里士多德主义者克莱玛[①]和意大利的亚里士多德主义者佐科罗（Lodovico Zuccolo）。克莱玛和佐科罗使用的“统治法权（正当性）”概念其实是用法学术语表达了国家理性的通常内涵。

克莱玛和佐科罗的论证依赖于亚里士多德，在亚里士多德《政治学》中，曾有一个讲述政体高于法律的段落：

> 真正的政治智慧应当能够分别何为最优良的法律，何为适应于不同政体的法律；法律实际上是，也应该是根据政体来制定的，不能反过来根据法律来决定政体。政体既是一个城邦的政权组织形式，也是每一个共同体所企求的目的所在。法律则不同，它是执政者借以控制国家、处理违逆者的规章。（《政治学》IV. 1. 1289a12-18）

因此，亚里士多德主义尤其是他的《政治学》第5卷其实是提供了一种不带政体偏好的国家理性学说的理论来源。从统治的正当性角度来看，为了让政体形式延续下去，为了维护统治的正当性（*ius dominationis*），法律本身要服从于政体本身的要求，这才是国家理性学说真正的落脚点。但这个 *ius dominationis* 是否已近博丹的主权概念？国家理性学说是否已经蕴含了某种转化的契机？

我们知道，博丹其实并不算是一个严格意义上的国家理性主义者。博丹一方面是塔西佗坚定的仰慕者。比如，他接受了塔西佗的判断，认为君主制是共和德性败坏后的必然结果[②]；又比如，他呼应了文艺复兴晚期以塔西佗主义取代西塞罗主义的大势，对西塞罗式的国家观念提出了严厉的批评——他曾说：“西塞罗的国家定义，即将国家定义为人为了更好地生活而聚集在一起的共同体，虽然说出了美好的目标，却没有说出国家建制的本质及其权力所在。”[③] 这

---

① 关于德国亚里士多德主义与国家理性的关系，参见德雷泽尔：《国家理性和政治上的亚里士多德主义的危机——论17世纪政治哲学的发展》，牛刚译，见许章润、翟志勇编：《国家理性与现代国家》，97页。

② See J. H. M. Salmon, *Renaissance and Revolt: Essays in the Intellectual and Social History of Early Modern France*, Cambridge: Cambridge University Press, 1987, p. 38.

③ Jean Bodin, *Method for Easy Comprehension of History*, Beatrice Reynolds, trans., New York: Columbia University Press, 1945, p. 158; J. H. M. Salmon, *Renaissance and Revolt*, p. 38.

似乎验证了维柯对塔西佗主义的断言，柏拉图教给我们人应该是怎样的，而塔西佗则教给我们人实际上是怎样的，亦即把应然的层面拉回至实然的层面。

不过，博丹或者也在某种角度微妙地背离了塔西佗。博丹虽然追随塔西佗对西塞罗式的古典国家的道德定义提出挑战，但是他的论述并不带有塔西佗主义通常所具有的道德暧昧性。博丹在道德上是严正的，他认为君主必须受到神法和自然法的限制，必须守信、遵守自己许下的诺言，即便是与强盗团伙缔结的协议也要遵守。因此，很难说博丹是一个严格意义上的国家理性主义者。我们不要忘了他对马基雅维利的严厉指责——“轻浮却无益”（*homo levissimus ac nequissimus*）。

但迈内克在《马基雅维利主义》中对博丹的处理耐人寻味，他一方面承认博丹在讨论毁约和背信等案例时，统统从纯道德、纯法律的观点做出评判，不承认国家理性的正当性；另一方面，在他看来，博丹总是希望为国家生活找出某种普遍和绝对的标准，或者说他总是希望为纷繁复杂的政治现象找到一个牢靠的道德和法理的基础，这一点使得他和马基雅维利判然有别。[①] 这么看来，似乎博丹与国家理性的一般立场差异很大，可迈内克同时却坚持把博丹纳入国家理性主义者的范围。他认为，博丹和马基雅维利是以两种完全不同的方式通向了同一种现代国家的观念：马基雅维利看到的是国家的权势冲动，而博丹并不把权势冲动当作自己的出发点，他不愿为那些非法或不道德的权势动机所诱惑，而宁可采取某种法理逻辑的力量达到对现代国家本质的理解，同时尽可能削弱这些不正当的动机。他发现，在所有这些权势冲动之后，存在着一个永恒而牢不可破的法理逻辑纽带，这就是博丹具有开创性的概念——“主权”。[②]

从国家理性到主权，是国家理性主义的一个转化契机。不过，应当承认，国家理性主义者很少谈论主权，即便是马基雅维利，恐怕也对这个属于博丹的概念一无所知。欣斯利（F. H. Hinsley）在他关于主权问题的权威研究中曾经指出，博丹之所以重要，恰恰就是因为，博丹对此前从未被整合过的统治者和被统治者之间的关系进行了系统的整合。[③] 换言之，主权就意味着统治者和被统治者之间的一体化，除非假定主权者的存在，否则一体化的国家是不能成立的。这是博丹从政治共同体的定义中得出的逻辑结论。

而马基雅维利则不然，当欣斯利说，“由于马基雅维利支持一种没有最高

---

① 参见［德］迈内克：《马基雅维里主义》，128、130页。

② 参见［德］迈内克：《马基雅维里主义》，131页。

③ See F. H. Hinsley, *Sovereignty*, New York: Basic Books, 1966, p. 121.

权威的混合政体，所以他不可能发展出一种具备主权特征的政治形式”[①]，无疑他的确看到了马基雅维利与博丹之间存在的本质区别。马基雅维利和博丹从两个不同的侧面展开了对古代政治理论的批判：如果说马基雅维利对古典政治理论的批评是指责古人的国家理论考察的只是想象中的国家而不是实际存在的国家，那么博丹对古典最佳政体学说的批评却指向了另一个相反的维度——从博丹的立场来看，古人的政治理论反倒是过于执着按照实际的权力治理来决定政体的分类，没有把握住法权意义上、建构意义上的主权概念。在古代政体学说那里，最大的问题其实在于，其最高权力只是一种事实层面的最高权力，而在法律层面，古代政体学说里却并不存在绝对的、统一的国家权威，甚至也并不算作统一的“国家”。在他们那里，实际的最高权力并不是国家整体的代表，而只是现实国家的一个部分！

只有在这个意义上，古代的政体理论才真正被超越了。迎接我们的将是簇新的“国家”和“主权”的概念，未来将取而代之的是博丹的“国家”概念。而对博丹来说，“国家”注定是一个“中性的”、既有别于统治者也有别于被统治者的权力的所在地。

传统的国家理性主义者并没有达到这一思想深度，但未尝不可以说，他们以另一种方式抵达了对“国家中立性”的理解：在他们那里，“国家的中立性”最初是以国家作为统治工具和统治手段而被中立化的。博丹在法权意义上抵达的地方——尽管霍布斯、洛克和卢梭为这个法权所在地增加了实质性的规定，但这个中立的领域却无疑是由博丹首先开拓的——恰恰就是马基雅维利和国家理性主义者在统治技术领域纵横捭阖的地方。

这构成了现代政治一个吊诡的源头。

结　语

从西方政治思想史整体演进的角度来看，文艺复兴政治思想看上去似乎只是一个过渡性的环节。此前和此后，古今政治思想大体上处于分庭抗礼的形态。霍布斯、洛克以降的政治思想成功创造了一套新的政治语言，此后的现代

---

① Hinsley, *Sovereignty*, p. 121.

政治便在这套现代政治语言的领地上狂飙突进、一往无前。

然而，唯有在文艺复兴这一时期，古代和现代几乎完全纠缠在一起：看上去大部分文艺复兴政治思想的文献延续了一整套古代的政治语言，可细究下去，不少文本其实又不乏现代的政治内涵。无论是文艺复兴早期的公民人文主义，还是文艺复兴晚期的塔西佗主义，都是非常典型的“融今于古”的例子。即便是诸如马基雅维利这样明显带有现代思想开创性的政治学者，也只有经过某种词语的转义，才能为成熟的现代政治语言所接纳。正像前文所指出的那样，对马基雅维利的现代解释之所以纷繁复杂，其实无非是因为，马基雅维利对我们来说始终是熟悉的陌生人，他诉说了现代政治思想的秘密，但使用的却是需要我们自己去“翻译”的语言。

而这可能也是这一时期政治思想最有魅力之处，词语的转义恰恰体现了这一时期政治思想真正独特的意义——斯金纳念兹在兹的“自由主义之前的自由”便是其中一例，它突出体现了一个不同于“现代自由主义”的自由观念怎样在历史进程中参与了现代政治的伟大创制——正是在这样的政治语境里，我们才能从中观察到复杂的政治思想资源的融合、微妙的政治语义的变化，以及各种不同面相的政治修辞的运用。等到现代政治语言真正定型之后，这些复杂微妙之处也就逐渐被后人忽略了。随着这种政治语言革新的内在动力的消失，取而代之的或许只是对某些政治意识形态和政治教条的辩护而已。

不过，如果我们还希望进一步激活现代政治思想的原始动力，如果我们还希望在古今政治的对峙中找到转化的契机，那么，处于古今过渡时期的文艺复兴政治思想恰恰是西方政治思想史上不容忽视的一个环节。事实上，在最近数十年的西方政治思想史研究领域，文艺复兴政治思想差不多已经成为成果最为丰硕的一个时期，并且也正在为当代政治思考提供某些重要的理论资源。

本章的分析所呈现的观念线索应当已经表明，这或许正是因为，在这个古代和现代纠缠在一起的观念世界里，有着现代政治语言定型之前的种种微妙复杂的观念因缘。而更深层的原因则在于，在现代政治语言被发明之前，某些现代政治观念隐秘的源头就已经出现在文艺复兴的观念史舞台之上。

韩　潮

参考文献

原典：

（1）公民人文主义

Bruni，L. History of the Florentine People. J. Hankins，ed. Cambridge：Harvard University Press，2001.

Bruni，L. The Humanism of Leonardo Bruni：Selected Texts. G. Griffiths，J. Hankins，and D. Thompson，trans. Binghamton，1987.

Hankins，J.，ed. I Tatti Renaissance Library Series. Florence：Harvard University Center for Italian Renaissance Studies，1985.

Kohl，B. and R. Witt，eds. and trans. The Earthly Republic：Italian Humanists on Government and Society. Philadelphia：University of Pennsylvania Press，1978.

（2）马基雅维利

刘训练，主编．马基雅维利全集．长春：吉林出版集团有限责任公司，2014.

Machiavelli，N. The Prince. H. C. Mansfield，tarns. Chicago：University of Chicago Press，1998.

Machiavelli，N. Discourses on Livy. H. C. Mansfield and N. Tarcov，trans. Chicago：University of Chicago Press，1996.

Machiavelli，N. Florentine Histories. L. Banfield and H. C. Mansfield，trans. Princeton：Princeton University Press，1988.

Machiavelli，N. The Chief Works and Others. A. Gilbert，trans. Durham：Duke University Press，1965.

（3）国家理性

Atkinson，J. B. and D. Sices，trans. The Sweetness of Power：Machiavelli's "Discourses" and Guicciardini's "Considerations". Dekalb：Northern Illinois University Press，2002.

Boccalini，T. Advertisements from Parnassus. London：Henry Carey Monmouth，1669.

Botero，G. The Reason of State. P. J. Waley and D. P. Waley，trans. New Haven：Yale University Press，1956.

Kraye，J.，ed. Cambridge Translations of Renaissance Philosophical Texts：vol. 2. Political Philosophy. Cambridge：Cambridge University Press，1997.

重要研究文献：

迈内克．马基雅维里主义．时殷弘，译．北京：商务印书馆，2008.

塔克．哲学与治术：1572—1651. 韩潮，译．南京：译林出版社，2013.

许章润，翟志勇，编．国家理性与现代国家．北京：清华大学出版社，2012.

Baron，H. The Crisis of the Early Italian Renaissance：Civic Humanism and Republican Liberty in an Age of Classicism and Tyranny. Princeton：Princeton University Press，1967.

Baron, H. In Search of Florentine Civic Humanism: Essays on the Transition from Medieval to Modern Thought. Princeton: Princeton University Press, 1988.

Burns, J. H. and M. Goldie, eds. The Cambridge History of Political Thought, 1450 - 1700. Cambridge: Cambridge University Press, 1991.

Chabod, F. Machiavelli and the Renaissance. London: Bowes and Bowes, 1958.

Fuller, T. Machiavelli's Legacy: "The Prince" After Five Hundred Years. Philadelphia: University of Pennsylvania Press, 2015.

Gilbert, F. The Concept of Nationalism in Machiavelli's Prince. Studies in the Renaissance, 1954, 1: 38 - 48.

Hankins, J., ed. Renaissance Civic Humanism: Reappraisals and Reflections. Cambridge: Cambridge University Press, 2000.

Hexter, J. H. Seyssel, Machiavelli, and Polybius VI: The Mystery of the Missing Translation. Studies in the Renaissance, 1956, 3: 75 - 96.

Manent, P. An Intellectual History of Liberalism. Rebecca Balinski, trans. Princeton: Princeton University Press, 1994.

Mansfield, H. C. Machiavelli's New Modes and Orders: A Study of the Discourses on Livy. Ithaca: Cornell University Press, 1979.

Mansfield, H. C. Machiavelli's Virtue. Chicago: University of Chicago Press, 1996.

Mindle, G. B. Machiavelli's Realism. The Review of Politics, 1985, 47: 212 - 230.

Parel, A. J. The Machiavellian Cosmos. New Haven: Yale University Press, 1992.

Pocock, J. G. A. The Machiavellian Moment: Florentine Political Thought and the Atlantic Republican Tradition. Princeton: Princeton University Press, 1975.

Siegel, J. E. Civic Humanism' or Ciceronian Rhetoric? The Culture of Petrarch and Bruni. Past and Present, 1966, 34: 3 - 48.

Skinner, Q. The Foundations of Modern Political Thought. Cambridge: Cambridge University Press, 1978.

Skinner, Q. Machiavelli. New York: Hill and Wang, 1981.

Strauss, L. and J. Cropsey, eds. History of Political Philosophy. 3rd ed. Chicago: University of Chicago Press, 1987.

Strauss, L. Thoughts on Machiavelli. Chicago: University of Chicago Press, 1958.

Tuck, R. Philosophy and Government 1572 - 1651. Cambridge: Cambridge University Press, 1993.

Viroli, M. From Politics to Reason of State: The Acquisition and Transformation of the Language of Politics 1250 - 1600. Cambridge: Cambridge University Press, 2005.

第八章
宗教改革时代的“神学—政治”：路德与加尔文

马丁·路德（Martin Luther）与约翰·加尔文（John Calvin）是宗教改革时代最伟大的代表，时至今日，路德派与加尔文派仍然是新教中的主流。当然，宗教改革运动本身所产生的后果早就突破了神学的范围，而扩展至欧洲乃至全世界的政治、艺术、社会生活的各个方面。同样，路德和加尔文的作品中不乏关于政治问题的思考，而且这些内容连同他们各自信徒的努力深刻塑造了早期现代欧洲的政治思想与实践。然而，就像这场运动的本质和发起点是一场神学改革一样，路德和加尔文二人也始终自视为神学家，而非政治思想家。他们坚持认为自己在政治问题上的看法是神学思考的直接后果，其权威奠基于对《圣经》中上帝之道的正确理解。

在关于宗教改革时期政治思想的一般研究中，大部分学者尽管提到了路德与加尔文二人在性格与文风上截然相反，却又认为二人的思想具有广泛的共同性与大体的一致性，认为他们接受了同一权威，采纳了几乎同一种方法，他们的思想结构和大部分结论都极为类似，只是在个别问题上存在分歧。因此这些学者往往将他们二人放在一起进行论述。① 当然，这种处理方法不可避免地会遮蔽或忽略二人政治思想方面的深刻差异，因而也难以辨析这种差异究竟是来

---

① 这方面的代表是施特劳斯与克罗波西主编的《政治哲学史》第 12 章“路德与加尔文”（Leo Strauss and Joseph Cropsey, eds., *History of Political Philosophy*, 3rd ed., Chicago: University of Chicago Press, 1997）。

源于二人神学观念中的深刻差异，还是仅仅是面对不同政治环境时的策略性分歧。[①]

有鉴于此，本章的研究一方面将路德与加尔文二人分开对待，另一方面强调在研究政治思想之前，首先回到其神学思考中最为核心的部分。既然路德是宗教改革运动的真正肇始人，那么就首先来看路德这位普通的乡下牧师如何开启了一场瓦解中世纪“神学—政治”大厦的改革。

第一节　路德的神学突破

路德提出的“因信称义”学说，从根本上颠覆了教会精神权力的神学理论基础，解放了个体基督徒的精神自由。在信徒与上帝的关系层面，这种自由排除了教会的中介性地位，使人直面上帝。在教会内部制度的层面，从这种自由所引申出来的“平信徒皆为祭司”的原则，彻底瓦解了教会内部的教阶等级体制。

一、“因信称义”：教会精神权力的瓦解

路德写作《关于赎罪券效能的辩论》（又名《九十五条论纲》）的直接目的，确实是为了抨击罗马教会贩卖赎罪券的行为。他痛斥教皇的贪婪之心，甚至把问题上升到意大利人针对德国人的刻意欺骗和愚弄。然而，路德从一开始就意识到教会出售赎罪券的行为，是因为他们歪曲了上帝拯救人类之罪这一事件的本质。所以，路德发起的是一个关于救恩问题的争论，而非仅仅针对某种特定恶劣行为的批判。

教会出售赎罪券的行为与补赎的圣礼密切相关，依据的是教会所声称的分配恩典的权力。这种权力的理论基础，就是教会在信徒的拯救中扮演的关键性角色：教会是上帝在人间的代理，上帝的恩典以教会的圣礼为渠道持续不断地灌输给信徒。在中世纪晚期，神学思想越来越倾向于从“法律地位的改变”这

① 有一些学者虽然从形式上将路德与加尔文分开处理，但在具体内容上仍然以其中一人为侧重点，而多少忽略了他们的差异。例如斯金纳在其名著《近代政治思想的基础》（奚瑞森、方亚译，北京，商务印书馆，2002）中研究路德时，用大量篇幅介绍了路德政治思想的神学基础，但是在讨论加尔文时，却只字未提他的神学，似乎宗教改革的神学部分都已经被路德完成了。

个角度来描述救恩理论。[①] 根据教会的解释，信徒们要变成真正的义人，需要的是一个缓慢渐进的过程，不仅包括此生，甚至还包括死后在炼狱中的时间。信徒们所要做的，就是借着洗礼、信心、爱心的行为以及补赎的恩典等等，使神的公义真正注入原本罪恶的人之中。一个罪人只有更新变化成这样，才不再是罪人，而上帝只在这个完全和完美的意义上，宣判这人为义。[②] 教会正是通过参与和干涉这样一个"成义"的过程，支配了信徒的精神自由，甚至还攫取了大量世俗特权。

这种"成义"学说给基督徒的精神造成了极大的焦虑，因为按照这种学说，没有人可以确信自己的"成义"。尽管有一些乐观的神学家如伯拉纠（Pelagius）认为人类可以满足"成义"的要求，但路德却认为人类的罪性太过沉重。他发现即使尽到最大的努力，即使从事最良善的工作，人类仍然不断犯罪。他越来越觉得人类根本无法靠自己的努力达到上帝公义的要求："我试图借着人的传统来补救这个不确定、软弱与烦恼的良心，我就每天发现它的不确定、软弱和烦恼"[③]。一面是人类根深蒂固的罪性，另一面是上帝公正无私的审判，拯救的不确定性将路德逼到绝望的深渊，甚至怀疑上帝是可恨的。正是在最绝望的时刻，路德突然发现"上帝的义指的是一种被动的义，乃是仁慈的上帝借信称我们为义"，基督徒不可能靠自己得到真正的义，但"因信基督，基督的义就变成了我们的义，并且他所拥有的一切都变成我们的，因为他本身已经变成我们的"[④]。这便是路德在思考如何走出"成义"的绝望重压时，所提出的"因信称义"学说。

教会所强调的"成义"（to be righteous）与路德所说的"称义"（justification），二者之间究竟有什么区别呢？首先，它们所指称的并不是同一个对象，所以不是针对同一对象的不同解释。二者所指称对象的不同，是"过程"与"事件"之间的区别。在"成义"理论中，成义是一个漫长的过程，义是要不断积累获取的。直到最后审判的时候，上帝才判定人们是否达到了完美的义，从而获得永生或者永罚。而"称义"指的不是通往某个结果的过程，而是一个

① 参见［英］麦格拉思：《宗教改革运动思潮》，蔡锦图、陈佐人译，66～67页，北京，中国社会科学出版社，2009。

② 参见［美］奥尔森：《基督教神学思想史》，吴瑞诚、徐成德译，421页，北京，北京大学出版社，2003。

③ ［美］蒂莫西·乔治：《改教家的神学思想》，王丽译，47页，北京，中国社会科学出版社，2009。

④ ［德］路德：《〈加拉太书〉注释》，李曼波译，128～130页，北京，三联书店，2011。

事件，发生在某一时刻或时间点上的事件。在这一时刻上，我们在上帝的眼中已经成为义的了，已经获得了上帝所应许的拯救。其次，“成义”和“称义”这二者对义的理解是完全不同的。“成义”理论中的义是一种实质的、客观的义，是信徒通过恩典所获得一种内在本性上的改变。而“称义”理论中的义是一种外在的、被归给的义。义始终是位于人之外的，是被归算（imputed）的而不是被授予（imparted）的。[①]

在这个问题上，路德关于《罗马书》4：7的解释尤其重要：“外在一语表明，在上帝面前和在上帝的计算中，我们是如何的。因此，我们是外在的义人——当我们唯独因着上帝的归算而成为义人，而不是因着我们本身或我们的作为。”[②]“称义”的义是基督的义，是基督的义归算给信徒，或者说“信徒穿戴上了基督的义”。因此，即使在“称义”之后，这个义也永远不会变成个人的所有物，永远都是基督的义。得到基督之义的人，仍然是罪人，这种人一生的常态为“同时既是义人又是罪人”。当人仍然不过是罪人的时候，神就称这个罪人为义了。[③]

然而，“因信称义”的教义不是说罪人是因为相信，就借着其信心而被称为义。这样会把信心本身变成“称义”的先决条件，把信心本身变成人的一种善行。相反，路德认为上帝已经提供了“称义”的一切所需，以至于罪人所需要做的就只是接受它。因此在“称义”之中，上帝是主动的，人是被动的。保持“称义”的唯一条件，就是不断相信、再相信，与行动恰好相反。信心的本质就是单纯的相信，相信基督是为我们而生，为我们完成了拯救的工作。信心是否有效，并不是取决于信心本身的强烈程度，而是取决于所相信者的可靠性，要考虑的不是自己的信心如何伟大，而是上帝的伟大：“即使我的信心软弱，我仍然完全拥有同样的珍宝和同样的基督，正如其他人一样没有区别。”[④]信心将信徒与基督联结在一起，让基督和他的好处为信徒们所拥有，最重要的好处就是上面所说的将基督的义归算给信徒。所以在当代著名神学家麦格拉思看来，“因信称义”（justification by faith）更准确的说法应该是“凭借恩典因信而称义”（justification by grace through faith）。[⑤] 信徒的“称义”是基于上

---

① 参见［美］奥尔森：《基督教神学思想史》，422页。

② ［德］路德：《基督徒的自由》，见《路德选集》，徐庆誉、汤清等译，238～239页，北京，宗教文化出版社，2010。

③ 参见［德］路德：《基督徒的自由》，见《路德选集》，241页。

④ ［英］麦格拉思：《宗教改革运动思潮》，107页。

⑤ 参见［英］麦格拉思：《宗教改革运动思潮》，109页。

帝的恩典，借着信心而接受的；信心本身不能使人“称义”，只是接收“称义”的容器。①

可见，路德所提出的“因信称义”学说，不只是对教会贩卖赎罪券行为的抗议，也不只是要求教会澄清其关于赦罪和救恩的教义。它标志着一种全新的赦罪和救恩教义的出现。路德提出的“因信称义”学说，解放了个体基督徒的精神。在信徒与上帝的关系层面，这种自由排除了教会的中介性地位，使人直面上帝。

既然教会不能使信徒“称义”，也无权垄断《圣经》，那么《圣经》条文中那些诸如“天国的钥匙”以及“捆绑与释放”的内容到底指的是什么呢？路德解释说，这里所谓的钥匙以及捆绑与释放的权力包括两个方面的内容：第一，它指的是教会可以责备和教训犯罪的信徒，如果他还不悔改的话，就可以把他逐出教会。这只是一种教会纪律，为的是把外表上明显的犯罪之徒排除在教会集体之外。因为只有上帝才知道谁是真正的信徒，所以路德大大地限制这一权力的使用，而且他还特别强调被逐出的信徒也可以参加听道。这再次表明路德坚信只有圣道才能真正地捆绑和释放。第二，它指的是教会在信徒进行忏悔时宣告他的释放。但是这种宣告不具有实质效力，因为使人得以释放的只有上帝的圣道。所以路德说这种宣告本质上就是一种安慰，仅适用于那些有罪的、胆怯的和内心苦恼的人，他们为了从中获得鼓励以增加自己的力量，坚定自己的信心。因此，教会所声称的可以宣判信徒来世命运的钥匙权，完全就是对上帝圣道的僭越。而且，路德还反复解释，就算是这种与拯救无关的钥匙权，根据《圣经》的记载，也是赐给整个教会，而不是赐给彼得个人的。罗马教会和教皇也就根本无权要求自己的特殊性。

现在，教会垄断《圣经》的权力和所谓的钥匙权都已经被瓦解了，剩下的就是圣礼的问题了。信徒的拯救只与上帝的圣道相关，所以圣礼在路德看来不过就是一种记号，通过一些有形之物来表现上帝关于赦罪的无形应许，圣礼的两个基本特征就是上帝的话和外在的标记。路德反对中世纪教会所实施的七项圣礼，在他看来只有洗礼和圣餐礼符合标准，既有上帝的应许也有外在的标记（水、饼和酒）。以洗礼为例，水本身并不具备救赎的能力，但是在水里的上帝之道，加上相信在水里有上帝之道的信心，共同作用就有了救赎的能力。上帝才是洗礼的实施者，牧师只是上帝的工具而已。路德在此流露出一种强烈的反仪式主义倾向，也正是在这个意义上他才会说：“即使没有受洗你也可以相信，

① 参见［美］蒂莫西·乔治：《改教家的神学思想》，55页。

因为洗礼只是一个外在的记号，让我们想起上帝的应许。”[①] 圣礼本身的意义已经改变，再也不是将上帝的恩典灌输给信徒的媒介了。从教会原有的观点来看，路德所讲的已经根本不是圣礼了。

至此，教会长期以来压迫基督徒精神自由的几项权力就被完全瓦解了。教会控制人的精神生活的权力被否定，人的内在自由才真正得以实现。所谓基督徒的自由，就成了断绝了外部依存、旨在将其灵魂完全托付给上帝的信徒所享有的状态。[②]

二、“平信徒皆为祭司”：教会等级体制的崩溃

研究路德的学者都认可“平信徒皆为祭司”（priesthood of all believers）或者说“普遍的祭司职分”（universal priesthood）是其思想中的一项重要原则，但他们对该原则内容和意义的理解存在分歧。对有些人来说，这个原则意味着教会里不再有祭司，也就是神职人员的世俗化。从这一理解出发，一些团体，尤其贵格会，提出牧师不应再作为教会中一个明确的职分。而另一些人则认为，所有的信徒都是他本人的祭司，因此在信仰和教义等事务上拥有个人判断的权利。还有第三种看法，认为路德的意思是每个基督徒都是他人的祭司，我们都是彼此的祭司。[③]

这里需要注意的是，路德在不同场合谈到这一原则时侧重点确实有所不同。他在1520年的《致德意志基督教贵族公开书》中谈到这个问题时，是为了攻击教会维护自身特权的“第一堵墙”——他们称教皇、主教、牧师和修道士为“属灵阶级”，称君主、贵族、工匠和农人为“属世阶级”，前者比后者在属灵事务上要优越得多。而路德则认为所有基督徒都是“属灵阶级”，在他们之间除了职务的不同之外，没有其他的差别，“因着洗礼我们大家都受了圣职做祭司”[④]。如彼得在《彼得前书》2：9中所说的，“你们……是有君尊的祭司，是圣洁的国度”，以及在《启示录》5：9中所说的，“你……用自己的血……叫他们……作祭司，归于神，在地上执掌王权”。路德在这里强调的是教会的神职人员并不是与平信徒完全不同的另一个阶级，而只是执行公务的职员而已。他们受了委托，以传道并举行圣礼为务，就像世俗统治者也是受了委

① ［德］路德：《教会被虏于巴比伦》，见《路德选集》，192页。

② 参见［美］沃林：《政治与构想》，166页。

③ 参见［美］蒂莫西·乔治：《改教家的神学思想》，75页。

④ ［德］路德：《致德意志基督教贵族公开书》，见《路德选集》，109～111页。

托，以行使刀剑为务一样。

两个月后，路德在《教会被掳于巴比伦》中批判教会的授职礼时认为凡做基督徒的都是祭司："我们所说的祭司，是从我们当中选择的传道人，他是以我们的名义执行一切。祭司的职分无非是传道的职分。""那些只守祈祷时并举行弥撒的人，真是教皇的祭司，但不是基督的祭司，因为他们不传道，徒有祭司的空名。"① 只要宣扬上帝之道的，都是祭司；没有宣扬上帝之道，纵使他声称自己有什么样的身份，也不是上帝的祭司。相比之前，路德此处明确了祭司所指的含义究竟是什么，把祭司与传道联系在一起。

路德后来又在《基督徒的自由》中提出，基督本身有祭司和君主的双重荣耀。基督的祭司职分包括两个方面：一是基督可以在上帝面前为我们代求；二是献上自己作为祭物。信徒因为通过信心与基督相连，从而获得了他的祭司职分。但信徒所获得的是基督祭司职分的第一个方面，因为献祭的行为只属于基督，而且已经被他永远完成了。路德说，"因为我们为祭司，便配在上帝面前为别人代祷，并将属上帝的事彼此教导"，"我们若信基督，就与他一同做祭司，可凭着信放胆来到上帝面前"②。路德只是附带地提到祭司的职分也包括实行圣礼，并没有像一些学者所理解的，认为"平信徒皆为祭司"主要指的是所有信徒都可以主持圣礼。不过联系到上文关于圣礼的分析就可以发现，路德已经彻底改变圣礼原有的含义。教会不是以圣礼为中心的救恩系统，它的主要任务是宣讲上帝的圣道。圣礼不过就是通过有形的记号让信徒更加坚定于上帝的应许。所以相比宣讲圣道，圣礼的地位大大下降了。

以上是路德论述"平信徒皆为祭司"原则的主要文本。尽管他常常针对不同的问题和处境谈及这个问题，但是其中的一致性是没有改变的。在任何时候，"平信徒皆为祭司"这一命题都是"因信称义"的必然结果，而不是与之相平行的、具有单独来源的独立命题。信徒都是通过认识上帝的道、相信上帝的道，从而被"称义"，与基督联系在一起，分享了他的祭司身份。而祭司的职分就是继续传道，帮助别人认识上帝的道，为别人代祷。因为拯救不需要别的任何东西，上帝的圣道已经准备了一切，信徒们要做的只是相信。

研究者的三种不同理解，不过是强调了这个原则的不同方面，以及在贯彻这一原则时的程度区别。每个人都是他人的祭司、每个人都为他人代祷是这一原则的最低表现。路德自己认为，尽管每个人都是平等的祭司，但考虑到教会

① ［德］路德：《教会被虏于巴比伦》，见《路德选集》，223页。

② ［德］路德：《基督徒的自由》，见《路德选集》，243页。

的秩序，不能让所有人都当众宣道和主持圣事，所以需要设立专门的牧师职位，由他们来具体负责。但是路德也反复强调这种牧师职位完全不同于天主教会所理解的神职人员，他们与平信徒之间没有属灵性质的差别。而且在紧急的情况下，任何平信徒都可以承担这一职务。所以，贵格会等组织强调不设立专职的牧师，只是将这个原则推到极致而已。当他们这么做而不破坏教会的秩序时，看不出路德会有什么理由反对这种实践。至于认为所有的信徒都是他本人的祭司，因此在信仰和教义等事务上拥有个人判断的权利，这也是路德的教义必然会引申出来的结论。每个信徒都可以借着基督，直接到达上帝面前，同样上帝也可以访问所有的信徒。基督是上帝与信徒之间的唯一中介，但基督是完全属灵的，信徒通过内心，从精神上与基督联系在一起。信徒通过《圣经》所记载的圣道来认识基督，任何外在的力量都不能介入到这种联系之中。基督是信徒唯一的祭司，就意味着我们是自己的祭司。在自己的精神领域中，教会和世俗统治者的权力均不能进入。

如果说路德所宣扬的“因信称义”学说瓦解了教会的精神权力，那么作为这种学说的结果之一的“平信徒皆为祭司”的原则，就彻底粉碎了教会内部的等级制度。教会内部不可能再有任何“精神贵族”或“精神层级”。符合“因信称义”学说而设立的牧师和其他神职人员，绝对不具有任何能够统辖其他信徒的特殊属灵地位：“在基督徒中间，没有属灵意义上的上级，只有基督，也唯独是基督。”换句话说，这是基督徒完整的精神自由在教会制度层面的呈现。

第二节 上帝的“左手”和“右手”：路德的两个国度学说

路德掀起的宗教改革基于一种全新的救恩理论，摧毁了中世纪教会的精神权力和教阶等级体制。但路德的改革事业并未停留在宗教的范围之内，这是因为一方面，中世纪教会与世俗政府本来就复杂地纠缠在一起，对教会的冲击不可能不影响到世俗政府；另一方面，宗教改革者们也必须提出自己关于世俗政治的看法，甚至要借助它们来推进自己的事业。

一、两个国度的区分与基督徒的良心自由

大多数学者们一般都认为路德政治思想的核心是其两个国度学说。[①] 路德提出两个国度的学说，直接的目的就是阐释世俗权力的性质与限度。在他看来，“亚当的子孙”应该被分为两类：一类是真正相信基督，而且顺从基督的人，他们属于上帝的国；另一类是全体非基督徒，他们属于此世的国。两个国度对应的是基督徒和非基督徒的区别。基督徒是相信耶稣所传福音的人，他们之间无需世俗的刀剑和法律：“如果全世界都是真基督徒的话，那么所有的君王、贵族、刀剑和法律就都不需要了。”[②] 因为“基督徒一方面不会加害于人，另一方面也会心甘情愿地忍受他人所施加的不公道，甚至死亡”[③]。基督徒之间不需要刀剑，对他们的统治，是基督借着圣灵而实施的，这就是上帝在基督徒之间所建立的一种独特的统治，或者说管理秩序。

路德认为非基督徒不但不可能按照福音的要求生活，而且还会作恶。因此上帝为非基督徒建立了另一种政府，或者说另一种管理秩序，就是用刀剑和律法来压制他们。但是在路德看来，世俗国度的所有法律，只能涉及人的生命、财产等此世的外表之事。而人的内在灵魂，只受上帝的统治。世俗权力的目的就是为了压制非基督徒的恶行，维持最基本的社会秩序。

两个国度都是由上帝所建立的。它们同时存在的原因就是世界上的基督徒总是少数，而且没有人生来就是基督徒。但两个国度的性质是完全对立的，根据范德鲁恩的分析，这不仅是完全末世论式的对立（一个注定被祝福，一个注定被诅咒），而且是完全伦理式的对立（一个是由西奈山古训所展示的非强力的爱所统治的，另一个是由在剑的威胁之下所实行的外在强制的法律所统治的）。[④] 这种对立的根源就在于路德把人的内在世界与外在世界、内部精神的自由与外部行为的服从完全对立起来。

路德为人的精神自由提供了各种热情的辩护。首先，上帝明确指出要把我们的信仰建立在他的圣道之上：“没有人能指挥灵魂，除非他能够给灵魂指出进天国的道路，但除上帝之外，这是没有人能够做到的。”[⑤] 因此关于灵魂拯救

---

① See David VanDrunen, *Natural law and the Two Kingdoms*, Grand Rapids: Eerdmans, 2010, p. 55.

② ［德］路德：《论俗世的权力》，见《路德选集》，308 页。

③ ［德］路德：《论俗世的权力》，见《路德选集》，309 页。

④ See David VanDrunen: *Natural law and the Two Kingdoms*, p. 60.

⑤ ［德］路德：《论俗世的权力》，见《路德选集》，309 页。

的事务，除了上帝的话之外，人不应该再教导或接受别的内容。上帝不能也不愿别人来统治它。世俗的权力不能制定有关灵魂的法律，因为这是对上帝统治的冒犯，只会将灵魂引入迷途，加以毁灭。用权力强迫别人相信，是最大的愚蠢。其次，世俗统治者应该承认自己根本没有权力控制灵魂。在路德看来，每一个人都对自己的信仰负责：“别人不能代替我信或者不信，正如他不能代替我下地狱或上天堂一样。”① 世俗权力应该只关注自身范围内的事务，没有人会由于强迫而产生信仰。这种强迫最多只能使良心软弱的人撒谎，说些言不由衷的话而已。

路德对精神自由的最强辩护，表现在他关于异端问题的看法上。防止异端是教会而不是世俗统治者的责任，而且教会也不能用强力来防止异端。异端是一个心灵的问题，不是用强力就能解决的。用世俗强力打压异端，甚至会加强异端在内心中的力量。相反，“只有上帝的话能够照亮人心，使一切异端和错误从内心中自然毁灭”②。

可是，当统治者真的试图压制精神自由时，如当时一些世俗当局要求信徒们将《新约》交到各处的法庭，信徒们应该如何回应呢？路德认为，面对这样的暴君，基督徒一方面要继续服从他在世俗权力范围内的统治，而另一方面，对于涉及信仰的问题，就要坚决地采取不服从态度。假如暴君因此剥夺信徒的财产，甚至刑罚他们，在路德看来反倒是信徒们的好事：“感谢上帝，你们配为圣道受苦。”③ 所以，信徒要坚决不服从世俗统治者渎神的命令，但也不能为此而进行积极的反抗。内心即使不赞成，不服从，也不能有外部的反抗举动。路德以这样的方式统一了自由与服从：外表上服从，但内心里绝不认同；内心里虽然不认同，但外表上却必须服从。④ 这里，我们看到了两个国度之间的清晰界限。

二、两个国度的交汇与基督徒的双重义务

值得注意的时，路德很快又模糊了刚刚在两个国度之间做出的清晰区分。问题的根源还是在于上文曾经提到的路德那两个看似互相矛盾的命题：“基督

---

① ［德］路德：《论俗世的权力》，见《路德选集》，309 页。

② ［德］路德：《论俗世的权力》，见《路德选集》，313 页。

③ ［德］路德：《论俗世的权力》，见《路德选集》，312 页。

④ 参见丛日云：《在上帝与恺撒之间：基督教二元政治观与近代自由主义》，71 页，北京，三联书店，2003。

徒是全然自由的众人之主，不受任何人的管辖”与“基督徒是全然顺服的众人之仆，受任何人管辖”。通过对“因信称义”学说的解释，路德所言的基督徒的自由是一种内在的精神自由已经很清楚。那么这种自由与第二项命题中的“顺服”是什么关系呢？这二者如何相容呢？这里要再次提及人的两重性问题。路德在一开始就指出这两项命题所对应的是人的两个不同方面，或者说是人的两重性。自由涉及的是人内在的、精神的一面，而服从涉及的是人外在的、肉体的一面。就如保罗所言，这两种人住在一个人之内，原来就不相容，肉体与灵性相争，灵性与肉体相争（《罗马书》7：14－15；《哥林多前书》9：27）。“因信称义”之后，人的内在精神已经获得了自由，但这并不意味着像有些人所想的那样，只需要坐享安逸、尽靠信心就可以了。路德正是为了反驳这种认为“称义”之后就不再需要任何善行的观点，提出人在“称义”之后还要继续行善，做众人之仆，受众人管辖。

首先，行善是为了管束自己的身体。因为，只有在末日审判，死人复活之时，基督徒才能摆脱肉体成为完全属灵的人。在这之前，在此世之中，基督徒必须管束自己的身体。主要就是通过禁食、儆醒、勤劳，以及其他的方式来训练自己的身体，以使它顺服人的内在精神，避免因为身体上的欲望而背叛内心的信仰。在路德看来：“因信称义之后，人的唯一职务就是用甘心的爱的快乐来白白服侍上帝。”[①] 这与人肉体内的另一些意志是完全相反的，那些意志是要把服侍世界作为追求自身益处的手段。所以，基督徒首先要做的就是力求约束身体的欲望。这里，路德特别强调说不能过度地惩罚身体，只要能够抑制体内的欲望就可以了。其次，行善是为了服侍邻人。路德认为，基督徒在此世之中不仅仅是为了自己而活，而是为了世界上的一切人而活；或者更确切地说，是完全为了别人而活，不为自己而活。这就要求他们对他人行善，这些善行同样是与自己的“称义”和得救无关的，其唯一的目的就是服务别人，有益于别人。他们并不期望回报，因为自己只要有丰富的信，就已经心满意足了。在这里，路德谈到了对世俗统治者的顺服，掌权的人与一般的人没有特别的区别，都是作为邻人被看待的。基督徒们情愿用爱心来顺服统治者的意志。纵使暴君用强力和不义来发号施令，也无妨碍，只要他们所号令的并不违背上帝。

路德最后总结说，对基督的信不是叫人脱离行为，而只是叫人脱离看待行为的谬见，即想要靠着行为而“称义”的谬见。基督徒以管束自己的身体和服

① ［德］路德：《基督徒的自由》，见《路德选集》，245页。

务邻人为目的所行的事，都是善的。这不但不违背他们的精神自由，而且恰恰是精神自由的要求和表现。看似互相矛盾的两个命题，就以这样一种将灵与肉的对立极端化，同时完全以信仰为中心的态度，被调和在一起了。但是路德在这里的处理是存在问题的。他的第二个命题本来强调的是基督徒对他人的外在服从，但是后来的论述主要讲的却是基督徒主动对他人行善。行善与服从之间并不存在直接的联系。而路德最直接谈到服从的地方，他的说法是：“我可以对教皇、主教、政府和邻人表示我应有的尊敬，我愿意行各样的事，忍受各样的事，正如基督虽为他自己毫无需要，却百倍为我行了，忍受了，并且他虽不在律法之下，却为我服在律法之下一样。”① 很难看出他所表示的这种“尊敬”与行善的要求之间有任何直接联系。相反，这纯粹是一种以信仰为中心的态度，以至于将其他事情都看作无关的，只是消极地忍受。

无论如何，当路德不得不承认基督徒在“称义”之后，还有一段时间留在此世之中，不能摆脱自己肉体的一面时，也就是说还有与非基督徒、与此世生活发生关系的需要时，上文提到的建立在基督徒与非基督徒两种互相排斥的身份基础上的两个国度学说就受到了冲击。对于非基督徒来说，他们始终与上帝国度中的统治秩序无缘，而对于基督徒来说，他无法摆脱的肉体使其无法逃避世俗国度中的统治秩序。这样一来，基督徒就同时属于两个国度，承担着双重的义务。

基督徒生活在世上，不是为了自己而活，而是为了他人而活。所以他们完全是为了他人而服从世俗的统治，进而积极地参与到政府之中。用路德颇显夸张的说法就是：“你们若知道什么地方需要绞刑吏、法庭差役、审判官、公卿或诸侯，只要你们合格，你们就应该承担那样的职务。”② 路德反复强调基督徒在做这些事情时，必须严格区分是为了自己的利益还是为了他人的利益，只有后一种目的才是被允许的。基督徒在面对只牵涉自己的事务时要遵守登山宝训的教导：“有人打你的右脸，连左脸也转过来由他打”，“有人……要拿你的里衣，连外衣也由他拿去”（《马太福音》5：39）。基督徒就这样一面忍受不义和恶行，一面又惩罚一切不义和恶行。如此一来，两个国度的要求就同时被满足了。基督徒在内心中对上帝的国尽了责任，同时在外表上又对此世的国尽了责任。与非基督徒相比，基督徒在运用此世权力时的唯一不同，在于服务对象上的区别。基督徒的自由仍然严格地被限定在精神领域之

---

① ［德］路德：《基督徒的自由》，见《路德选集》，253页。

② ［德］路德：《论俗世的权力》，见《路德选集》，302页。

中。路德关于基督徒两种行为方式的看法[①]，只是再一次重申了内在自由和外在顺服之间的统一。[②]

路德对于基督徒双重义务的强调，在很大程度上是因为担心两个国度的区分容易被歪曲为基督徒不需要服从世俗统治的主张，而且在事实上也确实出现了这种情况。路德本人坚决反对将精神自由的原则扩展到世俗国度之中。那些主张用福音来统治全世界的人（主要是指下节要论述的再洗礼派），在路德看来就是要解开野兽的锁链，让他们肆意攻击驯服的羊群。“两个国度之间是不能混淆的，混淆是魔鬼的把戏。”[③]

三、无形教会 vs. 神授世俗权力

思想史专家菲吉斯曾言，“倘若当初没有路德，就永远不可能有路易十四”[④]。路德和路易十四之间是不是有联系，学术界内部或许有不同看法。但是，在近代欧洲早期，路德的政治学说对绝对君主制的兴起有着重要影响，这恐怕是不可否认的。这种联系最明显之处，就是在信奉路德主义的地方，世俗权力驱逐了罗马教会的势力，接管了宗教生活的外在方面：任免教会职位、管理宗教生活、管理和处置教会财产，直到最后在《奥格斯堡和约》中确立了“教随国定”的原则。路德的宗教改革事业，从一开始就十分依赖于德国地方诸侯的势力。这里只需要引用一下《致德意志基督徒贵族公开书》最后一段的呼吁就可以了：“愿上帝尤其赐给德意志民族中的基督徒贵族一种正当的属灵勇敢，使他们为我们可怜的教会竭力效忠。”[⑤] 但是如果据此就认为路德主要是从功利和策略的角度利用世俗权力的话，那就会忽略路德政治思想深刻的神学

---

① 路德关于基督徒两种行为方式的这种奇特看法，被一些学者称作“反直觉的”。这本质上是基督教神学中“福音与律法的关系”难题的重现。中世纪神学是把福音的伦理要求解释为只有少数基督徒才能够遵守，而大多数基督徒是不需要严格遵守的。这样，后者就可以较无顾虑地参与世俗权力。而路德拒绝中世纪神学在基督徒内部进行的这种划分，真正的基督徒必须严格遵守福音的要求。当涉及真正的基督徒是否可以参与世俗权力时，路德就只能解释说他们可以为了别人的利益而行事。路德自己承认真正的基督徒是很少的，甚至“千万人中都见不到一个”，大多数人只是“挂名的基督徒”。这样看来，路德所谓“真正的基督徒”和“挂名的基督徒”的区别，在某种程度上是以另一种方式恢复了中世纪神学关于属灵阶级和属世阶级的区别。

② 内在自由和外在顺服的区分是基督教的传统，但这里还有一个很难处理的问题，就是宗教生活的自由，因为它既是外在行为又涉及内在精神。从信仰自由到宗教生活的自由，再到社会生活的自由，这是基督徒追求自由的历程。如果世俗政府管辖信徒的宗教生活，必然会伤及信仰。后来加尔文教徒与世俗政府的矛盾即在于此。

③ ［德］路德：《论俗世的权力》，见《路德选集》，310 页。

④ 转引自［英］斯金纳：《近代政治思想的基础》，下卷，159 页。

⑤ ［德］路德：《致德意志基督徒贵族公开书》，见《路德选集》，158 页。

基础，也会错误地评价路德与近代绝对君主制兴起之间的关系。要解决这一问题，必须首先回到路德的两个国度学说，尤其要注意在两个国度的理论框架下，教会和国家各自的本质及职责的问题。

教会与国家并不直接对应于上帝国度和此世国度。国家完全是此世的，但教会的情况却较为复杂。路德将教会分为“可见教会”与“不可见教会”。前者一般指的是通常意义的教会，即受过洗礼的人组织在一起，教诲圣道，实施圣礼等。在可见教会中，既有真正的基督徒，也有挂名的基督徒，而且有些真正的基督徒可能是被排除在外的。只有上帝才知道一个人是不是真正的基督徒，而不可见教会的成员都是真正的基督徒，他们虽然身居世界各地，但都因为圣灵而联结在一起，组成了基督神秘身体的一部分。

伯尔曼认为路德的教会学说剥除了教会的精神权力和世俗权力，使它变成了一个“纯粹的精神共同体，是和平、喜乐、恩典、救赎和荣耀的天上国度的一部分”①。伯尔曼的这种说法实际上是把不可见教会与可见教会搅到一起了。事实上在路德看来，不可见教会中除了上帝的权力之外，本来就不存在任何精神权力和世俗权力。所以更准确的说法应该是路德阐明了不可见教会的本质，而不是说他剥夺了教会的哪些权力。当路德在谈到可见教会时，认为它的主要职责就是宣讲教义和主持圣礼这两项，当一个教会能够做到这两点时，即使是内部成员鱼龙混杂的教会，也可以被视为纯洁的（可见）教会。可见教会的其他事务，如教会的财产和教会的行政组织方式，可以由会众自行管理，也可以交由世俗权力去管理。这些事务之所以被轻视，完全就是因为它们与基督徒的救赎和“称义”无关。只要世俗政权不妄图插手教义和圣礼，对于它们的其他要求都是可以接受的。

因此，路德教会理论的特点，一方面是把可见教会的地位贬低到不可见教会之下，另一方面是将可见教会外在的事务交给世俗统治者去负责。路德以信仰为中心的态度，使得他真正关注的是不可见教会。不可见教会因为其属灵的本质，从性质上来说本来就是世俗权力无法介入和影响的。从教会理论方面来看，路德瓦解了中世纪教会权力与世俗权力双峰对峙的局面。因为不可见教会根本就没有属人的权力，而可见教会主要是以宣道和实施圣礼为中心，也不需要管理基督徒的权力。基督徒的内心只服从于上帝，而肉体尽可以服从于世俗统治者。用沃林的话说，路德是将教会的政治特性和自身权力减到最少，为世

---

①　参见［美］伯尔曼：《法律与革命：新教改革对西方法律传统的影响》，袁瑜琤、苗文龙译，43页，北京，法律出版社，2008。

俗权力的上升扫清了教会方面的障碍。[1]

如果说路德的教会学说是为世俗权力扫清了一种对抗性力量的话，那么他关于世俗权力本身的直接论述，则更加明显地抬升了世俗权力的地位。根据路德的两个国度学说，两个国度都是上帝建立的。上帝正是为了维持此世国度内的秩序，才树立了世俗权力和掌权之人。路德反复引证《罗马书》13：1 中的这句话“没有权柄不是出于神的，凡掌权的都是神所命的”，作为他论述世俗权力性质的最重要原则。世俗权力的起源在于上帝的仁慈，他不想人类因为互相攻击而彻底毁灭。路德甚至还把对世俗权力的支持与十诫中的第四诫（当孝敬父母）联系在一起。他要求臣民像孩子对父亲那样，或者像妻子对丈夫那样，向他们的君主表示顺服。路德强调世俗政府所制定的一切法规必须被看作神意的直接表现和神的直接赐予。

路德本人很清楚自己学说的地位。他曾经略显夸张地认为，自从使徒时代以来，还没有人对世俗政府给予如此之高的评价。相比于中世纪教会所主张的双剑论，路德的自夸并非没有道理。双剑论的鼓吹者宣称耶稣将两把剑（即象征精神权力和世俗权力的两把剑）都交给了彼得，因此教会同时拥有两把剑。世俗政府只是在教会的委托授权下才获得了世俗权力之剑。不但世俗政府要为了教会的目的来挥舞自己手中之剑，而且在任何时刻教会都可能将剑收回。而路德的学说则明确宣称世俗政府的权力直接来源于上帝，并未经过教会这一中介。世俗统治者直接对上帝负责，他是上帝的臣相。借用菲吉斯的话说：“路德消灭了两把剑的隐喻，从此之后只应有一把由君主挥舞的剑。”[2]

路德关于世俗权力的这种认识，是与他的人类罪恶本性深重、真正的基督徒罕见这些看法密切相关的。路德宣称不要让任何人以为这个世界未经流血就能被统治好，统治者的宝剑必须沾满鲜血。因为这个世界将会是也必然是邪恶的，世俗统治者挥舞上帝赐予的宝剑，就是为了复仇和压制。[3] 现在要评价路德的政治学说与绝对君主制的兴起之间的关系，就必须承认，路德独特的神学思想在否定了长期以来羁绊世俗王权的罗马教权的同时，还强调了世俗权力的神圣起源及其必要性，反对包括基督徒在内的全部臣民对于世俗权力的抵抗。这就从正反两个方面抬高了世俗权力的地位。概言之，路德的神学解除了教会对抗世俗权力的手段，创造了一种“没有对抗力量的神授权力”。

---

① 参见［美］沃林：《政治与构想》，156 页。

② 转引自［英］斯金纳：《近代政治思想的基础》，下卷，21 页。

③ 参见［德］路德：《论善功》，见《路德选集》，56 页。

最后需要强调的是，路德关于教会和世俗政府的论述也使他的两个国度学说彻底背离了奥古斯丁的双城论。尽管就像很多学者所发现的那样，路德在描述两个国度时，他的说法与奥古斯丁的双城论类似。例如，他们都认为两个国度之间的身份是互相排斥的，也强调两个国度的人在生活方式上是截然对立的。[①] 同时，路德也与奥古斯丁类似，承认两个国度之间除了敌对之外，还存在一些共享性，例如，世俗政府所实现的和平对于真正的基督徒来说也是有益的。但是路德的两个国度学说还是与奥古斯丁的双城论存在一些关键差异。奥古斯丁虽然从未诅咒说世俗政府是不合法的，但总是对它有一定的保留和怀疑。而路德却坚定地认为世俗政府是完全合法神授的。对路德来说，此世国度中的世俗政府，真的就是上帝所拥有的政府，是他自己统治一个充满罪行的世界的方式，无论它看起来是多么不同于他统治精神国度的方式。这也就是他所说的上帝的左右手。更重要的是，路德不但和奥古斯丁一样承认世俗政府对基督徒的益处，而且因为其双重义务的看法，进而主张基督徒可以积极地参与到管理世俗政府的工作之中，应该热心地获取世俗领域中的角色，以此来展现基督徒的爱。这样一来，基督徒就确实有了两种公民身份，这些在奥古斯丁那里是不可想象的。[②]

第三节　路德两个国度学说的变种：再洗礼派

除了路德的政治思想之外，在加尔文以前的宗教改革运动中，特别需要注意的是再洗礼派。再洗礼派的神学理论直接来源于路德的“因信称义”学说，与其他的新教运动一样，他们也将罗马天主教会作为反抗的对象。然而，再洗礼派对路德的神学做出了一些独特的发展，并在此基础上创造出了一套独特的政治思想。

顾名思义，再洗礼派神学最大的特征就是强调再一次的洗礼，即成年之后

---

① See David VanDrunen, *Natural Law and the Two Kingdoms*, p. 62.

② 沃林给出一种解释认为，奥古斯丁和路德指派给政府不同作用的一个根本原因，也许是两者所占据的不同历史位置，奥古斯丁深具早期基督纪年普遍存在的千禧年希望的气息。参见［美］沃林：《政治与构想》，163 页。

的洗礼，因此有时也被翻译成重洗派。[1]“再洗礼”和“重洗”其实都是他们的反对者加诸他们的称号，他们自己其实并不承认这种称号。因为他们认为婴儿所接受的洗礼是无效的，与拯救无关，所以根本就不是什么圣礼。再洗礼派认为洗礼不过是一个内心已经获得信心之人在外部所做的记号。借用再洗礼派神学家门诺·西蒙斯（Menno Simons）的话来说：“新生不在于水或语言；新生是来自天上的、活泼的、使人复苏的上帝的力量，它发生在我们心中，从上帝涌出，由圣言传播。”[2] 西蒙斯认为，除非有证据指出一个人已经获得信心，否则就不能对他施以洗礼。初生的婴儿并不具备悔改和信仰的能力，显然就不能受洗。而一个悔改并获得了信心的人所接受的洗礼，只是一种公开的仪式或者记号，标志着他要开始过一种彻底的基督徒式的生活。接受洗礼的信徒，就是要与自己过去的生活和身份发生彻底的决裂，获得一种由同是再洗礼派教友所组成的共同体中的全新身份。正是从这样一种关于洗礼的教义之中，再洗礼派产生了关于教会与世俗政府的独特看法。

再洗礼派认为真正的教会就是由这些获得新身份的信徒所组成的共同体，这样的教会才是真信徒的联合。因为只有获得了信心，并且通过洗礼公开宣告自己要践行基督徒行为方式的人，才能加入这个教会。为了维护自己教会的纯洁性，再洗礼派的主要策略就是将自己的组织与现实社会中的各种组织区别开来。加入再洗礼派，就意味着放弃自己过去的工作、生活和家庭。再洗礼派还严格规范教会成员的行为。他们一般都践行非常严格的教会纪律，行为不端之人所遭受的最严重处罚就是被开除教籍。这种纪律被视为同时具有威慑性和矫正性的效果，既鼓励受到禁绝的个人改正他们的生活方式，也制止其他人仿效他们的罪行，还通过保持自身组织的纯洁性，从而与污浊的世俗社会区别开来。

再洗礼派对待世俗政府态度的最清楚的陈述可见于1527年的《施莱塞穆信条》，其中第六条和第七条解释并论述了不参与俗世事务和不抵抗俗世政权的方针：“刀剑是在基督的完全之外所任命的。基督徒不适宜担任地方行政官员，理由如下：政治的地方行政事务是属肉体的，而基督徒是属灵的。他们的房子和居所是在这世界中，而基督徒的是在天上；他们的公民身份是属于这个

---

[1] 其教派名称 Anabaptists 的意思就是再一次（another）的洗礼（baptist）。关于再洗礼派思想的一般特征，参见 Robert Friedman，“Conception of the Anabaptists,” *Church History*，vol. 9，1940，pp. 335－340。

[2] 转引自［美］蒂莫西·乔治：《改教家的神学思想》，265 页。

世界的，而基督徒是属于天上的；他们的战争和冲突的武器是属物质的，所对抗的是肉体，而基督徒的武器是属灵的，所对抗的是邪恶的堡垒。世人是以钢铁来武装，而基督徒则是以上帝的军装来装备，那就是真理、公义、平安、信心、救恩和上帝的话语。”[①] 因此，对于大多数再洗礼派来说，他们否认自己对于世俗政府还承担任何义务。他们拒绝在政府中担任官职、服兵役以及其他需要运用强力的职务。然而，世俗政府却将他们这种消极退出的行为看作对其权力的否定和对社会秩序的破坏，所以常常以残酷的手段加以迫害。

再洗礼派与世俗政府之间不断增加的敌意，最终使得一部分再洗礼派信徒放弃了消极退出政治生活的立场。他们反过来运用暴力的手段摧毁现实中的一切政治组织，而这种激进的态度常常又为某些关于基督即将再临的末世论传言所推动。其中比较著名的就是1524—1526年在托马斯·闵采尔（Thomas Münzer）影响下的席卷大半个德国的农民暴动，以及1534年另一群激进的再洗礼派在明斯特短暂建立的“圣徒国度”。这些再洗礼派激进分子的共同特点就是号召信徒们必须在此世建立一个纯洁的世界来迎接基督的再临。他们所设想的圣洁世界就是以一种圣徒间的关系构成的共同体。

尽管将这些激进分子的行为完全归结于再洗礼派信仰的做法是值得怀疑的，但不可否认的是，看似极端不同的两种政治态度背后实际上有一种明显的共同根源，即认为世界是污秽不堪的，世俗政府和统治者的权力尤其不圣洁，真正的信徒必须过一种与之完全对立的生活。不同的地方只不过在于，大多数再洗礼派教徒选择的是从世俗生活中退出，过一种类似于退隐的隔离生活；而小部分激进教徒则选择扫荡世俗生活的一切罪恶，建立圣洁的人间天国。无论选择的是和平还是流血，这种反政治的冲动对于再洗礼派来说是共同的。[②]

再洗礼派与路德一样也强调真信徒所组成的国度与世俗国度的区别。不过再洗礼派想要进一步将两个国度彻底分离开来：不论是要求真信徒以消极的方式彻底退出世俗国度，还是以激进的方式毁灭世俗国度。当再洗礼派选择前一种方式时，路德并没有对他们大加指责。直到后来面对少数再洗礼派教徒的激

---

① ［英］麦格拉思：《宗教改革运动思潮》，213页。

② 有关再洗礼派“和平的”与“暴力的”两种政治态度之间的关系，参见 Lowell H. Zuck, “Anabaptism: Abortive Counter-Revolt within the Reformation,” *Church History*, vol. 26, 1971, pp. 211－215。

进运动时，路德才攻击他们主张用福音来统治全世界的做法是要解开野兽的锁链，让它们肆意攻击驯服的羊群。再洗礼派与路德的政治思想都是基于一条共同的神学原则——由“因信称义”学说所复兴的神学个人主义精神。他们也都是出于两个国度之间的对立，出于一种对政治生活的敌对态度，而将这种个人主义严格地限定在属灵的范围之内。他们的这种做法也将宗教改革运动带到了一个非常危险的政治困境之中：在路德那边，教徒们越来越无法抵御世俗统治者对教会的干涉，教会趋于沦为世俗政府的一个部门[①]；在再洗礼派那边，教徒们不是退到世俗社会的边缘地带苦苦挣扎，就是在偶尔掀起的激烈对抗之中被残酷镇压。

路德开创的新教已经在神学上解放了个人，现在的难题在于如何恰当地处理信徒个人与此世生活，特别是与政治之间的关系。新教打破了中世纪教会与世俗政府的二元对立，让个人直面强大的政治权力。这实际上破坏了政治格局的平衡，当政治权力压迫个人时，个人只能消极地服从或激进地对抗。路德和再洗礼派面对政治权力时的困境，构成了理解加尔文政治思想的最重要背景。加尔文的政治思考高出新教同辈的地方，在于他想要重新恢复政治上的平衡。他想到的解决办法就是，试图以个人为基础重新构建教会和世俗政府，从内部约束二者的权力并让它们互相制约。

第四节　加尔文神学焦点的转移

加尔文早期是路德神学的追随者，他有关基督徒自由的思考基本重复了路德的教导。但是到后来，他的神学在很多方面已经突破了路德。以预定论的出现为标志，加尔文将在路德那里重新复兴起来的基督教神学个人主义精神推到了顶峰。然而，加尔文并没有就此停止，他独特的成圣学说又使这种个人主义突破了神学的范围，渗透到了此世生活之中。

一、预定论与基督徒的内在空虚

人们仔细阅读《基督教要义》时常常会惊讶地发现，加尔文在关于称义的

① 参见［美］伯尔曼：《法律与革命：新教改革对西方法律传统的影响》，204～205页。

讨论中甚至很少直接使用“因信称义”这个说法。而且从《基督教要义》的布局来看，他刻意地把关于信心的专题讨论与关于“称义”的内容分开到不同的章节。[①] 当然，这并不是说加尔文就因此放弃了“因信称义”的说法，而是说因为他意识到这种说法本身可能包含某种误导，特别是会误导人们以为信心本身在“称义”中会发挥某种作用。用加尔文自己的说法是：“正确说来，唯有上帝自己才能称人为义；我们也将同样的权柄归在基督身上，因为上帝使他成为我们的义。”[②] 当我们使用“因信称义”这个说法时，必须注意我们在被“称义”时，自身并没有成为真正的义。“我们说信心使人称义时，并不是因为信心本身的价值使我们成为义人，而是因为我们通过信心这个媒介白白地获得了基督的义。”

加尔文对于“称义”之客观来源的关注最终聚焦在预定论之上。根据特洛尔奇的说法：“每一种严肃的、认为在人身上的善是只有通过上帝才能产生的恩典学说，当面对这种善并未在许多人身上产生的事实时，似乎都要求助于预定论。”[③] 当然，加尔文关于预定论的教导，并不是为了让人们炫耀自己被选中了[④]，而且他也不允许人们使预定论教义成为不向每个人传福音的借口。既然只有上帝自己知道他拣选了谁得救谁不得救，那么我们就要向所有人传福音。相信圣灵把福音当作外在的手段，呼召那些早在世界创造之前就已经被拣选进入基督里的人。

加尔文关于预定的教导充分表现了他与路德的区别。在路德那里，预定更多的只是为了证明人的拯救是神迹，是人力所不能为的。因此，提出预定论不过是为了保证信仰的纯洁，使它不会掺杂任何人类的看法。路德强调信心根本不是人类所能为的，以此排除了一切人类的善功。这是一种以个人的拯救为中心的神学，上帝的形象是爱的和赦罪的形象。加尔文的预定论表明他的神学关注点已经发生了改变。人的获救是上帝在创世之前的预定，它只是上帝宏大计划的一部分，而不是计划的中心。路德始终强调的是信徒获得自己不配的恩典

---

① 关于信心的讨论在《基督教要义》第 3 卷的第 2 章，而关于“称义”的讨论始于第 11 章。在中间相隔的八章中，加尔文分别讨论了悔改、赎罪券、基督徒的生活等多个主题。

② 新教神学家威尔海姆·尼斯尔对此写道：“尽管加尔文强调唯有信心，但是在他关于称义的论述中，信心并没有占据中心位置。过于强调信心在他看来是危险的。”参见 Ralph C. Hancock，*Calvin and the Foundations of Modern Politics*，Ithaca：Cornell University Press，1989，p. 128。

③ ［德］特洛尔奇：《基督教理论与现代》，朱雁冰等译，213 页，北京，华夏出版社，2004。

④ 例如，“特别浸礼派”（Particular Baptist）教徒就以此宣扬排他主义。他们的一首圣诗写道：“我们是被主选中的人，让其余人都去死吧；地狱里有足够的空间留给你们，我们不想天堂太拥挤!”参见［美］蒂莫西·乔治：《改教家的神学思想》，210 页。

时所感到的快乐，这种快乐在加尔文这里却难以存在。用特洛尔奇的话说，在加尔文看来，要点不在于“被造物人类那种以自我为中心的个人拯救和上帝爱的旨意的普遍存在，最重要的是上帝的荣耀，这荣耀从被拣选者的圣洁活动和堕落者的无益愤怒中一同表明出来。《圣经》所讲述的不是人类获救的戏剧，而是上帝威严的旨意”[①]。保罗·蒂利希也认为：“加尔文对上帝之爱讲得非常少是相当明显的，神的荣耀代替了神的爱。”[②]

与此同时，后来路德派教徒却愈发将路德对预定论原本就不多的讨论置于边缘地位，梅兰希顿（Philipp Melanchthon）全然刻意回避将那个“既危险又隐晦”的教义纳入《奥古斯堡信条》里。他们宁愿以人类对上帝的自由回应而不愿意以神圣主权对个人的拣选为架构。对 16 世纪晚期的路德派思想来说，拣选的意思是人爱上帝的决定，而不是上帝拣选某些人的决定。关于预定论的纷争，成为以后数世纪论战的两大主题之一（另一个是圣礼）。路德派教徒从来没有发展出把自己完全视为上帝选民的观念，因此在尝试扩展其影响范围的结果上，就相应地显得更加保守和谦逊。[③]

在路德笔下，基督徒的精神自由是要从教会精神权力的禁锢中解放出来；而在加尔文笔下，基督徒是在精神事务上被剥除了一切中介因素，而只“剩下”了自由。加尔文对待精神权力的态度，非常类似于路德对待世俗权力的态度——不是从这种权力之下将自由解放出来，而是彻底宣告这种权力根本就无关于自由。在路德那里，基督徒的自由带来了卸下精神重负后的解脱与愉悦；在加尔文这里，基督徒的自由不过就是人在直面上帝时的孤单状态。

马克斯·韦伯曾在《新教伦理与资本主义精神》中，对于预定论带给加尔文派信徒的这种“内在的孤独感”进行了精彩的描述。在整个宗教改革的时代，个人最重大的事情莫过于永恒的救赎，而对于加尔文派信徒来说，他只能独自去面对这个在创世之前就已经确定的命运，因为没有任何人可以帮助他。首先，牧师不能帮助他，因为只有被拣选的人才能真正明白上帝的话语。其次，圣礼不能帮助他，因为圣礼绝非获得救恩的手段，只不过是信仰的“外在工具”而已。再次，有形的教会也不能帮他，因为教会里面鱼龙混杂，没有被

① Ernst Troeltsch, *The Social Teaching of the Christian Churches*, New York: Macmillan, 1956, p. 143.

② ［美］蒂利希：《基督教思想史：从其犹太和希腊发端到存在主义》，尹大贻译，243 页，北京，东方出版社，2008。

③ 参见［英］麦格拉思：《宗教改革运动思潮》，137 页。

神所拣选的人也在其中，而且人数更多。最后，甚至基督也都帮助不了他，因为就连基督也只是为了被拣选者而死的，神早在创世之前就已经预定了基督的牺牲殉难。在韦伯看来，从古犹太先知时代开始，结合希腊的科学思想，拒斥一切巫术性的救赎手段，视其为迷信与亵渎，乃是宗教史上的伟大进程。这个进程就是他所谓的“此世的除魅”，而加尔文的预定论标志着这个进程终于走到了顶点。①

前文提到，路德的“因信称义”学说还对信徒的信心保留了某种关注。但是到了加尔文这里，信心是圣灵所赐予的和不可磨灭的，而且假信徒在一段时间内也可能拥有“虚假的信心”，所以信徒们更加不需要关注自己的信心。一些研究者提到加尔文教导信徒们不断检视自己的内心，但是必须注意加尔文所要求的，是让信徒们检视自己是否心存靠自己或靠他人而得拯救的心思。由于彻底地关注拯救的客观来源，基督徒的精神自由就被彻底化了。加尔文预定论所强调的“恩典永不丧失”的看法，彻底避免了信徒对于自身内在状态的关注。甚至有学者认为加尔文发展出了一种“反神学的神学”。

二、成圣论与基督徒的外在转向

在新教神学中，成圣（sanctification）一般也被称为“重生”（regeneration），大致意思都指的是信徒不断改变、变得圣洁的过程。路德所提出的“因信称义”学说，实际上是把天主教的“因善行而成义”分解成了两部分：称义的事件和成圣的过程。② 这种分解是为了强调称义，也就是信徒的拯救与他们的善行无关。路德认为人在称义之后同时是义人也是罪人，义人是盼望，罪人是事实。称义改变了罪人在上帝眼中的外在地位，而成圣改变了罪人的内在本性。内在本性的彻底改变是要到来生才能够完成的，称义只是开了一个头。但是成圣的方向并不是像天主教所说的，是从自然的完善提升到超自然的完善。相反，路德认为罪是对人性的破坏，而救赎的意义乃是在自然秩序中恢复人性原状，使人完全信靠上帝。所以成圣的方向是恢复人类在被造之初时的样子。

在称义与成圣二者之间，路德很明显更重视前者。这一方面是因为路德神

---

① 参见［德］韦伯：《新教伦理与资本主义精神》，康乐、简惠美译，81～84页，桂林，广西师范大学出版社，2010。

② 天主教特兰托公会议再次重申了成义是“事件加过程两部分”的看法：“成义不只是罪的去除，也是内在个人的成圣和更新，通过恩典和天赋的自愿接纳，借此一个不义的人成为一个义人。”参见［英］麦格拉思：《宗教改革运动思潮》，120～121页。

学的中心就是不配获得拯救的罪人如何得救，另一方面是因为路德担心过于强调成圣可能会重新复活以善行而成义的学说。但是与路德相比，其他一些宗教改革家更加重视道德更新的问题。这些改教家强调福音的道德结果，而淡化了路德的中心主题。例如，苏黎世的茨温利（Huldrych Zwingli）就倾向于把基督视为一个外在的道德榜样，道德更新的优先性凌驾于赦免之上。斯特拉斯堡的布塞（Martin Bucer）则发展出一种“双重称义”的教义，认为称义有两个阶段，第一个阶段被他称为“不敬虔者的称义”，包括了上帝对人类罪恶的赦免。第二个阶段被称为“属神者的称义”，由一个顺服的人回应针对福音的道德要求而构成。布塞认为称义与道德重生之间有一个因果关系。除非两者都发生，否则罪人不可以被说成是称义。由于“不敬虔者的称义”导致“属神者的称义”出现，因此如果一个人缺乏道德的重生，就暗示他或她没有首先称义。[①]布塞相信他已经很好地统一了恩典与人类的顺服。但是他将称义分为两个阶段的做法，使路德非常有理由怀疑这是恢复了以善行而成义的学说。

加尔文的成圣学说就是在这种背景下所提出的，他一方面要捍卫“因信称义”中义的外在性和归给性，另一方面又要解释道德更新的来源。加尔文采取的办法是，把称义和成圣解释为信徒通过信心与基督的联合所获得的双重恩典。称义和成圣是两种相伴而来的恩典，但又是两种不同的恩典。这样，加尔文就将成圣解释为与基督相联结的结果，而不是称义的结果。

信徒个体的成圣，就是不断做出善行来逐渐完成自己的悔改，过上一种圣洁的生活。[②] 加尔文首先教导了信徒为什么要成圣，即成圣的根本目的是什么。他指出，《圣经》用许多巧妙的理由劝信徒行义。其中最基本的理由是，信徒必须圣洁，因为上帝是圣洁的。信徒被拯救是要和上帝重新联结在一起，但上帝的荣耀不可能允许他与邪恶的东西相联结，所以信徒们必须成为圣洁的。加尔文认为信徒成圣最关键的要求，就是在自己的思想、言语和行为上，都将一切荣耀归于神。这就要求信徒忘记自己和自己的一切。不照自己的理智而活，而是顺从神的带领。要做到这一点，必须先做到自我否定，离弃自己，才能用自己的一切侍奉神。自我否定才能消除人性之中的自爱，哲学家的教导在加尔文看来最终都根源于这种自爱，它是和上帝的荣耀完全对立的。借用汉考克的

① 参见［英］麦格拉思：《宗教改革运动思潮》，117～119 页。

② 加尔文在《基督教要义》第 3 卷的第 6 章到第 10 章详细探讨了基督徒应该过怎样一种生活。这部分内容很早就被加尔文的信徒们单独抽离出来，编成小册子作为他们的行为准则。如果想要考察加尔文的教导何以驱使信徒以一种全新的态度对待此世生活，这一部分的内容就是最关键的。

一个说法就是：“在自我荣耀和荣耀上帝之间没有任何中间地带。”[①] 自我否定是后来一切行为的基础，没有这种自我否定，即使再多再好的善行也是窃取上帝的荣耀。这种自我否定也决定了信徒行义的唯一准则就是不求自己的益处。

然而，自我否定主要是对信徒内心的一种要求，并且比较抽象。至于成圣所需要的外在行为，是否存在某些更为具体的规定呢？加尔文认为《圣经》中已经明确给出了这些规定或准则，加尔文关于《圣经》的这种看法与路德存在重大分歧。当路德试图在《圣经》中寻找某种生活准则时，他倾向于做消极性的理解：“《圣经》设定一些限制，在这些限制之外，积极的引导必须求助于理性、传统等来探求。”[②] 但加尔文则认为《圣经》中包含某种明确而积极的生活准则，它是基督徒所要服从的唯一的、无可改变的准则。这个准则就是上帝的神圣律法，它在十诫中得到了简洁的表述，在《圣经》的其他部分得到了详尽阐发。

在加尔文这里，成圣地位上升的背后其实是称义地位的下降。路德的神学始终关注的是罪恶软弱的人类，在凭借自己的努力什么善行也做不出的情况下，如何得到完全不配领受的拯救。所以路德认为自己恢复了“福音”一词的本义——好消息。福音就是带给人们“你们不用凭借自己就可以获得拯救”的好消息。人们唯一需要的就是相信这个好消息自己有份。一旦人们相信了福音，在上帝的眼中就被称义了。称义始终是路德神学的中心问题，别的东西都是第二位的。路德只以寥寥数笔谈论人在称义之后的善行，而且主要也是强调先有信心，后有善行。二者顺序绝不能颠倒，这样才能维护“因信称义”的纯粹性。路德讲到人的成圣时提出两种动机，一是约束自己的肉体，二是以快乐之心回报上帝。由于路德相信拯救的恩典是可以丧失的，而且大多数情况都是缘于肉体欲望导致的犯罪，因此约束自己的肉体是为了保守住灵魂中的恩典，很明显还是为称义而服务的。至于后者，路德解释说被称义的人已经获得了最高的恩典和快乐，从而别无所求，当然会以快乐之心来回报上帝。[③] 回报的方式是服务自己的邻人，这反过来帮助信徒约束自己的肉体。很明显，路德关于成圣的思考都是以拯救的恩典为轴心的。

但加尔文却将拯救的恩典视作上帝早在创世之前就已预定的更宏大计划的一个步骤而已。上帝在创世之前就已经预定了部分人的获救，也只有这些人才

① Hancock, *Calvin and the Foundations of Modern Politics*, p. 94.

② 转引自［美］施特劳斯、克罗波西：《政治哲学史》，356页。

③ 参见［德］路德：《基督徒的自由》，见《路德选集》，27～28、245～249页。

拥有圣灵所赐予的不可磨灭的信心。尽管这些人也会常常陷入怀疑和迷茫，但他们的恩典是不会丧失的。他们是上帝的选民，注定要获得拯救。福音对他们来说并不是路德意义上的好消息，而无非是上帝重申了与他们之间的约定而已。因此，加尔文的信徒所感受到的主要不是脱离罪恶泥潭时的快乐，而是上帝旨意的至高无上。与上帝的宏大计划相比，个人自身的拯救就会显得微不足道。所以加尔文才用大段篇幅教导信徒如何生活，如何利用此世。

称义是早就预定的事情，信徒们所要考虑的主要应该是如何以选民的身份来度过此世。加尔文确实也常常讲到信徒的自我否定和约束自己的肉体欲望，但理由绝不是像路德一样担心恩典会因肉体的背叛而丧失。加尔文所强调的是以这种方式逐渐脱离自己原本的样子，从“旧人”逐渐变成“新人”。加尔文也谈到成圣的一项内容就是行善来服务邻人。但信徒这样做的原因并不是获得了拯救的快乐，从而回报上帝。加尔文的信徒感受到的主要不是快乐，加尔文的上帝也不需要选民的回报。但加尔文将此世看作天国幸福的预表，因为上帝要让他的选民在此世中逐渐变得圣洁，而选民的成圣不是为了别的，不过是为了增加了上帝的荣耀。①

所以路德和加尔文描绘了两种不同的基督徒形象，或者说路德的信徒和加尔文的信徒呈现出两种不同的人格特质。② 前者是一个在极度的绝望和悲惨中，突然感受到“因信称义”的至高快乐的人，他要竭尽全力保守住这份快乐，并以这份快乐服务邻人、回报上帝。相反，后者是上帝早已预定的选民，他深知被拣选的荣耀，但更相信自己责任重大，这个世界是他成圣的战场，他要在其中通过自己的圣洁增加上帝的荣耀。理解了这种差别，就很容易理解成圣问题为什么在加尔文这里如此突出和重要——因为它变成了“唯一”的问题。

此外，成圣地位的上升在加尔文本人，特别是在后来的加尔文教信徒那里被另一种因素加强了。上文已经提到，加尔文的预定论带给信徒一种前所未有的孤单感。因为它清除掉了人与上帝之间在属灵问题上的一切中介因素，信徒除了上帝之外无所依靠。信徒的拯救是被预定了的，但问题是谁会知道自己是否被预定了？因为这种怀疑而不相信拯救唯独依靠上帝，甚至相信因善行或他人的帮助而称义，这些在加尔文的教导看来显然都是没有被拣选的明确标志。

---

① See John Calvin, *Institute of the Christian Religion*, III. 7, III. 10, John T. McNeill, ed., Ford Lewis Battles, trans., Louisville: Westminster John Knox Press, 2006.

② 这里所说的两种信徒的人格特质，是韦伯意义上的“理想型”，而非全体信徒的情况。

但真正的问题在于，对于那些只依靠上帝的人来说，他们仍然想要知道自己是否真的已经被预定拯救。因此，加尔文的预定论除了带给信徒孤单感之外，还带来了一种强烈的焦虑感。可否通过某种正确、合理的方式来确认信徒被拣选了呢？这就是韦伯所说的“寻求拯救之确定证据”的问题。①

信徒中的少数包括加尔文本人，也许可以做到无视这个问题。他们本身就坚定地相信自己是上帝的“战斗工具”。韦伯认为加尔文本人并不关心每个人如何知道自己是否被拣选的问题，只要知道上帝已经做出了裁定就可以了。原则上他拒绝人的臆断，认为不能从行为上察知自己是被拣选还是被弃绝。被拣选的人在现世生活的外表上和被弃绝者没有什么两样，而且被弃绝者也可能获得某种“虚假的信心”。但是这种态度对于他的追随者，特别是广大普通信徒来说是难以忍受的。韦伯特别提到了加尔文的第一代弟子贝扎（Theodore Beza），从他开始，后来的加尔文教信徒越来越将“寻求拯救之确定证据”看作最重要的事情。② 他们克服这一问题的方法有两个步骤：第一，每个信徒都有义务相信自己是选民，并且将任何怀疑都视为魔鬼的诱惑而加以拒斥，因为缺乏自信就是信仰不足、恩宠不够的结果。“如此一来，路德推崇的谦卑罪人被取代，培养出来的是充满自信的圣徒。”第二，信徒要以孜孜不倦的成圣行动作为获得那种自我确认的最佳手段。③

因此，成圣就和“寻求拯救之确定证据”联系在了一起，其地位进一步被提升了。对于加尔文教信徒来说，善行的确不能用来作为称义的手段。但是善行又可以作为被拣选的证据。韦伯精辟地总结道：“善行作为一种技术手段，并非用来购买，而是用来解除关于救赎与否的不安”，“加尔文教徒的救赎——正确的说法应该是救赎的确信——是自己创造出来的”④。从逻辑上来说，加尔文的预定论有可能会导致宿命论的结果——既然命运已经被预定，那么做什么都是无用的。但韦伯所发现的这种“寻求拯救之确定证据”的想法，却解释了为什么现实中典型的加尔文信徒没有“听天由命”。

---

① 参见［德］韦伯：《新教伦理与资本主义精神》，88页。

② 韦伯引用了贝扎的以下说法：“正如真正的善功乃通往救赎的赐物，我们借此救赎而攀升到信仰里。借由此种确实的结果，不止蒙神的召命，而且是有效的召命，并因此召命而受拣选，由拣选而在基督里安稳于如神之圣座般坚固不移的预定恩赐，我们乃借着结果与原因的最缺失的锁链，而有此牢靠的连接。”参见［德］韦伯：《新教伦理与资本主义精神》，附录3。

③ 参见［德］韦伯：《新教伦理与资本主义精神》，90～91页。

④ ［德］韦伯：《新教伦理与资本主义精神》，95页。

然而，韦伯将加尔文本人与后来的加尔文教徒截然分割的做法值得怀疑。[①]关于这一点，特洛尔奇与汉考克等人已经提出了不同的看法：加尔文本人并非像韦伯所说，完全禁止人们寻找拯救的确定证据；相反，恰恰是加尔文自己至少暗示说可以将信徒的善行视为拯救的标志。[②] 加尔文明确写道，“未曾重生就显示他们缺乏信心”，还将“重生的果实”视为圣灵居住在信徒心中的一项证据。[③] 加尔文只是反复强调信徒的成圣和善行都不是他们凭借自己做到的，完全是因为与基督相联结而由圣灵所完成的。即使并不存在这一加强因素，加尔文关于成圣的大量论述，也是在劝导信徒以一种全新的态度——所有行为都是为了增加上帝的荣耀——来投入此世的生活。

第五节　加尔文对此世两个国度的转化

加尔文教导信徒要在此世中努力成圣，改造此世之中的各种机构，恢复其合理的目的，保守并增加上帝的荣耀。加尔文在肯定可见教会与世俗政府存在之必要性的前提下，以一种此世化的神学个人主义精神重构了它们。

一、改造此世和对路德两个国度学说的遮蔽

加尔文独特的成圣思想，导致了信徒与此世之间关系的转变。信徒在此世中不仅要按照自我否定和十诫的要求来完成自己的成圣，而且要与这个世界发生各种关系。这就引发了信徒如何利用此世的问题。加尔文教导信徒应该积极地投入此世生活，创造出各种益处。只要他们不是为了个人的奢侈享受，而是为了邻人的益处，加尔文的神学就对他们不加限制。这些益处的内容当然包括物质财富，信徒们可以积极从事营利性活动。加尔文并没有特别强调经济活动

---

① 韦伯在《新教伦理与资本主义精神》关于加尔文部分的一个脚注中写道：“加尔文本人和路德派一样，同意善功是信仰的结果，但他极力驳斥此乃得神应许的标志。”他举出《基督教要义》III. 2. 37-38 来支持自己的论断。但实际上这两段文本都不支持他的论点。第 37 节的题目是“疑惑无法消灭信心”，讲的是信徒也经常会感到疑惑，但是信心是内在的，是不会被压倒的。第 38 节的题目是“经院神学家对信心确据的谬论”，加尔文在此反对的是经院神学家所说的“人越认为自己配得恩典，他所辨认出的神的恩典就越多”。他所批评的仍然只是以善行成义的观点。加尔文强调的是人永远不配得神的恩典，但他绝非反对神可以在不配的人身上做出恩典。

② See Troeltsch, *The Social Teaching of the Christian Churches*, p. 141.

③ See Hancock, *Calvin and the Foundations of Modern Politics*, p. 132.

和物质财富的突出地位，只是后来的加尔文主义者越来越强调这一点。韦伯认为正是从加尔文主义关于经济活动的这种独特看法中，产生了一种独特的经济伦理，最终成为近代资本主义精神的一个本质性构成要素。①

然而这里只是突出了加尔文学说影响的一个方面，即信徒的经济活动。但实际上加尔文的教导是整体性的，他教导人们以某种方式整体性地改变此世。这是由信徒与此世的关系，并且最终是由信徒与上帝的关系决定的。信徒是上帝宏大计划的一部分，他们要在此世之中追求自己的成圣。他们是以一种超然的态度来看待此世，然后再回到此世。在这种态度下，此世一切都具有改变的可能，都要服务于增加上帝荣耀的目的。所以，加尔文一开始就没有路德那种对此世的顺服感。② 信徒对此世的改造从对象上来说，既包括对于物质世界的改造，也包括对于各种人类组织（家庭、教会和国家等等）的改造。③ 考察加尔文的社会政治思想，必须以“信徒对此世组织的改造”为核心。

改造此世的终极目的是增加上帝的荣耀，可是上帝的荣耀具体指什么呢？换句话说，有什么应该遵循的标准吗？从加尔文的论述来看，有两条最基本的标准：第一条是否定性的标准，即不能做什么；第二条是肯定性的标准，即应该做什么。两者相比，第一条标准具有优先性，它的目的在于维护和保持信徒与上帝之间的正确关系。对于任何行动，先不要考虑是否增加了上帝的荣耀，而要先看看是否贬损或无视了上帝的荣耀。

第一条标准：必须清除一切此世组织在精神事务上的僭越。加尔文的预定论所导致的神学个人主义，将上帝与人之间的一切中介因素都完全清除掉了。信仰与拯救的事情，是信徒个人与上帝之间的关系。路德也坚持神学个人主义，但是他更多的是强调个人与上帝的关系不会受到外界因素的干扰。而加尔文对于成圣和上帝荣耀的强调，就意味着这些虚假的中介因素僭越和破坏了上帝的荣耀。信徒们必须恢复上帝的荣耀，就不能只是忍受这些因素的存在，而是要积极消除它们。这种态度造成的结果就是对于一切精神等级制的敌意。

不论是天主教所教导的神职人员与平信徒的区别，还是道德哲学家所教导

---

① 参见［德］韦伯：《新教伦理与资本主义精神》，181页。

② 路德的这种顺服被两个因素加强了：一是信徒要快速离开此世；二是此世属于魔鬼的国度。这些从路德对可见教会的不重视就可以看到。

③ 有学者据此将加尔文的社会政治学说称作改造主义或转化主义（transformationism）。See Thomas G. Sanders，*The Protestant Concepts of Church and State：Historical Background and Approaches for the Future*，New York：Holt，Rinehart and Winston Press，1964，p. 3.

的有德性之人灵魂的优越性，在加尔文看来都僭越了上帝的荣耀。它们共同的效果都是将信徒的注意力从上帝身上移开。凡是加尔文思想传播的地方，偶像崇拜都绝无生存的可能。这并不是说加尔文否定一切等级制的存在，而是说被他认可的等级制，绝不会是建基于人类灵魂的等级差别。[①] 韦伯总结说："将恩宠状态的确证放在心上的基督徒，只是为了神的目的而行动，所以这活动与人的目的无关。非理性的人际关系，很容易被攻击成造物神化。"[②] 加尔文的这种看法，实际上是为"统治权必须建立在被统治者之同意的基础上"的理论提供了一种全新的神学辩护。

第二条标准：信徒必须恢复上帝创造这些组织时的目的。由于人的僭越和愚昧，他们的生活已经偏离了上帝的正道，许多组织正承担着完全不属于自己的职能。这是与第一点直接相连的，清除了此世组织的僭越，就是要恢复它们恰当的目的。加尔文教导信徒必须根据上帝在创造世界时的目的来使用它的恩赐，上帝创造世界是为了人的需要，也是为了人的享受和快乐。此世的组织不可能在人的精神事务上有任何地位，它们拥有的是一些非常消极的此世目的——人的各项肉体需求。国家的存在就是为了维持最基本的和平，可见教会就是为了维持信徒之间外在的秩序，工作就是为了人的基本需要，婚姻就是两性的结合，等等。个人是以一种明确的目的参加到这些组织之中的。韦伯认为加尔文派社会组织的心理基础全都奠基于"个人主义""目的理性"或"价值理性"的动机，个人绝非凭感情加入社会组织。[③] 个人构成了此世组织的起点、中心和目的。

从这两条标准来看，加尔文对成圣的极力强调所造成的后果就是使神学个人主义突破了在路德那里的局限，开始影响到非精神性的此世事务。这里并不是说路德没有关于此世行为的教导，而是说路德的这种教导并未遵循与神学个人主义同样的原则。路德笔下的基督徒，要么是彻底地退守到精神国度之中，要么就是承担起两种不同的身份：作为基督徒个人履行一套伦理，作为世俗社会具体职位的占有者，履行另一套伦理。在特洛尔奇看来，路德派教徒的生活不过是"从未完全实质化的零碎开头的总和，琐碎地固守着一个个不确切的命令。他们并非以在生活的整体关联里有所作为为目标，而是循着路德本身业已

---

① 这样看来，加尔文能够接受的等级制似乎只能建立在传统与同意的基础上了。下文的分析将表明加尔文理想中的教会和国家，正是一种结合了《旧约》原型与信徒同意的组织形式。

② ［德］韦伯：《新教伦理与资本主义精神》，85 页。

③ 参见［德］韦伯：《新教伦理与资本主义精神》，85 页。

展开的路线，根本上委身于适应既有的事无分大小的生活情境里，习惯于被动地领受‘威权式地’供应之物”[①]。与之相比，加尔文的教导显然是一种整体性的生活规划，也就是把神学领域中那个坚定的、无所依靠的个人形象，完整地移植到了此世之中。这可以描述为神学个人主义向此世领域的渗透，在此世领域的展开，或者说神学个人主义对此世组织结构的转化——简称“神学个人主义的此世化”。

二、教会权力的恢复

加尔文认为真教会主要包括两项标记，一是圣道的宣讲，二是圣礼的实施：“倘若他们保持并尊重圣道的传扬和圣礼的施行，那么毫无疑问就是真教会。”[②] 在他看来，罗马天主教会正是因为扭曲和压制上帝的话语以及错误地实施圣礼，所以是假教会。那么加尔文教徒脱离罗马教会就是完全正确的。信徒不应盲目加入一个现有的教会，而应首先运用自己的理智对这个教会的真伪性质进行判断。显然，加尔文的初衷是对新教徒脱离天主教会的行为进行辩护。但是他要求个体信徒独立进行判断的做法，表现出对个人地位的极大提升。

不过加尔文认为个体信徒在脱离了天主教的假教会之后，并不能像再洗礼派一样组成一个全部是真信徒的纯洁教会，因为没有人能够确定自己或别人是真信徒。加尔文甚至认为即使一个教会在上面两项标记之外有无数的错误和问题，即使教会中有很多伪信徒与邪恶之人，这个教会也可能是真教会。[③] 当然，加尔文的意思并不是要一味容忍这些错误。他担心的是教会因为一些无关宏旨的争论而进一步分裂，所以强调信徒不能随意脱离具有那两个标记的教会。在强调教会的统一性方面，加尔文的语调与他的天主教对手几无区别。他将教会称作信徒的母亲，“除非这母亲怀我们、生我们、喂我们奶，并关怀和引领我们，否则我们无法得生命”，“在教会之外，没有赦罪和得救的希望”[④]。这难道不是恢复了罗马天主教关于“教会之外无救恩”的说法吗?

---

① 转引自［德］韦伯：《新教伦理与资本主义精神》，259 页。

② Calvin，*Institute of the Christian Religion*，pp. 1023－1024.

③ 加尔文试图划分主要教义和次要教义：前者是所有信徒都必须接受的，如“神只有一位，而基督是神，也是神的儿子；我们的救恩依靠神的怜悯”等等。至于后者则容忍分歧的存在，如“人的灵魂一旦离开身体，是不是立刻到达上帝那里”。后来的一些加尔文主义者则努力将主要教义系统化。参见 Calvin，*Institute of the Christian Religion*，p. 1026。

④ Calvin，*Institute of the Christian Religion*，p. 1016.

加尔文这里面临的挑战就是要同时反对再洗礼派取消（可见）教会存在的必要性，以及天主教会对于教会性质的扭曲。他必须解释教会对于信徒来说意味着什么，即教会的目的是什么。加尔文的预定论已经将路德“因信称义”的教义推到了极端，拯救是上帝在创世之前就做出的决定。那么对于信徒来说，为什么还需要教会的存在呢？教会在何种意义上是他们的母亲呢？

加尔文说教会是信徒的母亲时，绝非认为教会在信徒的拯救事业中发挥任何积极作用。信徒生活在母亲的怀抱中，是为了在她的关怀和引领下“脱去必死的肉体，成为和天使一样”。尽管在拯救问题上无从插手，但是它却能够帮助信徒逐渐成圣。教会的作用与基督徒的成圣密切相关，所以加尔文又将教会称作学校：“因为我们的软弱，我们不能从这学校中休学，反而要一生做这学校的学生。”[①] 如果单从称义和救恩的一面来看，教会不过是上帝布道的工具。信徒们一旦相信自己获得了信心，成了不可见教会的一员，就很可能会轻视可见教会的作用。可见教会不过是通往不可见教会的桥梁，它的存在理由无非是路德所说的“没有人一生下来就是基督徒”。但是加尔文关于成圣的独特教义改变了这种看法，信徒们获得信心之后，还需要在教会中继续成圣。他们在自己成圣的同时，也要使教会自身成圣。这就要求一方面恢复教会正确的目的和组织结构，另一方面帮助其他信徒成圣。

路德轻视可见教会，将可见教会的组织形式主要视为历史文化传统的偶然结果，而加尔文由于对成圣的强调，则非常注意教会的组织形式和权力结构。[②] 但加尔文必须回答的是，教会为了实现“促进个体信徒的成圣”这个目的，为什么需要一种权力机制。

教会权力的第一个来源在于维持教会秩序的必要性。加尔文指出，一切社会组织为了维持其内部的秩序与和谐，都必须建立某种机制（polity）。[③] 教会内部人员混杂，人与人之间的风俗习惯、想法、判断和个性有很大的差别，如果不建立明确的机制并颁布行政法规，就不能维护教会的统一与稳定。这就意味着，加尔文认为单凭圣道并不能维护教会的统一，有形的教会必须配备合适的权力机构。但加尔文强调这种权力与信徒的拯救毫无关系，如果以为遵守教

① Calvin，*Institute of the Christian Religion*，p. 1016.

② 特洛尔奇指出，加尔文派关于教会的看法并不像路德派所说的是从物质生活的环境、自然法的制度、有形的教义和圣礼的无形效果等间接产生的，倒是直接从上帝那前定的旨意本身中产生出来的。参见 Troeltsch，*The Social Teaching of the Christian Churches*，p. 154。

③ 很明显，polity 一词来自希腊文中的“政体”。加尔文使用这个词，是为了强调教会中也需要某种权力机制。所以这里一般被翻译为教会的机制、行政或制度。

会的法规是获得拯救的必要条件，就是恢复了天主教对于信徒良心的压制。为了阐释这种区分，加尔文使用了"灵魂"（spirit）与"肌腱"（sinews）的比喻：圣道是教会的灵魂，法规和惩戒机制是教会的肌腱。借用汉考克的说法，"肌腱与灵魂无关，但是肌腱可以帮助灵魂将整个身体控制在正确的轨道之上"①。这里需要注意的是，另一位新教改革家布塞将教会纪律也算作圣道与圣礼之外教会的第三项标记，但加尔文却始终坚持教会只有两个标记。②

然而，教会的肌腱不仅服务于外在的秩序，还与信徒的成圣密切相关，甚至后者才是它的主要目的。前面关于成圣的分析已经指出，成圣是一个不断推进的过程，信徒们必须不断努力克服自己的本性。加尔文教导信徒应该以上帝的律法作为自己成圣的标准，信徒们要力图使他们的行为符合上帝律法的要求。上帝的律法与人的拯救无关，但是与成圣相关。教会的法规本身就是以上帝的律法为模版的，教会的惩戒机制就是激励信徒们更加敬畏圣洁的事物，使他们变得更加虔诚。因此，加尔文用三个比喻来描述教会的法规与惩戒体制："就如缰绳，能勒住和驯服一切顽抗基督教义的人；或就如刺，能刺激懈怠萎靡的人；有时又如父亲的手杖，在慈爱和基督之灵的温和气氛中，管教那些严重堕落的人。"③ 缰绳、刺和手杖这三者，涵盖了教会法规及其惩戒机制的全部目的：维持外在秩序和激励信徒成圣。

与路德相比，加尔文因为对成圣和秩序的强调，重新在教会中发现了权力机制的重要性。路德的教导，一方面将福音与律法严格地对立起来，使得他始终对在教会建立精神权力表示敌意；另一方面，当路德被迫面对现实中教会秩序的混乱，特别是激进分子如再洗礼派的要求时，又显得束手无策。路德最终的选择就只剩下求助于世俗统治者来维持教会内部的秩序。路德派的教会在随后的发展中也就越来越难以抵挡世俗统治的压力。路德的尴尬态度已经将宗教改革运动带到了非常危险的境地。第二代改教家都开始强调教会中权力机制的重要性。④ 加尔文则是这些人中的佼佼者，因为他努力为教会权力找到了恰当的神学基础。借用沃林的说法，"虽然得出结论说加尔文主持的对'改革的清算'过于极端，但无可否认，试图对结构和组织的强调开始了这场运动的一个

---

① Hancock，*Calvin and the Foundations of Modern Politics*，p. 50.

② 参见［英］麦格拉思：《宗教改革运动思潮》，201～202 页。

③ Calvin，*Institute of the Christian Religion*，p. 1230.

④ 参见［英］麦格拉思：《宗教改革运动思潮》，202 页。

新阶段”[1]。

教会的权力是为了维持秩序以及激励信徒的成圣，那么这种权力具体包括哪些内容呢？加尔文认为教会的权力包括三个方面：教义权、立法权和司法权。而司法权，即惩戒机制被加尔文称作教会权力最重要的方面。教会根据信徒所犯错误的程度实施不同的惩罚：第一步是私下的劝诫；第二步是公开的责备；最后一步就是开除教籍。教会司法权有三重目的：第一是为了教会的圣洁，拒绝让一切污秽、过可耻生活的人成为基督徒；第二是避免善人因常与恶人相处，受到恶人的败坏；第三是通过惩戒带给人的侮辱使他悔改。可见，教会的司法权是为了实行道德上的惩戒，这种权力本质上是实施一种精神上的谴责。“教会捆绑被开除教籍的人，并不是为了将他扔到永恒的灭亡和绝望里去，而是为了谴责他的生活方式和道德，并且警告他若不悔改就必定灭亡。”[2] 因此教会没有权力使用刀剑来惩罚人或强迫他们。这是教会权力与世俗权力最根本的区别。教会的司法权与立法权一样，与信徒能够获得拯救无关。天主教的错误，就是把自己看作上帝在人间的代理人，天堂的司钥者。加尔文除了强调这种权力必须与刀剑的权力分开之外，还认为这种权力的统治范围包括教会的一切成员，即使是世俗统治者，只要他是基督徒，就要接受教会司法权的管辖。此外，施行这权力不是一个人的事，而是整个教会的责任。

明确了教会权力的目的和内容之后，接下来要处理的就是如何在教会内部分配这种权力的问题，换句话说也就是教会内部治理结构的问题。路德认为教会的组织是历史的偶然情况，并不需要神学上的规定，加尔文却将这个问题严格奠基在《圣经》教导的基础之上。他坚信《圣经》已经教导了一种最好的教会组织形式。加尔文所依据的文本主要是使徒书信，特别是《提摩太前书》《提摩太后书》和《提多书》。麦格拉思称这是《圣经》解释上大胆的新一步，使加尔文得到了一个明确的标准来对抗罗马天主教。也正是因此，加尔文派的教会才发展成一种高度建制化的组织，成为天主教最可怕的敌人。[3]

加尔文首先把教会成员分为统治阶层和被统治阶层，而在统治阶层内部又划分出四种职分：牧师（pastors or ministers）、教师（doctors or teachers）、

---

① ［美］沃林：《政治与构想》，177 页。

② Calvin，*Institute of the Christian Religion*，p. 1214.

③ 参见［英］麦格拉思：《宗教改革运动思潮》，202～203 页。

长老（presbyters）和执事（deacons）。[①] 牧师和教师是教会中永远不能缺少的职分，他们的首要职责就是传讲福音。但区别在于，教师只负责解经，使信徒相信完全纯正的教义，而牧师除此之外还负责教会的惩戒、施行圣礼、警告和劝勉等。教师从某种程度上来说就是牧师的一种“分身”，而牧师则同时掌握着教会的三项权力：教义权、立法权和司法权。

牧师在教会中占据最高的地位，但必须将其安置在加尔文神学的背景之下。牧师也许拥有关于《圣经》的更多知识，但他始终被看作上帝的工具。他只能颁布关于教会秩序和激励信徒成圣的法规，而且还要小心避免它们压制信徒自由的良心。牧师也不能独揽教会的司法权，他必须与教会的长老一起审判相关的案件。用沃林的话说，“牧师是一位领导人，而非一名统治者，这是在一个没有首脑，没有单一人力智慧和控制中心的共同体里可能会有的最高职位”[②]。

加尔文教会学的一个独特之处就是他对长老一职的强调。长老是从平信徒中选举出来的，负责道德上的劝勉以及与牧师一起执行教会的纪律。后来的加尔文教徒中严格遵守其教导设立长老一职的，就被称为“长老会”或“长老派”。长老职位的突出，标志着纪律惩戒即教会司法权的实施在教会运作中地位的显著上升。而这从根本上就源自加尔文对于教会的目的、本质以及教会权力性质和内容的独特理解。

在这种理解之下，教会权力主要是为了维持秩序和激励信徒成圣。教义权本身受到了《圣经》的严格限制，而且与秩序和成圣都无关。因此，立法权和司法权才是教会权力中更有影响和更具活力的部分。长老就是在这个背景下，被描绘成协助牧师行使教会司法权的助手的。长老不能分享教义权和立法权，不能宣讲圣道和实施圣礼，这样他们就被完全剥夺了加尔文笔下的牧师身上那些原本就剩余不多的属灵魅力。长老纯粹就是为了维持教会的秩序和激励信徒

---

① 加尔文承认在历史上曾经有过其他职分，如先知、使徒、传福音的、牧师和教师。后两种是常设的，前三种是在神的国度刚开始或在需要的时候由人担任的。使徒是最初在世界传福音的人，是世界各地教会根基的建造者。并不是一切诠释神旨意的人都是先知，先知乃是那些受神特殊启示的人，这职分在我们这时代已经少见或不存在了。所谓传福音的，是那些没有使徒的地位高，有时却代替他们职分的人，如路加、提摩太等。参见 Calvin，*Institute of the Christian Religion*，pp. 1057－1059。卡诺奇（Alexander Ganoczy）和其他一些人认为加尔文的这个构想是从布塞那里借用来的，布塞在 1536 年的《〈马太福音〉注释》中已经提出了这样的安排。乔治认为，加尔文在 1541 年已经相信这一形式是《圣经》所设立的，这也是日内瓦《教会法令》提出的新体制的基石。参见［美］蒂莫西·乔治：《改教家的神学思想》，216 页。

② ［美］沃林：《政治与构想》，187 页。

成圣的目的而服务的："人们挑选那些热心又经过考验的人，让他们与教会中的牧师一起实施教会纪律并担任道德整治的监督员。"①

加尔文进一步认为牧师和长老应该组成一个专职的组织，负责执行教会纪律。这个组织就是加尔文教会学中的"宗教法庭"。他特别强调这个组织的重要性："每一个教会一开始都有这样一个元老院（senate），教会的历史证明这是所有时代的教会都应当有的组织。"② 根据加尔文1541年返回日内瓦之后所制定的《教会法令》，宗教法庭由12位长老与牧师团的全体成员（1542年有9名，1564年有19名）组成。这些人每周四聚集在一起，讨论纪律惩戒的实施。在同时期新教所控制的苏黎世、巴塞尔和伯尔尼等地，教会纪律的实施都是掌握在世俗地方政府手中。例如，苏黎世政府认为开除教籍是一件公民事件，必须由地方行政官员而不是由神职人员处理。加尔文设想的宗教法庭的惩罚措施，无非就是上文所提到的私下劝诫、公开劝诫以及开除教籍，这完全是教会内部的惩罚。然而在加尔文的日内瓦，宗教法庭的权力也一直受到世俗当局的挑战。日内瓦市议会坚持主张"牧师没有公民的司法权，除了是上帝话语的属灵利剑之外他们不能行使别的，宗教法庭也不可以减损领主的权威或日常的公义。公民权利仍然是畅通无阻的"③。

宗教法庭标志着加尔文派教会高度的纪律性，也保证了他们能够在充满敌意的环境中生存下去。加尔文派一般是在敌对的处境中生存和发展的，在其中，君主和现存教会建制均反对他们的发展。而较为精密的加尔文派教会结构，经证明比他们的路德派同道更能对抗复杂的处境，使得加尔文主义有充足的资源在看起来完全没有希望的政治境况中取得进展。

牧师和长老一起掌握教会的权力，是教会所有职分中最为重要的。从严格的《圣经》教导来说，加尔文认为所有圣职人员包括牧师与长老都应该是由全体会众选择的。不过他并没有讨论具体的选择方式，他提到过投票、举手甚至鼓掌，却没有明确支持其中的任何一种。而且从加尔文对古代教会特别是对老底嘉教会的态度来看，他可以接受圣职人员与会众之间权力的平衡，即只将会众的同意作为决定因素之一，而不是唯一的决定因素。但是彻底剥夺会众的权利，却是加尔文所坚决反对的，因为会众同意与否直接关系到职分的性质和目的。

---

① ［法］加尔文：《〈提摩太前书〉注释》5：17；转引自［美］蒂莫西·乔治：《改教家的神学思想》，217页。

② Calvin, *Institute of the Christian Religion*, p. 1016.

③ 转引自［英］麦格拉思：《宗教改革运动思潮》，203～204页。

三、世俗权力的界定

在教会之外，世俗政府是此世中另一个重要的组织。对于加尔文的信徒来说，他们已经结成了教会，并且通过教会的精神惩罚权来维持信徒之间的秩序和激励他们成圣。再洗礼派取消了世俗政府存在的必要性，而路德虽然承认世俗政府的必要性，但倾向于认为世俗政府对于真基督徒来说没有多大意义。再洗礼派和路德的做法都陷入了政治上的困境：前者不是退出到世俗社会的边缘地带苦苦挣扎，就是在偶尔掀起的激烈对抗中被残酷镇压；后者则越来越无法抵抗世俗政府对教会的干涉。加尔文本人非常清楚这种困境，他将此描述为世俗政府面临的两种威胁：“一方面某些疯狂的和野蛮的人，不顾一切地想要颠覆神所设立的世俗政府；另一方面，又有一些奉承君王的人，过分地称赞君王的权力。这两种邪恶的言论都必须被纠正，否则信仰的纯洁性将会被破坏。”[①]

那么对于加尔文来说就必须恢复世俗政府的本来目的。他认为世俗政府的目的首先是维持秩序。加尔文认为那些否认世俗政府存在必要性的人，从根本上歪曲了两个国度之间的区别，误以为基督徒的属灵自由就意味着全世界不能存在任何政治统治。对于这些人，加尔文认为只需要重申灵魂与肉体的区别就可以了。既然“属灵的自由与世俗的奴役能够共存”，而且将“基督的国度局限于此世的范围是犹太人愚昧的想法”，那么我们“就要将神在基督里应许给我们的自由，限于其固定的范围”[②]。这里加尔文似乎只是重复了他早年从路德那里继承的两个国度学说。这种学说将世俗国度的存在归咎于人类因为原罪而造成的堕落，世俗国家是对这种堕落的一项补救。借用路德的比喻，世俗国家是一台镇压机器，维持着消极的和平。而基督徒与世俗国度发生关系，无非是因为在称义之后他们还不能彻底摆脱自己的身体。路德并不否认世俗国度是上帝建立的，但在他的语境中，世俗国度确实主要是为非基督徒建立的。真正的基督徒本质上不需要世俗政府，他们与加尔文所说的带来第一种威胁的人之间的区别，只不过在于了解到自己不需要这个政府，却不否认这个政府对于别人的重要性。[③]

---

① Calvin, *Institute of the Christian Religion*, pp. 1485 - 1486.

② Calvin, *Institute of the Christian Religion*, p. 1486.

③ 路德晚年也意识到自己的两个国度学说实际上孕育了再洗礼派激进的主张。所以就像本章第一节所论述过的，路德后来一方面强调真正的基督徒永远是少数的，另一方面主张真正的基督徒可以积极地承担世俗政府中的职务。而再洗礼派的核心信条之一就是认为世俗政府中的职务是与基督徒无关的。再洗礼派神学家彼得·莱德曼教导说：“没有基督徒做统治者，也没有任何统治者是基督徒。”相关内容参见［英］麦格拉思：《宗教改革运动思潮》，212～213页；［美］蒂莫西·乔治：《改教家的神学思想》，235～237页。

然而，加尔文并没有因为反驳再洗礼派而退回到路德的主张。他明确指出两个国度之间的区分，不应该使人们将世俗政府视为某种污秽或与基督徒毫无关联的东西。世俗政府除了维持秩序之外还有别的目的，正是因为这个目的，基督徒不能将世俗政府看作与自己无关的东西。加尔文认为世俗政府除了维持秩序之外，还要“珍视和保护信徒对神的公开敬拜，捍卫纯正的基督教教义以及教会的地位，约束人们的行为，使其符合社会的要求，让人们友好相处，促进普遍的和平与安定”[①]。世俗政府不仅关乎吃饱穿暖的事情，还要“禁止偶像崇拜、对神的圣名和真理的亵渎，并防止其他公开冒犯信仰的行为在民众间产生和散布”[②]。

总而言之，世俗政府除了维持秩序之外，还要确保基督徒能够公开表达信仰和惩罚异端。加尔文自己让读者们不要惊讶于他把建立正确信仰的责任交给世俗政府。他的理由是，信仰的内容完全不是人所能决定的。但这种说辞很难消除读者和研究者的疑虑，反而在他们之间引发了激烈的争论。换个角度来说，加尔文这里实际是允许教会借用世俗政府的强制力来服务于属灵的目的。[③]

这里的关键就是要解释在无法影响到信徒之拯救的情况下，维护信仰的公开表达和惩罚异端还能有什么样的意义。对此可以提出两项理由：第一，是为了维护上帝的荣耀；第二，是为了进一步激励信徒的成圣。加尔文因为其严格的预定论立场，当然承认世俗政府的任何努力都不会影响到人的拯救或毁灭。但是对于信徒来说，他们在此世之中的主要目的就是增加上帝的荣耀。公开表达自己的信仰和对上帝的敬拜，当然是增加上帝荣耀的重要方式。如果有人公开亵渎上帝和冒犯信仰，就严重破坏了上帝的荣耀。信徒们不能容忍这些行为的存在，他们要用各种手段来打击和阻止这些行为。而世俗政府的惩罚权，当然是重要的手段之一。这些被惩罚的人中，有一部分是绝对的暴徒，这种惩罚完全就是对他们的压制。而另一部分却可能是一时失足的信徒，这时对他们的惩罚就是一种警告，提醒他们改正自己的行为。教会的惩戒手段如劝诫和开除

① Calvin，*Institute of the Christian Religion*，p. 1487.

② Calvin，*Institute of the Christian Religion*，p. 1488.

③ 在萨拜因和艾伦看来，借用政治的工具来为宗教目的服务这一点，就足以将加尔文主义视为“僧侣统治”和“中世纪教权主义的极端版本”。而威廉·邓宁则认为加尔文，连同16世纪其他伟大的宗教改革者们，“从严格意义上来说都是中世纪式的和经院派的”。加尔文就是僧侣统治的鼓吹者，就是新的英诺森三世。梅斯尔也使用神权政治（theocracy）这个词来描述加尔文：“假如他跟随中世纪的经院神学家们，小心地坚持两种政府之间的区别的话，那么世俗权力无疑不该被如此利用。”See Hancock，*Calvin and the Foundations of Modern Politics*，pp. 55－56.

教籍可以刺激他们，世俗政府的惩戒手段如罚款、坐牢、放逐等也可能会收到同样的效果。汉考克指出，在加尔文那里，信徒的成圣过程靠的是持续地更新自己对上帝的恐惧：“因为没有什么比怀疑自己并确信自己应得灭亡更能使信徒全然地信靠于神。”[1] 假如公开的责难可以唤醒信徒对上帝的恐惧，那么肉体惩罚这种更为直接的威胁当然也能够做到。

因此，对于个体信徒来说，世俗政府主要有两项目的：一是维持信徒之间，以及信徒与非信徒之间的秩序；二是运用世俗的惩戒手段来帮助信徒成圣。对这两项目的的肯定，使得加尔文既强调了世俗政府的必要性，又强调了世俗政府对于信徒的重要性，同时反驳了再洗礼派和路德的教导。

在明确了世俗政府的目的之后，接下来要考察的就是世俗政府的权力包括哪些内容。世俗政府的权力掌握在世俗官员手中，官员的职分是上帝所确立的，他们从上帝那里获得权力，是他的代表，也在某种意义上代替他统治人。加尔文重申了保罗的教导：“所有掌权的都是神所命的”以及“没有权柄不是出于神的”。加尔文简单列举了官员所拥有的主要权力，如发动战争、征税、制定和实施法律等。与部分再洗礼派教徒所宣扬的和平主义相反，加尔文认为政府应该为了维护和平而发动战争。当国家发生叛乱和敌人入侵时，就应该运动战争的手段来恢复和平。但加尔文也认为政府在发动战争时需要特别地审慎，注意自我约束。“统治者不能被自己的私人情绪影响，他应当唯独在乎民众的需要。”[2] 此外，加尔文支持政府有征税的权力，但税收主要应该用来支付行政所需的公共费用。

除了战争和征税之外，加尔文认为世俗官员的主要权力是制定和实施法律。他认为官员必须通过法律来进行统治，还引用了西塞罗和柏拉图的说法：“法律是国家的灵魂，法律是沉默的统治者，统治者是活着的法律。”[3] 但西塞罗和柏拉图都是异教的思想家，那么基督教国家的法律有没有什么特别之处呢？加尔文并没有详细论述基督教国家应该以怎样的法律来统治，他只是特别反驳了一种错误的观念，即认为基督教国家必须采纳摩西建立的律法和政治制度，否则不能得到神的喜悦。鉴于加尔文先前论述说世俗国家也要承担某种宗教职责，所以这里的反驳就非常重要，它直接关系到世俗国家本身的权力范围问题。

---

① Hancock, *Calvin and the Foundations of Modern Politics*, pp. 57 – 58.

② Calvin, *Institute of the Christian Religion*, p. 1501.

③ Calvin, *Institute of the Christian Religion*, p. 1502.

加尔文将神借摩西颁布的律法划分为三个部分：道德律、礼仪律和民事律。道德律的核心就是爱上帝和爱邻人："它命令我们以纯洁的信心和虔诚敬拜上帝，以真诚的爱对待别人。"① 对于基督徒和基督教国家来说，道德律是真实和永恒的准则。一切愿意成为基督徒的人、一切基督教国家都要服从道德律。摩西建立的礼仪律则是上帝用来教导犹太人的独特方式。加尔文喜欢将犹太人比喻成人类的童年，"上帝用教导儿童的方式对待他们"②。在耶稣诞生之后，人类可以直接通过福音认识上帝，礼仪律就已经被废除了。民事律是专门为世俗政府设立的，摩西建立民事律，就是在犹太人内部建立世俗的公平，以使他们和平共处。

对于基督教国家的官员来说，最关键的就是要区分摩西律法的这三个部分中，哪些与自己相关，哪些不相关。官员必须继承摩西所建立的道德律，至于另外两种律法则无必要。礼仪律已经被福音所取代，这并不是说信徒们可以完全自由地敬拜上帝。上文关于教会的分析已经指出，加尔文将制定礼仪规则的权力交给了教会，而且还对这种权力进行了严格的限制：礼仪不是称义的工具，只是为了维持秩序和激励信徒成圣；礼仪应该尽量简单，目的是彰显基督而不是遮蔽基督。因此，世俗官员只需要制定民事律。在制定民事律时，可以参考摩西的版本，但更重要的是根据各地的不同情况来选择。加尔文认为民事律所表现出来的是多样性和一致性的统一。例如，各个国家都立法禁止偷盗行为，但惩罚的力度是不同的，有的要求双倍偿还，有的则会处以鞭刑。加尔文认为基督教国家的民事律，必须惩罚上帝的道德律所诅咒的那些罪，即杀人、偷盗、奸淫以及假见证等。犯了这些罪的信徒，除了在教会内部遭受精神惩罚之外，还可能会遭受世俗政府的惩罚。

因此，世俗官员制定和实施民事律除了维护和平和一般的秩序之外，对于教会所谴责以及用精神手段惩罚过的那些行为，还可以进行世俗性的惩罚。当然，世俗官员也可以主动惩罚那些教会还没有发现的罪恶之徒，或者将他们交由教会处置。但这里必须注意的是，世俗官员只能制定和实施民事律。他们虽然可以用民事律来惩罚违背道德律和礼仪律之人，但是道德律和礼仪律本身掌握在教会手中。加尔文绝不允许世俗官员制定甚至更改道德律和礼仪律。他是在这个前提下，认为教会可以借助世俗政府的惩罚手段，认为教会与世俗政府之间互相支撑与合作。加尔文对于世俗政府权力的分析，完全是与世俗政府的

① Calvin, *Institute of the Christian Religion*, p. 1503.

② Calvin, *Institute of the Christian Religion*, p. 1503.

两项目的相一致的，再一次明确了世俗政府只是为信徒服务的一种工具。

四、加尔文的最佳政体问题

上文曾经分析过加尔文在重新界定了教会的目的和权力之后，如何紧接着提出一种理想的教会治理结构。然而在谈论世俗政府时，加尔文的态度却非常复杂和隐晦。他一开始甚至不愿意谈论这个问题，推脱说各国的情况都不相同，要决定哪种政府形式最好，不是一件容易的事情，况且每种形态的政府都有它的优点与缺点。而且他承认常见的三种政体——君主制、贵族制和民主制都经常会发生蜕化：“君主制蜕化为僭主制，贵族制蜕化成少数几个人的寡头统治，民主制蜕化为叛乱。”[①] 这样看来，加尔文延续了亚里士多德在《政治学》中开创的六种政体分类法，有三种好的政体和三种蜕化的政体。

但加尔文最终承认自己更偏好贵族制或者某种贵族制与民主制的混合政体。他从历史中发现，很少有君主能够自制，相反，大多数君主都是暴虐之徒。这种对于统治者人性的较低看法，与加尔文乃至路德关于人的原罪的看法一脉相承。加尔文认为最好的方式是许多人一起统治。这一方面是为了集合他们的智慧，让他们互相帮助、教导和劝勉对方；另一方面也更重要的是互相牵制和限制，当一个人想做不公正的决定时，还有其他的统治者可以进行约束。

除了来自经验的理由之外，加尔文更主要提出了神学上的支持。他认为上帝自己认可某种贵族制与民主制的混合政体，因为这是他在古代犹太人身上所建立的制度：“这种制度让他们一直处于最好的状况，直到上帝在大卫身上预表了基督。”[②] 加尔文这里所说的古以色列政体主要依据的是《申命记》中的内容：摩西对他的子民说，上帝宣告管理他们的重担不是摩西一个人所能担负的，因此民众要自己选举有智慧、有见识和为众人所认识的人做官员。加尔文在关于《申命记》的布道中，再次强调古代犹太人所拥有的选举士师和官员的权力，是一件极其宝贵的赠礼。法国学者杜美尔据此认为：“当上帝将如此一种特权赋予犹太人时，就因此认可了对他们的收养，以及他们已经被拣选为他的子嗣的事实；而且他希望他们的生活状况比他们所有的邻人都要幸福与优越。”[③]

---

① Calvin, *Institute of the Christian Religion*, p. 1493.

② Calvin, *Institute of the Christian Religion*, p. 1494.

③ Hancock, *Calvin and the Foundations of Modern Politics*, p. 66.

这种政体下的“幸福与优越”在加尔文看来就是政治自由，即选举官员的权利。加尔文非常重视这种自由，“没有什么比自由更令人渴望”。在许多不同的布道词中，加尔文称自由“无法估价”，“比生命的一半还重要”，“上帝希望犹太人比他们被国王统治的邻居有更多的自由”[①]。加尔文甚至认为官员们的职责就是保护这种自由，免得这种自由在任何方面被减少。加尔文相信政治自由的存在是对政府权力的内在约束，也确保它能够为正确的目的服务。这里对于政治自由的极力强调，清楚地表明加尔文是从个人主义的角度来理解政府的目的的。加尔文又认为这种自由应该受到某种节制。他说：“最好的政体是自由受到一定节制，变得温和并建立在稳固的基础之上。”[②] 加尔文并没有指出这种节制到底是什么，但是从上下文来看，这种节制指的是民众的政治自由应该受到限制。联系到加尔文认为民主政体（政治自由最不受限制的政体）容易蜕变为叛乱，加尔文所说的限制应该指的就是由多数人选举出一小部分人作为官员进行统治。这就是他所偏好的贵族制与民主制的混合——贵族制所要求的小部分人进行统治，与民主制所要求的多数人的政治自由二者之间的混合。

加尔文在政治上的审慎态度除了表现为对政治自由的节制之外，还表现为他极力劝诫人们不要轻易改变自己现有的政体。他在论述政体问题那部分的最后写道：“倘若上帝给某一个国家的人特别安排了一种政体，但他们努力想要换成另一种政体，这种想法不但多余和愚昧，甚至还极为有害。上帝已经极为智慧地为不同的国家安排了不同的政体。”[③] 舍那维耶曾经引证这句话来极力贬低政体偏好问题在加尔文政治思想中的重要性。他认为在加尔文那里，既然所有权力都是出于上帝的，那么所有不同的政体都可以在上帝那里找到共同的起源。[④]

然而，要求改换政体与政体的优劣是两个相互关联但又完全不同的问题，不能因为加尔文的政治审慎就过分贬低他对某种政体的偏好。所有政府都是由上帝所建立的，也并不能抹杀政体之间的优劣。加尔文在古代犹太人那里发现了上帝所认可的一种理想政体，而在《圣经》的记载中，犹太人最终抛弃了这种政体，想要和其他民族一样建立君主制。上帝最终非常不情愿地满足了他们

① Calvin, *Institute of the Christian Religion*, p. 1494.

② Calvin, *Institute of the Christian Religion*, p. 1494.

③ Calvin, *Institute of the Christian Religion*, p. 1494.

④ See Hancock, *Calvin and the Foundations of Modern Politics*, p. 67.

的要求，并认为这是对他的厌弃，不要他做王。[①] 犹太人之前的政体和后来的君主制都是上帝所建立的，但是这里很明显存在优劣之别。

更为重要的是，加尔文对于政体问题的考虑与他的成圣神学密切相关。信徒的此世生活是为了成圣和增加上帝的荣耀，此世之中的各种组织，包括国家在内就要以这个目的为中心进行设计。只有在这个维度下才能理解加尔文的政体偏好，以及理想政体对他的意义。建立理想政体是为了增加上帝的荣耀，而坏政体之所以坏，主要是因为破坏了上帝的荣耀。例如，加尔文对君主制的攻击就很少涉及君主对民众的压迫。他甚至赞同君主可以用征得的税款修建豪华的宫殿，装点自己的生活。加尔文对君主的攻击，主要是因为君主往往倾向于神化自己，夺取了本应属于上帝的荣耀。加尔文所偏好的，是统治者由民众选举的贵族制或贵族制与民主制的混合。在这种政体之下，统治者个人的素质与他们担任的职分本身之间有清楚的区分。职分的荣耀并不属于担任职分的人。这样的统治者才可能始终牢记自己是上帝的工具，为了全体信徒的成圣而服务。而且既然上帝曾经亲自通过摩西建立了这种政体，这就更加证明了它的优越性。

加尔文关于理想政体的讨论中存在着一种张力：一方面他有一种关于理想政体的蓝图，但是另一方面他又不愿意信徒们为了实现这个蓝图而采取过激的政治行动。所以他才在一开始不愿意谈论政体优劣的问题，而且在谈论结束的时候又劝告信徒不要过分羡慕某种政体。加尔文在这个问题上的复杂态度也导致了他的后继者在发展其思想时走向不同的方向。

五、教会与世俗政府的一致性

从上文加尔文关于教会与世俗政府的具体论述可以发现，二者之间具有高度的一致性，比如加尔文在论述教会的牧师职分与世俗官员职分时所表现出的高度的一致性。加尔文常常将世俗官员描述为“上帝的代理人”“上帝的使者”等，沃林认为这种做法让人觉得加尔文不过是在谈论牧师的政治对应物。[②] 两种职分都是上帝设立的，而且都与担任职分的人本身相分离。牧师与官员都被

---

① 关于这个故事政治含义的一种经典解释，可参见丛日云《在上帝与恺撒之间：基督教二元主政治观与近代自由主义》第二章第一节（“王权：上帝不情愿的赐物”）。丛著着力挖掘的是基督教传统中对于王权的消极评价。相比之下，加尔文通过将犹太人建立君主制之前的政体奉为理想政体，从另一个方向阐释了这个故事的政治含义——理想政体与次等政体之间的差别。

② 参见［美］沃林：《政治与构想》，194 页。

期望成为一种无私的工具，牧师不能宣讲任何《圣经》之外的东西，官员努力的方向也是成为说话的法律。除此之外，牧师的产生方式与官员的产生方式具有高度一致性：加尔文在两种情况下都偏好于由大众进行选举。[①] 大众作为教会成员选举产生教会的牧师，作为国家政治成员选举产生世俗政府的官员。这些通过选举产生出来的牧师与官员借助法律来进行统治。前者制定教会法，后者制定市民法，但都不能违背上帝的神圣律法。教会以自己的惩戒机制即精神之剑来维护教会法的实施，而世俗政府则通过惩罚肉体和财产来捍卫市民法。相比于路德常常倾向于将政治简化为统治者与被统治者的直接关系[②]，加尔文始终强调法律在二者之间的中介作用。对于统治者来说，这意味着他们需要对法律负责，法律也就构成了对他们自身权力的限制。加尔文除了让教会和世俗的统治者受到大众的选举权以及成文法的限制之外，还给他们添加上了制度上的限制。在二者之中，他都偏好一种多个统治者共同治理的制度，他们之间因此可以互相制约。在教会中，牧师、教师、长老以及执事共同作为统治阶层，单个牧师只不过是这个群体的主席。在世俗政府中，加尔文反感君主制，倾向于贵族制或某种贵族制与民主制的混合政体。他对教皇君主制的攻击与他对世俗君主制的攻击高度一致。沃林从这里看到了一个对后来的西方政治思想影响巨大的观念："一个社会可以被组织好、训练好和团结好而无需一位首脑。"[③]

然而，以上所说的还都只是内容和形式上的一致性。更加重要的是，加尔文认为世俗政府可以服务于精神目的，以及教会可以支持世俗政府的看法，将二者之间的一致性推到了更高的层次——目的层次。尽管他确实坚持"教会的精神权力与国家的世俗权力之间存在着很大的区别和不同"，但他同时又认为"二者并非如水火般不同，它们是可以联合的"[④]。这种联合的主要内容就是世俗政府以其权力惩罚那些犯有宗教罪行之人，而教会则对犯了世俗罪行的成员进行精神上的制裁。

根据加尔文在日内瓦所建立的制度，在大多数不涉及严重犯罪的情况下，宗教法庭首先要求当事人履行其宗教义务，以宗教纪律的威胁支持他们的建议。如果这样的宗教纪律失败了，当事人将被交给市民委员会，以世俗的制裁

---

① 但要注意，加尔文这里谈论的并不是现代的授权理论，大众的选举是对神意的彰显，而不是由大众直接授权给牧师或信徒。

② 例如，路德特别喜欢将统治者称作刀剑，而且没有像加尔文那样在官员及其职位之间进行清楚的区分。

③ ［美］沃林：《政治与构想》，199 页。

④ Calvin, *Institute of the Christian Religion*, pp. 1486 - 1487.

强迫他们履行自己的义务。① 必须注意加尔文这里所说的合作，绝非是要让神职人员掌握世俗权力，或者是让世俗官员掌握精神权力。他要求教会与世俗政府运用各自独有的权力来帮助对方。教会只有劝诫、公开训斥以及开除教籍的权力，而世俗政府拥有的是判处罚金、实施拘禁甚至死刑的权力。

因此，加尔文教会思想与政治思想的一致性的最终表现，就是他教导自己的信徒用同样的方式来积极参与教会生活与政治生活；并且用同样的架构来组织教会和世俗政府，即建立自治的教会与自治的世俗政府；最后要求教会与世俗政府利用各自所掌握的权力互相支持、互相合作。

很多研究者，如沃林和维特，都注意到上文所说的加尔文教会思想与政治思想的一致性。但是在如何解释这种一致性的根源时，他们的看法并不相同：在沃林看来，这种一致性根源于加尔文关于共同体如何能够维持统一与秩序的独特看法。对于加尔文来说，教会与政治社会是两种类似的共同体：“两个社会对于秩序的基本需求是相同的，加尔文体系中的宗教和世俗秩序的互相连锁，仅仅是人的两种主要冲动的满足而已，一个是宗教的，另一个是社会的，两者由于对秩序的需要而联合在一起。”② 想要维持教会与政治社会的稳定与秩序，就必须在其内部建立某种权力机构，而教育和惩戒机制则是实现该目的的两项主要力量。教会与世俗政府之间的互相支持、互相合作，就是为了建立更稳固的秩序。世俗政府惩戒异端、维护公共的敬拜等带有宗教性的行为，并不完全是因为它的基督教使命。诸如虔诚这些价值对于维持世俗秩序本身也是必需的，就像异教哲学家也认为治理良好的国家需要一种公共宗教。

然而，沃林的解释是存在问题的。他只是突出了教会与政治社会相类似的作为人类共同体的一面，从而认为当加尔文论述教会政府和教会内部的权力机构时，本质上所体现的不是其神学思想，而是其政治思想。教会思想与政治思想的一致性，无非是教会政治性的一面压倒了神学性的一面，基督教甚至被简单地等同于任何一种公共宗教。但是沃林只能解释教会与政治社会都需要建立某种机构来维持稳定与秩序，而不能解释上文所分析的加尔文思想中，教会与世俗政府组织架构上的一致性。尽管他承认这是加尔文思想中很重要的内容，却并未解释其根源。也就是说，他只解释了加尔文教会思想与政治思想一致性中的部分内容。

维特的研究兴趣是宗教与法律之间的关系。他认为在加尔文那里，教会与

---

① 参见［美］维特：《权利的变革》，苗文龙等译，92页，北京，中国法制出版社，2011。

② ［美］沃林：《政治与构想》，198页。

世俗政府都是致力于实现上帝之道德律法的三种用途：指明人类的罪、制止公开的恶行，以及教导信徒成圣。教会通过宣讲纯粹的教义，引导罪人注视自己的堕落，寻求上帝的恩典；通过制定教会法规，约束信徒在教会内部作恶的行为；通过精神上的规训与惩罚，教导和激励信徒的成圣。世俗政府惩罚那些攻击和破坏教义与教会法律的恶人，维护教义的纯洁，纠正罪人的错误行为，并使真正的信徒回归到成圣的正道。维特总结说："对于加尔文而言，每一个社会都将是一个统一的基督教社会。在这个统一的社会中，教会与国家的权力相互配合。上帝命令它们二者都要致力于在这个社会里实现一个神圣秩序和纪律，成功地实现道德律的三种用途。"① 与沃林相比，维特的解释涉及教会与世俗政府在目的层面的一致性。

此外，维特在描绘加尔文关于教会与世俗政府组织架构的论述时，认为他天才地汇合了法治、民主和自由的原则。加尔文要求尊重教会内部的法治、尊重教会的民主程序、尊重教会的自由，这三项原则构成了一种新的教会理论。他关于世俗政府的理论，很明显是来自这种教会学。因此，在教会思想与政治思想二者究竟谁影响了谁的问题上，维特的解释与沃林正好相反。然而，维特依然不能解释为什么加尔文偏好一种包含法治、民主和自由因素的教会和世俗政府。他只是解释说以这种原则组织起来的教会更有助于保持秩序与活力的平衡，能够适应不同国家与地区的文化。这显然只是一种倒推式的、后果论式的解释，未能探查到加尔文思想中更深刻的理由。

维特在一开始曾注意到加尔文只是在《基督教要义》的最后一版中，才清晰地将教会与世俗国家一起界定为恩典的"外在工具"。② 但是他后来却停留在教会与世俗政府都是实现上帝律法的三种用途的工具上，没有分析"恩典的外在工具"究竟意味着什么。恩典是上帝对谁施予的？恩典为什么要借助外在工具？维特和沃林都没有回答这些问题，因为他们都没有深入分析加尔文的神学思想，特别是成圣这个关键内容。其实，加尔文一开始就将教会和世俗政府都定义为维护秩序和促进信徒成圣。

教会和世俗政府这两个此世组织，是信徒所要转化的对象。既然上帝建立它们二者的目的是维护秩序和促进信徒的成圣，那么信徒们就应该以此目的来组织教会与世俗政府。凡是在此之外的目的，都是无用的，还会遮蔽上帝的荣耀。教会与世俗政府的一致性，并不是像沃林所说，仅仅是由于它们作为人类

① ［美］维特：《权利的变革》，89 页。

② 参见［美］维特：《权利的变革》，74 页。

组织，必须在其内部建立秩序。沃林所说的秩序是教会和世俗政府维持自身所需要的秩序，但这只是一个起点。教会和世俗政府更重要的目的是促进信徒的成圣，秩序不过是确保能够有条不紊地促进成圣。因此，在秩序和成圣这两项目的中，秩序其实是从属性的，是为成圣服务的。沃林的错误就是将从属性的目的当成了主要目的。

加尔文在建立权力机构时不是只从维护秩序的效果如何这个角度来考虑的。他并不主张建立最能够维持秩序的机构。如果这样的话，那么加尔文应该拥护的是信徒与民众没有任何自由和权力，屈服于神职人员与世俗官员的绝对统治。但相反，加尔文强烈拥护一种自治的教会和自治的世俗政府。加尔文关于自治教会与自治世俗政府的思想，其实是严格地从他对信徒个人形象的理解中推导出来的。

在加尔文的预定论之下，信徒获得了一种与路德那里完全不同的形象。他们是上帝早已预定的选民，深知被拣选的荣耀，但更相信自己责任重大；这个世界是他们成圣的战场，他们要在其中通过自己的圣洁增加上帝的荣耀。与此同时，上帝建立教会和世俗政府的目的又是为了促进信徒个人的成圣。所以，信徒必须积极地参与到教会与世俗政府之中：一方面是在它们的帮助下实现自己的成圣，另一方面是通过对它们的转化增加上帝的荣耀。这就解释了为什么加尔文的信徒总是以一种积极参与，并且不安于现状、寻求改进的态度来对待教会与世俗政府，也就解释了为什么加尔文理想中的教会和世俗政府都必须保证普通信徒和民众能够积极地参与。这种参与最重要的内容，就是由普通信徒和民众来控制教会与世俗政府的权力，具体的制度表现就是由信徒选举包括牧师、教师、长老和执事等神职人员，由普通民众选举世俗政府的官员。教会和世俗政府中各自统治阶层的产生，只能建立在信徒和民众的同意基础上。路德将教会与世俗政府的组成形式交给风俗或习惯来决定，这在加尔文看来就抑制了信徒的改造和转化活动。信徒对教会和世俗政府的转化，就是一个否定现有形式的过程。

此外，教会和世俗政府的目的既然被明确地界定为维持秩序和促进信徒成圣，那么教会与世俗政府的权力也必须被限定在这个范围之内。信徒成圣的标准就是上帝的道德律法，特别是十诫。教会并不能在十诫和上帝的教导之外添加任何关于如何成圣的规定，世俗政府更是没有这样的权力。教会所能做的，不过是通过制定具体的教会法规来规定触犯了十诫的行为应该受到何种精神性的惩戒；世俗政府所能做的，就是参照教会的法规制定民事律，来规定用哪些世俗手段来进行惩罚。加尔文为了给信徒的转化活动提供明确的方向，提出了他理想中的教会政体与世俗政体。他认为《圣经》中记载的古代教会和上帝通过摩西建立的世俗政府，最好地体现了法治以及普通信徒与民众的参与和选举权。而且由于它们是上帝最初建立的，因此将教会与世俗政府转化成这种形式的，当然最能增加上帝的荣耀。

因此，加尔文教会思想与政治思想的一致性，并不是根源于沃林所说的两种人类组织对于秩序的共同要求，也不是根源于维特所说的为了实现上帝道德律法的三种用途。这种一致性实际上是根源于加尔文的预定论造就的那种独特的个体信徒，为了成圣的目的而转化此世的人类组织。教会与世俗政府，都是以这种个体信徒为基础建立起来的，为他服务，同时又根据他的评断来决定是否需要进行改造和转化。信徒个人既是教会与政府的最初组成要素，也是它们的逻辑起点，还是进行改造和转化的动力之源。以同样一种个人主义建立起来的教会与世俗政府，必定具有高度的一致性。

第六节　后世加尔文主义者的两种走向

加尔文本人在政治上的审慎态度在一些问题上掩盖了其政治思想的个人主义理论内核。而后来的加尔文主义者在继承和发展其政治思想时就走向了不同的方向。

一、加尔文本人在抵抗问题上的复杂态度

信徒在遭受世俗政府的压迫时能否以及如何进行抵抗，这是新教神学家所面对的最现实也最紧迫的政治问题。加尔文在思考这个问题时也延续了他在政体问题上的审慎态度。

加尔文认为，从一般意义上来说，民众应该敬畏和顺服他们的统治者。加尔文反对有些人将统治者视为“必不可少之恶”，勉强表示服从。统治者是上帝的使者和代表，民众应该尊重统治者的职分，这也是他们对统治者最主要的本分。加尔文引用了保罗的话：“我们必须顺服，不但是因为刑罚，也是因为良心。”[①] 加尔文认为保罗这里的意思就是民众不应该只是出于恐惧而顺服，顺

① 转引自 Calvin，*Institute of the Christian Religion*，p. 1510。

服统治者实际上是在顺服神。为了证明顺服是出于真心的，信徒们要在神面前为统治者祈祷。

即使在最强调民众的敬畏和顺服时，加尔文还是再次区分了职分与担任职分的人：“我所探讨的不是那些人本身，好像他们戴上了尊严的面具就可以掩盖自己的愚昧、懒惰、残暴、不道德和无耻的恶行，以致将对德性的称赞献给邪恶。我说的是这职分本身值得我们尊荣和敬畏。”① 民众敬畏和顺服的是职分本身，而不是担任职分之人。

然而，对于加尔文和其他基督教思想家来说，最棘手的问题并不是一般情况下对统治者的顺服，而是当民众面对一个不正义的统治者时是否应该继续顺服。加尔文非常清楚再洗礼派和路德派对这个问题的不同回答及其政治后果。前者倾向于把所有的世俗统治者都当作不正义的，因此拒绝表示服从，这有可能发展成一种不受限制的激进运动。后者虽然坚持认为基督徒必须拒绝服从世俗统治者违背上帝真道的命令，但同时也坚决反对任何基督徒从消极的不服从转向积极的抵抗。至于没有直接违背上帝真道的统治者，那就更不存在抵抗的问题，所以后者越来越走向政治上的保守。② 加尔文对这个问题的解释，则小心翼翼地游走于二者之间。

对于那些违背上帝真道的统治者，加尔文坚持“顺服神而不是顺服人”的原则。加尔文提醒人们千万不可因为对君主的顺服而离弃对神的顺服。上帝才是万王之王，只是因为服从神才服从人。值得注意的是，加尔文认为当这些统治者命令人们去做违背上帝真道的事情时，就已经废除了自己的权力。他提到了《圣经》中但以理的故事：“但以理拒绝服从君王不敬虔的命令，却说自己绝对没有冒犯君王。”③ 因为但以理认为这个君王已经不再是君王了。相比之下，以色列人曾经崇拜金牛犊的错误做法，就是典型的屈服于君王的权力而不惜冒犯上帝。

加尔文还讨论了另外一种不正义的统治者，他们的行为看起来并未直接违背上帝的真道。一开始加尔文坚持认为应该顺服不公义的统治者。有意思的是，他随后将问题直接换成了不公义的君主，所有的例子都是暴虐的君主。④

---

① Calvin, *Institute of the Christian Religion*, p. 1510.

② 新教诸派在抵抗问题上的不同观点，可参见斯金纳《近代政治思想的基础》（下卷）第三部分第七章。

③ Calvin, *Institute of the Christian Religion*, p. 1520.

④ 麦克内尔据此认为加尔文始终对君主制抱有强烈的敌意。

这些君主或者懒惰，或者放纵、残忍地对待民众。加尔文承认要说服人们将这种统治者视为君王并顺服他们是非常困难的："人们在遭受这些统治者的侮辱和压迫时，完全看不出他们所应当彰显出来的上帝形象，完全看不出他们是上帝的使者。"[1] 加尔文认为痛恨和咒骂这种暴君是人与生俱来的感觉，就像人们热爱和敬畏公义的君主一样。但他所强调的是，恨恶与咒骂并不能否定这些君主的权力与职位。加尔文再次区分了职分与担任职分的人。但这里就引出了另一个麻烦的问题：为什么上帝会让一些邪恶之人担任君王的职分？

加尔文的回答是，邪恶的统治者是上帝惩罚人类的工具。《圣经》里清楚记载了上帝要求犹太人服从巴比伦王尼布甲尼撒（Nebuchadnezzar），尽管他是一个邪恶的暴君。民众在面对邪恶的君主时，应该首先反省自己的罪行。上帝是用这样的打击来教训人们。这样就会让人们保持谦卑，并提醒他们纠正这些恶不是他们的责任，只能求告上帝的帮助。[2] 但加尔文明确表示，这些邪恶的统治者终将受到上帝的审判。上帝确实也常常兴起一些人来惩罚这些邪恶的君主，使原先受到不公正压迫的民众得到解脱："上帝借着摩西救以色列人脱离法老的专制，利用埃及人除掉推罗人的傲慢，利用亚述人除掉埃及人的悖逆，有时又用巴比伦人除去犹大和以色列人的忘恩负义与亵渎。"[3] 因此，当民众遇到这些邪恶的君主时，所要做的似乎就只能是忍受和等待上帝借助他人之手做出的审判。

然而，出人意料的是加尔文突然认为自己前面说的只是私人的召唤，他现在提到了公共的召唤。也就是说，他认为民众作为个人不能抵抗君主，除非他受到了上帝的召唤，成了上帝的复仇工具。所谓公共的召唤，指的是在政府内部，如果民众已经选举出了约束君王权力的官员，那么加尔文不但不禁止他们按照自己的职分反抗君主暴力、放荡的行为，而且如果他们不积极反抗的话，就是懦弱的邪恶行为。"他们出卖了百姓的自由，而上帝派他们来就是为了保护这种自由。"[4] 加尔文列举了历史上曾经有过的斯巴达的五长官、罗马的保民官以及雅典的行政长官。至于他自己的时代，加尔文提到的例子是法国的三级会议。加尔文例子中的这些机构与公职在名称和权力范围上各不相同，但共同

---

① Calvin, *Institute of the Christian Religion*, p. 1512.

② 在沃林看来，加尔文将不正义的君主解释为上帝的惩罚工具的做法，似乎强调了这种君主与民众之间不是一般性的政治关系："专制君主可能被提升为一种神授工具，受派遣惩罚人民的罪孽，但正是这一使命让他成为一位本质上非政治性的人物。"参见［美］沃林：《政治与构想》，195 页。

③ Calvin, *Institute of the Christian Religion*, p. 1517.

④ Calvin, *Institute of the Christian Religion*, p. 1519.

之处在于都是相对于最高统治者的制约性力量。沃林注意到加尔文称这些公职人员负有积极抵抗的神授责任，这与路德将君主的地位提高到所有其他世俗职分之上形成了鲜明的对比。[①] 尽管加尔文这里并没有直接将抵抗的权力赋予每一个臣民，但是他还是留下了明显的缝隙。后来的加尔文主义者正是从这里逐渐发展出民众在“下级官员”的带领下积极抵抗的理论。[②]

这样看来，加尔文关于服从与抵抗的最后结论就包括三种情况：第一，当统治者的命令直接违背上帝的真道时，民众应该拒绝服从，而且此时统治者已经失去了他的权力；第二，当统治者做出其他不正义的行为时，如果政府内部不存在制约性力量，那么民众只能忍受和等待上帝直接召唤某个人或某种外部力量来实施审判；第三，当统治者做出其他不正义的行为时，如果政府内部存在制约性力量，这些公职人员就有责任进行抵抗，校正统治者的不义行为。

二、法国胡格诺派的温和抵抗理论

1572 年圣巴托罗缪日大屠杀之后，被称为胡格诺派的法国加尔文教徒面临着前所未有的困境。生存在一个天主教徒占人口多数的国家，面对一个奉行残酷镇压政策的天主教国王，胡格诺派需要在政治理论方面做出回应。对于他们来说，最紧迫的问题是：面对这样一个统治者，应该和可以做些什么？在斯金纳看来，胡格诺派在回答这个问题时有两层考虑：第一，使自己反抗当下政府的行为具有合法性；第二，由于一些温和的天主教徒也反对法国当时的瓦卢瓦王朝，胡格诺派希望能够获得这些人的同情和支持。[③] 而他们对此问题的回答，发展了加尔文本人政治思想的某些要素，同时也使这些要素变得更加清晰与系统。

弗朗索瓦·霍特曼（François Hotman）于 1573 年出版的《法兰西-高卢》一书可以看作胡格诺派努力的第一部成果。霍特曼在书中详尽梳理了法国古老的宪政传统，坚持认为国王终其一生只是一名政府官员，如果他不能尽守职责的话，他就什么都不是，而人民就永远有权利废黜他。他引用古老的典章来证明“人民的权利不只是可以废黜单个的君主，而且可以废黜整个无能的或暴虐的王朝”[④]。霍特曼强调法国宪政传统的另一条原则是三级会议对国王权力的限

① 参见［美］沃林：《政治与构想》，196 页。

② 参见［英］斯金纳：《近代政治思想的基础》，下卷，318～320 页。

③ 参见［英］斯金纳：《近代政治思想的基础》，下卷，428～429 页。

④ 转引自［美］凯利：《自由的崛起：16—18 世纪，加尔文主义和五个政府的形成》，王怡、李玉臻译，55 页，南昌，江西人民出版社，2008。

制。在凯利看来，霍特曼对三级会议的真正兴趣，与加尔文有关“下级官员的反抗权”的教导相一致，即要通过唤醒他那个时代人民的权利意识，来恢复他们曾经在很久以前扮演过的政治角色——譬如推选或废黜君主。[①] 然而，霍特曼的著作就像他本人所承认的那样更像是一部历史资料汇编，而他对资料有选择的运用也遭到了反对者的强烈质疑和批评。更为重要的是，这样一种写作方式过分淡化了神学色彩，与加尔文本人政治思想的联系非常有限，也没有充分满足当时胡格诺派教徒为自身的抵抗行为辩护的需要。鉴于本章的研究主题，更应该关注的是另外两位思想家贝扎和莫尔奈（Philippe de Mornay）。

贝扎是加尔文第一个重要的弟子，也是其在日内瓦的直接继承人。他的政治理论主要集中在 1574 年的论著《论统治者对他们臣民的权力和臣民对他们统治者的义务》之中。贝扎的论证有两条线索：第一条与霍特曼的相类似，梳理了历史中记载的大众选举或批准统治者的各种先例。在维特看来，贝扎的论述无非就是《法兰西-高卢》一书的缩微版。但与霍特曼截然不同的是贝扎的第二条线索，这里他继承和发展了加尔文在《基督教要义》中曾简要论述过的契约理论，将民众的抵抗问题融汇到了一个政治契约的框架之中。

贝扎认为所有国家都是通过契约建立的，而且是人民、统治者和上帝三方之间的契约。贝扎写道：“统治者的第一项契约，是和人民一起对上帝负有义务，就是都应该在宗教和政治领域内尊崇上帝的律法；之后就是统治者与人民之间的第二项契约。”[②] 贝扎认为上帝创立这个契约是为了建立政治秩序，而政治秩序的目的与加尔文的说法一致，是为了“使人民不仅享有秩序、和平和这种生活的安宁，而且还荣耀上帝，荣耀他们的统治者”[③]。统治者的权力是上帝授予的，但同时他们又是由人民选举出来的，“统治者通过人民自由且合法的同意来获得他们的权威”[④]。而且统治者在接受官职时必须对人民发誓尽守职责。贝扎和加尔文一样坚信很少有君主不会滥用自己的权力，因此必须设立下级官员来对其进行约束。根据契约的要求，下级官员应该按其在共同体结构中所得到的地位奋力保护他们发誓要保卫的法律。

在维特看来，这种三方契约带来了“双向义务”，即统治者对上帝和人民

① 参见［美］凯利：《自由的崛起》，56 页。
② 转引自［美］凯利：《自由的崛起》，58 页。
③ 转引自［美］维特：《权利的变革》，146 页。
④ ［美］维特：《权利的变革》，147 页。

同时负有义务。[①] 首先契约要求所有统治者都遵守上帝之法和自然法，特别是十诫中的规定，确保统治者和臣民都正确地敬拜上帝和维护纯洁的信仰，这是上帝参与契约的受益。其次，这个契约还约束统治者保护人民的权利与自由，这是人民参与契约的受益。当统治者未能履行其中一项义务时，契约就被破坏了，这也就涉及解除契约的问题。如果统治者不但不履行这两项义务，还肆意伤害上帝（如压制正确的信仰、崇拜偶像等等）与人民（如侵犯他们的权利），那么他就变成了暴君，背叛了自己的官职。此时，人民可以用适当的方式要求脱离他。但贝扎不认为人民可以自行解除契约，这里需要的是一种公共的裁断，它只能交由下级官员来确定。在此之前，所有个体成员依然受到政治契约的约束。如果下级官员不介入的话，个体成员绝不能自行反对暴君，而只能离开或者耐心地忍受。

贝扎之后的莫尔奈可以说进一步推进了他的政治契约理论，其代表作是《论反抗暴君的自由》。[②] 莫尔奈细化了贝扎那里的三方契约，将它更清楚地分成两个互相联系的契约。第一个契约是上帝与国王之间的契约，其内容是承认上帝是他以及人民的主人，并全心全意地顺服上帝的意志，遵守他的法律。而国王的统治应当允许人民侍奉上帝并遵守他的法律，也只有在这种情况下，人民才应该服从国王。[③] 第二个契约是上帝与人民之间的契约，其内容是承认人民是上帝的子民，或者说“人民是上帝的圣殿”[④]。既然上帝已经和国王立约，而且实际上已经通过国王和人民立约，那么现在上帝为什么还要再一次和人民立约呢？

莫尔奈关于第二个契约之目的的解释，构成了他政治思想中别具特色的内容。他先是指出上帝绝不会做无用功，而且如果人民没有权利和资格的话，上帝也不会和他们立约。这样就明确了人民可以和统治者一样，有资格与上帝立约。接着莫尔奈巧妙地将上帝与世人的关系解释为私法中债权人与债务人的关系。上帝是在和一群偿还能力不足的债务人订约，为了债权人的利益，他就要

---

① 参见［美］维特：《权利的变革》，149 页。

② ［古罗马］参见布鲁图斯：《论反抗暴君的自由》，见［法］拉博埃西、［古罗马］布鲁图斯：《反暴君论》，曹帅译，刘训练校，南京，译林出版社，2012。该书署名是布鲁图斯，学界通常认为莫尔奈是真正的作者，他是当时胡格诺派首领纳瓦尔的亨利（后来的亨利四世）的一个亲密顾问。但也有人认为作者是莫尔奈的朋友朗盖（Hubert Languet），或者是他们二人合著。相关内容可参见该书中译本说明。

③ 参见［古罗马］布鲁图斯：《论反抗暴君的自由》，见［法］拉博埃西、［古罗马］布鲁图斯：《反暴君论》，137 页。

④ 这是《圣经》里的一个常见说法，例如《哥林多前书》3：16：“岂不知你们是神的殿，神的灵住在你们里头吗？”

让这些债务人共同对债务负有连带责任。连带责任意味着他们既作为个人又作为整体对其总债务承担义务。债权人可以凭他的喜好向任何一个债务人讨还全部债务。在上帝与世人的契约之中，所谓的债务就是后者要遵守上帝的律法，维护纯洁的信仰。莫尔奈和贝扎一样坚信把教会交付给一个人看管是极其危险的："国王站在如此光滑的位置上，以至于极易堕落，为了防止教会跟着他摔跤，上帝就同时把照管教会的责任托付给了人民。"①

这样看来，莫尔奈所说的两个契约可以解释为上帝以同样的契约内容，与国王和全体人民订立了两次契约。因此也可以理解为是同一种契约义务有两个不同的承担者——国王和全体人民，他们彼此之间互相约束。如果人民背弃了他们的上帝而国王竟坐视不理，他就要承担人民的罪行。同样，当国王崇拜偶像，还把这种错误的崇拜强加给人民时，如果人民不阻止他的反叛行为，就是把国王的罪过揽到了自己头上。如果两方中的任何一个疏于维护契约，那么上帝就可以要求其中的任何一方承担全部义务。莫尔奈再一次指出，更大的可能是上帝要求人民而非国王来承担，因为一个人易于逃脱义务而多数人就困难，并且多数人有更多的办法来偿还债务。

按照莫尔奈的论述，法国当下的情况显然就是国王背弃了与上帝的契约（国王就是在这个意义上成了暴君），而人民（此处显然就是指胡格诺派教徒）的反抗就不仅是为了自己的生存，而且是一项神圣的契约义务，一项神圣的宗教责任。而且他们如果不这样做的话，就是和国王一样犯下了违背神圣契约的罪。从贝扎到莫尔奈，很明显可以看出一种在反抗问题上激进程度的增加。贝扎从未将积极反抗解释为一种宗教责任，因为在他的三方契约中，人民虽然对上帝负有义务，却并未和国王之间形成莫尔奈所说的连带责任。不过必须指出的是，莫尔奈并没有直接要求人民自发地积极抵抗暴君，人民还是要接受下级官员的领导。每个个体更不能拿起武器进行反抗。在描绘人民与上帝所订立的契约时，莫尔奈就明确地指出人民是作为一个整体（仿佛整个人民表现为一个人）共同地而非单个地与上帝立约。既然个体本身并不构成契约的一方，那么他就不能自己去进行反抗。

以上部分简单勾勒了加尔文的政治思想的一条发展脉络，它主要思考的是遭受政治统治者残酷压迫的教徒们，是否能够以及如何进行抵抗的问题。这条脉络上的思想家们在回答这个问题时，重点继承和发挥了加尔文那里的契约思

① ［古罗马］布鲁图斯：《论反抗暴君的自由》，见［法］拉博埃西、［古罗马］布鲁图斯：《反暴君论》，154页。

想，将抵抗的问题放在上帝、统治者与人民的契约中进行阐释。他们大体上都认为人民应该在下级官员的领导下进行抵抗，只不过在行为的积极程度上有所不同。

在加尔文政治思想的研究者中，有相当一些人认为这条脉络上的思想家实际上是背离了加尔文最初的教导。斯金纳是其中的代表。他们认为在以霍特曼、贝扎和莫尔奈为代表的反暴君派与加尔文本人之间存在重大的决裂，因为他们开始倡导积极地对国王进行暴力反抗。

对照上一节中加尔文在抵抗问题上的三条结论，唯一的区别似乎只是加尔文将下级官员的抵抗局限于统治者在宗教事务之外的不正义行为。当统治者直接违背上帝的真道时，加尔文要求民众拒绝服从，但并没有要求下级官员和民众进行积极的抵抗。那么从这个意义上来说，反暴君派特别是莫尔奈进行改变的地方，就是将下级官员和民众的抵抗扩展到统治者在宗教事务方面的暴行上。然而在衡量这种改变的重要性和意义时，必须考虑到历史情境的变化和加尔文在政治问题上的审慎态度，才能避免对差异的过分夸大。而且进一步要考虑的是，在统治者的两种不正义行为之间进行严格的区分，本来就十分困难。加尔文及其后继者们，可以轻易将统治者在非宗教事务上的暴行也解释为违背了上帝的律法，例如，统治者残杀和掠夺民众财产的行为，就是违背了十诫中关于不能杀人、不能贪恋他人妻子与财产的要求。[①]

沃格林在《政治观念史稿》中睿智地指出：“如果不把不抵抗学说隔离开来，如果把它与加尔文神学政治的想象再造联系起来，那么它看上去就像是我们可能期待一个神权统治的信仰者在环境不利的时候所采取的策略。”[②] 沃格林这里强调的就是将抵抗或不抵抗的问题放到加尔文神学政治思想的整体架构中去考虑，小心区分政治思想本身与具体的行动策略。只有在这个意义上，才能准确理解反暴君派这一脉络的加尔文主义者。

前文关于加尔文教会与政治思想的讨论已经表明，他实际上有一套完整的关于理想教会与理想国家（政体）的看法，甚至在贝扎那里，也可以找到相关的内容。[③] 对于加尔文以及贝扎来说，他们既有一套独立的理想图景，又有一

① 参见［美］维特：《权利的变革》，151页。

② ［美］沃格林：《政治观念史稿·卷五：宗教与现代性的兴起》，霍伟岸译，50～51页，上海，华东师范大学出版社，2009。

③ 贝扎在他的另一部主要著作《世俗政府与异端的惩罚》中认为，新教信仰在上帝的帮助下，最终会容纳所有的人和地域，他们被合并为一个新的基督教组织，日内瓦就是这种理想在个别城市和地域得以实现的榜样。相关内容可参见［美］维特：《权利的变革》，145～146页。

套面对不利环境时的行动策略。在理想情况下，他们应该生活在一个政治统治者就是教会成员，教会与世俗政府互相配合与支持的国度之中。对于法国的胡格诺派教徒来说，他们确实处于一种不利的情境，但这并不意味着他们只能做到在面对迫害时进行积极的抵抗。借用沃格林的话来说，这取决于他们想要生活在理想情境中的意愿有多强烈。当然，假如加尔文主义者的政治思想只发展出反暴君派一条脉络的话，那么不管加尔文的政治思想是否还有其他更重要的内容，它与现代政治思想的联系就只剩下抵抗问题这一项内容了。然而，接下来所要考察的就是另一条脉络的加尔文主义者，他们相比法国脉络最大的特征就是更加激进。

三、苏格兰、英格兰加尔文主义者的激进理论

加尔文的神学政治思想除了在欧洲大陆广泛传播之外，也迅速跨过英伦海峡，在英格兰和苏格兰等地产生了巨大的影响。英格兰和苏格兰的很多加尔文主义者都曾经有过被当时的世俗统治者驱逐的经历。其中最著名的就是“血腥玛丽”执政期间被驱逐的那一批，这些人因此在思想史上也被称作“玛丽驱逐者”。他们中的很多人在流亡到欧洲大陆后都去过日内瓦，甚至当面向加尔文请教过神学和政治问题。当玛丽女王在 1558 年下台之后，他们又返回英伦积极推进新教改革事业。这些加尔文教徒对其政治思想的发展呈现出与法国的反暴君派截然不同的特色。

约翰·庞内特（John Ponet）和克里斯托弗·古德曼（Christopher Goodman）都来自英格兰，二人的代表作分别是《政治权力短论》和《最高掌权者应如何服从他们的臣民》。他们所关注的主要也是如何抵抗一个异端国王的问题。但他们在回答这个问题时走上了一条与法国的反暴君派截然不同的道路，即斯金纳所谓的“私法性”的论点。[①] 二人一开始都明确指出，所有的统治者都是受神命来履行某种具体职责的。当一个统治者背弃了他的职责而犯下罪行之时，他们就变得与普通平民一样了。由于他们使用公职赋予他们的权力来侵犯法律，他们已宣告放弃他们的公职权力，所以应该被看作个人，而不是真正的行政长官。民众对他们的抵抗，就不是对政治统治者的抵抗，而是抵抗一个与他们一样的人。古德曼最后得出的结论是：由于在这种情况下统治者与一个犯有重罪的平民并无二致，因此臣民中的任何人都可以

---

① 参见［英］斯金纳：《近代政治思想的基础》，下卷，322 页。

合法地反抗他。[①]

与上述二人相比，地位更为重要的是来自苏格兰的约翰·诺克斯（John Knox）。在凯利看来，“如果说日内瓦在很多方面是加尔文主义在城市国家中最值得尊敬的例子，那么从国家的范畴来看，诺克斯所在的苏格兰比世上任何其他地方都更充分地展现了加尔文主义”[②]。诺克斯对加尔文政治思想最重要的发展是其圣约（covenant）思想。圣约是每个教徒自己与上帝之间所建立的一种神圣关系，在这个关系中，教徒要做的是维护上帝律法的实施。当统治者的命令和行为破坏了上帝的律法时，每一个人都有责任去积极地抵抗。如果他们不这样做的话，就是违背了自己与上帝的圣约。上文提到贝扎和莫尔奈在为胡格诺派的抵抗权辩护时，主要就是继承和发展了一种契约理论。加尔文主义者在行文中经常交替使用契约、圣约等词，并没有特别加以区分。这里必须穿透词汇本身的表象，探查实质内容上的变化。诺克斯的圣约与贝扎和莫尔奈的契约至少有两项关键性的差异：第一，诺克斯的圣约具有更强的个人主义色彩；第二，诺克斯的圣约是可以不断更新的，而不像贝扎和莫尔奈更倾向于强调一种历史中的原初性。

关于第一点，不论是在贝扎的三方契约还是在莫尔奈的双重契约中，人民总是作为一个整体成为立约的一方，单个人并没有资格参与进去。因此，个人也就不能直接抵抗政治统治者，而是要等待下级官员的裁断。但诺克斯早在1554年的《为了避免上帝的审判，对在伦敦等地的虔诚基督徒的训诫和警告》中就在向每个普通信徒呼吁，要求他们每个人都必须领受圣约，也就是保持与圣洁上帝之间的关系，才能避免永恒的诅咒。[③] 贝扎和莫尔奈在谈到契约时，更强调的是上帝、统治者和人民在契约建立的整体结构中，各自所处的位置以及随之而来的权利和义务关系。相反，诺克斯的圣约强调的是个人与上帝之间直接的神圣关系，个人必须做出某些行动来维护与上帝之间的圣洁关系，并以此证明自己是上帝的选民。第二点的差异也就是从这里引申出来的。

关于第二点，贝扎和莫尔奈在谈到契约时，倾向于将契约理解为政治社会建立之初的一项行动。在这一点上，他们显然受到了霍特曼和其他一些宗教色彩更弱而历史色彩更强的学者的影响，例如，倾向于从法国古老的宪政传统中寻找各种证据。但诺克斯所说的圣约的历史色彩要弱得多，甚至他所强调的就

---

① 参见［英］斯金纳：《近代政治思想的基础》，下卷，332页。

② ［美］凯利：《自由的崛起》，56页。

③ 参见［美］凯利：《自由的崛起》，72页。

是对历史的一种断裂和更新。诺克斯很少谈到苏格兰的宪政传统，而是不断呼吁普通信徒以自己的行动与上帝订立圣约。这种圣约并不诉诸前在的历史经验，它要求的就是与当下情境断裂，例如，背离和对抗那些违背上帝真道的统治者。圣约所建立的是个人与上帝之间的神圣关系，是个人成为上帝选民的标志。

诺克斯用圣约理论来呼吁苏格兰的普通信徒抵抗天主教君主的统治，但是他从未满足于只为加尔文主义者赢得信仰自由，而是要用加尔文主义彻底更新苏格兰的教会与政治体制。经过不懈的努力，终于在 1560 年，由诺克斯亲自负责起草并由苏格兰国会批准的《苏格兰信条》确立了加尔文主义信仰在苏格兰的牢固地位。[①] 诺克斯在苏格兰的继承者是安德鲁·梅尔维尔（Andrew Melville），他的主要努力是发展了加尔文的“两个国度”学说，领导苏格兰建立了长老制教会。梅尔维尔特别强调教会是上帝的国度，唯独基督是教会的头和直接的最高权力。教会与世俗政府的权力只能是平行的，世俗政府的权力只有为“基督的宝座和圣约”所约束，公民自由才能得以保障。

与苏格兰的加尔文主义者相比，他们的英格兰伙伴的宗教改革事业遇到的困难要更大一些。英格兰王权支持下的国教安立甘宗是一个奇怪的混合物，它既接受了路德和加尔文的许多教义，又保留了不少天主教的内容。英格兰的加尔文主义者对这种现状当然是不满意的，他们想要进一步推进宗教改革事业，让教会变得更纯正。因此这些人通常也被称为清教徒（清即纯化、清洁的意思）。约翰·弥尔顿（John Milton）毫无疑问是清教思想家中影响最大的一位，他一生著述广泛，既有《为英国人民申辩》这样的政治檄文，又有《失乐园》《复乐园》这样的华丽诗篇。如果要在他的众多思想中找到一个核心的话，那么维特的这个说法是非常有启发意义的：“弥尔顿认为加尔文主义的核心就是上帝呼召每一个人去做先知、牧师和国王。”[②]

弥尔顿首先牢牢抓住了神学个人主义这个核心。他相信每一个人都是按照上帝的形象被创造出来的，他们在最初的乐园中享有自由。人类由于原罪而堕落之后，更需要上帝的恩典和宽恕才能恢复原初的自由。相比于加尔文常常认为获救的只是人类中的少数，弥尔顿在这方面要更加乐观一些。这一方面可能

① 弗朗西斯·莱奥对该信条被批准的方式和含义的解释如下：“第一，信条不是一个世俗政权为教会制定的，而是由苏格兰的新教徒提出，然后得到国会的认可和允准的。世俗政权不是主导者，也无权决定一项独立于它之外的体制。第二，信条也不是当前的苏格兰教会的信仰告白，或是由教会的审议会提出和颁布的。这是苏格兰的全体新教徒，通过国会所宣告的信仰。它不是由建制化的教会提出的，因此也不是任何一间教会可以否定的。”参见［美］凯利：《自由的崛起》，78 页。

② ［美］维特：《权利的变革》，260 页。

是出于宣传和鼓动的需要，另一方面也可能是弥尔顿受到阿明尼乌主义[①]的影响，认为上帝的恩典是赐予所有人的，而能否真的得救则在一定程度上取决于个人的选择。因此弥尔顿相信每个人都有接受正确信仰的能力，例如，他相信每个英格兰的男人和女人都有阅读和理解《圣经》的能力，只要他们摆脱教会和世俗政府所设置的各种障碍。弥尔顿关于言论和出版自由的著名辩护，其出发点也正是在于他相信每个人都有获取和接受真理的能力。

弥尔顿随后将这种更为激进的个人主义推进到了教会和国家之中。他对英格兰的国教体制进行了强烈的批评，批评他们像罗马天主教一样剥夺了基督徒的自由。与加尔文一样，弥尔顿要求教会的神职人员必须由会众选举产生。在弥尔顿看来，英格兰宗教改革的驱动力量不仅是教会的圣职人员或者世俗官员，也不仅是学者或者贵族，所有普通平民也同样都是改革者。弥尔顿比加尔文更进一步的地方在于他对国家教会的反对，最终走向了自由团契的结论。他认为教会就是志趣相同的信徒们经过一致同意而建立，他们心甘情愿地加入到一个团体契约中来。世俗政府同样是通过契约建立起来的，目的是在共同体中维系和平与秩序。政府官员必须由民众选举产生，而且民众随时可以撤换或驱逐这些被选举出来的官员。在扎克特看来，弥尔顿的这种看法已经彻底突破了反抗权的范围，“更成了一种初生的或神秘的超越政体的共和主义，即只要人民认为对他们是有益的，无论是什么理由，他们都有权改变自己的政府”[②]。可见，教会和国家，本质上都是由这种被上帝呼召成为“先知、牧师和国王”的个人组成的社团。对于这些自由的个人来说，统治权只能建立在同意的基础上。任何不是建立在同意基础上的统治权，都很容易被攻击为一种偶像崇拜，破坏了人与上帝之间的正确联系。

总之，弥尔顿强调上帝创造的每个人都带有他的形象，也都受到上帝的普遍呼召，这种说法从理论上进一步提高了个人的地位。他突破了加尔文所设定的信徒范围，把个人主义的分析视角扩展到了上帝创造的每一个人。这种对于

---

① 阿明尼乌主义（Arminianism）是荷兰改革宗神学家阿明尼乌（Jacobus Arminius）的学说。该说集中体现在其继承者埃比斯科比乌（Simon Episcopius）主持制定的荷兰抗议派《五条款》中。该说不同意加尔文的绝对预定论，认为上帝“预知”，而非“预定”最后谁将得救，谁将沉沦。认为得救要靠基督的恩宠，但亦取决于各人的自由选择，视其是否愿意接受救赎而“改恶从善”；因而在这一点上更接近于路德对“信心”的重视而远离加尔文对“预定”的重视。参见丁光训、金鲁贤主编：《基督教大辞典》，“阿明尼乌主义”词条，上海，上海辞书出版社，2010。

② ［美］扎克特：《自然权利与新共和主义》，王岽兴译，105页，长春，吉林出版集团有限责任公司，2008。译文有改动。

每个人的良知、理性以及接受真理的能力的乐观态度，也反映和推动着现实中个人的成长。

弥尔顿另一个颇有影响的看法就是他强烈地预感到英格兰的历史将进入一个新的时代，英格兰将成为一个伟大的新耶路撒冷。他号召英国的清教徒，用加尔文主义的原则来彻底改造英国的教会与政府，建设一个像日内瓦一样的模范国家。后来的一部分清教徒认为在英格兰无法实现自己的理想，前往美洲大陆寻求建设新英格兰。早期殖民地的领袖温思罗普（John Winthrop）在一次演讲中提到："人们会说到那后来的殖民地：主叫它像新英格兰一样；因为我们必须知道我们将是一座山巅之城，所有人的眼睛都在注视我们。"① 在那以后，受加尔文主义的影响，按照各种圣约模式组织起来的殖民据点在美洲大陆上建立了起来，构成了现代美国政治思想和文化最重要的来源。当托克维尔（Tocqueville）考察完美国政治时，就发现了清教教义对美国早期殖民地政治的影响。他敏锐地发现"清教的教义不仅是一种宗教学说，而且在许多方面掺有极为绝对的民主和共和理论"②。

加尔文的政治思想在这条脉络上的发展，或者说这条脉络上的加尔文主义者与加尔文本人的政治思想之间是什么关系呢？他们是否存在关键性的断裂或突变呢？例如，学者格里夫斯就认为诺克斯的政治思想与加尔文的背道而驰，他认为诺克斯的创新就在于将宗教意义上的圣约或盟约观念移植到了政治领域。③ 从前文关于加尔文政治思想的分析来看，格里夫斯的理由是站不住脚的。加尔文的教会思想与政治思想有高度的一致性，其背后原因就是他把两者都建立在一种神学个人主义的基础之上。圣约、盟约或者说契约只不过是这些构成教会与国家的个体，在组建教会与世俗政府时，表达他们之合意的具体形式而已。加尔文本人就已经将宗教领域的个人主义移植到了政治领域之中，诺克斯在这一点上并没有和加尔文背道而驰。

不过，诺克斯、梅尔维尔以及弥尔顿确实在一些地方提出了不同于加尔文本人的看法。例如在政教关系方面，诺克斯和梅尔维尔要比加尔文更加强调教会与世俗政府二者的分离。他们并不像加尔文一样经常谈到教会与世俗政府之间的互相支持与合作，而是更加警惕世俗政府牵涉宗教事务时可能对教会自治

① 转引自 Francis J. Bremer，*John Winthrop：America's Forgotten Founding Father*，Oxford：Oxford University Press，2003，p. 173。

② ［法］托克维尔：《论美国的民主》，上卷，董果良译，38 页，北京，商务印书馆，1988。

③ 参见［美］凯利：《自由的崛起》，76 页。

造成的破坏。当然，并不是说他们在这一点上完全与加尔文对立，因为他们也要求世俗政府对宗教异端进行惩罚。相比之下，弥尔顿确实在一些方面背离了加尔文本人的教导，如他对统一的国教体制的批判和对多元、自治的自由团契的支持。然而，这种差异在很大程度上是因为他们对于真正基督徒数量的不同判断。加尔文比较悲观地认为真正的基督徒永远是非常少的，所以必须有更加统一和纪律性更强的教会来约束会众，才能维持教会的秩序。显然，弥尔顿要比加尔文更加乐观。弥尔顿并不是反对大教会本身，而是倾向于众多自治的地方性小教会自发结合成大的教会。总之，弥尔顿的看法更加彻底地贯彻了教会组织上的个人主义逻辑，加尔文则更多考虑到现实的限制。

其实除了以上这些方面之外，很多学者主要还是强调这些加尔文主义者的激进特征和加尔文本人的保守态度不相符合，他们认为这里肯定存在着关键性的断裂。在评价这种观点时，有必要回到前文关于上一条脉络的加尔文主义者的分析。当时我们指出，如果不将抵抗问题从加尔文的政治神学中割裂出来，就不会觉得以贝扎和莫尔奈为代表的反暴君派与加尔文之间存在重大的断裂。加尔文有一套关于教会和世俗政府的理想图景，抵抗问题与理想图景相比只是一种具体情境下的政治行动。对于以怎样一种态度和策略去实现理想图景，不同的加尔文主义者会做出不同的选择。显然加尔文本人以及贝扎、莫尔奈等人要更加审慎一些。而相比之下，诺克斯、弥尔顿等人要更加激进一些。但诺克斯和弥尔顿激进追求的理想图景本身，却正是直接来源于加尔文本人的描述。无论是诺克斯关于每个人为了自己的成圣而必须做出选择的圣约理论，还是弥尔顿要在每一个人都是“先知、牧师和国王”的前提下构建教会与国家的理论，都并未超出加尔文本人的论述范围。

罗纳德·博尔曾经使用了一句巧妙的西谚来解释加尔文独特的政治态度——“装在帽子里的猫”（cat in hat）。[①] 猫可以在帽子里面尽情玩闹，但是每当它想要跳出来捣乱时，主人就会把它按回到帽子之内。这里，加尔文关于教会和世俗政府的理想图景就是这只充满巨大潜在破坏力的“猫”。诺克斯、弥尔顿与加尔文的区别就是后者小心翼翼地将“猫”控制在“帽子”之内，而前两人却把它彻底释放了出来。进一步来说，正是因为诺克斯和弥尔顿将“猫”释放了出来，才让我们能够更加清楚地认识它的性质；而当它被困在“帽子”里时，就很容易错过它的很多特征。

---

① See Roland Boer, *Political Grace: The Revolutionary Theology of John Calvin*, Westminster: John Knox Press, 2009, p. 3.

例如，在贝扎和莫尔奈的脉络之中，加尔文政治思想的个人主义特征就被遮蔽起来了。他们在谈到契约的建立时，都是将民众整体作为立约的一方，而坚决否认个体的资格。在他们的论述中，每个普通公民不能自发地积极抵抗暴君，而是必须等待下级官员的裁断。在诺克斯和弥尔顿这里，他们的激进态度反倒更加凸显了加尔文政治思想的个人主义特征。诺克斯激进的圣约理论呼吁每个人为了自己的成圣或毁灭而必须做出选择；弥尔顿也是要在每一个人都是“先知、牧师和国王”的前提下构建教会与国家的理论；北美的清教徒们同样是为了每个人自己的成圣而寻求建立山巅之城。

从以上分析来看，不论是评价加尔文本人的政治思想，还是评价后来不同脉络的加尔文主义者对其的继承与发展，都必须小心地区分其政治思想的理论内核与他们面对具体政治现实时给出的行动策略。行动策略可能会随着不同的环境而发生变化，但是理论内核的一致性才真正决定了它们之间的影响和继承关系。法国的加尔文主义者更多继承的是加尔文政治思想中一些外围的具体主张，如下级官员的反抗权以及政治契约等；相比之下，苏格兰和英格兰的加尔文主义者则更多地继承了加尔文政治思想的理论内核，他们想要实现理想政治的激进态度，最终都是诉诸个人的成圣要求。所以，并不是说前一条脉络和加尔文一样在政治问题上更加审慎，就意味着他们才是加尔文政治思想的真正传人；也并不是说后一条脉络过于激进的特征标志着他们与加尔文本人背道而驰。

结　语

在中世纪教会历史上虽然有很多反对教会和教皇权力的努力，但都无法和路德开启的宗教改革运动相比。因为路德的“因信称义”学说从根本上瓦解了教会主张其精神权力的神学理论基础，“平信徒皆为祭司”的原则又进而颠覆了教会内部的教阶等级体制。路德宣称自己是为了恢复基督徒原本的自由，在精神事务上信徒只对上帝负责，这背后就是神学个人主义的复兴。但是在处理这种个人主义与政治之间的关系时，路德和再洗礼派的做法都陷入了困境。路德坚持福音与律法的对立，将神学个人主义严格限定在不可见教会之中，可见教会和世俗政府没有受到这种个人主义的冲击，可见教会和世俗政府的组织形式被交给世俗统治者自己来决定。所以路德创造了一种没有教会相抗衡的世俗政府，他所做的只是劝诫基督教君主和官员按照基督教的方式来行事，却没有给出系统的政治学说。再洗礼派的做法是取消政治生活以及有形教会的合法性，直接以不可见教会的原则来取代整个社会。

相比之下，加尔文不是直接用神学个人主义基础上的不可见教会来取代可见教会与世俗政府，而是在肯定可见教会与世俗政府存在之必要性的前提下，用一种此世化的神学个人主义来构建它们。上帝建立可见教会是为了维护信徒之间的秩序，并且激励它们的成圣。上帝建立世俗政府的目的也是维护信徒之间以及信徒与非信徒之间的秩序，同时利用世俗的惩戒手段来促进信徒的成圣。世俗政府是为了信徒个人建立的，信徒个人要改造政府，使它恢复正确的目的。信徒个人自己可以判断政府是否符合了这个目的，世俗政府的掌权者即世俗官员，必须由全体信徒选举产生。这是一种系统的个人主义政治学说，它涵盖了世俗政府的各个方面，是围绕着信徒个人建立的。加尔文高出新教同辈的地方，在于他想要恢复政治上的平衡。他试图以个人为基础构建教会和世俗政府，从内部约束二者的权力并让它们互相制约。因此，加尔文政治思想的本质可以概括为一种系统的神学个人主义政治学，或者说神学个人主义基础上的建构主义政治学。

何　涛

参考文献

原典：

路德选集．徐庆誉，汤兴等，译．北京：宗教文化出版社，2010.

加尔文．基督教要义．钱曜诚，译．北京：三联书店，2010.

加尔文．罗马书注释．赵中辉，宋华忠，译．北京：华夏出版社，2011.

Luther，M. Selections from His Writings. J. Dilenberger，ed. New York：Anchor，1958.

Calvin，J. Institutes of the Christian Religion：vol. 2. J. T. McNeil，ed. F. L. Battles，trans. Philadelphia：Library of Christian Classics，1960.

Calvin，J. Commentaries：vol. 22. Grand Rapids：Christian Classics Ethereal Library，1981.

重要研究文献：

Hancock，R. C. Calvin and the Foundations of Modern Politics. Ithaca：Cornell University Press，1989.

Höpfl，H. The Christian Polity of John Calvin. Cambridge：Cambridge University Press，1982.

Sanders, T. G. The Protestant Concepts of Church and State: Historical Background and Approaches for the Future. New York: Holt, Rinehart and Winston Press, 1964.

Stevenson, W. R. Sovereign Grace: The Place and Significance of Christian Freedom in John Calvin's Political Thought. New York: Oxford University Press, 1999.

Troeltsch, E. The Social Teaching of the Christian Churches: vol. 2. Olive Wyon, trans. New York: Macmillan Press, 1960.

VanDrunen, D. Natural Law and the Two Kingdoms: A Study in the Development of Reformed Social Thought. Grand Rapids: Eerdmans, 2010.

Walzer, M. The Revolution of the Saints: A Study in the Origins of Radical Politics. Cambridge: Harvard University Press, 1965.

Witte, J., Jr. Moderate Religious Liberty in the Theology of John Calvin. Cambridge: Cambridge University Press, 2005.

索引

C

D

F

G

H

J

K

L

M

N

O

P

X

Y

Z

后　记

2012年秋天，张志伟老师在一次打羽毛球的时候，颇为轻描淡写地跟我说起这个政治哲学史多卷本的项目，并且问我是否愿意加入，我当时也没多想，就很确定地表达了自己的兴趣。不料很快张老师就告诉我，不仅让我加入这个多卷本的写作，而且让我承担西方部分第一卷的主编工作。这个消息着实让我既兴奋又惶恐，当时我才加入中国人民大学不到两年，能够有机会加入这个巨大项目的编写队伍自然让我兴奋不已；同时初出茅庐的我也意识到这项工作的艰巨，尤其是考虑到我负责的这一卷有如此巨大的历史跨度，而且我们又对这套丛书有如此高的期待。

随后就是开始具体考虑这一卷的章节安排，并圈定最合适的人选参与这个项目。随着我开始联系心目中合适的作者，并且得到了一些积极的回应，我的惶恐也就逐渐消失，而兴奋感则愈加强烈，因为最终确定的每一章的作者都堪称一时之选，我对他们抱有绝对的信心，尤其是在一个偶然的机会下结识了刚刚以宗教改革政治哲学为主题完成博士论文的何涛，更是让我感到找到了第一卷的最后一块拼图。当我逐渐收到各章分量十足的初稿时，就更是对本卷的内容充满了信心，相信最终呈现在读者面前的这一卷确实能够达到我们最初的期待——一套具有国内最高水准的研究性政治哲学史。

在此，我要感谢本卷的所有作者，感谢他们接受我的邀请，加入本卷的写作；感谢他们在忙碌的日程中抽出时间，按时完成各章的初稿；感谢他们参与我们组织的一次次研讨，并互相审阅稿件，提出中肯的批评及修改建议；感谢他们不厌其烦地反复修改各自的章节，有些甚至是大规模地改写乃至重写。作为本卷的主编，我非常荣幸能和他们共同工作，在与他们的合作中，我也学到了很多很多。

最后，我要感谢本套丛书的主编之一张志伟老师的信任，感谢他在本卷基本定稿之后通读了全部章节，并提出了最终的修改意见；也要感谢潘宇老师和她中国人民大学出版社的同事，尤其是本卷的责任编辑黄超女士，出色地完成了如此艰巨的编辑工作。

刘玮

2016 年 9 月 9 日

于人文楼办公室

图书在版编目（CIP）数据

西方政治哲学史．第一卷，从古希腊到宗教改革/刘玮主编．—北京：中国人民大学出版社，2017.3
（政治哲学史/张志伟，韩东晖，干春松总主编）
ISBN 978-7-300-24250-7

Ⅰ.①西… Ⅱ.①刘… Ⅲ.①政治哲学-政治思想史-西方国家 Ⅳ.①D091

中国版本图书馆 CIP 数据核字（2017）第 049597 号

国家出版基金项目
政治哲学史
总主编 张志伟 韩东晖 干春松
西方政治哲学史（第一卷）
从古希腊到宗教改革
刘 玮 主编
Xifang Zhengzhi Zhexue Shi（Di-yi Juan）

出版发行	中国人民大学出版社		
社 址	北京中关村大街 31 号	邮政编码	100080
电 话	010－62511242（总编室）		010－62511770（质管部）
	010－82501766（邮购部）		010－62514148（门市部）
	010－62515195（发行公司）		010－62515275（盗版举报）
网 址	http://www.crup.com.cn		
	http://www.ttrnet.com(人大教研网)		
经 销	新华书店		
印 刷	涿州市星河印刷有限公司		
规 格	170mm×240mm 16 开本	版 次	2017 年 3 月第 1 版
印 张	31.5 插页 3	印 次	2017 年 3 月第 1 次印刷
字 数	543 000	定 价	118.00 元